国家社科基金
后期资助项目
GUOJIA SHEKE JIJIN HOUQI ZIZHU XIANGMU

英美日海洋战略的历史演进
及其现代海洋观研究

胡德坤 等 著

社会科学文献出版社
SOCIAL SCIENCES ACADEMIC PRESS (CHINA)

图书在版编目（CIP）数 据

英美日海洋战略的历史演进及其现代海洋观研究 /
胡德坤等著. -- 北京：社会科学文献出版社，2025.1
国家社科基金后期资助项目
ISBN 978-7-5228-3399-6

Ⅰ．①英… Ⅱ．①胡… Ⅲ．①海洋战略-研究-英国
、美国、日本 Ⅳ．①E815

中国国家版本馆 CIP 数据核字（2024）第 059654 号

·国家社科基金后期资助项目·
英美日海洋战略的历史演进及其现代海洋观研究

著　　者 / 胡德坤 等

出 版 人 / 冀祥德
责任编辑 / 高明秀　宋　祺
责任印制 / 王京美

出　　版 / 社会科学文献出版社·区域国别分社（010）59367078
　　　　　　地址：北京市北三环中路甲 29 号院华龙大厦　邮编：100029
　　　　　　网址：www.ssap.com.cn
发　　行 / 社会科学文献出版社（010）59367028
印　　装 / 三河市龙林印务有限公司

规　　格 / 开 本：787mm×1092mm　1/16
　　　　　　印 张：40.25　字 数：632 千字
版　　次 / 2025 年 1 月第 1 版　2025 年 1 月第 1 次印刷
书　　号 / ISBN 978-7-5228-3399-6
定　　价 / 168.00 元

国家社科基金后期资助项目
出版说明

后期资助项目是国家社科基金设立的一类重要项目，旨在鼓励广大社科研究者潜心治学，支持基础研究多出优秀成果。它是经过严格评审，从接近完成的科研成果中遴选立项的。为扩大后期资助项目的影响，更好地推动学术发展，促进成果转化，全国哲学社会科学工作办公室按照"统一设计、统一标识、统一版式、形成系列"的总体要求，组织出版国家社科基金后期资助项目成果。

全国哲学社会科学工作办公室

前　言

一

在人类历史演进的浩瀚长河中，海洋文明的兴起成为一抹耀眼的亮色，其中英国、美国、日本海洋战略的历史演进及其现代海洋观的变迁尤为引人关注，其历史经验和教训丰富而又深刻，至今仍具有重要的现实意义。

英国虽然不是世界上第一个海洋国家，却建立了第一个真正意义上的全球性海洋帝国，它在同西班牙、葡萄牙、荷兰和法国的海上争霸斗争中脱颖而出，奠定了海洋文明史上独具特色的"英国模式"或"英国道路"，海洋性也成为英国国家崛起和社会发展的一大标志。在数百年的时间里，英国通过牢牢掌握全球海上霸权，构建了由它主导的世界体系，最终确立了"不列颠治下的和平"。英国从海洋发展中收获了丰厚的财富和无上的荣耀，也通过海洋发展为世界历史演进打下了深刻的"不列颠烙印"，形成了独具特色而又逐步为世界所熟知的"英国海洋道路"，整个世界都深受其影响。

在海洋文明史上，美国是新兴国家成功通过海洋发展道路实现国家崛起的典范。美国崛起的历史证明，在充分发展陆权的基础上再发展海权并取得成功是可行的。在地理上，美国被认为是一块新大陆，同时又是一个扩大版的"不列颠岛"，这就意味着美国的崛起和发展离不开海陆两方面因素。而独立后美国的大国崛起道路主线十分清晰：首先通过"西进运动"和陆上扩张发展陆权，再在马汉海权论的指引下从陆权大国转变为海权大国，进而通过两次世界大战实现了由海权大国向海权强国的飞跃。不可否认，美国的海洋发展历程深受"英国模式"的影响，马汉海权论是对数百年来英国称霸海洋的经验的总结，而美国的海洋发展道路便是紧紧围绕海权论提出的生产、海运和殖民地等核心要素展开，建设了一支以确保海外殖民地和海外利益为目标的强大海军。

相比英美这样的西方海洋文明，近代兴起的日本海洋文明具有两面性：一方面，它以日本本土的海洋历史和传统为根基，表现出诸多东方社会的海洋性特征；另一方面，它在同西方海洋文明的冲突和互动中兴起，从一开始就以追求片面理解的"富国强兵"、急切地对外扩张为其海洋战略的主要目标，从而暴露出急功近利、盲目推崇军事征服的价值取向偏差。这一偏差成为近现代日本海洋战略与海洋观的短板，由此带来的负面效应在第二次世界大战中暴露无遗。二战后，日本海洋战略与海洋观从以军事为核心转向以经济为核心，但近年来日本否定二战侵略历史、谋求成为"普通国家"、将自卫队升格为所谓"国防军"的右转倾向日益明显。

英美日海洋战略的历史演进虽然有时间上的先后，但它们之间的交融互动相当密切。美国吸收了英国海洋战略的经验智慧，提炼出海权论这一集理论性和实践性为一体的海洋战略思想，进而指导美国海军和商船队建设实现了跨越式发展。在两次世界大战中，英美都实现了紧密的海上合作。美国实现了世界海洋霸权由英国向美国的转移，而英国则借助美国的力量仍然在二战后保持了全球性海洋大国的地位和影响力。日本近代海洋战略始于英美等西方国家打开幕府锁国的大门，日本通过明治维新迅速实现了近代化，并学习和吸收了英美等国的海洋智慧，仿效英国海军建立了近代海军，1902 年缔结的英日同盟更是成为日本在日俄战争中取得胜利的关键因素之一。然而，片面追求军事化、过分崇尚暴力征服的海洋战略进一步刺激了日本的扩张野心，导致日本同英美的矛盾不断升级，最终成为第二次世界大战爆发的一大动因。在第二次世界大战中，日本同英、美、荷等西方传统海洋强国兵戎相见，虽然一度取得显著优势，但仍然难逃战败的命运，海洋战略与海洋观的缺陷是日本战败的根源之一。

时至今日，英美日海洋战略的互动仍在进行之中，只不过这种互动从以英国为中心转变为以美国为中心。在西方，以北约（NATO）为平台，以英美特殊关系为政治保证，具有深厚历史积淀的英美海洋同盟还在不断拓展和深化；在东方，以日美同盟为主要表现形式，日本与美国在遏制中国崛起的共同目标下，着眼于强化"岛链"体系、应对海洋争端，多次进行有针对性的海空联合军演。

二

在概念的界定上，正如大家耳熟能详的"海权"（sea power）这一概念迄今尚未有一个公认的标准定义一样，不同学者对"海洋战略"（maritime strategy）和"海洋观"（ocean concept）的理解也各有不同。"海洋战略"同"海军战略"（naval strategy）和"海权"等概念息息相关但又有所区别。查阅中国学者以"海洋战略"为题的研究成果，大多数都以军事战略和外交战略为核心内容，特别是集中表现在对海军的战略部署和作用的探讨上。在当代西方学者的笔下，"海洋战略"更为明确地表征为国家总体战略在海洋层面的投射，以国家间的海洋政治博弈为具体内容，以海军力量的运用为突出表现形式。就此而言，国内外学者对海洋战略的研究大都不约而同地从军事、政治和外交等层面切入。

追溯历史，"海洋战略"这一概念经历了一个含义范围不断扩大的演进过程。科贝特（Sir Julian S. Corbett）在其经典名著《海上战略的若干原则》（*Some Principles of Maritime Strategy*）中所提出的海洋战略，是着眼于取得战争胜利而确立的海军与陆军相互关系的基本原则，而海军战略则是服从服务于海洋战略的舰队作战计划。[①] 可见，科贝特提出的海洋战略的精髓是陆海联合作战理论，它本质上是扬弃了马汉的"海军中心主义"学说的军事战略理论。就此而言，科贝特所定义的海洋战略没有真正超越军事范畴。科贝特提出海洋战略理论的 20 世纪初至二战结束，由于海军力量长期在国家海洋安全中占据核心地位甚至构成了全部内容，学者们所论述的这一时期的海洋战略几乎等同于海军战略，对海洋战略的探讨紧紧围绕海军的建设、发展和运用展开。时至今日，以海

---

① 　Julian Corbett, *Some Principles of Maritime Strategy*, with an introduction and notes by Eric J. Grove, London：Brassey's Defence Publishers, 1988, p. 15.

洋战略的名义主要对海军史和海军战略问题展开研究的现象还大量存在。[①]

进入 20 世纪下半叶，随着总体和平时代的来临和人类开发利用海洋的深入推进，国家海洋利益的内容得到大大扩展，涉海部门变得越来越多，涉海事务也越来越复杂。在这种情况下，海洋战略概念的范围有所扩大。无论是历史学家还是战略学家，他们所谈论的海洋战略越来越趋向于描述在未发生战争和冲突的前提下，国家运用政治、经济、军事、外交等多种手段来争夺、维护并拓展海洋权势和利益的总体安排。对海洋战略的研究虽然仍然以军事问题为主要对象，但已经开始有意识地与单纯的海军战略区分开来，而以海洋领域的国际政治博弈为主要研究内容。[②]

进入 21 世纪，英美等颁布的一系列涉海战略文件已甚少出现"海洋战略"的字眼，海军战略报告通常会单独公布，如英国在 2014 年颁布的《今天、明天和面向 2025 年的皇家海军》(*The Royal Navy Today*, *Tomorrow and towards 2025*)，以及美国在 2015 年升级的《21 世纪海上力量合作战略》(*A Cooperative Strategy for 21st Century Seapower*)，而国家层面的海洋安全战略则另有专门文件阐释，如英国在 2014 年出台的《国家海洋安全战略》(*National Strategy for Maritime Security*)，美国也曾在 2005 年颁布《国家海上安全战略》(*The 2005 National Strategy for Maritime Security*)。

---

① 参见 Geoffrey Till, *Maritime Strategy and the Nuclear Age*, London: Macmillan, 1984; Michael A. Palmer, *Origins of the Maritime Strategy: The Development of American Naval Strategy*, *1945 - 1955*, Annapolis, Md: Naval Institute Press, 1990; Peter D. Haynes, *Toward a New Maritime Strategy: American Naval Thinking in the Post - Cold War Era*, Annapolis, Md: Naval Institute Press, 2015; John B. Hattendorf and Robert S. Jordan, eds., *Maritime Strategy and the Balance of Power: Britain and America in the Twentieth Century*, London: Macmillan, 1989; Rear Admiral Raja Menon, *Maritime Strategy and Continental Wars*, London: Frank Cass, 1998; Milan Vego, *Maritime Strategy and Sea Control: Theory and Practice*, London: Routledge, 2015。

② 参见 James T. Westwood, "Soviet Maritime Strategy and Transportation", *Naval War College Review*, Vol. 38, No. 6, 1985, pp. 42-49; John F. Bradford, "The Maritime Strategy for the United States: Implications for Indo-Pacific Sea Lanes," *Contemporary Southeast Asia*, Vol. 33, No. 2, 2011, pp. 183-208; Andrew S. Erickson, "Assessing the New U. S. Maritime Strategy: A Window into Chinese Thinking", *Naval War College Review*, Vol. 61, No. 4, 2008, pp. 35-53。

在上述国家海洋安全战略文件中，海军被描述为国家海洋安全力量的一个组成部分，而应对恐怖主义、海上犯罪、自然灾害等非传统海洋安全威胁则更需要海军以外的海洋执法力量。换言之，海军战略越来越被视为国家海洋安全战略（national strategy for maritime security）的有机组成部分或补充。另外，在不出现"安全"（security）字眼的情况下，"maritime"通常指的是非军事层面的海洋事务，如英国交通部在 2019 年颁布的《海洋 2050》（Maritime 2050：Navigating the Future）就是一个着眼于发展英国海洋产业、巩固英国在全球海洋经济中领先地位的长远规划。由此可见，"海洋战略"这一概念的军事化色彩正在逐渐淡化，其涵盖范围呈现进一步扩大的趋势。美国著名海洋史学家哈滕多夫也指出，海洋战略已成为国家大战略（grand strategy）的一个分支，它涉及一国在海洋层面的全部活动和利益，是运用国家整体力量去维护海洋利益的总体指南。海军为实现国家海洋利益服务，但海洋战略不再是单纯的海军战略，而是关系到国家行使外交权，确保海上贸易安全，渔业，海洋专属经济区的开发、保护、管理和防卫，以及海岸防御、国家边界安全、近海岛屿保护，还包括国家参与关于海洋、海上空域和海洋底土利用的地区和全球事务等职能，由此而牵涉到包括海军在内的一系列政府机构和部门。①

综上所述，本书认为，海军战略是关于海军的发展理念、军力建设、作战思想、运用部署等的总体筹划和安排，海洋战略的范围则要广泛得多，它包括但不限于海军战略，是一个集合了海洋安全、海洋经济、海洋科技、海洋环境、海洋基础设施、海洋文化等多领域的综合性概念。当然，海军战略依然是海洋战略中最突出和最重要的内容之一。

在对"海洋观"下定义这一问题上，中国学者做出了勤勉的探索，其共同点是强调海洋观的意识特性。例如，刘新华和秦仪提出，"海洋观念是指导和约束民族、国家海洋整体行为及国民海洋行为的价值观念"，它"是人们对于海洋与国家、民族根本利益之间相互关系的总体看法"，并认为当代海洋观由海洋国土观、海洋国防观和海洋权益观三种形态构

---

① John B. Hattendorf, "What Is a Maritime Strategy?", *Soundings*, No. 1, October 2013, p. 7.

成。① 朱宗军和韩增林认为，海洋观是"人们对整个海洋及人与海洋关系的总的看法和根本观点，海洋观是一个历史范畴，反映了不同时代人们海洋行为的特征，同时影响海洋经济的发展，甚至决定着一个民族和国家的未来发展方向"。② 孙立新和赵光强指出，海洋观"就是人们通过社会实践和理论思维形成的有关海洋及与海洋相关的客观事物和人类活动的认识"。③ 孙光圻提出，"海洋观是人类在长期与海洋打交道的过程中，通过不断实践、总结、凝练、思考和升华理性活动，所形成的认识、利用、开发和管控海洋的主观思维群"。他强调，"海洋观的核心是海洋价值观，亦即通过认识、利用、开发与管控海洋，希望获取何种利益、实现何种价值"。④ 胡素清将海洋观视为自然观的一部分，认为"自然观作为人类关于自然界以及人与自然关系的总体看法和观点，海洋观就是其中对于海洋及人海关系的总的看法和根本观点"。⑤ 从上述定义中我们可以看出，海洋观的基本内涵就是人类对海洋的认识，特别是对人海关系及海洋因素作用的看法。由此推之，本书所定义的现代海洋观就是在现代科技条件、政治制度和社会环境下，人类对海洋开发、利用、治理的总的观念。

三

本书虽然是一项国际问题的研究课题，但在很大程度上属于历史学研究范畴，因此首先致力于按照时间线索梳理英美日海洋战略演进的脉络，以及探究其现代海洋观的发展过程和丰富内涵。同时，本书也有意识地超越一般历史研究范畴，始终强调以史为鉴、古为今用，将对英美日海洋战略及现代海洋观的研究与对中国海洋发展之路的思考结合起来，最终落脚到为当前中国构建现代海洋战略、建设海洋强国的目标提供参

---

① 刘新华、秦仪：《海洋观演变论略》，《湖北行政学院学报》2004 年第 2 期，第 75 页。
② 朱宗军、韩增林：《中国海洋观的变迁》，《海洋开发与管理》2009 年第 6 期，第 60 页。
③ 孙立新、赵光强：《中国海洋观的历史变迁》，《理论学刊》2012 年第 1 期，第 92 页。
④ 孙光圻：《绿色海洋观：历史传承与理论创新》，《人民论坛·学术前沿》2015 年第 4 期，第 80—81 页。
⑤ 胡素清：《以人海关系为核心的海洋观》，《浙江学刊》2015 年第 1 期，第 131 页。

考和借鉴。简言之，本书在开展基础研究的同时，也着眼于为国家海洋大政方针的制定和实施服务。

本书分为三编及综论共四个部分，每编由四章组成，分别论述了近代、现代和二战后三个不同历史阶段英美日各自的海洋战略，并对其现代海洋观的历史沿革与发展进行了专题阐释。综论部分对英美日海洋战略与海洋观的特点进行了分析和比较，系统总结了英美日海洋战略与海洋观的历史经验教训，在此基础上提炼出对中国的启示，进而就当前中国建设海洋强国的路径选择提出了对策建议。在研究方法上，本书主要采用了历史学的史料考据、文献解读和对比论证等方法，同时借鉴了政治学的案例分析和系统分析等方法，体现出一定的跨学科研究特色。

当前，正处于快速发展中的中国对海洋的依存度大大加深，党的十八大报告首次明确提出建设海洋强国的战略目标，习近平总书记也提出了构建海洋命运共同体的重要倡议，而钓鱼岛问题、东海问题、南海问题等海洋争端也要求我们尽快完善中国的海洋战略，以全面统筹规划海洋维权体系，探索一条适合中国的海洋发展道路。因此，全面梳理和回顾英美日三个海洋强国的海洋战略发展历程，并对其现代海洋观进行深入剖析，不仅对于当前中国制订海洋战略、发展海洋事业有着重要的启示意义和借鉴价值，也可以有针对性地预判上述三国未来的海洋战略发展动向，更好地维护并拓展中国的海洋权益，服务于国家和平发展的总体战略。将历史和现实结合起来思考，并着眼于未来发展，正是本书的立意之所在。

目　录

第一编　英国的海洋战略与海洋观

第二编　美国的海洋战略与海洋观

第三编 日本的海洋战略与海洋观

第一编

英国的海洋战略与海洋观

第一章

近代英国的海洋战略

早在英国成为一个统一的民族国家之前，生活在不列颠岛上的居民就已经逐渐形成了自身独特的海洋传统和社会习俗，这一传统促进了英国海洋国家的最终形成。近代以来，英国为争夺海上霸权同西班牙、荷兰、法国等对手进行了多次战争，并取得了最后的胜利。在挫败拿破仑帝国后，英国进入它最为辉煌的时期，并在维多利亚时代最终确立起全球海上霸权，同时形成了独具特色的英国海洋发展模式。

第一节　近代以来英国追求海上霸权的海洋战略

一　英国"海洋立国"道路的开始

（一）英国的地理环境与海洋生活传统

英国在近代成长为一个全球性海洋强国，首先得益于它得天独厚的自然地理环境，这为它面向海洋发展提供了优越的条件。不列颠岛位于大西洋东北，西临浩瀚的大西洋，东边是人员、货物来往频繁的北海，北部是冰封的北冰洋，南面则隔英吉利海峡与欧洲大陆相望。不列颠岛拥有绵长曲折、支离破碎的海岸线，此处诞生了多个优良深水港口，并通过分布在英吉利海峡上一系列星罗棋布的小岛充当进出欧洲大陆的跳板。随着人类历史进入近代阶段，特别是在世界经济中心由地中海转移到大西洋后，不列颠因为扼守大西洋航路，处于波罗的海、北海等多条贸易线的交会之处而逐渐兴盛起来。在远程全球贸易和三桅帆船发展的推动下，英国对通往西欧大陆的海上航线的控制能力不断增强。①

在著名英国地理政治学家、"大陆中心说"的提出者麦金德（Halford

---

① Roger Morriss, *The Foundations of British Maritime Ascendancy*: *Resources*, *Logistics and the State*, *1755-1815*, Cambridge: Cambridge University Press, 2011, pp. 33-34.

J. Mackinder）等人看来，英国就是世界的中心，它在地理位置上具有双重的优越性：它有东西两个海岸，一个面对欧洲大陆，一个则面对广袤无垠、富饶神秘的海外新世界。相应地，英国既是一个偏狭的岛国，又是一个拥抱世界的开放国度。① 哈林顿（James Harrington）笔下的"大洋国"（Oceana）实际上就是由海而生的英国，它"成了一个进取的共和国……为海洋定下了法律"。② 德国法学家卡尔·施密特（Carl Schmitt）这样概括岛国地理环境对英国人的心理所产生的影响："几千年来，英国就是一个海岛，无论是尤利斯·恺撒的时代，还是阿尔弗雷德大帝的时代、征服者威廉的时代，或者是奥尔良的圣女贞德时代。在早先的时代，英国本身也自认为是一个海岛，但却总是这样一个海岛，即它是一块从欧洲大陆脱落而出的碎片。这个海岛一直维持着其隶属于欧洲大陆的一部分的身份。人们将海洋看作一种天然的壕沟，相应地，这个海岛就被看作一个自然的要塞和水上城堡。这还完全是一种以陆地为中心的观念。"③ 因此，在早期英国人的政治和社会生活中，陆地和海洋的观念是紧密不可分的。换言之，英国是一个岛，但又是一个同欧洲大陆近在咫尺的岛，英国是一个作为欧洲特殊一分子的国家。在地缘政治学上，英国、日本这样的国家被"边缘地带理论"的创立者斯皮克曼（Nicholas Spykman）称为"滨外岛"（the offshore islands）。

正因为是一个完全意义上的岛国，英国人很早就习惯了从海洋中获取生产和生活资料，这一点尤其体现在捕鱼业上。北海渔场、冰岛渔场和纽芬兰渔场是英国渔民活动的主要地区，他们主要捕捞鲱鱼和鳕鱼。在北海渔场中，约克郡北部沿海、雅茅斯和洛斯托夫特以外海域是英格兰渔民捕捞鲱鱼的两个主要渔场。④ 到中世纪晚期和近代早期，英国的捕鱼业更为兴旺，英国渔民也同荷兰、法国、巴斯克和葡萄牙渔民为争夺纽芬兰渔场的鳕鱼展开了激烈的竞争。资料显示，出发前往纽芬兰渔

---

① John Darwin, *The Empire Project: The Rise and Fall of the British World-System, 1830 – 1970*, New York: Cambridge University Press, 2009, p. 103.

② 〔英〕詹姆士·哈林顿：《大洋国》，何新译，商务印书馆，1981 年，第 5 页。

③ 〔德〕卡尔·施密特：《陆地与海洋》，林国基等译，华东师范大学出版社，2006 年，第 88—89 页。

④ 〔英〕E. E. 里奇、C. H. 威尔逊主编《剑桥欧洲经济史》第 5 卷，高德步等译，经济科学出版社，2002 年，第 138 页。

场捕捞鳕鱼的船只主要来自达特茅斯、普利茅斯、比迪福德和巴恩斯特布等英格兰西部地区。[①]

在英国海洋事业发展的历程中，超凡的交通网建构意识发挥了十分重要的作用。这种意识源于近代以来英国商业精英对商路和驿站的重视，正所谓时间就是财富，据点就是市场。在英国早期发展中，交易的繁荣远比技术进步和资本积累更为重要，而交易的繁荣则源于能使交易费用下降的制度变革，交通革命则是其中最重要的变革之一。英国具有悠久的海上贸易传统，而这种传统既鲜明地体现在英国对欧洲海上商业通道的开拓上，也体现在以泰晤士河为代表的英国内河航运以及内河航运同海上航运的沟通上。这种交通运输意识同商业意识的紧密相连，这种全球交通网的构建也可看作英国国内交通网的扩大和影响力对外投射的表现。在英国国内交通网中，最引人注目的无疑是以伦敦为中心的港口群。在英国东海岸，纽卡斯尔—赫尔—波士顿—金斯林—大雅茅斯—伊普斯威奇—科尔切斯特—莫尔登—桑德威奇—多佛尔港口群，可通过北海航线与西北欧开展贸易；在西海岸，是巴恩斯特布—布里奇沃特—布里斯托尔—米尔福德—切斯特—利物浦港口群，可同法国、西班牙甚至是爱尔兰进行贸易；在南海岸，是奇切斯特—南安普敦—普尔—埃克塞特—普利茅斯港口群，主要同法国、西班牙、葡萄牙等进行贸易。英国西北部的坎布里亚、切斯特等港口主要针对爱尔兰进行贸易。16 世纪后，日益兴盛的大西洋贸易更是促进了一批英国港口城市的兴起和繁荣。

中世纪以来，港口和航运的兴盛也带动了英国整个交通系统的建立，特别是将内河航运同海上航运连接起来，加深了英国各地区之间的联系。"英国是个岛国，海岸富有很深的河口和避风港，海岸的开发，使英国有可能通过海路来建立各郡间的联系：纽卡斯尔的煤是从海路运到伦敦的，苏格兰的牲畜也是从海路运往诺福克郡去饲养的。"[②] 同时，英国同欧洲大陆的贸易交往出现得很早。罗马帝国征服高卢后，打通了地中海到英吉利海峡的商路。不列颠的锡通过这条商路运到地中海，罗马的酒也可

---

① 〔英〕E. E. 里奇、C. H. 威尔逊主编《剑桥欧洲经济史》第 5 卷，高德步等译，经济科学出版社，2002 年，第 157 页。

② 〔法〕保尔·芒图：《十八世纪产业革命——英国近代大工业初期的概况》，杨人楩等译，商务印书馆，1983 年，第 87 页。

以经由图卢兹和吉伦运往布列塔尼地区和英吉利海峡的岛屿，最终到达不列颠的亨吉斯伯里海德和普尔等主要港口，在那里交换金属、页岩，甚至是奴隶。①

（二）恺撒征服、维京人来袭与诺曼入侵

根据历史记载，早期生活在不列颠岛的居民主要是凯尔特人（Celts），他们分成多个部落。公元前 55 年，罗马执政者恺撒（Gaius Julius Caesar）率领舰队远征不列颠，但被暴风雨所阻。公元前 54 年，恺撒再次入侵不列颠。这次入侵的罗马军队拥有 5 个军团和 2000 名骑兵，共搭乘 800 艘战船。不过，高卢爆发的骚乱以及再次遭遇风暴袭击使得这次远征仍然以失败告终，但恺撒入侵对不列颠的影响不可忽视。恺撒征服高卢后，"大多数地中海商品不再经由大西洋商路，而是经由横跨大陆和高卢北部的路线渡过海峡到达不列颠东南部。恺撒的入侵加强了不列颠和高卢沿海地区之间原先就存在的政治经济联系，也许还促使不少罗马商人开始在不列颠长期定居"。②

恺撒在入侵不列颠的过程中遭到了以布列吞人为主的原居民的顽强抵抗。不列颠的部落联军拥有 220 艘战舰，这支舰队尽管最终不敌罗马军团，但极少有舰只被俘，大部分力战到死。根据学者的考证，不列颠的战舰同高卢人的战舰相似，这种战舰的船底比罗马人的战舰要平坦，更适于在潮湾和浅滩海岸航行。船首和船尾高高翘起，以抵御暴风骤雨。船只完全用橡木建造，由铁链而非绳索系锚。风帆用毛皮和薄皮革制成，而并未使用罗马人常用的亚麻布。这些都表明，在被罗马征服之前，不列颠人已经能建造优质战舰。据史料记载，他们是勇敢无畏的水手，经常乘坐用柳条和皮毛制成的船只，在英吉利海峡和爱尔兰海峡航行。不列颠人也习惯于乘坐单人小艇，方便在内河航行。③

公元 5 世纪中叶，罗马帝国在不列颠的统治宣告结束，随后蜂拥而

---

① 〔美〕克里斯托弗·A. 斯奈德：《不列颠人：传说和历史》，范勇鹏译，北京大学出版社，2009 年，第 19 页。

② 〔美〕克里斯托弗·A. 斯奈德：《不列颠人：传说和历史》，范勇鹏译，北京大学出版社，2009 年，第 24 页。

③ Robert Southey, *The Early Naval History of England*, Philadelphia: Carey, Lea and Blanchard, 1835, pp. 24-25.

至的朱特人（Jutes）、盎格鲁人（Angles）、撒克逊人（Saxon）在不列颠岛上建立了众多部落王国，最终形成了所谓的"七国时代"（Heptarchy），即肯特（Kent）、威塞克斯（Wessex）、苏塞克斯（Sussex）、埃塞克斯（Essex）、东盎格鲁（East Anglia）、诺森伯里亚（Northumbria）和麦西亚（Mercia）7 个王国。

公元 8 世纪晚期，维京人（Viking），即传说中的"北欧海盗"开始袭扰不列颠。维京人主要使用吃水浅的长船，这种船结构柔韧，不仅能抵抗北大西洋的海上风暴，还能沿河逆流而上，深入内陆的港湾和溪流之中。1880 年，挪威格克斯塔德的古冢出土了一艘北欧海盗的长船。这艘船长 76 英尺 6 英寸，宽 17 英尺 6 英寸，中部吃水仅 2 英尺 9 英寸。船的两边各由 16 条硬橡木做成的列板叠接起来，用木栓和 U 形铁钉钉牢，木板间的缝隙则用兽毛堵塞起来。这种船的船体具有很大的顺应性，船上共配备了 16 对桨，桅杆和舵也安装得十分巧妙，运作起来相当灵活轻便。这艘船可以携带 50 名船员和 30 名战士或俘虏。不管天气如何，它都可在海上活动一个月之久。[①] 尽管维京人被称为生性残暴、爱好烧杀抢掠的野蛮人，但他们在造船和航海上的造诣却是十分值得称赞的。除了制造出轻便灵活、坚固快速、续航力强的海船外，维京人还懂得通过观察星辰、岛云、鱼群、潮汐、海风、洋流等来判断方向和位置，他们勇敢无畏的冒险精神也是其成为伟大的航海民族的一个重要因素。[②]

维京人的入侵深刻影响了后来的英格兰人，维京人的生活习俗、个性特征和地理观念在很大程度上被日后的英格兰民族所继承。正如英国学者格温·琼斯（Gwyn Jones）所言，"丹麦在英格兰民族的缔造过程中做出了具有重要意义的贡献。丹麦人和挪威人的血统、思想和习俗浸入整个不列颠群岛和西欧不少地区"。[③]

在对抗维京人的斗争中，威塞克斯王国国王阿尔弗雷德（Alfred the Great）脱颖而出。阿尔弗雷德是英国历史上第一个被称为"大帝"（the Great）的统治者，也是被誉为开创英国海军的民族英雄。为了对付维京

---

① 〔英〕温斯顿·丘吉尔：《英语国家史略》上册，薛力敏、林林译，新华出版社，1985 年，第 94—95 页。

② 〔法〕保罗·布特尔：《大西洋史》，刘明周译，东方出版中心，2011 年，第 27 页。

③ 〔英〕格温·琼斯：《北欧海盗史》，刘村译，商务印书馆，1994 年，第 15—16 页。

海盗，他在公元896年设计建造了新型战舰，并组织起一支具有强大战斗力的舰队。这支舰队给予维京人以沉重打击。"国王在数量和质量上强化王国的造船业，训练臣民航行和海战。国王的舟师环戍海岛各口岸，无论在丹麦人登陆之前还是之后，都足以闻警而至。尽管丹麦人仍然可以突袭登陆、大肆蹂躏，撤退时却逃不过英国舰队的围追堵截，一般都会抛弃战利品，为自己造成的破坏付出代价。阿尔弗雷德以这种战术歼灭了几支入侵的丹麦海盗，保障了王国多年的安宁。"① 阿尔弗雷德不仅是第一个建立海军的英国国王，而且被公认为英国第一个海军上将。更重要的是，他认识到要统治海洋就必须发展海上贸易。② 此后，阿尔弗雷德的继承人通过不断征战，终于彻底征服了维京人聚居的丹麦法区，统一了整个英格兰地区（England）。

1066年，诺曼人（Normans）入侵不列颠，随后建立了英格兰-诺曼底王国（England-Normandy Kingdom）。征服者威廉（William I the Conqueror）为避免后来者仿效他从海上登陆不列颠，授权不列颠南部沿海的桑德威奇（Sandwich）、多佛（Dover）、希斯（Heath）、罗姆尼（Romney）和黑斯廷斯（Hastings）5个港口城市组成"五港联盟"（Cinque Ports），以相互协助应对外敌入侵。五港联盟享有王室颁布的特权，同时承担防卫外来入侵的义务。就其性质而言，五港联盟实际上是一个海军联盟（naval alliance），各个自治城市的海军力量组成联合舰队，联盟的盟主就是联合舰队统帅。此外，王室也设立了"海岸事务总管"一职，专门负责管理海军和征收海岸税。后来，温切尔西（Winchelsea）和拉伊（Rye）也加入了五港联盟。五港联盟的建立大大加强了英格兰的海防，改善了海洋安全环境。1293年4月14日，五港联盟的舰队在爱尔兰、荷兰和加斯科尼人的支援下战胜了诺曼人、布列塔尼人和佛兰德人的舰队。

（三）　百年战争与英国海权意识的萌发

在中世纪晚期和近代早期，1337—1453年的英法百年战争（Hundred

---

① 〔英〕大卫·休谟：《英国史》I，刘仲敬译，吉林出版集团有限责任公司，2012年，第59—60页。

② Robert Southey, *The Early Naval History of England*, Philadelphia: Carey, Lea and Blanchard, 1835, p. 56.

Years' War）影响十分深远，它在英国历史上占据着极为重要的地位，特别是对英国海洋发展道路的形成意义重大。它使得英国最终摆脱了来自欧洲大陆的羁绊，成为一个真正意义上独立的民族国家，从而能在专制君主的带领下，高举反对西班牙和葡萄牙在教皇庇佑下垄断海洋的大旗，集中精力面向海洋发展，去寻找和开拓属于英格兰的海外殖民地。在英法百年战争中，英国海军发挥了十分重要的作用，它牢牢掌握了英吉利海峡的制海权，对法国进行了有效的海上封锁和登陆作战。这一时期，英国海军的组织形式主要是王室舰队和私人武装的结合，即英国王室在平时维持一支小型舰队，在战时以其为核心，通过征召、雇用私人商船等方式组织临时舰队进行战斗。

英法百年战争是英国萌发近现代海权意识的开端，海军对于英国而言不再仅仅意味着一种武装力量，更是盎格鲁-撒克逊民族（Anglo-Saxon）生存和发展的支柱。英国统治者开始认识到，海军的作用不仅仅在于运送登陆部队和对敌方海岸进行攻击，更重要的是保护本国的贸易和海上航线。同时，要想控制中世纪作为交通命脉的河流，就必须拥有制海权。[①] 在英法百年战争中，有"海洋之王"美誉的英王爱德华三世（King Edward Ⅲ）对海军的重视使得英国在战争初期取得了辉煌的胜利。1340年6月，英国舰队在斯勒伊斯海战（Battle of Sluys）中击败法国舰队，夺取了英吉利海峡的制海权，为英国陆军在法国海岸登陆扫清了障碍。1350年8月，爱德华三世与其长子黑太子爱德华（Edward the Black Prince）又指挥由50艘战舰组成的英国舰队，在英国东苏塞克斯的温奇尔西附近海面大胜西班牙舰队，此为著名的温奇尔西海战（Battle of Winchelsea）。爱德华三世声称，作为英格兰国王，他对海洋拥有上天赋予的世袭王权。爱德华三世积极鼓励英国发展对外贸易，以此作为增强英国海洋力量的重要手段。他出台法令保护外国商人，尤其是赋予从加斯科尼进口酒类和向该地出口羊毛等商品的特权，以避免这些商品的进出口活动在英国港口遭到勒索和刁难。当然，爱德华三世保护外国商人的活动并非有意打击本国的贸易和航运，而是旨在获取更多的资金以扩

---

① 〔英〕杰弗里·帕克等：《剑桥战争史》，傅景川等译，吉林人民出版社，1999年，第168—169页。

建英国海军。① 1381 年，为保护本国贸易和航运，爱德华三世之孙理查二世（King Richard Ⅱ）颁布了英国第一部《航海条例》（*Navigation Acts*）。

不过，英法百年战争最终以法国的胜利告终。英法百年战争后，除面对英吉利海峡的加莱港外，英国丧失了在欧洲大陆的全部领土，它不得不退守本土，安心在不列颠进行领土的扩展。然而，贸易的发展使得英国人逐渐不再留恋于欧洲大陆的领土争霸，开始摆脱封建王权的羁绊，将视野转向欧洲以外的新世界，准备在时机成熟时扬帆起航，去探索那未知的海外乐土，为英国赢得财富和荣耀。这进一步塑造并加强了英国人的岛国意识和民族意识，为英国岛国地位的形成奠定了基础，也为英国统一的国内市场的形成以及以民族国家为后盾的海外商业活动和殖民探险创造了条件。

二　都铎王朝时期英国的海上崛起

（一）英国的海外殖民探险活动

1485 年，英国进入都铎王朝（Tudor Dynasty）时代，由此迎来了海上力量迅速发展、海上事业蓬勃兴旺，并最终实现海上崛起的黄金时期。在都铎王朝时期，英国海上力量的崛起主要表现在海外殖民探险和海军建设方面。而这一切举措的根本目的，就是英国要在海洋时代来临之际积极同西班牙、葡萄牙等国争夺海外财富。

在海外殖民探险方面，由于英国在英法百年战争后退守至不列颠岛，并最终在伊丽莎白一世时期放弃了对欧洲大陆的野心，因而能集中精力面向海外发展，这种发展首先表现为海外殖民探险。这一时期，海外殖民探险代表了欧洲文明在海上的崛起，它同基督教和军事革命一道成为近代早期欧洲进步的象征。正如有学者所指出的那样，上帝、枪炮和航船成为西方文明的三大支柱。②

15 世纪是人类历史上的地理大发现和大航海时代的开端。虽然哥伦

---

① Robert Southey, *The Early Naval History of England*, Philadelphia: Carey, Lea and Blanchard, 1835, pp. 284–285.

② Paul M. Kennedy, *The Rise and Fall of British Naval Mastery*, London: Macmillan, 1983, p. 16.

布（Christopher Columbus）错过了都铎王朝的邀请而受命于西班牙的伊莎贝拉女王（Queen Isabella），使得英王亨利七世（King Henry Ⅶ）与发现美洲大陆的荣誉擦肩而过，但紧随着葡萄牙人和西班牙人的脚步，英国人稍晚也开始了探索未知海外新世界的征程。1496 年，威尼斯商人约翰·卡伯特（John Cabot）受雇于亨利七世，率领 18 名英国水手开始踏上了探险之旅。1497 年，卡伯特在经历了 7 次远航之后发现了北美大陆和纽芬兰。此后，在 1501—1505 年、1508—1509 年，亨利七世又向一批英格兰和外国水手颁发特许状和津贴，鼓励他们进行航海探险。在英国政府的鼓励和支持下，从事海外殖民探险和贸易活动的英国商人和公司如雨后春笋般层出不穷，海上贸易活动日益活跃。这种重视海洋的传统被亨利七世之子亨利八世（King Henry Ⅷ）继承下来，英国继续稳步开展航海探险活动。

1553 年 5 月，英国探险家休·威洛比（Hugh Willoughby）和理查德·钱塞勒（Richard Chancellor）率领船队东航，打破了汉萨同盟对北欧贸易的垄断，使得英国开始涉足波罗的海地区的商贸往来。1579 年，英国探险家弗朗西斯·德雷克（Francis Drake）继麦哲伦（Ferdinand Magellan）之后完成了人类历史上第二次环球航行，发现了火地岛和南设得兰群岛之间的德雷克海峡，他也成为世界上第一个亲自完成环球航行的人。1584 年，英国航海家沃特尔·雷利（Walter Raley）派出的探险队考察了今美国北卡罗来纳一带，他随后将佛罗里达以北地区命名为弗吉尼亚（Virginia），以纪念终生未婚的"童贞女王"伊丽莎白一世（Queen Elizabeth I）。

不仅如此，葡萄牙、西班牙在殖民探险上取得的辉煌成就也让英国受益匪浅，激发了英国人的海洋意识。葡、西发现的东印度群岛和开辟的通往美洲的航线，使得英国南部同上述地区的联系密切起来。同时，英国的海外贸易逐渐发展起来，它的"居民中有很多是水手，作为国家财富之源的商人们认识到海外贸易有利可图，从而为能量积蓄奠定了基础。海洋不再是未知的事物"。①

---

① 〔英〕詹姆斯·费尔格里夫：《地理与世界霸权》，胡坚译，浙江人民出版社，2016 年，第 155 页。

（二） 都铎时期的英国海军建设

在海军建设方面，都铎时期的英国海军趋于正规化，其舰队规模迅速扩大，技战术水平也不断提高。这支王室领导下的英国海军，在斯图亚特王朝（The House of Stuart）的查理二世（King Charles Ⅱ）时期被正式命名为"皇家海军"（The Royal Navy）。

1509 年 6 月 24 日，在英国历史上留下浓墨重彩一笔的亨利八世登基。对欧洲大陆的野心和好大喜功的性格，使得亨利八世在统治期间不遗余力地扩充舰队。亨利八世继承了亨利七世留下来的 5 艘皇家战舰，新建了 47 艘战舰，通过各种渠道购买了 26 艘战舰，另外还在历次战争中俘获了 13 艘战舰。这支舰队中新造战舰的吨位不断增大，包括 1 艘 1200 吨的战舰、8 艘 500—900 吨的战舰、13 艘 400—450 吨的战舰和 9 艘 300 吨的战舰。亨利八世的舰队中包括多艘英国历史上的一代名舰，如"伟大的哈利"号、"玛丽·罗斯"号、"吕贝克的耶稣"号等。[①] 其中，"伟大的哈利"号是英国海军的旗舰，它全长 165 英尺，满载排水量可达到 1500 吨，装有 43 门重炮和 141 门轻炮。"伟大的哈利"号在 1540 年经过改装后，除保留以前的 184 门小型后膛炮外，还新装备了 21 门口径从 2.5 英寸到 8 英寸不等的铜铸前装滑膛炮，这种炮可以发射重量为 50—66 磅的炮弹，最大射程为 1600 码，主要用于远距离打击，适合远程作战。此外，亨利八世还建造了当时世界上最大的战舰"长驱"号，这艘战舰重达 1500 吨，"上下共有七层，配置的大炮多得惊人"。[②]

除扩充舰队规模外，亨利八世还进一步加强了海军基地建设。他下令在泰晤士河河口新建海军基地，修建灯塔、浮标和侧标等航海设施，并推行先进的"卡维尔"（carvel）造船法。这种造船法主要采用"骨架建造法"（skeleton-building）建造船只，即能按照事先的设计建造船的形状，避免大量使用不易耐水的铁钉，并能选用质量较次的木料，便于船

---

① David B. Quinn and A. N. Ryan, *England's Sea Empire*, *1550 - 1642*, London: Allen & Unwin, 1983, p. 47.

② 〔英〕温斯顿·丘吉尔：《英语国家史略》上册，薛力敏、林林译，新华出版社，1985 年，第 480 页。

只的建造。①

在海军的组织管理方面，亨利八世进一步理清了海军的制度规范。他改组成立了海军事务委员会（Council of Marine），专门负责管理海军事务，改变了之前海军管理混乱无序的局面。海军事务委员会成为英国海军部（Navy Board）的前身。1514 年，海军事务委员会在伊利斯新建了船舶和海军仓库，并任命了新的政务官。此后，伊利斯政务官又逐渐变成整个英国海军的出纳员，负责发放薪饷和各种经费。1540 年以后，海军事务委员会又设置了一批新的海军职位，包括测量员、装配工、海军中将、海军军械官等。② 测量员负责勘测航海路线，装配工负责船只的保养维护，海军中将负责舰队的指挥和训练，军械官负责供应和管理武器弹药，以及对军械进行维修等。

亨利八世的改革使得英国海军的战斗力显著增强，舰队规模不断扩大。到 1514 年第一次对法战争末期，亨利八世已经能派出 23 艘王室战舰和 36 艘雇用的商船参战，舰队总兵力达到 4429 人。③ 在 1522—1525 年的对法战争中，英国海军扭转了自布雷斯特海战以来的颓势，几乎完全压倒了法国舰队。这一时期，英国海军已经能经常控制英吉利海峡，运送陆军到欧洲大陆作战，甚至能进入地中海与法国海军对抗。正因为手握一支强大的海军，亨利八世宣称，他要成为"海洋之王"（Sea King）。④

1547 年亨利八世去世后，其子爱德华六世（King Edward Ⅵ）和女儿玛丽一世（Queen Mary I）相继登基为王。不过，这一时期英国政局动荡，英国海军的发展受此影响一度陷入停滞，甚至有所倒退。特别是笃信天主教的玛丽一世倒行逆施，导致英国一度陷入国弱民困的危险境地。不过，玛丽一世也在一定程度上继承了亨利八世的政策，积极寻求拓展对外贸易，开辟通往俄罗斯的海上商道。在她统治期间，英国商人成立

①　刘景华、张功耀：《欧洲文艺复兴史·科学技术卷》，人民出版社，2008 年，第 367 页。

②　C. S. L. Davies, "The Administration of the Royal Navy under Henry Ⅷ: The Origins of the Navy Board", *The English Historical Review*, Vol. 80, No. 315 (Apr. 1965), pp. 271–272.

③　Michael Duffy, *The Military Revolution and the State*, *1500–1800*, Exeter: University of Exeter, 1980, p. 49.

④　David Loades, *The Making of the Elizabethan Navy*, *1540–1590*, Woodbridge: The Boydell Press, 2009, pp. 9–10.

了专营对俄罗斯、西亚和中亚贸易的莫斯科公司。

1558 年，玛丽一世同父异母的妹妹伊丽莎白一世即位，英国海洋事业的发展进入一个新时期。伊丽莎白一世继承了其父亨利八世的政策，进一步扩充海军，鼓励建造商船并支持全民进行海外探险、贸易和殖民活动。伊丽莎白一世任命以航海探险和海盗活动闻名的约翰·霍金斯（John Hawkins）担任海军事务委员会顾问和海军财务主管，主持建造适合远洋航行、便于开展机动作战的新型战舰，并提升海军的管理效率。

（三）英西海上竞争与"无敌舰队"的覆灭

伊丽莎白一世时期，英国同西班牙的关系渐趋紧张。玛丽一世时期，由于同西班牙的联姻关系，英国在海上难以劫掠西班牙的运输船队，这一局面在伊丽莎白一世时期得以改变。在霍金斯的主持下，英国海军着力打击西班牙同其殖民地之间的海上白银运输，将视野由传统的本土水域防御和欧洲争霸拓展到对海外新世界的追逐。为此，英国海军以快速机动、远距离炮战、先敌开火为基本指导思想，建造了一批吨位不大但火力更猛、更便于拦截西班牙运输船的新型战舰。

到 1588 年英西海战爆发时，英国海军已形成了一支以 34 艘王室战舰为核心、辅之以 163 艘武装商船和其他舰艇的舰队。这支舰队虽然在规模上不及西班牙"无敌舰队"（Invincible Armada），但其战术思想更为先进。1588 年的英西海战中，英国舰队采用了以重炮远距离轰击敌方战舰的先进战术，英国战舰比西班牙战舰尺寸更长，速度更快，更为机动灵活且火力更强。[1] 而西班牙"无敌舰队"虽然规模巨大、人员众多、装备精良，但战术思想保守落后，仍然将海战视为海上的陆战，谋求凭借士兵数量的优势击败英国，但它们的大型帆船行进速度太慢且笨拙无比，难以同轻便灵活的英国战舰相抗衡。[2]

不断壮大的舰队规模为英国打破西班牙对海洋的垄断奠定了基础。英国海盗在海上大肆劫掠西班牙的运宝船，打击西班牙同美洲的金银往来，获利颇丰。伊丽莎白一世默许，甚至暗中资助以霍金斯和其表弟德

---

① Robert Bucholz and Newton Key, *Early Modern England，1485-1714：A Narrative History*，Chichester：Wiley-Blackwell，2009，p. 138.

② H. W. Hodges and E. A. Huges, eds.，*Select Naval Documents*，New York：Cambridge University Press，2009，p. 22.

雷克为代表的海盗活动，她本人则参与分成。1577—1580 年，德雷克成功完成环球航行，成为继麦哲伦之后第二个完成环球航行壮举的人。德雷克一路上袭击西班牙船只和城镇，斩获颇多。投资这次环球航行的伊丽莎白一世因此而至少获利 26.4 万英镑。① 此外，1585 年 12 月 26 日的一份记录显示，德雷克一次运回来的金银块就超过 10 吨。② 1587 年，德雷克多次突袭加迪斯、里斯本等地，给西班牙造成了重大损失，并导致西班牙"无敌舰队"被迫推迟了远征英国的作战计划，德雷克将这一系列行动称为"烧焦西班牙国王的胡子"（singeing of the King of Spain's beard）。

1588 年 7 月，不可一世的西班牙"无敌舰队"远征英国，但遭到惨重失败。此战英国舰队的辉煌胜利确保了英格兰的安全，并奠定了未来不列颠海洋帝国的雏形。但必须指出，"无敌舰队"虽然遭到英国舰队的沉重打击，但它的覆灭在很大程度上是一个回程途中的暴风雨导致的偶然事件。这场戏剧性的胜利只是英国在 1585—1604 年的英西战争中挫败强大的西班牙入侵的阶段性胜利，而远非英国彻底在海上压倒西班牙、夺取制海权的标志。在 1588 年的海战中失利后，西班牙迅速重建了海军，并在 1591 年的弗洛雷斯海战中击败英国舰队而重新获得海上霸权，它还在 1596 年和 1597 年连续组织了两次对英国的入侵，只是再次被暴风雨所阻才未能成功。③ 尽管如此，战胜"无敌舰队"对于英国的海上崛起，对于英国人民族自信心的树立仍然具有不可代替的价值，它吹响了英国征服海洋的号角。同时，建立海外殖民帝国也意味着打击西班牙的海上霸权和欧陆霸权，这更是英国维护本土安全的需要。"英格兰建立海外殖民帝国，有利于保证其在欧洲大陆的堡垒的安全，最终也有利于英格兰王国本土的安全，这种联系将在英格兰接下来大约 150 年间的战

---

① Robert Bucholz and Newton Key, *Early Modern England*, *1485 – 1714*：*A Narrative History*, Chichester：Wiley-Blackwell, 2009, p. 132.

② Julian S. Corbett, *Drake and the Tudor Navy*：*With a History of the Rise of England as a Maritime Power*, Aldershot：Temple Smith, 1988, p. 409.

③ Paul M. Kennedy, *The Rise and Fall of British Naval Mastery*, London：Macmillan, 1983, p. 29.

略话语中明显地体现出来。"①

"无敌舰队"的覆灭本身只是一个偶然事件，但对于英国而言，它具有极为重大的历史意义。这场带有很大运气成分的胜利让英国人逐渐明白，英格兰的未来在海上，只有进军海洋才能改变这个偏居欧洲一隅的岛国的命运。正如沃尔特·雷利爵士所言："谁控制了海洋，谁就控制了贸易，谁控制了全世界的贸易，谁就掌握了全世界的财富。"② 雷利的这句话深刻地道出了近代英国进行航海探险的根本目的，获取财富成为推动一代又一代英国人奔向大海的主要动机，由此带动了整个英国海洋事业不断攀上新的高度。霍金斯、德雷克、雷利等一批探险家（或也可称其为海盗）的背后，是英国宫廷和贵族的支持。不仅伊丽莎白一世积极投身于这场发财致富的大冒险之中，以女王的宠臣莱切斯特伯爵罗伯特·达德利（Robert Dudley, 1st Earl of Leicester）为代表的诸多英国贵族也争相资助海上活动。很多英国贵族并未将自己束缚在传统的土地经营中，而是积极投身于航海、对外贸易甚至是海上私掠活动中，并通过探险家的远航攫取了丰厚的利润。③

不仅如此，英国人还在精神层面上大力宣扬击败西班牙"无敌舰队"的意义，整个国家的爱国主义热情和民族自豪感得到极大的释放。击败"无敌舰队"的次年，英国诗人埃德蒙德·斯宾塞（Edmund Spenser）就出版了道德寓言诗《仙后》，他在诗中热情地讴歌作为民族精神化身的伊丽莎白一世。英国历史学家理查德·哈克卢特（Richard Hakluyt）则在其巨著《英吉利民族主要的领航、航海和发现》（*The Principal Navigations, Voyages, Traffiques and Discoveries of the English Nation*）中描绘了海战的胜利对英国海上冒险的刺激作用，他自豪地宣称英格兰民族"在探索世界各个角落的活动中，简单地说，

---

① 〔英〕布伦丹·西姆斯：《欧洲：1453 年以来的争霸之途》，孟维瞻译，中信出版社，2016 年，第 28 页。

② Geoffrey Till, *Seapower: A Guide for the Twenty-First Century*, London: Frank Cass Publishers, 2004, p. 15.

③ L. Stone, *The Crisis of the Aristocracy, 1558-1641*, Oxford: Oxford University Press, 1967, pp. 174-175.

在多次环球航行方面，胜过任何国家或民族"。① 英国人由此相信，自己是上帝的选民，是独一无二的高贵民族。正如美国学者里亚·格林菲尔德所言，"英格兰的繁荣昌盛以及大败无敌舰队……它们都被解释为上帝干预的标志……英格兰一直被选为上帝关注的焦点，只要她信守与上帝的约定，就肯定会得到神的帮助，而当她懈怠的那一刻，也必将遭到惩罚"。②

此外，击败西班牙"无敌舰队"也大大促进了英国海洋国家地位的形成和确立。它标志着英国海权战略的核心观念已经建立起来，即宗教、自由和金钱三位一体的结构，这三者共同构成了英国人对海权概念的理解。具体而言，英国海权一是要致力于捍卫新教，反对天主教对其进行的破坏；第二，英国海权要为实现宗教信仰自由和政治自由而战；第三，英国海权必须是盈利的，英国水手和商人都是为了追逐财富，这种财富起初来源于海上劫掠，而后则主要来自对外贸易。③ 1585 年以后，平均每年都有 100—200 艘英国船只出海追寻财富，其中有不足 50 吨的三桅帆船，也有 300 吨的大船，获得的收益至少达 20 万英镑。④ 在霍金斯、德雷克等人的推动下，在伊丽莎白一世时代，以打击西班牙的海外资产、商业和海军势力为主要内容的海洋战略逐渐上升为英国的基本国策。对殖民地和海军的热情开始取代对欧洲霸权的留恋而成为英国的战略选择，从而开启了英国冲出欧洲崛起为一个海洋性、全球性强国的进程。⑤

1600 年，英国枢密院接受了伦敦商人的申请，同意成立"东印度公司"（The Governor and Company of Merchants of London Trading into the

---

① 〔英〕温斯顿·丘吉尔：《英语国家史略》上册，薛力敏、林林译，新华出版社，1985年，第 557 页。

② 〔美〕里亚·格林菲尔德：《民族主义：走向现代的五条道路》，王春华等译，上海三联书店，2010 年，第 50 页。

③ N. A. M. Rodger, *Essays in Naval History，From Medieval to Modern*，Farnham：Ashgate，2009，pp. 157-158.

④ Kenneth R. Andrews, *Elizabethan Privateering：English Privateering During the Spanish War，1585 - 1603*，Cambridge：Cambridge University Press，1964，pp. 32 - 134，128 - 134. Quoted in John C. Appleby，" War，Politics，and Colonization，1558 - 1625"，in Nicholas Canny，ed.，*The Oxford History of the British Empire*，Vol. I，*The Origins of Empire*，Oxford：Oxford University Press，1988，p. 67.

⑤ Brendan Simms，*Three Victories and a Defeat：The Rise and Fall of the First British Empire*，London：Penguin Books，2008，p. 15.

East Indies）。1606 年，"伦敦弗吉尼亚公司"（Virginia Company of London）和"普利茅斯弗吉尼亚公司"（Virginia Company of Plymouth）获得皇家特许状。英国对亚洲、非洲、美洲等地的商贸和殖民活动如火如荼地开展起来。① 由此，英国找到了打开国家富强大门的钥匙，而这把钥匙无疑就是"海洋立国"："尽管是小国，其资源和本国的权力都极为有限，可是只要他们控制了海洋，则照样可以赢得和守住巨大的海外领土……西班牙舰队的失败，好像是一个耳语一样，把帝国的秘密送进了英国人的耳朵中；在一个商业的时代中，赢得海洋要比赢得陆地更为有利……西班牙舰队的被击败……为大不列颠帝国奠定了基础，使英国人获得了西班牙所丧失的威望。这种威望和对于其国运所具有的信心，促使英国人走上了帝国主义的道路。最后他们的旗帜飘扬在世界之上，成为亘古未有的海洋大帝国。"②

三　英国的海上争霸：同法荷的斗争

"无敌舰队"覆灭后，西班牙的海上霸权渐趋衰落，荷兰和法国取而代之，同英国争夺海洋，这两个国家代表了大致在同一时期与英国并起的强国两种不同的海洋发展模式。荷兰是以海洋商业作为发展核心的模式，而法国则是专制王权下大陆强国追求海上霸权的典型代表。英国同法荷展开了持续两个世纪之久的争夺海上霸权的激烈斗争，并取得了最终胜利。英国的胜利不仅仅是海上战争的胜利，更是英国海洋发展模式的胜利。

（一）荷兰的崛起与三次英荷战争

伊丽莎白一世去世后，詹姆斯一世（King James I）继位，英国进入斯图亚特王朝统治时期。在詹姆斯一世统治期间，英国海军的发展一度陷入低谷。与此同时，荷兰和法国的海上力量迅速崛起，它们逐渐取代西班牙成为英国追求海上霸权道路上最大的竞争对手。其中，率先从商业扩张角度入手而一度取得海上统治权，并同英国人在海上发生冲突的

---

① 钱乘旦主编《英国通史》第三卷，江苏人民出版社，2016 年，第 244—249 页、301 页。

② 〔英〕J. F. C. 富勒：《西洋世界军事史》卷二，钮先钟译，广西师范大学出版社，2004 年，第 31 页。

是荷兰人。

16—17世纪，荷兰的捕鱼业、造船业和航运业日益繁盛，逐步建立起遍布欧洲乃至海外世界的商业帝国。荷兰的兴盛首先从捕鱼业的兴盛开始，荷兰人"堪称现代意义上的海员。作为近岸浅海岛屿上的居民，他们只能靠捕鱼勉强维持生计……随着捕鱼业的兴旺，荷兰人的财富和渔民的数量也增加了。这样的交流很自然地导致了比利时商人雇用这些渔民从事海上运输"。① 在捕鱼业方面，荷兰渔民发明了在双桅捕鲭渔船（buizen）上快速取出鱼内脏并进行腌制的方法，他们活跃于北海的多格浅滩、苏格兰沿海和波罗的海，主要捕捞鲱鱼、鳕鱼和鲸，并创造性地发明了快速销售鲜鱼的猎售（sale-hunting）制度，② 逐渐成为欧洲渔业市场的统治者。

在造船业方面，荷兰的商船设计在欧洲居于领先地位。它载运量大，节省人力，造价低廉，其中"弗路于特"（Fluyt）成为欧洲通用的标准货运船，几乎整个欧洲都向荷兰订购船只。到1670年，荷兰船只总量已达56.8万吨，超过了西班牙、葡萄牙、法国、英国等国家吨位的总和。到17世纪末，已经显著增长了的英国船只的数量还只是荷兰船只数量的1/3到1/2，而且英国船只中有相当一部分是在荷兰建造的。③

在航运业方面，荷兰商人不仅在欧洲独具竞争力，他们的商船还遍布世界各地。在同西班牙和葡萄牙激烈的商业和殖民竞争中应运而生的荷兰东印度公司（VOC）注册资本达近700万弗罗林，掌握着远东地区的专卖权，在整个17世纪都是世界规模最大的商业公司。到1605年，荷兰东印度公司的业务已遍布爪哇、苏门答腊、婆罗洲、香料群岛（马鲁古群岛）、马来半岛和印度，它拥有数量庞大的500—1000吨的船只，这些船只既可用于贸易也可用来作战，这支舰队的实力已经超过了西班牙和葡萄牙海军力量的总和。因此，荷兰东印度公司成为从印度洋到南中国海的海上霸主，它积极协助荷兰政府在远东夺占西班牙和葡萄牙的

---

① 〔英〕詹姆斯·费尔格里夫：《地理与世界霸权》，胡坚译，浙江人民出版社，2016年，第137页。

② 〔英〕E.E.里奇、C.H.威尔逊主编《剑桥欧洲经济史》第4卷，张锦冬等译，经济科学出版社，2003年，第154—155页。

③ 〔英〕E.E.里奇、C.H.威尔逊主编《剑桥欧洲经济史》第4卷，张锦冬等译，经济科学出版社，2003年，第191—193页。

领地，它在 1605 年获得了安汶岛的主权，在 1607 年成为特尔纳特的主人。① 到 17 世纪末，荷兰东印度公司已经成为世界上最富有的公司，它拥有 150 艘商船和 40 艘战舰，雇用了 2 万名水手、1 万名士兵和近 5 万名员工。②

　　1639 年 10 月，荷兰海军传奇将领特罗姆普（Admiral Maarten Tromp）率领的舰队在唐斯海战（Battle of Downs）中击败了奥奎多（Admiral Don Antonio Oquendo）率领的西班牙和葡萄牙联合舰队，彻底终结了西班牙持续 100 多年的海上霸主地位。1640 年 1 月，在四天的追逐战中，一支由 86 艘舰艇、1.2 万人组成的西葡联合舰队在前往巴西的途中，被由 41 艘战舰组成的荷兰西印度公司（WIC）的舰队击溃。③ 到 1641 年，荷兰的海上霸权达到了顶峰。在远东，荷兰东印度公司在第三次围攻中终于从葡萄牙人手中夺取了马六甲。在美洲，荷属巴西的领地已经从里约热内卢扩大到亚马孙，绵延上千英里。在非洲，荷兰私掠船在非洲腹地和几内亚湾也都有斩获。④

　　到 1660 年，荷兰在东方已经完全取代了昔日葡萄牙的地位，它占据了印度西海岸的科钦，以及马六甲、苏门答腊、爪哇、婆罗洲、苏拉威西岛、摩鹿加群岛、西新几内亚、台湾岛和锡兰，而葡萄牙在东方占据的土地只剩下果阿和澳门。彼时只有 200 万人口的荷兰，在世界各地留下了自己的印记。合恩角（Cape Horn）、布鲁克林（Brooklyn）、新西兰（New Zealand）、斯匹次卑尔根岛（Spitsbergen）这些今天耳熟能详的地名都是由荷兰人命名的，而纽约（New York）在被英国人攻占之前一直被称为新阿姆斯特丹（New Amsterdam）。⑤ 到 17 世纪末，荷兰已经在亚洲建立起了一个以爪哇岛的巴达维亚港为中心的全球性商业帝国。其中，

---

① Engel Sluiter, "Dutch Maritime Power and the Colonial Status Quo, 1585–1641", *Pacific Historical Review*, Vol. 11, No. 1 (Mar. 1942), pp. 32–33.

② Tim Blanning, *The Pursuit of Glory: Europe, 1648–1815*, London: Penguin Books, 2008, p. 98.

③ Engel Sluiter, "Dutch Maritime Power and the Colonial Status Quo, 1585–1641", *Pacific Historical Review*, Vol. 11, No. 1 (Mar. 1942), p. 40.

④ Engel Sluiter, "Dutch Maritime Power and the Colonial Status Quo, 1585–1641", *Pacific Historical Review*, Vol. 11, No. 1 (Mar. 1942), p. 41.

⑤ Tim Blanning, *The Pursuit of Glory: Europe, 1648–1815*, London: Penguin Books, 2008, pp. 98–99.

在最能代表日益兴盛的全球贸易的欧洲市场上，"荷兰商船运来英国领海的鱼、美洲大陆的烟草，以及西印度群岛的糖、烟草和其他热带特产，以交换来自法国、西班牙、葡萄牙、海峡地区，以及德国、东欧和布拉班特的食品和制成品"。①

荷兰不仅在海上航运和商业领域执世界之牛耳，在国际法理论领域也颇有建树。1609 年，荷兰法学家雨果·格劳秀斯（Hugo Grotius）阐述了著名的"公海航行自由"原则，即"海洋自由论"（*Mare Liberum*），由此完全否定了西班牙和葡萄牙独霸海洋的法理基础，为海洋航行自由，特别是荷兰遍布欧洲乃至全世界的海上商业和航运业提供了理论依据。②"海洋自由论"是荷兰对现代国际海洋法的重大贡献，也是荷兰建立海上霸权的一大标志，由此引发了荷兰学者与英国学者之间的"书籍之战"（battle of the books）。

为打破荷兰对海洋近乎垄断的地位，英国方面一再阐述海洋可以被占有的主张。1613 年，英国学者威廉·威尔伍德（William Welwood）出版了《海洋法摘要》一书。他在书中指出，虽然各国都可以享有海洋自由，但沿岸国对本国海岸水域拥有主权，即认为海洋可以被分割和私有。威尔伍德的这一理论实际上是要打击荷兰在英国沿岸的捕鱼活动，维护英国在其近海的捕鱼权，它反映出同为新兴海洋强国的英国在面对占据优势的荷兰时的强烈竞争意识。1615 年，威尔伍德在其《海洋所有论》中再次强调了海洋可以被领有的观点。

1635 年，英国学者约翰·塞尔登（John Selden）针对格劳秀斯的"海洋自由论"提出了"海洋闭锁论"（*Mare Clausum*），主张海洋可以同土地一样被占领，成为私有领地和财产，从而为英国谋求统治海洋、攫取海上利益辩护。塞尔登的"海洋闭锁论"并非西班牙和葡萄牙独霸海洋观念的翻版，而是成为"领海"（territorial sea）思想的发轫。这一原则得到法国的赞赏，法王路易十四（King Louis XIV）在 1681 年颁布的首个海军条令中宣称，在新月和满月潮涨时所覆盖以及潮落时露出的

---

① Charles M. Andrews, "Anglo-French Commercial Rivalry, 1700–1750: The Western Phase, I", *The American Historical Review*, Vol. 20, No. 3（Apr. 1915），p. 540.

② 参见〔荷〕雨果·格劳秀斯《论海洋自由或荷兰参与东印度贸易的权利》，马忠法译，上海人民出版社，2013 年。

海域应被视为领水（coastal waters）。① 1702 年，荷兰法学家宾刻舒克（Cornelius van Bynkershoek）出版了《海上主权论》（*De Dominio Mais Dissertatio*），首次明确提出以当时大炮的射程确定领海宽度。1878 年，3 海里领海宽度原则被正式写进英国颁布的《领海管辖权法》。到 19 世纪末，除挪威、瑞典、冰岛和葡萄牙等少数国家外，3 海里领海制度得到各国的普遍承认和接受。这一领海制度无疑应归功于英国的首创和推广，而英国强大而深远的海洋影响力是 3 海里领海制度得以确立的基石。

随着荷兰在海上的迅速崛起，英国与荷兰围绕航运和贸易问题产生的矛盾不断升级，双方在海上的竞争日趋白热化。英荷矛盾激化之时正值英国处在共和国时期，克伦威尔（Oliver Cromwell）当政后，针对几乎垄断全世界航运业的荷兰人，颁布了比以往任何一次都更为严格的《航海条例》（*Navigation Acts*）。《航海条例》规定，任何输往殖民地或从殖民地输出的商品都必须由英国船只装载，由此引发了三次英荷战争。

1652—1654 年，英国海军在杰出将领罗伯特·布莱克（Admiral Robert Blake）的率领下取得了第一次英荷战争的胜利。1654 年 4 月 5 日，英国与荷兰签订了《威斯敏斯特条约》（*Treaty of Westminster*），荷兰承认了英国在其海域内的海上霸权，放弃修改《航海条例》的要求，并同意赔偿英国商人在东方遭受的损失。② 1652 年，英国制定了具有革命意义的《战争条例》（*Articles of War*）和《作战训令》（*Fighting Instructions*），提出了构成现代海战思想的两个重要理念：其一，海战的性质是一场打击敌方武装舰队、摧毁其海军抵抗力量的行动，而不仅仅是对其海上贸易进行报复；其二，这样的海战需要有效运用国家所有的专业舰队，尽可能地避免求助于私人船只。③ 上述理念极大地推动了英国海军从中世纪以私掠和打击敌方贸易为主要作战目的的临时舰队，向服务于国家大战略、以夺取制海权为目标的专业海军转变。改革显著地增强了英国海军的战斗力，帮助它迅速扭转了在第一次英荷战争初期的颓势，奠定了

---

① F. L. Carsten, *The New Cambridge Modern History*, Vol. V, London：Cambridge University Press, 1961, p. 203.

② 〔英〕查尔斯·弗思：《克伦威尔传》，王觉非等译，商务印书馆，2002 年，第 311—312 页。

③ Julian Corbett, *Some Principles of Maritime Strategy*, with an introduction and notes by Eric J. Grove, London：Brassey's Defence Publishers, 1988, pp. 176-177.

战争最后胜利的基础。

不过，第一次英荷战争的胜利并没有消除英国与荷兰之间的矛盾。1665 年，第二次英荷战争爆发，此次战争最终以荷兰的巨大胜利而宣告结束。1667 年 7 月 21 日，英荷签订了《布雷达和约》（*Treaty of Breda*）。根据该和约，英国放宽了《航海条例》的应用范围，接受了荷兰关于战时禁运品的规定，允许荷兰将货物从德意志和西属尼德兰运往英国。两国还划分了在美洲的势力范围，英国将面积狭小且不易设防的乔治敦（Georgetown）让给荷兰，但保留了在战争中占领的荷属新阿姆斯特丹。这次领土交换使得英国首次将其他欧洲国家的居民纳入自己的统治之下，它使英国获得了在北美大陆的重要立足点。因此，英国尽管在第二次英荷战争中失利，但最后达成的和约却对它十分有利。[①]

在 1672—1674 年进行的第三次英荷战争中，英荷双方基本上势均力敌。1674 年，英国与荷兰签订了第二次《威斯敏斯特条约》，荷兰以 20 万英镑的代价换取英国在法荷战争中保持中立。不过，由于荷兰在陆战中难敌法国，其海上霸权渐趋衰落。第三次英荷战争后，荷兰开始逐渐沦为欧洲二流国家。在 1780—1784 年的第四次英荷战争中，荷兰彻底战败，并在随后爆发的法国大革命和拿破仑战争中被法军所占领。至此，荷兰这个曾经无比辉煌的金融帝国完全退出了强国行列。

通过 17 世纪的三次英荷战争，英国的造船业、航运贸易业和金融业都得到显著发展，并迅速超越荷兰。1660—1770 年的 100 多年间，英国跨大西洋商船队的总吨位从 7 万吨上升到超过 50 万吨。[②] 1750 年荷兰商船总吨位为 35.9 万吨，同期英国商船总吨位则达到 42.1 万吨，到 1786 年更跃升到 75.2 万吨。商船吨位的快速增长代表着贸易运输量的显著上升，它标志着英国已经逐步取代了荷兰在西欧—北欧贸易中的优势地位。[③] 到 1750 年前后，荷兰的"黄金时代"（Golden Age）彻底终结，它

---

① Trevor Lloyd, *Empire: The History of the British Empire*, London: Cambridge University Press, 2001, p. 17.

② David Armitage and Michael J. Braddick, *The British Atlantic World, 1500 - 1800*, New York: Palgrave Macmillan, 2009, p. 56.

③ David Ormrod, *The Rise of Commercial Empires: England and the Netherlands in the Age of Mercantilism, 1650-1770*, Cambridge: Cambridge University Press, 2003, pp. 276-277.

的航运业、捕鱼业和造船业日趋衰落，市场份额很快被英国和法国所挤
占。① 1824 年，英国与荷兰在伦敦签订了《英荷条约》，重新划定了两国
在东南亚的商业势力范围。根据该条约，英国排挤了荷兰在印度的残余
商业势力，将其商业殖民地局限在马来半岛。

英国在同荷兰的海上争霸斗争中的胜利，代表了工业化的海洋大国
对单纯以贸易立国的海上强国的胜利。荷兰尽管早于英国成为欧洲头号
海上强国，但它过分强调贸易和航运本身，而没有意识到为贸易和航运
构筑坚实的殖民帝国基础和工业基础。英荷战争结束后，英国开始第一
次真正理解"控制海洋"（command of the sea）的含义——它意味着击
败敌人主要的海军力量，从而控制海上交通线。而在英荷战争中，海上
力量不仅因为捍卫了英国的国家安全而受到称赞，而且它还因为确保英
国从不受打搅的贸易和殖民收益中获利，以及让其敌人大为难堪而获得
充分肯定。②

（二） 英法争夺霸权的"百年战争"

在荷兰称雄海上的同时，路易十四统治下的法国也在陆上强势崛起，
并且谋求在海上扩张波旁王朝的荣光，英法对欧洲霸权和海上霸权的争
夺不可避免。尽管法国扩张的重点在欧洲，但英法对海上霸权的争夺从
一开始就是全球性的。英法之间争夺欧洲霸权和海上霸权的激烈斗争从
1689 年一直持续到 1815 年，从路易十四时代持续到拿破仑时代，因此也
被称为第二次英法百年战争（Second Hundred Years' War）。

法国西临大西洋，北濒英吉利海峡，南接地中海，拥有漫长的海岸
线以及勒阿弗尔、敦刻尔克、布雷斯特、土伦、马赛等众多优良港口，
发展海洋事业的条件也十分优越。法国争夺海上霸权的基础是其在专制
王权统治下日益凸显的大陆霸权，以及在近代早期占优势的人力、物力
和财力资源。法国的海洋扩张从一开始就是在政府主导下进行的，它并
没有英国和荷兰那样悠久且深厚的海洋发展传统和民间社会基础。

法国是一个拥有雄厚农业经济基础和广袤国土，并且由强大的专制

---

①   Tim Blanning, *The Pursuit of Glory: Europe, 1648-1815*, London: Penguin Books, 2008, pp. 99-100.

②   Paul M. Kennedy, *The Rise and Fall of British Naval Mastery*, London: Macmillan, 1983, p. 53.

王权所统治的陆上强国，它的工商业也日益兴盛。在"太阳王"（Le Roi Soleil）路易十四的直接推动下，法国不仅建立了一支欧洲大陆最强大的陆军，而且海军舰队的规模也在不断膨胀，并且装备精良、训练有素。为了打破英国对海洋的统治，特别是不再让法国船只向英国军舰降旗致敬，路易十四大力加强海军建设。法国在布雷斯特、罗什福尔、土伦、敦刻尔克和勒阿弗尔修建了5个海军兵工厂，专门从事海军舰艇的设计和建造工作。到1681年，法国海军已经拥有198艘战舰，在土伦港还泊有30艘双桅战舰。①

法国海军在战舰建造技术上也领先于英国，特别是在装备74门大炮的主力舰和轻型挂帆的快速战舰两种战舰的设计建造上独领风骚，英国也经常通过缴获的法国战舰来学习法国的战舰建造技术。② 直到路易十六（King Louis XVI）时期，英国对法国的战舰设计都赞不绝口。法国战舰在被捕获后经常立刻被改装成英国旗舰，英国战舰往往在吃水线处标明是由哪一艘法国战舰提供的型号。③ 此外，法国的海军教育制度也有其可称道之处。"英国海军的教学着重经验，依赖那些最有资历、最聪明的教官。而在18世纪的法国海军学院里，数学、水文学、天文学、航海术、仪器制作和舰艇建造都在课程设置中得到体现。"④ 凭借一支装备精良、训练有素的舰队，法国在与英国和荷兰的海战中取得了一系列胜利。在1690年的比奇角海战中，图尔维尔（Admiral Anne Hilarion de Tourville）率领的法国舰队凭借更大胆的战术运用而重创英荷联合舰队。1693年，法国海军在圣文森特角海战中再次击败了英荷联合舰队。

从经济角度看，法国在1660年之后逐步取代荷兰成为英国最大的商业竞争对手。尤其是法国推行的重商主义政策在英国商人看来是对他们的严重歧视。据英方统计，英国与法国的直接贸易逆差平均每年达到

---

① 〔法〕伏尔泰：《路易十四时代》，吴模信等译，商务印书馆，1996年，第432—433页。
② 〔英〕杰弗里·帕克等：《剑桥战争史》，傅景川等译，吉林人民出版社，1999年，第207—209页。
③ 〔英〕A. 古德温编《新编剑桥世界近代史》第8卷，中国社会科学院世界历史研究所组译，中国社会科学出版社，1999年，第237页。
④ 〔英〕J. O. 林赛编《新编剑桥世界近代史》第7卷，中国社会科学院世界历史研究所组译，中国社会科学出版社，1999年，第236页。

100 万英镑，这种贸易逆差被英国人视为法国对英国采取的"贸易阴谋"（scheme of trade）。而法国推行这种策略的直接目的就是发展法国的海外贸易，进而增强其海军和陆军力量。[1]

船旗致敬之争成为英法在海上交恶的导火索，好大喜功的"太阳王"路易十四不能容忍英国在海上独享荣耀。在 1688—1697 年的大同盟战争（War of the Grand Alliance）中，法国舰队遭到英国的海上封锁，其海上贸易遭受毁灭性打击。1704 年，法国舰队同英荷联合舰队在直布罗陀和马拉加海域进行了两次决战，双方互有胜负，但法国仍然没有打破英国的海上封锁。英国占领了直布罗陀，从此控制了地中海。1713 年 4 月，西班牙王位继承战争（War of the Spanish Succession）以反法同盟的胜利而宣告结束，西班牙和法国与以英国为首的反法同盟签订了《乌得勒支和约》（Treaty of Utrecht）。根据该和约，英国获得了西班牙的直布罗陀和梅诺卡岛以及为期 30 年的西属美洲的奴隶专卖权，法国则向英国割让纽芬兰、阿卡迪亚、哈德逊湾和圣基茨岛等北美属地，西班牙还向奥地利、普鲁士和萨伏伊等国割让了部分意大利领地和南尼德兰等领土。

《乌得勒支和约》及后续的《拉施塔特和约》和《巴登和约》彻底终结了路易十四称霸欧陆的企图，英国则扩大了殖民版图和贸易市场，显著地巩固了海军优势，由此开始建立起人类历史上第一个真正意义上的全球性海洋帝国。在 1688 年英国"光荣革命"（Glorious Revolution）之前，英国虽然因为挫败了独霸海上的荷兰而在欧洲崭露头角，但仍然只是欧洲的二流强国，其地位同葡萄牙、萨伏依这样的地区强国相仿，只能偶尔在欧洲政治舞台上发挥独立作用。而当时公认的欧洲五强是法国、西班牙、神圣罗马帝国、瑞典和荷兰，其中首屈一指的是路易十四统治下的法国。而英国在 1689—1714 年的一系列抗法斗争中取得的最后胜利和在反法同盟中实际所发挥的领导作用，不仅摧毁了路易十四独霸欧洲的梦想，还使得英国真正从一个边缘小国崛起为欧洲的主要强国。三次英荷战争的战略性胜利证明了英国是无可争议的海洋强国，而对法国的最终胜利证明了英国可以同欧洲强国一争高下，并且拥有大陆强国

---

① David French, *The British Way in Warfare*, *1688-2000*, London：Routledge, 2015, pp. 3-4.

所不具备的独特影响力。①

路易十四之后，英法又进行了一系列争夺海上霸权和殖民地的战争，这些战争虽然同欧洲列强的陆上争霸战争交织在一起，但已经体现出海战的重大战略意义。1739 年，"詹金斯的耳朵战争"（War of Jenkins' Ear）爆发，战争主要在加勒比海地区进行。1740 年，奥地利王位继承战争（War of the Austrian Succession）爆发。1756—1763 年，英国在具有决定性意义的七年战争（Seven Years' War）中获得了最终胜利。七年战争不仅是英法争夺欧洲主导权的战争，更是两国争夺世界海洋霸权的一场世界大战。1763 年 2 月 10 日，英法签订了结束战争的《巴黎和约》（Treaty of Paris）。根据这一条约，法国将整个加拿大和密西西比河以东的土地全部割让给英国，西印度群岛上的法属特立尼达、圣文森特和格林纳达等岛屿也让与英国。而在印度，法国仅被允许保留几个据点且不得设防。此外，英国还从西班牙手中获得了佛罗里达。至此，法国在北美和南亚的势力几乎被扫荡一空，西班牙彻底衰落，而英国的势力范围则获得了极大的扩展。美国独立战争爆发后，法国为报七年战争失利的一箭之仇，派出舰队支援华盛顿的大陆军作战。英国没有欧洲大陆的盟友，以及法国坚定地专注于北美战场，成为英国在美国独立战争中失利的两大原因。② 不过，尽管英国丢失了其北美殖民地，但它在大体上仍然保住了七年战争的胜果，而法国海军在印度洋、地中海和加勒比海最终还是败于英国之手，无力撼动英国的海上霸权。在拿破仑战争期间，尽管法军在欧洲大陆几乎所向披靡，但 1805 年特拉法尔加海战（Battle of Trafalgar）的失利再次证明，法国难以在海上对抗英国。至此，英国对海洋的统治地位得到极大巩固。

纵观英法争夺海上霸权的第二次百年战争，我们不难发现，法国专制制度的缺陷和法兰西民族海洋基因的缺失是法国最终在海上败于英国的根本原因，而英国海上优势的根源也借此显露出来。

第一，相比英国人，法国统治者的海洋意识仍然相当薄弱。对于法

---

① David French, *The British Way in Warfare*, *1688 - 2000*, London: Routledge, 2015, pp. 1-2.

② Brendan Simms, *Three Victories and a Defeat*: *The Rise and Fall of the First British Empire*, London: Penguin Books, 2008, p. 626.

国专制王权而言，海洋更多只是一个在陆上霸权之外体现法兰西伟大的舞台，而并非法国生存和发展必不可少的源泉。这种薄弱的海洋意识影响了法国海洋战略的正确决策，从而同地理上必须同时兼顾陆海两个方向一道，成为法国海洋事业发展的最大障碍。而英国人的商业进取心以及由此带来的争夺殖民地的意识，是英国海军不断得到发展壮大的内在动因。有学者指出了这一时期所凸显的海洋与英国国家发展命运之间内在的逻辑联系："英国对外政策上的一个取向在克伦威尔和复辟王朝时期就已经清晰可见，那就是：要成为一个伟大的国家，英国必须富裕，而获得财富的最好办法，是通过成功的海外商业，这就需要占有和利用殖民地；为了进行海外及殖民地的贸易，拥有一支巨大的商船舰队至关重要，同时还需要强大的海军，而只有富裕的国家才能够维持和支撑一支足够强大的海军舰队。"① 在国家层面上，对于英国这样的海洋国家而言，海军已经不仅仅是国防和争夺霸权的工具，更是立国基石，如同陆军是法国这样的大陆国家的支柱一样。在社会层面上，英国统治者同各种利益集团在面向海洋发展的国家战略上达成了一致，从而结成了广泛的利益共同体。这些以商人为代表的利益集团向政府缴税、提供人力以及投资发展军事力量，而政府则负责保护他们的贸易活动。② 在近代欧洲，海洋和商业是密不可分的统一体。对于天赋富饶、沃野千里的法国来说，商业固然重要，但它只是国家财富众多来源中的一个而已。但对于贫瘠狭小的英国而言，商业则无可置疑地占据了至高无上的地位。唯有通过商业贸易，不列颠才能走向富裕和强大，商业贸易也被无数英国人所关注。③

　　第二，在地缘政治上，英国这样的岛国比法国这样的大陆国家更加依赖海洋，也更能全身心地投入海洋发展道路。作为一个扼守欧洲通往大西洋和海外新世界通道的岛国，英国自丢失加莱之后就再无争夺欧洲大陆霸权的可能，从而只能专心经营海洋并开拓海外新世界。相应地，

① 陈晓律等：《英国发展的历史轨迹》，南京大学出版社，2009 年，第 104—106 页。

② Roger Morriss, *The Foundations of British Maritime Ascendancy：Resources，Logistics and the State，1755-1815*, Cambridge：Cambridge University Press, 2011, pp. 9-10.

③ Tim Blanning, *The Pursuit of Glory：Europe，1648-1815*, London：Penguin Books, 2008, p. 111.

英国也只需要集中国家资源发展一支强大的海军，便足以捍卫国家安全，并支持英国的殖民扩张和海外贸易。英国的理论家也充分意识到这一点，他们在各种论著中不断强调英国发展海权的重要性和经济性，引导英国的国家发展战略向海洋方向转型。从 15 世纪的《英国政策文书》（*Libelle of Englyshe Policye*）到理查德·哈克卢特的《航海》（*Voyages*），再到斯威夫特的《盟国操作》（*Conduct of the Allies*），诸多有识之士都认为英国需要发展强大的海军，而只需要一支主要用于对付爱尔兰人或苏格兰人的小规模陆军。"倘若将来有必要干涉欧洲，仅靠英国舰队就能摧毁或封锁敌国商业，从而搞垮其支付战争给养的能力。切断它同渔场、殖民地和海外市场的联系，甚至西班牙或法国也将被迫求和。"① 这种典型的"英国战争方式"（British way in warfare）在英国联合盟国挫败路易十四和拿破仑征服欧洲的霸权梦想的过程中体现得淋漓尽致。1805 年特拉法尔加海战的胜利标志着英国的制海权牢不可破，它既挫败了拿破仑登陆英伦三岛的企图，又使得英国可以源源不断地从海外汲取资源来支持反法联盟的斗争。尽管海权被证明主要是防御性的而不能直接决定陆上战争的胜负，但长期拥有海权将使胜利的天平逐渐向英国倾斜。

相比之下，法国是一个典型的陆海复合型国家，它的东北部边界一马平川，四通八达，首都巴黎毫无天险可守，历史上多次外敌入侵都是从这个方向进入的，因此法国必须通过建立陆上霸权才能维护安全，要将其领土推进到莱茵河，建立历代法王都梦寐以求的"天然疆界"。因此，法国大战略的首要任务是要建立一支足以称霸欧洲大陆的强大陆军，才能确保国家安全，并主宰欧洲事务，而发展海军在国家战略需要中处于次要地位，随时准备为大陆战略而牺牲。马汉从对比说明英国的海洋成功经验角度入手，对法国的大陆战略提出了严厉的批评。他指出："作为一个海洋强国，英国就拥有对于法国与荷兰的巨大优势。后者的力量最初就被维持一支庞大的陆军的必要性与为维护其独立而发动代价高昂的战争，消耗得所剩无几。"② 马汉的这番评价虽然失之于偏颇和刻薄，并且有为了说明英国战略的正确性而有意贬低法国的决策水平之嫌，但

① 〔美〕威廉森·默里等编《缔造战略：统治者、国家与战争》，时殷弘等译，世界知识出版社，2004 年，第 159 页。

② 〔美〕马汉：《海权论》，萧伟中、梅然译，中国言实出版社，1997 年，第 29 页。

它确实深刻道出了法国这样的陆海复合型国家在发展海洋事业方面所面临的难以克服的地缘政治劣势，以及随之而来的一系列棘手问题。如何在海陆两个方向之间做出正确的抉择，成为数百年来始终困扰法国的一大难题。英国对法国的胜利不仅仅是海上的胜利，而且是海上优势与陆上盟友相结合、欧洲军力与海外财源共同作用的结果。同时，维护欧洲大陆的秩序也是英国能安心经营海外事业的重要前提。总之，确保欧洲大陆的均势、充当欧洲政治的平衡者、有力掌控海外资源构成了英国奠定其海洋帝国和殖民帝国地位的三大利器，而三者之间也是相互作用、密不可分的逻辑关系。[①]

第三，在社会层面上，英国民众的海洋意识和国家情感随着海洋事业的不断深入而被激发出来，面向海洋发展在英国拥有更为广泛和深厚的社会基础。七年战争的胜利奠定了英国海上霸权的基础，海洋生活方式已经被公认为典型的英国生活方式。不列颠被赞为"这座小岛是世界的贸易中心，是万国的集市；它的商人坐拥世界的财富，生活滋润如王亲贵族；它的制造商享有信誉和名望，在我们广袤的领地上各取所需，价格低廉，绝无仅有"。18世纪下半叶到19世纪初，以海洋为主题进行创作的艺术家层出不穷，涌现出大量关于海洋的绘画，多米尼克·塞尔（Dominic Serres）、尼古拉斯·波考克（Nicholas Pocock）、托马斯·鲁尼（Thomas Luny）、菲利普·卢泰尔堡（Philip James de Loutherbourg）等都是当时最有代表性的海洋绘画家。18世纪下半叶，对南太平洋的探索也成为一时热潮，著名的詹姆斯·库克船长（Captain James Cook）是其中最为杰出的代表。[②] 在一代又一代先行者的传承之下，驾驭海洋、统治海洋、利用海洋逐渐成为整个英国社会的普遍共识，正如詹姆斯·汤姆森（James Thomson）在著名诗篇《统治吧！不列颠尼亚！》（*Rule, Britannia*）中所写的那样，征服海洋是不列颠崛起的必由之路：

---

① Brendan Simms, *Three Victories and a Defeat: The Rise and Fall of the First British Empire*, London: Penguin Books, 2008, pp. 672—673.

② 〔英〕布莱恩·莱弗里：《海洋帝国：英国海军如何改变现代世界》，施诚、张珉璐译，中信出版社，2016年，第135—141页。

当不列颠在上帝的旨意下，

首次从蔚蓝的大海升起，

这就是它的宪章。

它的守护神歌唱着：

"统治吧，不列颠尼亚！统治大海；

不列颠人永不是奴隶"①

时至今日，这首《统治吧！不列颠尼亚！》在英国仍然家喻户晓，它成为英国皇家海军和大英帝国的精神象征，也被认为是继《神佑吾王》（*God Save the King*）之后的英国第二国歌。参加海军、为国服役被赋予了更多的精神意义和荣誉价值，这一点在英国尤其受到精英阶层的推崇。从两任"水手国王"威廉四世（King William Ⅵ）和乔治五世（King Geroge V），到父子第一海务大臣巴登贝格亲王路易斯（Prince Louis of Battenberg）和路易斯·蒙巴顿（Lord Louis Mountbatten），再到出身海军的英国女王伊丽莎白二世的丈夫菲利普亲王（Prince Philip，Duke of Edinburgh）及曾驾机参加马岛战争的女王次子安德鲁王子（Prince Andrew，Duke of York），长期以来，英国贵族与英国海军一直保持着密切的联系，这是海军在英国历史发展和社会生活中扮演的重要角色所决定的，投身海军的贵族明显多于投身陆军的贵族。② 英国海军被称为"皇家海军"也道出了这种历史传统联系。

英国在同荷兰和法国的长期海上争霸斗争中笑到最后，充分证明了近代以来英国的岛国型海洋发展模式对比贸易立国型和陆海兼备型海洋发展模式的优越性。18世纪对法战争的胜利促使英国的全球战略真正成形，这一战略牢牢建立在英国的岛国地缘政治环境的基础之上。英国的主要目标就是充分发挥其地缘政治优势，特别是汲取海外世界的资源来发展自己，并且在必要时对欧洲局势进行干涉，确立并巩固自己在欧洲事务中的主导地位。

---

① 〔英〕阿萨·布里格斯：《英国社会史》，陈叔平等译，商务印书馆，2015年，第199页。

② J. Cannon, *Aristocratic Century*：*The Peerage of Eighteenth Century England*，Cambridge：Cambridge University Press，1984，p. 118.

第二节　维多利亚时代英国海上霸权的最终确立

英国在美国独立战争中失利后，对其海洋战略做出了全面调整，英国海洋帝国的结构得以优化。在维多利亚时代，英国完全确立了全球性海上霸权，这种海上霸权因为带有浓厚的维多利亚时代的色彩而别具一格，并由此奠定了英国海权的基本特点。

一　拿破仑战争后英国绝对海上优势的形成

在美国独立战争中，以往英国在对法战争中的殖民地优势变成了劣势。英国的北美殖民地从对法战争中的盟友，变成了独立战争中的敌人，他们显然不可能再向英军提供兵员、后勤补给和基地。在这种情况下，深入北美大陆腹地的英国陆军往往容易陷入孤立无援的险境，而大陆军则可以就地补给以及得到来自法国的援助。同时，法国则第一次可以在不用防备陆上威胁的情况下集中精力同英国在海上交锋。

北美的独立虽然对于英帝国是一个沉重的打击，但从英国海洋战略的演进角度看，它未尝不是一件幸事。英国吸取了重税压迫导致殖民地离心离德的教训并顺应历史发展潮流，逐步放弃了传统的以重商主义为指导的旧殖民政策，开始转向以拓展贸易和控制海上交通要道及据点为主要内容的新殖民政策，并开始全面推行自由贸易，从而显著地改善了经济结构，进一步释放了海洋发展模式的活力，带来了繁荣的贸易。"18世纪末英国丧失美洲殖民地，标志着帝国进入了一个新的阶段。英国获取必需品的来源由大西洋转向东方……这个变化也促使英国重新考虑帝国的行事方式……由进行花费巨大的保护贸易垄断的军事行动以及承受伴随而来的压在国内税收方面的沉重负担，转变为注重自给自足的经济发展和自由贸易。"[①]

此外，虽然英国失去了北美殖民地，但它对海洋的控制却得到进一步加强。只要继续牢牢掌握对海洋的统治地位，英国可以在贸易、商业

---

① 〔澳〕斯图亚特·麦金泰尔：《澳大利亚史》，潘兴明译，东方出版中心，2009年，第17页。

和航运上继续影响新生的美国，从而获取更为丰厚的经济回报。美国独立后，英国同前北美殖民地的贸易不仅没有走向萧条，反而愈加繁荣。据统计，1701—1705 年英国同北美的年均贸易额为 27 万英镑，而到了美国独立后的 1786—1790 年，这一数字已经上升到 200 万英镑。[①] 更重要的是，控制了海洋就意味着英国一方面可以继续通过均势政策来保有对欧洲事务的最终仲裁权，另一方面又可以转向更为广阔的海外新世界去攫取新的殖民地，建立更为庞大的殖民帝国。因此，历史学大师沃勒斯坦指出，丧失北美殖民地对英国而言其实并没有那么糟糕，"英国对于它的欧洲敌人的胜利，使它在约克镇的失败显得不太重要，并且意味着在 1783 年之后，大英帝国仍将控制着世界局势的发展，尽管丧失了 13 个大陆殖民地"。[②] 因此，在遭受北美独立的重大挫折之际，海洋对于英国国运发展的关键支撑作用再次凸显。英国人坦言，"海洋帝国是我们的，我们世代占有海洋，为了捍卫海洋，我们经历无数次海上战斗，流尽了鲜血，耗尽了财富；如果我们决心保护自己，我们就必须不惧任何艰难险阻也要捍卫英国对海洋的统治"。[③]

至此，调整后的英国海洋战略的思路更加清晰，即凭借海洋优势开辟海外殖民地不只是为了榨取和掠夺当地的财富，更是为了保护和促进英国的贸易。这些海外殖民地通常都是海洋中的战略要地，它们最大的价值是为英国海军舰队提供补给基地，为英国商人提供贸易据点和前进基地，从而能够连点成线，帮助英帝国控制全球海洋。

到 18 世纪末，以航运业为代表的英国海洋经济迎来了空前繁荣的时期。1755—1815 年，英国商船队的规模扩大了几乎一倍。[④] 1774 年，离开英国港口的船只吨位为 86.4 万吨，到 1785 年上升到 105.5 万吨，到

---

① Jeremy Black, *Trade, Empire and British Foreign Policy, 1689 – 1815: The Politics of a Commercial State*, London: Routledge, 2007, p. 19.

② 〔美〕伊曼纽尔·沃勒斯坦：《现代世界体系》第三卷，庞卓恒等译，高等教育出版社，2000 年，第 303 页。

③ David Armitage, *The Ideological Origins of the British Empire*, Cambridge: Cambridge University Press, 2004, p. 184.

④ Roger Morriss, *The Foundations of British Maritime Ascendancy: Resources, Logistics and the State, 1755–1815*, Cambridge: Cambridge University Press, 2011, p. 22.

1800 年则达到 192.4 万吨。①

1805 年特拉法尔加海战的胜利,是继 1588 年击败西班牙"无敌舰队"之后英国海洋发展史上又一个里程碑式的重大事件,它成为英国确立其绝对海上优势、建立全球性海上霸权的标志。英国通过这场辉煌的胜利彻底挫败了拿破仑登陆英伦三岛的计划,还沉重打击了法国挑战英国海上霸权的信心,使其只能逐渐满足于并努力保持世界第二海军强国的地位。法国并未因为特拉法尔加海战的失利而放弃进攻英国,尽管拿破仑很快又动员了几乎整个欧洲的资源来重建舰队,但始终缺乏足够的水手来装备舰队,而陆上形势的瞬息万变又使得拿破仑无法安心集中精力重建海军,入侵英国的计划始终无法得到实践。

在第二帝国时期,法国又多次希望借助率先采用新技术来削弱英国的海上优势,但实际上它再无可能与英国争夺海上统治地位。科贝特写道,英国在特拉法尔加海战中的胜利"不仅使不列颠群岛免遭入侵,而且建立了一道延伸到世界两端的防线;它不仅摧毁了法国的海军力量,而且通过确保地中海与通往东方的基地,使得拿破仑海军的任何复苏都无法再对英国的海外领地造成严重威胁"。② 特拉法尔加海战深刻体现了经过百年洗礼的英国海军,在整体素质和精神风貌上全面领先于法国和西班牙的显著优势。更重要的是,英国在里斯本和直布罗陀都有海军基地,不仅可以分别监视布雷斯特的法国大西洋舰队和土伦的法国地中海舰队的动向,还可以扼守由英吉利海峡到地中海的航线,阻挠并破坏法国的舰队调动。缺乏勇气和主动精神的法国舰队统帅维尔纳夫(Rear Admiral Silvestre de Villeneuve)虽然一度对英国舰队占据数量上的优势并遇到良好的战机,但他最终还是未能打破英国舰队的封锁。

特拉法尔加海战后,英国海军已经牢牢控制了英吉利海峡,乃至统治了整个欧洲海域。美国独立战争造成的英国海上地位动摇的危险消除了,英国确立了对海洋的绝对统治。与此同时,特拉法尔加海战结束了英国自击败西班牙"无敌舰队"以来一直维持的战略防御态势,它再也

① Paul M. Kennedy, *The Rise and Fall of British Naval Mastery*, London: Macmillan, 1983, p. 120.

② 〔英〕朱利安·S. 科贝特:《特拉法尔加战役》,陈骆译,社会科学文献出版社,2016年,第 430 页。

不需要担心敌人可能渡过英吉利海峡入侵英国本土，从而能放手干涉欧洲大陆事务，并积极拓展海外势力。崇尚进攻、追求彻底消灭对手逐渐成为英国的海军传统，这也被视为英国在海上勇往直前、积极进取的精神象征。①

英国在拿破仑战争中的胜利进一步促进了英国贸易和航运的繁荣，帝国版图的扩大使得贸易和航运规模增长迅速，由此带动了英国造船业的迅速发展。1788 年，英国拥有的商船总吨位为 105.5 万吨。到 1790 年，在英国登记注册的商船数量增加到 13557 艘，总吨位达 138.3 万吨。到拿破仑战争结束时的 1814 年，在英国登记注册的商船数量已达 21550 艘，总吨位达 241.4 万吨。1820 年，商船数量进一步增加到 21969 艘，总吨位为 243.9 万吨。② 此外，到拿破仑战争结束时，由英国运输部管理的运输船达到 1020 艘，总吨位为 276554 吨。③ 1895 年，英国船队总吨位占到全球远洋运输总吨位的 73%，1900 年，全球 60% 的新下水船只是由英国造船厂建造的。④

从法国大革命到拿破仑战争，英国对法国的胜利不仅仅是英国海权和海洋战略的胜利，更是英国经济的胜利。在这场持续了数十年的漫长战争中，英国始终有雄厚的财力支持战争，良好合理的财政结构使英国经济不仅没被战争拖垮，相反还因为战争的刺激更加繁荣。由于拿破仑的大陆封锁政策，许多欧洲国家的谷物出口都受到影响，而英国农场主则趁机抢占了市场份额。英国工业因为蒸汽机的推广应用，以及其他新技术的采用而发展迅猛，建立在运河、公路和铁路系统基础上的英国国内交通网也迅速发展起来。英国的生铁产量从 1788 年的 6.8 万吨上升到 1796 年的 12.5 万吨，到 1806 年则达到 24.4 万吨。棉纺品出口额从 1793 年的 165 万英镑猛增到 1815 年的 2255 万英镑。此外，钢铁、机械工具、

---

① Trevor Lloyd, *The History of the British Empire*, London: Cambridge University Press, 2001, p. 64.

② Roger Morriss, *The Foundations of British Maritime Ascendancy*: *Resources*, *Logistics and the State*, *1755-1815*, Cambridge: Cambridge University Press, 2011, p. 83.

③ Roger Morriss, *The Foundations of British Maritime Ascendancy*: *Resources*, *Logistics and the State*, *1755-1815*, Cambridge: Cambridge University Press, 2011, pp. 348-349.

④ 〔英〕H. J. 哈巴库克、M. M. 波斯坦主编《剑桥欧洲经济史》第 6 卷，王春法等译，经济科学出版社，2002 年，第 254 页。

军火、呢绒制品和丝织品的生产规模都在不同程度上得到扩大，银行和保险业也日渐兴旺。如表 1-1 所示，英国海外贸易总额除在 1812 年受到英美战争的影响而有所下降外，其他年份都保持着快速增长势头。

表 1-1　1796—1814 年部分年份英国海外贸易额统计

单位：百万英镑

年份	进口	出口	再出口
1796	39.6	30.1	8.5
1800	62.3	37.7	14.7
1810	88.5	48.4	12.5
1812	56.0	41.7	9.1
1814	80.8	45.5	24.8

资料来源：Paul M. Kennedy, *The Rise and Fall of British Naval Mastery*, London：Macmillan, 1983, pp. 139-145。

海外贸易的扩大促进了英国税收的大幅增长，它集中体现在同贸易密切相关的关税和消费税上。据统计，1793 年，英国关税和消费税收入为 1357 万英镑，到 1815 年已达到 4489 万英镑。[①] 英国工农业生产和贸易的发展得益于海军的保护，而繁荣的经济反过来又使得海军发展获得了强有力的财力保证，并支持英国将同法国的战争进行下去，而不会因为经济问题引发国内的政治和社会矛盾。反观法国，大陆封锁政策虽然给英国经济造成了一定的损失和困难，但却引发了普鲁士、俄国等主要农业出口国的强烈不满，它很快激化了拿破仑帝国的内部矛盾，最终导致这个靠军事征服建立起来的帝国分崩离析，名存实亡。

总之，在拿破仑战争中的胜利直接促成了以全球海权和自由贸易为根本特征的英国第二帝国的建立，英国在很短的时间内就从丢失北美殖民地的阴霾中恢复过来，并在第二次工业革命的推动下迅速崛起为一个真正意义上的全球性海洋强国。

二　维多利亚时代英国海上霸权的确立

到 19 世纪中期，维多利亚时代的英国已经确立起绝对的海上优势。

[①]　Paul M. Kennedy, *The Rise and Fall of British Naval Mastery*, London：Macmillan, 1983, pp. 139-145.

这一时期正值世界海军技术革命的高潮期，蒸汽机取代风帆成为战舰的动力来源，钢铁取代木材成为船只建造的主要材料，而火炮的革新和装甲的运用又使得海军在攻防两方面都实现了划时代的飞跃。[①] 在世界海军技术革命的浪潮中，英国始终居于前列，并牢牢地掌握着主动权，由此推动其进一步巩固和扩大海上霸权。

在海军管理制度上，英国海军在1832年通过建立一个新的海军委员会实现了军令和军政的分离。在此之前，海军部负责作战指挥，即军令。海军委员会负责行政管理，即军政。1872年，英国创立了现代海军部，确立了3项基本原则：其一，文职海军大臣居于最高地位；其二，海军部的其他成员各自对海军大臣负责；其三，海军部整体上是一个全面的咨询机构。为进一步适应海军新技术的发展，英国海军分别在1859年和1861年建立了水兵和军官的后备役制度，商船的船员、水手和渔民每年有几周在海军学习作战。英国海军中无论是军官还是水兵都不再只来自固定的几个地区，整个英国参加海军的热情日益高涨，由此显著扩大了英国海军的兵源。[②] 这种现代海军管理制度的确立，契合了英国自光荣革命以后逐步走向民主国家的历史进程，它在确保英国海军力量的建设和运用服从于宪政体系的同时，也使得海军的发展始终遵循专业化、精英化和国家化的基本原则，最大限度地激发了英国海军的创造性，并在制度保证和资源供给两个层面奠定了英国海军领先于诸强的基础。

在确立自由贸易制度和进一步巩固了对海洋的统治地位后，英国海上霸权的防御性特征进一步得到确立。这种防御性特征突出表现为英国并不轻易使用海军力量进行暴力征服，而是强调建立适应自由贸易发展需要的开放、通畅、稳定的海洋流通秩序，而英国海军的作用更多是通过扼守交通要道来确保这种秩序的有效运作。当然，海权本身难以对陆上强权产生直接影响的特性，以及由海向陆逐次征服内陆目标在技术上的难度和高昂的成本，也是英国在控制全球海洋后不谋求沙俄式的领土扩张的重要原因。英国本土作为一个人口较少、资源有限、无陆上邻国

---

① 〔英〕J. P. T. 伯里编《新编剑桥世界近代史》第10卷，中国社会科学院世界历史研究所组译，中国社会科学出版社，1999年，第374页。

② 〔英〕J. P. T. 伯里编《新编剑桥世界近代史》第10卷，中国社会科学院世界历史研究所组译，中国社会科学出版社，1999年，第408—411页。

的岛国，也不可能为领土扩张创造条件并提供现实需要和思想准备的基础。换言之，英国海洋战略从一开始就具有防御性的特征和传统。这种海洋战略又是同维多利亚时代的英国避免陷入扩张泥潭的审慎态度紧密相连的，这既是一种保守主义习惯的反映，又是一种精打细算的经济主义思维的体现。维多利亚时代早期，英国海军的规模降到了拿破仑战争结束后的最低点，这是致力于打造"廉价政府"（cheap government）的英国政府压缩军事开支的直接反映。1835 年，英国海军预算为 450 万英镑，降到了 19 世纪的最低点。1815 年英国海军部规定的和平时期的舰队规模为 102 艘战列舰和 110 艘护卫舰，但由于缺少资金，拿破仑战争后的英国海军一直未能达到这一要求，1830—1834 年只有 58 艘战列舰和59 艘护卫舰。[1]

　　另外，在挫败路易十四和拿破仑两次在欧洲大陆扩张霸权的过程中，英国逐步形成了均势政策的传统。"英国通过扮演欧洲均势的'平衡者'角色……保持了民族国家体制并维持了许多中小国家的独立地位，而且向其他大国展示了一种战略克制的形象……它即使有能力到欧洲谋求领土和财富，也不越雷池一步，只把势力范围瞄向海外的殖民地，在欧洲国际社会的核心区域表现出了一种战略超然态度，令欧洲大陆诸国对英国的政策有了可以预期的稳定把握，往往转而采取争取英国同情与支持而不是防范英国进攻的措施。"[2] 保持欧洲均势、防止大陆霸权的出现是英国最重要的战略诉求，因为"一个稳定的欧洲对英国在国际上的卓越地位是非常关键性的，而欧洲的自我毁灭必然标志着英国首要地位的结束"。[3] 这种对均势的追求和自身置身事外的超然态度，也成为指导英国海洋战略的重要思想。实际上，从伊丽莎白一世开始，英国就开始意识到海军力量的本质不只是建造战舰、训练水手，更是一种地缘政治思维，即从大陆型思维向海洋型思维转变。英国的安全边界不是英国海岸线或英吉利海峡，而是从直布罗陀到荷兰—德国边界的漫长海岸线，英国要确保这条边界线不被

---

① David French, *The British Way in Warfare, 1688 - 2000*, London: Routledge, 2015, p. 130.

② 郭树勇：《大国成长的逻辑：西方大国崛起的国际政治社会学分析》，北京大学出版社，2006 年，第 122 页。

③ 〔美〕兹比格纽·布热津斯基：《大棋局：美国的首要地位及其地缘战略》，中国国际问题研究所译，上海人民出版社，1998 年，第 29 页。

任何一个欧洲大陆强国所单独掌控，从而衍生出了保持均势（equilibrium）的思想并延续至今。①

在地缘政治上，英国海洋战略的自我克制特征也可以从其不需要通过谋求霸权来维护安全，而是主张建立有序的国际体系来确保共同安全的角度来解释。约翰·米尔斯海默、罗伯特·杰维斯等知名国际政治学者，都以陆上大国和海上大国的安全处境不同为切入点，特别强调地缘因素对英国大战略的影响，而这一观点也在很大程度上得到了克里斯托弗·莱恩的认同。"由于与强大对手相邻的陆上大国面临着巨大的国际体系压力，因而会产生最强烈的动机要消灭对手以获取自身安全，也就是说，要获取霸权……与陆上大国不同，像英国还有美国这样的海上（岛屿）大国（在其权力鼎盛时期）具有相对较高的安全系数。由于这些大国都受到了难以逾越的海洋屏障的保护，因此，陆上大国很难攻击它们。正是地缘因素使得海上大国相对不易受到攻击，因而它们不需要为了获取安全而成为霸权国家。"②

英国海洋战略的武力运用方式是有限干涉（limited intervention）或有限战争（limited war）。在维多利亚时代，英国已经成为一个无可置疑的海洋性国家，它的突出表现就是缺乏陆地战略纵深、严重依赖海洋资源、海军强大而陆军孱弱。这就决定了英国在使用武力时更习惯于或更倾向于采用有限干涉行动，即目标有限、规模有限、烈度有限，更重要的是成本有限，它是一种短期的、临时的"警察行动"，而不会是一场旷日持久的总体性战争（total war）。这也是同历史学家们津津乐道的"英国战争方式"（British way of warfare）一脉相承的。在维多利亚时代，这种有限干涉行动更多表现为支持英国外交的军事行动，即所谓的"炮舰外交"（gunboat diplomacy）。在克里米亚战争爆发前，即1815—1853年，英国海军没有卷入同欧洲一流强国的战争，它的主要任务是支持英国外交、查禁海盗和非洲奴隶贸易，以及促进英国在南美、非洲、印度洋、东南亚和中国的贸易。所谓支持英国外交，就是运用足以掌控欧洲

---

①　Brendan Simms, *Three Victories and a Defeat: The Rise and Fall of the First British Empire*, London: Penguin Books, 2008, p. 17.

②　〔美〕克里斯托弗·莱恩：《和平的幻想：1940年以来的美国大战略》，孙建中译，上海人民出版社，2009年，第30—31页。

制海权的优势海上力量干预他国内政，当然对象主要是荷兰、比利时、西班牙、葡萄牙、希腊和奥斯曼帝国等二流强国。① 维多利亚时代英国的对外战争史证明，如果是鸦片战争、克里米亚战争这样的有限战争，英国往往能游刃有余。而面对布尔战争（Boer War）这样旷日持久的大战，英国则力不从心甚至是得不偿失。维多利亚时代结束后，英国先后卷入了两次世界大战，英国在这两场总体战中都是苦苦支撑，虽然取得了最终的胜利但也彻底丧失了延续百年的海洋霸主地位。这些事实都证明，缺乏强大的陆权基础的英国难以承受长期、大规模、高消耗的战争，这样的战争对于英国海洋世界体系的维系和经营都是严重的损害。

在维多利亚时代，英国建立并不断完善以自身为中心的海洋世界体系，这一体系以英国的优势海洋力量为后盾，以推行自由贸易为目标，以稳定、开放、畅通的国际秩序为特征，它本身是排斥动乱和战争的。因此，维多利亚时代的英国海洋战略从控制风险和成本的角度考虑也强调慎战而注重发挥战略威慑作用，更希望不战而屈人之兵，通过谈判和协商来解决问题。英国的战略威慑可以分为在本土的威慑和在海外的威慑，前者针对的是欧洲列强，特别是仍一心想在海上赶超英国的法国，后者的对象则主要是欧洲以外形形色色的小国或地区性强权。因此，英国海军将主力战舰主要部署在本土，以威慑其他海军强国的造舰行动，而在海外则大量使用续航力强、可在近海和浅水活动的小型舰艇来执行维护海上交通线、打击海盗和奴隶贸易的"警察任务"。② 正是因为英国在海上居于 300 年前西班牙"无敌舰队"横行世界的地位，通过武力战胜英国被认为是毫不现实的，而英国并不过分滥用武力也使得它的对手相对容易接受在英国的威慑下退让。这一点在 1878 年英俄之争的近东危机和 1898 年英法对峙的"法绍达事件"中得到充分体现。威慑手段也成为英国推行其外交政策最具标志性的工具。

整个 19 世纪，尽管法国、俄国、德国都是英国海上霸权的觊觎者，它们也多次谋求挑战英国的海上地位，但无一例外地失败了。拿破仑战

---

① David French, *The British Way in Warfare*, *1688 - 2000*, London：Routledge, 2015, p. 131.

② David French, *The British Way in Warfare*, *1688 - 2000*, London：Routledge, 2015, p. 137.

争结束后，英国海军在维多利亚时代的任务逐渐定型。第一，它负责保卫英国本土免遭入侵，并维护英国的全球商业利益，特别是确保以英国为中心的海上交通线网络的安全畅通。第二，英国海军还承担着重要的外交职责：（1）遏制法国和俄国的扩张，特别是确保地中海牢牢掌握在英国手中；（2）推行炮舰政策，通过炫耀武力来支持英国的外交和商业冒险行动；（3）打击海盗和奴隶贸易，维护海洋的自由开放。到19世纪中期，不仅没有一个国家可以挑战英国的海上霸权，而且它们还默认了英国对海洋的统治地位和自封的"海上警察"角色，"不列颠治下的和平"这一概念不仅反映出了英国因为统治海洋而确立起来的以它为中心的世界秩序现象，也道出了欧洲列强对难以挑战英国海上霸权的愤懑和无奈。[1] 拿破仑战争后，英国通过牢牢掌控英吉利海峡、北海、苏伊士运河和地中海入海口这四处"窄海"（narrow seas）的制海权，将欧洲强国的海军严密封锁在本土港口内，阻止它们进入大洋，由此确保英国的海上绝对优势。这一战略直到19世纪末美国、日本这样的欧洲以外的海军强国崛起之后，才遭到挑战。[2]

19世纪中期以后，船舶由木制风帆时代跨入了钢铁蒸汽时代，英国在运用新技术方面虽然往往并不是先行者，但在技术革新方面取得的成就最为显著。以蒸汽船为例，到1888年，全球蒸汽船的吨位超过了1000万吨，其中英国蒸汽船的吨位达到近700万吨，其他国家中没有一国拥有的蒸汽船吨位超过100万吨。[3] 1897年，当英国人庆祝维多利亚女王登基60周年时，英国海权达到了顶峰。据统计，到1897年，英国海军共拥有9.2万人，装备了330艘战舰，其中有53艘为现代化的装甲舰，被公认为当时地球上最强大的军事力量。[4]

除此之外，运河交通网的建立也进一步密切了英国内陆同海洋的联

---

[1]　Andrew Porter, *The Oxford History of the British Empire*, Vol. Ⅲ, Oxford：Oxford University Press, 1999, p. 323.

[2]　Aaron L. Friedberg, *The Weary Titan：Britain and the Experience of Relative Decline*, *1895-1905*, Princeton：Princeton University Press, 2010, pp. 138.

[3]　Charles Wentworth Dilke and Spenser Wilkinson, *Imperial Defence*, New York：Cambridge University Press, 2012, p. 41.

[4]　Lisle A. Rose, *Power at Sea：The Age of Navalism*, *1890-1918*, Columbia：University of Missouri Press, 2007, p. 11.

系，进而深化了英国国内市场与国际市场的关系。到 19 世纪 40 年代，英国运河的货物年运输量已达到 3000 万吨以上，其中煤炭是最主要的运输商品之一。以利物浦为例，该地在 1833 年全年共消费了 584950 吨煤炭，其中有 270753 吨煤炭是通过运河输送的，所占比例近半数。到 19 世纪中期，已有 2.5 万艘驳船活跃在英国的运河上，超过 5 万人生活在驳船上。①

在维多利亚时代，英国的海洋霸权和自由帝国得以建立并长期维系，除英国自身的实力基础外，还在于这种英国主导的国际秩序虽然具有暴力征服和残酷掠夺的一面，但在客观上符合了当时主要国家的利益和经济发展的需要。因此，以印度为中心的"这半个世界的防御安全决不能依靠英国陆军，甚至也不能依靠英国海军，而是要依靠英国政策所赢得的尊重和依赖，依靠别的国家在多大程度上相信英国的政策是符合全人类利益的，是旨在促进人类的和平与通商贸易的。如果英国忘记这一点，而去执行侵略的政策，或没收别人财富的政策，它就会马上四面树敌"。② 在维多利亚时代，由海洋事业的成功而获得的领导地位赋予了英国人高涨的自信和强烈的自豪感，特别是伴随着"不列颠治下的和平"的建立，海洋为英国带来的荣耀达到了顶峰。进化论的奠基人达尔文（Charles R. Darwin）就曾为此而感叹道："我的第一感觉就是为我生而为英国人感到骄傲。"③

第三节　19 世纪末 20 世纪初英国应对危机的海洋战略

维多利亚时代（1837—1901 年）既是英国海权达到顶峰的时代，也是其盛极而衰的开始。19 世纪末 20 世纪初，随着英国工业和经济实力的相对衰落，英国海上霸权遭到以德国为代表的后起海上强国的严重挑战，英国海权面临着深刻的危机。在这种情况下，英国连续通过了多个

---

① Chris Williams, *A Companion to Nineteenth-Century Britain*, Malden：Blackwell Publishing Ltd，2004，p. 232.

② 〔英〕F. H. 欣斯利编《新编剑桥世界近代史》第 11 卷，中国社会科学院世界历史研究所组译，中国社会科学出版社，1999 年，第 750 页。

③ Lawrence James, *The Rise and Fall of the British Empire*, London：Abacus，1998，p. 169.

海军扩建法案，并采取了约翰·费希尔（Admiral Sir John Fisher）主导的海军改革等多种措施巩固其海上霸权，取得了较为明显的成效。总的来说，这一时期英国海洋战略的主题就是应对海权危机，捍卫英国对海洋的统治地位。

一　世界海权竞争格局的形成与英国海权的危机

19世纪末20世纪初，马汉的海权论风靡全球。在海权论的影响下，以德国、美国、日本为代表，世界主要工业强国开始以前所未有的决心和投入来发展海军力量，其舰队规模不断膨胀，从而对英国的全球性海上霸权构成威胁。同时，第二次工业革命的深入推进又引发了海军技术革命，海军装备更新换代的速度大大加快，这也为后起强国利用新技术挑战英国海上垄断地位创造了条件。木制风帆战舰时代向钢铁蒸汽战舰时代的转变同时也是世界海权力量大洗牌的开始。由此，多极化的世界海权竞争格局开始形成，列强之间的海上竞争日趋激烈。

在以化学、电气等为代表的第二次工业革命浪潮中，德国、美国等新兴强国是领潮者，而英国、法国这样的老牌工业强国则在这股浪潮中呈现颓势。在新兴技术的冲击下，英国传统优势领域的造船、钢铁、采煤、纺织等行业的竞争力不断下降，由此导致英国海权的工业基础遭到侵蚀和削弱。例如，在代表一国工业生产水平的钢铁产量方面，英国逐渐被德国超过，更无法同美国相提并论。相关数据显示，1890年，英国的钢铁产量为800万吨，德国为410万吨。而到1910年，英国的钢铁产量下降到650万吨，而德国则大幅上升到1360万吨。到1913年，英国的工业潜力指数为127.2，德国为137.7，美国则高达298.1。在贸易方面，1880年，英国制成品出口额占世界制成品出口总额的22.9%，1913年，这一比例下降到13.6%。[①] 1913年，英国的工业产量从世界首位跌落到第三位，美国和德国先后超越英国成为最富活力的工业化强国。[②] 1880年，英国贸易额占世界贸易总额的23.2%，而1911—1913年则仅占

---

① Paul Kennedy, *The Rise and Fall of the Great Powers*, London: Unwin Hyman, 1988, pp. 200-202.

② Christopher Clark, *The Sleepwalkers: How Europe Went to War in 1914*, New York: Harper Perennial, 2014, pp. 164-165.

14.1%。① 尽管英国仍然是综合国力最为强大的国家，但相对德国、美国等新兴强国，以及法国、俄国等老牌强国，英国的优势在不断减少。

在第二次工业革命的推动下，特别是随着海军技术革命的到来，新技术成为其他海上强国挑战英国海上霸权的突破口，其中法国是最为热衷采用新技术的海上强国，它也再次成为英国海上霸权的最大威胁。早在19世纪初，法国炮兵军官亨利·贝汉（Henry J. Behan）就开始试验新型的海军技术武器和战术，他在19世纪20年代出版的《新海军》等一系列小册子中完整阐述了自己的构想，即建立一支主要由采用蒸汽驱动、吨位较小的铁制装甲战舰组成的新型舰队，这支舰队的战舰配备重量和口径都统一、发射重型空心爆破弹的重炮组，可有效摧毁英国海军的大批木制老式战舰。② 到19世纪中期，兴盛一时的法兰西第二帝国更为积极地研发新的海军技术，挑战英国的海上霸主地位。1850年，法国建成世界上第一艘螺旋桨蒸汽战舰"拿破仑"号。1852年，英国第一艘螺旋桨战列舰"阿伽门农"号下水。1859年，法国建成了世界上第一艘铁甲舰"光荣"号。深感震惊的英国随后建造了吨位更大、航速更快的"勇士"号铁甲舰加以回应。这一时期，法国扮演了海军新技术的开拓者角色，而英国则成为"快速追赶者"（quick follower）。③

1871年普法战争后，法国将战略重点放在陆上，处心积虑地寻求对德复仇，因此不断削减海军经费。1870年，法国海军开支约为英国的3/4，而到了1872年则勉强只达到英国的一半。④ 殖民战争和挑战英国海上霸权的需要，使得法国必须保持一支足够强大的海军，但对德复仇和本土安全的需要又使得法国国防投入的重点必然是陆军，海军只能居于次要地位。因此，为解决海军建设长期存在的经费不足的问题，在"青年学派"（Jeune École）的影响下，法国海军一度摒弃了昂贵的战列舰，

---

① Paul Kennedy, *The Rise and Fall of the Great Powers*, London: Unwin Hyman, 1988, p. 228.

② 〔英〕J. P. T. 伯里编《新编剑桥世界近代史》第10卷，中国社会科学院世界历史研究所组译，中国社会科学出版社，1999年，第376—377页。

③ Jan S. Breemer, "The Great Race: Innovation and Counter-Innovation at Sea, 1840–1890", *Corbett Paper*, No. 2, January 2011, The Corbett Centre for Maritime Policy Studies, King's College London.

④ Lawrence Sondhaus, *Naval Warfare, 1815–1914*, London: Routledge, 2001, p. 117.

转而大力发展鱼雷艇和潜艇等造价低廉的新型战舰，希望通过率先采用蓬勃发展的海军新技术来打破英国的海上垄断地位。[1] "青年学派"的目标，就是通过类似于路易十四时期的私掠战来袭扰英国日益赖以生存的海外贸易，而鱼雷艇和潜艇是最适合执行这一任务的舰艇。法国海军在发展潜艇方面处于领先地位。[2]

相比之下，英国海军在新技术和新武器的应用研究方面则显得有些步履迟缓，海军决策层往往对新技术持观望态度，整体立场较为保守。例如，尽管英国是新式汽船技术的中心，但英国海军为了保持在木制风帆战舰时代积累的规模、装备和技术优势，不愿冒险采用未经充分试验论证的汽船。1828年的英国海军备忘录就写道："大臣们认为，他们义不容辞的责任是极力劝阻采用汽船，因为他们认为，采用汽船是要给予帝国至高无上的海上地位以致命的打击。"[3] 在发展潜艇方面，尽管有费希尔的大力推动，但英国海军部总的来说仍然怀疑这种技术尚不够成熟的新武器的实际价值，海军部内部在对潜艇的战术和战略应用问题上分歧严重。到1913年底，英国潜艇部队仍然显得很弱小。[4] 有一种观点认为，直到19世纪50年代，英国在海战中的优势仍然主要体现在火炮威力和战术纪律上，而并非造船技术。[5] 可以说，这种观点虽然略显绝对，但它确实揭示了木制风帆战舰时代英国能取得海上领先地位在海军技战术层面上的原因，同时也道出了正在到来的钢铁蒸汽战舰时代对海军技术突破和创新的高要求。

英国对海军技术迅猛发展相对保守的态度可以归结为3个原因：其一，新技术缺乏稳定性，在被有效证明足够可靠之前，英国海军并不愿冒险将其推广开来；其二，英国在海军装备上一直处于领先地位，广泛

---

[1]　关于"青年学派"的思想，详见 Arne Roksund, *The Jeune École: The Strategy of the Weak*, Leiden and Boston: Brill, 2007。

[2]　〔英〕F. H. 欣斯利编《新编剑桥世界近代史》第11卷，中国社会科学院世界历史研究所组译，中国社会科学出版社，1999年，第307—308页。

[3]　〔美〕麦尼尔：《竞逐富强：西方军事的现代化历程》，倪大昕、杨润殷译，学林出版社，1996年，第241页。

[4]　Lisle A. Rose, *Power at Sea: The Age of Navalism, 1890-1918*, Columbia: University of Missouri Press, 2007, p. 32.

[5]　Trevor Lloyd, *Empire: The History of the British Empire*, London: Cambridge University Press, 2001, p. 118.

应用新技术将使得它规模庞大的海军从头开始，丧失长期积累的优势；其三，英国政府和民众高度信任海军，缺乏对海军技战术进行重大革新的动力。[①]

从战术上讲，英国在维多利亚时代的海军战术同拿破仑时代几乎毫无区别，即保卫英国的海上交通线并对敌人港口进行近岸封锁。但随着蒸汽动力的出现，保持严密的近岸封锁被证明越来越困难。原因在于，作为封锁者的英国舰队必须定时补充燃煤，而被封锁的敌人则不再需要等待有利的风向出现再寻求突破封锁。此外，对那些执行封锁任务的英国战舰而言，如果偏离战位而离敌方的港口防御设施过近，那么敌人的水雷和鱼雷是一个巨大的威胁。[②]

海军技术的革新使得各国舰队更新换代的速度大大加快，同时也使得维持海军力量、巩固海上霸权的成本不断攀升，这对于一直坚持稳健财政政策、精于计算的英国而言更为难以忍受。1870—1913 年，英国的防务开支基本维持在占其国民收入 3% 的水平，这一比例低于欧洲主要大国。到 19 世纪 90 年代，英国长期坚持的廉价海权难以为继，它不能再用便宜的炮艇和巡洋舰彰显其海上的统治地位，必须发展越来越昂贵的战列舰舰队，而新建的主力舰在 10 年后就又很快过时。德国等新兴的工业化强国凭借超越英国的经济增长速度，而有能力在海军建设上同英国展开竞争。[③]

19 世纪下半叶以来，随着列强之间的殖民争夺日趋激烈化，以及地区危机的不断涌现，英国海军在全球范围内面临的压力越来越大，这一压力因为主要竞争对手法国在海军建设方案上的技术革新，以及德国、美国、日本等后起海军强国的崛起而进一步加剧。1895 年法国、德国、俄国针对日本的"三国干涉还辽"行动和 1896 年德国针对英国的"克鲁格电报事件"（Kruger Telegramme），都使英国意识到欧洲大陆强国可

---

① 〔英〕J. P. T. 伯里编《新编剑桥世界近代史》第 10 卷，中国社会科学院世界历史研究所组译，中国社会科学出版社，1999 年，第 375 页。

② David H. Olivier, *German Naval Strategy: 1856 - 1888, Forerunners of Tirpitz*, London: Frank Cass, 2004, p. 132.

③ Andrew Porter, *The Oxford History of the British Empire*, Vol. Ⅲ, Oxford: Oxford University Press, 1999, pp. 704-705.

能组成反对英国的大陆同盟（Continental League）。[1] 1904 年 12 月 6 日，英国海军大臣塞尔伯恩伯爵（Earl of Selborne）在一份呈递给内阁的秘密备忘录中指出，在过去的 30 年中，随着蒸汽技术在海军中的广泛应用，英国之外的其他国家的海军正在迅速崛起，世界海洋政治格局正在进入一个新的阶段，美国、日本、俄国、意大利、奥匈帝国、法国和德国的海军力量都在不同程度上得到增强，这就迫切要求英国改变木制风帆战舰时代的部署原则，全面调整在全球范围内的力量分配。[2]

为了应对挑战，英国不得不一再增加海军开支，并在远东和南美进行战略收缩，将全球各分舰队的主力战舰陆续调到欧洲，以加强在本土和地中海的舰队力量部署。1885—1890 年，英国在地中海总共部署了 6 艘一等战列舰。1890—1900 年，英国地中海舰队的一等战列舰数量增至 10 艘。到 1902 年，英国地中海舰队的战列舰数量进一步增加到 14 艘。1882 年，英国的海军开支为 1060 万英镑，到 1899 年猛增到 2400 万英镑。1893 年以后，担心英国海军在地中海的力量对比中处于劣势，英国想尽办法强化其在地中海的制海权，这成为英国对外政策的核心内容之一。[3] 在战略上，英国深陷布尔战争的泥潭，处于空前孤立的困境。布尔战争持续了 3 年（1899—1902 年），英国共动用了 448435 人参战，阵亡 21942 人，耗资 2.01 亿英镑，才勉强取得战争的胜利。[4] 并且，英国因为这场血腥镇压布尔人的殖民战争而在道义上饱受谴责，其国际形象严重受损。因此，在 19 世纪末 20 世纪初列强竞争、矛盾不断激化的大背景下，英国无法再恪守"光荣孤立"（splendid isolation）的外交传统，必须寻找有实力、有决心的大陆盟友，并认真思考在未来的欧洲战争中英国本土的防卫问题。这都反映了英国国际地位的相对衰落和来自众多

---

[1] Aaron L. Friedberg, *The Weary Titan*: *Britain and the Experience of Relative Decline*, *1895-1905*, Princeton: Princeton University Press, 2010, p. 156.

[2] Aaron L. Friedberg, *The Weary Titan*: *Britain and the Experience of Relative Decline*, *1895-1905*, Princeton: Princeton University Press, 2010, pp. 135-137.

[3] John Darwin, *The Empire Project*: *The Rise and Fall of the British World-System*, *1830-1970*, New York: Cambridge University Press, 2009, pp. 75-77.

[4] Chris Williams, *A Companion to Nineteenth-Century Britain*, Malden: Blackwell Publishing Ltd, 2004, p. 89.

竞争者的巨大压力。①

二　英国的相对衰落与后起海上强国的崛起

（一）法国的重新崛起与挑战

作为英国的传统海上竞争对手，法国长期保持了世界第二海军强国的地位。尽管法国在普法战争失利后一度大幅裁减海军，以确保有限的资源优先分配给陆军，但法国海军仍然保持了相当强的进取心和创造力。② 在走出普法战争失利的阴影后，法国海军因为进行海外殖民扩张的需要而得到快速发展。1888 年，法国海军拥有战列舰 38 艘，仅次于英国的 46 艘，总兵力达到 4.062 万人。③

法国不仅是仅次于英国的世界第二海军强国，在造船和海上运输领域也是英国的最大竞争对手。1870 年，法国商船队的总吨位达 106.5 万吨，占世界总吨位的 8%，仅次于英国。法国邮船公司（后改名为"皇家邮船公司"）、海洋总公司（后改名为"大西洋轮船总公司"）、发货人联营等法国海运企业，是英国航运巨头丘纳德公司（Cunard）、白星公司（White Star）等的主要竞争对手。勒阿弗尔、波尔多、敦刻尔克、马赛等主要法国港口，可以与英国的伦敦、朴次茅斯、利物浦等港口一较高下。④

另外，随着 19 世纪下半叶英法在世界殖民争夺中的竞争日趋激烈，两国之间矛盾丛生，龃龉不断，甚至在 1898 年的"法绍达事件"（Fashoda Incident）中一度兵戎相向，再加上法国曾一度期望通过"青年学派"的努力在新技术上挑战英国海上霸权以及英法历史上的海上纠葛，这些都迫使英国不得不考虑未来可能同法国在海上发生的战争。

实际上，早在 19 世纪 80 年代，英国对法国入侵英国本土的担忧就

---

① Aaron L. Friedberg, *The Weary Titan: Britain and the Experience of Relative Decline, 1895-1905*, Princeton: Princeton University Press, 2010, p. 138.

② Arne Roksund, "The Jeune École: The Strategy of the Weak", in Rolf Hobson and Tom Kristiansen, eds., *Navies in Northern Waters, 1721-2000*, London: Frank Cass, 2004, p. 117.

③ Charles Wentworth Dilke and Spenser Wilkinson, *Imperial Defence*, New York: Cambridge University Press, 2012, pp. 92-93.

④ 郭华榕：《法兰西第二帝国史》，北京大学出版社，1991 年，第 103—104 页。

再次出现，这种忧虑因为媒体不遗余力地宣传而被显著放大。1884 年 9 月，英国《帕尔摩报》（*Pall Mall Gazette*）主编威廉·斯特德（William T. Stead）就宣称，法国已经在从事大规模的造舰计划，并将在主力舰的数量上赶上英国海军。斯特德的这番言论是否属实尚存质疑，但他确实成功引发了英国公众和政界对于英国海上优势难保的恐慌，并推动格莱斯顿首相（William E. Gladstone）领导的政府在未来五年内增加了 550 万英镑的海军预算。[1] 英国担心，由于法国针对英国对进口物资和海上运输的日益依赖，而可能在英法战争爆发时采取筹划已久的"游击战"战略，即在英国的巡逻战舰拦截法国的袭击舰之前"打了就跑"（hit-and-run attack），英国传统的近岸封锁恐难再发挥效力，英国海军必须寻求用远程封锁（distant blockade）来应对法国的威胁和挑战。[2] 1888 年初，由于法国准备增强其地中海舰队，英国社会出现了对英法爆发战争的恐慌，公众要求增强海军力量，甚至维多利亚女王也对公众对英国舰队的不满情绪表达了她的关注，这给仍然保持冷静的英国海军部造成了不小的压力。英国对此的回应是出台了 1889 年《海军防务法案》（*Naval Defence Act*），实施"双强标准"（two-power standard）。[3]

1900 年，法国通过了一项新的造舰法案，计划建成一支由 28 艘战列舰、24 艘装甲巡洋舰和 52 艘驱逐舰组成的全新舰队，并全面改造升级海军基地、港口、海岸防御等基础设施。法国海军计划在地中海建设由土伦、比塞大和拉西格恩岛组成的基地群，这些基地呈掎角之势，足以威胁英国通往印度的地中海航线。[4] 到 1904 年，法国海军已经拥有一支由 6 艘现代化战列舰组成的战列舰舰队，在土伦部署了 3 艘装甲巡洋舰，土伦、达喀尔和西印度群岛的法兰西堡形成了一个三角形基地网。同时，受"青年学派"的影响，法国在本土部署了超过 200 艘鱼雷艇和 20 艘大

① David French, *The British Way in Warfare*, *1688 - 2000*, London: Routledge, 2015, p. 148.

② David H. Olivier, *German Naval Strategy*: *1856 - 1888*, *Forerunners of Tirpitz*, London: Frank Cass, 2004, p. 136.

③ Eric J. Grove, *The Royal Navy since 1815*: *A New Short History*, Basingstoke: Palgrave Macmillan, 2005, p. 75.

④ Paul G. Halpern, "French and Italian Naval Policy in the Mediterranean, 1898 - 1945", in John B. Hattendorf, ed., *Naval Policy and Strategy in the Mediterranean*: *Past*, *Present and Future*, London: Frank Cass, 2000, pp. 79 - 80.

型鱼雷舰。[1]

(二) 俄国在近东、中亚和远东的威胁

俄国的重新崛起又使得英国必须面对一个新的敌人。法国在 1870—1871 年的普法战争中战败，俄国趁机废除了 1856 年《巴黎和约》中关于黑海中立化的条款，各国也在 1871 年接受了黑海的重新军事化。同时，俄国开始重建其黑海舰队。此外，随着 1875—1878 年的近东危机爆发，俄国海上扩张的势头开始显现，它再次谋求控制土耳其海峡，以方便进出地中海。1877 年俄土战争爆发时，俄国海军已建及在建的铁甲舰共有 29 艘，规模相当可观。[2] 俄土战争最终以俄国的胜利而告终，俄国重新成为英国在近东地区的最大威胁。

在中亚地区，1884 年 3 月，俄国击败阿富汗，让英国感到如芒在背。为此，英国派遣了一支由 13 艘装甲舰组成的特别分舰队前往印度洋沿岸，对俄国在阿富汗的扩张进行威慑。为应对可能同俄国的战争，英国海军有意增强其鱼雷战能力，为此特别建造了超过 50 艘的鱼雷艇、4 艘 550 吨的鱼雷炮艇和 8 艘鱼雷巡洋舰。[3]

1883 年，俄国恢复了黑海舰队，整体海军实力不断增强。马汉的海权论问世后，在俄国引起了热烈反响。俄国海军军官、著名理论家尼古拉·克拉多（Nicholas Klado）把马汉的海权理论应用于俄国的具体情况，撰写了一系列在俄国广为流传的著作和文章，深受俄国上层人士的欢迎。其中，克拉多关于俄国需要一支远洋舰队的主张，得到了热衷海军建设的沙皇尼古拉二世（Czar Nicholas Ⅱ）的认同。在克拉多和尼古拉二世的推动下，俄国海军在 19 世纪末也步入了发展的"快车道"。据统计，到 1898 年，俄国海军已经拥有 20 艘战列舰、22 艘海防舰、11 艘装甲巡洋舰、2 艘防护巡洋舰、20 艘巡洋舰、9 艘鱼雷炮艇、5 艘驱逐舰、约 75 艘 100 英尺以上的鱼雷快艇及各种辅助舰艇，总体实力仅次于

---

[1]　Stephen Cobb, *Preparing for Blockade 1885-1914: Naval Contingency for Economic Warfare*, Farnham: Ashgate, 2013, p. 90.

[2]　Lawrence Sondhaus, *Naval Warfare, 1815-1914*, London: Routledge, 2001, pp. 122-123.

[3]　Eric J. Grove, *The Royal Navy since 1815: A New Short History*, Basingstoke: Palgrave Macmillan, 2005, p. 71.

英法，位居世界第三。当然，俄国舰艇的性能和海军的整体质量同一流海军强国相比还有较大差距，甚至无法与新兴的美国海军相提并论。①从地缘政治学的角度看，英俄在海上的竞争同其在全球的殖民争夺息息相关，这也是一种盎格鲁－撒克逊民族的"恐俄症"（Russo-phobia）的体现，其实质是英国的海权与俄国的陆权之间的对抗。②

　　更让英国感到紧张的是，随着法国和俄国在 1892 年正式建立同盟关系，英国可能在远东面临法俄联合的威胁。同时，由于英国与法国在非洲，英国与俄国在伊朗、阿富汗和远东等地存在殖民之争，法国和俄国也可以在世界各地相互支持，以共同对付英国。在 19 世纪下半叶让英国人忧心忡忡的帝国防务问题上，法国和俄国长期被认为是英国最可能的敌人。英国有可能同法国爆发一场海战，导火索可能是英法就埃及、暹罗和纽芬兰等地的殖民争夺，而英俄之间则会就印度问题在陆上交锋。最危险的是，法国和俄国可能联合起来，迫使英国同时与这两个强敌开战。③ 到 1897 年，法俄的战列舰数量总和已达到 54 艘，直逼英国的 62 艘。法国地中海舰队和俄国黑海舰队分别扼守地中海西部和东部，两者联合起来足以对抗英国部署在直布罗陀和亚历山大的舰队，从而对英国经苏伊士运河通往印度的航线构成威胁。

　　在远东，英国与俄国在中国问题上的矛盾也十分尖锐。1897 年 11 月德国强占胶州湾，1898 年 3 月俄国租借旅顺港，这些都促使英国租借威海卫作为海军基地，以应对列强——特别是俄国——对英国在华利益的挑战。④ 到 19 世纪 90 年代，尽管海军技术已经日新月异，但英国海军的中国分舰队仍然依靠老旧的炮艇和巡逻舰来保护海上航线和英国在华商业利益。尽管英国海军部曾向中国增派 3 艘战列舰、10 艘巡洋舰

---

① 〔美〕唐纳德·W. 米切尔：《俄国与苏联海上力量史》，朱协译，商务印书馆，1983 年，第 222—223 页。

② 〔英〕杰弗里·帕克：《地缘政治学：过去、现在和未来》，刘从德译，新华出版社，2003 年，第 127 页。

③ Charles Wentworth Dilke and Spenser Wilkinson, *Imperial Defence*, New York: Cambridge University Press, 2012, p. 52.

④ Keith Neilson, "The Anglo-Japansese Alliance and British Strategic Foreign Policy, 1902–1914", in Phillips Payson O'Brien, ed., *The Anglo-Japanese Alliance, 1902–1922*, London: Routledge, 2013, p. 50.

来维持同法俄联合的海军均势，① 但受制于本土和地中海的需要，英国在远东的海军优势仍然岌岌可危。1901 年底，英国海军大臣塞尔伯恩伯爵（Lord Selborne）就英国在远东面临的严峻挑战向内阁发出警告。他指出，英国部署在中国水域的舰队只有 4 艘一等战列舰和 16 艘巡洋舰，而法俄在远东的海军力量总和为 7 艘一等战列舰、2 艘二等战列舰和 20 艘巡洋舰。在英国必须将海军力量集中在欧洲和地中海以加强本土防御的情况下，它不可能持续向远东增派战舰，因此必须同日本结成海军同盟（naval alliance）来对抗法国和俄国。如此一来，英日联合舰队则在战列舰数量上对比法俄重新获得了 11∶9 的优势，在巡洋舰数量上也占据优势。② 最重要的是，如果英日结成同盟，日本则可以在远东牢牢牵制住俄国，从而确保英国在更为重要的本土和地中海形成对法俄的绝对海军优势。③

基于上述考虑，1902 年 1 月 30 日，英国外交大臣兰斯多恩侯爵（Marquess of Lansdowne）与日本驻英公使林董在伦敦签订了《英日同盟条约》（Anglo-Japanese Agreement），正式建立英日同盟（Anglo-Japanese Alliance）。《英日同盟条约》特别规定，英国和日本在远东要保持对第三国的海军力量优势，两国海军加强协作，并相互为对方舰艇使用本国的船坞、加煤站等设施提供便利。④ 毫无疑问，英日同盟针对的就是俄国。英日同盟建立后，为帮助日本在远东对抗俄国，英国海军在舰用密码系统、无线电等方面向日本海军提供了技术支持，日本还向英国大批订购军舰，特别是日本在 1903 年获得了英国原本为智利建造的两艘战列舰，

———————————

①　Hamish Ion, "Towards a Naval Alliance: Some Naval Antecedents to the Anglo-Japanese Alliance, 1854 - 1902", in Phillips Payson O'Brien, ed., *The Anglo-Japanese Alliance, 1902 - 1922*, London: Routledge, 2013, p. 27.

②　Paul M. Kennedy, *The Rise and Fall of British Naval Mastery*, London: Macmillan, 1983, pp. 212-213.

③　Keith Neilson, "The Anglo-Japansese Alliance and British Strategic Foreign Policy, 1902 - 1914", in Phillips Payson O'Brien, ed., *The Anglo-Japanese Alliance, 1902 - 1922*, London: Routledge, 2013, pp. 50-51.

④　"Anglo-Japanese Agreement, 30 January, 1902", in G. P. Gooch and Harold Temperley, eds., *British Documents on the Origins of the War, 1898-1914*, Vol. 2, Part Ⅺ, London: His Majesty Stationery Office, 1927, p. 119.

在很大程度上成为日本在对马海战中获胜的关键。① 因此，英日同盟本质上是一个军事同盟，特别是一个海军同盟。利用这个同盟，日本成功战胜了在远东的竞争对手俄国，而英国则在剪除俄国对英国远东利益威胁的同时，也得以集中精力在欧洲对付德国。②

不过，随着国际形势的变化，特别是后来居上的德国以更为咄咄逼人的势头发展海军，并谋求海外扩张，甚至觊觎英国的海上霸权和殖民地，始终无法就海军问题同德国达成妥协的英国开始谋求缓和同法国和俄国的关系，以集中精力应对德国的威胁。法国在经历了如何在对德复仇和同英国的殖民竞争两大目标间保持平衡的痛苦后，最终仍然决定将德国视为最大的敌人，并积极寻求通过外交手段来离间英德关系，甚至有意制造英德对抗。法国从同时反英和反德到联合英国对抗德国的政策转变，使得英法协调彼此之间的矛盾，共同对抗德国成为可能。③ 另外，德国的强势崛起对于英国和俄国也是一个共同的挑战。"德国自命不凡的世界政策，想成为具有全球利益和影响的世界强国，这对大英帝国是一个直接挑战。同时，德国对奥斯曼帝国和伊朗在商业和政治上不断扩大影响力，威胁到了俄国的利益……尽管紧张局势和冲突依然尖锐，但共同的德国威胁比这些更重要。"④ 基于此，英法、英俄逐步协调了在非洲、中亚和远东的矛盾。再加上俄国在日俄战争中的惨败，其在远东对英国的威胁大大降低，印度的安全环境也大为改善，这就使得英国通过外交手段解决与俄国在中亚的矛盾成为可能。⑤ 在这种背景下，英国相继与法国在 1904 年签订了英法协约，同俄国在 1907 年签订了英俄协约，

---

① Chiharu Inaba, "Military Co-Operation under the First Anglo-Japanese Alliance, 1902 – 1905", in Phillips Payson O'Brien, ed., *The Anglo-Japanese Alliance, 1902 – 1922*, London: Routledge, 2013, pp. 65–69.

② Antony Best, "The Anglo-Japanese Alliance and International Politics in Asia, 1902–23", in Antony Best, ed., *The International History of East Asia, 1900–1968: Trade, Ideology and the Quest for Order*, London: Routledge, 2010, p. 21.

③ Christopher Clark, *The Sleepwalkers: How Europe Went to War in 1914*, New York: Harper Perennial, 2014, pp. 132–133.

④ 〔美〕戴维·R. 斯通：《俄罗斯军事史：从恐怖伊凡到车臣战争》，牛立伟等译，解放军出版社，2015 年，第 159 页。

⑤ Zara Steiner, "British Power and Stability: The Historical Record", in Erik Goldstein and B. J. C. McKercher, eds., *Power and Stability: British Foreign Policy, 1865 – 1965*, London: Routledge, 2013, p. 25.

再加上此前订立的法俄同盟，这标志着英、法、俄三国最终形成了事实上的协约国阵营。

不过，我们仍然必须注意的是，英国在 1904 年和 1907 年分别同法国和俄国签订的协定主要在于协调和缓和彼此之间的矛盾，英法协约和英俄协约并不是严格意义上的同盟条约，这同英国的战略考虑有关。尽管英国逐步将德国确定为最可能的敌人，但法俄也并未被英国视为坚定的盟友，它仍然对这两个老对手心存疑虑。在英国决策者眼中，保卫整个英帝国和在欧洲战争中取得胜利是相辅相成的。英国需要的和平解决方案既能削弱德国，又能避免英国的盟友借由战争的胜利而坐大，从而能威胁到英国在欧洲、非洲或亚洲的安全。① 此外，除外交部强调保持同俄国的友谊至关重要以外，英国内阁大多数人和激进派政治家都对军国主义和专制主义的俄国缺乏信任与好感。一直到一战爆发前，英国都仍然致力于同无论是王室关系还是血缘关系都更为亲近的德国弥合分歧，避免摊牌。②

（三）　从潜在盟友到最大敌人的德国

在 1871 年成为统一的德意志帝国之前，德意志这片土地虽然在历史上曾涌现出汉萨同盟这样几乎垄断中北欧海上贸易的行业组织，但强大的海上力量似乎与德国人是无缘的。无论是哈布斯堡家族统治的奥地利还是霍亨索伦家族统治的普鲁士，这两个德意志邦联中最强大的国家让人印象深刻的也始终只是它们强大的陆军，同英法相比，普奥的海军几乎可以忽略不计。不过，德国在 1871 年统一后，迅速成为欧洲首屈一指的工业强国，凭借雄厚的经济实力，它对海上霸权的觊觎逐步开始显现。早在统一之初的 1873 年，德国就已经确定了未来海军的三大任务，即保护德国商船、防守德国海岸及建设攻击性舰队。③ 不过，在俾斯麦（Otto von Bismarck）当政时期，海军和殖民地一样，都是德国政治中的边缘话

---

① David French, *The British Way in Warfare*, *1688 - 2000*, London：Routledge, 2015, pp. 168-169.

② Sneh Mahajan, *British Foreign Policy 1874-1914*：*The Role of India*, London：Routledge, 2002, pp. 168-169.

③ 〔英〕彼得·马赛厄斯、悉尼·波拉德主编《剑桥欧洲经济史》第 8 卷，王宏伟等译，经济科学出版社，2004 年，第 428 页。

题。德国外交政策的首要目标是防止在欧洲出现一个由大国组成的反德联盟，它的殖民扩张是从属于这一目标的，并且俾斯麦力求为德国国内狂热的殖民扩张声音降调，以避免在非洲、亚洲和世界其他地方同英国等大国发生冲突。① 也有一种观点认为，德国殖民扩张的政治意义大于实际的经济意义，"对于德国而言，拥有殖民帝国纯粹是为了向邻国看齐，这是一种全球权力政治游戏，而没有任何经济意义……保守派要求建立一支庞大的海军，以此可以在国际上和在殖民地发挥更重要的作用，但是，无可挑剔的保守派总理俾斯麦认为这种想法整个就是一个耗资巨大的蠢行，并尽一切可能予以阻挠"。②

　　1890 年俾斯麦下台后，德国逐渐改变了以欧洲为中心、谨慎保守的"大陆政策"，公开要求获得"阳光下的地盘"（a place in the sun），这种转变的主要推动者就是有着复杂性格的德皇威廉二世（Kaiser Wilhelm Ⅱ）。这位出生于保守的普鲁士容克宫廷，但又深受英国母亲的影响而沐浴在英式自由主义思想熏陶之下的皇帝，为德国的海上崛起深深地打上了个人的烙印。威廉二世深受马汉海权论的影响，他提出的"世界政治"（Weltpolitik）要求德国改变俾斯麦时代满足于作为欧陆头号强国、致力于巩固复杂的欧洲结盟体系的自我克制，而是敢于在世界范围内去同英法等老牌帝国争夺海外殖民地，并同美日等新兴强国一争高下，而这必然需要一支强大的舰队。威廉二世的英国血统和儿时萦绕在外祖母维多利亚女王膝下的经历，也使得他对英国的海上霸权倾慕不已，渴望传统的大陆强国德国也能获得这种荣耀。他曾向其舅父爱德华七世（King Edward Ⅶ）坦言，当他还是个小孩子的时候，"我或许同好心的阿姨和友好的上将们手拉手去朴次茅斯和普利茅斯参观。我很羡慕那两个超绝的海港里骄傲的英国船舰。那时候，我心里就燃起了一个愿望：有一天我自己也要建造像这样的船，长大后，我要拥有一支英国人这么好的海军"。③

---

① Christopher Clark, *The Sleepwalkers: How Europe Went to War in 1914*, New York: Harper Perennial, 2014, p. 141.

② 〔德〕菲利普·布罗姆：《眩晕时代：1900—1914 年西方的变化与文化》，彭小华译，四川人民出版社，2016 年，第 102 页。

③ 〔德〕菲利普·布罗姆：《眩晕时代：1900—1914 年西方的变化与文化》，彭小华译，四川人民出版社，2016 年，第 141 页。

　　作为德国的最高决策者，威廉二世的个人性格显著地影响了德国的战略选择，他对德国海军建设的推动作用融入了个人强烈的情感，这种情感到最后使德国走上了危险的战争道路。马汉的海权论传入德国后，威廉二世当仁不让地成为这一学说狂热的拥戴者。1893—1914 年，威廉二世有整整四年半的时间搭乘他的豪华游艇"霍亨索伦"号在波罗的海和地中海巡游。他还自封为德意志帝国海军大元帅（Grossadmiral），经常身着华丽的元帅制服出席各种活动。威廉二世还经常以英国皇家海军上将的身份出现在公众场合，偶尔也身着俄国、瑞典、丹麦、挪威或希腊等国的海军上将制服。这位皇帝甚至还在信封上绘制他所设计的战列舰的草图。① 中外学者关于威廉二世的个人情结对德国谋求海上地位战略决策的影响的论述已非常详尽，我们选取一名杰出中国学者的一段精辟文字来对此进行总结，即威廉二世"虽然生来高贵，但内心有某种根深蒂固的自卑，他因接生不当而落下的畸形左臂、少时学业的平庸、虽为长子但在兄弟姐妹中并非最受父母宠爱的地位等都造就了这点；与此相关，他有着过强的自尊心或虚荣心，易被在他看来的不敬之举激怒，喜欢显摆和好大喜功。他追求将德国由欧洲强国和陆上强国变为世界强国和海上强国常被视为自尊心或虚荣心的体现"。②

　　正是在这样强大的心理动因的促动下，德意志第二帝国凭借急剧膨胀的综合国力大力发展海军，开始打破欧洲的海上力量平衡，并很快取代法国成为英国海上霸权最大的威胁。1896 年 1 月 18 日，威廉二世发表了著名的以"德意志的未来在海上"（Deutschlands Zukunft liegt auf dem Meer）为主题的演讲。1897 年 7 月，德意志帝国海军部国务秘书蒂尔皮茨（Alfred von Tirpitz）在一份呈交给威廉二世的备忘录中指出，德国公海舰队（High Seas Fleet）未来五年的海军政策都是将矛头指向法国之外的新敌人——英国，为对付这个最危险的海上敌人，德国必须拥有强大的海军力量作为政治武器。蒂尔皮茨认为，对德国而言，对英国数量众多的海外基地发动袭击，以及同英国进行一场巡洋舰的追逐战和越洋战争都是不现实的，德国应该将其海军力量集中部署在赫尔戈兰岛和泰晤

---

① John Keegan, *The Price of Admiralty*：*The Evolution of Naval Warfare*，New York：Penguin Books，1988，p. 114.

② 梅然：《德意志帝国的大战略：德国与大战的来临》，北京大学出版社，2016 年，第 318 页。

士河之间的水域，"对英国的战争要求我们在这条战线上部署尽可能多的战舰"。① 为实现这一目标，蒂尔皮茨提出德国海军至少需要 19 艘战列舰，其中 1 艘战列舰作为旗舰，2 艘战列舰作为预备队，剩下的 16 艘战列舰组成两个中队协同作战。② 从这一设想我们可以看出，随着英德敌意的加深，德国逐步改变了建造一支远洋舰队以保护和拓展海外商业利益的构想，而是力主建设一支以战列舰为主的舰队，主要用于在欧洲水域挑战英国本土舰队。

根据蒂尔皮茨提出的德国海军建设方案，即著名的"蒂尔皮茨计划"（Tirpitz Plan），到 1905 年，德国要建成一支主要用于对英国作战的舰队，同时兼顾保护德国的海外利益。这支舰队将包括 19 艘战列舰、8 艘装甲海防舰、12 艘大型巡洋舰、27 艘小型巡洋舰和 12 个鱼雷艇中队。③ 此后，"蒂尔皮茨计划"以 1898 年《舰队法》（Flottengesetz）的形式固定下来。为完成这一造舰计划，德国海军预算直线上升。据统计，1899 年德国海军预算为 1.33 亿马克，1905—1906 年就达到 2.33 亿马克，第一次世界大战爆发前的 1913—1914 年更是迅猛攀升至 4.67 亿马克。另外，德国还投资 6 亿马克疏浚威廉皇帝运河，以便它能通行德国的"无畏"型战列舰。④

在第二次工业革命的直接推动下，德国工业实力突飞猛进，德国海军战略也随之越来越呈现出明显的进攻性特征。继 1898 年的《舰队法》之后，1900 年颁布的第二个德国海军法案规定："要保护海上贸易和殖民地只有一种方式：一支强大的战列舰舰队。"德国海军此前一直认为战列舰主要是一种防御武器，而不是炫耀武力和拓展德国利益的手段。而

---

① Rolf Hobson, *Imperialism at Sea*: *Naval Strategic Thought*, *the Ideology of Sea Power*, *and the Tirpitz Plan*, *1875–1914*, Boston: Brill Academic Publishers, Inc., 2002, pp. 236–237.

② "Memorandum by the State Secretary of the Imperial Navy Office, Rear Admiral Tirpitz, June 1897", in Matthew S. Seligmann, ed., *The Naval Route to the Abyss*: *The Anglo-German Naval Race 1895–1914*, Farnham: Ashgate, 2015, p. 44.

③ "Memorandum by the State Secretary of the Imperial Navy Office, Rear Admiral Tirpitz, June 1897", in Matthew S. Seligmann, ed., *The Naval Route to the Abyss*: *The Anglo-German Naval Race 1895–1914*, Farnham: Ashgate, 2015, p. 47.

④ Holger H. Herwig, "The Failure of German Sea Power, 1914–1945: Mahan, Tirpitz, and Raeder Reconsidered", *The International History Review*, Vol. 10, No. 1 (Feb. 1988), p. 80.

1900 年的德国海军法案则背离了这种防御思想，它表明，"同德国海洋利益相适应"越来越成为德国海军主义最鲜明的特征。① 根据蒂尔皮茨的构想，1900 年的德国海军法案规定的造舰计划完成后，德国海军本土舰队将拥有 40 艘战列舰、8 艘大型巡洋舰、24 艘小型巡洋舰、96 艘大型鱼雷艇以及其他辅助舰艇，德国海军亚洲舰队将有 5 艘战列舰、1 艘大型巡洋舰、3 艘小型巡洋舰、4—6 艘炮艇和 1 支鱼雷艇分队，美洲舰队则有 2—3 艘大型巡洋舰、3 艘小型巡洋舰和 1—2 艘炮艇。这一造舰计划完成后，拥有 45 艘战列舰的德国海军将成为仅次于英国海军的世界第二大舰队，并且迫使英国不敢对德国轻举妄动，从而为德国的海外殖民扩张提供强有力的后盾。② 到 1920 年，德国战列舰舰队的实力将从英国海军的 1/3 上升为 2/3，③ 这一实力对比将足以使德国能挑战英国对海洋的绝对统治地位。

尽管如此，长期以来，英国对德国扩建海军并未抱以坚决的反对态度，而是主要忧虑其目的。在英国人看来，在 19 世纪末 20 世纪初这样一个海军主义盛行的时代，德国发展一支同其日益扩展的海外商业利益相称的舰队无可厚非。而且，以 1889 年《海军防务法案》为标志，英国加快海军建设步伐也并非完全针对德国，而是要确保英国海军力量凌驾于包括法国、俄国、美国等在内的一众竞争者之上，巩固英国的海上优势地位。对于德国这样一个后起之秀，英国更是保持了相当强的自信，这种自信即便是在英德海军竞赛已经在暗流涌动的背景下也并未被削弱。1905 年，英国海军情报部门认为，英国对德国的海军优势是压倒性的。1906 年 10 月，英国外交部常务次官查尔斯·哈丁（Charles Hadding）指

---

① Rolf Hobson, *Imperialism at Sea*: *Naval Strategic Thought*, *the Ideology of Sea Power*, *and the Tirpitz Plan*, *1875 - 1914*, Boston: Brill Academic Publishers, Inc. , 2002, pp. 240 - 241.

② "Rear Admiral Tirpitz, Notes on His Report to the Sovereign on the Amendment to the Navy Law [Novelle], to Be Given on 28 September 1899", in Matthew S. Seligmann, ed. , *The Naval Route to the Abyss*: *The Anglo-German Naval Race 1895 - 1914*, Farnham: Ashgate, 2015, pp. 56 - 57.

③ "Imperial Navy Office, Budget Division, February 1900, 'Safeguarding Germany against an English Attack', Draft, and Corresponding Tables [undated]", in Matthew S. Seligmann, ed. , *The Naval Route to the Abyss*: *The Anglo-German Naval Race 1895 - 1914*, Farnham: Ashgate, 2015, p. 82.

出，德国当前并未对英国构成直接的海上威胁。甚至着眼于准备英德冲突的英国第一海务大臣费希尔也在 1907 年致函英王爱德华七世，强调英国因为开启"无畏舰革命"（Dreadnought Revolution）而对德国扩大了海军优势。[①] 不过，英国在这种自信的背后是对德国发展海军目的的深深忧虑。德皇威廉二世对海权荣耀的渴望以及德国国内重工业利益团体的推动，是德国海军建设走上快车道的重要原因。在一个迅速工业化的时代，德国急剧增长的社会压力似乎也只能通过向外发展而得到缓解，即采用工业、外贸、殖民地和海军的扩张的方式来解决德国国内的社会问题。越来越多的证据表明，德国扩建海军是要挑战英国的海上霸权，直接威胁大英帝国的安全和繁荣。[②] 更为危险的是，种种迹象显示，德国在大力发展海权的同时仍谋求巩固并拓展在欧洲的陆上霸权。1901 年 6 月 18 日，威廉二世在汉堡的一次演讲中就强调，德国要谋求"阳光下的地盘"，同时必须认识到"我们的未来在水上"。换言之，"德国采取了双重政策，它试图既巩固其在欧洲的地位，又夺取海外势力范围。因此，陆权和海权共同在德国对于其将要扮演的国际角色的观念中起到巨大作用，这就必然滋生向欧洲乃至整个世界的现状发起挑战的危险战略"。[③]

德国建立强大的舰队不仅要迫使英国承认其不可轻视的实力，更企图通过一场决定性的海战消灭英国海军主力舰队，至少也要使英国海权遭受难以承受的重大打击。而"蒂尔皮茨计划"就是这样一个危险的、充满攻击性而又显得有些不自量力的计划，他的"风险理论"（risk theory）更是直接指出了德国要战胜英国的必由之路。在蒂尔皮茨看来，由于规模庞大的英国海军力量分散在世界各地，而一支规模较小但更集中的德国舰队将有机会在北海取得对英国舰队的胜利。这样一支全新的德国舰队一旦建成，英国就不大可能敢冒开战的风险，因为它即便取胜也要遭受难以承受的重大损失，这将导致英国在战略上依赖于法国和俄国，这显然是英国所无法接受的。在对 1900 年的德国海军法案的说明

---

① Christopher Clark，*The Sleepwalkers*：*How Europe Went to War in 1914*，New York：Harper Perennial，2014，p. 150.

② Paul M. Kennedy，*The Rise of the Anglo-German Antagonism*，*1860 - 1914*，New York：Humanity Books，1980，pp. 416-417.

③ 〔英〕杰弗里·帕克：《地缘政治学：过去、现在和未来》，刘从德译，新华出版社，2003 年，第 39 页。

中，德国政府虽然未对英国点名，但也公开指出德国要建立一支足以让最强大的海军力量也不敢与之轻易一战的舰队。即便世界最强大的海军能够最终战胜德国舰队，它也将在这场战争中遭到严重削弱，从而丧失其国际地位。① 毫无疑问，德国这样的海军战略所针对的只能是英国。

而德国要时刻警惕的是，英国有可能不等这样一支德国舰队建成就对其发动预防式的突然袭击，即第二次"炮轰哥本哈根"（Bombardment of Copenhagen）。为此，德国必须在舰队建成之前小心翼翼地同英国周旋，避免因过分刺激英国而遭到它先发制人的预防式攻击，以渡过这段"危险地带"（danger zone）。② 除大力发展海军外，德国还建立了一支仅次于英国的世界第二大商船队，德国资本还渗透进拉美等长期被认为是英国传统势力范围的地区，直接同英国资本展开竞争。③ 同时，德国铁路网的快速发展，也削弱了战时英国对其施加海上封锁的效果。④

19 世纪末 20 世纪初，因布尔战争而在国际舞台上倍感孤立的英国谋求同德国达成妥协，英德结盟谈判的一大契合点就是建立所谓的"盎格鲁－条顿同盟"，以共同统治全球海洋。然而，威廉二世及其大臣们一直怀疑英国的诚意，他们认为英国寻求同德国结盟只是个阴谋，它的真正用意是要同美国联手将德国排挤出拉丁美洲，而美国的主流圈子对德国的怀疑和厌恶远甚于对英国的反感。⑤

1902 年之后，英国也越来越清楚地认识到德国海军的威胁，海军问题开始上升为解释英德"结构性矛盾"最有力的理由。1902 年 4 月，英国驻柏林大使馆海军武官尤尔特上校（Captain Arthur W. Ewart）在与英国驻德大使拉塞尔斯（Sir Frank C. Lascelles）的谈话中指出，德国海军的发展规

---

① "Selborne, 'Navy Estimates, 1903－1904'", in Matthew S. Seligmann, ed., *The Naval Route to the Abyss：The Anglo-German Naval Race 1895－1914*, Farnham：Ashgate, 2015, p. 137.

② Robert K. Massie, *Dreadnought：Britain, Germany, and the Coming of the Great War*, New York：Random House, 1991, pp. 181－182.

③ John Darwin, *The Empire Project：The Rise and Fall of the British World-System, 1830－1970*, New York：Cambridge University Press, 2009, p. 263.

④ Philip Murphy, "Britain as a Global Power in the Twentieth Century", in Andrew Thompson, ed., *Britain's Experience of Empire in the Twentieth Century*, Oxford：Oxford University Press, 2012, p. 35.

⑤ Lisle A. Rose, *Power at Sea：The Age of Navalism, 1890－1918*, Columbia：University of Missouri Press, 2007, p. 42.

划是直接针对英国的，德国谋求建立一支能同英国平起平坐的强大舰队。①
1902 年 9 月，一份实地考察了德国主要海军基地基尔港和威廉港的报告指
出，英国必须认真将德国视为潜在的危险敌人，并加紧做好在海上应对德
国海军挑战的准备。② 1902 年 10 月，英国海军大臣塞尔伯恩伯爵在一份
内阁文件中明确指出德国海军对英国构成的直接威胁：“我们对德国舰队
的结构分析得越多，就越来越清楚地发现德国建造这支舰队就是为了应
对将来可能同英国舰队发生的冲突。它不可能是被设计用来在未来的法
德和法俄战争中占上风的，决定这两场战争胜负的关键是陆军。”③ 塞尔
伯恩进一步指出，英国海军部有证据证实，正在建造中的德国海军的战
略意图就是要在未来的战争中打败英国海军，它的战列舰设计就是着眼
于北海海域的战争。④ 换言之，德国舰队未来的作战计划就是要对英国
本土进行打击，这显然不仅仅是与英国争夺海外商业利益那么简单，而
是直接威胁到英国的国家安全。到 1914 年，蒂尔皮茨也将英国看作一个
充斥着利己主义者的野蛮岛国，这恰恰成为世界受到恐怖威胁的来源。⑤
这一观点意味着英德和解的空间已经越来越小，彼此间的敌意不断加深。

（四） 马汉的海权论与美国进军海洋

在德国海军迅速崛起的同时，美国在 20 世纪初也掀起了扩建海军的
热潮。关于美国海军在 19 世纪末 20 世纪初的发展情况，本书在第二部
分将进行详尽阐述，在此并不多言。尽管美国的海上崛起势头并没有德
国那样抢眼，美国总统西奥多·罗斯福（Theodore Roosevelt）也没有威
廉二世那样咄咄逼人，但美国海军扩建的速度和效率却是十分惊人的。

---

① "［Postscript 26 April 1902］", in Matthew S. Seligmann, ed., *The Naval Route to the Abyss: The Anglo-German Naval Race 1895–1914*, Farnham: Ashgate, 2015, p. 124.

② "H. O. Arnold-Forster, 'Notes on a Visit to Kiel and Wilhelmshaven, August 1902, and General Remarks on the German Navy and Naval Establishments', 15 September 1902", in Matthew S. Seligmann, ed., *The Naval Route to the Abyss: The Anglo-German Naval Race 1895–1914*, Farnham: Ashgate, 2015, pp. 136–137.

③ "Selborne, 'Navy Estimates, 1903–1904'", in Matthew S. Seligmann, ed., *The Naval Route to the Abyss: The Anglo-German Naval Race 1895–1914*, Farnham: Ashgate, 2015, p. 137.

④ Robert K. Massie, *Dreadnought: Britain, Germany, and the Coming of the Great War*, New York: Random House, 1991, pp. 184–185.

⑤ Richard Moore, *The Royal Navy and Nuclear Weapons*, London: Routledge, 2015, p. 21.

在马汉的海权论的推动下，美国致力于建设一支着眼于对外扩张的海军，谋求海上优势。"加拿大是牵制英国的力量，欧洲的政治天平应该可以防止潜在的欧洲敌人向美国派送全部舰队。因此，建设海军的目的是保持美国在其领海上的军事优势，打造一支可以保卫美国海岸的海军舰队，有能力攻击从纽芬兰到加勒比的任何一个敌军基地。"①

1890 年，美国海军政策委员会（Naval Policy Board）向海军部长特雷西（Benjamin Tracy）提交了一份庞大的造舰计划，此举被视为对 1889 年的英国《海军防务法案》的直接回应。根据这份造舰计划，美国海军将花费 2.8155 亿美元建造 49.7 万吨各型舰艇，包括 10 艘进攻型战列舰、25 艘防御型主力舰、24 艘装甲巡洋舰、15 艘轻型鱼雷巡洋舰、100 艘鱼雷艇等。这份计划出台之际，正是马汉划时代的经典名著《海权对历史的影响》问世之时，两者相契合，大大推动了美国海军以战列舰为中心的海军建设方向的形成。② 这也标志着美国海军战略的重点从海岸防御逐渐转向远洋进攻。

总的来说，自 19 世纪 80 年代以来，美国海军战略呈现越来越积极主动的进取精神，这股海军主义潮流虽然是由罗斯福等精英人士推动，但契合了民族主义、沙文主义盛行的列强竞争的时代主题，也得到了美国公众越来越多的支持。③ 1897 年，美国海军的实力还排在英国、法国、德国、俄国和日本之后，居世界第六位。④ 而到 1907 年，美国海军的实力就已仅次于英国。尽管随着德国疯狂地扩建"无畏"舰队，美国海军的排名在一战爆发前退居第三位，但这支拥有更为雄厚的工业、技术和经济基础的海军足以在西半球对英国构成挑战。英国也意识到，随着美国在美西战争中轻松取胜并借机大规模扩建海军，以及古巴、波多黎各和圣托马斯岛等领地落入美国手中，再加上修建中的巴拿马运河通航后

---

① 〔美〕巴巴拉·W. 塔奇曼：《骄傲之塔：战前世界的肖像，1890—1914》，陈丹丹译，中信出版社，2016 年，第 134 页。

② Mark Russell Shulman, *Navalism and the Emergence of American Sea Power, 1882–1893*, Annapolis, Md: Naval Institute Press, 1995, pp. 128–129.

③ Mark Russell Shulman, *Navalism and the Emergence of American Sea Power, 1882–1893*, Annapolis, Md: Naval Institute Press, 1995, p. 151.

④ Rear Admiral Raja Menon, *Maritime Strategy and Continental Wars*, London: Frank Cass, 1998, p. 118.

美国将方便在东西海岸之间调动舰队，美国将成为西半球最强大的海军强国，而英国要保持在西半球的传统海上优势，将不得不从本土和其他海外领地抽调舰队并开展更为浩大的海军建设运动，而这无疑又将削弱英国在亚洲的海军力量并加重其财政负担。因此，同美国开展代价高昂的海军竞赛对于英国而言既力不从心也不明智。①

美国也认为同英国发生冲突是无法想象的。美国非但没有像德国那样直接挑战英国的海上霸权，相反还充分认识到英国霸权对于美国安全和利益的重要价值。美国总统西奥多·罗斯福就指出，英国的海上霸权是"世界和平最有力的保障"，而强大且高效的美国海军将成为英美非正式同盟中的新成员，这一英美同盟将促使国际平衡向英美利益倾斜。并且，美国也将德国和日本视为未来最有可能的敌人，这在战略上同英国也是接近的。在美国看来，英国海权才是大西洋安全真正的守护神，而美国做不到这一点。美国不是英国利益的挑战者，而是一个强大的伙伴，甚至可以被视为英国的"超级自治领"（super-dominion）。②

此外，美国海权崛起和扩张的主要方向是太平洋，由此避免了同统治大西洋和印度洋的英国发生正面冲突。在美国看来，太平洋是一个极具潜力但相对被欧洲列强所忽视的聚宝盆，更符合美国这样年轻的海洋国家的战略利益，更值得它去追求。美国总统罗斯福在 1903 年就宣称："美洲的发现终结了地中海时代；大西洋时代正处于它发展的巅峰时期，但很快就将耗尽其掌握的资源；太平洋时代正处于黎明之时，必将成为超越前两者的最伟大的时代。"③ 因此，美国的战略重点在太平洋、加勒比海和巴拿马运河，在中国问题上提出的"门户开放"政策（Open Door Policy）就是美国的太平洋海洋帝国设想的体现。④

从现实角度看，英国在 19 世纪末对美国的妥协，是服从于一种放弃西

---

① Aaron L. Friedberg, *The Weary Titan: Britain and the Experience of Relative Decline, 1895–1905*, Princeton: Princeton University Press, 2010, pp. 164–165.

② John Darwin, *The Empire Project: The Rise and Fall of the British World-System, 1830–1970*, New York: Cambridge University Press, 2009, p. 267.

③ Michael Wesley, "The 2012 Vernon Parker Oration", p. 10, http://www.lowyinstitute.org/publications/2012-vernon-parker-oration.

④ Alex Roland, W. Jeffrey Bolster and Alexander Keyssar, *The Way of the Ship: America's Maritime History Reenvisioned, 1600–2000*, Hoboken: John Wiley & Sons, Inc., 2008, p. 261.

半球的霸权收缩的总体战略的，导致这一战略的根本原因还是英国相对于美国的实力不足。英国无法承担跨越大西洋同以逸待劳的美国竞争的高昂代价，它也没有把握可以战胜美国从而获得稳定的美洲霸权，而德国威胁的日益凸显则使得美国对英国的战略价值显著提高。"英国虽然仍是一个殖民大国，在拉丁美洲仍是最大的投资者，工业产品的主要来源和粮食、原料的唯一最大市场，但愈来愈不愿进行政治干涉。特别是自从德国的海军力量日益增长，英国政府不得不追求北美的友谊以来，更加如此。"①

到 19 世纪末 20 世纪初，随着德国威胁的日益公开化，英国在缓和同法国、俄国关系的同时，也积极寻求美国的友谊，力图稳定西半球。虽然英国和美国在委内瑞拉、加拿大、巴拿马运河等问题上一度龃龉不断，但两国最终通过外交方式基本化解了矛盾。英国承认美国有权开凿巴拿马运河，并撤走了在加勒比海的舰队。这表明，英国在一定程度上承认了美国的新兴海洋强国地位，实际上是默认了美国在拉美的优势地位，② 并以此为条件换取美国在未来可能的欧洲冲突和殖民地斗争中对英国的支持。"伦敦对华盛顿越来越毕恭毕敬；在南美就未来的巴拿马运河，在阿拉斯加渔业纠纷上，英国都做出了让步。英国海军还撤出了大西洋，以此表示英国真诚地希望美国海军日后能和英国一道在全球建立'盎格鲁－撒克逊人统治下的和平'。"③

此外，美国也对德国在拉美的扩张忧心忡忡，并一直保持高度警惕。"英国 1904—1905 年撤走其西印度群岛较大单位驻军以后，美国实际上成为加勒比海占支配地位的力量。但是总觉得有危险，认为德国将试图在这个地区建立海军基地，其办法可能是获取丹麦所属新印度岛屿。"④因此，在拉美地区，英美对德国扩张的共同恐惧远远超出了它们对彼此

① 〔英〕C. L. 莫瓦特编《新编剑桥世界近代史》第 12 卷，中国社会科学院世界历史研究所组译，中国社会科学出版社，1999 年，第 762 页。
② Gerald S. Graham, *The Politics of Naval Supremacy: Studies in British Maritime Ascendancy*, Cambridge: Cambridge University Press, 2008, p. 123.
③ 〔英〕约翰·科斯特洛:《太平洋战争（1941—1945）》上册，王伟等译，东方出版社，1985 年，第 19 页。
④ 〔美〕阿瑟·林克、威廉·卡顿:《一九〇〇年以来的美国史》上册，刘绪贻等译，中国社会科学出版社，1983 年，第 163 页。

的戒心。① 另外，在争夺萨摩亚等问题上，美国与德国也屡有冲突。在英国已经明显向美国示好的情况下，美德在海上的竞争——这种竞争包括商业的和殖民地的——也开始变得激烈起来，这也使得英美在共同应对德国扩张这一点上具有共同的利益诉求。

三　英国挽救海权危机的努力与应对

（一）"双强标准"的提出与费希尔改革

英国人以岛国人特有的忧患意识，从维多利亚时代中期开始就愈加关注海洋安全问题。在海权危机不断加深的历史背景和现实威胁下，英国人对本土防卫和帝国防务问题的热情开始逐渐被激发出来。1867 年，英国皇家海军陆战队上尉约翰·科洛姆（John Colomb）出版了《保护我们的商业和分配海军力量》（The Protection of Our Commerce and Distribution of Our Naval Forces Considered）的小册子，强调海军在保卫英国本土、帝国领地和海上交通线安全上的中心地位。在他看来，英国应该将本土防务与帝国防务视为一个整体来考虑，而作为一个海洋帝国，英国应该优先发展海军。② 19 世纪下半叶，英国出现了"蓝水学派"（Blue Water School），这一学派的代表人物除约翰·科洛姆外，还有菲利普·科洛姆（Philip Colomb）和朱利安·科贝特等人。他们虽然观点各异，但都坚持海军在英国国防安全中的绝对重要地位。

到 19 世纪 80 年代和 90 年代，随着法国、俄国、德国等在东亚和太平洋等地区的广袤海洋空间内对英国的霸权发起挑战，对担心海军优势被后起海上强国赶超的"海军恐慌"（naval scare）现象在英国已成为常态，海军问题成为英国政界乃至整个社会关注的焦点。英国著名诗人吉卜林（Joseph R. Kipling）就曾忧虑地写道：

我们声名远扬的海军消失了；

战火沉没在沙丘和海岬：

---

① Ronald Hyam, *Britain's Imperial Century, 1815–1914: A Study of Empire and Expansion*, Basingstoke: Palgrave Macmillan, 2002, p. 233.

② David French, *The British Way in Warfare, 1688–2000*, London: Routledge, 2015, p. 150.

看，我们昨日的所有绚丽

都已经成为历史！

请各国分给我们一点儿辉煌吧，

免得我们忘记——免得我们忘记！①

在维多利亚时代晚期和爱德华时代，英国人比以往任何时候都更加深刻地意识到海权对于英国国运的重要性：英国海军是防止欧洲大陆强国入侵英国的屏障，是保证英国贸易通道和食品供应线安全畅通的守护神，是空前广大的大英帝国领地和财富的捍卫者。在新的未知的全球世界（globe-wide world）中，海军是决定英国国际地位和繁荣兴旺的关键要素。② 因此，有学者指出，英国在 1899 年之前的帝国战略在很大程度上就是一种海军战略，英国外交政策的本质就是海权政策。英国海军必须在未来的大战中再来一次特拉法尔加海战，以彻底消灭敌人的舰队，从而牢牢控制制海权。只有这样，英国才能确保整个帝国免遭敌人入侵的危险，并且在必要时对敌人进行严密的海上封锁，让其在同英国的长期对抗中慢慢窒息。同海军相比，英国陆军主要发挥第二梯队的作用，它主要用于本土和帝国防卫，并在必要时派遣一支 7 万人的远征军赴海外作战。③

19 世纪下半叶逐渐开始显现的海权危机促使英国在 1879 年任命了一个由卡那封勋爵（Lord Carnarvon）领导的皇家委员会去研究帝国防务问题，以应对英国在全球的商业利益和海军基地网所面临的安全威胁。皇家委员会在 1881—1882 年的报告中，强调了帝国海上商业航线的重要价值及战时存在的脆弱性，要求就当时英帝国的防务空虚状况做出深刻检讨。报告建议，在紧急状况下英国海军可以征用商业航线和邮政公司的快速汽船，这些汽船在战时可以适度武装，运送军队和给养，并可承担监视或通信任务。报告建议英国各殖民地自己保卫其商业港口，并供养

---

① 〔英〕布伦丹·西姆斯：《欧洲：1453 年以来的争霸之途》，孟维瞻译，中信出版社，2016 年，第 244 页。

② John Darwin, *The Empire Project：The Rise and Fall of the British World-System，1830-1970*, New York：Cambridge University Press, 2009, pp. 103-104.

③ John Darwin, *The Empire Project：The Rise and Fall of the British World-System，1830-1970*, New York：Cambridge University Press, 2009, p. 256.

驻扎的舰队。①

　　为了维护海上霸权，应对后起海上强国的挑战，英国在 1889 年通过了《海军防务法案》，由此提出了针对法俄两国的"双强标准"，即要确保英国海军实力超过位居其后的两个海军强国的海军实力总和。根据这一法案，英国将花费 2150 万英镑建造 70 艘战舰。② 戴维·弗兰奇（David French）认为，1889 年《海军防务法案》反映了当时盛行的"蓝水学派"对英国政府的影响力。③ 在这一法案提出之前，因为法国在 1871 年的战败解除了对英国海上霸权的最大威胁，英国海军的造舰步伐大大放慢。19 世纪 70 年代，英国下水的铁甲舰不到 60 年代数量的一半。1880—1888 年，英国只开工建造了 10 艘战列舰。④ 1893 年 12 月，英国议会又通过了英国海军大臣斯宾塞伯爵（Earl John P. Spencer）提出的另一个"五年造舰法案"。这一法案提出的造舰规模超过了 1889 年《海军防务法案》，它计划耗资 3100 万英镑建造 7 艘战列舰、30 艘巡洋舰和 122 艘小型舰艇。《五年造舰法案》经修订后，最后决定减少新建巡洋舰的数量，再增建 2 艘战列舰，即一共建造 9 艘战列舰。此后，英国每年都会为战列舰项目拨款。到 1901 年，英国海军已经下水了 20 艘战列舰。⑤

　　在 1889 年《海军防务法案》、1893 年斯宾塞计划（Spencer Programme）和一系列海军建设项目的推动下，英国海军的现代化步伐开始加快。到 1897 年庆祝维多利亚女王登基 60 周年的钻石庆典上，参加海上阅兵式的 21 艘战列舰、53 艘巡洋舰、30 艘驱逐舰、24 艘鱼雷艇和其他英国舰艇全部由英国本土舰队派出，而没有抽调地中海舰队或其他任何海外舰队的主力舰。这一年的英国海军预算达到惊人的 2200 万英镑，是 1884 年海军预算的两倍。⑥

---

① Andrew Porter, *The Oxford History of the British Empire*, Vol. Ⅲ, Oxford: Oxford University Press, 1999, pp. 334-335.

② Marshall J. Bastable, *Arms and the State: Sir William Armstrong and the Remaking of British Naval Power, 1854-1914*, Aldershot: Ashgate, 2004, p. 189.

③ David French, *The British Way in Warfare, 1688 - 2000*, London: Routledge, 2015, p. 152.

④ Lawrence Sondhaus, *Naval Warfare, 1815-1914*, London: Routledge, 2001, p. 161.

⑤ Lawrence Sondhaus, *Naval Warfare, 1815-1914*, London: Routledge, 2001, p. 168.

⑥ Peter Padfield, *Rule Britannia: The Victorian and Edwardian Navy*, London: Routledge, 1981, p. 196.

1904 年 10 月 21 日，即特拉法尔加海战胜利日这天，约翰·费希尔成为英国新任第一海务大臣。他上任之后随即开始在英国海军中大力推行改革，以在有限的资源下尽可能提高英国海军的效率，[①] 缓解日趋沉重的财政压力和应对不断上升的海权危机。费希尔在首个第一海务大臣任上（1904—1910 年），曾先后与塞尔伯恩、考德尔（Lord Cawdor）、特威德茅斯（Lord Tweedmouth）和麦肯纳（Reginald McKenna）四位海军大臣搭档，其间经历了摩洛哥危机（Morocco Crisis）、1909 年海军恐慌等多个重大事件，因此这一时期英国海军的设计发展和海军战略的制定深深打上了费希尔个人思想的烙印。

费希尔的改革主要围绕节省海军开支、技术革新、改革管理制度和调整海军战略部署四个方面进行。为节省海军开支，费希尔一上任就大力裁撤海外舰队数量庞大、落后的小型巡洋舰、炮艇等小型舰艇，他认为这些舰艇"太老了不能一战，太慢了又难以逃脱"，并且消耗了大量的海军军费。[②] 他还要求减少在役的舰艇数量以节省开支，但并不削弱整个海军的战斗力。[③]

在改革管理制度方面，费希尔创立了"核心舰员"制度（nucleus crew），即保持基层军官和轮机长、枪炮长等技术骨干常驻预备役舰艇，平时可以保持预备役舰艇较高的训练水平，战时在这些"核心舰员"的带领下可以迅速形成一支具有战斗力的舰员队伍。[④]

在调整海军战略部署方面，费希尔强调，为了确保英国对海洋的统治地位，英国海军要将新加坡、开普敦、亚历山大、直布罗陀和多佛这五个世界上最重要的战略要塞牢牢掌握在手中，即用"五把钥匙锁住世界"（five strategic keys lock up the world）。费希尔将澳大利亚分舰队（Australia station）、中国分舰队（China station）和东印度分舰队（East

---

① David French, *The British Way in Warfare*, *1688 - 2000*, London: Routledge, 2015, p. 159.

② Jon Testuro Sumida, *In Defence of Naval Supremacy*: *Finance*, *Technology and British Naval Policy 1889-1914*, Boston: Unwin Hyman, 1989, pp. 18-28.

③ Aaron L. Friedberg, *The Weary Titan*: *Britain and the Experience of Relative Decline*, *1895- 1905*, Princeton: Princeton University Press, 2010, pp. 192-193.

④ Arthur J. Marder, *From the Dreadnought to Scapa Flow*: *The Royal Navy in the Fisher Era*, *1904-1919*, Vol. I, London: Oxford University Press, 1961, pp. 36-38.

Indies station) 合并组成了以新加坡为基地的东方舰队 (Eastern fleet)。
他撤销了太平洋分舰队 (Pacific station), 合并了北大西洋分舰队 (North
Atlantic station)、南大西洋分舰队 (South Atlantic station) 和西非分舰队
(West Africa station), 并将裁撤下来的舰艇的船员重新分配到其他舰队,
或充实核心舰员队伍。由此一来, 英国海军可以集中 3/4 的舰艇用于在
本土对付德国海军。[①] 为加强英国本土防卫, 费希尔不断将海外舰队的
主力舰调回欧洲, 其中就包括中国分舰队的 5 艘战列舰, 英国海外领地
的防务和海上交通线的维护则交给现代化的装甲巡洋舰。[②] 重新调整海
军部署后, 英国海军将 24 艘战列舰部署在本土, 9 艘战列舰部署在地中
海, 中国海域则不再派驻战列舰。[③]

　　海军技术革新是费希尔改革的核心。在费希尔的主持下, 英国海军
大力发展速射火炮、光学瞄准镜、驱逐舰、蒸汽轮机、无线电等新技术,
其中最有代表性的是费希尔一手推出的 "无畏" 舰。1905 年 10 月 2 日
下水的英国 "无畏" 号 (HMS *Dreadnought*) 战列舰是世界海军史上划
时代的创举, 它装备了 10 门统一为 12 英寸口径的主炮, 即采用了全新
的 "全重型火炮" (all-big-gun) 概念的配置, 降低了不同口径主炮带来
的火控难度, 提高了射击效率。"无畏" 舰一次可以集中至少 8 门主炮进
行齐射, 并且每分钟可以进行两轮齐射, 大大提高了火力密度。"无畏"
号战列舰还装备了更为坚实的装甲和 2.25 万马力的 "帕森斯" 涡轮发动
机, 使这艘满载排水量达 1.8 万吨的战舰最大航速仍能达到 21 节, 在当
时堪称革命性的高航速, 这也使得这种新型战舰足以胜任任何海况条件
下的舰队决战。[④]

---

① Ronald Hyam, *Britain's Imperial Century, 1815–1914: A Study of Empire and Expansion*,
Basingstoke: Palgrave Macmillan, 2002, p. 265; David French, *The British Way in
Warfare, 1688–2000*, London: Routledge, 2015, p. 159.

② Nicholas Lambert, "Economy or Empire? The Fleet Unit until Concept and the Quest for
Collective Security in the Pacific, 1909–14", in Greg Kennedy and Keith Neilson, eds.,
Far-Flung Lines: Essays on Imperial Defence in Honour of Donald Mackenzie Schurman,
London: Routledge, 1997, p. 57.

③ David French, *The British Way in Warfare, 1688–2000*, London: Routledge, 2015,
p. 159.

④ Arthur J. Marder, *From the Dreadnought to Scapa Flow: The Royal Navy in the Fisher Era,
1904–1919*, Vo. I, London: Oxford University Press, 1961, pp. 43–44.

"无畏"舰的出现实际上也是英国海军战略重点从应对法国、俄国等对英国海外利益的挑战，转向集中海军优势兵力在北海挫败德国的直接威胁的反映。这种战略思想的转型体现在武器装备上，即用新锐的"无畏"型战列舰取代费希尔所青睐的战列巡洋舰（battle-cruisers），后者凭借其速度快、火力猛的优势而被设计用于保卫英国的殖民帝国和海上交通线，后因1904年英法协约和1907年英俄协约的达成而失去了用武之地。① 当然，费希尔推出"无敌"号（HMS Invincible）战列巡洋舰的另一目的，也是在尽量不增加海军预算的情况下显著增强英国海军的战斗力，确保英国海军在技术上对它的竞争对手保持领先地位。② 战列巡洋舰为了提高速度而牺牲了装甲防护，它并不是设计用于舰队决战的，而英国海军在日德兰海战时却错误地运用了战列巡洋舰，导致了惨重的损失。

"无畏"号战列舰的出现开启了"无畏舰革命"时代，它达到了19世纪以来日新月异的海军新技术革命的顶峰，也成为衡量一国海军现代化程度的标杆。"无畏"号战列舰的出现使得世界各国海军的战列舰一夜之间全部过时，它们一律被称为"前无畏"舰（pre-dreadnought）。尤为尴尬的是1907年开始环球航行的美国"大白舰队"（Great White Fleet），它由16艘当时美国最为先进的"前无畏"舰组成，但在英国最新的"无畏"舰面前黯然失色。③ 为替换这些"前无畏"舰，世界各国纷纷效仿"无畏"号战列舰的设计，竞相建造吨位更大、火力更猛、装甲更厚、速度更快的新型"无畏"舰。例如，美国建造了"南卡罗来纳"级战列舰，德国建造了"拿骚"级战列舰。费希尔引领的这场潮流虽然使英国站在了海军新技术革命的制高点上，但规模最庞大、"前无畏"舰数量最多的英国海军反倒因为这场革命性的战列舰更新换代浪潮而成为历史包袱最为沉重的一方，这也迫使英国不得不一再增加海军经费投入，

---

① Lawrence Sondhaus, *Naval Warfare*, *1815 – 1914*, London：Routledge, 2001, pp. 200 – 201.

② David French, *The British Way in Warfare*, *1688 – 2000*, London：Routledge, 2015, p. 163.

③ Alex Roland, W. Jeffrey Bolster and Alexander Keyssar, *The Way of the Ship*：*America's Maritime History Reenvisioned*, *1600 – 2000*, Hoboken：John Wiley & Sons, Inc., 2008, p. 262.

加快英国战列舰舰队的现代化更新步伐。此举也使得英国面临的财政和国内政治的压力持续攀升。

（二）"无畏舰革命"与英德海军竞赛

随着德国扩建海军的意志不可逆转，英德彼此之间的猜忌日渐加深，到 19 世纪末，英德海军竞赛不断升级，它随着 1905 年开启的"无畏舰革命"达到了高潮。

在"无畏舰革命"的刺激下，英德之间围绕海军和殖民地问题产生的紧张关系不断加剧。英国历史学家泰勒（A. J. P. Taylor）认为，"无畏"舰的出现，"使所有现存的战舰（包括英国的战舰）都过时了。英国人不得不开始进行一轮海军竞赛，这一竞赛代价比过去更加昂贵，带给英国的却是更为不利的处境。1907 年，英国削减造舰规模，以求为列强树立一个榜样，结果反而更加促使德国人加紧赶上英国的步伐。1907年 11 月，蒂尔皮茨提出了一项补充海军法案，要求德国开始大规模建造自己的'无畏'舰"。在政治意义上，德国人的跟进使得英国人相信，德国扩充海军不是为了海外贸易和殖民地事业，而是要摧毁英国的独立。德国在英德海军竞赛中毫无胜算，这场竞赛唯一的后果就是不断加深英国对德国的敌意。① 为此，英国不惜代价扩大舰队规模，并致力于对海军进行现代化改造。1889—1890 财年，即宣布实施"两强标准"后，英国海军预算占政府岁入的 17.46%。到 1913—1914 财年，这一比例上升到了 26.03%。② 而英国在 1912 年决定建造更大更先进的"伊丽莎白女王"级战列舰表明，英国海军决心不惜一切代价捍卫其海上优势。③

民族主义情绪的高涨进一步加剧了英德关系的紧张，而这种"民意"反过来又成为英德海军竞赛的助推器。作为一个民间组织，1895 年建立的"英国海军联盟"（British Navy League）在 1901 年还只有 1.4万名会员，而到 1914 年它宣称已经有 10 万名会员，其中不乏贵族、

① A. J. P. Taylor, *The Struggle for Mastery in Europe, 1848 - 1918*, Oxford: The Clarendon Press, 1954, p. 447.

② Sneh Mahajan, *British Foreign Policy 1874-1914: The Role of India*, London: Routledge, 2002, p. 171.

③ Matthew S. Seligmann, ed., *The Naval Route to the Abyss: The Anglo-German Naval Race 1895-1914*, Farnham: Ashgate, 2015, p. 400.

主教、退休海军将领以及其他社会名流，另外还有威尔金森（Spenser Wilkinson）、阿诺德-弗斯特（William E. Arnold-Forster）、吉卜林等极端的爱国知识分子和政治激进分子。英国海军联盟是一个典型的"帝国主义压力团体"，它虽然同英国海军部没有官方联系，却具有广泛的社会影响力，它通过出版杂志、印发传单和小册子等方式唤起英国民众对海军问题的关注，以对英国政府每年的海军预算辩论施加压力。1898 年建立的德国海军协会（Deutscher Flottenverein）则比英国海军联盟更为激进，它同官方的联系更为密切，甚至可以称为蒂尔皮茨向德国政府争取海军预算的工具。到 1914 年，德国海军协会宣称已拥有 33.1 万名个人会员和 77.6 万名以团体身份加入的会员。"德国的威胁"或"哥本哈根式袭击"（Copenhagen attack）成为英德这两个海军团体经常讨论的话题，由此来影响各自国家的海军政策。①

　　在强化自身海军实力的同时，英国也进一步调整全球战略布局，寻求同传统竞争对手缓和关系，以集中精力应对德国的威胁。为了达成这一目标，英国相继在 1902 年建立了英日同盟，② 在 1904 年缔结了英法协约，③ 在 1907 年实现了英俄谅解。最重要的是，英国在 20 世纪初获得了美国的友谊和支持，这对打破布尔战争以来的英国外交孤立局面具有重要意义。这一系列举动表明，英国已经完成了针对德国的结盟部署，标志着作为英国外交传统的"光荣孤立"政策的终结。到爱德华时代，英国海军实际上已放弃了在全球的海上霸权，它将远东的制海权让给日本，在地中海放任法国、俄国同奥地利和意大利海军一较高下，让德国和俄国在波罗的海对抗，承认了美国在北美的地区霸权，这一切都是为了集中力量在北海对付德国舰队。④ 究其原因，相较于俄国、日本或美国海

①　Paul M. Kennedy, *The Rise of the Anglo-German Antagonism*, *1860 - 1914*, New York: Humanity Books, 1980, p. 370.

②　参见 "Anglo-Japanese Agreement, 30 January, 1902", in G. P. Gooch and Harold Temperley, eds., *British Documents on the Origins of the War*, *1898-1914*, Vol. 2, Part XI, London: His Majesty Stationery Office, 1927, pp. 114-120。

③　参见 "Anglo-French Agreements", in G. P. Gooch and Harold Temperley, eds., *British Documents on the Origins of the War*, *1898-1914*, Vol. 2, Part XV, London: His Majesty Stationery Office, 1927, pp. 373-398。

④　Andrew Porter, *The Oxford History of the British Empire*, Vol. III, Oxford: Oxford University Press, 1999, p. 705.

军在世界不同地区对英国的挑战，德国舰队对英国的威胁有着本质性的不同。前者只是威胁到英国的殖民利益和区域性的海上主导地位，而德国近在咫尺，它急剧膨胀的舰队将直接威胁伦敦的安全。①

1911 年爆发的第二次摩洛哥危机使英德关系进一步恶化。1912 年 2 月，英国陆军大臣哈尔丹（Richard Haldane）就海军问题的柏林之行未能说服德方接受妥协方案，这一妥协方案的中心思想是英国以在殖民地问题上提供合作换取德国不再进一步扩建海军。而德国则要求首先与英国缔结一项政治协定，即英国保证在未来的欧陆战争中保持中立，而德国给予的回报则是放缓而不是暂停扩建海军，这显然无法令英国接受，由此决定了"哈尔丹使命"（Haldane Mission）必然以失败告终。② 1912 年 3 月 18 日，新任英国海军大臣丘吉尔（Winston Churchill）提出英德两国在一年内不得新建战列舰的"海军假日"（naval holiday）方案，但德方对这一方案未予理会。3 月 22 日，德国宣布了新的海军法案，此举表明"海军假日"方案已被德国所拒绝。德国新的海军法案规定，到 1920 年，德国海军将新增 5 个战列舰中队，其中有 3 个是"无畏"舰中队（共计 24 艘"无畏"舰），另外还将建造 11 艘战列巡洋舰，海军兵力将达到 10.15 万人。③

在一战爆发前夕，英德关系曾出现缓和迹象，这使得英国一度看到了同德国就海军问题达成妥协的希望。英国提出将英德海军实力之比确定为 16∶10，两国战列舰数量之比为 8∶5。不过，这一最后方案仍然遭到德国的拒绝。④ 虽然英国内部在对德政策上并非铁板一块，以殖民大臣哈考特（Lewis Harcourt）为代表的亲德派人士一直致力于同德国达成谅解，他们甚至准备在海军问题没有得到解决的情况下在殖民地问题上向德国让步，但德国坚决在海上挑战英国的地位使得英国内部的分歧迅

---

①　David French, *The British Way in Warfare, 1688 - 2000*, London: Routledge, 2015, p. 158.

②　Robert K. Massie, *Dreadnought: Britain, Germany, and the Coming of the Great War*, New York: Random House, 1991, pp. 807-817.

③　Robert K. Massie, *Dreadnought: Britain, Germany, and the Coming of the Great War*, New York: Random House, 1991, p. 821.

④　"Sir E. Goschen to Sir Edward Grey, Berlin, February 11, 1914", in G. P. Gooch and Harold Temperley, eds., *British Documents on the Origins of the War, 1898-1914*, Vol. 10, Part Ⅱ, London: His Majesty's Stationery Office, 1938, p. 739.

速减少，最终促使英国决定在法国和德国之间选择前者。①

1914 年，英国海军大臣丘吉尔实际上已经主张将英国的海军建设标准定为"一强标准"，即明确指出英国海军实力要比仅次于它的德国海军超出 60%。② 英国海军部估计，如果德国的"蒂尔皮茨计划"顺利完成，德国海军届时将可以在北海部署 25 艘战列舰，而英国海军则需要部署至少 33 艘战列舰与之抗衡。为此，英国海军部要求每年额外拨出 300 万英镑来应对德国的造舰计划，以及 1500 万—2000 万英镑追加拨款来对付意大利和奥匈帝国海军正在建造的"无畏"舰。由于英国财力无法承受同时对付 3 个海军强国的费用，因此促成了英法在 1912 年 11 月达成"分区布防"的海军协议，即英国海军集中主力舰队防御北海方向的威胁，而法国海军则负责保护英国在地中海的利益。③

1914 年秋，英国海军已经拥有 31 艘以"无畏"舰为核心的现代化主力舰（另有 16 艘在建造中），以及 39 艘"前无畏"舰。④ 一战爆发前夕，英国共有 34 艘"无畏"舰，德国有 22 艘"无畏"舰。到日德兰海战爆发时的 1916 年，英国拥有的"无畏"舰达到 42 艘，而德国则只有 24 艘。⑤ 面对英国几乎难以撼动的巨大海上优势，德国公海舰队不得不作为一支"存在舰队"（fleet in being）停泊在港口内以求自保，德国海军在几乎不可能在水面战中战胜英国海军的情况下逐渐选择将潜艇作为打破英国封锁的利器。⑥

（三）一战前夕英国的海军战略与作战部署

在英德谈判裹足不前的同时，英国针对德国的海军备战工作也在紧

---

① 　 A. J. P. Taylor, *The Struggle for Mastery in Europe*, *1848 - 1918*, Oxford: The Clarendon Press, 1954, pp. 481-482.

② 　 "Churchill to Director of the Intelligence Division, 26 February 1914", in Matthew S. Seligmann, ed., *The Naval Route to the Abyss*: *The Anglo-German Naval Race 1895 - 1914*, Farnham: Ashgate, 2015, pp. 474-475.

③ 　 David French, *The British Way in Warfare*, *1688 - 2000*, London: Routledge, 2015, p. 165.

④ 　 Paul M. Kennedy, *The Rise and Fall of British Naval Mastery*, London: Macmillan, 1983, p. 229.

⑤ 　 George Modelski and William R. Thompson, *Seapower in Global Politics*, *1494 - 1993*, Seattle: University of Washington Press, 1988, p. 78.

⑥ 　 Lawrence Sondhaus, *Naval Warfare*, *1815-1914*, London: Routledge, 2001, p. 205.

锣密鼓地进行。1912 年 3 月 18 日，英国海军大臣丘吉尔公布了他上任后的第一份海军预算案。这份预算案总额为 4400 万英镑，比上一年度整整增加了 400 万英镑。根据这份预算案，英国将新建 4 艘"无畏"舰、8 艘轻型巡洋舰、20 艘驱逐舰以及多艘潜艇。[①] 此外，随着 1909 年的"海军恐慌"扩展到整个英帝国，英国还得到澳大利亚、新西兰和加拿大等英帝国成员的支持，它们将出资为英国海军建造若干艘"无畏"舰。其中，澳大利亚将提供一艘"无畏"舰，新西兰答应资助建造两艘"无畏"舰，加拿大也做出相应承诺。在 1909 年 7 月举行的帝国防务特别会议上，英国海军部提出了整合帝国海军力量，建立自治领"分舰队"（fleet units）的构想。根据这一构想，在未来的世界大战中，整个英帝国的海军力量都将接受英国海军部的统一指挥。[②] 自治领分舰队同时也是各自治领自己的海军力量，但同英国海军部在人员、装备、情报、指挥、训练方面保持密切的交流协作关系。根据英国海军部的设计，太平洋地区的防务将由 4 支分舰队负责，其中加拿大温哥华和澳大利亚悉尼将分别部署一支分舰队，英国海军则在新加坡和香港分别部署一支分舰队。每支分舰队将由 1 艘战列巡洋舰、3 艘轻型巡洋舰、6 艘驱逐舰和 3 艘潜艇组成，建设经费为 370 万英镑，一年的运营经费为 60 万至 70 万英镑。[③]

由此可见，英帝国各自治领和殖民地为英国防务做出了重要贡献。以澳大利亚为例，在第一次世界大战中，澳大利亚的整体战略实际上就是一个海洋战略，而其武装力量的三大任务可以概括为港口防御、确保地区安全及支援英帝国防卫作战。围绕这三大任务，澳大利亚武装部队，特别是皇家澳大利亚海军为英国海军战略部署的顺利展开，以及协约国

①　Robert K. Massie, *Dreadnought: Britain, Germany, and the Coming of the Great War*, New York: Random House, 1991, p. 821.

②　John Darwin, *The Empire Project: The Rise and Fall of the British World-System, 1830 – 1970*, New York: Cambridge University Press, 2009, p. 261.

③　Nicholas Lambert, "Economy or Empire? The Fleet Unit until Concept and the Quest for Collective Security in the Pacific, 1909–14", in Greg Kennedy and Keith Neilson, eds., *Far-Flung Lines: Essays on Imperial Defence in Honour of Donald Mackenzie Schurman*, London: Routledge, 1997, pp. 64–65.

的最后胜利做出了卓越贡献。①

在海军部署上，英国收缩全球防卫圈、将海军力量向本土集中的战略调整越来越明显。到 1907 年 11 月，英国已计划将 100%的战列舰、95%的驱逐舰和 86%的装甲巡洋舰配置给本土舰队。② 不仅如此，丘吉尔还进一步将地中海舰队的主力舰抽调到北海以防卫本土。英国在地中海地区仅部署了 2—3 艘战列巡洋舰、1 个装甲巡洋舰中队、1 个驱逐舰分队和 2 个潜艇分队。此外，剩下的英国海军舰艇主要分散布防于东印度、好望角、西亚、澳大利亚、加拿大等海外领地。③ 根据英法的安排，法国海军将填补英国地中海舰队留下的空白，主要负责地中海的防务。在英国军政界代表人物中，海军大臣丘吉尔、陆军大臣哈尔丹、财政大臣劳合-乔治（David Lloyd-George）、外交大臣格雷（Sir Edward Grey）等人都相信，英国削弱地中海舰队的力量以加强本土防卫的做法是正确的，因此除非英国首先在北海被德国击败，否则它在地中海的利益就不会真正受到威胁。④

1912 年 9 月，法国大西洋舰队从布雷斯特转移到土伦，以加强在地中海的力量。此举意味着法国将在未来的欧洲冲突中全力支持英国，英法海军合作进入实质性阶段。⑤ 1914 年 8 月 6 日举行的英法海军会议决定，战时法国海军将承担起保护英法在地中海的商业利益的任务，同时还将负责监视德、奥等同盟国可能在亚得里亚海、苏伊士运河和直布罗陀海峡等地的活动。⑥ 同一时期，德国将其主力舰队部署在北海，总计

---

① Vice Admiral Ray Griggs, AO, CSC, RAN, Chief of Navy, "Australia's Maritime Strategy", *Australian Defence Force Journal*, Vol. 190, 2013, p. 9.

② Philip Murphy, "Britain as a Global Power in the Twentieth Century", in Andrew Thompson, ed., *Britain's Experience of Empire in the Twentieth Century*, Oxford: Oxford University Press, 2012, p. 38.

③ Milan N. Vego, *Naval Strategy and Operations in Narrow Sea*, London: Frank Cass, 2003, p. 105.

④ John Darwin, *The Empire Project: The Rise and Fall of the British World-System, 1830 - 1970*, New York: Cambridge University Press, 2009, p. 269.

⑤ John Darwin, *The Empire Project: The Rise and Fall of the British World-System, 1830 - 1970*, New York: Cambridge University Press, 2009, p. 262.

⑥ Michael Simpson, "Superhighway to the World Wide Web: The Mediterranean in British Imperial Strategy, 1900-45", in John B. Hattendorf, ed., *Naval Policy and Strategy in the Mediterranean: Past, Present and Future*, London: Frank Cass, 2000, p. 53.

有 26 艘战列舰（包括 14 艘"无畏"舰）、4 艘战列巡洋舰、21 艘巡洋舰、90 艘驱逐舰和鱼雷艇，以及 17 艘潜艇。在波罗的海地区，德国保持守势，只部署了 9 艘巡洋舰、10 艘驱逐舰和鱼雷艇、4 艘潜艇，另有约 30 艘各型辅助舰艇。在地中海，德国向君士坦丁堡派驻了 1 艘战列巡洋舰、1 艘巡洋舰和 1 艘巡逻舰。[①]

至于在未来战争中对德国海军的作战计划，英国方面已经酝酿了多年。尽管英德双方在外交层面的博弈错综复杂，在政治家的会议室里，德国是敌是友的争论一直到一战爆发前夕才有定论，但在英国海军将领们的眼中，德国公海舰队从来都是英国海军最主要的潜在敌人之一。而当英国同法俄结成事实上的同盟后，德国海军几乎成为英国海军唯一可能的敌人。因此，英国海军从来没有放弃制订消灭德国海军的计划。实际上，德国人所担心的"哥本哈根式袭击"并非空穴来风。早在 1904 年，英国海军专家、新闻记者阿诺德·怀特（Arnold White）就曾提出一个对德国公海舰队进行"先发制人"的打击的计划，其主要内容是英国主力舰队从日德兰方向对德国主要海军基地基尔发起突袭，并摧毁这一基地。怀特的这一计划得到了其密友、狂热的英国第一海务大臣费希尔的大力支持，但被谨慎的英王爱德华七世坚决否定。[②]

总体而言，英国海军在即将可能爆发的欧洲大战中的战略目标主要分为 5 个部分：第一，如果敌人寻求舰队决战，则要确保彻底击败敌方舰队；第二，阻断敌人的海上商业活动；第三，支援两栖作战；第四，挫败敌人入侵英国本土的企图；第五，应对各种形式的"海上游击战"（guerre de course），确保英国食品和其他补给品的海上运输安全。[③] 英国大舰队司令约翰·杰利科（John Jellicoe）则将英国海军在一战中的任务概括为 4 点：（1）确保英国船只能不受阻碍地在海上自由航行，这对于英国这样一个无法自给自足特别是严重依赖食品进口的岛国而言至关重

---

① 　Milan N. Vego, *Naval Strategy and Operations in Narrow Sea*, London: Frank Cass, 2003, p. 106.

② 　Arthur J. Marder, ed., *Fear God and Dreadnought: The Correspondence of Admiral of the Fleet Lord Fisher of Kilverstone*, Vol. Ⅱ, London: Jonathan Cape, 1956, p. 20; Admiral of the Fleet Lord Fisher, *Memories*, London: Forgotten Books, 2012, p. 4.

③ 　Arthur J. Marder, *From the Dreadnought to Scapa Flow: The Royal Navy in the Fisher Era, 1904-1919*, Vol. Ⅰ, London: Oxford University Press, 1961, p. 344.

要；（2）通过剥夺敌人使用海洋的能力，稳步加大对敌人的经济压力，迫使其求和；（3）支援派往海外的陆军，确保其通信和补给的安全；（4）保卫本土和海外领地免遭入侵。①

不论英国政府内部如何争论，英国对德海军作战的选择不外乎在德国海岸或战场外围地区的两栖登陆战略、封锁战略和舰队决战战略三种。关于前两种战略存在较多反对意见，而舰队决战战略则赢得了多数人的支持，两栖作战和封锁越来越被视为诱使德国舰队出战的战术方案。"在1914 年以前的十年里，海军统帅部内缺乏战略一致——这促使它丧失了在英国防务政策中的优势地位。尽管如此，大多数海军军官偏爱一种简单的战略，那就是决战战略。马汉为这方面的希望提供了基本理由，而海军热烈地采纳了他的观点。"②

值得一提的是，到 1914 年，英国在世界航运中仍占据着几乎不可动摇的优势地位。在蒸汽船的"黄金时代"，英国各大航运公司共拥有8587 艘汽船，总吨位达到近 1900 万吨，占世界汽船总吨位的 2/5。英国公司经营的航线遍布全球，已经构成了一个无可争议的全球交通网。③这一方面说明英国仍然牢牢占据着世界海洋霸权，它对海洋的依赖程度有增无减，另一方面也表明英国的利益遍布全球，而这些利益实际上是易受攻击和脆弱的，这都影响了第一次世界大战时期英德双方的海军战略。

---

① Alastair Flinlan, *The Royal Navy in the Falklands Conflicts and the Gulf War*, London：Frank Cass，2004，p. 35.

② 〔美〕威廉森·默里等编《缔造战略：统治者、国家与战争》，时殷弘等译，世界知识出版社，2004 年，第 309—310 页。

③ Michael B. Miller, *Europe and the Maritime World：A Twentieth-Century History*, Cambridge：Cambridge University Press，2012，p. 72.

第二章

现代英国的海洋战略

在两次世界大战中，尽管英国最终都取得了战争的胜利，但国力的严重消耗也直接动摇和削弱了英国海上霸权的基础。英国在第一次世界大战后的世界海军竞赛中力不从心，无力应对新崛起的美国的挑战，丧失了对世界海洋的垄断地位。在第二次世界大战中，保守、陈旧的英国海军在德国和日本的双重打击下屡遭败绩，最终依靠美国的援助和支持才取得了战争的最后胜利，英国也在二战后彻底将海上霸主地位转让给了美国。

第一节　第一次世界大战时期及战后的英国海洋战略

一　一战时期英国海洋战略的执行与调整

（一）英国对德国的海上封锁

1914 年 8 月 4 日，英国正式向德国宣战。在第一次世界大战中，英国在击败德国问题上的一大要求就是彻底剥夺其海上强国的地位，具体做法包括瓜分德国的海外殖民地和舰队等。英国首相阿斯奎斯（Herbert H. Asquith）在 1916 年要求有关方面对英国的战争目的提出备忘录，帝国总参谋长威廉·罗伯逊（General Sir William R. Robertson）随即提出了一个在海上彻底削弱德国，而保持其陆上强国地位以在战后牵制法俄的方案。根据这一方案，德国应将石勒苏益格（Schleswig）归还给丹麦，使波罗的海—北海运河国际化，同时英国还要夺取德国的北弗里斯兰群岛和赫尔戈兰湾东海岸。[①] 在具体的作战方式上，英国内阁中不少人仍主张采取经典的"英国战争方式"，即主要使用财政和海军力量支持法国和俄国

---

① 〔德〕卡尔·迪特利希·埃尔德曼：《德意志史》第四卷，上册，高年生等译，商务印书馆，1986 年，第 82—83 页。

在陆上取得胜利，英国则派遣一支小规模的远征军赴法国作战。除切断英德贸易并对德国进行经济封锁外，英国的商业和贸易应一如既往地正常运转，因为这是支撑大英帝国的血液和命脉。不过，战争很快就偏离了英国设想的轨道而进入它不擅长也不适应的"总体战"（total war）之中。① 因此，第一次世界大战时期英国的战略就是"英国战争方式"和"总体战"的混合物。

　　具体到海军战略方面，整个一战时期的英国海军战略实际上是在彻底消灭德国舰队和保护英国海上交通线这两大目标之间徘徊不定。前者需要通过一场舰队决战的胜利来完成，后者则更能体现英国自特拉法尔加海战之后 100 多年间在统治海洋上的深厚经验。尽管这两个目标不一定都能达成，但如果有任何一个遭到彻底失败的话，英国的国运将随之动摇。② 然而，英国在木制风帆战舰时代的经验却并不适用于工业化时代，英国海军虽然仍然保持强势，但也在一战中遭受了前所未有的严峻考验。

　　战争爆发后，英国海军很快对德国实行了严密的海上封锁，以求在掐断德国从海外获取资源的交通线的同时，彻底束缚德国海军的行动，特别是将德国公海舰队围堵在基尔港内，迫使其不敢出海作战。海上封锁是英国海军最得心应手的战术，也是其数百年来海军战略的核心内容。自 1650 年到 1945 年，英国海军的统治地位就是以制海权力量为基础的，首要的是维持一支足以击败任何竞争者联手威胁的战列舰舰队。同时，英国通过经济封锁截断敌人的贸易通道，阻止其获取战略原料，削弱其战争经济。这些都构成了英国战争方式和海洋战略的标准模式。③

　　在这种考虑之下，战争爆发后，英国海军根据战前部署随即对德国实行了严密的海上封锁。英国的封锁建立在它对德国显著的海军优势和

---

① Christopher M. Bell, *Churchill and Sea Power*, Oxford：Oxford University Press, 2013, p. 50.

② Andrew Gordon, "1914 - 18：The Proof of the Pudding", in Geoffrey Till, ed., *The Development of British Naval Thinking：Essays in Memory of Bryan Ranft*, London：Routledge, 2006, p. 89.

③ Andrew Lambert, "Great Britain and Maritime Law from the Declaration of Paris to the Era of Total War", in Rolf Hobson and Tom Kristiansen, eds., *Navies in Northern Waters, 1721- 2000*, London：Frank Cass, 2004, p. 11.

地理优势基础之上。据统计，战争爆发时，英德海军的"无畏"型战列舰数量之比是 24∶13，"前无畏"舰之比是 40∶22，巡洋舰之比是 102∶41，驱逐舰之比是 301∶144，潜艇之比是 78∶30。德国在地理上也处于劣势，它的海岸线十分狭窄短促，面对英国方向只有两个主要出海口，由在战争爆发前刚刚完工的威廉皇帝运河连通。德国的东出海口通过丹麦和瑞典之间的狭长水道，从挪威南部进入挪威海。西出海口则通过赫尔戈兰湾的沙丘，经由几条狭窄的航线通向北海。这种半封闭状态的海陆格局使得英国海军可以轻易地监视德国海军的大规模行动。[①]

1914 年 8 月 4 日，英国正式对德国宣战，以苏格兰的斯卡帕湾为基地的英国大舰队（Grand Fleet）麾下的 24 艘"无畏"舰、35 艘"前无畏"舰和 123 艘其他舰艇全面动员起来。德国预测聚集在本土的英国海军主力舰队会对德国在赫尔戈兰湾的海军基地发起进攻，而德国公海舰队则做好准备同英国进行一场马汉式的舰队决战，但这一切并未发生。究其原因有三：首先，英国将海上封锁而不是舰队决战作为打击德国海上力量的首选，此举更能发挥英国的优势；其次，英国担心德国潜艇和在本土水域布设的水雷会给英国舰队造成重大损失，潜艇和水雷技术的发展使得水面舰艇面临的威胁不断加大；最后，英国海军需要护送英国远征军（British Expeditionary Force）安全抵达法国。[②]

总的来说，英国对德国的海上封锁可以分为军事封锁（military blockade）和商业封锁（commercial blockade）两种。[③] 其中，军事封锁任务主要由部署在本土的英国大舰队承担，其主要战略目标是切断德国通向大洋的道路，将德国公海舰队封锁在港口内，限制其活动范围，使其变成一支名副其实的"存在舰队"。在第一次世界大战中，英国的军事封锁主要集中在北海和波罗的海两个方向。尽管英国在本土集结庞大海军力量的初衷，是保卫英伦三岛免遭德国入侵，[④] 但实际上除在日德

[①] Michael S. Neiberg, *Fighting the Great War: A Global History*, Cambridge: Harvard University Press, 2005, pp. 124-125.

[②] John Keegan, *The Price of Admiralty: The Evolution of Naval Warfare*, New York: Penguin Books, 1988, pp. 128-129.

[③] Archibald Hurd, *The British Fleet in the Great War*, New York: Robert M. McBride and Co., 1918, p. 51.

[④] "Memorandum by the First Sea Lord of the Admiralty, February 8, 1916", CAB 24-2.

兰海战期间得到战斗机会外，英国大舰队最大的作用是对德国进行海上封锁。海岸重炮、水雷、鱼雷、潜艇的发展，使得英国海军惯用的"近程封锁"（close blockade）面临极大风险，德国也有能力阻止任何对其沿海实施的封锁行动。[1] 同时，德国也期望通过在近海的胜利尽可能地削弱英国海军力量，从而为公海舰队进行一场旨在彻底打破封锁的舰队决战创造机会，德国海军已经准备好应对英国海军可能发动的突袭。[2] 因此，英国必须将舰队主力集中在北海海域，以斯卡帕湾为基地对德国实行"远程封锁"。

另外，英国在爱尔兰海南部入海口、英吉利海峡东部部署了巡洋舰队，以保护英国本土同欧洲大陆的交通线，同时对德国进行商业封锁。法国海军则负责保护从科唐坦半岛到英国海岸的英吉利海峡西部入海口，协助英国掌握制海权并对德国进行封锁。[3] 英国对德国的商业封锁则旨在发挥英国的海上优势，特别是利用遍布全球的海外基地，对半内陆国家的德国实行海上封锁，封堵其海上贸易，阻止它从海外获取战略原料。英国海上封锁的目标主要是德国，同时也包括奥匈帝国、奥斯曼帝国等德国的盟友。在地中海地区，英国舰队主要负责封锁从达达尼尔海峡入口至北纬 38°30′的土耳其海岸。[4] 除在欧洲海域实行严密的海上封锁外，英国还派出分舰队游弋于世界各大海域，对德国商船进行驱逐和扣留，力图将德国逐出世界贸易体系。同时，英国还力图通过海上封锁切断德国同其海外殖民地的联系。概括说来，英国为推进对德国、奥匈帝国等同盟国的商业封锁主要采取了 3 种办法：（1）将同盟国商船驱逐出世界各大海洋，迫使其只能在极其有限的本国领海内活动；（2）封锁同盟国的海岸线，扩大查禁禁运品的范围；（3）摧毁一切德国在海外的投资，将任何同德国等进行贸易往来的公司和个人列入黑名单（black list）。实

① Arthur J. Marder, *From the Dreadnought to Scapa Flow: The Royal Navy in the Fisher Era, 1904-1919*, Vol. I, London: Oxford University Press, 1961, pp. 370-371.

② Arthur J. Marder, *From the Dreadnought to Scapa Flow: The Royal Navy in the Fisher Era, 1904-1919*, Vol. II, London: Oxford University Press, 1965, pp. 44-45.

③ Paul Halpern, "World War I: The Blockade", in Bruce A. Elleman and S. C. M. Paine, eds., *Naval Blockades and Seapower: Strategies and Counter-Strategies, 1805 - 2005*, London: Routledge, 2006, p. 91.

④ "Blockade and Contraband in the Levant", CAB 24-1.

际上就是要趁战争之机最大限度地掠夺、挤占德国的世界市场。[①]

第一次世界大战前期，封锁战术一度因效率低、见效慢而饱受质疑，但随着战争的进行，军事封锁和商业封锁的效果都逐渐显现出来。在军事封锁方面，在英国大舰队的严密监视下，德国公海舰队始终无法冲出北海封锁圈。在商业封锁方面，英国海军在英吉利海峡的唐斯、奥克尼群岛的柯克沃尔、地中海的亚历山大和直布罗陀建立了检查点，以查禁禁运品，并建立了严密监视同德奥等有贸易往来的公司和个人的黑名单制度。[②] 仅 1915 年一年，英国海军就检查了 3098 艘驶往德国港口的船只。如果没有英国的允许，没有一艘水面船只可以通过多佛海峡。[③] 此外，战争爆发后，德国有 223 艘轮船和 35 艘帆船在协约国港口或在航行途中被扣留，总计 65 万吨。[④] 战前德国商船队拥有超过 500 万吨船只，是仅次于英国的世界第二大商船队。但在战争爆发五个月后，德国可使用的商船就急剧减少到 200 万吨，并且不敢再冒险进入大洋。到 1916 年底，德国商船队几乎已经可以忽略不计。自开战以来，德国有 152 艘总计 45.2 万吨商船被协约国摧毁，276 艘总计 80.7 万吨商船被捕获，621 艘至少 210 万吨商船被扣押在中立国港口，490 艘总计 241 万吨商船停泊在德国国内无法出港。[⑤]

在英国有效的海上封锁下，整个战争期间仅有 216 万吨货物运抵德国。[⑥] 据统计，战争爆发前的 1913 年，德国进口额和出口额分别为 108 亿金马克和 101 亿金马克，1914 年下降到 85 亿金马克和 75 亿金马克，1915 年进一步下降到 59 亿金马克和 25 亿金马克，且形成了严重的外贸

① Michael B. Miller, *Europe and the Maritime World：A Twentieth-Century History*，Cambridge：Cambridge University Press, 2012, p. 225.

② Michael B. Miller, *Europe and the Maritime World：A Twentieth-Century History*，Cambridge：Cambridge University Press, 2012, p. 227.

③ Michael S. Neiberg, *Fighting the Great War：A Global History*，Cambridge：Harvard University Press, 2005, p. 127.

④ Michael B. Miller, *Europe and the Maritime World：A Twentieth-Century History*，Cambridge：Cambridge University Press, 2012, p. 219.

⑤ Michael B. Miller, *Europe and the Maritime World：A Twentieth-Century History*，Cambridge：Cambridge University Press, 2012, p. 226.

⑥ Milan N. Vego, *Naval Strategy and Operations in Narrow Sea*，London：Frank Cass, 2003, p. 239.

逆差。而德国海军在应对封锁局面上的无所作为使其备受压力，这也推动德国采用潜艇战以求打破英国的封锁并对英国实施反封锁。①

尽管德国是一个资源自给率相对较高、合成原料技术发达的工业强国，但在英国海上封锁的打击下，德国经济在战争后期陷入严重的困境。在农业方面，德国难以承受长期得不到外界资源输入的消耗战的打击。由于缺乏劳动力、牲畜、饲料、化肥和农具，特别是硝酸盐和劳动力严重不足，德国农业严重减产，民众面临饥荒威胁。到 1918 年，德国农业产量整体下降了 25%。其中，黑麦产量只有 1913 年的 66%，小麦产量是 1913 年的 56%，夏麦产量降至 58%，土豆产量降至 56%，燕麦和干草产量也分别只有 1913 年的 49% 和 76%。② 农业的大量减产直接导致德国民众生活水平直线下降，这种下降不是简单的生活质量的降低，而是直接带来了营养不足和饥馑的威胁。战前德国民众平均每人每周消费 342 克面包。战争开始后，面包的定量配额为每人每周 225 克，到 1918 年底则削减到 160 克，不到战前消费水平的一半。战前德国人均肉类消费量为每周 950 克左右，到 1918 年，城市居民肉类定量配额只有 135 克。其他消费品的消费量也在不同程度地减少，例如脂肪摄入量从战前的人均 25 克降到 7 克，而鱼、鸡蛋、猪油、黄油、奶酪、干豆、植物油等消费量也只有战前水平的 5%—28%。据估算，人体每天正常所需的热量至少为 2280 卡路里，但 1916 年秋，德国人均只能获得 1344 卡路里的热量，到 1917 年夏则进一步下降到 1100 卡路里，甚至还有不到 1000 卡路里的情况出现。1913—1918 年，德国妇女的死亡率由 14.3‰ 上升到 21.6‰，1 岁以下女婴的夭折率从 13.7‰ 增加到 14.3‰。考虑到妇女和婴儿是不会上前线作战的，因此这两类人群死亡率的上升直接反映了饥饿和营养不良给普通德国人的生活带来的巨大影响。尽管这种影响并不都是封锁造成的，但封锁无疑发挥了主要作用。③

在工业方面，除煤、铁、铅和锌以外，德国工业所需的钨、铬、锑、

---

① Lance E. Davis and Stanley L. Engerman, *Naval Blockades in Peace and War: An Economic History since 1750*, New York: Cambridge University Press, 2006, pp. 164-165.

② Lance E. Davis and Stanley L. Engerman, *Naval Blockades in Peace and War: An Economic History since 1750*, New York: Cambridge University Press, 2006, pp. 198-199.

③ Lance E. Davis and Stanley L. Engerman, *Naval Blockades in Peace and War: An Economic History since 1750*, New York: Cambridge University Press, 2006, pp. 203-205.

镍、铝、锡、锰等贵金属都完全依赖进口，棉花、羊毛、橡胶、铜等也大部分需要从海外输入。英国的海上封锁使得这些重要工业原料的供应受到很大影响。尽管德国发明了从空气中提炼氮气等一系列合成技术，但工业原料的供应仍然极为紧张。除德国外，英法也凭借海军优势对德国的盟国实现了严密的封锁。例如，英法海军对叙利亚海岸的封锁，迫使战前年输入 8.8 万吨谷物的奥斯曼帝国在战争开始后无法再进口粮食，大大加剧了叙利亚的饥荒。在英国看来，由这种饥荒导致的阿拉伯暴乱是他们所希望看到的。①

　　不过，英国的海上封锁在削弱德国等国战争能力的同时，也引起了中立国特别是美国的不满。在中立国看来，英国海军登船稽查中立国商船，以及查扣驶往德国港口的中立国商船货物的做法，严重损害了它们的利益，侵犯了其同两大阵营进行贸易的自由。中立国对封锁的强烈不满和反对似乎让德国看到了希望，而这在历史上也是引发 1812 年英美战争的直接原因。② 1914 年 8 月 6 日，美国发表声明，建议各国遵守 1909 年签署的关于海战规则的《伦敦宣言》（*London Declaration Concerning the Laws of Naval War*），此举无疑首先针对的是无视《伦敦宣言》、谋求凭借海军优势彻底查禁德国对外贸易的英国。

　　为安抚中立国，特别是争取它们对海上封锁战略的理解和支持，英国随后调整了海上封锁政策，将善意的中立国和亲德的中立国的商业活动区别对待，并设立专门机构审查德国的海外贸易。英国还开始推行信用保证制度，即同有信用的中立国商行和联合会组织签订协议，承诺一般不干涉这些商行的进出口贸易，但前提条件是它们的货物或其制成品不得以任何形式落入德国手中。在这样的组织中，最有代表性的是荷兰海外信托公司，挪威、瑞典、丹麦等国也建立了类似的组织。这些组织劝说所在国的航运公司同意将有违禁嫌疑而未经检查的货物运往英国，它们实际上充当了英国在中立国领土上进行经济检查和监督的代理人角色，协助英国推行海上封锁战略。

---

① 〔德〕罗伯特·格沃特、〔美〕埃雷兹·曼尼拉主编《一战帝国：1911—1923》，梁占军等译，人民出版社，2015 年，第 33—34 页。

② John Leyland, *The Achievement of the British Navy in the World-War*, New York: George H. Doran Company, 1919, p. 19.

至于美国，英国更多是使用经济手段来争取它对海上封锁的谅解，这种手段主要是扩大从美国的进口，以进一步增强它同协约国之间的经济联系，平息它因为英国阻止其同德奥进行贸易的不满。据统计，在英国的海上封锁政策影响下，美国与德国、奥匈帝国的直接贸易额从 1914 年的 1. 69 亿美元下降到 1916 年的 115. 97 万美元，而美国与协约国的贸易额则从 8. 25 亿美元上升到 32. 15 亿美元。"应当强调指出的是，这是英国控制海洋的结果，而不是美国官方的偏袒。确实，如果美国对英国制海权的合法运用进行挑战，美国将完全失去中立。"因此，在很大程度上，威尔逊政府实际上容忍了英国的海上封锁，特别是当英方付出努力以缓和同美国的矛盾之后，再加上美国始终担心德国可能对美洲的入侵行动，因此最终仍然勉强默许了英国的海上控制。"只有英国在为危及美国安全的目的而战时，威尔逊才有理由试图中断英国从控制海洋得到的那些利益。"①

到第一次世界大战接近尾声的时候，英国对德国战争经济持续打击的效果已经越来越明显。日德兰海战后，英国海军对海洋的控制显著增强。英法合作的加强以及美国的协助，使得英国的海上封锁体系更加严密。另外，英国在远东还可以得到日本海军的帮助，以查禁从印度洋到太平洋的敌国商船，并打击其潜艇的活动。

（二）　大西洋反潜护航

1915 年 2 月 4 日，德国宣布对英国实行反封锁，它将英国和爱尔兰周边海域划为交战区（war zone），宣布德国潜艇将不经警告攻击驶入这一地区的任何中立国商船和其他船只，即实施"无限制潜艇战"（unrestricted U-boat warfare）。1914 年 8 月到 1915 年 2 月，即"无限制潜艇战"开始前，英国平均每月损失 4. 6 万吨商船。"无限制潜艇战"开始后，英国商船的损失上升到平均每月 8. 5 万吨。整个盟国商船的损失也从平均每月 6. 1 万吨急剧增加到 12. 1 万吨。②

诚然，德国做出开展"无限制潜艇战"决定的一大动机是保护本国

---

① 〔美〕阿瑟·林克、威廉·卡顿：《一九○○年以来的美国史》上册，刘绪贻等译，中国社会科学出版社，1983 年，第 198—199 页。

② Lance E. Davis and Stanley L. Engerman, *Naval Blockades in Peace and War: An Economic History since 1750*, New York: Cambridge University Press, 2006, p. 169.

潜艇的安全，避免因遵守潜艇浮出水面检查商船，让船员逃命后再击沉商船的国际法准则，而使得配备少量武装的潜艇在危险的水面被商船炮火所击沉。但后果是，这一做法使得中立国对英国海上封锁的不满，很快让位于对德国潜艇不分对象地伤害中立国船员生命的恐惧和愤怒。[①]尽管在中立国特别是美国的强烈抗议下，德国对其潜艇活动有所限制，但出于打破英国封锁的需要，这种限制最终仍然被废除。1917 年 2 月 1日，德国正式宣布恢复"无限制潜艇战"，扬言驶入封锁区的任何国家的商船都将被击沉。德国"认识到这个步骤差不多肯定会将美国招入战争，但决定赌博，以便获取在当时看来似乎只有靠潜艇才能造就的全面胜利。他们推断在 6 个月内，未经备战的美国几乎完全无法做什么去影响战争结局，而且到那时美国的干涉将徒劳无功，因为随着英国退出战争，德国大军就能席卷法国，关闭一切法国港口，从而切断敌人进入欧洲大陆的一切通道"。[②]

德国恢复"无限制潜艇战"使得美德矛盾迅速升级，神出鬼没的德国潜艇再加上"卢西塔尼亚"号（RMS *Lusitania*）的悲剧，使得美国社会恐惧和厌恶德国的情绪蔓延开来。同时，对于美国而言，德国潜艇对美国人生命的戕害所造成的痛苦和愤怒，很快超过了对英国海上封锁的不满。并且，由于英国很快同美国在海上封锁问题上进行了协调，再加上英国向美国大举借债，英美经济联系的加深也促使两国关系不断改善，并最终走向同盟。美国的最终参战使得英国海上交通线承受的压力大大减轻，英美携手挫败德国"无限制潜艇战"已经是大势所趋。[③]

"无限制潜艇战"恢复后，英国的损失直线上升。1917 年 4 月 13日，英国第一海务大臣约翰·杰利科告诉来访的美国海军西姆斯少将（Rear Admiral William S. Sims），1917 年 2 月已有 53.6 万吨协约国商船被德国潜艇击沉，这一损失到 3 月上升到了 60.3 万吨，预计 4 月的损失将高达 90 万吨。1916 年 2 月和 3 月，共有 1149 艘船只抵达英国港口，而

---

① Lance E. Davis and Stanley L. Engerman, *Naval Blockades in Peace and War: An Economic History since 1750*, New York: Cambridge University Press, 2006, pp. 171-172.

② 〔美〕诺曼·里奇：《大国外交：从第一次世界大战至今》，时殷弘译，中国人民大学出版社，2015 年，第 7 页。

③ Alan P. Dobson, *Anglo-American Relations in the Twentieth Century: Of Friendship, Conflict and the Rise and Decline of Superpowers*, London: Routledge, 1995, pp. 34-35.

1917 年同期则仅有不到 300 艘船只到港。杰利科警告道，英国的海上运输已濒临崩溃，如果损失再这样继续下去，英国将无力再战。①

德国的"无限制潜艇战"之所以能取得如此大的战果，也与英国海军部的估计失误有关。"在战前年代，海军参谋机构将潜艇看成主力战舰的附属物。这部分地出于完全没有想象到潜艇作为商船袭击者来行动，可能不顾巡洋舰作战的传统规则，后者要求在攻击前发出警告，并且在击沉商船前让乘客和船员安全转移。"② 更为重要的是，德国的"无限制潜艇战"彻底颠覆了马汉关于使用战列舰掌控制海权的理论，战前被各国奉为圭臬的海权论在一场新型战争面前突然变得毫无用武之地。根据当时流行的以战列舰为核心的争夺制海权的战术，主力舰要保护商船首要的是摧毁敌方用来掩护巡洋舰进行袭击作战的战列舰。在取得一场舰队决战的胜利之后，敌方残存的巡洋舰将被占据优势的本方舰队逐个消灭掉。在这种战术下，对本方商船的保护是间接性的，而巡逻和护航等直接的保护措施被认为是次要的。而德国潜艇成功绕开了战列舰，创造了一种新的"袭击战"战术。③

为了应对德国潜艇的袭击，英国采取了武装商船、组织护航编队等一系列措施。根据英国官方统计，1916 年底，有 1194 艘商船进行了武装。1917 年 2 月 11 日，又有 1681 艘商船进行了武装。④ 此外，英国还加紧寻求美国的支持，特别是物资援助。1917 年 7 月 1 日，英国要求美方提供尽可能多的驱逐舰、炮艇、潜艇、拖网渔船、快艇和拖船，并特别强调形势严峻，美方的援助刻不容缓。⑤ 1917 年 4 月 6 日，在德国宣布恢复"无限制潜艇战"之后不久，美国正式对德国宣战。历史学家关于美国参加第一次世界大战原因的讨论早已十分详尽，其中，美国同协

---

① George W. Baer, *One Hundred Years of Sea Power：The U. S. Navy, 1890-1990*, Stanford：Stanford University Press, 1994, pp. 67-68.

② 〔美〕威廉森·默里等编《缔造战略：统治者、国家与战争》，时殷弘等译，世界知识出版社，2004 年，第 322 页。

③ George W. Baer, *One Hundred Years of Sea Power：The U. S. Navy, 1890-1990*, Stanford：Stanford University Press, 1994, p. 67.

④ "Minutes of a Meeting of the War Cabinet Held at 10, Downing Street, on Tuesday, February 13, 1917, at 12 Noon", CAB 23-1-wc-64-64, p. 218.

⑤ *Foreign Relations of the United States*（以下简称 *FRUS*），1917, Supplement 2, The World War (1917), p. 115。

约国远比与同盟国密切的经济关系是促使其参战的重要动因，德国潜艇对跨大西洋贸易的阻断和袭扰是美国无法忍受的，它成为美国参战的导火索。①

美国正式参战后，英美联合进行大西洋反潜作战随即紧锣密鼓地展开。1917 年 5 月 4 日，第一批 6 艘美国驱逐舰抵达爱尔兰的昆斯敦基地，并接受英方指挥。到 1917 年 7 月 1 日，美国海军装备的 52 艘现代化驱逐舰中有 35 艘已经或正在部署到欧洲水域。② 到战争结束时，美国派往欧洲水域的驱逐舰已达 79 艘，它们同部署在爱尔兰和直布罗陀等地的美国分遣队一起，支援由 400 艘舰艇组成的英国驱逐舰舰队。③ 此外，美国还向英国派遣了战列舰舰队，以进一步做好英国针对可能的舰队决战的准备，同时解放大量老式英国战列舰上的人员，使其能被调派到驱逐舰上进行反潜作战。

1917 年 5 月，英国正式实行海上护航制度后，被击沉的商船数量逐步减少，总吨位从 4 月的 84 万吨下降到 11 月的 26 万吨。1918 年 1—11 月，被德国潜艇击沉的英国商船总吨位已经下降到 110.3 万吨，而德国自身损失的潜艇则达到 88 艘。④ 到 1917 年底，已经有近半数英国海外贸易活动得到护航，这一比例到战争结束时上升到了 90%。战争期间共有 9.5 万艘船只得到护航，只损失了其中的 393 艘。⑤ 损失船只中有 90% 是脱离护航体系单独航行的船只。英国海军中有 250 艘舰艇直接参与护航行动，有 500 艘舰艇间歇为护航和支援行动服务，即在英国海军中有 15% 的现役舰艇直接或间接参与护航。⑥ 除护航外，英美还积极使用潜艇和飞机进行反潜作战。1918 年 2 月，第一批 11 艘美国潜艇抵达爱尔兰西

---

① A. J. P. Taylor, *The First World War: An Illustrated History*, London: Penguin Books, 1966, pp. 170-171.

② George W. Baer, *One Hundred Years of Sea Power: The U. S. Navy, 1890-1990*, Stanford: Stanford University Press, 1994, p. 71.

③ George W. Baer, *One Hundred Years of Sea Power: The U. S. Navy, 1890-1990*, Stanford: Stanford University Press, 1994, pp. 75-76.

④ 〔美〕阿彻·琼斯：《西方战争艺术》，刘克俭等译，中国青年出版社，2001 年，第 351 页。

⑤ George W. Baer, *One Hundred Years of Sea Power: The U. S. Navy, 1890-1990*, Stanford: Stanford University Press, 1994, p. 76.

⑥ Malcolm Llewellyn-Jones, *The Royal Navy and Anti-Subarine Warfare, 1917-49*, London: Routledge, 2006, pp. 10-11.

南海岸的贝里哈芬港，支援协约国作战。[①] 在战争的最后 6 个月里，英国皇家空军（Royal Air Force）共投入了 85 架大型水上飞机、216 架海基飞机、189 架陆基飞机和 75 艘飞艇参与反潜作战。[②]

美国造船厂还承担起为美国和协约国海军建造急需的驱逐舰和猎潜艇的重任。到第一次世界大战结束时，美国造船厂共为美国海军建造或正在建造 248 艘驱逐舰、60 艘大型"鹰船"猎潜艇、116 艘小型潜艇，并为协约国海军建造了大量猎潜艇。[③] 美国强大的造船工业还帮助英国弥补了商船的损失。此外，美国还向英国提供了大量造船用钢材。[④] 到 1918 年春，协约国新造船只总量自 1915 年初以来首次超过了损失船只。据美方估计，1918 年英美新造船只总量为 491.125 万吨，而英国当年的损失则为 423.0929 万吨。[⑤] 德国尽管在 1918 年采用了吨位更大的潜艇，并在当年 5 月将潜艇活动范围扩大到美国水域，但它始终无法找到应对协约国护航制度的有效办法。德国潜艇的损失越来越大，而战果却越来越少，中立国的船只也终于可以放心在航线上行驶。[⑥] 至此，英国及其盟国完全取得了大西洋反潜作战的胜利。

（三）边缘地带战略与达达尼尔远征计划

虽然从长远看，海上封锁对德国的"慢性绞杀"作用值得期待，但封锁毕竟存在见效慢等问题，而且也不符合英国海军"见敌必战"的纳尔逊传统和马汉的舰队决战理念，因此英国海军部仍然期待发动主动进攻，以更为积极的姿态彻底消除德国的海上威胁。在北海，德国公海舰队被英国大舰队牢牢地封锁在港口之内，虽然有多格浅滩海战等一系列小规模的遭遇战和接触战，但短期内英国难以得到同德国在北海进行舰

---

① Lisle A. Rose, *Power at Sea：The Age of Navalism，1890-1918*, Columbia：University of Missouri Press，2007，p. 274.

② Lisle A. Rose, *Power at Sea：The Age of Navalism，1890-1918*, Columbia：University of Missouri Press，2007，pp. 274-275.

③ 〔美〕拉塞尔·F. 韦格利：《美国军事战略与政策史》，彭光谦等译，解放军出版社，1986 年，第 234 页。

④ *FRUS*，1917，Supplement 2，The World War（1917），pp. 595-597.

⑤ *FRUS*，1917，Supplement 2，The World War（1917），p. 411.

⑥ George W. Baer, *One Hundred Years of Sea Power：The U. S. Navy，1890-1990*, Stanford：Stanford University Press，1994，p. 77.

队决战的机会。在这种情况下，英国海军大臣丘吉尔希望在边缘地带对德国及其盟友发动一场两栖突袭行动，以打破战争僵局。[①]

1914 年 11 月 25 日，英国战时会议在第一次会议中讨论了"达达尼尔远征计划"。丘吉尔计划派遣一支英国舰队前往达达尼尔海峡，此举将可以达到多个目的：解除奥斯曼帝国对苏伊士运河的威胁；直接为俄国开辟一条暖水航道；诱使保加利亚、罗马尼亚和希腊加入协约国阵营；鼓动奥斯曼帝国内的希腊人、库尔德人、亚美尼亚人和阿拉伯人等少数民族发起叛乱，以及直接对奥斯曼帝国政府施压迫使其投降。[②] 尽管在同一时期，丘吉尔、费希尔、威尔逊等还提出了"博尔库姆计划"、"波罗的海计划"和"赫尔戈兰计划"等多种对德国侧翼和后方发动打击的计划构想，但这些构想最终都让位于英国内阁特别是首相阿斯奎斯所青睐的"达达尼尔远征计划"。

1915 年 2 月 19 日，协约国对达达尼尔海峡发起进攻。英法舰队为此集结了 1 艘"无畏"舰、1 艘战列巡洋舰、16 艘"前无畏"舰、20 艘驱逐舰和 35 艘扫雷舰。土耳其方面防守海峡的兵力配备则为 11 座要塞、72 个炮兵阵地、10 个布雷区（共埋设 373 枚水雷）及 1 个水下反潜网。土耳其在要塞内还部署了德国提供的 150 毫米榴弹炮。另外，德国还派遣了 500 名顾问帮助土耳其加强海岸防卫。[③]

由于英法低估了两栖登陆行动的难度和土耳其方面的防守能力，再加上协约国陆海军协调不力，持续了近一年的达达尼尔海峡远征行动以失败告终，多艘英法战列舰被水雷、岸炮击沉或重创。英国希望在边缘地带对同盟国阵营撕开一道口子的战略彻底失败，协约国方面损失惨重而一无所获，不得不在僵持了近一年后撤离战场。

（四）日德兰海战与英国海洋战略的调整

1916 年 5 月 31 日，日德兰海战（battle of Jutland）爆发，它从本质

①　Christopher M. Bell, *Churchill and Sea Power*, Oxford：Oxford University Press，2013，pp. 59-62.

②　Michael S. Neiberg, *Fighting the Great War：A Global History*, Cambridge：Harvard University Press，2005，pp. 95-96.

③　Michael S. Neiberg, *Fighting the Great War：A Global History*, Cambridge：Harvard University Press，2005，pp. 99-100.

上仍是一场遭遇战而不是计划周详的舰队决战,只是规模更大且被人们寄予更高的期望。多年来,从战略和政治角度对这场历史上最大的战列舰对决的研究已经相当深入,但从单纯的技术角度来分析这场海战的研究成果还不多见。实际上,这场海战反映出的英德海军在技术、战术和指挥上的差异已经深刻体现出英国海权优势的逐渐衰落。

在日德兰海战中,英德双方都采用了以前卫舰队作为诱饵,然后用主力舰队聚歼敌人的战术,但由于夜色影响和指挥不力,最后变成一场混战。戴维·贝蒂海军中将(Vice Admiral Sir David Beatty)统率的英国前卫舰队有 4 艘新型"无畏"舰、6 艘战列巡洋舰、14 艘轻型巡洋舰、27 艘驱逐舰和 2 艘水上飞机母舰,弗兰兹·冯·希佩尔海军中将(Vice Admiral Franz Ritter von Hipper)率领的德国前卫舰队则有 5 艘战列巡洋舰、5 艘轻型巡洋舰和 30 艘驱逐舰。在贝蒂身后是杰利科统率的英国大舰队,包括 24 艘"无畏"舰、3 艘战列巡洋舰、8 艘装甲巡洋舰、12 艘轻型巡洋舰、51 艘驱逐舰和 1 艘布雷舰。舍尔海军中将(Vice Admiral Reinhard Scheer)率领的德国公海舰队主力也隐藏在希佩尔舰队身后,它拥有 16 艘"无畏"舰、6 艘"前无畏"舰、6 艘轻型巡洋舰和 31 艘驱逐舰,准备伺机消灭贝蒂的舰队。[①] 英国参加日德兰海战的舰艇达到 125 万吨,兵力共计 6 万人,德国则投入了 66 万吨战舰和 4.5 万人。英德损失之比超过 2∶1。英国共有 15.5 万吨舰艇被击沉,死伤 6094 人,德国的损失则为 6.1 万吨和 2551 人。[②] 日德兰海战的战术性失利,充分暴露了英国海军在火炮威力、装甲防护、损管控制和通信指挥等方面的深刻问题。[③] 英国海军的舰炮威力不足,并且没有注意到在战斗中战舰被击中的火花可能沿弹药升降机向下蔓延至弹药库,从而引起大爆炸,至少有一艘战列巡洋舰因这一问题而被炸沉。[④]

指挥日德兰海战的英国大舰队司令约翰·杰利科在战后一直饱受来

①　Clark G. Reynolds, *Command of the Sea: The History and Strategy of Maritime Empires*, Morrow, 1974, p. 519.

②　〔英〕伯纳德·爱尔兰:《1914—1945 年的海上战争》,李雯等译,上海人民出版社,2005 年,第 58 页。

③　Richard Moore, *The Royal Navy and Nuclear Weapons*, London: Routledge, 2015, p. 22.

④　A. J. P. Taylor, *The First World War: An Illustrated History*, London: Penguin Books, 1966, p. 143.

自各方的强烈批评，人们指责这位海军上将过于保守，以致未能赢得一场特拉法尔加式的大胜，他自己也丧失了成为另一个纳尔逊的机会。英国大舰队的将领们也被批评在日德兰海战中指挥呆板机械，缺乏想象力和进取精神，一味等待命令而错失机会。[1] 虽然杰利科让朝野倍感失望，但他敏锐地意识到鱼雷、水雷、潜艇等新武器可能给传统的水面舰艇决战造成巨大冲击，特别是对庞大的战列舰舰队造成重大威胁。即便英国大舰队以高昂的代价和惨重的损失全歼德国公海舰队，这场"北海上的特拉法尔加"的胜利也至多只是鼓舞了英国和整个协约国的士气，并不能从根本上改变西线陆上战场的局势。相反，集中了英国全部海军精华、堪称英国在战争中的最大资本的大舰队如果遭受重创，则英国对北海的控制权将岌岌可危，随之而来的就是英国本土将面临德国入侵的巨大风险。即便德国公海舰队的水面舰艇被英国彻底消灭，数量众多的德国潜艇、鱼雷艇等仍然可以频频袭扰英国海上交通线和不列颠岛，而元气大伤的英国大舰队对此难有招架之力。正如德国历史学家霍尔威格所言，"即使杰利科对德国人取得一种马汉式的大胜，这胜利大概也不会以对英国有利的方式决定战争的一般进程……不过，德国人的胜利却会结束英国对北海的控制，而且或许可以设想使英国输掉战争"。[2] 因此，杰利科的谨慎和冷静虽然导致他的决策略显保守，但无疑是一种高度负责的态度。

　　同样，虽然德国取得了日德兰海战的战术性胜利，但这场胜利因为公海舰队仍未打破英国的封锁而毫无意义。1916 年 7 月 4 日，舍尔对因为打破了所谓"特拉法尔加的魔术"而狂喜的德皇威廉二世坦言："毫无疑问，即便德国舰队在战争中取得多么辉煌的战绩，我们也不可能迫使英国求和。"他深刻认识到德国在这场战争中的三大海上困境，即数量劣势、战略位置劣势以及缺乏战略眼光。[3] 此后，德国公海舰队"存在

---

[1] James P. Levy, "Royal Navy Fleet Tactics on the Eve of the Second World War", *War in History*, Vol. 19, No. 3, 2012, p. 380.

[2] 〔美〕威廉森·默里等：《缔造战略：统治者、国家与战争》，时殷弘等译，世界知识出版社，2004 年，第 321 页。

[3] Holger H. Herwig, "The Failure of German Sea Power, 1914 – 1945: Mahan, Tirpitz, and Raeder Reconsidered", *The International History Review*, Vol. 10, No. 1 (Feb. 1988), p. 83.

舰队”对英国大舰队进行战略牵制，潜艇成为德国寻求打破英国海上统治地位的利器。英国海军的战略重点也逐渐从舰队决战转向反潜护航。

日德兰海战后，英德主力舰队都不愿再冒险出战。继任英国大舰队司令的贝蒂继承了杰利科的谨慎作风，英国大舰队在德国舰队有大规模行动之前并没有贸然出战，而是继续扼守斯卡帕湾对德国进行远程封锁。德国海军虽有两次试探性的行动，但都及时撤回港口，避免同英国交战。[①] 双方就在这种对峙中迎来了战争的结束。

（五） 英国在全球范围内的海军作战

除在欧洲海域推行海上封锁外，英国还利用其全球海军优势，派出巡洋舰和分舰队游弋于世界各大海域，对德国商船实行驱逐和扣留，力图将德国逐出世界贸易体系。同时，英国还力图通过海上封锁切断德国同其海外殖民地的联系。

战争爆发后，多哥、德属西南非洲、喀麦隆等德国在非洲的殖民地很快落入协约国（主要是英国）之手，只有德属东非在德军司令保罗·冯·莱托-福尔贝克（General Paul Emil von Lettow-Vorbeck）的领导下同占据绝对优势的协约国（英国、比利时、葡萄牙）展开游击战，一直坚持到 1918 年 11 月 25 日，即欧洲的停战协定签字生效以后。英国在非洲夺取德国殖民地的行动得到英国海军的支持，非洲所在的大西洋和印度洋也是英国海军重点保护的海上航线集中区域，英国在这一地区的主要海军基地是开普敦的西蒙斯敦和弗里敦的西非斯夸德伦。“从这个意义上讲，虽然英国在非洲与其他国家的冲突主要是关于殖民地，但冲突的中心主要是海洋而不是陆地。”[②] 在远东和太平洋地区，澳大利亚和新西兰军队占领了德属新几内亚、俾斯麦群岛、所罗门群岛和德属萨摩亚，而日本则占领了中国青岛以及太平洋上的马绍尔群岛、加罗林群岛、马里亚纳群岛和帕劳等地。尽管德国海外殖民地并不都落入英国之手，但英国的海洋统治地位却是协约国阵营迅速将德国逐出世界殖民体系的重要保证。“英国对海洋的控制，使英国或其盟国能够席卷德国的所有海外殖民

---

① A. J. P. Taylor, *The First World War: An Illustrated History*, London: Penguin Books, 1966, p. 144.

② 〔德〕罗伯特·格沃特、〔美〕埃雷兹·曼尼拉主编《一战帝国：1911—1923》，梁占军等译，人民出版社，2015 年，第 156 页。

地，而且在多数情况下是轻而易举的事。"①

战争爆发后，英国与日本合作很快夺取了青岛，解除了德国可能对澳大利亚、新西兰、马来亚、香港等地的威胁。在青岛之战开始前，德国东亚舰队司令施佩中将（Vice Admiral Maximilian von Spee）率领舰队一路撤至南美，虽然在 1914 年 11 月的科罗内尔海战中击败了英国舰队，但很快在 12 月的福克兰海战中被英国全歼。除在远东合作夺取德国领地、驱逐德国舰队外，英国与日本还在印度洋、太平洋和地中海展开了广泛的海军合作。日本派出舰队为协约国前往欧洲的运兵船和商船护航，帮助英法等打击德国、奥匈帝国的潜艇，维护协约国的海上交通线。

但与此同时，日本也积极利用英、法、美、荷等殖民强国忙于欧洲作战的天赐良机在太平洋地区扩张。英日同盟虽然遏制了俄国在远东的扩张，却大大刺激了日本的野心。英国收缩了帝国防线，实际上将西太平洋海上防务的主要责任交给了日本，这显著加剧了澳大利亚的不安全感。② 有日本学者指出，"日本在战争中用兵较少，战斗规模较小。与其说日本为协约国军事战胜同盟国做出了贡献，不如说日本的出兵只是出于政治谋略，目的是要扩大在中国的领土和权益、占领德属南太平洋诸岛和提高战后在国际联盟的发言权"。③ 英日海军合作虽然有效减轻了英国在欧洲之外的负担，但也为日本趁机在远东扩张创造了条件，由此为战后的英日矛盾埋下了伏笔。

在第一次世界大战中，英国是以大英帝国的名义向德国宣战的，它在战争中极为依赖整个帝国提供的资源，特别是人力。在整个战争期间，印度动员了 100 万人，加拿大派遣了 50 万人赴海外作战，爱尔兰动员了20 万人，澳大利亚动员了 30 万人，新西兰动员了 10 万人。南非有 10 万军人在非洲作战，并另派遣了 20 万—30 万人赴欧洲作战。就连人口稀少、面积狭小的西印度群岛也派遣了 1.5 万人加入英军。④ 这一事实表

---

① 〔英〕C. L. 莫瓦特编《新编剑桥世界近代史》第 12 卷，中国社会科学院世界历史研究所组译，中国社会科学出版社，1999 年，第 237 页。

② 〔英〕约翰·科斯特洛：《太平洋战争（1941—1945）》上册，王伟等译，东方出版社，1985 年，第 28 页。

③ 〔日〕藤原彰：《日本军事史》，张冬等译，解放军出版社，2015 年，第 105 页。

④ 〔德〕罗伯特·格沃特、〔美〕埃雷兹·曼尼拉主编《一战帝国：1911—1923》，梁占军等译，人民出版社，2015 年，第 178 页。

明，第一次世界大战是一场英国并不擅长也难以负担的总体战，而并不是英国最习惯的有限战争。在 18 世纪和 19 世纪典型的"英国战争方式"中，英国凭借强大的海军就足以保卫英国本土和整个帝国，小规模但训练有素的陆军是打破陆地战争僵局、决定战争胜负的关键因素之一，而英国可以动员其全球海洋帝国的资源来资助大陆盟友反对英国所对抗的可能的大陆霸主。但在第一次世界大战中，作为海洋国家的英国却不得不信守其大陆承诺，在战争一开始就派出大量陆军前往西线对抗德军，否则法国和俄国可能会在德国的重压之下崩溃。而这种旷日持久、代价极为高昂的消耗战是英国不擅长也是其难以承受的，它彻底背离了传统的"英国战争方式"。[①]

在第一次世界大战中，英国海军共计损失了 13 艘战列舰、3 艘战列巡洋舰、2 艘航母、25 艘巡洋舰、17 艘武装商船、63 艘驱逐舰和驱逐领舰、10 艘鱼雷艇、52 艘潜艇、5 艘浅水重炮舰、7 艘炮艇、2 艘布雷舰、18 艘护航舰及数百艘各型辅助舰艇。此外，英国海军总吨位由 250 万吨激增至 450 万吨。其中，轻型巡洋舰由 64 艘增加到 89 艘，驱逐舰和驱逐领舰由 222 艘增加到 430 艘。[②] 英国在第一次世界大战中赢得了胜利，却流尽了鲜血，它所承担的大陆义务让其不堪重负，这也背离了英国的战略传统，并使其难以从战争的惨重损失中完全恢复过来，英国海上霸权的基础也随之动摇。而美国则第一次展现出它巨大的物质资源和海洋潜力对于左右战争胜负的关键作用，美国强势的海上崛起从一战后期就已开始，由此成为英美海上霸权转移的发轫。

二　华盛顿会议上英国挽救海权衰落的努力

（一）战后初期的世界海军竞赛与英美争霸

第一次世界大战使得英国消耗并损失了大量财富，英国海权赖以维持的经济基础遭到严重削弱。据统计，英国为战争共投入 353.34 亿

---

① David French, *The British Way in Warfare, 1688 - 2000*, London: Routledge, 2015, p. 174.

② Eric J. Grove, *The Royal Navy since 1815: A New Short History*, Basingstoke: Palgrave Macmillan, 2005, p. 141.

美元，英帝国其他成员共投入 44.94 亿美元，这一数字居各参战国之首。① 在战争中，英国承受了惨重的损失，共有 750 万吨英国商船被击沉。由于英国在战时集中力量建造军舰，因此商船的损失只能由美国造船厂来弥补。从全球新下水船只占比来看，英国船只的比例从1909—1914 年的 58.7% 下降到 1920 年的 35%。② 到 1918 年底，即便加上新建造的商船和缴获的同盟国商船，英国商船队的新增船只吨位仍然弥补不了它在战争中的损失，其总吨位比战争爆发前的总吨位减少了16%。随着美国在海上的强势崛起，英国的优势地位不断被削弱。1914年，英国轮船吨位占世界总吨位的 41.6%，1924 年下降到 30.8%，二战爆发前进一步降至 25%。③

　　战争中的惨重损失和虚弱的经济使得英国无力继续维持战前规模的庞大海军，但矛盾的是，虽然德国海军已不复存在，其他强国的海军规模却因为战争的刺激而迅速膨胀起来，其中最突出的是美国海军和日本海军，如表 2—1 所示。

表 2—1　一战结束后的英美日海军实力对比

	战列舰	战列巡洋舰	重型巡洋舰	轻型巡洋舰	驱逐舰	潜艇	航母
英国	61	9	30	90	443	147	4
美国	39	—	16	19	131	86	—
日本	13	7	10	16	67	16	—

资料来源：Stephen Roskill, *Naval Policy between the Wars*, Vol. Ⅰ, London：Collins, 1968, p. 71。

　　美国和日本都远离欧洲战场，不仅没有遭到较大损失且通过这场战争获益颇丰，两国的海上雄心都借由这场战争激发出来。特别是威尔逊政府领导的美国，它不仅拥有雄厚的工业基础和充沛的财力，而且渴望

① Stephen Broadlberry and Peter Howlett, "The United Kingdom：'Victory at All Costs'", in Mark Harrison, ed., *The Economics of World War Ⅱ：Six Great Powers in International Comparison*, Cambridge：Cambridge University Press, 2000, p. 67.
② Paul M. Kennedy, *The Rise and Fall of British Naval Mastery*, London：Macmillan, 1983, p. 260.
③ Michael B. Miller, *Europe and the Maritime World：A Twentieth-Century History*, Cambridge：Cambridge University Press, 2012, pp. 235-236.

在海上获得同英国平等的地位。为此，美国雄心勃勃地制订了 1916 年造舰计划（Plan 1916）。根据该计划，美国海军将新建 10 艘战列舰、6 艘战列巡洋舰、10 艘侦察巡洋舰、50 艘驱逐舰、9 艘远洋潜艇、58 艘近岸潜艇及其他辅助舰艇。[①] 并且，这些舰艇都按照当时海军的最高标准设计，这支舰队一旦建成，将成为全球最强大的海军舰队。[②] 1918 年，美国制订了更为庞大的海军扩建计划。根据这一计划，美国海军将建造 20 艘"超级无畏舰"（super-dreadnought）、12 艘大型战列巡洋舰和 300 艘其他战舰。美国海军预算则从 1914 年的 3700 万美元猛增至 1921 年的 4.33 亿美元。如果这些舰艇服役，届时在规模上稍逊于英国海军的美国海军将凭借现代化的舰队在大西洋上独占鳌头。[③] 1918 年 5 月，驻英美国舰队司令西姆斯海军少将认为，战后美国海军应该成为在太平洋和大西洋方向都能保持强有力的海上力量存在的一流舰队。在太平洋上，美国海军应确保占据不可动摇的优势地位；在大西洋上，美国海军要采取积极防御战略，要有能力阻止一切潜在敌人将其利益范围或海上霸权扩展到美洲大陆任何一个港口或岛屿的图谋，以及妄图非法干涉美国拓展贸易权利的举动。西姆斯估计，要完成这一构想，美国海军要新增 21 艘战列舰、10 艘巡洋舰以及大批各型辅助舰艇。[④] 同时，美国商船队借战争之机也获得了大发展。1914 年一战爆发时，美国商船队总吨位只有 200 万吨，到 1919 年已经增加到 1000 万吨。一直到 20 世纪 30 年代末，美国商船队总吨位一直稳定在这个规模。[⑤]

　　美国庞大的造舰计划让英国如坐针毡。数据显示，到一战结束时，美国在建的战列舰吨位高达 61.8 万吨，而英国则只有 17.2 万吨，并且

① Lisle A. Rose, *Power at Sea*: *The Age of Navalism*, *1890 - 1918*, Columbia: University of Missouri Press, 2007, p. 265.

② Phillips Payson O'Brien, "Politics, Arm Control and US Naval Development in the Interwar Period", in Phillips Payson O'Brien, ed., *Technology and Naval Combat in the Twentieth Century and Beyond*, London: Frank Cass, 2001, p. 149.

③ John Darwin, *The Empire Project*: *The Rise and Fall of the British World-System*, *1830 - 1970*, New York: Cambridge University Press, 2009, p. 367.

④ John Keegan, *The Price of Admiralty*: *The Evolution of Naval Warfare*, New York: Penguin Books, 1988, pp. 199-200.

⑤ Michael B. Miller, *Europe and the Maritime World*: *A Twentieth-Century History*, Cambridge: Cambridge University Press, 2012, p. 246.

这一造舰规模已达到英国财政所能负担的极限。① 同时，日本也从 1920 年 7 月起开始着手执行所谓的"八八舰队计划"，计划在 8 年间投入 7.61 亿日元，建造 4 艘战列舰、4 艘战列巡洋舰、12 艘巡洋舰、32 艘驱逐舰、1 艘航母，以及多艘潜艇和支援舰艇。另外，日本还将大力扩建海军基础设施，新增工业设备。②

美日争相开工扩建舰队，吹响了新一轮海军竞赛的号角。为了应对美日的挑战，英国海军部要求加大造舰力度，计划新建 8 艘排水量超过 5 万吨、配备 18 英寸口径主炮的战列舰和战列巡洋舰。③ 毫无疑问，这一方案已经超出了债台高筑的英国政府所能承受的财政极限。1919 年 6 月，英国海军部计划建造 21 艘主力舰来彻底压倒美国海军的 1916 年造舰计划，但财政部告知海军部最多只能建造 15 艘主力舰，而且在 1920—1921 财年，造舰数量还将进一步削减。④ 英国海军部希望战后英国海军保持 33 艘战列舰、8 艘战列巡洋舰、60 艘巡洋舰、352 艘驱逐舰的规模，而要维持这样一支舰队，预计平均每年的海军预算为 1.71 亿英镑，但内阁却要求海军部将 1920—1921 财年的海军预算削减到最多 6000 万英镑。⑤ 严重的财政困难直接激化了一战后英国急剧扩大的义务和日渐削弱的能力之间的矛盾。英国在巴黎和会上获得了大量德国殖民地，扩大了自己的海外帝国，但虚弱的英国经济无法投入更多的资源来开发这些新增的帝国领地，甚至无力防卫这些领地。因此，迫于财政压力，英国海军在一战之后的裁军已势所必然。尽管战后英国一度希望重拾"双强标准"，即要求英国海军实力大于美国和日本两国海军实力之和，但这无论是在政治上还是在财政上都是不现实的。⑥ 不仅"双强标准"无法维

① Raja Menon, *Maritime Strategy and Continental Wars*, London: Frank Cass, 1998, p. 122.

② 〔美〕约翰·查尔斯·史乐文：《"兴风作浪"：政治、宣传与日本帝国海军的崛起（1868—1922）》，刘旭东译，人民出版社，2016 年，第 244 页。

③ Joseph A. Maiolo, "Did the Royal Navy Decline between the Two World Wars?", *The RUSI Journal*, Vol. 159, No. 4, 2014, p. 19.

④ Christopher M. Bell, *The Royal Navy, Seapower and Strategy between the Wars*, Stanford: Stanford University Press, 2000, p. 8.

⑤ Paul M. Kennedy, *The Rise and Fall of British Naval Mastery*, London: Macmillan, 1983, p. 274.

⑥ David French, *The British Way in Warfare, 1688 - 2000*, London: Routledge, 2015, pp. 183-184.

系，即便是针对美国的"一强标准"在实际执行中都困难重重。尽管贝蒂等仍谋求以美国为标杆在战后的英国海军建设中坚持"一强标准"，但英国军方已经认识到，美国不可能成为英国未来的敌人。①

长期以来，英国海军在英国政治中占据着特殊的地位，享有无上的荣耀。因此，正如 19 世纪末 20 世纪初自由党当政时期曾出现的因为削减海军造舰经费以推进社会福利政策而引起激烈反对一样，一战之后英国政府推动的限制海军军备政策也引起了众多分歧。面对遭受战争创伤而必须紧缩开支的大环境，英国海军不得不同其他军种争夺资源，并寄希望于得到政府方面更多的支持。② 但显然，这种支持并不能让英国海军满意。要解决这一问题，只有寄希望于达成广泛的国际裁军协议，通过外交渠道消解新一轮海军竞赛。与此同时，美日等国也同样受困于财政压力，战后相对缓和的国际局势也为国际裁军创造了条件。在这一背景下，华盛顿会议应运而生。

（二）华盛顿会议与英国独霸海洋地位的终结

当美国国会通过 1916 年造舰计划后，英美围绕海军问题产生的矛盾开始不断激化，最突出的表现就是一向以冷静克制著称的英国首相劳合-乔治也改变了一贯的稳妥的论调，公开支持英国海军扩充舰队。尽管他一度声称不惜花掉最后一个金币来确保英国的海上优势不受任何国家挑战，但他也深知美国不可能容忍和接受英国独霸海洋。③ 英美海上战争的爆发已经不再是天方夜谭，而是具有实实在在的可能性，英国官方开始认真对待这一严重问题，美国甚至制订了针对英国作战的"红色计划"。尽管这一计划从一开始就只是一个空洞的构想而缺乏可操作的具体内容和严谨精巧的设计。

尽管如此，无论是英国还是美国的政界人士和海军专业人士，大都

---

① Eric J. Grove, *The Royal Navy since 1815：A New Short History*, Basingstoke：Palgrave Macmillan, 2005, pp. 144-145.

② B. J. C. McKercher, "The Politicis of Naval Arms Limitation in Britain in 1920s", in Erik Goldstein and John Maurer, eds., *The Washington Conference*, *1921 - 22：Naval Rivalry*, *East Asian Stability and the Road to Peral Harbor*, London：Frank Cass, 1994, p. 36.

③ John Ferris, "The Last Decade of British Maritime Supremacy, 1919 - 1929", in Greg Kennedy and Keith Neilson, eds., *Far-Flung Lines：Essays on Imperial Defence in Honour of Donald Mackenzie Schurman*, London：Routledge, 1997, p. 128.

认为英美之间因为海军竞赛而爆发战争是不可想象的，特别是在两国刚刚经历一场世界大战的情况下再开战端非常不现实。在英国方面，时任第一海务大臣贝蒂、此后两任第一海务大臣马登（Admiral Sir Charles Maddern）和查特菲尔德（Admiral Sir Ernle Chatfield）等人都不主张同美国发生冲突，相反，一战后国困民穷的英国应该尽量争取美国的友谊，进一步深化英美合作，以改善自身的处境。贝蒂强调，"不仅仅从经济动因而言，也从全世界英语国家结成强大的统一体的角度来看，我们整个海军政策都不可避免地要向同美国缔结同盟或协约的方向发展，大英帝国应该与美利坚合众国携手推动和平事业，增进友谊，互惠互利，共享繁荣"。① 作为华盛顿会议的英国代表，贝蒂的这番表态说明了英国参加华盛顿会议的基本立场，即争取同美国就限制海军军备问题达成谅解，以务实的态度推进英美海军合作。此外，避免同美国展开军备竞赛的观点也得到以南非总理史末资（Jan Smuts）为代表的多数英帝国各成员政治家的支持。而尽管前英国海军大臣丘吉尔警告内阁美国拥有巨大的潜力取代英国成为世界头号海军强国，但眼前英国必须避免同美国展开海军竞赛，否则战后亟待恢复的英国经济将被这场靡费无数的竞赛所拖垮。②

相较于英国，美国限制海军军备主要是出于政治原因。当时，关于美国是否被拖入一战的争论之声依旧不绝于耳，因此战后美国国内的孤立主义倾向严重，裁军呼声高涨。美国扩建海军的雄伟计划虽然得到联邦参议员亨利·卡伯特·洛奇（Henry Cabot Lodge）这样的重量级政界人士的支持，但在孤立主义盛行的年代，它仍然缺乏坚实的民意基础。一向对军备建设和政府滥权保持高度警惕的美国民众普遍对威尔逊政府卷入国际政治，特别是战前激化欧洲列强矛盾的海军竞赛深感厌恶。在不少美国人看来，威尔逊梦想的"大海军"（a big navy）将同国际联盟

① Christopher M. Bell, *The Royal Navy*, *Seapower and Strategy between the Wars*, Stanford：Stanford University Press, 2000, p. 50.

② Erik Goldstein, "The Evolution of British Diplomatic Strategy for the Washington Conference", in Erik Goldstein and John Maurer, eds., *The Washington Conference*, *1921-22：Naval Rivalry*, *East Asian Stability and the Road to Pearl Harbor*, London：Frank Cass, 1994, p. 15.

一道，把美国拖入海外冲突的深渊。[①] 这种强大的国内政治压力使得美国海军落实 1916 年造舰计划和 1918 年造舰计划困难重重，美国也需要同其他强国，特别是作为海军首强的英国就海军军备问题达成妥协。除此之外，日本在一战中趁机在远东做大，威胁到英国远东和太平洋领地及美国的安全。日本在华独大之势也损害了英美的利益。因此，英美在限制日本海军扩张方面有着共同利益。

1922 年 2 月 6 日，英国、美国、日本、法国、意大利五国在华盛顿会议上签订了《五国关于限制海军军备条约》，即《五国海军条约》（*Five-Power Naval Limitation Treaty*）。根据这一条约，英美只能各拥有 15 艘总吨位不超过 52.5 万吨的主力舰；日本可拥有 9 艘主力舰，总吨位不超过 31.5 万吨；法国和意大利各保留 5 艘主力舰，总吨位 17.5 万吨。条约还规定，所有新建主力舰吨位不得超过 3.5 万吨，装备的主炮口径不得超过 16 英寸。在航空母舰方面，英美吨位限额为 13.5 万吨，日本是 8.1 万吨，法国和意大利各为 6 万吨，各国装备的航母排水量最大不得超过 3.3 万吨。另外，条约还要求维持西太平洋现有的海军基地现状，不得新修和扩建海军基地。具体为，英国不得在香港、美国不得在菲律宾、日本不得在新占领的太平洋岛屿上修建新的海军基地和防御工事。[②]

《五国海军条约》标志着英国自特拉法尔加海战之后建立起来的全球海上霸权走向终结。美国在主力舰方面取得了同英国平起平坐的地位，尤其是它推动的对新建主力舰不得超过 3.5 万吨的限制，有效抑制了英国寻求建造 4.8 万吨战列舰的雄心，而且便于美国海军建造航程更远、适航性更好的战列舰，以弥补在西太平洋缺少前进基地的劣势，为美国舰队穿越太平洋到达指定地点，确保同日本的舰队决战的胜利创造了条件。[③] 英国放弃维系上百年的海上独霸地位，承认美国合法拥有同其平等的海上地位，也意味着英国自美国独立战争之后对其海洋战略进行了又一次重大调整。

① John Darwin, *The Empire Project: The Rise and Fall of the British World-System, 1830 – 1970*, New York: Cambridge University Press, 2009, p. 367.

② John Trost Kuehn, *The Influence of Naval Arms Limitation on U. S. Naval Innovation during the Interwar Period, 1921-1937*, Ph. D dissertation, Kansas State University, 2007, pp. 325 – 338.

③ George W. Baer, *One Hundred Years of Sea Power: The U. S. Navy, 1890-1990*, Stanford: Stanford University Press, 1994, pp. 99-100.

　　尽管英国以条约形式承认美国拥有与其平等的海上地位，做出了重大让步，但华盛顿会议和《五国海军条约》的结果对于整体国力已显著下降的英国而言仍然是一次重要的战略胜利。通过缔结广泛的国际裁军协定，英国成功避免了在一战刚结束不久就要展开一场范围更广、规模更大、靡费更多的全球性海军竞赛，有效缓解了自身财政压力，为战后重建赢得了一个相对和平的国际环境。除此之外，英国通过华盛顿会议还大大缓和了战后同美国的紧张关系，并成功地展开英美合作以遏制日本在远东的扩张势头。英国虽然并未也不可能在世界权势转移刚刚开始之际就主动放弃海上霸权，但成熟的政治家都会意识到，工业技术更先进、经济实力更雄厚的美国在海军事务上所拥有的资源和发展潜力都已超过了英国，唯一能有效阻止其建立凌驾于英国海军之上的强大舰队的只能是国内政治因素，尤其是根基深厚的孤立主义情结对美国政府在和平时期扩充军备的警惕和疑虑。因此，《五国海军条约》在某种程度上也可以被看作实力强劲而受到国内压力掣肘的美国对英国的单方面让步，它以国际法的形式限制了美国发挥其资源优势建设超越英国海军的世界最强大舰队，但同时又明确了美国对比日本、法国和意大利的法定优势。[①]

　　在外交层面，《五国海军条约》对英国而言也意义重大。如果说19世纪末20世纪初英国最大的敌人是德国，英美接近是为了建立实质上的同盟关系以共同对付德国的话，那么第一次世界大战后对英国海权构成最大威胁的则是太平洋和远东地区的日本，因此英国选择在主力舰比例上向美国让步，既是对美国实力的认可，又是希望借助美国遏制日本在太平洋扩张势头的战略构想的体现。第一次世界大战后，在太平洋地区最有话语权的国家只剩下英国、美国和日本，美国和日本既是英国未来最可能的盟友，也是最可能的敌人。而英国选择在主力舰比例上向美国让步表明，相较于同日本的友谊，英国与美国拥有更多的共同利益以及文化和血脉关系。[②] 因此，英美联合在太平洋上对抗日本的格局已从

　　① 　John Keegan, *The Price of Admiralty: The Evolution of Naval Warfare*, New York: Penguin Books, 1988, p. 200.

　　② 　Erik Goldstein, "The Evolution of British Diplomatic Strategy for the Washington Conference", in Erik Goldstein and John Maurer, eds., *The Washington Conference, 1921-22: Naval Rivalry, East Asian Stability and the Road to Pearl Harbor*, London: Frank Cass, 1994, pp. 29-30.

《五国海军条约》签订之时开始浮现。换言之，美国的巨大潜力和英国的相对衰落意味着英国的安全在很大程度上要建立在英美合作的基础之上。①

英国首相劳合–乔治提出的避免英美因战后海军竞赛而走向全面对抗的方案，是使英美海军在各自核心利益集中的海域占据优势，即英国在北海、地中海和印度洋保持海上统治地位，而美国在美洲和太平洋可以占据海军优势。丘吉尔也在1921年接受了英美海军实力在纸面上平等的事实。在他看来，即便签订了协议，一向警惕国家武装化的美国政府也不会维持一支英美平等的海军，而英国则可以放手海军建设。② 因此，英国在华盛顿会议上接受英美海军力量的平等地位既是经济实力削弱的无奈选择，也是一种策略性的让步。一方面，英国的让步使美国失去了继续实施1916年和1918年造舰计划的理由，美国海军的雄心一再遭到来自国会的沉重打击，而英国海军则通过这一策略成功保住了数量优势。③ 英美海军合作使得英美关系进一步得到巩固和加强，双方建立了卓有成效的沟通机制。另一方面，《五国海军条约》做出规定和限制的主要是主力舰，英国在战列巡洋舰、巡洋舰、驱逐舰等方面仍然占据明显优势，英国海军仍然是世界上最强大的海军，英国并未放弃或者失去其海军优势。④

英日同盟（Anglo-Japanese Alliance）则在华盛顿会议上寿终正寝，它既是美国外交的胜利，也是英国默认的结果。对于英国而言，英日同盟主要针对俄国在远东对英国的威胁，特别是法俄同盟对英国海军优势的挑战，而这一威胁的消失使得英日同盟失去了价值，并且日本也迅速

---

① David French, *The British Way in Warfare, 1688 - 2000*, London: Routledge, 2015, p. 184.

② John Ferris, "The Last Decade of British Maritime Supremacy, 1919 - 1929", in Greg Kennedy and Keith Neilson, eds., *Far-Flung Lines: Essays on Imperial Defence in Honour of Donald Mackenzie Schurman*, London: Routledge, 1997, p. 129.

③ Joseph A. Maiolo, "Internationalism in East Asia: The Naval Armaments Limitation System, 1922-39", in Antony Best, ed., *The International History of East Asia, 1900 - 1968: Trade, Ideology and the Quest for Order*, London: Routledge, 2010, p. 72.

④ George W. Baer, *One Hundred Years of Sea Power: The U.S. Navy, 1890-1990*, Stanford: Stanford University Press, 1994, p. 99.

由英国的盟友转变为潜在的最大敌人。[1]

当然，英日同盟的终结虽然使英国加强了美国的友谊，但也由此带来了很大隐忧：其一，在未来的战争中，英国无法再毫无顾虑地将舰队集中在欧洲水域，而不用担心其他地区的威胁，它很快就发现必须同时应对德国在北海、意大利在地中海以及日本在远东的挑战，因此必须加强新加坡基地的建设；其二，帝国防务问题日益突出，英国要求各自治领和殖民地能为自身防务做出更多贡献，但实际上收效甚微；其三，受财政空虚和一战后裁军运动的影响，英国重整军备进展缓慢，它不得不在外交上选择绥靖政策。历史证明，这不仅无法遏止战争的爆发，还会刺激侵略者的野心。[2] 两次世界大战间英国在政治上一直谋求安抚和绥靖日本，但英国海军战略的一大内容则是规划如何在远东遏制日本。尽管英国已决心将新加坡建成在远东的主要战略基地，但它实际上已经将遏制日本的重任主要交给了美国。"英国将沦落到软弱地依靠这种'特殊关系'和美国海军来保护它在远东的利益……一旦欧洲再次发生牵制住本国和地中海的舰队的冲突，皇家海军将抽不出舰队组成第三舰队。这样就派不出舰队到新加坡去保卫通往澳大利亚的航线，去保卫马来亚生产的重要的橡胶和锡或者英国在中国的巨额投资。英国除了也许依赖美国提供支援之外，别无他法。"[3]

1919—1921 年英国海军战略的基本原则是在维护英国海上优势和安全的同时，避免卷入海军竞赛，英美之间围绕海军问题展开的外交博弈虽然激烈，但并未失序且有效缓和了一度紧张的两国关系，重新接受了英国海军实力不低于任何一个国家的"一强标准"。[4] 华盛顿会议和《五国海军条约》也确定了第一次世界大战后新的世界海洋秩序，即英国称

[1]　Phillips Payson O'Brien, "Britain and the End of the Anglo-Japanese Alliance", in Phillips Payson O'Brien, ed., *The Anglo-Japanese Alliance*, *1902 - 1922*, London: Routledge, 2013, p. 281.

[2]　Richard Moore, *The Royal Navy and Nuclear Weapons*, London: Routledge, 2015, pp. 22-23.

[3]　〔英〕约翰·科斯特洛：《太平洋战争（1941—1945）》上册，王伟等译，东方出版社，1985 年，第 46 页。

[4]　John Ferris, "The Last Decade of British Maritime Supremacy, 1919 - 1929", in Greg Kennedy and Keith Neilson, eds., *Far-Flung Lines*: *Essays on Imperial Defence in Honour of Donald Mackenzie Schurman*, London: Routledge, 1997, pp. 130-131.

霸全球海洋的时代结束了，它只能优先保证控制欧洲和大西洋海域，而美国和日本则上升为新的地区性海洋霸主，它们基本上主导了太平洋的海权。

第二节　两次世界大战之间英国海洋战略的转型

一　"十年规则"与国际裁军运动

第一次世界大战后，维多利亚时代建立的英国主导的国际秩序走向崩溃，英国海军已经无法再单凭一己之力保证世界和平，它只能作为英国在列强竞争的海权力量格局中赖以生存的最大资本而存在。这一时期的英国已经无法再寻求以自我为中心单独构建新的战后秩序，而是转向与其他强国，特别是与美国和法国合作，并且为换取英国渴望已久的和平而必须做出必要的牺牲。实际上，早在 1904 年费希尔开始推行海军改革的时候，英国海军部已经认识到，以垄断性的海上霸权为基础之一的"不列颠治下的和平"（Pax Britannica）已经开始走向终结了。①

第一次世界大战后，英国急于恢复在战争中遭受重创的经济，为此实行严格的财政紧缩政策，而居高不下的国防开支特别是海军军费则成为削减的首要对象。"十年规则"（Ten Year Rule）就是在这种背景下出炉的，它提出了英国在未来十年内（1919—1929 年）无重大战争任务的基本构想，据此将战时膨胀的国防力量收缩到合理的水平，规模庞大的英国海军首当其冲。

为了节省海军开支，同时由于战舰在战争中因使用过频而严重老化，战后英国开始有计划地拆毁大批老旧战舰。从 1918 年 11 月到 1921 年 4 月，英国海军共拆毁了 38 艘战列舰、2 艘战列巡洋舰、87 艘轻型巡洋舰、300 艘驱逐舰和鱼雷艇以及 106 艘潜艇，总吨位高达 200 万吨。② 同时，英国也按照《五国海军条约》的规定建造新舰。到 1926 年，完成拆除旧舰和新舰建造计划的英国海军的主力舰规模缩减为 20 艘战列舰和战列巡洋

① David French, *The British Way in Warfare, 1688 - 2000*, London: Routledge, 2015, p. 159.

② 〔美〕斯蒂芬·豪沃思：《驶向阳光灿烂的大海——美国海军史》，王启明译，世界知识出版社，1997 年，第 387 页。

舰，总吨位为 58.045 万吨。同期，美国海军的主力舰总吨位为 52.585 万吨，日本海军为 30.132 万吨，法国海军为 22.117 万吨，意大利海军为 18.550 万吨。[①] 此外，两次世界大战期间，对空中轰炸的恐慌取代了数百年来对海上入侵英伦三岛的担忧，成为英国本土防卫战略的设计者首要考虑的问题。[②] 由此，很大一部分军事预算被分配给了新建的独立的空军（Royal Air Force），困扰英国海军的资源不足的问题进一步凸显。

国际裁军是两次世界大战期间各主要强国的主要战略博弈议题之一。英国首要关注的是限制美日海军军备问题。在 1927 年的日内瓦会议上，美国提议英、美、日在巡洋舰、驱逐舰和潜艇等辅助舰艇上也实行华盛顿会议上确定的 5∶5∶3 的比例。而英国则希望对战列舰和巡洋舰的吨位和火力予以严格限制，要求 5∶5∶3 的比例只针对 8 英寸口径主炮的重型巡洋舰，并坚持要求拥有 70 艘 6 英寸口径的轻型巡洋舰。美国则要求在巡洋舰上获得与英国完全平等的地位，并主张其所有巡洋舰的主炮口径都统一改为 8 英寸。[③] 由于各方分歧过大，这次会议以失败告终。

1930 年 4 月 22 日，列强在伦敦签订了《限制和削减海军军备条约》（即《第一次伦敦海军条约》），主要对巡洋舰的指标和规模做出限定：英国可拥有主炮口径超过 6.1 英寸的一级巡洋舰 14.68 万吨，美国限额为 18 万吨，日本限额为 10.84 万吨；在主炮口径小于 6.1 英寸的二级巡洋舰方面，英国最多可保留 19.22 万吨，美国为 14.3 万吨，日本为 10.045 万吨；在驱逐舰方面，英美可各自保留 15 万吨，而日本为 10.55 万吨；在潜艇方面，三国限额均为 5.27 万吨。[④]

1930 年伦敦海军会议后，英国虽然仍然在巡洋舰方面保持优势，但在驱逐舰和潜艇方面与美国的差距开始拉大。在这次会议上，美国继在华盛顿会议上获得了与英国在超过 1 万吨的主力舰上的平等地位后，又

---

① John Ferris, "The Last Decade of British Maritime Supremacy, 1919 – 1929", in Greg Kennedy and Keith Neilson, eds., *Far-Flung Lines: Essays on Imperial Defence in Honour of Donald Mackenzie Schurman*, London: Routledge, 1997, p.131.

② David French, *The British Way in Warfare, 1688 – 2000*, London: Routledge, 2015, p.183.

③ Eric J. Grove, *The Royal Navy since 1815: A New Short History*, Basingstoke: Palgrave Macmillan, 2005, pp.159–160.

④ 《国际条约集（1924—1933）》，世界知识出版社，1961 年，第 473 页。

在潜艇、驱逐舰等小于 1 万吨的非主力舰上实现了与英国平起平坐，而且在巡洋舰上同英国的差距也显著缩小。[①] 不过，由于美国始终未能建成达到《五国海军条约》限额的海军，这就使得英国仍然是"海洋的女主人"（mistress of the seas），英国海军的总体实力依然超过了法国海军和意大利海军之和。不过，日本在远东的优势却因为国际裁军协定束缚了英美的手脚而更加明显。到 1930 年，日本海军实力已经相当接近于英国海军。而随着规模不断缩小，英国海军已经无力仅靠自己来保护远东等边远地区的利益。[②] 1931 年，日本挑起九一八事变，开始图谋一步步吞并中国。1933 年，希特勒上台，纳粹德国公开撕毁《凡尔赛和约》。1935 年，意大利入侵埃塞俄比亚，地中海战火燃起。狼烟四起、风声鹤唳的局面使得英国被迫重整军备，开始考虑新的世界大战计划。1933 年后，英国海军的主要考虑是在远东遏制日本海军的同时在欧洲保护英国的核心利益。而意大利在入侵埃塞俄比亚之后成为英国潜在的敌人，由此造成了英国需要同时在欧洲本土、地中海和远东应对德国、意大利和日本三个敌人的困难局面。[③]

　　1936 年 3 月 25 日，美、英、法缔结了《限制海军军备条约》，即《第二次伦敦海军条约》（London Navy Treaty）。条约规定，主力舰的标准排水量不得超过 3.5 万吨，不得装备口径超过 14 英寸的主炮。在 1943 年以前不得建造排水量低于 1.75 万吨的主力舰，不得建造主炮口径超过 10 英寸的主力舰。航母的标准排水量不得超过 2.3 万吨，不得装备超过 10 门口径为 5.25 英寸以上的舰炮。各国在 1943 年以前不得建造标准排水量超过 8000 吨的巡洋舰，但在国家安全受到威胁的情况下可以建造标准排水量在 1 万吨以内的巡洋舰。潜艇的标准排水量不得超过 2000 吨，不得装备口径超过 5.1 英寸的舰炮。[④] 日本在 1936 年 1 月宣布退出伦敦海军会议，意大

①　B. J. C. McKercher, "The Politicis of Naval Arms Limitation in Britain in 1920s", in Erik Goldstein and John Maurer, eds., *The Washington Conference, 1921－22: Naval Rivalry, East Asian Stability and the Road to Peral Harbor*, London: Frank Cass, 1994, p. 38.

②　Arthur Herman, *To Rule the Waves: How the British Navy Shaped the World*, New York: Harper Collins, 2004, pp. 521－522.

③　Zara Steiner, "British Power and Stability: The Historical Record", in Erik Goldstein and B. J. C. McKercher, eds., *Power and Stability: British Foreign Policy, 1865 － 1965*, London: Routledge, 2013, p. 33.

④　《国际条约集（1934—1944）》，世界知识出版社，1961 年，第 63—64 页。

利并未在最终的条约上签字，德国则根本未获邀请出席这次会议，因此《第二次伦敦海军条约》从根本上讲只是美、英、法的三方协定，缺乏广泛的约束力。

"十年规则"虽然使得英国财政负担有所减轻，却给英国防务建设造成了很大的消极影响。尽管英国一直寄希望于第一次世界大战后达成的裁军协定能使得其在削减军备的同时，又不至于在防务上冒过大的风险，但实际情况却是只有英国一个国家真正较为严格地遵守裁军协定，它的海军发展因此而遭到很大限制。如表 2—2 至表 2—8 所示，[①] 到 1931 年日本发动九一八事变，国际形势再趋紧张的时候，英国海军的优势已经大大削弱，而日本则以咄咄逼人的势头挑战英国在海上的统治地位。

表 2—2　英美日法意战列舰数量对比（1922—1931 年）

单位：艘

	1922 年	1923 年	1924 年	1925 年	1926 年	1927 年	1928 年	1929 年	1930 年	1931 年
英国	22	18	18	18	18	14	16	16	16	14
美国	31	18	18	18	18	18	18	18	18	18
日本	11	6	6	6	6	6	6	6	6	6
法国	10	9	9	9	9	9	9	9	9	9
意大利	9	9	7	7	7	6	5	4	4	4

表 2—3　英美日法意战列巡洋舰数量对比（1922—1931 年）

单位：艘

	1922 年	1923 年	1924 年	1925 年	1926 年	1927 年	1928 年	1929 年	1930 年	1931 年
英国	8	4	4	4	4	4	4	4	4	4
美国	—	—	—	—	—	—	—	—	—	—
日本	7	4	4	4	4	4	4	4	4	4
法国	—	—	—	—	—	—	—	—	—	—
意大利	—	—	—	—	—	—	—	—	—	—

---

①　数据均来源于 Edward Des Rosiers, *The Royal Navy, 1922-1930: The Search for a Naval Policy in an Age of Re-adjustment*, Master Thesis, McGill University, 1966, p. 134。

表 2—4　英美日法意航母数量对比 （1922—1931 年）

单位：艘

	1922 年	1923 年	1924 年	1925 年	1926 年	1927 年	1928 年	1929 年	1930 年	1931 年
英国	4	4	6	6	6	6	6	7	8	8
美国	1	1	2	2	1	1	3	3	3	3
日本	1	1	1	2	2	4	4	5	5	5
法国	—	—	—	—	—	—	1	1	1	1
意大利	—	—	—	—	1	1	1	1	1	1

表 2—5　英美日法意巡洋舰数量对比 （1922—1931 年）

单位：艘

	1922 年	1923 年	1924 年	1925 年	1926 年	1927 年	1928 年	1929 年	1930 年	1931 年
英国	51	48	48	49	47	48	49	52	54	53
美国	9	9	15	31	32	32	32	32	14	19
日本	12	15	17	28	31	33	35	34	37	37
法国	5	5	5	16	15	16	16	15	17	16
意大利	10	10	10	13	14	14	13	14	13	13

表 2—6　英美日法意舰队旗舰数量对比 （1922—1931 年）

单位：艘

	1922 年	1923 年	1924 年	1925 年	1926 年	1927 年	1928 年	1929 年	1930 年	1931 年
英国	16	16	16	17	17	17	17	16	16	16
美国	—	—	—	—	—	—	—	—	—	—
日本	—	—	—	—	—	—	—	—	—	—
法国	1	1	1	1	2	5	7	7	9	13
意大利	8	8	8	9	11	11	11	11	20	19

表 2—7 英美日法意驱逐舰数量对比 (1922—1931 年)

单位：艘

	1922 年	1923 年	1924 年	1925 年	1926 年	1927 年	1928 年	1929 年	1930 年	1931 年
英国	185	186	186	189	172	157	150	140	134	132
美国	316	317	309	309	309	309	309	309	309	309
日本	58	71	78	101	109	109	114	101	106	105
法国	53	50	48	54	54	49	45	54	58	60
意大利	58	51	51	53	52	60	64	65	63	65

表 2—8 英美日法意潜艇数量对比 (1922—1931 年)

单位：艘

	1922 年	1923 年	1924 年	1925 年	1926 年	1927 年	1928 年	1929 年	1930 年	1931 年
英国	93	66	61	63	56	55	55	52	53	59
美国	104	104	115	118	120	121	121	122	122	107
日本	24	40	44	51	53	65	69	64	64	67
法国	50	47	48	46	45	44	44	52	52	54
意大利	43	43	43	43	43	42	45	45	43	40

二 "新加坡战略"与英德海军协定

1933 年 11 月，英国成立了国防需求委员会（Defence Requirements Committee，DRC），以研究如何在同时面对德国和日本这两个潜在的敌人的情况下重整英国军备。英国内阁秘书汉基（Sir Maurice Hankey）担任委员会主席。这表明，英国已经正式废除"十年规则"，着手扩军备战。国防需求委员会随即提出了在未来五年内投入 1.7 亿英镑以重整英国军备的计划，强调在继续完成新加坡基地建设的同时，更应致力于同日本实现政治和解，这才是确保英国远东殖民帝国安全的唯一真正有效的办法。[1]

英国认为，和平时期它无力在远东地区保持大规模的海军力量，因此计划一旦同日本的战争爆发，就从欧洲派遣一支强大的战列舰舰队前

---

[1] David French, *The British Way in Warfare, 1688 - 2000*, London: Routledge, 2015, pp. 187-188.

往新加坡。而在这支舰队抵达之前，英国在远东武装力量的首要任务是确保新加坡不落入敌手，等待欧洲援军的到达。[①] 1921 年，帝国国防委员会正式批准在新加坡建立一个大型海军基地。以 1937 年的英日海军力量对比而言，如果英国在欧洲暂未与德国开战，则所能动员的增援舰队理论上最多可有 12 艘主力舰，包括 10 艘战列舰和 2 艘战列巡洋舰，以对抗日本的 9 艘主力舰。不过，英国舰队不能远离新加坡基地作战，而日本的后勤补给条件则优越得多。更何况，英国必须在本土预留足够的力量以威慑和对付德国，因此实际上能派驻远东的主力舰只有 8 艘，它们到达远东后将同部署在这一地区的中国分舰队，以及东印度、非洲、澳大利亚和新西兰分舰队的巡洋舰、驱逐舰和潜艇会合，欧洲增援舰队的到来可确保英国在战争爆发后的第三到第四个月确立起对日本的显著优势。[②] 而如果英国与德国、意大利已然开战的话，英国增援舰队从派出到抵达新加坡所需的时间要推迟到 90 天以上，甚至还会因为应对欧洲战事的需要而无法派出。[③]

　　英国的"新加坡战略"（Singapore Strategy）虽然看起来细致周到，但受制于财政虚弱和国内无休止的争吵，新加坡基地的建设进展一直十分缓慢。并且，在英国的国防战略中，新加坡和远东的防务处于次要地位。在英国决策者看来，英国本土和地中海的防务无疑是最重要的，其次是确保通往波斯湾油田和印度等领地的海上航线的安全畅通，它们在战略重要性和资源分配上都要优先于新加坡和远东的防务。[④] 总的来说，"新加坡战略"只是一个战略威慑方案，而不是实实在在地保持英帝国在东方影响力的举措。英国的用意是使"所有潜在的敌手都得到警告：假如你触犯了英国在这一地区的利益，一支舰队将在 60 天左右到达新加坡，使用那里的维修设备和军火贮备，对敌手施以可怕的报复"，但实际

---

①　Christopher M. Bell, *The Royal Navy, Seapower and Strategy between the Wars*, Stanford: Stanford University Press, 2000, p. 59.

②　Arthur J. Marder, *Old Friends, New Enemies: The Royal Navy and the Imperial Japanese Navy*, Vol. I, Oxford: Clarendon Press, 1981, pp. 37–38.

③　Arthur J. Marder, *Old Friends, New Enemies: The Royal Navy and the Imperial Japanese Navy*, Vol. I, Oxford: Clarendon Press, 1981, p. 51.

④　Andrew Field, *Royal Navy Strategy in the Far East 1919–1939: Preparing for War against Japan*, London: Frank Cass, 2004, p. 214.

上，在严重的经济困难局面下，英国并非真想耗费巨资劳师远征，新加坡基地作为英国海上霸权威严和力量象征的意义，要远远超过它作为远东海军基地的价值，因此"新加坡战略"实际上是"虚张声势、恫吓式的防御"。① 而且，即便"新加坡战略"可以完全付诸实施，英国也高估了在新加坡派驻一支主力舰队的威力。英国海军部普遍乐观地认为，一旦新加坡基地建成并驻防英国主力舰队，日本是不敢与英国主力舰队为敌的，英日战争将以英国海军迅速和轻松地获胜而告终。② 1941 年英国远东舰队的覆灭和随后新加坡的沦陷证明，这种设想显然过分乐观而简单了。

日本对英国"固守待援"的远东防御思想心知肚明。太平洋战争爆发前，日本海军连续制订了 1937 年、1938 年、1939 年、1940 年 4 个作战计划，其对英国作战的基本思路就是快速夺占英国在东南亚的殖民地，然后以逸待劳消灭劳师远征的英国增援舰队。具体而言，在作战的第一阶段，日本海军采取"闪电战"迅速消灭英国部署在东南亚地区的海军力量，同时与陆军合作攻占英属婆罗洲和马来亚东海岸的重要地区，以及新加坡和香港等地。在第二阶段，日本海军以逸待劳，务必全歼刚抵达远东而立足未稳的英国增援舰队。1940 年的日本海军作战计划指出，尽管失去了马来亚、新加坡和香港，但英国舰队可能会以印度和澳大利亚为基地抵抗日本的进攻，因此日本要通过持续削弱敌人的力量和切断海上交通线等方式引诱英国舰队出战，同时必须牢牢掌握制海权和制空权，以巩固日本的战略优势。日本潜艇还将攻击英国在印度洋的商船，以打击英国的海上航运。③ 太平洋战争爆发后，日本的这一作战安排被证明是成功的。

相对于日本，德国重建海军仍然需要大量的时间、精力和财力投入，德国的海上威胁主要是政治性的。为了给重整军备赢得时间，限制德国

---

① 〔英〕布赖恩·拉平：《帝国斜阳》，钱乘旦等译，上海人民出版社，1996 年，第 9 页。

② John Ferris, "The Last Decade of British Maritime Supremacy, 1919 - 1929", in Greg Kennedy and Keith Neilson, eds., *Far-Flung Lines: Essays on Imperial Defence in Honour of Donald Mackenzie Schurman*, London: Routledge, 1997, p. 140.

③ Arthur J. Marder, *Old Friends, New Enemies: The Royal Navy and the Imperial Japanese Navy*, Vol. I, Oxford: Clarendon Press, 1981, pp. 325-326.

扩充海军的步伐，[①] 同时尽量避免多线作战，英国在 1935 年同德国签署了《英德海军协定》（*Anglo-German Naval Agreement*）。协定规定，德国海军舰艇的总吨位不得超过英国海军舰艇总吨位的 35%，其中潜艇部队规模不得超过英国的 45%。如果德国要建立超过这一限额的潜艇部队，则必须提前通知英国。[②]《英德海军协定》虽然因带有浓厚的绥靖色彩而饱受批评，但它作为"缓兵之计"对于英国海军的价值仍然不应被抹杀。

三　英国海军重整军备的努力与挫折

1938 年 3 月，由于日本拒绝公布其新的海军建设计划，美、英、法决定将放松对战列舰的标准限制，即新建战列舰的吨位由 3.5 万吨提高到 4.5 万吨，主炮口径由 15 英寸增大到 16 英寸。英国遂决定建造两艘排水量为 4 万吨、配备 16 英寸口径主炮的"狮"级战列舰，但它并不知道日本正在建造的"大和"级战列舰已达 7 万吨，主炮口径已达到惊人的 18 英寸。[③] 除规模不足外，英国舰队的现代化水平也不能让人满意。两次世界大战期间，英国无论是新建的战舰还是进行现代化改装的战舰，都没有配备足够的反潜装备，仅有一些小型舰艇考虑到了潜艇的威胁并有所准备。另外，英国战舰对防空的重要性也认识不足，特别是没有重视鱼雷炸弹的威胁。[④] 1933 年的一份报告指出，美日分别花费 5 倍和 3 倍于英国的时间来致力于战列舰的现代化建设。同期，美国海军 15 艘主力舰均已安装或计划安装当时第一流的火控齿轮、飞机设备和火炮设备，而 15 艘英国战列舰中只有 2 艘考虑进行技术升级。[⑤]

---

① Joseph A. Maiolo, "Did the Royal Navy Decline between the Two World Wars?", *The RUSI Journal*, Vol. 159, No. 4, 2014, pp. 22-23.

② 《国际条约集（1934—1944）》，世界知识出版社，1961 年，第 42 页。

③ Joseph A. Maiolo, "Did the Royal Navy Decline between the Two World Wars?", *The RUSI Journal*, Vol. 159, No. 4, 2014, p. 23.

④ Paul M. Kennedy, *The Rise and Fall of British Naval Mastery*, London: Macmillan, 1983, pp. 287-288.

⑤ Jon T. Sumida, "British Naval Procurement and Technological Change, 1919-39", in Phillips Payson O'Brien, ed., *Technology and Naval Combat in the Twentieth Century and Beyond*, London: Frank Cass, 2001, pp. 131-132.

到二战爆发前夕，整个英帝国能实际使用的海军力量为 12 艘战列舰和战列巡洋舰、6 艘航母、58 艘巡洋舰、100 艘驱逐舰、101 艘小型护航舰和 38 艘潜艇。同一时期，在海军司令雷德尔（Admiral Erich Raeder）的主持下，德国则不断加大对海军发展的支持力度。德国海军军费增长了约 1.2 倍，它从 1932 年的 1.87 亿英镑猛增到 1939 年的 23.9 亿马克。海军兵力则增长了 4 倍多，从 1932 年的 15000 万人增加到 1939 年的 78305 人。[①] 这样迅猛的发展力度不得不让人想起威廉二世时期雄心勃勃的德意志帝国海军。到二战爆发时，尽管德国的造舰计划还未完成，但实力已经有了稳步增长。德国水面舰队共有 2 艘战列巡洋舰、3 艘袖珍战列舰、1 艘重型巡洋舰、5 艘轻型巡洋舰和 17 艘驱逐舰。根据 1938 年制订的 "Z 计划"（Z-Plan），到 40 年代中期，德国海军将拥有 13 艘战列舰、4 艘航母、33 艘巡洋舰和 250 艘潜艇。[②] 尽管 "Z 计划" 规定的水面舰艇建造计划最终未能完成，但德国在不久后就建立了庞大的潜艇部队。重建后的德国海军成为英国海军在欧洲水域最危险的敌人。

根据张伯伦政府的战略设计，保卫英伦三岛居于英国重整军备的优先地位，其次是保卫英国殖民地和贸易，而装备计划派驻法国的英国远征军（British Expeditionary Force）的重要性则敬陪末座。[③] 因此，在远东和太平洋地区，英国更无力对抗日本的扩张。1937 年 3 月，日本宣布了第三个海军补充造舰计划。根据该计划，日本将建造 36 艘战舰（包括 2 艘战列舰、2 艘航母、18 艘驱逐舰、14 艘潜艇）和 34 艘辅助舰艇。这一计划主要是针对美国在 1934 年通过的第一个文森法案。1939 年 3 月 6 日，日本国会又通过了第四个补充造舰计划，决心花费 7000 万英镑在五年内建造 59 艘战舰（包括 2 艘战列舰、1 艘航母、6 艘巡洋舰、24 艘驱

---

① Holger H. Herwig, "The Failure of German Sea Power, 1914–1945: Mahan, Tirpitz, and Raeder Reconsidered", *The International History Review*, Vol. 10, No. 1（Feb. 1988）, p. 88.

② Paul M. Kennedy, *The Rise and Fall of British Naval Mastery*, London: Macmillan, 1983, pp. 293–294.

③ Zara Steiner, "British Power and Stability: The Historical Record", in Erik Goldstein and B. J. C. McKercher, eds., *Power and Stability: British Foreign Policy, 1865 – 1965*, London: Routledge, 2013, p. 37.

逐舰、26 艘潜艇）和 24 艘辅助舰艇，另外将投入 1700 万英镑扩充 75 个飞行中队，这将使日本海军航空兵飞行中队总数达到 128 个，总计 6144 架飞机。日本的第四个补充造舰计划也引起了英国的高度关注。①

　　相较于日本，英国在远东和太平洋地区的海军力量过于薄弱。1937 年 6 月，英国在远东部署的海军舰艇为 5 艘巡洋舰、1 艘航母、11 艘驱逐舰、15 艘潜艇和 18 艘炮艇。算上澳大利亚和新西兰的海军舰艇，也不过是增加几艘巡洋舰而已。因此，英国远东战略的核心是新加坡，即在同日本的战争爆发后尽快派遣一支足够强大的舰队进驻新加坡，以挫败日本对澳大利亚、新西兰或印度的入侵图谋，确保通往埃及和中东的印度洋海上航线安全畅通，并防卫新加坡。② 在 1937 年 5 月举行的英帝国会议上，英国海军部提出新加坡海军基地是英帝国在远东防务的基石，紧急情况下英国可以考虑派遣 8—10 艘主力舰前往远东。但在欧洲战争爆发后，再派遣如此规模的主力舰队驰援新加坡实际上是不可能的。③ 随着欧洲局势的持续恶化，特别是 1939 年 9 月二战爆发后，不断有中国分舰队的舰艇被调往英国本土或参与围捕德国的水面袭击舰艇，英国在远东相较于日本的海军劣势更为突出。④

　　二战爆发前夕，英国的海军战术仍然是以战列舰为中心。1939 年英国海军颁布的《作战指南》（*Fighting Instructions*）特别强调发挥传统的"进攻精神"，指出战列舰的中心任务是凭借优势火力摧毁敌方的战列舰，巡洋舰和驱逐舰则充当舰队前哨，承担侦察、警戒、外围防御等任务。根据《作战指南》，航空母舰的作用主要体现在 4 个方面：（1）侦察、寻找敌方战列舰舰队；（2）击沉敌方航母，阻止敌方飞机升空；（3）在本方的战列舰舰队展开攻击之前，削弱并牵制敌方的战列舰；（4）战斗开始后，为主力舰炮击敌方目标提供观察校正。航母舰载机的

①　Arthur J. Marder, *Old Friends, New Enemies: The Royal Navy and the Imperial Japanese Navy*, Vol. I, Oxford: Clarendon Press, 1981, pp. 15–16.

②　Arthur J. Marder, *Old Friends, New Enemies: The Royal Navy and the Imperial Japanese Navy*, Vol. I, Oxford: Clarendon Press, 1981, p. 36.

③　John Ferris and Evan Mawdsley, eds., *The Cambridge History of the Second World War*, Vol. I, Cambridge: Cambridge University Press, 2015, p. 37.

④　Andrew Field, *Royal Navy Strategy in the Far East 1919–1939: Preparing for War against Japan*, London: Frank Cass, 2004, p. 215.

主要作用不是对敌方舰队进行空中打击，而是侦察敌方舰队的动向和位置，并执行反潜任务以保护本方舰队。俯冲轰炸机和鱼雷轰炸机负责轰炸敌方舰队，战斗机则用于击落敌方的巡逻侦察机并对本方舰队提供空中保护。客观而言，《作战指南》提出的战术构想并不落后，英国也并未忽视空中力量的价值，但英国海军航空兵的发展严重受制于财政预算和工业技术，而对日本海空力量的低估也对英国海军空中力量的建设和运用产生了消极影响。[①]

事实上，早在 20 世纪 20 年代，英国海军航空兵建设就开始落后于美国。到 1926 年，美国海军装备的飞机数量就已超过了英国海军。1930 年，英国海军航空兵共有 150 架飞机，仅为美国海军飞机数量的一半。1929—1934 年，英国海军仅增加了 18 架航母舰载机，而同期有 80 架飞机进入美国海军序列。[②] 尽管在当时，英国、美国、日本等主要海军强国都将飞机视为海战的补充而并非一种革命性的武器，飞机在海军战术设计中仍处于次要地位，[③] 但较之美日，传统观念和综合国力对英国海军的束缚却在二战中带来了更为悲剧性的后果。在两次世界大战之间，英国的海军建设思想仍然是传统的"大舰巨炮主义"，它将未来的海战仍视为一战期间日德兰海战模式的延续，将航母和飞机仍视为辅助战列舰作战的帮手而不是独立的作战平台，主要为战列舰舰队提供空中侦察和护航，因此继续将主要资源投向战列舰而对发展航母和舰载机明显不够重视，并且海军航空兵划归空军而不是海军管理，不利于舰载空中力量的发展和战术运用。因此，战争爆发后的英国海军结构并不合理，一方面它拥有大批老旧战列舰，这些战列舰占用了大量资源但性能落后且难堪大用，另一方面英国缺乏足够的航母和舰载机为舰队提供空中保护，在这方面英国海军要明显落后于美国海军和日本海军。[④] 总的来说，虽

---

① James P. Levy, "Royal Navy Fleet Tactics on the Eve of the Second World War", *War in History*, Vol. 19, No. 3, 2012, pp. 382–384.

② Jon T. Sumida, "British Naval Procurement and Technological Change, 1919 – 39", in Phillips Payson O'Brien, ed., *Technology and Naval Combat in the Twentieth Century and Beyond*, London: Frank Cass, 2001, p. 132.

③ Joseph A. Maiolo, "Did the Royal Navy Decline between the Two World Wars?", *The RUSI Journal*, Vol. 159, No. 4, 2014, p. 20.

④ S. W. Roskill, *The War at Sea*, *1939–1945*, Vol. Ⅲ, Part Ⅱ, Uckfield: The Naval & Military Press Ltd, 2004, pp. 396–397.

然英国是世界上第一艘航母的发明者，英国也第一个成立了海军航空兵，但在两次世界大战之间，受制于思想落后、财政紧张、资源分配不合理及军种间的龃龉等因素，到二战爆发前，英国航母舰队相对于美日呈现出规模小、载机量少、装备落后等明显缺点。[①]

在反潜方面，英国也没有充分吸取第一次世界大战的教训，战前英国海军的反潜准备工作相当不足。虽然英国在探测潜艇的声呐技术发展上走在各国前列，并不断改进反潜技术，[②] 但到二战初期，英国海军的主要反潜舰艇仍普遍存在速度慢、续航力小、火力薄弱和居住条件差等问题，为此英国不得不紧急向美国大批订购护航舰艇和飞机。到 1941 年底，英国已向美国造船厂订购了超过 300 艘全新设计的反潜护航舰艇，是英国造船厂接到的老式护航舰艇订单的 2 倍。到 1945 年，英国海军超过半数的战斗机是由美国制造的。美国还向英国提供了无线电、雷达、轻型高射炮、反潜航母等装备。[③] 另外，英国海军也严重缺乏专业的登陆舰艇，英国海军陆战队的两栖登陆战术陈旧落后。[④]

不仅如此，两次世界大战之间英国在两栖登陆作战的理论研究和部队建设方面也落后于美国和日本，基本上只停留在有限的课堂教学和训练范围内。英国政府和军队高层虽然并不否认陆、海、空三军联合登陆作战的重要性，但没有现实的海上安全威胁、对军事思想和技战术变革缺乏敏锐性和超前意识、官僚机构在改革层面上的惰性，特别是缺乏有力的组织和实践投入，使得英国对现代化的两栖登陆作战的研究和准备始终处于"雷声小、雨点更小"的阶段。[⑤]

---

① 军事科学院世界军事研究部编《世界军事革命史》中卷，军事科学出版社，2012 年，第 949—954 页。

② 军事科学院世界军事研究部编《世界军事革命史》中卷，军事科学出版社，2012 年，第 969—971 页。

③ Jon T. Sumida, "British Naval Procurement and Technological Change, 1919 – 39", in Phillips Payson O'Brien, ed., *Technology and Naval Combat in the Twentieth Century and Beyond*, London: Frank Cass, 2001, pp. 140–142.

④ S. W. Roskill, *The War at Sea, 1939–1945*, Vol. Ⅲ, Part Ⅰ, Uckfield: The Naval & Military Press Ltd, 2004, p. 404.

⑤ 军事科学院世界军事研究部编《世界军事革命史》中卷，军事科学出版社，2012 年，第 941—943 页。

第三节 第二次世界大战时期的英国海洋战略

第二次世界大战爆发后，英美开展全面合作成为英国战时大战略的核心，而海军合作则成为战时英美合作的重要内容。这种合作表现为英国在大西洋护航和对德经济战两方面寻求美国支持。

一 英国的战略诉求与英美海军合作的发轫

《英德海军协定》的签订并未能阻止德国在欧洲扩张的步伐，意大利对非洲殖民地的要求也日益强烈，而1937年日本发动全面侵华战争又使得远东危机进一步加剧，这使得英国的战略处境更趋艰难。在这种情况下，英国除进一步加紧同传统盟友法国的安全磋商外，还寻求同美国展开全面的战略合作，以摆脱不利处境。特别是作为英国国防基石的海军，无力同时应对在世界各地爆发的危机。英国重整军备进展缓慢，直接导致海军战备不足，难以同时对付德国和日本的扩张行动，因此必须在欧洲寻求法国的支持，在远东获得美国的协助。"即使是有最大规模的舰队，但如果没有援助，英国的力量也不足以同时控制远东和东地中海。"①

在中国战场上，日本不断对英美制造事端，摩擦逐渐增多。1937年8月26日，英国驻华大使休格森爵士（Sir Hughe Knatchbull-Hugosson）的坐车在江苏太仓附近遭到日本战斗机扫射，大使本人受重伤。日本驻英大使吉田茂对此仅轻描淡写地表示遗憾。直至英国方面提出强烈抗议和严正交涉之后，日本政府才在9月21日公开表示对此事甚为遗憾，并保证惩处有关人员。② 1937年12月12日，美国炮舰"帕奈"号（USS *Panay*）在南京江面被日本飞机炸沉，停泊在旁边的英国炮舰"瓢虫"号（HMS *Ladybird*）和"蜜蜂"号（HMS *Bee*）也遭到攻击。日方解释这一系列事件是误伤，但有证据表明这是日本的有意行动。英国由此深

① 〔美〕理查德·罗斯克兰斯、阿瑟·斯坦主编《大战略的国内基础》，刘东国译，北京大学出版社，2005年，第135页。
② 〔英〕安东尼·艾登：《艾登回忆录：面对独裁者》下卷，武雄等译，商务印书馆，1977年，第955—956页。

感同日本的战争迫在眉睫，必须寻求美国的有力支持，因此它再次强烈建议英美对日本采取联合海军示威行动。英国外交大臣艾登（Robert Anthony Eden）对美国驻英代办约翰逊强调，"如果我们不以实际的联合行动来坚决抵制日益增加的日本军事威吓，以约束日本政府，那么还会发生这类事情……我们迫切希望我们当前采取的任何行动都应当是联合行动"。①

美国总统罗斯福（Franklin D. Roosevelt）也一度认为，美英应该采取联合海军行动以对日本做出强硬回应，特别是阻遏其对西方在华利益的侵害。12月16日，罗斯福对英国驻美大使林赛爵士（Sir Ronald Lindsay）表示，美英两国海军代表之间应该"有系统地交换秘密情报"，并制订出"再次发生严重暴行"时对日本实行的封锁计划。12月17日，罗斯福对内阁表示，美英除对日本实行经济制裁外，还可以在从阿留申群岛到新加坡的航线上对日本实行全面的海上封锁，以迫使其在远东问题上收敛锋芒。他认为，"这个任务比较简单，不消一年日本就会屈服"。罗斯福同时对拟议中的英美海军参谋会谈表现出更大的热情。② 不过，罗斯福并不想因为美英联合行动而过分激怒日本，以致美国卷入一场战争。在"帕奈"号事件发生后，美国上下群情激愤。美国国务卿赫尔（Cordell Hull）主张采取干涉行动，美国亚洲舰队司令哈里·亚内尔海军上将（Admiral Harry Yarnell）建议美英海军联合进行一场"绞死日本的海战"，但罗斯福仍然保持了冷静克制，并希望同东京达成妥协。日本方面解释称，轰炸"帕奈"号的日本飞机弄错了该舰的国籍，因此此事纯属"误炸"。而罗斯福为了使美国民众相信这一点，命令在全美上映的"帕奈"号上新闻记者拍摄的日本飞机轰炸过程的影片前，删除日本飞行员的特写镜头。随后，日本向美方赔偿2104007.36美元，整个事件就此了结。③

"帕奈"号事件只是一个引子，是否决心遏制日本在中国的侵略才

① 〔英〕安东尼·艾登：《艾登回忆录：面对独裁者》下卷，武雄等译，商务印书馆，1977年，第969—970页。
② 〔美〕罗伯特·达莱克：《罗斯福与美国对外政策（1932—1945）》上册，陈启迪等译，商务印书馆，1984年，第221页。
③ 〔英〕约翰·科斯特洛：《太平洋战争（1941—1945）》上册，王伟等译，东方出版社，1985年，第65—66页。

是摆在英美两国决策者面前的实质性问题。罗斯福向英方提出了对日本进行联合海上封锁的建议，英方对此反应不一。英国首相张伯伦（Arthur Neville Chamberlain）和英国驻美大使林赛爵士认为，在欧洲局势日益紧张的情况下，同日本为敌极不明智，罗斯福的建议太过轻率。不过，英国外交大臣艾登则支持罗斯福的提议，并表示英国海军可以最多派出 9 艘战舰参加联合封锁行动，当然这只是艾登个人的想法。为加强美英双方的海军情报交流，美国在 1937 年 12 月 31 日派遣海军部作战计划局局长英格索尔上校（Captain Royal Ingersoll）访问伦敦，同英国第一海务大臣查特菲尔德等人举行会谈。英格索尔与英国海军部作战计划局局长菲利普斯上校（Captain Thomas Phillips）制订了一个详尽的英美对日本进行联合封锁的计划。根据该计划，英国将派舰队前往新加坡以封锁通往太平洋的东方航线，美国海军则负责封锁太平洋西部。不过，鉴于意大利征服埃塞俄比亚后英国必须在地中海保持强大的海军存在以威慑墨索里尼（Benito Amilcare Andrea Mussolini），无力再向远东派出舰队，张伯伦在 1938 年 1 月 13 日致电罗斯福，要求停止拟议中的英美联合海上封锁行动，此举使得美方的努力化为泡影。[①]

1939 年 3 月德国占领捷克斯洛伐克后，欧洲的紧张局势进一步加剧，英国彻底失去了派遣舰队前往远东的可能性。与此同时，日本多次在英法在华租界制造挑衅事件，甚至封锁了租界，要求获得这些租界的控制权。在这种情况下，英国只有寻求美国的帮助以保护其在远东的利益。1939 年 6 月 12 日，英国海军部作战计划局官员汉普顿中校（Commander Thomas Claud Hampton）访问华盛顿，同美国海军作战部长李海上将（Admiral William Leahy）、美国海军部作战计划局局长戈姆利少将（Rear Admiral Robert Ghormley）等美方官员进行了会谈。1940年 5 月 15 日，丘吉尔致信罗斯福，提议美国可以向新加坡派遣舰队，如此一来英美就可以采取联合行动有效威慑日本。5 月 17 日，英国海军部也向美国驻伦敦海军武官柯克上校（Captain Alan G. Kirk）传达了这一意见。总体而言，美方的态度是可以考虑同英国进行联合海军威

---

① 〔英〕约翰·科斯特洛：《太平洋战争（1941—1945）》上册，王伟等译，东方出版社，1985 年，第 67 页。

慑行动，以阻遏日本在远东的扩张势头，但美国拒绝帮助英国保卫新加坡等远东领地。美国仍然决定将太平洋舰队部署在夏威夷，而拒绝向马尼拉或新加坡派驻分舰队。①

不过，对于同英国的海军合作，美国军方内部仍然有强烈的质疑和反对声音。从战略和国家关系角度而言，以后来的美国海军作战部长哈罗德·斯塔克（Admiral Harold Stark）和大西洋舰队司令欧内斯特·金（Admiral Ernest King）为代表，很多美国军官，特别是海军军官，都因为一战后的英美海权之争而对英国抱有潜在的敌意，这种敌意在美国制订针对英国的"红色计划"后更加强烈。在错综复杂的战后矛盾中，美国海军对英国的警惕和戒心不断加强。从军事角度而言，美国军方认为英国是一个正在衰落的老牌帝国，其在战争初期的一系列失败及其几乎不可挽回的颓势证明，英国不是一个强有力的盟友，而且同其合作将迫使美国分散资源以为英国保卫其鞭长莫及的远东殖民地，这种替英国火中取栗的做法是很不明智的。"海军关于英美军事合作的提议违反了不参与欧洲政治争吵和避免结盟的国策。另外，与英国密切合作会把美国和一个战线拉得过长的衰落帝国拴在一起。他们坚持认为，决不能把这个帝国的命运和大体上可以自我保障的美国安全联系在一起……他们担心与英国达成任何谅解都会导致美国去保护英国在欧洲和远东的广泛利益，并因此参与不少不必要的冲突和战争。"② 这些都决定了，英美海军从谈判到开展实质性合作的过程将不会是一帆风顺的，它深刻反映了在世界海洋霸权由英国过渡到美国的历史变迁中的矛盾和斗争。

二　二战中英美海军合作的战略设计与调整

（一）"先欧后亚"战略与英美海军战略的协调

截至 1939 年 12 月 31 日，即英国对德宣战不久，军事机器尚未完全发动起来时，英国海军总兵力为 22 万人，有 14 艘主力舰（战列舰和战列巡洋舰）、8 艘航母、15 艘重型巡洋舰、49 艘轻型巡洋舰、186 艘驱逐

---

① Arthur J. Marder, *Old Friends*, *New Enemies*: *The Royal Navy and the Imperial Japanese Navy*, Vol. I, Oxford: Clarendon Press, 1981, p. 142.

② 〔美〕马克·A. 施托勒：《盟友和对手：解读美国大战略》，王振西等译，新华出版社，2001 年，第 11 页。

舰、5 艘其他水面舰艇和 59 艘潜艇，总计 1370074 吨。另外，英国海军在建的舰艇包括 9 艘主力舰（战列舰和战列巡洋舰）、7 艘航母、23 艘轻型巡洋舰、32 艘驱逐舰、24 艘其他水面舰艇和 10 艘潜艇，总计 740510吨。美国方面认为，尽管英国海军实力远胜于德国及其盟友的海军，但英国海军要同时承担反潜、护航、巡航贸易交通线等任务，已不堪重负。①

1940 年 6 月，法国的沦陷和随之而来的意大利参战使英国的处境进一步恶化，英国不仅面临对德国的海上封锁体系崩溃的危险，它在地中海的交通线还面临来自意大利海军和可能被德国所利用的法国海军的严重威胁。② 同时，英国主要的海外基地，如马耳他、直布罗陀、香港、百慕大、新加坡、西蒙斯敦、亭可马里、科伦坡和毛里求斯的路易斯港，以及塞得港、苏伊士、苏丹港、亚丁、仰光、弗里敦、金斯敦和斯坦利港等主要海军燃料补给站也面临不同程度的危险。③

为摆脱在海上的困境，英国加紧寻求美国的支持。具体来说，英国希望从美国那里在大西洋反潜护航和应对远东日本两方面获得实际帮助。在美国参战前，英国更期望美国能在远东和太平洋方向发挥更大作用，以帮助英国保卫其东方帝国，而在大西洋上美国只需提供必要的护航和物资援助即可，这也体现了英国对防止美国染指大西洋这一英国核心利益集中区域的警惕。1940 年 12 月 7 日，丘吉尔在给罗斯福的信中指出，美国的国家安全和大英帝国的独立都建立在海权基础之上，为此英美两国应该携手控制全世界的海洋。丘吉尔提议由美国海军来控制太平洋，英国海军则负责大西洋防务，他强调这种安排对于确保英美两国海上贸易通道的安全意义重大，同时也可以让战火远离美国海岸。④ 实际上，这种英美分别控制大西洋和太平洋的设想完全是从英国利益出发的，丘

---

① "British National Defense, Armed Forces, Geographic Data, and War Office and Air Ministry Organization", Jan 1, 1940 - Jan 31, 1940, U. S. Military Intelligence Reports: Combat Estimates, Europe, 1920-1943. 003206-002-0290.

② Paul M. Kennedy, *The Rise and Fall of British Naval Mastery*, London: Macmillan, 1983, p. 301.

③ "British National Defense, Army, Air Force, Navy, and Geographic Data", Jun 1, 1936 - Jun 30, 1936, U. S. Military Intelligence Reports: Combat. 003206-002-0179.

④ "Churchill to Roosevelt, December 7, 1940", in Francis L. Loewenheim ed., *Roosevelt and Churchill: Their Secret Wartime Correspondence*, New York: Saturday Review Press, 1975, p. 122.

吉尔的根本目的是在大西洋战场上既利用美国又排斥美国，确保英国对这一传统势力范围的控制。他同时幻想美国为英国出力，即利用美国海军力量保卫英国在远东的殖民地。长期以来，丘吉尔一直想将美国拖入战争，以最大限度地减轻英国的压力。在他看来，美国参战是击败德国的唯一办法。1941 年 2 月，丘吉尔对英国第一海务大臣达德利·庞德爵士（Admiral of the Fleet Dudley Pound）坦言："首要任务是设法让美国参战，然后我们再考虑如何作战。"①

1941 年 1 月 29 日至 3 月 27 日，英美在华盛顿召开了联合参谋长会议。会后通过的"ABC-1 联合战略计划"确定了"先欧后亚"（Europe First）的战略原则，该原则强调英美等国应在远东地区保持防御态势。"如果日本参战，在远东的军事战略将是防御性的。美国无意加强它在远东现有的军事力量，但是将以最合适的方式把美国太平洋舰队投入进攻，以削弱日本的经济力量，并牵制日本用于马来西亚的力量以支援马来要塞的防御。"根据"先欧后亚"原则，美国海军将加强在大西洋地区的军事部署，同时确认英国在远东危机爆发时向新加坡派遣舰队以威慑日本的计划。② 换言之，美国的主要力量将部署在大西洋以对付德国，除可能派遣一支小型舰队同英国、荷兰等国开展某种形式的联合作战行动外，美国不会直接承担保卫新加坡的义务。③ 这些联合作战行动包括以最佳防御状态削弱日本的经济力量，加强对马来亚的防御等。在太平洋地区，美国的首要目标是巩固对阿拉斯加—夏威夷—巴拿马防御圈的防卫，待海空力量集结到足够强大时再西进。④"先欧后亚"原则表明，美国无意出兵保卫英国的远东领地，它在太平洋方向的准备也是首先致力于加强对夏威夷、菲律宾等美国领地的防卫。而在美日矛盾尚未激化之前，来自大西洋方向的威胁，特别是当德国可能占领整个欧洲进而威胁西半球

① George W. Baer, *One Hundred Years of Sea Power: The U. S. Navy, 1890-1990*, Stanford: Stanford University Press, 1993, p. 156.

② John B. Hattendorf and Robert S. Jordan, eds. , *Maritime Strategy and the Balance of Power: Britain and America in the Twentieth Century*, London: Macmillan, 1989, p. 249.

③ 〔美〕马克·A. 施托勒：《盟友和对手：解读美国大战略》，王振西等译，新华出版社，2001 年，第 50 页。

④ George W. Baer, *One Hundred Years of Sea Power: The U. S. Navy, 1890-1990*, Stanford: Stanford University Press, 1993, p. 157.

的安全时才让美国深感如芒在背。

在"ABC-1 联合战略计划"的直接推动下，美国海军出台了"彩虹5 号"作战方案。该方案的核心是美国海军根据"先欧后亚"原则，在大西洋地区采取更为积极的介入行动，即针对德国水面舰艇和潜艇的袭击扩大巡逻范围，这实际上是尽可能地在尚未宣战的情况下为英国商船提供护航。在美国军方人士中，美国海军作战部长哈罗德·斯塔克和大西洋舰队司令欧内斯特·金两位海军上将是积极援助英国对抗德国潜艇的代表，在他们的直接领导下，英美海军合作的范围不断扩大，美国一步步卷入大西洋海战。①

1941 年 3 月 27 日，即英美联合参谋长会议结束当天，美国国会通过了总额达 70 亿美元的租借法案，罗斯福将其中大部分租借物资拨付给英国。② 根据罗斯福的私人顾问哈里·霍普金斯（Harry L. Hopkins）为罗斯福拟定的援英方案备忘录，美国将为英国修理驱逐舰，并从 1941 年 4 月 1 日起每月向英国提供 10 艘驱逐舰，还考虑为英国建造急需的商船。另外，美国还将向英国追加提供 50 架配有无线电和深水炸弹的 PBY 型飞机，以帮助英国进行大西洋反潜作战。③ 1941 年 4 月 2 日，罗斯福下令美国海军拟定"第一号半球防卫计划"。4 月 24 日，在日苏签订中立条约的影响下，"第二号半球防卫计划"生效。"第一号半球防卫计划"明确规定了美国战舰可以为对付大西洋水域的德国潜艇和劫掠舰采取进攻性行动，而"第二号半球防卫计划"则对美国应做出的反应和活动范围进行了修正和限制，规定美国战舰在发现德国舰艇后，只报告德国舰艇在冰岛以西的活动情况，除非遭到德舰袭击，否则不能主动开炮。④

1941 年 8 月 9—12 日，罗斯福与丘吉尔在纽芬兰的阿根夏湾举行了历史性的大西洋会议，这次会议通过了著名的《大西洋宪章》（*The*

① John B. Hattendorf and Robert S. Jordan, eds., *Maritime Strategy and the Balance of Power*: *Britain and America in the Twentieth Century*, London: Macmillan, 1989, pp. 249-250.

② George W. Baer, *One Hundred Years of Sea Power*: *The U. S. Navy, 1890-1990*, Stanford: Stanford University Press, 1993, p. 157.

③ 〔美〕舍伍德：《罗斯福与霍普金斯》上册，福建师范大学外语系编译室译，商务印书馆，1980 年，第 356—358 页。

④ 〔美〕舍伍德：《罗斯福与霍普金斯》上册，福建师范大学外语系编译室译，商务印书馆，1980 年，第 400 页。

Atlantic Charter），它标志着英美正式结成战时同盟。在大西洋会议召开之前，英美参谋人员曾进行了多次会谈。在其中一次会谈中美国军方代表提出，按照美国军方的见解，英国的防务安排和美英下一步的合作应该遵循以下次序：首先，保卫英国本土和大西洋的海洋航路；其次，保卫新加坡，保卫通向澳大利亚和新西兰的海洋航路；再次，保卫一般的海洋贸易航线；最后，保卫中东。① 除认为应将保卫中东放在更重要的位置上外，这一建议基本上被英国所接受。

在大西洋战场，英国除积极寻求英美合作进行护航行动外，还不遗余力地推销"外围战略"（Peripheral Strategy）。"外围战略"是以英国的海军力量为核心的。在战术上，它符合传统上海权力量无法决定陆上战争的走向，只能在大陆边缘地带和外围地区对陆权发起长期而连续的打击，对其施加长期压力的特点，也契合了英国数百年来对欧洲局势进行干涉时的海军战术传统；在战略上，英国也希望通过在地中海等外围地区的军事行动巩固危机四伏、摇摇欲坠的英殖民帝国，甚至意图借机夺取意大利、法国等国在地中海地区的殖民地，扩大英帝国的版图。正如美国联合战略研究委员会在 1943 年提交的报告所言，英国之所以强调地中海战略，是需要在那一海域恢复政治控制，从而维护其帝国统治地位。"英国是一个势力范围广阔的海岛帝国，它最首要的国家政策历史上一直是、当时仍然是保住它的海外属地和在欧洲大陆维持力量平衡。这些目标决定了它以地中海为中心实行一种缓慢而分散的消耗战略，目的不只是为了夺回英国对那一海域的控制权，而且也是为了避免在横渡海峡作战时遭受难以避免的惨重伤亡……倘若以地中海为中心实行一种缓慢的外围战略，就可以让德国和苏联相互消耗对方的实力，把德国最后失败的时间推迟至'军耗民荒'显著削弱了苏联的实力为止，这样就能在战后年代保持力量平衡。实行这样一种战略，还可以使英国进入地中海东部，与土耳其连成一气，借此成功地延续它数百年来所奉行的阻止俄国控制达达尼尔海峡的政策。"②

---

① 〔美〕舍伍德：《罗斯福与霍普金斯》上册，福建师范大学外语系编译室译，商务印书馆，1980 年，第 428 页。
② 〔美〕马克·A. 施托勒：《盟友和对手：解读美国大战略》，王振西等译，新华出版社，2001 年，第 141—143 页。

由此可见，尽管英国的"外围战略"符合其一贯的战略传统、国家利益和基本国情，它在英国人力和资源都已经几乎动员到极限，并且无法再承受一次损失惨重的失败，不可能通过代价高昂的正面进攻直接而迅速赢得战争胜利的前提下，可以称得上是实际而明智的，而且顺应了世界海洋霸权由英国向美国转移的趋势，但这种战略却并不适用于当时的战略形势，尤其是在盟国同时面对德国和日本咄咄逼人的攻势、各大战场普遍告急的情况下，在次要地区分散兵力不利于盟国整合作战资源，统一行动以遏制轴心国的攻势。尤其是英国的"地中海战略"，遭到众多美国史学家的批评，认为此举是对击败德国这一主要目标的严重偏离，这一错误是不可原谅的。① 正如曾任东南亚盟军最高司令路易斯·蒙巴顿的副参谋长和中国战区参谋长的美国陆军中将魏德迈（Lieutenant-General Albert C. Wedemeyer）所言，英国的地中海作战计划乃至"外围战略"仍然带有浓厚的希望美国为保卫英帝国火中取栗的味道，"这一战略在军事上存在的基本问题是，对以海上力量保卫这个帝国甚至是它本土各岛屿的能力'有争议，如果说它还没有因空中力量的出现而被否定的话'……大英帝国实质上已是一个日益衰败、无法防守的过时帝国，在严重的经济和军事打击下，它只剩下非洲的某些部分、中东和印度，而且连这么小的地盘它也守不住了。若无帝国的存在，不列颠只不过是一个'弱小的无防御力的岛屿'。因此，它制订的战时战略和政策目的就在于加强和扩展它依旧控制的地区……不仅如此，而且还为了夺取新的地区或扩大在这些地区的影响"。②

不过，由于英国严重依赖美国的物资供应，特别是需要美国提供大批商船来维系英伦三岛的工业、经济和生活运转，它偏爱的"外围战略"不得不遭到被美国否定的命运。在战争当中，英国的造船业虽然满负荷运转，但仍然无法满足需要。英国航运在很大程度上依赖美国提供的"自由轮"（liberty ships）和"胜利轮"（victory ships）。"自由轮"排水量为 3479 吨，

---

① Michael Simpson，"Superhighway to the World Wide Web：The Mediterranean in British Imperial Strategy，1900–45"，in John B. Hattendorf，ed.，*Naval Policy and Strategy in the Mediterranean：Past，Present and Future*，London：Frank Cass，2000，p. 68.

② 〔美〕马克·A. 施托勒：《盟友和对手：解读美国大战略》，王振西等译，新华出版社，2001 年，第 146—147 页。

航速为 11 节，载重量为 10419 吨。"胜利轮"排水量为 4526 吨，航速为 17 节，载重量为 10700 吨。① 除美国外，加拿大建造的商船也在很大程度上弥补了英国的损失，缓解了其航运力量不足的燃眉之急。

（二） 英美在远东和太平洋战场上的海军合作

在太平洋战场上，英国寻求英美海军合作的根本目的是借助美国海军力量保卫其远东殖民地和印度。1940 年 8 月，随着比利时、荷兰、法国在欧洲战场的败降，日本在远东蠢蠢欲动，英、美、荷在东南亚的殖民地面临日本入侵的风险显著增大。尽管英国也欲援助荷兰保卫其东印度殖民地，但当时正值"不列颠之战"激烈进行之际，英国部署在远东的海军力量极为薄弱，仅有 7 艘老式巡洋舰、2 艘武装商船和 5 艘老式驱逐舰，只能勉强保护英国在远东的贸易航线，而无力对荷属东印度的防务提供实质性支持。因此，在英方看来，缓解远东危急局面的有效方法是寻求美国的援助和防务合作。②

为应对危如累卵的远东局势，美国也做出了相应部署。1940 年 5 月，美国太平洋舰队从本土的圣迭戈港移驻珍珠港，同美国部署在菲律宾的亚洲舰队一道，实际上起到了拱卫连接美国本土、夏威夷与马来亚、澳大利亚和新西兰的海上交通线的作用。同时，美国还加紧扩充海军力量。1940 年 6 月，美国国会又通过了第三个文森法案，授权建造 7 艘战列舰、18 艘舰队航母、27 艘巡洋舰、115 艘驱逐舰和 43 艘潜艇，其目标是将美国海军建成真正意义上的"两洋海军"（two-ocean navy）。③

不过，在英国看来，美国所做的这些部署还远远不够，它希望英美海军能直接合作协防远东。1940 年 8 月 15 日，美国助理海军作战部长戈姆利海军少将作为"特别海军观察员"（special naval observer）抵达伦敦，同行的还有两位陆军将领，他们的任务是评估英国抵抗入侵的能力，以为下一步战略计划的制订收集信息。在英美海军会谈中，英国第一海

---

① Alex Roland, W. Jeffrey Bolster and Alexander Keyssar, *The Way of the Ship*: *America's Maritime History Reenvisioned*, *1600 - 2000*, Hoboken: John Wiley & Sons, Inc. , 2008, p. 323.

② "Assistance to the Dutch in Event of Japanese Aggression in Netherlands East Indies", CAB-66-10-WP-40-308-39, pp. 208-209.

③ Arthur J. Marder, *Old Friends*, *New Enemies*: *The Royal Navy and the Imperial Japanese Navy*, Vol. II, Oxford: Clarendon Press, 1990, p. 547.

务大臣庞德向美方重申英美海军合作对于扭转远东战略局势的重要性。他坦言，在欧洲战争已经爆发且形势对英国极为不利的情况下，英国海军最多只能向远东派出驻扎在锡兰的一艘战列巡洋舰和一艘航母，现有力量只能优先确保在印度洋的制海权。他再次强调，如果美国能派出一支分舰队同在远东的美国亚洲舰队汇合，并连同部署在西南太平洋的英国、荷兰等盟国的海空力量，将足以威慑日本南进的企图。英国的政策是维持远东的现状并逐渐积蓄力量，为击败德国后将资源转移到远东争取时间。美方则表示，美国不能向远东派遣分舰队的原因主要有3点：其一，美国不能分散配置海军力量；其二，美国舰队如果远征6000英里到达远东地区，将面临一系列严重的后勤困难；其三，美国太平洋舰队将随时可能被调派支援大西洋作战。[①]

　　在1941年8月举行的大西洋会议上，英国海军部提出了一个应对急剧恶化的远东局势的方案。该方案的核心是加强英国的东方舰队，计划使之达到2艘较为现代化的战列舰、4艘老式战列舰、1艘战列巡洋舰、1艘航母、10艘巡洋舰和24艘驱逐舰的规模，并联合部署在珍珠港的美国太平洋舰队威慑日本。不过，按照这一方案组建起来的英国东方舰队虽然规模庞大，但舰艇陈旧落后，速度较慢，并缺少空中支援。因此，丘吉尔坚持派一支规模较小但更为现代化的舰队前往远东，他认为这样更为经济且威慑效果更好。[②] 但显然，丘吉尔高估了一两艘英国主力舰可以给日本带来的威慑效果，这支小规模英国舰队从一开始就不是出于完全的作战考虑而设计的，而当它真正同日本强大的主力舰队交锋时已经凶多吉少了。

　　珍珠港事件爆发前，英美就太平洋地区的防务问题进行了多次正式和非正式会谈，但双方的分歧依旧。这种分歧主要表现为，美国在1941年更为关注西半球防务，它更希望保持太平洋战场的现状，至少要避免出现与德日同时作战的局面，因此并不希望冒险卷入同日本冲突的危险，拒绝对战时协助英国保卫新加坡做出明确承诺。美国虽然同意加强在太平洋地区的海军力量，但最关心的仍然是阿留申群岛、夏威夷和美国西

---

① Arthur J. Marder, *Old Friends, New Enemies: The Royal Navy and the Imperial Japanese Navy*, Vol. I, Oxford: Clarendon Press, 1981, pp. 142-143.

② Andrew Field, *Royal Navy Strategy in the Far East 1919-1939: Preparing for War against Japan*, London: Frank Cass, 2004, pp. 217-218.

海岸的防卫，而不是在丘吉尔派遣一支主力舰队前往远东的诱惑下帮助英国保卫新加坡。丘吉尔对远东局势的估计基本是正确的，即美国终究会站在英国一边参战，但他没有预料到日本在面对毫无获胜希望的英美联合时选择铤而走险，不惜以发动战争的方式推迟最后的失败。① 而在当时欧洲战场局势恶化的情况下，丘吉尔也没有更多的资源可以投放到远东战场。因此，"丘吉尔害怕，一旦摊牌，英国要单独对付日本，而他在东南亚的防御力量很弱。他确信只有华盛顿发出最强硬的警告才有威慑力"，不过，"罗斯福更加担心。他比丘吉尔更不想同日本打仗"。②

　　就在英美关于远东的防务安排分歧依旧而迟迟未采取有力措施的同时，日本则在紧锣密鼓地进行战争准备工作。太平洋战争爆发时，日本海军共拥有各型舰艇 391 艘，总计 1466177 吨，其中包括 10 艘战列舰、10 艘航母、18 艘重型巡洋舰、20 艘轻型巡洋舰、112 艘驱逐舰和 65 艘潜艇，另有 88 艘舰艇在建造中，其中包括 2 艘战列舰和 4 艘航母。相比之下，英国、美国、荷兰和自由法国部署在远东和太平洋地区的海军力量加起来也只有 11 艘战列舰、3 艘航母、36 艘巡洋舰、100 艘驱逐舰和 69 艘潜艇。由此可见，日本在海军力量上对盟国占据显著优势。③ 如何在处于劣势的情况下应对日本的进攻，成为盟国必须面对的紧迫问题。

　　1941 年 12 月 7 日，日本偷袭珍珠港，太平洋战争爆发。美国对日本宣战后，美国海军强烈要求将战略重点放到太平洋战场，以一雪前耻，对日本发动全面反击。而这显然违背了之前英美达成的"先欧后亚"原则，英国也担心美国撤出大西洋战场而留下英国孤军奋战。为协调双方立场，1941 年 12 月 22 日至 1942 年 1 月 14 日，英美在华盛顿举行了第一次首脑会议，即著名的阿卡迪亚会议。阿卡迪亚会议的最重要成果是发表了《联合国家宣言》（*Declaration by United Nations*），这一纲领性的文件标志着世界反法西斯联盟正式建立。尽管美国军方，特别是以欧内斯特·金为代表的海军人士强烈主张进军太平洋，为珍珠港事件报仇，

---

① Christopher M. Bell, *Churchill and Sea Power*, Oxford：Oxford University Press, 2013, p. 247.

② 〔美〕詹姆斯·麦格雷戈·伯恩斯：《罗斯福：自由的战士（1940—1945）》，马继森译，商务印书馆，2015 年，第 147 页。

③ Arthur J. Marder, *Old Friends, New Enemies：The Royal Navy and the Imperial Japanese Navy*, Vol. I, Oxford：Clarendon Press, 1981, p. 303.

但会议最终仍然决定坚持"先欧后亚"的基本战略方针。英国一直担心的美国在珍珠港事件后可能将全部力量投入对日作战，而导致英国独自在欧洲对抗德国的梦魇最终没有变成现实。会议决定成立英美联合参谋长委员会和东南亚盟军司令部，并建立中国战区，还成立了一系列委员会以承担战时英美军需品的生产和分配工作。这些都可以看作英国在战略上的胜利，它期待已久的英美联合对轴心国作战终于变成现实，而美英荷澳盟军司令部（ABDA）和中国战区的成立，则使得长期以来英国提出英美合作应对日本在远东侵略的愿望变成现实，英国陆军上将韦维尔爵士（General Sir Archibald Wavell）出任远东盟军最高统帅。由于远东和太平洋的防务主要由海军承担，因此阿卡迪亚会议的一系列决定意味着英国期望的英美海军合作在制度上获得保证。

理论上讲，美国、英国、荷兰和澳大利亚部署在远东和太平洋地区的海军力量对比日本不完全处于下风，具体为战列舰数量 10∶10，重型巡洋舰数量 17∶16，轻型巡洋舰数量 27∶17，驱逐舰数量 93∶111，潜艇数量 70∶64，但起关键作用的航母数量之比则是 4∶10。[1] 不过，这只是理论上的数字。更何况，西方盟国海军分散在从圣迭戈到新加坡的广阔水域，只有一小部分海军力量归美英荷澳盟军司令部指挥，大部分主力舰艇归属珍珠港的美国太平洋舰队。到 1942 年 1 月，美英荷澳盟军司令部统率下的海军力量共有巡洋舰 9 艘、驱逐舰 25 艘、护航舰 16 艘、潜艇 41 艘、水上飞机供应船 3 艘。尽管盟国很快又补充了 3 艘巡洋舰和 2 艘潜艇，[2] 但相较于日本，盟国的海军力量仍然非常薄弱。盟国在 1942 年爪哇海战中失利，新加坡、菲律宾、荷属东印度等相继沦陷，远东局势岌岌可危。

1942 年后，远东和太平洋战场实际上被日本切割成了两块，英美分别在西方和东方两个方向独自作战。英国远东舰队在被日本击败两次且丢失新加坡后，不得不退守锡兰，甚至是东非，勉强维持其在印度洋的存在，其中心任务是协同陆军保卫印度。随着日本将主力投入太平洋作

---

[1]　John Keegan, *The Price of Admiralty: The Evolution of Naval Warfare*, New York: Penguin Books, 1988, p. 202.

[2]　S. E. Roskill, *The War at Sea, 1939-1945*, Vol. Ⅱ, Uckfield: The Naval&Military Press Ltd, 2004, p. 6.

战，以及英国将远东舰队的大部分舰艇调到地中海和大西洋战场，从印度洋到南中国海的水域一度比较沉寂。美国则独立在太平洋战场对日本发动反击，逐步夺回了战场主导权，并一步步逼近日本本土。因此，1942 年在远东战场失败后，英美在远东和太平洋战场的海军合作未见成效，甚至可以说基本中断。一直到 1944 年英国参加太平洋战场的反攻行动后，两国海军才开始恢复真正意义上的合作。

三　二战中英国海军战略的推行

（一）英国对德国的海上封锁

1939 年 1 月 30 日，英国海军部制订的作战计划获得正式批准。根据这份作战计划，英国海军压倒一切的中心任务是保护英国本土，即要将最精锐的力量集中到本土水域以挫败任何欧洲敌人可能的入侵行动，简言之就是防备德国对英国本土的突袭。仅次于本土的是地中海战场，以确保英国从波斯湾获取石油以及同印度和远东贸易交通线的安全。在这一地区，英国要有效应对意大利的海空力量和地理位置优势。远东的防务在这份作战计划中处于第三位。尽管这一地区盛产橡胶、钨矿等重要战略物资，英国也要尽力确保通往该地区的航路通畅，但它承认无力在保卫本土和地中海的同时，还向远东派遣一支强大的舰队。而将远东的英国海军力量增强到足以同日本海军相抗衡的水平的唯一办法，是将地中海的防务完全交给法国，而将英国部署在地中海的舰队调到远东，以全力阻击日本。[①] 实际上，这种完全放弃地中海的做法只是理论上的，完全不具备可行性。而 1940 年 6 月法国败降后，地中海的局势骤然恶化，这种"弃地中海而守远东"的思路更是失去了任何意义。1940—1941 年的英国战略，实际上是封锁、宣传、轰炸和颠覆破坏活动相结合的战略，[②] 它本质上还是英国在劣势情况下对德国的积极防御战略。

第二次世界大战爆发后，英国海军的注意力主要集中在欧洲和地中

---

① 　S. E. Roskill, *The War at Sea, 1939-1945*, Vol. I, Uckfield: The Naval & Military Press Ltd, 2004, pp. 42-43.

② 　David French, *The British Way in Warfare, 1688 - 2000*, London: Routledge, 2015, p. 197.

海海域的海上封锁及大西洋护航上。确保控制海上交通线是充分动员英法占优势的总体力量及削弱德国战争潜力的有效方式，从而能将德国拖入一场必败的一战式的大规模消耗战，这一点无疑是存在于战前英法既定的战略构想之中的。[①] 因此，部署在欧洲水域的英国本土舰队的任务是保护英国航运并阻止德国进出大西洋，其中速度较慢的主力战舰负责消灭进出德国海域的德国海军编队和商船队。[②] 同时，英国还和法国一道对德国发起"经济战"（economic warfare），力图切断德国从中立国获取重要战略物资的渠道，特别是瑞典的铁矿石和苏联的石油。为此，英法与德国在 1940 年爆发了纳尔维克战役，并计划轰炸苏联的巴库油田。[③]

英国的海上封锁战略主要针对德国的经济弱点。德国对海外原料和国际市场的依赖比一战时期更大，某些重要的战略物资几乎全部依赖进口。战前纳粹德国钢铁工业所需的矿砂有超过 66% 的部分需要进口，25% 的锌、50% 的铅、70% 的铜、90% 的锡、95% 的镍、99% 的铝矾土、66% 的石油、80% 的橡胶都需要进口，甚至 10%—20% 的食品也需要从国外进口。此外，纳粹德国所需的棉花、羊毛、水银、云母、硫黄和锰等也都严重依赖进口。因此，海上封锁被普遍视为英国反击德国的主要方式之一。[④] 而海上封锁取得成效的关键，在于英法对德国的海军优势。1939 年 9 月战争爆发时，英帝国的海军力量包括 12 艘战列舰和战列巡洋舰、6 艘航母、2 艘水上飞机航母、35 艘舰队巡洋舰、23 艘护航巡洋舰、100 艘舰队驱逐舰、101 艘护航驱逐舰和护卫舰及 38 艘潜艇。此外，英国海军还有 5 艘新型的"英王乔治五世"级战列舰、6 艘"卓越"级航母，以及一批巡洋舰和驱逐舰正在建造之中。法国海军有 5 艘战列舰和战列巡洋舰、2 艘航母、15 艘巡洋舰、32 艘大型驱逐舰、44 艘驱逐舰和

①　Colin S. Gray, *War, Peace and International Relations: An Introduction to Strategic History*, London: Routledge, 2012, pp. 136-137.

②　James P. Levy, *The Royal Navy's Home Fleet in World War II*, Basingstoke: Palgrave Macmillan, 2003, p. 24.

③　Michael Geyer and Adam Tooze, eds., *The Cambridge History of the Second World War*, Vol. III, Cambridge: Cambridge University Press, 2015, p. 133.

④　Paul M. Kennedy, *The Rise and Fall of British Naval Mastery*, London: Macmillan, 1983, p. 307.

59 艘潜艇。① 相比之下，德国的海军力量则非常弱小，仅有 2 艘老式战列舰、3 艘袖珍战列舰、2 艘战列巡洋舰、5 艘轻型巡洋舰、1 艘重型巡洋舰、17 艘驱逐舰、34 艘潜艇。德国海军另有 2 艘战列舰、1 艘航母、4 艘重型巡洋舰和 1 艘轻型巡洋舰在建造或改装之中。②

　　正因为在二战爆发时英国仍然对德国保持了较为明显的海上优势，因此作为一项传统的海军战略，战争初期，特别是英法在西线对德国宣而不战的"奇怪战争"（phoney war）时期，英国的海上封锁对德国经济的打击取得了较为明显的效果。据统计，1938 年，德国全年共进口 6261.98 万吨货物，其中 2714.23 万吨货物来自海外国家和英法殖民地。到 1939 年，德国海外供应比和平时期约减少了 43.3%。大批运往德国的物资被拦截，直接导致德国国内食品、纺织纤维、皮革、矿物油、橡胶和各种工业用矿石严重短缺，各工业部门原材料供应缺额度从 25% 到 75% 不等。其中，德国食品工业所需的脂肪和谷物缺口达 590 万吨，占和平时期总的外来供应的 60%；纺织和服装工业因为原料供应困难而导致国内消费和出口锐减 58 万吨；超过 10 万吨皮制品和皮革制品被英国扣押，使得德国皮革工业 62% 的生产能力被闲置；在造纸和木材加工领域，有将近 20%、总量高达 87 万吨的进口木材被英国海军拦截，同时德国造纸工业有 28 万吨出口制成品被没收，外汇损失相当惨重；德国橡胶企业损失了 7.14 万吨进口橡胶，约占正常消费量的 30%；磷酸盐的损失更为惊人，英国海上封锁切断了德国 90 万吨的磷酸盐供应，占德国化工企业正常需求量的 90%；在油料方面，封锁造成 255.6 万吨进口的天然和提炼的矿物油及油料作物被查禁，约占德国正常进口量的 50%；封锁导致 136.54 万吨高品质的钢铁产品无法为德国出口创汇，钢铁工业有 817.91 万吨的矿石缺口，影响了 250 万吨钢铁的生产计划；煤、化学产品、石材和黏土的出口也受到封锁的影响，导致德国的外汇收入减少。③

　　1939 年 11 月 27 日，英国将封锁扩展到中立国，禁止中立国港口进

---

① S. E. Roskill, *The War at Sea, 1939-1945*, Vol. Ⅰ, Uckfield: The Naval&Military Press Ltd, 2004, pp. 50-51.

② S. E. Roskill, *The War at Sea, 1939-1945*, Vol. Ⅰ, Uckfield: The Naval&Military Press Ltd, 2004, pp. 590-592.

③ H. C. Hillmann, "Analysis of Germany's Foreign Trade and the War", *Economica*, New Series, Vol. 7, No. 25 (Feb. 1940), pp. 82-87.

口德国物资。在斯堪的纳维亚国家陷落前的 7 个月内，英国在北海的巡逻队共截停了 1053 艘中立国船只，其中 361 艘被勒令前往指定地点接受检查，另有 93 艘船只自愿前往柯克沃尔接受检查。由于广泛实行的准运证制度（navicert system），由中立国流入德国的物资得到较为有效的控制。到 1941 年 6 月，英国及其盟国已成功阻止 360 万吨各类物资进入德国。[1] 1939 年 12 月，英国与法国成立了英法协调委员会（Anglo-French Coordinating Committee），由法国财政专家让·莫内（Jean Monnet）任主席。这个委员会的职责是监管下属的 10 个执行委员会，以有效动员英法的全部战争资源，特别是在海外加紧采购原材料。这一方面是为对德国的全面战争做好准备，另一方面则是配合对德国进行的经济战，抢在德国之前大批采购战略物资。[2]

除对德国进出口货物进行封堵外，英国还不遗余力地阻止战争爆发后躲在各中立国港口以逃避被英法海军拿捕的德国商船，以及阻止分布在世界各地的德国海军老兵回国参战。1919 年 6 月 21 日，战败的德意志帝国海军公海舰队在斯卡帕湾自沉。受一战后《凡尔赛和约》的限制，德国只能保留一支规模非常有限的海军，规模庞大的前德意志帝国海军人员被大批遣散，他们当中有很多人参加过日德兰海战，具有相当高的战术素养和丰富的作战经验，一战后很多人前往南美等地从事航运业等工作。此外，还有大量的德国军事技术人员在《凡尔赛和约》的约束下在德国失去了用武之地，被迫流亡海外。英国海军在大西洋设立了严密的检查制度，以防止聚集在美国的德国海军老兵等回国参战。在这种情况下，不少德国人转而选择从美国西海岸横渡太平洋到达中国后，前往苏联远东，然后经西伯利亚大铁路辗转回国。尽管英国一再警告不要搭载德国乘客，但经营太平洋航线的很多日本客轮和邮轮对此置若罔闻，由此酿成了"浅间丸"号事件。1940 年 1 月 21 日，英国海军"利物浦"

---

[1]　Geoffrey Till, "Naval Blockade and Economic Warfare in the European War, 1939–45", in Bruce A. Elleman and S. C. M. Paine, eds., *Naval Blockades and Seapower: Strategies and Counter-Strategies, 1805–2005*, London: Routledge, 2006, pp. 123–125.

[2]　Michael Dockrill, "The Foreign Office and France during the Phoney War, September 1939–May 1940", in Michael Dockrill and Brian McKercher, eds., *Diplomacy and World Power: Studies in British Foreign Policy, 1890–1950*, Cambridge: Cambridge Unviersity Press, 2002, p. 172.

号巡洋舰（HMS *Liverpool*）在日本千叶县房总半岛海域拦截了日本客轮"浅间丸"号，逮捕了 21 名德国水手。此事在日本掀起轩然大波，国内的反英氛围日渐浓厚。

德国使用潜艇执行"狼群战术"来打破英国的海上封锁并对英国进行反封锁，以绞杀英国的海上交通线。1940 年 6 月法国的崩溃导致英国封锁体系被打开一个巨大的缺口，德国潜艇可以方便进出大西洋和地中海。再加上可以充分利用占领下的挪威港口，德国潜艇袭击英国商船的效率大为提高。[①] 德国还能通过占领区借由陆路，特别是从苏联获得大量战略物资，这都导致英国海上封锁的作用开始直线下降。[②] 此外，德国占领的西欧国家工农业发达，它们被迫为德国军事机器输送了大量资源。数据显示，1940—1944 年，纳粹德国占领下的欧洲国家共为德国提供了840 亿帝国马克的军费，仅法国就向德国支付了 352.5 亿帝国马克。[③]1943—1944 年，法国被迫将其 GDP 的 55% 都输送给德国，而本国居民的肉类、脂肪和面包等食物配给则大幅削减。作为德国占领下经济最发达的国家，法国成为受纳粹德国压榨力度最大、为战时德国经济贡献最多的国家。[④]

除此之外，德国还生产了大量人工合成的原材料，以减少对进口原材料的依赖。例如，德国著名化工企业法本公司每年可生产 2.5 万吨人工合成的丁纳橡胶，德国每年还能从褐煤和页岩中提取合成 300 万吨石油。北欧和西欧沦陷后，德国可从广大的占领区直接获取原材料。例如，德国可以从法国、卢森堡和挪威获得铁矿石，从挪威获得钼矿石，并控制了法国的大量石油储备。除战略物资外，德国还控制了几乎整个欧洲的食品供应，如丹麦和荷兰的乳制品、比利时的羊毛、挪威的鱼，另外

---

① Kevin Smith, "Maritime Power in Transition: Britain's Shipping Capacity Crisis and the Mobilization of Neutral American Power, 1940-41", in Greg Kennedy, ed., *The Merchant Marine in International Affairs*, *1850-1950*, London: Frank Cass, 2000, p. 163.

② James P. Levy, *The Royal Navy's Home Fleet in World War Ⅱ*, Basingstoke: Palgrave Macmillan, 2003, p. 25.

③ Werner Abelshauser, "Germany: Guns, Butter, and Economic Miracles", in Mark Harrison, ed., *The Economics of World War Ⅱ: Six Great Powers in International Comparison*, Cambridge: Cambridge University Press, 2000, p. 143.

④ Michael Geyer and Adam Tooze, eds., *The Cambridge History of the Second World War*, Vol. Ⅲ, Cambridge: Cambridge University Press, 2015, p. 47.

获得了波兰的铅和草料，以及捷克斯洛伐克的锑。到 1942 年，德军占领下的欧洲各国对德国战时经济的贡献已是 1940 年的两倍有余。形势的发展迫使罗马尼亚、保加利亚、匈牙利、南斯拉夫、西班牙、葡萄牙等中立国同德国合作，它们向德国提供了大量食品，以及铜、镍、铬、钨和铝矾土。[①] 有学者认为，德国征服斯堪的纳维亚半岛和西欧，以及同苏联签订经济协定，这些都使得英国海军的封锁实际上已无意义。[②] 尽管这一说法显得过于绝对，但不得不承认，德国在 1940 年的胜利使得英国海上封锁体系濒于崩溃。

（二）德国"狼群战术"与英国反潜护航

囿于第一次世界大战时期的反潜作战经验，过于信赖声呐技术的效果，以及认为德国缺少进出大西洋的优良港口，这些都导致战前英国对德国潜艇的威胁估计不足，没有认识到德国潜艇部队司令邓尼茨（Admiral Karl Doenitz）的"狼群战术"是一种比一战时的潜艇战更为激进和高效的作战样式。[③]

二战爆发后，德国潜艇神出鬼没的活动使得整个英国海上交通线风声鹤唳，英伦三岛笼罩在一片饥饿的恐慌之中。战争爆发后的第一年，英国进口物资为 4350 万吨，而据英国航运部估计，在德国潜艇的袭扰之下，到第三年进口物资将锐减至 3200 万吨。[④] 这对于严重依赖贸易和航运的英国而言，将是难以承受的沉重打击。根据战前统计数据，英国每年需进口 4700 万吨各种物资。德国估计，如果它在一年内平均每个月能击沉 75 万吨英国商船，英国就将被迫求和。[⑤]

---

① Geoffrey Till, "Naval Blockade and Economic Warfare in the European War, 1939–45", in Bruce A. Elleman and S. C. M. Paine, eds., *Naval Blockades and Seapower: Strategies and Counter-Strategies, 1805–2005*, London: Routledge, 2006, pp. 126–127.

② David Reynolds, "Churchill the Appeaser? Between Hitler, Roosevelt and Stalin in World War Two", in Michael Dockrill and Brian McKercher, eds., *Diplomacy and World Power: Studies in British Foreign Policy, 1890–1950*, Cambridge: Cambridge Unviersity Press, 2002, p. 211.

③ Lance E. Davis and Stanley L. Engerman, *Naval Blockades in Peace and War: An Economic History since 1750*, New York: Cambridge University Press, 2006, p. 248.

④ Christopher M. Bell, *Churchill and Sea Power*, Oxford: Oxford University Press, 2013, p. 216.

⑤ John Ferris and Evan Mawdsley, eds., *The Cambridge History of the Second World War*, Vol. I, Cambridge: Cambridge University Press, 2015, p. 457.

　　1940 年 6 月法国投降后，德国潜艇获得了更为理想的前进基地，包括法国大西洋沿岸的洛里昂、布雷斯特和圣纳泽尔。波罗的海沿岸的斯德丁、皮兰、哥腾哈芬则是德国潜艇主要的训练基地。① 从 1940 年 7 月到 1941 年 6 月，盟国平均每月损失 46 艘超过 24.3 万吨的商船。② 美国参战后，德国潜艇不再对美国商船有所顾忌，美国东海岸繁忙且毫无保护的航运成为德国潜艇新的目标。1942 年是德国"狼群战术"战绩最为辉煌的一年。1942 年，盟国商船损失量达到顶峰，共计 824.5 万吨。虽然这一年美国新建船只 533.9 万吨，英国新建船只 184.3 万吨，但仍弥补不了因德国潜艇造成的损失，盟国商船净减 106.3 万吨。一直到 1943 年，盟国新建船只的数量才超过了损失船只的数量。③

　　为了应对德国潜艇的袭击，英国积极组织护航舰队，逐步建立起覆盖主要海上航线的护航体系。战争初期，英国海军具体的护航安排如表 2—9 所示。

表 2—9　英国护航运输队的行动（1940 年 4 月 9 日至 6 月 20 日）

方向		护航队数量	护航队拥有的船舶总数	最大护航队的组成（船数）
驶自	驶往			
各个方向	直布罗陀	17	778	62
弗里敦	英国	10	237	41
利物浦	各个方向	44	993	40
绍森德	各个方向	43	1097	66
直布罗陀	英国	17	523	47
哈利法克斯	英国	18	736	63

资料来源：于振起、王大刚主编《世界军事后勤史资料选编》现代部分（中一），金盾出版社，1993 年，第 261 页。

---

①　"German Naval Movements and Distribution by Theater", Jan. 1, 1941 – Dec. 31, 1944, U. S. Military Intelligence Reports：Germany, 1941 - 1944, Part 2：National Defense, Army, Navy, and Military Aviation. 002931-029-0195.

②　Lance E. Davis and Stanley L. Engerman, eds., *Naval Blockades in Peace and War：An Economic History since 1750*, New York：Cambridge University Press, 2006, p.273.

③　Fleet Admiral Ernest J. King, *U. S. Navy at War, 1941 – 1945：Official Reports to the Secretary of the Navy*, Washington D. C.：United States Navy Department, 1946, p.206.

为有效应对德国潜艇，美国加紧对英国海军的实质性支持，特别是向其提供最急需的船只和护航服务。1941 年 3 月 25 日与 4 月 2 日，美国总统罗斯福授权在美国船坞内修理英国船只。3 月 28 日，他命令立即将 10 艘美国海岸警卫队的快艇赠送给英国海军，用于对付德国潜艇。3 月 31 日，美国还没收了 30 艘在美国港口的轴心国商船和 35 艘已沦陷的中立国丹麦的船只，以为盟国服务。4 月 3 日，罗斯福批准了美国海军支持英国大西洋护航行动的计划。4 月 10 日，美国宣布扩大在大西洋的安全区和巡逻区，美国海军将巡逻区域扩大到西经 25 度的北大西洋海域，它将使用部署在格陵兰、纽芬兰、新斯科舍、美国、百慕大、西印度群岛甚至是未来可能部署在巴西的军舰和飞机进行巡逻，以搜寻侵入安全区的德国飞机和舰船，英国商船则可以在安全区内航行，并得到美国海军的保护。美国海军作战部长斯塔克上将告诉美国舰队司令们，美国参加大西洋海战只是个"时间问题，而不是参加不参加"的问题。美国参加大西洋海战"可以把英国人和他们的战舰统统从灾难中解救出来"。①

1941 年 4 月，德国相继在东南欧和北非取得一连串胜利，大英帝国危如累卵。丘吉尔为此多次向美国求援，希望美国海军能积极介入大西洋海战，减轻英国海军在该地区的压力，从而使其能在地中海地区投入更多的兵力。丘吉尔还多次要求罗斯福派遣美国海军访问达喀尔和卡萨布兰卡，对亚速尔群岛和佛得角群岛进行巡逻，甚至考虑在必要时出兵占领亚速尔群岛。在美国尚未对德国宣战的情况下，这些要求虽然不断被罗斯福拒绝，但也促使美国海军进一步扩大了在大西洋的巡逻范围。1941 年 4—5 月，美国海军从太平洋舰队抽调了 1 艘航母、3 艘战列舰、4 艘轻型巡洋舰以及 2 个中队的驱逐舰到大西洋，以支援英国和加拿大海军的护航舰队。美国支持英国大西洋护航行动的效果可谓立竿见影。1941 年下半年，盟国的商船损失下降到月均 28 艘，共计 12 万吨。这一数字不到 1940 年 7 月至 1941 年 6 月商船月均损失的一半。当然，由于美国尚未参战，德国潜艇在面对美国护航舰艇时非常克制，力图避免过分刺激美国而重蹈一战覆辙，这些都在相当程度上确保了护

① 〔美〕马克·A. 施托勒：《盟友和对手：解读美国大战略》，王振西等译，新华出版社，2001 年，第 52—53 页。

航的效果。① 除投入舰队之外，美国还向英国提供航运援助。据不完全统计，到 1941 年 11 月，即美国参战前夕，已经有 1/5 的美国商船为英国服务。②

在护航舰队装备雷达之前，英国商船队主要采用夜间航行的办法以降低遭到德国潜艇袭击的风险，但这只是权宜之计。英国舰艇普遍装备雷达后，则可以在夜间追踪和摧毁浮上水面的德国潜艇。在白天，在冰岛到英国这条主要航线上的船只可以得到陆基飞机的有效保护。③ 1941 年夏天以后，美国海军和加拿大海军对英国护航舰队的支持力度明显加大。美军驻守冰岛，承担了相当大一部分北大西洋航线的护航任务。加拿大于 6 月建立了护航舰队，这支舰队以纽芬兰的圣约翰斯为基地，为从哈利法克斯等地出发的英国运输船队提供护航。加拿大皇家海军（Royal Canadian Navy）主要负责东至冰岛以南集合地的大西洋反潜护航任务，有效弥补了英国反潜护航力量的不足。1941 年夏天，加拿大和英国的护航舰队在西经 35 度左右的中大西洋会合点（mid ocean meeting point）会合，冰岛护航舰队和西航道护航舰队在西经 18 度左右的东大西洋会和点（eastern ocean meeting point）会合并交接。④ 这也成为北大西洋标准的反潜护航程序。英国不断总结反潜经验，形成了反潜舰艇与海岸巡逻飞机相结合的反潜模式，使得德国潜艇不得不远离一些有着严密反潜布置的海域。⑤

1941 年下半年，由于破译了德国统帅部联络潜艇的"恩尼格码"（Enigma）密电，英国得以掌握执行"狼群战术"的德国潜艇部队的部署情况和活动特点，从而更有针对性地开展反潜作战。英国组织了一支由 400 艘英国、加拿大和美国战舰组成的护航编队专门对付德国潜艇，

---

① Lance E. Davis and Stanley L. Engerman, *Naval Blockades in Peace and War: An Economic History since 1750*, New York: Cambridge University Press, 2006, p. 273.

② Kevin Smith, "Maritime Power in Transition: Britain's Shipping Capacity Crisis and the Mobilization of Neutral American Power, 1940-41", in Greg Kennedy, ed., *The Merchant Marine in International Affairs, 1850-1950*, London: Frank Cass, 2000, p. 167.

③ Kenneth J. Hagan, *This People's Navy: The Making of American Sea Power*, New York: The Free Press, 1991, p. 297.

④ 〔英〕利德尔·哈特：《第二次世界大战史》上册，上海市政协编译工作委员会译，上海译文出版社，1980 年，第 529—530 页。

⑤ Malcolm Llewellyn-Jones, *The Royal Navy and Anti-Subarine Warfare, 1917-49*, London: Routledge, 2006, p. 27.

使得护航效率大为提高。英国海军的护航战术是不同德国潜艇纠缠，而着眼于商船安全通过，不谋求消灭敌人而只是挫败其袭击，其根本目标是确保商船队安全及时抵达目的地。[1] 英国的反潜护航行动有力地遏制了德国"狼群战术"的势头。1941 年全年，德国潜艇平均每月击沉 25 万吨盟国商船，远低于邓尼茨期望的平均每月击沉 75 万吨的目标。除积极采取护航措施外，英国还通过采取减少进口、疏散港口等方法挽回了 300 万吨船只的损失。1941 年，英国新下水 120 万吨船只，并通过租借法案向美国订购了超过 700 万吨的商船。[2]

1942 年初，大西洋海战逐渐进入白热化阶段。由于美国已经正式对德宣战，德国潜艇对美国商船队及护航舰艇展开了猛烈的攻击，甚至造成了被称为"第二次珍珠港事件"的美国东海岸的大屠杀。1942 年前 4 个月，美国东海岸就有 137 艘共计 82.8 万吨商船被德国潜艇击沉。此外，墨西哥湾、尤卡坦海峡、古巴西部海域、巴拿马运河等地的商船也成为德国潜艇重点攻击的目标，由此造成了美国航运的灾难。[3] 这也促使美国下定决心调整海军方案，加紧建造反潜护航舰艇。[4]

1943 年邓尼茨取代雷德尔成为德国海军司令后，下令建造装有"施内克尔"通气管和柴油机排气杆的新型潜艇，这种潜艇可以留在潜望镜深度为蓄电池充电而不必浮出水面，从而更为隐蔽和安全，攻击性也更强。另外，德国还投入使用了专门攻击船只螺旋桨的鱼雷和滑翔式炸弹。德国潜艇的产量达到每月 30 艘。在盟国方面，由于太平洋战场进入战略反攻阶段，美国海军退出了北大西洋护航体系，而专门负责南大西洋航线的护航任务，斗争最激烈的北大西洋反潜护航的任务完全由英国承担。美国对英国的支持主要表现为进一步增加商船、驱逐舰、护卫舰和反潜飞机的产量，并向英国提供广泛运用于太平洋战场的护航航母。

---

[1] George W. Baer, *One Hundred Years of Sea Power*: *The U. S. Navy*, *1890-1990*, Stanford: Stanford University Press, 1993, p. 195.

[2] John Ferris and Evan Mawdsley, eds. , *The Cambridge History of the Second World War*, Vol. I , Cambridge: Cambridge University Press, 2015, p. 463.

[3] Lance E. Davis and Stanley L. Engerman, *Naval Blockades in Peace and War*: *An Economic History since 1750*, New York: Cambridge University Press, 2006, p. 274.

[4] George W. Baer, *One Hundred Years of Sea Power*: *The U. S. Navy*, *1890-1990*, Stanford: Stanford University Press, 1993, p. 194.

1943 年 1 月，在卡萨布兰卡会议上，英美联合参谋长会议决定将挫败德国潜艇袭击作为首要任务。为此，英方要求美方额外提供 65 艘护航舰艇、12 艘护航航母，以及 B-24 "解放者" 远程轰炸机。1943 年 3 月，大西洋护航会议在华盛顿举行，英美进一步协调了反潜合作行动。会议决定派遣 80 架美国陆军远程飞机和 60 架海军远程飞机承担北大西洋护航任务。反潜技术的进步对于盟国取得大西洋海战的胜利至关重要，对于英国而言更是事关生死。[1] 这一时期，英国发明的微波雷达也开始大规模投入使用，它无法被探测，导致德国潜艇在反潜飞机赶到时来不及下潜。到 1943 年 4 月，大西洋海战处于白热化之际，装备雷达的飞机已经被证明为最有效的反潜武器，它们共承担了 2459 次护航和巡逻任务。[2] 双筒望远镜在 1943 年中期后的大规模使用也进一步丰富了盟国飞机捕捉德国潜艇踪迹的手段，使得目视侦察的有效距离提高了 60%。另外，到 1942 年中期，盟国反潜舰队装备了新型的 144 型潜艇探测器，可以有效发现潜航的潜艇行踪。不过，约半数潜艇是在水面上被反潜舰艇发现的。[3] 改进后的深水炸弹、反潜炸弹、强光探照灯、浮标和新型驱逐舰等对盟国提高反潜护航的效率也功不可没。[4]

此外，英国还组织了北极护航编队，以向苏联运送盟国援助物资。据统计，从 1941 年 6 月到 1945 年 9 月，共有 396.4 万吨货物经由北极航线运抵苏联的摩尔曼斯克和阿尔汉格尔斯克，占苏联战时输入物资的 22%。[5] 1942 年 7 月初，英国海军部严重的指挥失误，酿成了 PQ17 护航编队几乎全军覆没的悲剧。在这一悲剧中，盟国损失了 22 艘商船，上面搭载了 430 辆坦克、210 架飞机、3350 辆各种车辆和近 20 万吨货物。[6]

[1]　John Ferris and Evan Mawdsley, eds., *The Cambridge History of the Second World War*, Vol. I, Cambridge: Cambridge University Press, 2015, p. 562.

[2]　George W. Baer, *One Hundred Years of Sea Power: The U. S. Navy, 1890-1990*, Stanford: Stanford University Press, 1993, pp. 202-203.

[3]　Malcolm Llewellyn-Jones, *The Royal Navy and Anti-Subarine Warfare, 1917-49*, London: Routledge, 2006, pp. 28-30.

[4]　Lance E. Davis and Stanley L. Engerman, *Naval Blockades in Peace and War: An Economic History since 1750*, New York: Cambridge University Press, 2006, p. 421.

[5]　James P. Levy, *The Royal Navy's Home Fleet in World War II*, Basingstoke: Palgrave Macmillan, 2003, p. 109.

[6]　Eric J. Grove, *The Royal Navy since 1815: A New Short History*, Basingstoke: Palgrave Macmillan, 2005, p. 200.

对此，盟国从中吸取了教训，克服了北冰洋恶劣的天气和海况带来的困难，并沉着应对部署在挪威的德国海空军的威胁，使得北极航线成为英美援助苏联的一条大动脉。

到 1943 年 7 月，盟国新建船只数量已经超过了船只损失数量。统计数据显示，1940 年盟国船只净损失 318.8 万吨，1941 年净损失减少到 241.4 万吨，1942 年盟国船只净损失 106.3 万吨。而 1943 年全年，随着美国开足马力大批新建船只，英美终于弥补了德国潜艇打击造成的船只损失，并且船只保有量首次出现增长，净增船只 1097.4 万吨，1944 年更是上升到 1192.7 万吨。[1] 这表明，德国潜艇对英国海上交通线的打击已经被挫败，盟国已经牢牢掌握了北大西洋的制海权。邓尼茨被迫放弃北大西洋航线，将潜艇部署到中大西洋、南大西洋和印度洋海域活动。[2] 另外，到 1943 年，德国潜艇的作战效率降到了开战以来的最低点，并且其损失越来越大。1942 年，德国有 70 艘潜艇被击沉，1943 年这一数字就上升到 237 艘，到 1944 年德国潜艇的损失进一步增加到 263 艘。[3] 1942 年，一艘德国潜艇最多可击沉 72 艘商船，而到了 1943 年则平均只能击沉 1.16 艘商船，到 1945 年则只有 1.22 艘商船。1939—1941 年，战绩最好时德国每部署 44 艘潜艇才损失其中 1 艘，到 1942 年战损率就直线上升到 2.7∶1，1943 年为 1.2∶1，1944 年为 1∶1。而到了 1945 年，德国只建造了 77 艘潜艇，却被盟国击沉了至少 151 艘潜艇。[4] 1942—1945 年，盟国的商船损失总计达 1246.5 万吨，其中 989.7 万吨是由潜艇造成的，但到 1945 年 5 月，盟国商船总吨位仍达到 3749.3 万吨，超过了 1941 年 12 月美国参战前的规模。[5] 从 1943 年 1 月到 1945 年 5 月，德国潜艇的生产速度已经远远赶不上盟国——特别是美国造船厂——新建

---

① Fleet Admiral Ernest J. King, *U.S. Navy at War, 1941 – 1945: Official Reports to the Secretary of the Navy*, Washington D.C.: United States Navy Department, 1946, p.206.

② George W. Baer, *One Hundred Years of Sea Power: The U.S. Navy, 1890–1990*, Stanford: Stanford University Press, 1993, p.228.

③ David French, *The British Way in Warfare, 1688 – 2000*, London: Routledge, 2015, p.210.

④ Lance E. Davis and Stanley L. Engerman, *Naval Blockades in Peace and War: An Economic History since 1750*, New York: Cambridge University Press, 2006, pp.294–307.

⑤ Lance E. Davis and Stanley L. Engerman, *Naval Blockades in Peace and War: An Economic History since 1750*, New York: Cambridge University Press, 2006, p.307.

船只的进度。按照德国潜艇的攻击效率，要继续对盟国海上运输线保持强大压力，需要的潜艇数量缺口高达 5802 艘。[①] 至此，德国潜艇的"狼群战术"彻底宣告失败，英国最终取得了大西洋海战的完全胜利。

据统计，在大西洋海战中，德国潜艇共击沉了 2603 艘共计 1350 万吨盟国和中立国商船，击沉了 145 艘盟国军舰和辅助舰艇。而德国自身也损失惨重，1170 艘现役潜艇中有 863 艘投入作战，其中 681 艘被击沉，4.09 万名潜艇官兵中有 2.8 万人阵亡。[②] 在整个二战中，德国、意大利和日本潜艇在大战中共击沉了 2828 艘盟国和中立国商船，总吨位至少达到 1468 万吨。毫无疑问，德国潜艇取得的战果最为丰硕。[③] 不过，面对装备了雷达并得到飞机支援的盟国护航舰队，德国潜艇部队尽管采取了多种措施，但还是无法改变失败的命运。德国损失的潜艇中共有 632 艘是在海上沉没的，其中 500 艘是被英国及英帝国海军击沉的。[④]

（三）德国的水面舰艇袭扰与英德海战

德国在主要利用潜艇对英国发起"狼群袭击"的同时，也充分利用为数不多的水面舰艇对英国进行袭扰。虽然受制于整体处于明显劣势的海军实力而无力打破英国的制海权，但德国水面舰队的存在在很大程度上牵制了英国海军的主力。

德国水面舰艇的零星袭击同其海军战略的重大变动密不可分。根据德国海军司令雷德尔的"Z 计划"，德国要建设一支传统的均衡发展的舰队，以同英国展开正面较量。按照该计划，到 1948 年，德国海军要建成 23 艘战列舰、4 艘航母、40 艘巡洋舰、58 艘驱逐舰和 241 艘潜艇。不难发现，这一计划过于庞大，以德国当时的工业实力和海军基础，实际上是不可能实现的。更何况，"Z 计划"还要建立在德国海军在 1945 年前没有作战任务，英国海上力量无法构成重大威胁，德国仅凭陆军就可以

① Lance E. Davis and Stanley L. Engerman, *Naval Blockades in Peace and War: An Economic History since 1750*, New York: Cambridge University Press, 2006, p. 312.

② George W. Baer, *One Hundred Years of Sea Power: The U.S. Navy, 1890-1990*, Stanford: Stanford University Press, 1993, p. 205.

③ S. E. Roskill, *The War at Sea, 1939-1945*, Vol. III, Part II, Uckfield: The Naval & Military Press Ltd, 2004, p. 305.

④ S. E. Roskill, *The War at Sea, 1939-1945*, Vol. III, Part II, Uckfield: The Naval & Military Press Ltd, 2004, pp. 304-305.

征服整个欧洲的基础之上。战争爆发后，"Z 计划"所需的条件完全破裂，希特勒很快下令停止执行这一方案。此时，德国海军的大型水面舰艇仅有一艘未完工的航母"格拉芙·齐柏林"号（KMS *Graf Zeppelin*）、战列舰"俾斯麦"号（KMS *Bismarck*）及其未完工的姐妹舰"蒂尔皮茨"号（KMS *Tirpitz*）。[①] 在这种情况下，雷德尔只能将手头为数不多的水面舰艇派往大西洋等地，对英国商船实施袭击战。按照雷德尔的计划，德国海军虽然在规模和质量上远远不及英国海军，但可以利用部署在北海的小规模老旧战列舰舰队有效牵制英国本土舰队，然后使用潜艇和水面袭击舰艇打击英国的海上交通线。虽然德国毫无掌控水面上的制海权的希望，但它可以消耗英国海军的有生力量，从而为规模更大、现代化程度更高的意大利海军在英国难以投入重兵的地中海赢得机会。[②] 因此，1939—1940 年德国海军战略的主要内容就是骚扰和牵制占优势的英法海军力量。除采用水面舰艇、潜艇和飞机袭扰英国的海上交通线外，德国还广泛地在英国海岸各交通要道上布雷，以打击英国本土的海岸运输。[③]

　　1939 年 12 月 13 日发生的拉普拉塔河口海战是二战爆发后英德海军之间的首次正面对决，它在性质上同第一次世界大战中的科罗内尔海战和随后的福克兰海战类似，都是英国海军为了执行对德国的全球海上封锁任务，对进行海上袭扰的德国战舰的一次追捕行动。在这次海战中，为了消灭在南大西洋和印度洋袭击盟国商船、威胁海上交通线的德国"施佩伯爵"号袖珍战列舰（KMS *Admiral Graf Spee*）英国海军出动了"埃克塞特"号重型巡洋舰（HMS *Exeter*）、"阿贾克斯"号轻型巡洋舰（HMS *Ajax*）和新西兰皇家海军的"阿喀琉斯"号轻型巡洋舰（HMNZS *Achilles*）。英国舰队成功地将"施佩伯爵"号围困在乌拉圭蒙得维的亚港内，并对其施加了强大的政治和军事压力，最终迫使德国在 12 月 18 日将这艘战舰自行凿沉。

　　在太平洋上，至少有 3 艘德国武装商船执行袭扰英国商船的任务。

①　George W. Baer, *One Hundred Years of Sea Power: The U. S. Navy, 1890-1990*, Stanford: Stanford University Press, 1993, p. 190.

②　Milan N. Vego, *Naval Strategy and Operations in Narrow Sea*, London, Frank Cass, 2003, p. 210.

③　John Ferris and Evan Mawdsley, eds., *The Cambridge History of the Second World War*, Vol. I, Cambridge: Cambridge University Press, 2015, p. 456.

美国军事情报显示，自 1940 年 11 月 25 日以来，这 3 艘德国袭击舰至少击沉了 10 艘英国商船。日本暗中为其提供了便利，包括提供在日本港口内运营的船只充当德国袭击舰，同意德国袭击舰使用日本舰名并悬挂日本国旗，以及帮助德国海军人员赴日指挥这些袭击舰等。为此，英国政府一再向日方提出抗议。①

在欧洲水域，从 1940 年 10 月到 1941 年 3 月，德国袖珍战列舰"舍尔海军上将"号（KMS *Admiral Scheer*）击沉了 16 艘盟国商船，总计近 10 万吨。1941 年 1—3 月，德国战列巡洋舰"沙恩霍斯特"号（KMS *Scharnhorst*）和"格奈森瑙"号（KMS *Gneisenau*）击沉了 21 艘超过 11.5 万吨商船。德国重型巡洋舰"希佩尔海军上将"号（KMS *Admiral Hipper*）在两次巡航中就使盟国损失了超过 4 万吨商船。此外，德国在 1940 年春还积极改造商船充当袭击舰，这种"幽灵战舰"在全世界击沉或捕获了超过 50 万吨盟国商船。② 英国方面也承认，德国这种水面袭击战术是对英国制海权的严重威胁。英国首相丘吉尔对部署在挪威的德国"蒂尔皮茨"号战列舰对英国造成的恐慌，以及牵制英国本土舰队大量兵力的梦魇可谓记忆犹新。③ 一直到二战进入尾声的 1944 年 11 月 12 日，"蒂尔皮茨"号才最终被英国空军炸沉。

德国水面舰艇中战绩最辉煌、对英国威胁最大的当属"俾斯麦"号战列舰。"俾斯麦"号标准排水量为 41700 吨，配备 8 门 15 英寸口径主炮、12 门 5.9 英寸口径副炮，装甲带厚达 10.5—12.5 英寸，设计航速为 29 节。相比之下，英国最新锐的"乔治五世"级战列舰严格遵守《五国海军条约》和《第一次伦敦海军条约》的规定，排水量设定为 3.5 万吨，主炮口径只有 14 英寸。由于英国取消了能同"俾斯麦"号抗衡的"狮"级战列舰的建造计划，转而将资源用于建造护航舰艇，导致英国

---

① "German Naval Operations", Jan. 1, 1941 – Dec. 31, 1944. U. S. Military Intelligence Reports: Germany, 1941 – 1944, Part 2: National Defense, Army, Navy, and Military Aviation. 002931-029-0377.

② Christopher M. Bell, *Churchill and Sea Power*, Oxford: Oxford University Press, 2013, pp. 214-215.

③ Milan N. Vego, *Naval Strategy and Operations in Narrow Sea*, London: Frank Cass, 2003, p. 210.

海军中没有一艘战列舰可以同"俾斯麦"号抗衡。[①]

1941 年 5 月 24 日，英德之间爆发了著名的丹麦海峡海战，这场海战可谓英国海军的噩梦。在海战中，德国"俾斯麦"号战列舰在"欧根亲王"号重型巡洋舰（KMS *Prince Eugen*）的护航下驶出挪威的卑尔根湾，力图打破英国的海上封锁。德国舰队随后在冰岛和格陵兰之间遭到刚刚服役不久的英国战列舰"威尔士亲王"号（HMS *Prince of Wales*）和战列巡洋舰"胡德"号（HMS *Hood*）的拦截。在仅仅进行了 6 分钟的战斗后，英国海军引以为傲的"胡德"号就被击沉，"威尔士亲王"号则遭重创，而德国方面仅"俾斯麦"号受轻伤。这对英国海军而言无疑是巨大的打击和羞辱。此后，为一雪前耻，英国调集了大量战舰和飞机追击"俾斯麦"号。"俾斯麦"号在逃往法国圣纳泽尔进行修理的路上，多次遭到从英国"胜利"号（HMS *Victorious*）和"皇家方舟"号航母（HMS *Ark Royal*）上起飞的鱼雷机的空袭。5 月 27 日，"俾斯麦"号在 8 艘英国战列舰和战列巡洋舰以及 2 艘航母的围攻下，被迫自行凿沉。

1943 年 12 月 26 日，英国海军又在后来获封北角男爵（Baron of North Cape）的弗雷泽海军中将（Vice Admiral Sir Bruce Austin Fraser）的指挥下，凭借优势兵力在挪威北角海战中击沉了德国"沙恩霍斯特"号战列巡洋舰。在大型水面舰艇接连葬身大海之后，德国海军的战略重点转向了潜艇。[②]

（四）地中海战场与英美在大西洋的两栖登陆战

第二次世界大战爆发后，地中海战场成为除大西洋反潜护航行动之外，英国海军在欧洲水域的另一个主战场。在地中海，英国海军的主要任务是有效控制地中海的海上交通线，为来往于地中海航线的英国及盟国商船队护航，同时支援在北非作战的英国陆军，挫败意大利海军的挑战并寻机消灭其机动力量。

部署在地中海的英国海军力量分为两个部分，扼守地中海出海口的是由萨默维尔海军中将（Vice Admiral Sir James Somerville）统率的"H

---

① James P. Levy, *The Royal Navy's Home Fleet in World War Ⅱ*, Basingstoke: Palgrave Macmillan, 2003, p. 84.

② George W. Baer, *One Hundred Years of Sea Power: The U. S. Navy, 1890–1990*, Stanford: Stanford University Press, 1993, p. 191.

舰队"（Force H），驻地为直布罗陀；坎宁安海军上将（Admiral Sir Andrew Cunningham）率领的地中海舰队主要在地中海东部活动，基地包括马耳他和埃及的亚历山大港。法国战败后，为了防止强大的法国舰队被德国所利用，1940年7月3日，萨默维尔指挥英国"H舰队"袭击了驻北非的法国舰队，制造了悲剧性的"米尔斯克比尔港事件"。法国海军在这一事件中有1艘战列舰被击沉，2艘战列舰遭重创，47名军官、1238名水兵阵亡，351人受伤。[1] 这一事件尽管事出有因，但直接导致英法这对昔日的盟友反目成仇，并给盟军后续的北非登陆行动造成了困难。

1940年11月11—12日，坎宁安指挥英国地中海舰队使用航母舰载机突袭了停泊在塔兰托港的意大利舰队，取得了击沉1艘战列舰、重创2艘战列舰、击伤2艘巡洋舰的重大战果。这是世界海军史上第一次使用航母舰载机攻击大型水面舰艇的成功战例，这种空中打击的战术日后被日本在偷袭珍珠港的行动中所模仿，同样取得了巨大成功。[2] 当然，塔兰托战役和日本偷袭珍珠港都是使用航母舰载机攻击静止中的战列舰，而1941年12月日本飞机在马来海战中炸沉英国海军"威尔士亲王"号战列舰和"反击"号战列巡洋舰（HMS Repulse）证明，飞机同样可以击沉高速运动中的战列舰，这一点在日后日本"大和"号超级战列舰的覆灭中再次得到了证明。塔兰托战役沉重打击了意大利海军的士气，使之一度不敢与英国地中海舰队正面作战，而只是消极地牵制对手，英国由此巩固了在地中海东部的制海权，从而有力支援了北非战场。

1941年3月，凭借雷达优势和大胆使用舰载航空兵，英国取得了马塔潘角海战的重大胜利。英国舰队共击沉了3艘意大利最精锐的巡洋舰和2艘驱逐舰，而自身仅损失1架飞机。在战略上，马塔潘角海战的失利使得意大利打破英国对地中海制海权的希望彻底破灭，[3] 特别是意大利海军不敢再进入地中海东部而只能在本土附近活动，这确保了盟军在希腊本土和克里特岛陷落后，得以有序地将有生力量撤出，并能集中资

---

① David Brown, *The Road to Oran: Anglo-French Naval Relations, September 1939–July 1940*, London: Routledge, 2004, p. 204.

② S. E. Roskill, *The War at Sea, 1939–1945*, Vol. I, Uckfield: The Naval & Military Press Ltd, 2004, p. 5.

③ S. E. Roskill, *The War at Sea, 1939–1945*, Vol. I, Uckfield: The Naval & Military Press Ltd, 2004, p. 431.

源同北非的德意军队作战。特别是 1941 年 5 月的克里特岛英军撤退行动，堪称一次敦刻尔克大撤退式的战略性胜利。此后，尽管遭受了德国空军的疯狂轰炸，英国仍然牢牢守住了马耳他这个盟国在地中海的前哨阵地，有力保证了北非英军的物资供应，而隆美尔（Field Marshal Erwin Rommel）指挥的"非洲军团"（Deutsches Afrikakorps）虽然有地利之便，却因为德意始终无法夺取地中海的制海权而长期面临严重的补给困难。英国地中海舰队的出色表现，为盟军在北非战场的最终胜利做出了重要贡献。

在大西洋战场上，北非登陆、西西里登陆和诺曼底登陆是最为著名的三场两栖作战行动，这三场行动充分体现了英美在应对德国潜艇以外的海军合作。在代号为"火炬行动"（Operation Torch）的北非登陆行动中，盟军共有阿尔及尔、奥兰和卡萨布兰卡 3 个登陆点，其中阿尔及尔和奥兰的登陆部队主要由英国海军护航和支援，即由东部特混舰队和中部特混舰队具体负责，指挥官分别为伯勒斯海军中将（Vice Admiral Sir Harold Burrough）和特罗布里奇海军准将（Commodore T. H. Troubridge）。卡萨布兰卡的登陆部队由西部特混舰队提供支援，指挥官为美国海军少将休伊特（Rear Admiral Henry K. Hewitt）。[①] 在北非登陆行动中，英国海军无疑扮演了主要角色，除直接用于登陆的海军兵力外，提供支援的主要是部署在地中海的英国"H 舰队"，共有 2 艘战列舰、1 艘战列巡洋舰、3 艘航母、3 艘巡洋舰和 17 艘驱逐舰。美国海军也投入了包括 3 艘战列舰、5 艘巡洋舰、38 艘驱逐舰、4 艘辅助航母、4 艘潜艇在内的强大兵力。[②] 北非法军在进行短暂的抵抗之后放下了武器，法属北非当局开始同盟国合作反攻欧洲大陆。

1943 年 7 月，盟军舰队从法属北非的阿尔及尔、奥兰等地出发前往马耳他，拉开了代号为"赫斯基行动"（Operation Husky）的西西里登陆行动的序幕。英国海军在西西里登陆行动中承担的任务远远超过了美国海军，总计投入 1614 艘各型舰艇，包括 6 艘战列舰、2 艘航母、10 艘巡

---

① S. E. Roskill, *The War at Sea, 1939–1945*, Vol. Ⅱ, Uckfield: The Naval & Military Press Ltd, 2004, pp. 313–314.

② S. E. Roskill, *The War at Sea, 1939–1945*, Vol. Ⅱ, Uckfield: The Naval & Military Press Ltd, 2004, pp. 464–466.

洋舰、71 艘驱逐舰、23 艘潜艇、319 艘大型登陆艇、715 艘小型登陆艇和 155 艘各型运输船，美国共投入 945 艘各型舰艇。首批登陆英军有 11.5 万人，美军超过 6.6 万人。[①] 在盟国绝对优势兵力的打击下，德意军队无力抵抗而被迫通过墨西拿海峡退守意大利本土，盟军顺利地占领了西西里岛。1943 年 9 月 3 日，意大利向盟国投降。

　　1944 年的诺曼底登陆行动代号为"霸王行动"（Operation Overlord），而其中的海军行动代号为"尼普顿行动"（Operation Neptune）。在诺曼底登陆行动中，盟国组成了东西两个特混舰队，西部特混舰队（Western Task Force）主要由美国海军组成，集结地为贝尔法斯特，指挥官为美国海军少将柯克（Rear Admiral A. G. Kirk）；东部特混舰队（Eastern Task Force）主要由英国海军组成，集结地为格里诺克，指挥官为英国海军少将维安爵士（Rear Admiral Sir Philip Vian）。西部特混舰队共有 3 艘战列舰、10 艘巡洋舰、1 艘炮舰、30 艘舰队驱逐舰等主要战斗舰艇，东部特混舰队有 3 艘战列舰、13 艘巡洋舰、2 艘炮舰和 30 艘舰队驱逐舰等主要战斗舰艇，盟国总共为诺曼底登陆准备了 1213 艘各型舰艇。[②] 除主要战斗舰艇外，盟国海军还出动了 286 艘各型护航舰艇，大多数来自英国、美国和加拿大海军，其中英国海军所占份额最大。除登陆舰艇和辅助舰艇外，参加"尼普顿行动"的 79% 的战斗舰艇都由英国和加拿大海军提供，美国舰艇占 16.5%，其他国家舰艇共占 4.5%。[③] 为准备"尼普顿行动"，英国海军需要额外投入 4.5 万名士兵以驾驭新型护航航母和组建东部特混舰队，这让人力资源本已高度紧张的英国海军捉襟见肘，为此不得不弃置 4 艘老式战列舰、5 艘小型巡洋舰和 40 艘驱逐舰，将上述舰艇的士兵调配到"尼普顿行动"的准备工作中来。为筹集人手，英国还解散了第一布雷舰中队，并征召了武装商船队的船员，甚至从陆军和空军

① S. E. Roskill, *The War at Sea, 1939–1945*, Vol. Ⅲ, Part Ⅰ, Uckfield: The Naval & Military Press Ltd, 2004, pp. 121–122.

② S. E. Roskill, *The War at Sea, 1939–1945*, Vol. Ⅲ, Part Ⅱ, Uckfield: The Naval & Military Press Ltd, 2004, p. 18.

③ S. E. Roskill, *The War at Sea, 1939–1945*, Vol. Ⅲ, Part Ⅱ, Uckfield: The Naval & Military Press Ltd, 2004, p. 17.

中抽调人员。[1] 尽管美国提供了诺曼底登陆行动所需的大部分登陆器材，但美国海军的主要精力放在太平洋战场，在大西洋战场主要起到支援和护航作用，因此我们仍可以说，英国海军在诺曼底登陆这场有史以来人类最大规模的两栖作战行动的海上行动中竭尽全力，并扮演了最为重要的角色。

（五）　英国远东舰队的覆灭与东南亚沦陷

1941 年 12 月 7 日，日本偷袭珍珠港，太平洋战争爆发，美国正式参战。这无疑为四面楚歌的大英帝国注入了一剂强心针。美国学者伯恩斯用充满文学色彩的笔触形象描绘了丘吉尔听到珍珠港被袭击后的兴奋之情："一时间，丘吉尔可真是高兴；他终究赢了，很是兴奋……17 个月孤军奋战，19 个月他自己担当重任——仗打赢了，英国没垮，英联邦和大英帝国没有垮。这会是一场持久战，但其余一切不过是适当运用压倒一切的军事力量而已。"[2]

尽管珍珠港事件成为英美正式携手作战并取得最终胜利的开始，但在太平洋战争初期，盟国仍然遭遇了一系列惨痛的失败。1942 年 1 月，日本占领马来半岛。2 月 15 日，新加坡沦陷，10 万名英国守军投降。3 月，盟军在爪哇战役中失利，刚刚组建的美英荷澳司令部被迫解散。5 月 6 日，菲律宾沦陷，驻菲美军司令麦克阿瑟（General Douglas MacArthur）被迫出走澳大利亚。美国海军史学家哈腾多夫认为，盟军在爪哇战役中的失利表明，良好的后勤保障、通信、指挥、制海权和严密周详的作战计划，在一次成功的现代海上联合作战行动中缺一不可。[3]遗憾的是，当时最缺乏这些的不是日本联合舰队，而是盟国海军。

在 1940 年德军闪击西欧之前，英国海军的战略设计者保持相当的乐观，他们一致认为，除非英国同时陷入欧洲战事，否则日本不可能袭击英国在远东的领地。即便欧战爆发，法国海军力量的加入也足以

---

①　S. E. Roskill, *The War at Sea*, *1939 - 1945*, Vol. Ⅲ, Part Ⅱ, Uckfield: The Naval & Military Press Ltd, 2004, p. 10.

②　〔美〕詹姆斯·麦格雷戈·伯恩斯：《罗斯福：自由的战士（1940—1945）》，马继森译，商务印书馆，2015 年，第 187 页。

③　John B. Hattendorf, "What Is a Maritime Strategy?", *Soundings*, No. 1, October 2013, p. 3.

使英国派出实力强大的增援舰队奔赴远东，哪怕这支舰队并不是英国海军的主力舰队，也足以遏制日本对东南亚的觊觎之心。20世纪30年代中期以后，随着意大利对英法敌意的逐渐显露，英国在战时派舰队增援远东的方案可行性不断遭到削弱，但这并未消除英国通过在欧洲部署主力舰队从而保护英国在远东海军地位的假想。不过，法国在1940年6月的沦陷使得这一幻想彻底破灭。① 悲剧的是，英国尽管面临已经完全改变了的战略形势，但仍然坚持以"威慑舰队"来保卫远东的战前设想，只不过这支"威慑舰队"的实力已大大缩水。在新加坡之战中，虽然英国按计划派来了由最新型的"威尔士亲王"号战列舰和"反击"号战列巡洋舰以及4艘驱逐舰组成的远东舰队（代号为"Z舰队"）驰援新加坡，但由于本来计划一同前往的"无敌"号航母在西印度群岛触礁，不得不退出舰队，这直接导致远东舰队失去关键的空中力量的保护和支援。然而，作为传统的"大舰巨炮主义"者，英国远东舰队司令菲利普斯海军中将（Vice Admiral Sir Thomas Phillips）却忽视了这个潜在的严重危机，他根本不相信飞机能够对战列舰构成实质威胁，因此仍然决定率领毫无空中掩护的舰队驶往新加坡，从此踏上了一条不归之路。1941年12月9日，日本在马来海战中击沉了英国海军引以为傲的"威尔士亲王"号战列舰和"反击"号战列巡洋舰，彻底重创了英国远东舰队，菲利普斯海军中将随"威尔士亲王"号上的约800名水兵一起沉入大海，而日军仅损失了3架飞机，阵亡21人。② 这是世界军事史上第一次由陆基重型轰炸机击沉战列舰的战例。③ 至此，英国在与日本的战争中失去了制海权和制空权，这决定了新加坡基地和英属马来亚最终陷落的命运。

　　1942年2月15日，新加坡沦陷，帕西瓦尔中将（Lieutenant General Arthur Percival）率领13万英军向日军投降。这一悲剧性的事件标志着两次世界大战之间英国苦心经营、花费最大的"新加坡战略"彻底失败，

---

①　Arthur J. Marder, *Old Friends, New Enemies: The Royal Navy and the Imperial Japanese Navy*, Vol. Ⅱ, Oxford: Clarendon Press, 1990, pp. 545-546.

②　〔日〕服部卓四郎：《大东亚战争全史》上卷，张玉祥等译，世界知识出版社，2016年，第328页。

③　Kenneth J. Hagan, *This People's Navy: The Making of American Sea Power*, New York: The Free Press, 1991, p. 310.

它也预示着英国东南亚殖民帝国在战后走向崩溃的命运。在此之前，香港也被日军占领，英国部署在远东的残余海军力量退守印度洋。[1]

新加坡沦陷后，为避免斯里兰卡遭陷落，英国派出因追击"俾斯麦"号战列舰而名声大噪的萨默维尔海军中将接掌在亭可马里的东方舰队。这支舰队负责保卫印度洋的海上交通线，规模庞大，共有 5 艘战列舰、3 艘航母、8 艘巡洋舰、15 艘驱逐舰和 5 艘潜艇，但大多数是第一次世界大战时期的老式战舰，且空中力量仍然比较薄弱。1942 年 4 月，英国东方舰队在锡兰海战中被南云忠一率领的日本舰队击败，包括"竞技神"号航母（HMS *Hermes*）"康沃尔"号巡洋舰（HMS *Cornwall*）和"多塞特郡"号巡洋舰（HMS *Dorsetshire*）在内的 5 艘战舰被击沉，"无敌"号（HMS *Invincible*）和"可怖"号航母（HMS *Terrible*）遭重创。英国东方舰队一直败退到东非的蒙巴萨才避免了被全歼的命运，实际上丧失了在印度洋和远东地区的制海权和制空权。[2]

此后，由于日本主力舰队重新回到太平洋战场，只在东南亚地区保持了防御性存在，英国才勉强保持了在印度洋的海军存在，也才有后来夺取法属马达加斯加的战绩。1942 年 5 月，英军成功攻占法属马达加斯加的迭戈·苏亚雷斯港。这次行动虽然规模很小，但意义重大，它使得英国在远东连遭败绩的情况下成功避免日本获得法国在马达加斯加的基地，进而确保了对印度洋制海权的掌控。一旦日本成功切断英国经苏伊士运河到印度的海上交通线，那么不仅英国的远东战场不保，北非-地中海战场乃至欧洲战场的形势也将受到极大的影响。

在新加坡沦陷前，日军于 1941 年 12 月 25 日攻陷香港。1942 年 5 月，日本又占领了缅甸全境。英军在东南亚的节节败退，标志着英国在远东的殖民帝国几乎全面崩溃，随之而来的是英国重要的战略物资供应受到严重影响。"我们已经丧失了世界锡生产的百分之六十和橡胶生产的百分之九十，以及钨、锰、铅和其他矿产的大部分。此外，我们已经被夺取了食品，

---

[1]　Paul Addison and Harriet Jones, eds., *A Companion to Contemporary Britain*, *1939-2000*, Malden: Blackwell, 2005, p. 483.

[2]　〔英〕约翰·科斯特达：《太平洋战争（1941—1945）》上册，王伟等译，东方出版社，1985 年，第 278—281 页。

尤其是糖、茶、米和油籽的重要来源，还有损失其他之虞。"① 新加坡和缅甸沦陷后，英国在太平洋地区的防务完全依赖美国，特别是需要美国帮助其保卫大英帝国在亚洲的最后一个重要领地——印度。

（六）英国收复东南亚与对日本的战略反攻

战争进入 1943 年，同盟国在各大战场相继进入战略反攻阶段。在对英国至关重要的大西洋战场上，英国已经有效挫败了德国潜艇的活动，牢牢控制了大西洋的制海权。在地中海战场，意大利已宣布投降，整个地中海基本安全无虞。因此，从战争形势发展的角度看，英国可以腾出手来重新审视远东这个在英国战略优先次序上排第三位的战场。

从政治角度看，英国不希望在接连丢失香港、马来亚和缅甸后，彻底被逐出东南亚，并需要在美国领导的太平洋反攻行动中贡献力量，以赢得对战后远东和太平洋事务的话语权。1943 年 8 月 19 日，英美举行了第一次魁北克会议，即"四分仪"（Quadrant）会议。会议决定成立东南亚盟军司令部，由英国海军上将蒙巴顿勋爵出任最高统帅。此举表明，英国正式着手恢复东南亚殖民地并反攻日本。

从军事角度看，英国海军规模的持续壮大为英国从大西洋和地中海战场抽调兵力到印度洋和远东创造了条件。二战爆发时的 1939 年 9 月 3 日，整个英帝国的海军力量为 15 艘战列舰和战列巡洋舰、6 艘航母、63 艘巡洋舰、191 艘驱逐舰、43 艘护航舰艇、42 艘扫雷舰和 69 艘潜艇。截至 1943 年 10 月 1 日，英帝国共损失了 5 艘战列舰、5 艘航母、3 艘护航航母、26 艘巡洋舰、120 艘驱逐舰、40 艘护航舰艇、19 艘扫雷舰和 67 艘潜艇。虽然损失不可谓不严重，但此时英帝国的海军力量仍然壮大，共拥有 15 艘战列舰、6 艘航母、25 艘护航航母、62 艘巡洋舰、288 艘驱逐舰、325 艘护航舰艇、222 艘扫雷舰和 98 艘潜艇。② 另外，英国还可以将投降的意大利海军的部分舰艇补充到自己的舰队中。到 1943 年 9 月 21 日，盟国控制下的意大利舰艇共有 5 艘战列舰、8 艘巡洋舰、11 艘舰队驱逐舰、22 艘护航驱逐舰、22 艘护卫舰、34 艘潜艇、5 艘微型潜艇、15

---

① 〔英〕哈罗德·麦克米伦：《麦克米伦回忆录》第 2 卷，张理京等译，商务印书馆，1982 年，第 169 页。

② S. W. Roskill, *The War at Sea*, *1939–1945*, Vol. Ⅲ, Part Ⅰ, Uckfield: The Naval & Military Press Ltd, 2004, p. 9.

艘各型辅助舰艇和 12 艘鱼雷快艇。①

1943 年后，英国在印度洋的海军力量不断增强。日方估计，1943 年 8 月后盟国在印度洋方面的海军力量有战列舰 2 至 3 艘、航母 2 艘、特设航母 3 艘、巡洋舰 5 艘、驱逐舰 20 艘、潜艇 15 艘、运输船约 100 万吨，另有陆基飞机约 1000 架、海军飞机约 400 架。为此，日本特地加强了安达曼、尼科巴群岛及马来亚、苏门答腊等地的防务。② 日方估计，盟国在印度洋的海空力量无疑是以英国为主，绝大部分是英国部署在斯里兰卡的东方舰队的舰艇和飞机。英国不断增强在印度洋的海空力量，其首要目的无疑是从缅甸开始对东南亚日军展开反攻，以收复东南亚的英国殖民地。尽管由于盟国为准备诺曼底登陆行动调走了东南亚战区大批的登陆器材，蒙巴顿对缅甸仰光发起两栖登陆的"吸血鬼行动"（Operation Dracula）计划随之落空，但印度洋的英国海空军仍然对缅甸、荷属东印度等地的日军目标发起了一系列袭击行动。

不仅如此，英国还强烈要求派兵赴太平洋战场，直接参与美国领导的对日本本土的最后反攻。在 1944 年 9 月的第二次魁北克会议，即著名的"八边形"（Octagon）会议上，丘吉尔坚定地说服罗斯福同意英国海军与美国海军共同参加太平洋战场对日本的最后反攻，"以便在战后向世界表明，太平洋并不是美国的内湖"。③ 这次会议最终确定，到 1944 年底，英国舰队将参加太平洋作战。

1944 年 11 月 19 日，英国东方舰队被拆分成英国太平洋舰队（British Pacific Fleet）和英国东印度舰队（East Indies Fleet）。其中，英国太平洋舰队由从英国本土调任的弗雷泽海军上将担任舰队司令。英国太平洋舰队以澳大利亚悉尼为基地，专门负责对日反攻。英国东印度舰队司令由阿瑟·鲍尔海军上将（Admiral Sir Arthur Power）担任，其主要任务是收复英国在东南亚的殖民地。蒙巴顿制订了在仰光和苏门答腊岛的两栖登陆行动计划，以求反攻缅甸和收复马来亚，但后来由于盟国要

---

① S. W. Roskill, *The War at Sea*, *1939 - 1945*, Vol. Ⅲ, Part I, Uckfield: The Naval & Military Press Ltd, 2004, p. 378.

② 〔日〕服部卓四郎：《大东亚战争全史》中卷，张玉祥等译，世界知识出版社，2016 年，第 575 页。

③ 〔英〕约翰·科斯特洛：《太平洋战争（1941—1945）》下册，王伟等译，东方出版社，1985 年，第 165 页。

进行诺曼底登陆行动而无法满足蒙巴顿要求的登陆器材，仰光和苏门答腊岛登陆行动计划最终未能实施。

在陆上，英国在 1944 年 7 月取得了英帕尔战役的胜利，不仅确保了印度的安全，还在印缅战场上由之前的节节败退转为战略进攻。在海上，英国太平洋舰队充分借鉴了美国海军在太平洋作战的经验，成为英国海军史上第一支以航母而非战列舰为中心的舰队，它也采用了美国的信号系统，并获得了美方的相关支持。[①] 英国太平洋舰队主要参加了冲绳战役和对日本本土的进攻行动。1945 年 8 月 15 日，日本宣布投降。9 月 2 日，英国太平洋舰队司令弗雷泽海军上将代表英国出席了在美国"密苏里"号战列舰上举行的日本投降签字仪式。

在东南亚战场上，因为轴心国潜艇于 1945 年 2 月后已经停止了在印度洋的活动，因此盟国在此地部署的 70 多艘护航舰艇也加入英国东印度舰队，它对比日本残留在东南亚的海军力量占据了明显优势。英国太平洋舰队开赴悉尼后，英国东印度舰队随即在印度洋上对日本展开了反击，主要是配合印度和缅甸英军对日军展开反攻。[②] 在印度洋上，英国东印度舰队空袭了苏门答腊岛的实格里、尼科巴群岛、勿拉湾和岱利等地，英国驱逐舰和潜艇击沉了包括"羽黑"号重型巡洋舰、"足柄"号重型巡洋舰、"高雄"号重型巡洋舰在内的多艘日本舰艇。英国潜艇还击沉了 29 艘共计 6.5 万吨日本商船。[③]

1945 年 5 月 3 日，英军在进行了激烈的陆上反击后解放仰光，逐步收复了缅甸。8 月 28 日，英国东印度舰队抵达槟榔屿。8 月 30 日，塞西尔·哈考特海军少将（Rear Admiral C. H. J. Harcourt）率领的英国舰队抵达香港，随后成立了以他为首的军政府，恢复了英国对香港的统治。9 月 2 日，英军在苏门答腊岛的沙璜登陆。9 月 5 日，英国战舰驶入新加坡海军基地。9 月 9 日，英军在马来亚半岛登陆。9 月 12 日，东南亚盟军最高司令蒙巴顿在新加坡接受了日军的投降。至此，英国完全恢复了对

①   Richard Moore, *The Royal Navy and Nuclear Weapons*, London: Routledge, 2015, pp. 9-10.

②   S. W. Roskill, *The War at Sea, 1939-1945*, Vol. Ⅲ, Part Ⅱ, Uckfield: The Naval & Military Press Ltd, 2004, p. 311.

③   S. W. Roskill, *The War at Sea, 1939-1945*, Vol. Ⅲ, Part Ⅱ, Uckfield: The Naval & Military Press Ltd, 2004, p. 369.

东南亚殖民地的统治。①

　　尽管英国太平洋舰队的对日作战对盟国取得战争的最后胜利贡献有限，但在政治上却使得英国受益良多。英国借由对日作战收复了东南亚殖民地，提高了战后对远东和太平洋事务的话语权，并进一步巩固了英美关系。② 同时，英国在香港接受了日本的投降，并重新获得了在香港派驻中国分舰队、巡航长江等战前在华利益。③

　　到日本投降时，英帝国部署在印度洋地区的海军力量包括 2 艘战列舰、16 艘护航航母、4 艘重型巡洋舰、8 艘轻型巡洋舰、30 艘驱逐舰、42 艘护卫舰及其他辅助舰艇，共计 505 艘舰艇。④ 到 1945 年 10 月，置于美国第五舰队麾下、参与占领日本的英国海军力量包括 2 艘护航航母、2 艘轻型巡洋舰、11 艘驱逐舰，澳大利亚海军也贡献了 2 艘轻型巡洋舰和 2 艘驱逐舰。另外，在美国第七舰队指挥下部署在中国海岸的英国海军力量有 1 艘护航航母、3 艘巡洋舰和 3 艘驱逐舰。⑤ 尽管大英帝国早已呈衰落之势，它在战后逐渐从亚洲撤出已是大势所趋，但英国太平洋舰队的胜利无疑延缓了战后大英帝国分崩离析的步伐，并使之尽可能稳健而平缓，不至于过分损害英国的国家威望和利益。⑥

---

①　Eric J. Grove, "A Service Vindicated, 1939–1946", in J. R. Hill and Bryan Ranft, eds., *The Oxford Illustrated History of Royal Navy*, Oxford: Oxford University Press, 1995, p. 377.

②　Jon Robb-Webb, "'Light Two Lanterns, the British Are Coming by Sea': Royal Navy Participation in the Pacific 1944–1945", in Greg Kennedy, ed., *British Naval Strategy East of Suez, 1900–2000*, London: Routledge, 2015, p. 129.

③　"British intentions in China", September 11, 1945, J. C. S. 1502/1.

④　H. P. Willmott, *The Last Century of Sea Power*, Vol. 2: *From Washington to Tokyo, 1922–1945*, Bloomington: Indiana University Press, 2010, pp. 592–593.

⑤　"Return to British Operational Control of Remaining Units of British Pacific Fleet", October 6, 1945, J. C. S. 1502/2.

⑥　Michael Coles, "Ernest King and the British Pacific Fleet: The Conference at Quebec, 1944 ('Octagon')", *The Journal of Military History*, Vol. 65, No. 1, 2001, p. 129.

第三章

二战后英国的海洋战略

在第二次世界大战中，无论是在大西洋战场还是在太平洋战场，无论是在水面还是在水底，无论是单独作战还是联合行动，英国对美国海军力量的依赖程度都在不断加深，这既体现出英国积极寻求美国支持以进行长期海上作战的战略思路，同时也深刻表明了英国海权的彻底衰落，反映出战后世界海上霸权由英国向美国转移为大势所趋。在这种趋势下，英国不是被动地让出海上霸主地位，而是主动寻求同美国合作，以构建战后英美海上特殊关系，为英国在战后继续保持海洋大国地位铺平道路。

第一节　追随美国：跨大西洋关系中的英国海洋战略

一　英国借助美国保持海洋大国地位的战略

（一）　二战的创伤与战后英国的海上收缩

第二次世界大战后，英国大战略的核心是尽力延缓相对衰落的势头，确保英国安全，并维持在世界范围内的影响力和地位，为此它采取了巩固英美特殊关系、缔结联盟条约和积极加入国际组织等多种方式。[1]　维护英国的海洋大国地位成为战后英国大战略的重要内容之一。

第二次世界大战对于英国而言是一场赢得胜利但输尽财富的战争。英国共动员了 620 万人参战，英军共有 39.8 万人阵亡、47.5 万人负伤，另有 6.5 万名平民在战争中丧生。[2]　这样的人力损失对于总人口不到 5000 万的英国而言，不可谓不惨重。战争对英国经济的重创更是让人触

---

①　Nick Childs, *Britain's Future Navy*, Barnsley：Pen & Sword Maritime, 2012, p. 19.

②　Colin S. Gray, *War, Peace and International Relations：An Introduction to Strategic History*, London：Routledge, 2012, p. 142.

目惊心。在二战中，英国 1/4 的资本、战前 2/3 的出口贸易，以及绝大多数海外投资都丧失殆尽。[①] 到二战结束的 1945 年，英国政府的财政赤字达到惊人的 21.31 亿英镑，另外背负长期债务 18.85 亿英镑，短期债务 5.57 亿英镑。[②] 英国的海外欠债总额已高达 33.55 亿英镑。[③] 英国在战争中共损失了 1100 万吨船只，其他财产损失更是不计其数。对日战争结束后，美国立即停止向英国提供租借物资，这直接导致英国出现严重的财政困难。[④] 1946 年，情况危急的英国不得不紧急向美国贷款 37.5 亿美元，这还不包括它在二战中拖欠美国的 120 亿美元债务，由此，英国成为美国最大的债务国。[⑤]

在第二次世界大战中，英国海军共损失了 1525 艘各型舰艇，总计超过 200 万吨，阵亡逾 5 万人。[⑥] 经过二战的洗礼，英国海军实力已经无法同美国相提并论。到 1945 年 8 月，虽然英国海军规模达到有史以来的顶峰，共拥有 1000 余艘战舰、近 3300 艘小型舰艇和 5500 艘登陆艇，[⑦] 但如此庞大的舰队在规模上仍然远不及美国海军。[⑧] 到 1945 年 8 月 31 日，美国海军现役官兵达 340.8 万人，海军陆战队兵力达到 48.5 万人，装备的各型舰艇数量达到 68936 艘，其中包括 23 艘战列舰、99 艘航母、72 艘巡洋舰、380 艘驱逐舰、360 艘护航驱逐舰及 235 艘潜艇。此外，美国

①　Paul Addison and Harriet Jones, eds., *A Companion to Contemporary Britain*, *1939-2000*, Malden: Blackwell, 2005, p. 7.

②　Stephen Broadlberry and Peter Howlett, "The United Kingdom: 'Victory at All Costs'", in Mark Harrison, ed., *The Economics of World War II: Six Great Powers in International Comparison*, Cambridge: Cambridge University Press, 2000, p. 51.

③　Stephen Broadlberry and Peter Howlett, "The United Kingdom: 'Victory at All Costs'", in Mark Harrison, ed., *The Economics of World War II: Six Great Powers in International Comparison*, Cambridge: Cambridge University Press, 2000, p. 53.

④　David French, *The British Way in Warfare*, *1688 - 2000*, London: Routledge, 2015, p. 212.

⑤　Michael Geyer and Adam Tooze, eds., *The Cambridge History of the Second World War*, Vol. III, Cambridge: Cambridge University Press, 2015, p. 53.

⑥　Eric J. Grove, *The Royal Navy since 1815: A New Short History*, Basingstoke: Palgrave Macmillan, 2005, p. 212.

⑦　Paul Kennedy, *The Rise and Fall of the Great Powers*, London: Unwin Hyman, 1988, p. 367.

⑧　Paul Addison and Harriet Jones, eds., *A Companion to Contemporary Britain*, *1939-2000*, Malden: Blackwell, 2005, p. 500.

海军还拥有 74032 架飞机。[1] 不仅如此，美国舰队的技战术水平都明显领先于英国。它在战争中创造了以航母为核心的特混舰队、"跳岛"作战和使用大型油轮进行海上补给等新的海军作战形式，并在太平洋作战中实现了建立海上浮动后勤补给基地的创举，积累了丰富的作战经验。

除迅速膨胀的海军实力外，美国强大的远洋运输能力也是反法西斯同盟取得战争胜利的关键。据统计，从 1941 年珍珠港事件爆发到 1945 年日本投降，美国航运力量共运送了 2.7 亿吨各种物资，运送了 713.0 万名陆军士兵赴海外作战，还搭载了 14.2 万名平民。战争结束后，美国还运送了 406.1 万名士兵和 17.0 万名平民回国。在战争中，美国战争机器长期支持美军自身以及英国、苏联、中国等盟国作战，并同时负担大西洋和太平洋两个战场的物资供应。[2] 这样的强度也只有美国才能承受得起，这种能力尤其体现在美国的海军作战和海洋运输上。

从战争资源投入的角度，我们也许更能深刻地认识到英美综合国力的差距。实际上，英国经济到 1943 年就已被动员到了极限，这种动员程度超过了任何一个交战国。到 1943 年，英国全部劳动力的 43% 都投入军队、民防和军火生产。即便如此，英国的工业生产能力仍然远不及美国。1942年，英美军火产量还基本持平。而到了 1944 年，美国军火产量就已经是英国的 6 倍之多，英国对美国租借物资的依赖程度不断加深。1941—1945 年，英国共从美国获得价值 270 亿美元的租借物资，而英国依据租借协定对美国的逆租借的价值不到美国租借物资的 1/4。由于英国造船厂的产能无法同时满足水面舰队和商船队的需要，美国造船厂的贡献就显得非常突出。例如，对于战争至关重要的登陆艇大多数由美国建造。同时，英国人力资源的劣势在战争中也暴露无遗。据统计，整个二战中英国及其帝国和自治领共动员了 103 个师，其中只有 49 个师是完全意义上的英国师。[3] 在整个二战中，印度为英军提供了近 250 万人，加拿大和澳大利亚出兵在 100

---

[1] George W. Baer, *One Hundred Years of Sea Power: The U. S. Navy, 1890-1990*, Stanford: Stanford University Press, 1993, pp. 182-183.

[2] Alex Roland, W. Jeffrey Bolster and Alexander Keyssar, *The Way of the Ship: America's Maritime History Reenvisioned, 1600-2000*, Hoboken: John Wiley & Sons, Inc., 2008, p. 307.

[3] David French, *The British Way in Warfare, 1688-2000*, London: Routledge, 2015, pp. 204-205.

万人左右，南非提供了约 41 万人，人口较少的新西兰也贡献了约 21.5 万人。除直接提供兵员外，英国的殖民帝国还动员了超过 50 万人为英军服务，他们大多数来自非洲。① 随着大英帝国在战后逐步走向解体，可以说，二战是英国最后一次体现其海洋帝国优越性，但也深刻暴露出一直以来英国海权的局限性和弱点。在失去了海洋霸权和殖民帝国之后，本土有限的人口、资源和发展空间决定了英国不再是一个一流强国。英国在二战中对其自治领和殖民帝国，尤其是美国的依赖显而易见。如果失去这两大后援，单凭英国本土的力量要打赢二战是不可想象的。在这种情况下，世界海洋霸权在二战中完成从英国向美国的转移毫无疑问是必然的。

战后初期英国恢复了庞大的殖民帝国，而要维持这个帝国势必需要保持庞大的海军力量，这也是英国国内的帝国主义者所强烈要求的。1947 年，英国仍然将保卫海上交通线作为仅次于保卫英国本土的优先任务。为此，英国海军希望在平时维持一支由 128 艘主要水面战斗舰艇组成的舰队，其中包括 3 艘战列舰和 4 艘航母。此外，这支舰队还有 29 艘潜艇和 500 架一线飞机。而战时英国海军规模则将扩充到超过 600 艘主战舰艇和逾 1000 架飞机。为此，英国海军要求在 10 年内获得 33 亿英镑的预算。这对于虚弱的英国经济而言显然是不可承受的。② 战后英国作为传统工业强国和海上强国的地位持续下降，尽管它为勉力维持其在亚洲和非洲过度扩张的海外帝国费尽心思，但其努力注定徒劳无功。③

由于战后英国首要考虑的是医治战争创伤、恢复经济和进行重建，因此大规模裁减军备势所必然，但冷战的兴起以及保卫帝国领地的需要又迫使英国在经济十分困难的情况下仍然要维持一支庞大的海军力量，同时承担相应的全球义务，这使得英国财政不堪重负。④ 在这种情况下，

---

① John Ferris and Evan Mawdsley, eds., *The Cambridge History of the Second World War*, Vol. I, Cambridge: Cambridge University Press, 2015, p. 563.

② Eric J. Grove, *The Royal Navy since 1815: A New Short History*, Basingstoke: Palgrave Macmillan, 2005, p. 216.

③ Kenneth J. Hagan, *This People's Navy: The Making of American Sea Power*, New York: Free Press, 1991, p. 337.

④ Jon Robb-Webb, *The British Pacific Fleet Experience and Legacy, 1944 - 50*, Farnham: Ashgate, 2013, pp. 138-139.

英国一方面尽可能地保持一支足够规模的全球舰队，另一方面则迫于经济压力而不断在全球收缩防线，英国海军开始从全球性海军逐渐转变为区域性海军，英国的海军战略重点也从全球部署转变为首先确保本土的安全，以及协同北约盟国保卫北大西洋海上交通线。1950年朝鲜战争爆发后，英国虽然也派遣海军参战，但这主要是从巩固战后英美特殊关系的政治考虑出发而做出的决定，在经济上英国并不情愿被卷入这场远东的军事冲突。事实上，战后初期英国海军在远东的存在更多是起到"展示旗帜"（showing the flag）的作用，以支持英国政府在远东的外交政策，推动英国对该地区的出口。正因如此，香港与其说是作为英国在远东的堡垒，不如说是充当西方同中国进行贸易往来的门户。同样，对于英国而言，马来亚作为连通澳大利亚和新西兰的交通枢纽，以及橡胶、锡的供应地远比其作为海军基地的意义更大。①

　　1956年英国在苏伊士运河危机中的失败暴露了英国海外干涉能力的严重衰退。苏伊士运河危机爆发前，英国海军主要着眼于同苏联进行一场全面战争，而兵力投射和两栖作战则被置于次要地位。1957年英国的防务报告吸取了苏伊士运河危机的教训，决心建设一支规模更小、专业化程度更高、更为机动灵活的海军，以应对欧洲地区可能爆发的有限冲突。在此之前，英国已经酝酿改革其国防战略，特别是海军战略。1956年7月20日，即苏伊士运河危机爆发前夕，英国海军向英国参谋长委员会提交了一份名为《海军的未来角色》（Future Role of the Navy）的报告。这份报告全面阐述了英国海军战略重点转型的思路，即减少准备应对全球战争的兵力投入，而将资源重新分配给冷战和有限冲突目标。为此，英国海军决定创建一支以航母和"突击母舰"（commando carrier）为中心的特混舰队，这支舰队将部署在新加坡，包括1艘巡洋舰和4艘驱逐舰，以支持海空干涉作战。② 然而，这一转型受制于冷战的需要实际上难以为继，欧洲防务仍处于优先地位。20世纪60、70年代，随着苏联海

① Jon Robb-Webb, *The British Pacific Fleet Experience and Legacy, 1944 – 50*, Farnham: Ashgate, 2013, pp. 163-164.

② Ian Speller, "The Royal Navy, Expeditionary Operations and the End of Empire", in Greg Kennedy, ed., *British Naval Strategy East of Suez, 1900 – 2000*, London: Routledge, 2015, pp. 179-180.

军的崛起，英国海军仍然需要对抗苏联的海上入侵威胁，以及保护大西洋海上交通线和在欧洲北部发动两栖作战。而英国在履行北约防务的"大陆义务"和维护其海外利益的"全球义务"之间的矛盾，因英国国力的持续衰弱和国防资源的减少而日趋尖锐。①

1968 年 1 月 16 日，英国宣布到 1971 年将关闭所有在苏伊士运河以东的英军基地，即从苏伊士运河以东地区全面撤军，从而收缩兵力巩固对欧洲的防卫。但英国又不甘心就此完全沦为一个地区性强国，它始终抱有强烈的全球性海洋帝国情结，而且仍致力于在重要地区保持军事存在以维护英国的战略利益。20 世纪 70 年代以后，尽管英国海军力量已经大大收缩且面临较大的财政压力，但英国仍然在海外保持必要的军事基地，以确保海军的快速反应能力和一定程度的全球影响力。冷战期间，除本土基地外，英国的海外基地主要有 9 处，其中包括地中海的直布罗陀、瓦莱塔、法马古斯塔等，远东的香港和森巴旺，以及印度洋的亚丁和迪戈加西亚岛等。英国也将保持在远东的军事存在，特别是部署有限的海军力量，这既是对澳大利亚、新西兰、马来亚、新加坡等前殖民地的安全承诺，更是巩固英美特殊关系的重要手段。1971 年建立的五国联防组织（Five Power Defence Arrangements，FPDA）就是这种思想的集中体现。② 1997 年香港回归中国后，五国联防组织成为英国在远东地区唯一的防务机制性安排。

战后新成立的英国国防部大大削减了海军的舰艇、飞机和基地，以将有限的资源优先提供给执行战略轰炸任务的英国空军，即首先发展空中核打击力量。1949 年后，在装备"三叉戟"（Trident）导弹的核潜艇承担起核打击任务之前，英国海军将主要精力放在了学习和借鉴美国海军在二战中的成功经验上，即集中力量发展以航母为中心、注重反潜和防空的特混舰队。英国运用在航母上的一些创新技术，例如倾角甲板、

---

① Geoffrey Till, "The Return to Globalism: The Royal Navy East of Suez, 1975–2003", in Greg Kennedy, ed., *British Naval Strategy East of Suez, 1900–2000*, London: Routledge, 2015, pp. 244–245.

② Geoffrey Till, "The Return to Globalism: The Royal Navy East of Suez, 1975–2003", in Greg Kennedy, ed., *British Naval Strategy East of Suez, 1900–2000*, London: Routledge, 2015, p. 251.

蒸汽弹射和映射着陆系统等，后来都被美国海军效仿。[①] 战后英国海军的航母主要发挥两方面的作用，一是保护航运免遭潜艇和飞机袭击，二是作为特混舰队的核心保护英国海上交通线免遭敌人水面舰艇的袭击，并切断敌人的航运，摧毁其基地。[②]

（二） 苏联的海上崛起与英国的困局

第二次世界大战后，英国不仅拱手将海上霸主地位让给美国，而且随着苏联在海上的强势崛起，英国海军在世界海军力量排行榜上很快退居第三位。1946 年，苏联制订了第一个十年海军发展规划，计划到 1955 年建成一支由 4 艘战列巡洋舰、30 艘轻型巡洋舰、188 艘驱逐舰、177 艘护卫舰和 367 艘潜艇组成的全新舰队。[③] 这一造舰方案虽然在技术上并不先进，很多也属于二战前的传统设计，其指导思想仍然是斯大林（Joseph V. Stalin）所热衷的以战列舰为中心的 "大舰巨炮主义"，而并非顺应了以航母为中心的海军发展潮流，[④] 但这一造舰方案的规模相当惊人，体现了苏联欲在海上同英美争锋的决心。然而，受制于在二战中遭受重创的造船工业和斯大林去世后不稳定的国内政局，苏联这一雄心勃勃的造舰计划最终落空。

尽管如此，二战后苏联海上力量的迅猛增长却是不争的事实，它在世界海洋产业中所占的份额和比重远远超过了历史上沙皇俄国曾占据的地位。1950 年，苏联商船队仅有 432 艘大型商船，共计 180 万载重吨，居世界第 21 位。到 60 年代，苏联商船队的规模就已扩大到 1442 艘，共计 1200 万载重吨，居世界第 5 位。同一时期，苏联渔船队吨位已是美国的 11 倍，居世界首位，并且这些渔船都是新建的现代化船只。苏联渔业产量也从 1957 年的 253 万公吨增加到 1967 年的 777 万公吨，占世界总产量的 9.4%，仅次

① Clark G. Reynolds, *Command of the Sea： The History and Strategy of Maritime Empires*, Morrow, 1974, p. 618.

② Jon Robb-Webb, *The British Pacific Fleet Experience and Legacy, 1944－50*, Farnham： Ashgate, 2013, p. 250.

③ Evan Mawdsley, "The Russian Navy in the Gorshkov Era", in Phillips Payson O'Brien, ed., *Technology and Naval Combat in the Twentieth Century and Beyond*, London： Frank Cass, 2001, p. 165.

④ Jurgen Rohwer and Mikhail S. Monakov, *Stalin's Ocean-Going Fleet： Soviet Naval Strategy and Shipbuilding Programmes, 1935－1953*, London： Frank Cass, 2001, p. 187.

于秘鲁和日本。而同期美国渔业产量只占世界总产量的 4.5%。在 25 个接受苏联军事援助的国家当中，有 13 个接受了苏联的海洋援助，苏联向这些国家提供了包括导弹巡逻艇和潜艇在内的 300 多艘各型船只。① 在海洋学领域，苏联也对西方国家急起直追。到 20 世纪 60 年代末，苏联已经拥有超过 150 艘海洋调查船和科考船。苏联开展海洋学研究的目的主要有五个，即支持苏联海军行动、有效转化基础研究成果以促进经济发展、获得全世界对苏联科学成就的敬意、扩大苏联在国际科学界的影响力、通过国际海洋学研究合作来扩大苏联的政治影响力。②

1956 年，黑海舰队司令戈尔什科夫（Admiral Sergey Georgiyevich Gorschkov）成为苏联海军总司令，随后苏联海军的发展进入了快车道。在戈尔什科夫的领导下，这一时期苏联海军尽力排除了赫鲁晓夫（Nikita Khrushchev）过分迷信导弹而轻视水面舰艇作用思想的干扰，在大力发展潜艇力量的同时也稳步推进以巡洋舰为核心的水面舰队建设。③ 1959 年，苏联第一艘核潜艇服役。核潜艇成为苏联海军建设的重点，它很快在水下力量方面占据了对英美的显著优势。苏联海军是一支以战略核力量为核心的舰队，它同时也肩负着保卫苏联海岸线、拓展苏联国家威望和国际影响力的任务。④ 1962 年古巴导弹危机后，大受刺激的苏联进一步加快了海军建设的步伐，苏联海军的规模迅速壮大，技术水平也显著提高。据美国估算，到 20 世纪 60 年代末，苏联海军的水面舰队已有 2 艘直升机航母、20—24 艘巡洋舰、110—120 艘驱逐舰和护卫舰、92 艘远洋护航舰、150 艘导弹巡逻艇、约 400 艘快速巡逻艇、270 艘海岸护航舰、250 艘以上的登陆舰艇，以及大批扫雷艇和辅助舰艇。而在水下，苏联的优势则更为明显。美方估计，苏联有 350—385 艘潜艇，是美国潜艇数量的 2 倍。其中有超过 100 艘潜艇装备导弹，而其中 40 艘可发射 3 枚

---

① The Center for Strategic and International Studies, *Soviet Sea Power*, New York: Dunellen Publishing Company, Inc., 1969, pp. 5-7, 95.

② The Center for Strategic and International Studies, *Soviet Sea Power*, New York: Dunellen Publishing Company, Inc., 1969, p. 99.

③ 〔英〕戴维·费尔霍尔:《俄国觊觎海洋:对苏联海上力量扩张的研究》，上海市"五七"干校六连翻译组译，上海人民出版社，1974 年，第 196 页。

④ Evan Mawdsley, "The Russian Navy in the Gorschkov Era", in Phillips Payson O'Brien, ed., *Technology and Naval Combat in the Twentieth Century and Beyond*, London: Frank Cass, 2001, p. 178.

弹道导弹，另外 60 艘潜艇则装备了 2—8 枚空气动力巡航导弹。[①] 如表 3—1 所示，到 20 世纪 70 年代，规模大大萎缩的英国海军已经完全无法同美苏海军相提并论。

表 3—1　美国、苏联和英国海军的构成（1970—1971 年）

单位：艘

	美国	苏联	英国
大型航空母舰	33	0	2
轻型航空母舰	0	0	2
护航航空母舰、直升机航母和登陆袭击队运输船	7	2	2
指挥舰	9	0	0
核动力潜艇	93	75	8
常规动力潜艇	64	320	33
巡洋舰	32	25	3
大型驱逐舰和护卫舰	33	0	8
驱逐舰	295	100	11
护航驱逐舰和护航舰	229	100	68
巡逻艇和猎潜艇	0	275	0
摩托鱼雷艇、导弹艇、快速巡逻艇	37	425	4
舰队快速布雷舰艇、布雷供应船	13	1	1
沿岸布雷舰艇	0	0	5
大洋和舰队扫雷艇	91	170	0
沿岸扫雷艇和水雷搜索艇	20	130	66
近海扫雷艇	43	0	22
内河炮艇、摩托艇和摩托巡逻艇	400	120	4
登陆舰	115	100	2
登陆艇	100	130	26
布网舰艇和布栅船	4	18	20
保养和修理船	70	50	8

①　The Center for Strategic and International Studies, *Soviet Sea Power*, New York: Dunellen Publishing Company, Inc., 1969, pp. 31-37.

续表

	美国	苏联	英国
运输船	40	25	0
补给船	120	125	11
油船	75	50	38
训练船	2	20	4
拖船	250	140	20
勘测船	26	55	1
杂类船舶	440	450	185

资料来源：〔美〕唐纳德·W. 米切尔：《俄国与苏联海上力量史》，朱协译，商务印书馆，1983 年，第 532 页。

进入 70 年代后，英国经济的相对落后情况更为明显。据统计，1970年英国制造业产量占欧洲 12 个工业国总产量的 16.8%，已经落后于法国的 20.5% 和联邦德国的 39.2%，仅领先于意大利的 14.7%。而到了 1977年，英国所占的比例进一步下降到 14.8%，意大利则上升到 15.5%，同期法国和联邦德国所占的比例分别为 23.5% 和 37.6%。到 1985 年，英国工业的落后局面进一步加剧。[1]

经济上的困窘导致了英国海军实力的持续衰退。根据英国国际战略研究中心的统计数据，到 1977—1978 年，英国海军同苏联海军的差距进一步拉大。英苏两国在战略核潜艇数量上的对比是 4∶82，主要水面舰艇数量对比是 75∶230，其他潜艇数量对比为 27∶234，海军兵力对比为7.7∶45。[2] 到 20 世纪 80 年代，苏联海军已经拥有 95 艘核潜艇、313 艘柴电潜艇、1 艘航母、2 艘直升机航母、12 艘导弹巡洋舰、15 艘火炮巡洋舰、32 艘导弹驱逐舰、66 艘火炮驱逐舰、130 艘护卫舰、258 艘护航舰和大量的小型舰艇。同一时期，英国海军则只有 1 艘航母、2 艘直升机航母、4 艘装备"北极星"（Polaris）潜射弹道导弹的战略核潜艇、8艘其他型号的核潜艇、23 艘柴电潜艇、2 艘两栖攻击舰、2 艘巡洋舰、

---

① David Reynolds, *Britannia Overruled: British Policy and World Power in the Twentieth Century*, London: Routledge, 2013, p. 258.

② James Cable, *Britain's Naval Future*, London: Macmillan, 1983, p. 19.

10 艘驱逐舰和 64 艘护卫舰。此外，未来英国舰队的规模还将进一步缩减。[①]

　　苏联海军的巨大优势，特别是在潜艇上的压倒性优势让英国海军忧心忡忡，两次世界大战时德国潜艇带来的梦魇可能在冷战时期再次上演。正如英国学者戴维·费尔霍尔（David Fairhall）所言，"在英国，那些还记得德国潜水艇在第二次世界大战时几乎使我们饿死的人，对于苏联潜水艇的数目特别感到不安……如果把当年德国潜水艇的威胁同今天俄国潜水艇的威胁做一比较，我们必须考虑到的因素是，核潜艇有着更大的效能，俄国的柴油机潜艇从摩尔曼斯克驶出来航程过远以及海面上可以给予火力援助等等"。[②] 1957 年的英国国防白皮书也强调，苏联庞大的远洋潜艇舰队对英国及其盟国安全构成了严重威胁。[③] 因此，1971 年英国完成从苏伊士运河以东撤军后，英国海军不仅在防务范围上从全球收缩到以欧洲和大西洋为主，在防务责任上也将应对苏联潜艇威胁的反潜作战作为自己的主要任务。[④]

（三）英美海上主导权转移与海洋合作

　　英美海上主导权转移的历史进程开启于第二次世界大战时期，到二战结束后逐步完成。二战结束后，英国无力保持它在全球范围内的众多海外领地和海军基地，因此主动邀请美国介入，希望借助美国海军的影响力以遏制苏联的扩张势头。在地中海，以希腊、土耳其、意大利等可能被苏联颠覆的"自由主义桥头堡"的命运为例，日益衰落的英国海军无法再承担对这一地区的防务，美国"密苏里"号战列舰的威慑性远航就成了最好的替代方案。在太平洋上，英国主动从诸多具有战略价值的岛屿和海空军基地撤离，而能填补这一真空的显然只有美国海军。"英国完全破产了，迅速丧失了对帝国系统的控制权，而这个帝国曾支撑了一

---

① Paul M. Kennedy, *The Rise and Fall of British Naval Mastery*, London：Macmillan，1983，p. 333.

② 〔英〕戴维·费尔霍尔：《俄国觊觎海洋：对苏联海上力量扩张的研究》，上海市"五七"干校六连翻译组译，上海人民出版社，1974 年，第 210—211 页。

③ "Cabinet Statement on Defence, 1957. Note by the Minister of Defence，March 15，1957"，CAB 129-86-c-57-69-19.

④ Duncan Redford and Philip D. Grove, *The Royal Navy：A History since 1900*, London：I. B. Tauris & Co. Ltd，2014，p. 257.

支大洋海军并对它的存在提供了正当的理由。英国人接受了美国将成为头号海军强国的新现实，因为英国资金匮乏，无法同美国竞争；并且美国不仅不会威胁英国的生存，反而承担起确保海上贸易通道安全的关键责任，而这种责任原本是英国海军存在的主要理由。"① 同时，战后重建也需要将大量集中在英国海军的人力和物力释放到民用工业部门之中，特别是要让懂技术的年轻一代精英回归生产队伍。同时，美国在海上的强势崛起也使其能分担英国的全球责任，包括通过长期、大规模的前沿兵力部署来在全球范围内执行警察任务，以保卫国际秩序等。②

此时的美国已经不可能再回到孤立主义的老路上去，在二战中释放出来的巨大能量也让美国人相信，他们不用再退回到北美大陆的原野中去躲避来自欧洲的纷争，巨大的实力足以保证美国获得前所未有的安全感。另外，重新洗牌的世界格局需要新的领导者，而英国的积极呼应也使早就跃跃欲试充当世界海上霸主的美国很快就完成了由海权的觊觎者成为新的世界海权领导者的心理转变。"美国海军希望吞并太平洋上有战略意义的岛屿……海军还决定派一支舰队到地中海去，同时保持大战期间在大西洋岛屿上设立的大部分基地"，美国海军"完全是在模仿拿破仑战争以后英国海军所推行的政策，而且也出于类似的动机"。不仅在海军力量方面，在地缘政治方面，美国也成为新的"世界岛屿"，它占据了主宰全球局势的最佳位置，几乎可以被看作数百年来英国作为海岛国家地位扩大化的产物。③

除时势使然外，英美海洋合作也颇有历史渊源。19 世纪下半叶以来，关于建立"英美海洋联盟"甚至是"英美联盟"的声音在英美海军界不绝于耳。19 世纪 70 年代，一些美国军官建议美国海军加入英国阵营共同打击德国。80 年代，建立"盎格鲁-撒克逊种族同盟"的话题在美国海军界颇受欢迎。90 年代，关于英美成立联合舰队的构想被越来越多的人所提

---

① 〔英〕安德鲁·兰伯特：《海权与英美特殊关系 200 年（1782—2012）——对一个和平转移海权案例的研究》，载王缉思主编《中国国际战略评论 2013》，世界知识出版社，2013 年，第 345 页。

② Duncan Redford and Philip D. Grove, *The Royal Navy: A History since 1900*, London: I. B. Tauris & Co. Ltd, 2014, p. 223.

③ 〔美〕威廉·哈代·麦克尼尔：《美国、英国和俄国：它们的合作和冲突（1941—1946 年）》下册，叶佐译，上海译文出版社，1978 年，第 1159—1160 页。

起。例如，英国海军上将、著名海军历史学家菲利普·科洛姆就向马汉提出英美合作，共同管理世界。科洛姆、马汉和英国海军上将贝雷斯福德勋爵（Lord Charles Beresford）等英美两国海军高层人士都曾在《北美评论》上撰文，主张建立英美"海军联盟"和"帝国联邦"等。1899 年萨摩亚危机解除后，美国海军少将考茨（Rear Admiral Albert Coontz）还曾撰写了名为《英美联盟》的评论文章，主张建立"地球上两个最大的讲英语的国家的联合"。1914 年 10 月出版的《海军》杂志推出了一期题为"盎格鲁-撒克逊海军至上"的特刊，以寻求两国海军的共同点。①

二战结束后不久，英国在苏联的威胁已经开始出现的背景下，成立了哈伍德委员会（The Harwood Committee）来分析未来十年英国的国防需求。委员会得出的结论是，英国应将国防战略的重点放在技术研发而不是维持一支庞大的常备军上。英国军队总兵力不应超过 60 万人，海军将被置于优先地位，但它将主要致力于维护英国在传统利益区域，特别是大西洋和地中海的利益。而远东的海上防务将主要由美国负责，波斯湾由英美共同维护其安全，印度洋则将留给英联邦海军力量负责。②

由此可见，尽管二战后初期英国仍然谋求维持其殖民帝国和全球影响力，但它将恢复经济放在优先地位，承认自己已经失去了昔日的海上霸主地位。不过，冷战的开始和朝鲜战争的爆发，使得英国又不得不在经济困难的情况下勉力维持一支庞大的海军，以体现英国的大国地位和对美国的特殊价值。英国计划在 1951—1953 年投入 47 亿英镑进行重新武装，国防预算占 GDP 的比例从 1949—1950 年的 5.8%上升到 1952—1953 年的 8.7%，这一比例甚至比二战前夕的 1938—1939 年还要高。③1952—1953 年，英国海军在重新武装的浪潮下达到了它在二战结束后的实力顶峰，它共拥有 123 艘主要战斗舰艇，包括 5 艘航母、12 艘巡洋舰、

---

①　〔美〕彼得·卡斯滕：《海军贵族——安纳波利斯的黄金时期及现代美国海军至上主义的出现》，王培译，海潮出版社，2011 年，第 118—121 页。

②　Duncan Redford and Philip D. Grove, *The Royal Navy*: *A History since 1900*, London: I. B. Tauris & Co. Ltd, 2014, pp. 223—224.

③　Philip Murphy, "Britain as a Global Power in the Twentieth Century", in Andrew Thompson, ed., *Britain's Experience of Empire in the Twentieth Century*, Oxford: Oxford University Press, 2012, p. 55.

67 艘驱逐舰和护卫舰以及 39 艘潜艇。① 在朝鲜战争爆发、冷战深入推进、英国成为有核国家的多重背景下，1952 年出台的英国《防务政策与全球战略》（*Defence Policy and Global Strategy*）报告，将可负担的长期威慑作为英国国防战略的中心指导思想，而不是一味寻求重整军备以准备同苏联进行第三次世界大战。根据这一思想，英国海军认为，在未来的对苏战争开始阶段，苏联的潜艇、水面舰艇和水雷对英国海上交通线的威胁同其核武器一样危险。因此，到 1954 年，英国仍规划建立一支以 14 艘航母为核心的未来海军。② 1955 年，在英国第一海务大臣麦格里戈（Admiral Sir Rhoderick McGrigor）主持下，英国海军计划在同苏联的战争爆发后，在 90 天内动员一支由 1 艘战列舰、5 艘航母（搭载 280 架飞机）、14 艘巡洋舰、163 艘驱逐舰和护卫舰、263 艘扫雷舰、39 艘潜艇和 3 艘快速布雷舰组成的舰队。这一计划满足并超出了英国对北约承诺的防务贡献。北约要求英国海军在战时提供 1 艘航母、4 艘巡洋舰、113 艘驱逐舰和护卫舰、104 艘扫雷舰。③

　　然而，受制于战后迅速衰退的国力和战略定位，英国海军的这一规划显然是不切实际的。不过，受益于二战中太平洋作战的经验，英国海军装备的更新换代速度比美国海军更快，整体的现代化程度一度也超过规模过于庞大的美国海军。英国海军还一改以往对新军事革命相对保守、迟暮的作风，较为迅速地完成了作战思想的革新，它牢牢确立了以航母为中心的战术原则，到 1960 年已退役全部战列舰。此外，英国还大力发展核潜艇。1963 年，装备美国核反应堆的英国第一艘核潜艇"无畏"号（HMS *Dreadnought*）进入英国海军服役。④

---

① Eric Grove, "The Royal Navy, 1945-90", in Phillips Payson O'Brien, ed., *Technology and Naval Combat in the Twentieth Century and Beyond*, London: Frank Cass, 2001, p. 185.

② Richard Hill, "British Naval Thinking in the Nuclear Age", in Geoffrey Till, ed., *The Development of British Naval Thinking: Essays in Memory of Bryan Ranft*, London: Routledge, 2006, p. 174.

③ Eric J. Grove, *The Royal Navy since 1815: A New Short History*, Basingstoke: Palgrave Macmillan, 2005, pp. 221-222.

④ Eric Grove, "The Royal Navy, 1945-90", in Phillips Payson O'Brien, ed., *Technology and Naval Combat in the Twentieth Century and Beyond*, London: Frank Cass, 2001, pp. 189-190.

随着冷战的爆发，到1949年，苏联已被英国认定为对其国家安全的最大威胁，英国的国防战略被确定为应对一场西方国家同苏联的全面战争，具体为3大战略目标：（1）保卫英国本土，确保其成为西方对苏联发起反击的基地；（2）牢牢控制中东，使西方盟国可以从这一地区对苏联发起进攻；（3）确保海上交通线的安全通畅，从而能动员整个英帝国的资源加入战争并实现前两个战略目标。英国海军的作用则主要是掌握制海权，同陆军和空军合作，确保"进可攻，退可守"。①

到1964年，英国海军在舰艇数量上已被苏联海军超过，但它仍然是除美国海军外唯一可以全球到达、拥有众多海外基地、具备强大两栖作战和航母打击能力的海上力量，这些都是兵力投射能力的标志。而苏联海军仍然主要是一支近海海军。② 由于应对来自苏联的威胁成为英美的共同利益，而北约成为英美海军合作的最佳平台，因此随着东西方冷战的加剧，英国海军开始在北约体系内积极追随美国海军。

1968年，英国决定从苏伊士运河以东地区撤军，英国的国防战略逐步从全球转为以本土和北大西洋海域为主，即英国军力主要服务于北约军事体系，而不会保留特定的军事干预能力。③ 英国海军也随之从一支全球型海军逐步收缩为集中在大西洋和地中海水域的区域型海军，但仍然在海外保持了有限的存在，维持了一定程度的全球影响力。不过，到20世纪70年代，英国海上力量的投射范围基本上限于欧洲和北大西洋海域，触及地中海和远东。在这种情况下，英国更加依赖于北约体系内的集体海上安全合作。在北约海军中，英国海军主要负责在东大西洋海域的巡逻任务，以确保战时美国援军能够安全抵达欧洲。1980年颁布的英国《防御评估声明》（*Statement on Defence Estimates*）所设计的英国海军是一个主要由水面舰艇组成、重点执行反潜任务的舰队，具体包括4艘搭载"北极星"潜射弹道导弹的战略核潜艇、超过25艘的核动力和常规动力潜艇、6艘反潜航母和两栖攻击舰、65艘驱逐舰和护卫舰、4个

---

① Jon Robb-Webb, *The British Pacific Fleet Experience and Legacy*, *1944 - 50*, Farnham: Ashgate, 2013, p. 197.

② Edward Hampshire, *From East of Suez to the Eastern Atlantic*: *British Naval Policy*, *1964 - 70*, Farnham: Ashgate, 2013, p. 2.

③ Ian Speller, "Amphibious Operations, 1945-1998", in Richard Harding, ed., *The Royal Navy*, *1930 - 2000*, London: Routledge, 2012, p. 220.

"海王"反潜直升机中队，以及30艘支援舰艇。[①] 1981年的《国防评估报告》和1982年的《防御评估声明》再次强调了英国海军针对苏联潜艇威胁加强反潜能力建设的重要性和主导地位。[②] 可以说，冷战时期英国海洋战略的核心内容就是在北约框架内负责维护西北欧的海上通道安全，并主要以海基核威慑的方式拱卫英伦三岛。

在未来的对苏战争中，英国海军的主要任务是为增援的美国主力舰队提供反潜护航，[③] 具体如下：（1）监视苏联北方舰队和波罗的海舰队的水面舰艇和潜艇的活动；（2）向处于对抗苏联的北方前线的挪威和丹麦提供增援；（3）在北约打击舰队中承担反潜任务；（4）为横跨大西洋的援兵和补给线航路进行直接或间接的护航。为完成这4大任务，英国海军同美国海军之间有效的合作至关重要。[④] 一般认为，英国海军在水雷战、快速巡逻艇和常规潜艇等方面优于美国海军，这种优势可以有效弥补美国海军在这些领域的不足。[⑤]

不仅在常规力量领域合作密切，英美还不断加强核合作。1952年，英国在澳大利亚的蒙特贝洛岛附近成功进行了第一次原子弹爆炸试验，正式成为有核国家。1957年，英国爆炸了第一颗氢弹。1959年，英国海军航母舰载机装备了英国首枚战术核武器，即"红胡须"（Red Beard）核弹。尽管英国空军轰炸机最早搭载了英国核武器，但英美核合作的主要内容是围绕战略核潜艇和潜射核导弹展开的。英国第一艘核潜艇"无畏"号使用了从美国引进的核反应堆，英国早期的热核弹头"红雪"（Red Snow）就是仿制的美国W-28型核弹头。1967年，英国首批"决

---

① Alastair Flinlan, *The Royal Navy in the Falklands Conflicts and the Gulf War*, London: Frank Cass, 2004, pp. 40-41.

② Alastair Flinlan, *The Royal Navy in the Falklands Conflicts and the Gulf War*, London: Frank Cass, 2004, pp. 50-51.

③ J. R. Hill, "The Realities of Medium Power, 1946 to the Present", in J. R. Hill and Bryan Ranft, eds., *The Oxford Illustrated History of Royal Navy*, Oxford: Oxford University Press, 1995, p. 391.

④ Geoffrey Till, "The Return to Globalism: The Royal Navy East of Suez, 1975-2003", in Greg Kennedy, ed., *British Naval Strategy East of Suez, 1900-2000*, London: Routledge, 2015, p. 253.

⑤ Edward Hampshire, *From East of Suez to the Eastern Atlantic: British Naval Policy, 1964-70*, Farnham: Ashgate, 2013, p. 187.

心"级战略核潜艇服役,1969 年开始装备美国"北极星"潜射弹道导弹。此后,英国战略核潜艇又换装了更为先进的美制"三叉戟"潜射弹道导弹。迄今为止,英国基本上沿用了冷战时期形成的英国建造核潜艇平台和自制核弹头,由美国提供潜射弹道导弹的模式。英国在核技术方面相当依赖美国,并且在使用核武器方面赋予美国一定的指挥权。到 20世纪 80 年代撒切尔政府时,英国确定其国防战略的优先次序依次为核威慑、保卫英国本土、为欧陆盟国提供陆空支援以及保持英国在大西洋的海洋存在。①

英国海基核武器成形后,逐步取代了空军的战略轰炸机成为英国战略核力量的主体。1998 年,英国空军搭载的 WE-117 核炸弹全部退出现役,英国不再拥有空基核武器,全部战略核力量完全由英国海军的战略核潜艇组成。目前,英国战略核潜艇的母港设在苏格兰的法斯兰海军基地,而潜射导弹和核弹头则存放在靠近格拉斯哥的卡尔波特海军基地。此外,英国还计划建造新一代战略核潜艇,以取代 1993 年开始服役的"前卫"级战略核潜艇。而在美国新一代"哥伦比亚"级战略核潜艇项目中,英国也参与了前期的核潜艇通用导弹舱的研发工作。

美国主导的北约体系是一个建立在海权基础上的集体安全制度,它在对抗苏联这个欧洲最大的大陆霸权国时往往借鉴了英国通过海军力量主导欧洲均势的历史经验。② 以欧洲为中心的对苏战争不会是一场纯粹意义上的大陆战争,美国的介入就代表了大西洋世界的海洋力量对战争的影响,而西方阵营在苏联强大的陆上优势面前要想反败为胜,也首先必须确保制海权,然后再从欧洲边缘地区登陆,逐步展开对苏联的反击。因此,维持均势是英美海洋战略的重要表现,也是英美海洋价值观的延伸。作为两个世界上最大的海洋国家,英美不能接受由大陆强国统治欧洲,进而威胁海洋安全和自由贸易。英美在第二次世界大战中合作挫败了德国统治欧洲的企图,在 1945 年后通过建立特殊关系来共同应对苏

---

① Eric Grove, "The Royal Navy, 1945-90", in Phillips Payson O'Brien, ed., *Technology and Naval Combat in the Twentieth Century and Beyond*, London: Frank Cass, 2001, p. 197.

② Colin S. Gray, *The Navy in the Post-Cold War World: The Uses and Value of Strategic Sea Power*, Philadelphia: The Pennsylvania State University Press, 1994, p. 50.

联的威胁，都是基于对保持欧洲乃至世界均势重要性的共识，这也成为英美特殊关系的政治基础。① 而英国作为"天生的大西洋主义者"（instinctive Atlanticism），② 更是在历史、文化和情感上力促英美不断深化以海洋舞台为中心的全面战略合作。

伦敦国王学院科贝特海洋政策研究中心主任、当代英国海洋问题专家杰弗里·蒂尔（Geoffrey Till）将现代海军的使命归结为核威慑与弹道导弹防御、掌握制海权、精确定义海洋国家的概念、构建海洋秩序、促进海洋合作五个方面。他强调，现代海军应该在捍卫国家海洋安全和促进海洋经济发展两个层面上都发挥"引擎"的作用。③ 这些使命在英国海军身上体现得最为明显，它们也构成了英美海军合作的核心方面。从某种意义上说，二战结束后英国海洋战略文化的影响就是通过美国这样一个新崛起的海洋霸主得以体现的，在战后美国使用海军力量的具体行动中都依稀可见英国海洋战略理论、实践经验和传统文化的影子。换言之，英国不仅要借助美国力量继续保持海洋大国地位，也将通过美国海军传播英国的海洋战略文化，从而扩大英国在全球海洋政治中的影响力。④

二　英美特殊关系与北约中的英国海军

作为英美特殊关系的重要表现，英国积极在北约集体防务体系中发挥重要作用，特别是在海上防务方面扮演美国的主要盟友和助手角色。冷战时期，美国在 1986 年颁布的《海洋战略》（Maritime Strategy）中详细论述了西方联盟海军在对苏联的战争中的主要职责和部署安排。这份文件的中心思想是，在同苏联的全面战争爆发后，美国及其盟国的海军力量要在第一时间发起进攻行动，并且将战争纳入西方的轨道，

---

① Steven E. Goldman, "Revitalizing the Special Relationship: The Logic of an Anglo-American alliance in a post-NATO Europe", *World Affairs*, Vol. 158, No. 2 (Fall 1995), pp. 84–85.

② Mark Smith, "Britain: Balancing 'Instinctive Atlanticism'", *Contemporary Security Policy*, Vol. 26, No. 3 (December 2005), pp. 448–450.

③ Geoffrey Till, *Seapower: A Guide for the Twenty-First Century*, New York: Routledge, 2009, pp. 14–17.

④ John B. Hattendorf and Robert S. Jordan, eds., *Maritime Strategy and the Balance of Power: Britain and America in the Twentieth Century*, London: Macmillan, 1989, p. 350.

即同苏联打一场持久的、全球性的常规战争，随后再利用美国在地理位置、政治、军事和经济上的全面优势彻底击败苏联。① 由于英国的战略利益与美国一致，英国在冷战中的大战略同美国的对苏战略是相辅相成的，因此英国在冷战中的海军战略也基本上服从服务于美国的对苏战略安排，英国海军是北约常设大西洋舰队（Standing Naval Forces Atlantic）和常设地中海舰队（Standing Naval Forces Mediterranean）的重要组成力量。

第二次世界大战后，英国海军作为北约联合海军力量的一部分，主要针对苏联庞大的核潜艇部队，执行反潜护航任务，确保战时开赴欧洲大陆增援的美军的安全，而争夺制海权和制空权的任务则主要交给美国海军。著名的美国国家安全委员会第 68 号文件（NSC-68）确定了美国针对苏联的全面遏制战略。该文件指出，如果西方同苏联的全面战争在 1950 年爆发，苏联将可能采取以下军事行动：

　　　　a. 侵占西欧，但可能不包括伊比利亚和斯堪的纳维亚半岛；向原油产地近东和中东开进；巩固共产主义在远东的既得利益；

　　　　b. 对英伦三岛发动空袭，在空中和海上对西方国家在大西洋和太平洋的交通线实施打击；

　　　　c. 对经过选择的目标实施核打击，现在这种打击的目标可能包括阿拉斯加、加拿大、美国等地。此外，这种核打击在苏联可能采取的其他行动的配合下，将会剥夺英国作为有效的联盟军事力量行动基地的功用。对苏联而言，它还应有能力阻止任何类似"诺曼底"的、意在强行重新进入欧洲大陆的两栖联合行动。

　　　　在苏联完成战争的发起阶段，并巩固了对西欧的控制之后，它可能同时进行以下行动：

　　　　a. 对大不列颠岛实施全方位空袭和有限的海上攻击；

　　　　b. 入侵伊比利亚和斯堪的纳维亚半岛；

　　　　c. 在近东和远东采取进一步的行动，继续进行对北美大陆的空

---

① 　George W. Baer, *One Hundred Years of Sea Power: The U. S. Navy, 1890-1990*, Stanford: Stanford University Press, 1993, p. 429.

中打击，和对大西洋、太平洋交通线的空中和海上攻击；

　　d. 在其他地区进行牵制性的军事进攻。①

　　在美国的海洋战略构想中，未来同苏联的全球性核战争将分 3 个阶段展开。一是"战备威慑"（deterrence or the transition to war）阶段。美国及其盟国的海军和海军陆战队必须进行预先部署，包括集结多国航母战斗群及两栖作战部队等，特别是重点部署反潜力量，迫使苏联潜艇后撤到防御位置。二是"夺取主动权"（seizing the initiative）阶段。美国及其盟国在这一阶段的主要目标是迅速掌握重点海域的制海权，盟国反潜力量将针对包括战略核潜艇在内的苏联潜艇部队采取攻击行动。盟国航母战斗群将扼守挪威海、东地中海和太平洋等地通往苏联的海上要道。三是"将战争引向敌人领土"（carrying the fight to the enemy）阶段。在这一阶段，美国及其盟国在掌握了绝对的制海权后，将使用舰载机和两栖作战部队对苏联岸上目标发起进攻，特别是打击位于苏联本土的海军基地及其支持体系。根据美国的构想，针对苏联潜艇的反潜作战必须充分发挥北约盟国的集体力量，特别是在波罗的海和黑海的海上行动将几乎完全由盟国海军负责。在地中海和挪威海的反潜作战，以及全球范围内的海上控制和护航行动中，盟国海军的贡献将是十分关键的。② 其中，英国海军将作为美国海军最重要的伙伴发挥主要作用，尤其在反潜方面将是不可替代的。

　　根据英国的构想，在对抗苏联海军的北约联合行动中，英国海军主要承担如下任务：第一，防止苏联的核武器对欧洲和英国本土实施攻击，并在北约的统一部署下对敌领土内的战略目标实施攻击；第二，夺取和保持在北海和大西洋北部海域的制海权，必要时使用战术核武器摧毁敌海上作战编队；第三，支援濒海方向的英国陆军实施登陆作战并在欧洲北部战区实施联合登陆作战；第四，确保英国与其他盟国之间海上通道的安全畅通，尤其是控制英吉利海峡，确保北海 200 海里内海上石油资

---

①　周建明、王成至主编《美国国家安全战略解密文献选编（1945—1972）》第一册，社会科学文献出版社，2010 年，第 64—65 页。

②　Linton F. Brooks，"Naval Power and National Security：The Case for the Maritime Strategy"，*International Security*，Vol. 11，No. 2（Autumn 1986），pp. 65-66.

源的开采和利用。① 英国认识到，英国海军对北约北部格陵兰—冰岛—挪威一线海上防御线的贡献至关重要，它不仅关系到英国对本土的前沿防御，也在很大程度上决定了北约能否在德国等中欧地区的陆上对峙一线阻挡苏联的钢铁洪流。换言之，北约的海上防御体系与陆上防御体系是唇亡齿寒的相互依存关系。②

另外，英国海军在英国战略核力量的投送方面也占据了重要地位。到 1988 年，英国共有 373 枚核弹头，其中 128 枚核弹头由 4 艘 "决心" 级战略核潜艇配备的 "北极星" 潜射弹道导弹搭载。③ 英国海军还有 168 件战术核武器，其中 134 件为执行反潜任务需要的深水炸弹，34 件为执行对地攻击任务或攻击水面舰艇的重力炸弹。这 168 件战术核武器配备在英国海军的 3 艘航母、12 艘驱逐舰和 8 艘护卫舰上。④

如表 3—2 所示，到 1991 年苏联解体前，英国和法国已经成为西方联盟中无可置疑的仅次于美国的两个海军强国，而英国作为美国最重要的海上盟友的地位得到进一步巩固。

表 3—2　世界主要海军强国实力对比

舰艇种类	国家			
	苏联	美国	英国	法国
弹道导弹核潜艇	58	33	4	6
多用途核潜艇	113	107	15	5
常规动力潜艇	114	—	10	13
潜艇	285	140	29	24
航空母舰	5	16	3	2
巡洋舰	33	37	—	1

① 张炜主编《国家海上安全》，海潮出版社，2008 年，第 228—229 页。

② Admiral Sir William Staveley, "An Overview of British Defence Policy in the North", in Geoffrey Till, ed., *Britain and NATO's Northern Flank*, London: Macmillan Press, 1988, pp. 66-68.

③ Richard Fieldhouse and Shunji Taoka, *Superpowers at Sea: An Assessment of the Naval Arms Race*, Oxford: Oxford University Press, 1989, p. 86.

④ Richard Fieldhouse and Shunji Taoka, *Superpowers at Sea: An Assessment of the Naval Arms Race*, Oxford: Oxford University Press, 1989, pp. 129-130.

续表

舰艇种类	国家			
	苏联	美国	英国	法国
驱逐舰和护卫舰	221	155	48	36
战斗舰艇	259	208	51	39

注：表中"—"表示数据不明。

资料来源：〔俄〕伊·马·卡皮塔涅茨：《第六代战争中的海军》，李太生、王传福译，东方出版社，2012年，第69页。

冷战结束后，由于舰队规模进一步缩减，英国海军已经不可能再继续推行马汉式的传统的海洋控制战略，其对制海权的理解更多从西方联盟进行联合作战的角度切入，特别是着眼于有效地执行快速反应、力量投送、有限干涉等任务，即保持英国海军舰队的机动性，在必要时迅速将英国武装力量投送到冲突地区，从海上发起两栖登陆作战行动，及时发挥英国的影响力。

第二节　重返欧洲：欧盟防务建设中的英国海洋战略

一　冷战后英国对欧盟独立防务的政策演变

长期以来，英国坚持英美特殊关系为其外交的首要原则，同欧盟则保持若即若离的暧昧态度，特别是担心欧盟寻求建立独立的防务与安全体系将削弱北约的作用，进而影响英国在跨大西洋关系中的特殊地位和战略利益。但随着冷战后国际形势的变化，英国在战略上不断从海外向欧洲本土收缩，其利益诉求和重大关切几乎全部集中在欧洲和北大西洋地区，这促使英国开始重新思考对外战略，加强同欧洲的关系，谋求在欧盟建设中发挥更大的作用和影响力成为英国的新目标。

1997年工党上台后，致力于在巩固传统的英美特殊关系的同时，谋求改善同欧盟的关系，更加积极地参与欧洲一体化建设，并推动欧盟独立防务建设。1998年，英法发表了著名的《圣马洛宣言》（Saint-Malo Declaration），英国在宣言中表示不再反对构建欧盟自主防务。在科索沃战争中，欧洲国家军事行动能力的虚弱无力和对美国的严重依赖暴露无遗，这深深地刺激了欧洲各国，由此推动了欧盟独立防务建设加速进行。此后，英法两国还就建立欧盟海军问题进行了探讨。

　　1999 年 6 月的科隆会议和 12 月的赫尔辛基会议进一步推动了欧盟独立防务建设，这两次会议对欧盟军事行动能力做出了具体规定。欧盟在科隆会议上确定发展"欧盟共同安全和防务政策"（Common Security and Defence Policy，CSDP）。2000 年 11 月 20 日，欧盟在布鲁塞尔会议上公布了各国可为欧盟快速反应部队提供的兵力。其中，英国可提供 1.25 万人的军队、18 艘舰艇和 72 架飞机。① 2007 年，欧盟决定将快速反应战斗群概念扩展至海军和空军。2008 年 10 月，欧盟国防部长非正式会议在法国多维尔举行。会议提出加强欧盟各国间的海空军合作，建设一支以新型 A400M 军用运输机为核心的多国空运部队，英国、法国、意大利和西班牙这四个欧盟内拥有航母和直升机航母的国家将努力提升开展海军联合行动的能力，确保欧盟在必要时能组建一支由航母和护卫舰组成的陆海突击部队，以满足军事干预的需要。

　　2008 年 12 月 8 日，欧盟正式启动"亚特兰大行动"（Operation Atlanta），派遣舰艇和战机在索马里海域巡逻，打击海盗并保护过往商船。这是欧盟首次开展联合海上行动，此次行动的成功证明了欧盟进一步深化海上安全合作，将欧盟防务建设扩展至海洋具有足以期待的良好前景。这次行动共耗资 3470 万欧元，其中英国承担 490 万欧元。② "亚特兰大行动"由欧盟海军部队（European Union Naval Force，EU NAVFOR）承担，并持续至 2018 年 12 月。欧盟的"亚特兰大行动"同北约开展的"海洋之盾行动"（Operation Ocean Shield）、多国联合的 151 特遣舰队（CTF-151），以及俄罗斯、印度、中国等国的护航舰艇展开合作，在索马里海域联合打击海盗活动。③ 值得一提的是，"亚特兰大行动"的指挥部就设在英国

① 郑启荣主编《全球视野下的欧盟共同外交和安全政策》，世界知识出版社，2008 年，第 182 页。

② House of Lords, *European Defence Capabilities: Lessons from the Past, Signposts for the Future*, London: The Stationery Office Limited, 2012, p. 29.

③ Nicola Casarini, "Maritime Security and Freedom of Navigation from the South China Sea and Indian Ocean to the Mediterranean: Potential and Limites of EU-India Cooperation", presented at the roundtable on EU-India Security Dialogue held in Mumbai, November 7, 2016, p. 4.

诺斯伍德，而在英国"脱欧"后它搬到了西班牙的罗塔。①

进入 21 世纪后，对于在综合实力上已逐渐沦落为区域性强国的英国而言，欧盟对英国防务和安全的重要性显著上升。英国也有必要充分发挥其软硬实力，同欧洲伙伴合作应对恐怖主义、网络安全和有组织犯罪等非传统威胁。② 虽然英国在 2016 年通过全民公投宣布脱离欧盟，但英国"脱欧"主要是因为与欧盟在难民、财政补贴等内政和经济政策上存在分歧，从长远看，无论是从地缘政治角度出发还是基于西方共同利益需要，英国同欧盟的安全合作只会加强，不会削弱。2016 年以来提出的"全球英国"（Global Britain）构想虽然致力于在"脱欧"之后为英国拓展更大的战略空间，但仍然重视未来英国同欧盟的安全合作关系，将英欧关系置于优先考虑的地位。欧洲同美国、印太地区一道被英国视为未来发挥英国海外影响力的三大重点地区。③ 英国仍然是以欧洲为核心的北约组织中的重要成员国，它仍致力于推动在北约和欧盟间建立更为紧密的合作关系。④

2010 年 11 月 2 日，英国与法国在伦敦签订了防务合作协议（UK-France Defence Co-operation Treaty），即《兰开斯特宫条约》（Lancaster House Treaty），以期在经济长期不景气、军费不断缩减的背景下，进一步提高军事资源的使用效率，加强与欧洲国家的防务合作，增强自身的军事行动能力，特别是远程力量投送能力。其中，英法共用航母和协调彼此之间战略核潜艇的巡逻安排是双方此次海军合作的核心内容。实际上，英法合作本身也是两国为欧盟独立防务建设寻求新的突破的表现。作为欧盟中两个最大的军事强国，英法加强合作有助于欧盟独立防务不断走向成熟和深化，并对欧盟内部双边或多边军事合作机制的构建，乃至欧

---

① "EU NAVFOR Somalia Operation Atalanta: Council Prolongs the Operation and Decides on New Headquarters and New Operation Commander", European Council, July 30, 2018, https://www.consilium.europa.eu/en/press/press-releases/2018/07/30/eunavfor-somalia-operation-atalanta-council-decides-on-new-headquarters-and-new-head-of-operation/.

② Nick Childs, *Britain's Future Navy*, Barnsley: Pen & Sword Maritime, 2012, p. 20.

③ House of Commons Foreign Affairs Committee, *Global Britain: Sixth Report of Session 2018-19*, London: House of Commons, 2018, pp. 20-23.

④ Angelica Puntel, A "*Global Britain*" in a Post-Brexit Scenario, London: Centre for Geopolitics & Security in Realism Studies, 2018, p. 4.

盟独立防务机制的进一步完善和扩大发挥重要的示范作用，同时也将增强北约的防务能力。[①]

　　随着欧盟影响力的不断扩大，"海洋欧洲"（maritime Europe）无论是在地理上还是在政治上都成为一个全新的现实。最初，"海洋欧洲"并没有特殊含义，但随着欧盟在冷战后的几次扩大，这一概念逐渐变成一个综合欧盟的总体战略、集体安全等方面因素的地缘政治概念。[②] 2014年，欧盟出台了第一份海洋安全战略文件，即《欧盟海洋安全战略》（*European Union Maritime Security Strategy*），明确提出要通过广泛的国际合作确保欧盟及其成员国的海洋安全利益，应对全球海洋领域的风险和挑战。[③] 英国对于"海洋欧洲"也是欢迎的，它将自身定位为一个仍然拥有全球利益的国家，而要维护英国的国家安全和利益，就特别要求保持良好的海洋秩序。[④] 因此，一个着眼于建设"海洋欧洲"的欧盟将成为英国重要的海上合作伙伴。

二　英国与欧洲独立海军建设构想

　　近年来，欧盟不断加快建立独立防务的步伐，构建统一的军事能力也是欧洲一体化的重要内容，而欧洲海军则成为欧盟独立防务建设的重点。在欧盟共同安全和防务政策中，创建欧盟快速反应部队（European Rapid Reaction Force，ERRF）是重中之重。欧盟快速反应部队包括陆海空三部分，其中欧洲海军（European Multinational Maritime Force，EMMF）的主要任务是兵力投射，以及同陆上和空中力量进行联合作战，具体作战形式包括陆上突袭和两栖作战等，其兵力主要包括 2 艘航母、8 艘两栖战舰、6 艘潜艇、20 艘水面战斗舰艇、1 艘指挥舰、4 艘支援舰和

---

① House of Lords, *European Defence Capabilities*: *Lessons from the Past*, *Signposts for the Future*, London: The Stationery Office Limited, 2012, p. 22.

② Juan Luis Suarez de Vivero and Juan Carlos Rodriguez Mateos, "Maritime Europe and EU Enlargement, A Geopolitical Perspective", *Marine Policy*, Vol. 30, 2006, p. 168.

③ Council of the European Union, *European Union Maritime Security Strategy*, June 24, 2014, p. 3, http://data. consilium. europa. eu/doc/document/ST-11205-2014-INIT/en.

④ Lee Willett, "British Defence and Security Policy: The Maritime Contribution", *RUSI Occasional Paper*, p. 2.

10 架海上巡逻机等。①

不过，尽管欧洲各国在组建欧洲独立防务力量方面的决心十分坚定，也为此付出了不懈努力，但由于欧洲海军同时也是北约联合海上力量的一部分，它在通信、情报、后勤保障等诸多方面都不同程度地依赖于北约，因此在北约的掣肘下，欧洲海军的独立性难以得到保证。正如美国前国务卿基辛格（Henry A. Kissinger）所言，"欧洲部队的活动范围限于没有大国卷入的欧洲外围地带，或是不归北约管的地区，参加一些不那么重要的活动。即便是这样，若没有美国后勤或情报支持，或没有它的首肯，只有莽撞的欧洲领导人才敢动用欧洲部队……在大多数可预见的情况下，独立的欧洲部队必须与北约协调，它制订的计划确实也包括了使用北约后勤系统的安排"。② 更重要的是，欧盟各国出于保守本国军事机密等各种目的，对向欧洲海军提供舰艇、装备和人员有所保留，特别是英国对建立欧洲海军态度暧昧。

长期以来，根深蒂固的岛国意识和数百年来的孤立传统，使得英国对欧洲大陆充满了偏执和猜疑。19 世纪晚期以来的"光荣孤立"传统，成为今天英国在同欧盟关系中扮演"棘手的伙伴"角色的先驱。③ 尽管构建独立的欧洲防务符合英国的利益，它也就此有所行动，但英国对构建独立的欧洲防务一直心存疑虑，无论是从外交传统出发还是从现实角度考虑，它在战略上更看重以英美海洋联盟为核心的北约多边防务合作机制，北约在英国国防政策中始终占据中心位置。④ 在第二次世界大战后英国长期奉行的"三环外交"中，联合起来的欧洲是最外围的一环。在 2010 年英国《战略防务与安全评估报告》中，同欧盟的防务合作也在未来英国国家安全的五大优先目标中排在最后一位。而英国最重要的海上伙伴——美国也不希望出现一支独立的欧洲海军同其分庭抗礼，从而

---

① EU Institute for Security Studies, "European Defence: A Proposal for a White Paper", *Report of an Independent Task Force*, May 2004, p. 103.

② 〔美〕亨利·基辛格：《美国的全球战略》，胡利平等译，海南出版社，2009 年，第43 页。

③ Jeremy Black, "A Post Imperial-Power? Britain and the Royal Navy", *Orbis*, 2005, p. 355.

④ House of Commons Defence Committee, *The Future of NATO and European Defence*, *Ninth Report of Session 2007–08*, London: The Stationery Office Limited, 2008, p. 27.

削弱美国海权的影响力并架空北约。尽管英美并未公开反对建设欧洲海军，但由于英美海洋联盟与欧洲海军存在一定的结构性矛盾，因此它在相当程度上将制约欧洲作为世界海权格局中独立的一极的崛起。

另外，英国在正式"脱欧"后，英国海军在体制上已不太可能成为未来欧洲独立海军的一员。英国虽然越来越依赖于集体防务机制，但作为一个拥有辉煌历史的老牌海洋强国，它不可能放弃独立的海上防务，即便英国的海上力量建设在很大程度上需要美国的援助和支持。更何况，在集体防务机制上，英国一直将跨大西洋联盟关系特别是北约作为其集体防务的基石，它同欧盟的防务合作关系一直是相对疏远的。因此，"脱欧"后的英国将如何在欧洲独立海军建设问题上与欧盟建立建设性合作关系，还需要时间观察。

三　二战后英国海军的改革与对外作战行动

（一）二战后英国海军的改革

第二次世界大战后，英国同美国一样开启了国防力量统一整编的进程，即将传统的海军部、陆军部和空军部等各军种部统一整合成国防部（Ministry of Defence)，由国防大臣（Defence Secretary）行使统一的武装力量管理权。不过，由于英国海军在英国武装部队中特殊的地位，同美国相比，英国国防机构的统一过程相对较为缓慢。即便英国在1964年裁撤了海军部（Admiralty），使海军部成为新成立的统一的国防部的一部分，1981年废除了具有悠久历史的第一海务大臣（First Sea Lord）一职，但新的英国海军参谋长仍然在英国国防部乃至内阁中具有重要影响力。"皇家海军的传统一直受到部队的羡慕，它有其政治上的巨型礼炮……在德文波特（古兹）、朴次茅斯（庞佩）和查塔姆（查茨）的海军总司令们的'私人王国'不容侵犯；他们的基地以内设有好几个议员选区，他们能对政治家施加影响。"面对1981年削减常规部队经费，特别是主要削减海军开支来满足装备"三叉戟"导弹的资金需求的计划，英国海军将领予以坚决反对，并一再挑战国防大臣诺特（Sir John W. F. Nott）的权威。英国海军大臣斯皮德（Keith Speed）就公开抗议说，如果压缩海军，"就是无视英国的历史、英国的地理、英国的经济贸易基地以及作为北约组织成员国的安全的严酷现实"。① 然而，建立一支更加精干、经济、高效的海军是大势所趋，长期不景气的英国经济也决定了英国海上力量必须向小规模、联合作战方向转变。

在舰队结构上，英国海军也发生了质的变化。尽管受制于经济和财政压力，战后英国海军的规模一再缩减，但海军的现代化革新步伐也在不断加快。战后初期，英国海军汲取了二战时的教训，开始摒弃传统的战列舰中心主义而改用航母为核心重建舰队，但海军阵容中仍然保留了大量的战列舰和巡洋舰，这两者依然是"大舰巨炮主义"的象征。随着导弹、喷气式战斗机和直升机时代的到来，传统的以大口径火炮取胜的大型水面舰艇完全可以被装备了导弹的中小型水面舰艇取代。同时，喷气式战斗机的投入使用也要求对以往使用螺旋桨飞机的航母进行现代化改造甚至是重新设计，而直升机在空降作战中体现出的巨大价值也使得两栖突击舰（commando carriers）或直升机突击航母这一全新舰种应运而生。规模不断缩减的英国海军显然比规模庞大的美国海军能更快地适应这种变革，恰如历史上没有背负沉重包袱的德国海军能在"无畏"舰竞赛上一度与英国海军并驾齐驱一样。

苏伊士运河战争结束后不久，英国在 1957 年就发布了新一期国防白皮书，这份白皮书又被业内以时任英国国防大臣的名字命名，称为《桑迪斯报告》（*Sandys Review*）。根据《桑迪斯报告》，英国海军裁减了后备舰队、辅助舰队、岸防设施，并取消了若干份新造舰只订单。与此同时，英国海军吸取苏伊士运河战争的教训，大力发展海军航空兵。到 1960 年，英国海军较 10 年前已拥有更多航母，海军航空兵装备的飞机比陆基飞机性能更先进。此外，两艘参加了苏伊士运河战争的航母"海神之子"号（HMS *Albion*）和"堡垒"号（HMS *Bulwark*）被改装成直升机突击航母，并搭载更先进的"威塞克斯"型（*Wessex*）直升机。英国海军还订购了全新设计的"大胆"号（HMS *Audacious*）、"勇猛"号（HMS *Courageous*）两栖攻击舰和"爵士"级后勤登陆舰。英国海军辅助舰队（Royal Fleet Auxiliaries）也积极新建足以在全球范围内为舰队提供支援的

---

① 〔英〕安东尼·桑普森：《最新英国剖析》，唐雪葆等译，中国社会科学出版社，1988年，第 307—308 页。

舰艇。更值得一提的是，英国海军开工新建了 8 艘"郡"级驱逐舰，这是英国海军第一种装备新型"海蛞蝓"（Sea Slug）防空导弹的舰艇，它标志着英国海军进入导弹时代。英国第一艘核潜艇"无畏"号投入服役，搭载反舰导弹、鱼雷和深水炸弹的反潜直升机也大量装备英国海军。① 到 1970 年，英国海军成为一支规模相对较小但更为现代化的海军力量。1950 年，英国海军现役主战斗舰艇共 122 艘，总兵力为 14 万人。到 1970 年，英国海军规模缩减为 108 艘主要战斗舰艇，兵力为 8.6 万人。尽管规模有所缩减，但舰队结构发生了显著变化。1950 年，英国海军有 14 艘巡洋舰，而到 1970 年则只剩下 1 艘。另一方面，大型航母增至 2 艘，还拥有 2 艘两栖突击舰。弹道导弹潜艇也从空白变成了 3 艘。② 换言之，英国海军逐步舍弃了传统舰队组成中的战列舰和巡洋舰，开始重点发展大型航母和两栖突击舰，以及全面装备导弹的驱逐舰和护卫舰，以执行核威慑任务为主的弹道导弹潜艇也赋予了海军在英国核力量中的中坚地位。

英国海军问题专家詹姆斯·凯布尔（James Cable）认为，随着英国在世界造船业、航运业和贸易中的份额不断缩小，商业动因已经不再是英国面向海洋发展的主要驱动力，当前英国海军要继续保持名列世界前茅的地位，更多是出于战略考虑，换言之，即政治动因促使英国捍卫其海上强国地位。③ 这一说法虽然有待商榷，但它确实道出了战后英国海洋战略思维的新特点。整个冷战期间，海军对于英国的意义更多是防务层面上的，它已经无法再扮演 19 世纪乃至更早时候在经济和社会生活中的多重角色，而转向较为单纯的军事和安全职能。冷战后，英国海军的重点开始转向应对恐怖主义、贩毒、走私等非传统安全威胁，而专门的经济职能则交给海洋开发和管理机构去执行，除了保护贸易外，海军也不再同商业活动发生直接关系。英国皇家三军联合研究所的研究指出，英国海军的任务主要有 5 项：第一，在本土和海外遏制或进行战争；第二，在本土和海外保护英国贸易和其他利益，包括确保自由利用海洋、

---

① Duncan Redford and Philip D. Grove, *The Royal Navy: A History since 1900*, London: I. B. Tauris & Co. Ltd, 2014, pp. 242-243.

② Quoted in Richard Moore, *The Royal Navy and Nuclear Weapons*, London: Routledge, 2015, p. 191.

③ James Cable, *Britain's Naval Future*, London: Macmillan, 1983, pp. 174-175.

海上交通线和海上咽喉要道，使得武装部队和贸易能够不受阻碍地通过海上航道；第三，通过保持存在和其他特定行动为英国外交提供军事支持；第四，为全球安全和稳定做出贡献；第五，维护英国的国际地位。[①]

2010年英国《战略防务与安全评估报告》表明，未来英国将继续坚持以有限国力维护海洋大国地位，进一步深化结盟与合作的基本思路，继续巩固美国和欧洲作为英国海洋战略两大支撑点的地位。就"美国支点"而言，由于维护和发展英美特殊关系是战后英国外交政策的核心，在海洋战略方面，英国海军也逐步将自身定位为美国海军最重要的盟友和最得力的助手，英国在未来国际争端中最主要的作用是协助美国进行联合干涉行动；就"欧洲支点"而言，为了在一定程度上体现英国的独立性，它需要在欧洲框架内展现自身在海军力量方面的领导作用，与欧洲国家特别是法国的合作一方面可以弥补自身力量的不足，另一方面也可以借助欧洲的力量保持与美国的适当距离，从而进一步展现英国对于巩固跨大西洋联盟的特殊价值。换言之，尽管英国在2016年开启了"脱欧"进程，但它不会放弃同欧盟的防务与安全合作，继续深化英法合作符合英国在"后脱欧时代"的利益诉求和战略需要。

海军合作是英法防务合作的重点。目前，英法海军力量基本上旗鼓相当，但英国海军常规力量的现代化程度不及法国海军。法国海军不仅拥有欧洲唯一一艘核动力航母"戴高乐"号（FNS *Charles de Gaulle*），还拥有"西北风"级两栖攻击舰、"地平线"级驱逐舰、欧洲多任务护卫舰、"追风"级巡逻舰等新型水面战舰，英国与之相对应的新型战舰只有2艘"伊丽莎白女王"级航母和6艘45型驱逐舰，新一代26型和31型护卫舰还在建造之中。因此，英国国防新战略将提高英国海军的技术装备水平作为重中之重。

全世界海军以规模、性质等为标准可分为9个等级。

第一，可在全球任何地区投送力量的超级海军，目前只有美国海军。

① Lee Willett, "British Defence and Security Policy: The Maritime Contribution", *RUSI Occasional Paper*, p. 3.

第二，部分具备全球力量投送能力的超级海军，即俄罗斯海军。

第三，具有中等程度全球力量投送能力的海军，如英国海军和法海军。

第四，具有中等程度地区力量投送能力的海军，如印度海军、中国海军和日本海军。

第五，能向毗邻地区投送力量的海军，如葡萄牙海军、以色列海军、南非海军。

第六，近海防御型海军，如挪威海军、埃及海军。

第七，沿海防御型海军，如阿曼海军、新加坡海军。

第八，执行海上安保任务的警察型海军，如墨西哥海军、斯里兰卡海军。

第九，象征性海军。①

按照这一划分，英国海军仍然是全球主要海军力量之一。根据英国的《联合力量 2025》（*Joint Force 2025*）规划，到 2025 年，英国将组建一支 5 万人的远征部队，以在必要时执行大规模海外兵力投送任务。在这支远征部队中，海洋任务集群（maritime task group）将以"伊丽莎白女王"级航母及其搭载的 F-35 战斗机为核心，由 10—25 艘舰艇组成，总兵力为 4000—10000 人。② 毫无疑问，这支海军力量将充任英国的海上快速反应部队角色。由此可见，未来英国海军将长期保持具有中等程度全球力量投送能力海军的定位，同时进一步加强同美国海军和法国海军的合作，从而更积极地发挥英国在跨大西洋关系中的特殊作用，并体现英国的全球影响力。

（二）二战后英国海军的主要对外作战行动

英国海军在英国对外军事行动中扮演了急先锋的角色，它既有同美

① Geoffrey Till, *Seapower: A Guide for the Twenty-First Century*, London: Frank Cass Publishers, 2004, p.98.

② HM Government, *National Security Strategy and Strategic Defence and Security Review 2015: A Secure and Prosperous United Kingdom*, London: Her Majesty's Stationery Office, 2015, p.29; Ministry of Defence UK, *SDSR 2015: Defence Key Facts*, London: Ministry of Defence UK, 2015, p.6.

国、法国等盟国开展的联合行动，也有独自承担的对外干涉作战任务。但总的来说，一方面，随着二战后舰队规模的不断缩减，英国海军在对外作战中越来越依赖盟友，特别是美国提供的后勤、情报等方面的支持；另一方面，英国也积极参与美国领导的局部战争和军事行动，由此进一步深化英美之间的军事合作，其中海军合作占据了重要地位。从作战思想到武器设计，英美在海军和海上安全方面的合作不断向前推进，这些都深刻体现在二战结束后英国参与的历次局部战争和地区冲突之中。

1. 朝鲜战争

战后英国国防战略设计所关注的主要地区按重要性排序依次是欧洲、中东和东南亚。相较于英国本土所在的欧洲和盛产石油的中东，远东并非英国核心利益集中的区域，英国在这一地区保有的防务资源也比较薄弱，更多计算军事投入和实际收益之间的经济关系。[1] 因此，英国参加朝鲜战争主要是基于政治目的。除了体现其在远东的影响力外，英国更多是借参战彰显它对美国的价值和作用，巩固二战时建立起来的英美同盟关系。英国在远东明确支持美国，也是为了确保美国继续在欧洲通过北约这一集体安全组织来保护英国的安全。当然，艾德礼政府也担心朝鲜进攻韩国可能是斯大林的全球战略的一部分，目的是转移西方阵营的注意力，从而为苏军在欧洲发起突袭创造机会，而英国也有必要通过参战维护在远东的利益。[2] 朝鲜战争时，英国部署在远东的舰队共有22艘舰艇，包括1艘航母、2艘巡洋舰、2艘驱逐舰、3艘护卫舰以及多艘辅助舰艇。战争爆发后，这支舰队立即被派往朝鲜，加入以美国为首的"联合国军"阵营。[3] 战争爆发一周后，英国"光辉"号航母（HMS Triumph）和美国"福吉谷"号航母（USS Valley Forge）就抵达朝鲜海岸，由此体现出海军力量快速应对突发事件的优势。7月3日，"光辉"号航母上的舰载机对朝鲜目标发起了打击。10月5日，英国"忒修斯"

---

① P. L. Pham, *Ending "East of Suez": The British Decision to Withdraw from Malaysia and Singapore, 1964–1968*, Oxford: Oxford University Press, 2010, p. 18.

② David French, *The British Way in Warfare, 1688–2000*, London: Routledge, 2015, p. 218.

③ Peter Nash, "The Royal Navy in Korea: Replenishment and Sustainability", in Greg Kennedy, ed., *British Naval Strategy East of Suez, 1900–2000: Influences and Actions*, London: Frank Cass, 2005, p. 162.

号航母（HMS *Theseus*）接替"光辉"号执行空中打击任务。① 在朝鲜战争中，英美海军的主要任务是对地面战场提供火力支援，包括战列舰用重炮轰击岸上目标以及派遣航母舰载机对中朝军队展开空袭等。在整个朝鲜战争中，英国海军共派出了 32 艘水面战斗舰艇参战，包括 5 艘航母、6 艘巡洋舰、7 艘驱逐舰和 14 艘护卫舰。此外，英国还有 2 艘指挥舰、1 艘医院船、16 艘辅助舰艇和 2 艘商船投入朝鲜战争。②

总的来说，英国海军在这场战争中虽然熟练运用航母舰载机等新技术，③ 但朝鲜和远东地区毕竟不是英国的国防战略重点，并且由于英军在陆上战场损失惨重激起国内强烈的反战声音，英国撤出朝鲜已只是时间问题。到 1951 年朝鲜战局稳定之后，英国舰队就撤离了战场。不过，朝鲜战争对英国防务政策的影响是明显的。朝鲜战争后，英国开始重整军备，将国防预算占 GDP 的比重由 1950 年的 8% 提高到 1953 年的15%。④ 到 1955 年，英国国防开支达 15.69 亿美元，占国民收入的9.3%，在西方国家中仅次于美国。⑤

2. 苏伊士运河战争

苏伊士运河战争是英国在二战结束后展开的第一次大规模独立对外作战行动，海空军是这次行动的绝对主力。空中轰炸和两栖登陆是英法联军在苏伊士运河战争中的主要作战形式，很多参战飞机都是从英国海军的航母上起飞的，而且海军还负责组织两栖登陆，进行登陆作战的地面部队的运输、后勤供应等也主要由海军负责，因此英国海军在这次行动中起到了至关重要的作用。1956 年 11 月 6 日，从马耳他启程的英法舰队抵达塞得港外，约 2.2 万名海军陆战队员在猛烈的舰炮炮火掩护下实

---

① Duncan Redford and Philip D. Grove, *The Royal Navy: A History since 1900*, London: I. B. Tauris & Co. Ltd, 2014, p. 231.

② Peter Nash, "The Royal Navy in Korea: Replenishment and Sustainability", in Greg Kennedy, ed., *British Naval Strategy East of Suez, 1900 - 2000: Influences and Actions*, London: Frank Cass, 2005, p. 165.

③ Duncan Redford and Philip D. Grove, *The Royal Navy: A History since 1900*, London: I. B. Tauris & Co. Ltd, 2014, pp. 231-232.

④ Duncan Redford and Philip D. Grove, *The Royal Navy: A History since 1900*, London: I. B. Tauris & Co. Ltd, 2014, p. 234.

⑤ "Cabinet Statement on Defence, 1957. Note by the Minister of Defence, March 26, 1957", CAB 129-86-c-57-79-29.

施了登陆行动。在登陆行动中，英国海军共出动了 5 艘航母、3 艘巡洋舰、13 艘驱逐舰、6 艘护卫舰、17 艘登陆舰、5 艘指挥及维护舰、15 艘扫雷舰和 24 艘辅助舰艇，另外还出动了 13 个海军航空兵中队，英国海军还第一次使用了喷气式战机。[①] 在整个苏伊士运河战争中，英国投入兵力约 4.5 万人，配备 1.2 万台车辆、300 架飞机和 100 艘军舰。法国投入兵力约 3.4 万人，出动 200 架飞机、30 艘军舰。[②]

苏伊士运河战争是大英帝国余威的最后一次呈现，它是英国海军作为仅次于美国海军的世界第二大海军的最后一次大规模对外作战行动。这场战争在军事上的成功无法掩盖英国在政治上的失利。事实证明，如果没有美国的支持，英国无法实现出兵的目的。[③] 苏伊士运河战争的最终结果也说明作为英国国防力量基石的英国海军已经无力也不敢再同美苏发生正面冲突。在苏伊士运河战争中，英国出动了主力舰队，并且取得了一场漂亮的胜利，却不得不在美国中断财政援助和苏联核战争的恫吓之下被迫撤出埃及。换言之，英国虽然在战术上取得了苏伊士运河战争的胜利，但在战略上却彻底失败了。对英国而言，苏伊士运河战争是军事上的成功，却是政治上的灾难。[④] 它表明，在两极格局下，英国的发言权已经遭到了大大的削弱，它不再被视为一个可以同美国和苏联平等对话的全球性强国，大英帝国的土崩瓦解正在以越来越快的速度进行着。同时，苏伊士运河军事冒险的失败，也意味着英国在二战后仍谋求继续在一段较长时间内保持帝国余威，特别是海上霸权的美梦彻底破灭。英国著名海洋史学家安德鲁·兰伯特（Andrew Lambert）认为，英国在苏伊士运河战争中的政治性失败是其被迫将海上霸权完全转交给美国的标志性事件。他强调，"1956 年的悲剧令英国不再怀有任何挥之不去的幻想，即希望也许能保持其 20 年前能够行使的全球霸权的一小部分。它

①　Duncan Redford and Philip D. Grove, *The Royal Navy: A History since 1900*, London: I. B. Tauris & Co. Ltd, 2014, p. 240.

②　军事科学院世界军事研究部：《战后世界局部战争史》第一卷，军事科学出版社，2014 年，第 366 页。

③　Alan P. Dobson, *Anglo-American Relations in the Twentieth Century: Of Friendship, Conflict and the Rise and Decline of Superpowers*, London: Routledge, 1995, p. 117.

④　David French, *The British Way in Warfare, 1688 - 2000*, London: Routledge, 2015, p. 217.

把真正的海权留给了一个充满大陆思维的美国所领导的集体"。①

　　英国从苏伊士运河战争中总结出 4 点教训：（1）除非有决心并有能力完成军事行动，否则不要轻易动武；（2）在任何一场牵涉英国利益的重要国际危机当中，都不要站在美国的对立面；（3）确保行动符合国际法；（4）犹豫不决必将导致失败。这些教训在马岛战争中被撒切尔政府所汲取。②

　　3. 镇压文莱起义

　　1962 年 12 月，文莱执政党人民党及其追随者发动起义，以破坏马来西亚东扩并兼并文莱的计划。英国出动了"堡垒"号直升机航母上的第42 突击队镇压起义，"竞技神"号航母（HMS *Hermes*）则负责为行动提供掩护。起义以失败告终。从 1963 年春至 1966 年，英国及英联邦军队又部署在东马来西亚以同印尼对峙，防止后者试图兼并东马。起义发生时，英国海军远东舰队的兵力总计为 1 个驱逐舰中队、1 个扫雷舰中队、3 个护卫舰中队、1 个潜艇分舰队，以及 1 艘舰队航母、1 艘突击航母和 1 艘巡洋舰。到 1964 年，英国远东舰队的兵力为 2 艘航母、1 艘两栖突击舰、15 艘护航舰艇、15 艘海岸扫雷舰、5 艘潜艇和 1 艘支援舰。③ 在同印尼为期三年的对峙中，英国海军先后共出动了 5 艘航母执行威慑任务，英国海军航空兵出动了 5 个直升机中队以运送陆军和海军陆战队。此外，英国海军还出动了大批护航舰艇和少数战舰执行禁运和封锁任务。在整个对峙期间，英国海军共挫败了 90% 的印尼袭扰行动。④

　　4. 马岛战争

　　在英国赢得马岛战争的过程中，英国海军充分展现出高昂的士气、

---

① 〔英〕安德鲁·兰伯特：《海权与英美特殊关系 200 年（1782—2012）——对一个和平转移海权案例的研究》，载王缉思主编《中国国际战略评论 2013》，世界知识出版社，2013 年，第 345 页。

② Paul Latawski, "Invoking Munich, Expiating Suez: British Leadership, Historical Analogy and the Falklands Crisis", in Stephen Badsey, ed., *The Falklands Conflict Twenty Years on: Lessons for the Future*, London: Routledge, 2013., p. 229.

③ Chris Tuck, "The Royal Navy and Confrontation, 1963–66", in Greg Kennedy, ed., *British Naval Strategy East of Suez, 1900–2000: Influences and Actions*, London: Frank Cass, 2005, p. 203.

④ Duncan Redford and Philip D. Grove, *The Royal Navy: A History since 1900*, London: I. B. Tauris & Co. Ltd, 2014, p. 247.

良好的官兵素质及有效的协调组织能力。不过，马岛战争也暴露出英国海军在持续缩减规模之后产生的诸多问题。首先就是军力不足的问题。在战争中，英国海军的水面作战舰艇数量不够，特别是严重缺乏担负向14000公里外的战区投送人员和装备的两栖作战舰艇，以及负责扫清敌方雷区的扫雷舰艇。此外，以反潜型轻型航母为核心的英国特混舰队还缺少一个完整的航母舰载机联队，特别是没有预警机和远程战斗机，"海鹞"式战斗机的数量不足，防空力量也相当薄弱。这支舰队总的来说是为应对同苏联的核大战和反潜作战而设计的，而并不适合应对马岛远征这样高强度、长时间、远离本土基地的两栖作战行动。① 其次，英国在这场战争中也面临后勤补给线过长的问题。为解决后勤难题，英国将大西洋中部的阿森松岛建设成为前进补给基地，并利用塞内加尔、塞拉利昂等西非国家的机场和港口作为人员和物资的转运站。此外，英国还大量征用民船执行运送人员、弹药及其他物资的任务，包括游船、油轮、货轮、大型滚装船等，例如"伊丽莎白二世"号豪华邮轮（Queen Elizabeth II）被用来运兵，"乌干达"号邮轮（Uganda）被改装成医院船，多艘拖网渔船被改装成扫雷艇等。

　　1982年4月5日，英国特混舰队第一梯队从本土各港口和直布罗陀等地出发前往马岛，舰队由37艘各型舰艇组成，包括2艘航母、2艘驱逐舰、6艘护卫舰、1艘两栖突击舰、6艘大型登陆舰、7艘油船、3艘补给舰和1艘征用的商船。第一梯队共搭载20架"海鹞"式垂直起降战机和58架各型直升机。4月26日，第二梯队从英国波特兰港出发，该梯队主要由1艘两栖突击舰和多艘油轮及滚装船组成。5月12日，第三梯队从英国南安普敦港出发，主要兵力为1艘驱逐舰、1艘护卫舰和1艘远洋客轮。在马岛战争期间，英国还不断从本土和海外领地抽调舰艇和兵力支援马岛作战。4月12日，英国宣布在马岛周围200海里范围建立禁区，这一海上封锁任务由正在大西洋活动的3艘英国攻击型核潜艇承担。② 6月14日，守岛的阿根廷军队宣布投降，英国

---

① 　Alastair Flinlan, *The Royal Navy in the Falklands Conflicts and the Gulf War*, London：Frank Cass, 2004, pp.70-71.

② 　军事科学院世界军事研究部：《战后世界局部战争史》第二卷，军事科学出版社，2014年，第485—486页。

取得了马岛战争的胜利。在马岛战争中，英军阵亡 255 人，负伤 777 人，被击沉舰艇 6 艘、击伤约 12 艘，损失飞机 34 架。阿根廷军队阵亡约 1000 人，负伤约 1300 人，被俘 11800 人，被击沉舰艇 5 艘、击伤 6 艘，损失各型飞机 117 架。[①]

英国在马岛战争中取得最终的胜利，还得益于美国和法国等国家提供的至关重要的帮助。美国虽然在战争爆发时保持中立，但此后仍然向英国提供了阿根廷军队部署的卫星图像资料，并为英国特混舰队提供装备和技术支持。[②] 法国更是向英国提供了让其大吃苦头的"飞鱼"（Exocet）导弹的技术数据，否则被阿根廷的机载"飞鱼"导弹击沉的英国舰艇将绝不仅仅是一艘"谢菲尔德"号驱逐舰（HMS Sheffield）。此外，法国还暗中支持英国，依据欧共体的对阿经济制裁方案和西方阵营的武器禁运决定，拖延向阿根廷交付此前它向法国订购的"超级军旗"（Super Étendard）战机和"飞鱼"导弹，使得阿根廷有效的反舰武器很快在战争中消耗殆尽，英国特混舰队面临的威胁随之大大减小。在马岛战争中，法国是英国最坚定的支持者。[③]

当然，英国海军也因为马岛战争证明了自己的价值，从而避免了遭到进一步削减的命运。战争爆发前，撒切尔政府计划将英国海军的规模再裁减 15%，以节省资金购买"三叉戟"潜射导弹。根据计划，在马岛战争中大放异彩的"无敌"号航母（HMS Invincible）将被卖给澳大利亚，"竞技神"号航母将被卖给印度，2 艘两栖攻击舰和 2 艘登陆舰将提前退役，另外还有 9 艘驱逐舰和护卫舰将被裁减。1981 年的英国海军预算就比上一年度有了大幅度削减。但由于马岛战争爆发，英国中止了出售"无敌"号和"竞技神"号两艘航母的计划，水面舰艇部队的裁减方案也被搁置，战后关于削减英国海军的计划再也无人

① 军事科学院世界军事研究部：《战后世界局部战争史》第二卷，军事科学出版社，2014 年，第 521—522 页。

② Alan P. Dobson, *Anglo-American Relations in the Twentieth Century: Of Friendship, Conflict and the Rise and Decline of Superpowers*, London: Routledge, 1995, pp. 154-155.

③ Lawrence Freedman, "The Impact of the Falklands Conflict on International Affairs", in Stephen Badsey, ed., *The Falklands Conflict Twenty Years on: Lessons for the Future*, London: Routledge, 2013, pp. 12-13.

提起。到冷战结束前，英国水面舰队都维持了 50 艘舰艇左右的规模。[①]
马岛战争也暴露出英国海军的预警指挥系统不通畅，防空力量薄弱等问
题。[②] 马岛战争后，英国政府出台了题为《福克兰战役：教训》的总结
报告。报告提出，除搁置战前关于出售航母的计划外，英国海军还将采
购 4 艘新型 22 型护卫舰，以弥补在战争中损失的 4 艘舰艇。而最新改进
型的 22 型护卫舰将加装 4.5 寸口径的海岸炮，英国海军也将改进搜索雷
达和"海王"直升机，以加强早期对空预警能力。[③] 这些举措都反映了
英国海军对马岛战争经验教训的深刻认识。

5. 海湾战争

在海湾战争中，英国是美国最坚定的盟友，参战英军在规模上仅次
于美军。到 1991 年 1 月，英国在海湾地区集结的兵力已经达到 3.5 万
人，装备有 300 多辆坦克、280 多辆装甲车、85 架作战飞机、22 艘舰
艇。[④] 到 1991 年 1 月中旬，多国部队的规模进一步扩大，其中英国海军
共派出了 11 艘驱逐舰和护卫舰、2 艘柴电潜艇、8 艘扫雷舰、2 艘支援
舰、3 艘巡逻艇和支援直升机、1 艘直升机支援舰、4 艘登陆舰，以及 6
艘油轮和补给舰参战。[⑤]

在海湾战争中，英国驱逐舰"格洛斯特"号（HMS *Gloucester*）上的
雷达准确捕捉到了攻击美国战列舰"密苏里"号（USS *Missouri*）及其护
卫舰"贾勒特"号（USS *Jarrett*）的伊军"蚕"式（*Silkworm*）反舰导
弹，并随即发射两枚"海标枪"（*Sea Dart*）防空导弹将来袭导弹击落，
确保了美国舰队的安全，这一表现令人印象深刻。为有效应对伊拉克的
水雷战，多国部队部署在波斯湾的海上力量成立了以英军为主的英国反
水雷编队和以美军为主的美国反水雷大队，这两支反水雷部队承担了绝

①　Nick Childs, *Britain's Future Navy*, Barnsley：Pen & Sword Maritime, 2012, p. 7.

②　Lisle A. Rise, *Power at Sea: A Violent Peace, 1946 - 2006*, Columbia：University of Missouri Press, 2007, pp. 224-225.

③　Paul Latawski, "Invoking Munich, Expiating Suez：British Leadership, Historical Analogy and the Falklands Crisis", in Stephen Badsey, ed., *The Falklands Conflict Twenty Years on：Lessons for the Future*, London：Routledge, 2013, pp. 242-243.

④　军事科学院世界军事研究部：《战后世界局部战争史》第三卷，军事科学出版社，2014 年，第 80 页。

⑤　Alastair Flinlan, *The Royal Navy in the Falklands Conflicts and the Gulf War*, London：Frank Cass, 2004, pp. 124-125.

大部分的扫雷任务。[1]

6. 科索沃战争

科索沃战争给人们留下的最深刻印象，无疑是空中打击在影响战争走势、决定战争胜负方面的主导作用，空中力量在这场战争中出尽了风头。相比之下，海军的作用似乎并不起眼。但实际上，用来执行空袭任务的飞机有相当大一部分都是从停泊在亚得里亚海和地中海上的航母上起飞的，参加科索沃战争的航母主要有美国的"西奥多·罗斯福"号（USS *Theodore Roosevelt*）、英国的"无敌"号和法国的"福煦"号（FNS *Foch*）。到科索沃战争结束时，西方国家已经在亚得里亚海和地中海上集结了 32 艘舰艇，包括 3 艘航母、2 艘巡洋舰、9 艘驱逐舰、10 艘护卫舰和 3 艘潜艇。其中，英国海军派遣了"无敌"号航母、"萨默塞特"号护卫舰（HMS *Somerset*）、"辉煌"号攻击型核潜艇（HMS *Splendid*）和 2 艘扫雷舰参战，其中"辉煌"号可发射 12 枚"战斧"（*Tomahawk*）巡航导弹。[2] 在科索沃战争中，"辉煌"号成为第一艘在作战中发射美制"战斧"巡航导弹的英国潜艇，装备"战斧"巡航导弹的英国海军成为继美国海军之后世界上第二个拥有远程常规精确打击能力的海军。[3]

7. 伊拉克战争

2003 年爆发的伊拉克战争是英国在 21 世纪参与的第二场重要的对外战争，布莱尔政府坚决支持布什总统的对伊动武决定，并派遣了 4.5 万名英军加入以美国为首的联合部队。土耳其和沙特都拒绝成为英美联军的后方基地，这使得英美较 1990 年的海湾战争更需要海军提供的后勤支援，两国投入的海军力量也超过了海湾战争期间的海军力量。为此，英国海军派出 1 个两栖作战群、1 个扫雷作战群、1 个机动支援群和 3 艘核

---

[1]　Geoffrey Till, "The Return to Globalism: The Royal Navy East of Suez, 1975–2003", in Greg Kennedy, ed., *British Naval Strategy East of Suez, 1900–2000: Influences and Actions*, London: Frank Cass, 2005, p. 259.

[2]　刘克俭等：《第一场以空制胜的战争：科索沃战争》，军事科学出版社，2008 年，第 75—76 页。

[3]　Duncan Redford and Philip D. Grove, *The Royal Navy: A History since 1900*, London: I. B. Tauris & Co. Ltd, 2014, p. 299.

潜艇参战。[1]

2003 年 1 月 7 日，英国宣布常驻海湾地区的英国海军部队将加入联军海上部队。当月，启程前往海湾和亚太地区进行例行部署的英国"2003 海军特混大队"在"皇家方舟"号航母（HMS *Ark Royal*）的率领下扩大到 9000 人的规模，包括装备"战斧"巡航导弹的潜艇、"海洋"号（HMS *Ocean*）、"百眼巨人"号航母训练舰（RFA *Argus*）和更多的两栖作战兵力。2 月 12 日，英国"2003 海军特混大队"和两栖戒备大队抵达海湾地区，被编入联合部队海上部队。从 3 月 11 日起，英国海军开始在海湾地区执行反走私、巡逻和检查行动，英国海军陆战队则在塞浦路斯进行了初步的两栖作战训练。

在伊拉克战争中，英国海军的主要任务是确保通过海上运输的人员和物资安全抵达战区，实施战前训练并对潜在作战地域进行监视。同时塑造对英国和联军有利的物理、战役和战术姿态以确保联合部队的进入，向岸上投送兵力，帮助维持和补给联合部队和海上部队。英国海军在扫雷、清除港口内轮船泊位和海上加油等方面成绩突出，获得了美军的好评。[2] 在伊拉克战争中，英国海军陆战队在海空力量的支援下，成功进行了多次登陆作战行动。这场战争表明，英国在冷战结束后实现的国防战略转型是卓有成效的，特别是英国海军向着主要执行远距离兵力投送、快速反应和集结兵力、由海向陆以及两栖登陆作战任务方向发展，并取得了优异的成绩。与此同时，英国海军力量与陆地、空中和信息化网络等其他平台作战力量之间的协同配合也得到进一步锻炼。

8. 利比亚战争

在 2011 年爆发的利比亚战争中，尽管法国空军的"阵风"（*Rafale*）战斗机率先对卡扎菲军队开火，法国总统萨科齐（Nicolas Sarkozy）也因为异常积极地主张军事干涉利比亚内战而在国际舞台上风光一时，但英国同样也是坚决要求军事打击利比亚的主要西方国家，并且站在了利比亚战争的第一线。英国空军的战斗机同法国战斗机一道参加了对利比亚

---

[1]　Duncan Redford and Philip D. Grove, *The Royal Navy*: *A History since 1900*, London: I. B. Tauris & Co. Ltd，2014，p. 302.

[2]　英国国防部：《英国国防部关于伊拉克战争的初步评估报告（选译）》，萧林译，《外国军事学术》2003 年第 10 期，第 20—24 页。

的第一波空中打击行动，英国海军则向地中海派遣了可发射"战斧"巡航导弹的"利物浦"号导弹驱逐舰（HMS *Liverpool*），"坎伯兰"号（HMS *Cumberland*）、"威斯敏斯特"号（HMS *Westminster*）、"萨瑟兰"号（HMS *Sutherland*）和"铁公爵"号导弹护卫舰（HMS *Iron Duke*），以及"布罗克尔斯比"号（HMS *Brocklesby*）和"班戈"号扫雷舰（HMS *Bangor*）等舰艇。这些舰艇的主要任务是对利比亚港口进行封锁，扫除航道上的水雷，并确保地中海的海上交通线安全通畅。

不过，利比亚战争也深刻暴露出削减预算给英国军力带来的负面影响。开战不久，英国海军就深感军力不足，它已经向地中海派出了所能抽调的最大兵力，但仍然无法满足不断升级的作战行动的需求，并且弹药储备也无法满足长期作战的需求，消耗甚大的精确制导炸弹很快告罄。同样，法国海军也意识到自身军力不足以单独承担在利比亚的作战任务。英法最终不得不寻求美国的支持，才将这场军事行动进行下去，最后也被迫向美国和北约让出行动指挥权。另外，利比亚战争也暴露出英国缺少航母和舰载机的窘境。2010 年前后，为了节省资金以满足建造"伊丽莎白女王"级航母的需要，英国海军退役了"无敌"号、"皇家方舟"号和"卓越"号（HMS *Illustrious*）3 艘航母。另外，随着"海鹞"式（*Sea Harrier*）垂直起降战斗机在 2006 年退役，利比亚战争爆发时仅存的"卓越"号航母已沦为直升机航母，无法发挥作用。因此，英国不得不从本土出动空军战斗机执行对利比亚的空袭任务。在利比亚战争中，英国皇家空军共出动超过 3000 架次，但只攻击了 600 个目标。相比之下，从"戴高乐"号航母上起飞的法国海军舰载机仅出动了超过 1500 架次就完成了 785 次对地轰炸任务，由此再次凸显出海军力量的灵活性。[①]

第三节　面向全球:21 世纪的英国海军发展战略

一　英国重建"全球舰队"战略的推进

进入 21 世纪，紧随世界军事发展潮流、注重创新、强调"少而精"

---

① 　Duncan Redford and Philip D. Grove, *The Royal Navy: A History since 1900*, London: I. B. Tauris & Co. Ltd, 2014, p. 307.

的质量建军思想成为英国国防新战略中的核心指导思想，它也是指导新世纪英国海军建设的基本原则。2010 年英国公布的《确保英国在不确定时代的安全：战略防务与安全评估报告》特别强调了效率性，即"要用最少的装备取得最好的质量和效果"。[①]

重建"全球舰队"（global fleet）是英国海军未来的发展目标，它并不意味着英国要扩充到历史上那支"全球存在"的舰队，而是强调英国在保卫本土、维护大西洋海上交通线和履行北约义务之外，还要加强在海外部署和兵力投送的能力。由于英国国力有限，它不可能像美国那样建立一支在全球各个地区都保持强大军事存在的舰队，因此英国式的全球舰队必然是一种高度机动灵活而又拥有广泛区域合作关系的舰队。由于具有较强的机动性，在地区冲突和争端爆发时，特别是当这种冲突威胁到英国利益时，英国海军可以快速反应，在最短的时间内向该地区进行力量投送，同时协调和借助盟国海军力量，在必要时进行联合干预作战。

目前，除太平洋、大西洋和印度洋的若干岛屿外，英国海军在海外的军事力量主要部署在中东地区。英国在巴林建立了英国海上联合司令部（The UK Maritime Component Command，UKMCC），司令由一名英国海军准将担任。司令部共有 60 名参谋人员，负责统一指挥英国部署在中东海域的战舰、飞机和人员，以执行应对突发性冲突、反海盗、反恐、勘测重要航道、扫雷、支援商业运输、拓展英国利益等任务。为此，英国将加强同美国、欧盟、北约在维护中东地区海上安全问题上的国际合作。

2014 年 12 月 5 日，时任英国外交大臣菲利普·哈蒙德（Philip Hammond）宣布，英国与巴林签署协议，决定在巴林的塞勒曼港建设一个永久海军基地。这是英国自 1971 年从苏伊士运河以东撤军以来在中东建立的首个永久海军基地，也是目前英国落实和深化全球舰队战略的最新举措。哈蒙德表示，此举将有助于巩固和拓展英国与中东国家的伙伴

---

① *Securing Britain in an Age of Uncertainty*：*The Strategic Defence and Security Review*，presented to Parliament by the Prime Minister by Command of Her Majesty，October 2010，p. 17.

关系。① 打击"伊斯兰国"势力、遏制索马里海盗活动，以及维护中东能源供应线的安全和拓展商业利益，无疑是英国寻求扩大在中东军事存在的主要动因。② 英国在巴林建设永久海军基地，可以更为迅速地对外投送兵力，特别是对中东事务进行干涉，同时方便英国舰队的部署和活动，从而提升英国的全球影响力。2018 年 4 月，英国在巴林的海军基地正式启用，它还将在阿曼建设一个新军事基地。2018 年 12 月，时任英国国防大臣加文·威廉姆森（Gavin Williamson）在接受采访时透露，英国考虑在"脱欧"后在加勒比海和东南亚地区建立新的海外军事基地。英国媒体援引匿名消息人士的话称，其中东南亚基地的选址可能是新加坡或文莱。③ 此外，还有报道称，英国计划派遣"蒙特罗斯"号护卫舰（HMS *Montrose*）及情报人员在新加坡进行为期四年的常态部署。④

2015 年 11 月 21 日，英国公布了《2015 年国家安全战略和战略防务与安全评估报告》（*National Security Strategy and Strategic Defence and Security Review 2015*：*A Secure and Prosperous United Kingdom*）。这份报告提出，英国将把防务合作置于国防部工作任务中的优先地位，并从 2016 年开始在中东、亚太和非洲地区部署英国国防参谋人员，同时与盟友和伙伴合作以扩建英国在当地的军事设施。⑤ 2017 年，英国设在海湾、亚太和西非三大战略地区的国防参谋中心正式开始运转，其中亚太地区的

① Philip Hammond, "Strategic Priorities in the Middle East", http：//www.iiss.org/en/regions/united-kingdom/hammond-acce.

② Christian Le Miere, "UK Returning East of Suez", http：//www.iiss.org/en/manama 20voices/blogsections/2014-b2cd/east-of-suez-b678.

③ Christopher Hope, "Britain to Become 'True Global Player' Post-Brexit with Military Bases in South East Asia and Caribbean, Says Defence Secretary", The Telegraph, December 30, 2018, https：//www.telegraph.co.uk/politics/2018/12/29/britain-become-true-global-player-post-brexit-new-military-bases/; "UK to Establish New Overseas Military Bases After Brexit-Report", Sputnik International, December 30, 2018, https：//sputniknews.com/europe/201812301071108171-uk-overseas-military-base/.

④ Jerry Lawton, "UK Warning to China: Royal Navy Boosts Operations in Far East Over Beijing Fears", Daily Star, September 10, 2018, https：//www.dailystar.co.uk/news/latest-news/728738/UK-China-Royal-Navy-South-China-Sea-Beijing-operations-Singapore.

⑤ HM Government, *National Security Strategy and Strategic Defence and Security Review 2015*：*A Secure and Prosperous United Kingdom*, London：Her Majesty's Stationery Office, 2015, p. 49.

国防参谋中心设在新加坡。①

在海军作战思想上，英国也一直紧跟国际潮流，特别是追随美国海军战略的调整方向。1998 年，英国工党政府出台了《联合王国战略防御评审》（*Strategic Defence Review*，*SDR*）。这一文件指明了英国海军未来的发展方向。在战术上，《联合王国战略防御评审》摒弃了冷战时期进行大规模舰队海上决战的传统理念，要求未来英国海军的作战行动围绕"前沿存在"和"由海制陆"展开，两栖作战的重要性被提升到前所未有的高度。同时，英国海军参加联合作战也被赋予了更大的战略意义。②《联合王国战略防御评审》充分说明了未来英国的战略指导思想，即积极开发、争夺和维护海洋权益，进一步完善英国的全球化力量存在，更灵活、更高效地应对局部冲突和地区争端。一言以概之，英国海军现在的主要任务不再是其在鼎盛时期所习惯的扮演全球性阻吓和威慑性力量的角色，而是通过全球存在以体现英国的外交政策和保持英国的全球影响力。2010 年《战略防务与安全评估报告》也规定，在 2020 年的英国武装力量构成中，英国海军的主要任务为：保持海基核威慑能力；保卫英国本土以及南大西洋海外领土的安全；保证英国在全球热点地区持续存在的常规威慑和遏制能力；确保由水面舰艇和潜艇部队提供的强大干预能力；从海上通过特种舰艇为陆军提供直升机和登陆支援的能力；在特混舰队中指挥英国和盟国的海军力量等。③

当前，加强国际合作、应对非传统安全威胁也成为英国海军战略的重要内容。2014 年 4 月 26 日，英国发布了题为《今天、明天和面向 2025 年的皇家海军》（*The Royal Navy Today*，*Tomorrow and towards 2025*）的海军发展规划文件。这份文件指出，英国海军必须承担起投送海洋力量的任务，以保护和促进英国利益，为此要具备能在任何环境下同国际

---

①　HM Government，*National Security Capability Review*，London：Cabinet Office，2018，p. 31.

②　*Strategic Defence Review*，presented to Parliament by the Secretary of State for Defence by Command of Her Majesty，July 1998.

③　*Securing Britain in an Age of Uncertainty：The Strategic Defence and Security Review*，presented to Parliament by the Prime Minister by Command of Her Majesty，October 2010，p. 21.

伙伴或英国其他部门合作，以执行多样性任务并相互协作的能力。①

二　注重应对非传统安全威胁的战略转型

进入 21 世纪，英国虽然已不再是一个帝国，却仍然拥有广泛的世界影响力和遍布全球的利益。借助于英语的全球通用语地位和盎格鲁文化圈的作用，英国的影响范围在全球化进程持续加快的今天可以说已经超越了"日不落帝国"时期。目前，英国有 800 万名公民居住在海外，英国每年与英联邦其他国家之间的贸易和服务总额达到 2.52 万亿美元。这就使得英国比维多利亚时代更依赖于开放、包容、安全、有序的国际市场，这也成为英国至关重要的国家核心利益。② 当前，英国本土并不存在直接的军事威胁，但恐怖主义活动、海上有组织犯罪等非传统安全威胁对英国在全球的海上利益的威胁却持续上升，这也是当前国际社会所共同面临的问题，英国作为一个传统的海洋国家，其感受尤为突出。如何更为有效地应对非传统安全威胁，保卫港口、海岸线和近海设施，成为当前英国海洋安全战略所着重关注的领域之一。③

2014 年 5 月 13 日，英国政府发布了《国家海洋安全战略》（*National Strategy for Maritime Security*，*NSMS*）。这份文件的出台标志着英国将全面运用国家总体资源和综合能力，来应对国内和国际两个方向的海洋安全挑战。英国《国家海洋安全战略》列出了 5 项优先事项，也即保证英国海洋安全的 5 大目标：（1）促进建立一个安全的国际海洋环境，并支持构建国际海洋规范；（2）帮助具有海洋战略意义的地区的政府发展管理和管控自己海域的能力和权力；（3）通过支撑港口和近海设施，以及客运和货运船只的安全保障，来保护英国及其海外领土，以及英国公民和经济的安全；（4）确保在英国海域、地区及全球范围内对英国至关重要的海洋贸易和能源运输线的安全；（5）保护英国及其海外领地的资源和人员安全，确保其免受严重的有组织犯罪和恐怖主义活动等非法和危险

①　Royal Navy，*The Royal Navy Today，Tomorrow and towards 2025：Projecting Maritime Power to Protect and Promote Our Nation's Interests*，2014，p. 3.

②　Chris Parry，*Super Highway：Sea Power in the 21st Century*，London：Elliott and Thompson Limited，2014，p. 322.

③　Nick Childs，*Britain's Future Navy*，Barnsley：Pen & Sword Maritime，2012，p. 35.

行为的侵害。① 2022 年出台的新版英国《国家海洋安全战略》也将应对各类新兴威胁确立为维护海洋安全的必然选择。②

从 2014 版英国海洋安全战略确立的 5 大目标中，我们可以发现，英国海上安全关注的重点已经从传统的军事冲突和战争，转向了恐怖袭击、海盗活动、有组织犯罪、自然灾害等非传统安全威胁，而英国的应对之策也不再局限于传统的"以暴制暴"，而是更注重通过国际合作预防潜在的海上安全威胁，防患于未然。其中，威慑被认为是英国国防力量的首要考虑对策，其应对的主要威胁包括：海盗活动、贩卖奴隶、人口走私、非法移民、非法捕鱼、毒品走私、军火走私、恐怖主义活动、大规模杀伤性武器扩散以及环境污染等。③ 因此，机动远征力量而不是大规模的卫戍部队被认为是英国未来武装力量建设的首要原则。④ 而这种机动远征力量对英国海军的要求，就是具备大规模对海外投送兵力的能力，以及应对多样化威胁的能力。

近年来，在传统安全领域，"转向印太"成为英国海洋战略的主要动向。2018 年以来，英国派遣"海神之子"号两栖船坞登陆舰（HMS *Albion*）等多艘舰艇前往印太地区，特别是西太平洋地区部署，"海神之子"号还公然擅闯中国西沙领海。2021 年 3 月 16 日，英国政府发布《竞争时代的全球英国：安全、防务、发展及外交政策综合评估报告》（以下简称"综合评估报告"）。该报告明确提出，英国要将其战略重心向印太倾斜，强调印太对英国至关重要，英国要从把握经济机会、维护安全、捍卫价值观、目标设置、角色定位、具体行动和保持存在等多个

①　HM Government, *The UK National Strategy for Maritime Security*, London：Her Majesty's Stationery Office, 2014, p. 18.

②　HM Government, *National Strategy for Maritime Security*, London：Her Majesty's Stationery Office, 2022, p. 13.

③　UK Ministry of Defence, *Overseas Territories：The Ministry of Defence's Contribution*, 2012, p. 9, https：//assets. publishing. service. gov. uk/media/5a790a78ed915d07d35b4643/overseas_territories. pdf.

④　Geoff Till, "Back to Basics：British Strategy after Afghanistan", *Corbett Paper*, No. 6, 2011, The Corbett Centre for Maritime Policy Studies, King's College London, p. 15.

层面入手，加强对印太事务的介入力度，① 着眼于到 2030 年实现在印太最为广泛和综合性的深入存在，以支持多边贸易、维护共同安全和价值观。② "综合评估报告" 的出台，标志着英国在 "后脱欧时代" 对外战略中将印太置于中心地位。2023 年 3 月，英国政府发布了《综合评估更新 2023：应对更有争议和更动荡的世界》（以下简称 "新版《综合评估》"），进一步强调了印太的重要性，将 "向印太倾斜"（tilt to the Indo-Pacific）视为英国国际政策的 "永久支柱"（a permanent pillar）。③

　　两版 "综合评估报告" 出炉后，英国国防部也迅速公布了相应的国防战略文件，积极落实英国总体战略的调整。④ 为呼应 "转向印太" 的战略部署，英国积极谋求扩大在印太的海洋安全存在。2021 年 5 月，"伊丽莎白女王" 号（HMS Queen Elizabeth）航母战斗群正式启程进行首次全球部署，其中印太成为其巡航的重点地区。2021 年 7 月，英国宣布在亚洲水域常驻 2 艘近海巡逻舰。除此之外，英国还计划从 2023 年起在印太部署 "濒海快速反应战斗群"，并在未来 10 年内在该地区部署新型的 31 型护卫舰，以便更好地维护所谓的 "航行自由原则"。⑤

　　在防务外交层面，英国 "转向印太" 的势头也十分明显。2021 年 6 月，英美签署《新大西洋宪章》（New Atlantic Charter），寻求重振两国特殊关系、加强战略合作，维护航行和飞越自由成为两国合作的重要内容，在印太遏制中国的意味颇为浓厚。2021 年 9 月 15 日，美国、英国、澳大利亚宣布建立三边安全伙伴关系（AUKUS），由此昭示出英国想成为印太地缘政治游戏的 "玩家" 的雄心。此举引起轩然大波，不仅遭到亚太

---

①　HM Government, *Global Britain in a Competitive Age：The Integrated Review of Security, Defence, Development and Foreign Policy*, London：Her Majesty's Stationery Office, 2021, pp. 66–67.

②　HM Government, *Global Britain in a Competitive Age：The Integrated Review of Security, Defence, Development and Foreign Policy*, London：Her Majesty's Stationery Office, 2021, p. 6.

③　HM Government, *Integrated Review Refresh 2023：Responding to a More Contested and Volatile World*, London：His Majesty's Stationery Office, 2023, p. 22.

④　UK Ministry of Defence, *Defence in a Competitive Age*, London：Her Majesty's Stationery Office, 2021；UK Ministry of Defence, *Defence's Response to a More Contested and Volatile World*, London：His Majesty's Stationery Office, 2023.

⑤　UK Ministry of Defence, *Defence in a Competitive Age*, London：Her Majesty's Stationery Office, 2021, p. 31.

多国的强烈批评和反对，还导致西方阵营出现严重裂痕，特别是法国与美国、澳大利亚一度陷入外交危机，英法关系也持续走低。

三　英国海军的技术装备发展

为顺应世界海军发展潮流，英国海军将重点发展"伊丽莎白女王"级航母、45型驱逐舰、26型护卫舰和"机敏"级攻击型核潜艇、新一代战略核潜艇等新型作战平台。

在英国海军的未来建设规划中，"伊丽莎白女王"级航母占据至关重要的地位，它主要为联合作战而设计。该型航母全长284米，宽73米，标准排水量达6.5万吨，最大航速为25节，最多可搭载40架最新的F-35联合打击战斗机、"灰背隼"（Merlin）直升机以及其他不同类型的飞机，以满足不同任务的需要。"伊丽莎白女王"级航母的部署能力和持续作战能力较"无敌"级航母有了一个质的飞跃，完全满足了英国海军执行"前沿部署"任务的需要。它设计使用寿命为50年，并为未来的改装升级预留了空间。① 在2010年《战略防务与安全评估报告》中，英国政府强调"无敌"级航母是为冷战设计的，它缺乏与核心盟友进行联合作战的能力，无法满足英国海军关于联合作战、近海支援的战术需要。而"伊丽莎白女王"级航母在装备F-35联合打击战斗机后，将具备在世界任何海域对700海里以外的海陆目标进行打击的能力。因此，"伊丽莎白女王"级航母的服役，将赋予英国海军不依赖于本国海外基地或盟国提供的前进基地的独立作战能力，从而能对国际危机和突发事件迅速做出反应，并为英国外交提供更多灵活的选择。此外，"伊丽莎白女王"级航母还能对阿根廷这样的地区强国发挥威慑作用。②

2009年7月7日，"伊丽莎白女王"级航母首舰"伊丽莎白女王"号开工建造。2014年7月4日，"伊丽莎白女王"号在苏格兰法夫的罗塞斯船厂下水并举行命名仪式。2017年12月7日，"伊丽莎白女王"号在朴次

---

① "Queen Elizabeth Class（CVF），Royal Navy Future Aircraft Carrier，United Kingdom"，http：//www.naval-technology.com/projects/cvf/.

② HM Government，*Securing Britain in an Age of Uncertainty*：*The Strategic Defence and Security Review*，presented to Parliament by the Prime Minister by Command of Her Majesty，October 2010，p.22.

茅斯正式加入英国海军。2018 年 9 月，"伊丽莎白女王"号航母在美国完成了 F-35B 舰载机的第一次起降试验。"伊丽莎白女王"号航母的服役在英国海军史上具有里程碑的意义，它标志着英国海军重新拥有大型航母，其舰队空中作战力量与海外兵力投放和作战能力都迈上了一个新台阶。更重要的是，"伊丽莎白女王"级航母还将定期在远东地区部署，这对兑现英国增加对五国联防组织贡献的承诺、巩固英国同澳新等传统伙伴的防务合作关系，以及提高英国对亚太安全事务的发言权和影响力都具有重要意义。[①] 2017 年 12 月 21 日，"伊丽莎白女王"级航母的二号舰"威尔士亲王"号（HMS *Prince of Wales*）下水。

45 型驱逐舰是当前英国重点发展的新一代驱逐舰，它顺应了当前水面战舰隐形化的发展趋势，整体布局十分简洁，舰体和上层建筑多设计为垂直斜面以减少雷达反射面积。它还尽量减少外置设备，并对其作隐形化处理。革命性的全电推进系统也是该舰的一大特色，整舰的自动化水平因此大为提高。45 型驱逐舰的技术装备中，新技术所占的比例高达 80%。[②] 45 型驱逐舰一般被认为是防空型驱逐舰，它装备的"紫菀"（*Aster*）导弹可同时保护海军空防区域和英国领空的安全。而改进后的新一代 45 型驱逐舰同样具备强大的近海作战能力，它可发射"战斧"巡航导弹，能对陆上目标进行纵深打击。它还同时装备了"灰背隼"和"支奴干"（*Chinook*）直升机，具备较强的反潜巡逻和巡航能力。[③] 因此，45 型驱逐舰堪称一款革命性的"全能型"驱逐舰，它充分体现了未来英国海军作战任务多样化、注重海陆空一体联合作战的特点，将作为未来英国航母编队的主要护航战舰以及英国全球舰队的中坚力量发挥重要作用。迄今为止，英国海军已经装备了 6 艘 45 型驱逐舰，即"勇敢"号（HMS *Daring*）、"不屈"号（HMS *Dauntless*）、"钻石"号（HMS *Diamond*）、"天龙座"号（HMS *Dragon*）、"保卫者"号（HMS *Defender*）和"邓肯"号（HMS *Duncan*）。

---

① "The British Are Coming（Back）", http://www.aspistrategist.org.au/the-british-are-coming-back/.

② Nick Childs, *Britain's Future Navy*, Barnsley: Pen & Sword Maritime, 2012, p.118.

③ HM Government, *Securing Britain in an Age of Uncertainty: The Strategic Defence and Security Review*, presented to Parliament by the Prime Minister by Command of Her Majesty, October 2010, p.21.

2010 年 3 月 25 日，英国国防部正式启动了 26 型护卫舰项目。2017年 7 月 20 日，26 型护卫舰在格拉斯哥造船厂开始切割第一块钢板，正式进入建造程序。这种新一代多功能护卫舰是一种着眼于全球部署的"全球战斗舰艇"（global combat ship），它将取代英国海军现役的 22 型和23 型护卫舰，成为未来英国水面舰艇的中坚。按照英国海军的要求，26 型护卫舰将在执行反潜这一主要任务的同时，还要能执行海上护航、对地攻击、情报搜集、水面巡逻、反海盗、反恐和人道主义救援等多种任务。

"机敏"级攻击型核潜艇也是英国海军未来发展的重点武器。2010年英国《战略防务与安全评估报告》在决定大幅削减水面战舰数量的同时，却增加了一个"机敏"级攻击型核潜艇编队。"机敏"级攻击型核潜艇以安静和探测性能强大著称，据称"机敏"级攻击型核潜艇的噪声比一条小鲸鱼的动静还小，而它强大的探测系统可以在英吉利海峡发现进出美国纽约港的客轮的动向。"机敏"级攻击型核潜艇的核反应堆理论上可以保证它在水下连续潜伏 25 年而无须添加燃料，其活动范围几乎是毫无限制的。"机敏"级攻击型核潜艇装备了 38 种武器装备，特别是它装备了"战斧"巡航导弹，从而具备了对陆上目标进行纵深打击的能力。"机敏"级攻击型核潜艇既可以为英国"前卫"级战略核潜艇提供护航，也可以组成潜艇攻击群为航母护航或执行攻击任务，同时它还能以一艘潜艇为单位进行单兵作战，它强大的对陆攻击能力也为英国海军"由海制陆"战略提供了新的选择。①

2016 年 10 月，英国新一代战略核潜艇项目的首舰开工建造，并于10 月 21 日即特拉法尔加海战胜利纪念日这天被正式命名为"无畏"号（HMS *Dreadnought*）。② 新一代战略核潜艇项目是英国有史以来最昂贵、技术最先进的核潜艇发展项目，它也是英国政府投资 1780 亿英镑装备发展计划的一部分。该型核潜艇计划建造 4 艘，将用来替代英国海军现役

---

① HM Government，*Securing Britain in an Age of Uncertainty*：*The Strategic Defence and Security Review*，presented to Parliament by the Prime Minister by Command of Her Majesty，October 2010，p. 21.

② "New Successor Submarines Named"，HM Government，October 21，2016，https：//www.gov.uk/government/news/new-successor-submarines-named.

的 4 艘 "前卫" 级战略核潜艇, 以维持英国的核打击能力。①

由于现代武器的研制费用不断攀升, 未来英国海军仍将长期面对经费不足的难题, 因此它必将坚持走一条保持质量、限制规模的精兵之路。根据 2015 年版 "综合评估报告", 英国将继续保持国防开支占 GDP 2% 的北约标准, 保持陆军兵力 8.2 万人的规模, 海空军则共增加 700 人, 未来 10 年内计划投资 1780 亿英镑用于装备研发和更新换代。② 到 2025 年, 英国海军将拥有 2 艘最新的 "伊丽莎白女王" 级航母, 并搭载 F-35 联合打击战斗机。英国海军将订购 8 艘突出反潜功能的 26 型护卫舰, 以取代现役的 23 型护卫舰, 继续维持水面舰队 19 艘驱逐舰和护卫舰的规模。同时, 英国海军将着手研发新型通用型护卫舰, 以在 21 世纪 30 年代增加驱逐舰和护卫舰的数量。英国还将订购两艘新型近海巡逻舰。英国空军除计划增加 2 个 "台风" (*Eurofighter Typhoon*) 和 1 个 F-35 机队外, 还将订购 9 架波音 P-8 海上巡逻机。英国空军的远程兵力投送能力则将由 14 架 "旅行者" (*Voyager*) 空中加油机、22 架 A400M 战略运输机和 8 架 C-17 战略运输机和得到升级的 C-130J 战术运输机组成。③

第四节　经略海洋:英国的海洋发展政策

英国位于大西洋西北部, 海岸线总长达 1.15 万公里, 海洋资源十分丰富。英国具有开发海洋资源的悠久历史, 其捕鱼业和航运业一直位居世界前列。第二次世界大战后, 以北海油田的开采为代表, 英国开发海洋资源的力度不断加大, 海洋科学研究走在世界前列, 海洋经济也成为英国经济的重要组成部分。

---

① "Building to Strat on New Nuclear Submarines as Government Announces £ 1.3 Billion Investment", Royal Navy, October 1, 2016, http: //www. royalnavy. mod. uk/news-and-latest-activity/news/2016/october/01/161001-building-starts-on-successor.

② HM Government, *National Security Strategy and Strategic Defence and Security Review 2015*: *A Secure and Prosperous United Kingdom*, London: Her Majesty's Stationery Office, 2015, p. 27.

③ HM Government, *National Security Strategy and Strategic Defence and Security Review 2015*: *A Secure and Prosperous United Kingdom*, London: Her Majesty's Stationery Office, 2015, pp. 30-32.

一 英国海洋产业发展概况

作为一个传统的海洋国家，英国一直十分注重海洋资源的利用与开发。英国在捕鱼业、造船业和航运业等传统海洋产业领域长期保持了世界领先优势，二战后尽管受到产业转移等因素的影响，英国不再是世界名列前茅的捕鱼、造船和航运大国，但英国在航运保险、海事仲裁等海洋服务业领域仍执世界牛耳。

近年来，英国海洋产业发展的步伐逐步加快。据统计，英国商船队的规模比 2000 年时增长了 170%，英国有 4 万人直接从事航运业，另有 21.2 万人间接为这一产业服务。仅航运业每年就为英国政府带来 47 亿英镑的收入。[①] 2013 年，英国海洋航运业共计运送国内乘客 2240 万人，运送国际旅客达 4330 万人。为进一步发展航运业，英国政府每年投入 1500 万英镑用于船员的职业技能培训。从 2014 年 11 月开始，英国还设立了海洋技能周（maritime skills week），广泛利用全国范围内的院校、培训机构等为个人和企业开展形式多样的海洋技能培训。[②]

2008 年，英国公共财产公司公布了《英国海洋经济活动的社会-经济指标》。据统计，2005—2006 年，英国海洋经济活动产值达 460 亿英镑，占英国国内生产总值的 4.2%，海洋产业就业人数占英国就业总人数的 2.9%，海洋经济对英国经济的贡献率为 6.0%—6.8%。[③] 2011 年 9月，英国政府发布了《英国海洋产业增长战略》。报告将海洋休闲产业、装备产业、商贸产业和海洋可再生能源产业确定为英国未来重点发展的四大海洋产业。报告预计，到 2020 年，以这四大海洋产业为主的英国海洋产业增加值有望达到 250 亿英镑。[④]

---

① "Making Waves: Defence Special", Newsletter of the Chamber of Shipping, Spring 2009, pp. 1-2, 4; Qutoed in Geoff Till, "Back to Basics: British Strategy after Afghanistan", *Corbett Paper*, No. 6, July 2011, The Corbett Centre for Maritime Policy Studies, King's College London, p. 5.

② UK Department for Transport, *Our Maritime Nation: Achivements and Challenges*, March 2015, pp. 3-5.

③ 《英国海洋经济活动的社会-经济指标——看英国海洋经济统计》，《经济资料译丛》2010 年第 2 期，第 75 页。

④ 李军、车容子：《英国海洋产业增长战略及其启示》，《中国海洋报》2012 年 2 月 3 日。

二　海洋资源开发与利用

目前，英国的海洋资源开发与利用主要集中在能源领域，特别是在开发北海油田、利用风能和海洋能发电等方面。

（一）北海油田开发

20 世纪 70 年代初，英国与挪威合作开发的北海油田开始产油，这一油田在 80 年代进入大规模开采阶段。北海油田的投产对于英国具有极为重要的意义，它大大提振了英国经济，使成为其在 70 年代因为部分阿拉伯国家的“石油禁运”而造成的世界经济大衰退中一枝独秀。借助北海油田的开发，英国不仅摆脱了对中东原油的依赖，满足了本国工业发展对石油的需求，还从石油净进口国成为净出口国，赚取了大笔外汇。1981 年，英国石油生产量首次超过消费量。1982 年，英国北海油田产量突破亿吨大关。1986 年英国石油日产量达到 267 万桶的最高峰，当年出口原油 5000 万吨，成为世界第五大石油出口国。① 甚至可以说，北海油田对于英国获得 1982 年马岛战争的胜利在经济上起到了重要支撑作用。

尽管从 1990 年开始，随着探明储量的减少和开采成本的上升，北海油田产量开始逐渐下降，但到 2003 年英国石油生产量仍然占世界的 2.9%。此外，2003 年英国北海天然气产量达到 1018 亿立方米，此后逐年下降。2006 年，英国重新成为石油净进口国。英国的北海布伦特石油定价还成为欧洲原油交易市场参考价格，英国在世界石油市场上获得了重要的发言权，从而巩固并扩大了英国海洋经济的影响力，国力得以重振。目前探明，英国北海油田剩余可开采量为 612 亿桶石油和 7280 亿立方米天然气。② 但随着石油天然气勘探技术的不断进步，英国和挪威等国不断在北海发现新的油气田，这意味着北海油田的使用寿命仍在不断延长。

（二）海上风力发电

在海上风电领域，英国一直扮演着领跑者的角色。2000 年 12 月，英国政府批准建立了英国第一座海上风电场，这座风电场位于诺森伯

---

① 郭小哲编著《世界海洋石油发展史》，石油工业出版社，2012 年，第 173 页。
② 郭小哲编著《世界海洋石油发展史》，石油工业出版社，2012 年，第 69 页。

兰郡的布莱斯港。截至 2011 年底，英国已经建立了 13 座海上风电场，总装机容量达到 1155 兆瓦。2010 年，英国海上风电新增装机容量 92.5 万千瓦，累计装机容量 181.9 万千瓦，占 2010 年全球总装机容量的 51.18%。[①]

发展海上风电受到英国政府的高度重视，其涉及的主要管理部门有英国能源和气候变化部，皇家地产委员会，商业、创新和技能部，环境、食品和农村事务部，天然气和电力市场办公室等。虽然涉及部门众多，但各部门之间分工明确，权责分明，相互之间的协作井然有序，共同推动了英国海上风电产业的持续、快速、健康发展。具体说来，英国能源和气候变化部负责制订涉及海上风电的各类能源发展规划，明确海上风电产业的发展目标、政策支持等。作为英国海滨和海底的主要管理者，皇家地产委员会则主导制订各轮海上风电发展计划并实施招标。商业、创新和技能部负责海上风电项目的审批。环境、食品和农村事务部负责环境评估。天然气和电力市场办公室负责可再生能源配额制度的实施，同时管理和协调电网建设，为海上风电项目顺利接网铺平道路。[②] 2013 年 5 月，英国贸易与投资署成立了海上风电投资组织（OWIO），以促进英国海上风电产业的投资和就业。

截至 2015 年 5 月，英国海上风电的装机容量达 4 吉瓦，在建装机容量为 1.7 吉瓦，政府支持的海上风电项目为 5.1 吉瓦，已批准项目为 7.4 吉瓦，规划中的项目为 5.2 吉瓦。到 2020 年，英国海上风电装机总容量将达 23.4 吉瓦，其中实际发电能力为 10 吉瓦。[③]

（三）海洋能发电

除海上风力发电外，利用海洋能（潮流能、波浪能和潮汐能）发电也备受英国政府重视。英国拥有丰富的海洋能资源。目前全球 23% 的波浪能开发项目和 27% 的潮汐能开发项目位于英国。英国波浪能和潮汐能资源主要位于苏格兰，苏格兰波浪能蕴藏量达 14000 兆瓦，占欧盟总蕴

---

① 薛辉：《英国海上风电政策及其对我国的启示》，《商场现代化》2012 年第 3 期，第 35 页。
② 方韬：《英国海上风电发展模式及借鉴意义》，《中国能源》2014 年第 12 期，第 28 页。
③ UK Trade & Investment, ed., *UK Offshore Wind: Opportunities for Trade and Investment*, 2015, p. 15.

藏量的 10%，潮汐能蕴藏量达 7500 兆瓦，占欧盟总蕴藏量的 25%。① 作为世界上第一个也是最权威的海洋能发电装置测试及认证机构，2003 年成立的欧洲海洋能源中心（European Marine Energy Centre，EMEC）就建在苏格兰奥克尼群岛。② 2010 年 3 月，英国政府公布了《海洋能源行动计划 2010》（*Marine Action Plan 2010*），阐述了英国利用潮流能、波浪能和潮汐能等新型海洋能源的远景规划和分阶段任务，总的目标是减少传统石化燃料制造的碳排放，进一步利用海洋可再生能源发电。

在潮流能方面，目前英国研制出了世界首台投入示范运行的潮流能机组，即 1.2 兆瓦的 SeaGen。英国亚特兰蒂斯资源公司自 2012 年开始在苏格兰彭特兰湾建设总装机容量达 398 兆瓦的潮流能发电场 MeyGen，这是迄今为止世界上最大的潮流能规模化开发利用计划。③

在利用波浪能发电方面，英国也处于世界领先地位。2016 年 11 月，澳大利亚卡内基公司在英国西南部的康沃尔郡启动了首座波浪能发电厂建造项目，计划到 2020 年安装 15 个 1 兆瓦的并网波浪能转换装置"赛托"（CETO），以总装机容量 15 兆瓦的规模满足 6000 户家庭的用电需求。这一项目已经获得了欧洲区域发展基金的 955.2 万欧元的资金支持。值得一提的是，英国波浪能中心试验场（Wave Hub）就位于康沃尔郡，它是世界级的波浪能技术研究中心。④

英国的潮汐能开发主要集中在苏格兰地区。2011 年，苏格兰伊斯雷岛和吉拉岛海域开始建设全球首座大型潮汐发电站，该项目总投资为 4000 万英镑，发电量可达 10 兆瓦。2012 年，苏格兰可再生能源公司在艾代岛成功完成了水下涡轮机"激发"潮汐发电的测试。苏格兰政府在 2011 年宣布，将在奥克尼群岛和苏格兰北部海岸彭特兰弗斯地区兴建总发电量达 1.2 吉瓦的 10 套波浪能和潮汐能发电装置，希望到 2020 年能为 75 万户苏格兰家庭提供海洋能生产的电力，以实现整个苏格兰地区消

---

① 林香红等：《英国海洋经济与海洋政策研究》，《海洋开发与管理》2014 年第 11 期，第 111 页。

② 参见 EMEC 官网，http：//www.emec.org.uk/about-us/。

③ 刘玉新、麻常雷：《英国海洋能开发利用分析》，《海洋开发与管理》2018 年第 3 期，第 4 页。

④ 《英国建首座波浪能发电厂 未来或可取代风能》，北极星风力发电网，2016 年 11 月 10 日，http：//news.bjx.com.cn/html/20161110/787948.shtml。

费的电力完全由可再生能源提供的目标。①

三　海洋环境保护与海洋科学研究

(一)　海洋环境保护

英国在注重海洋资源开发利用的同时，也十分重视海洋生态环境的保护。英国海洋环境保护的主要路径是以立法带动海洋环保的体制机制建设，重点加强海洋保护区建设。

在海洋立法方面，早在 20 世纪 70 年代，英国就颁布了《北海石油与天然气：海岸规划指导方针》，规定海洋油气业只能在指定区域内利用海岸区域，确立了"优先开发地带"和"优先保护地带"。1974 年，英国又颁布了《海上倾废法》，禁止向海中倾倒任何物质。英国也特别注重保护珊瑚礁、海岸生态和海洋生物物种等。② 另外，英国还积极参与国际海洋合作，推动落实《联合国海洋法公约》，联合国《21 世纪议程》《生物多样性公约》《可持续发展宣言》，欧盟《东北大西洋海洋环境保护公约》等国际和地区法律文献。

2009 年，英国政府颁布《海洋与海岸带准入法》(*Marine and Coastal Access Act 2009*)，成立了英国海洋管理组织 (Marine Management Organization, MMO) 这一非政府部门执行公共组织 (Executive Non Departmental Public Body, NDPB)，代表英国政府进行海洋管理。英国海洋管理组织主要对英国环境、食品和农村事务部大臣负责，它的主要任务是执行海洋管理规划，批准海洋工程和管理英国海洋渔业活动，以维持海洋区域的持续性发展，促进英国政府制定的海洋政策朝着卫生、健康、安全、多产并具有生物多样性的目标努力。具体而言，英国海洋管理组织的职责包括：执行海洋规划，批准海洋活动，管理主要的海洋产业，管理渔业，保护和改善自然环境，提供英国统计数据以进行资料分析，为英国和英格兰渔业争取欧洲渔业基金资助。2011 年 7 月 18 日，英国海洋管理组织发布了《海洋污染应急计划》，主要针对原油泄漏等重

---

① 《苏格兰潮汐能获 1 亿英镑投资》，《中国能源报》2016 年 4 月 18 日。
② 赵蓓等：《英国海洋资源开发利用综述》，《海洋开发与管理》2008 年第 11 期，第 9—10 页。

大海洋污染事故提供工作流程与机制。根据英国《海洋与海岸带准入法》，英国大力推进具有生态协调功能的海洋保护区蓝色带（Blue Belt of Marine Protected Areas，MPAs）建设。英国海洋保护区蓝色带由海洋养护区（Marine Conservation Zones，MCZs）、养护专门区（Special Areas of Conservation，SACs）、特别保护区（Special Protection Areas，SPAs）、特别科学保护区（Sites or Areas of Special Scientific Interest，SSSIs/ASSIs）、国际重要湿地（Ramsar sites）等构成。①

除完善海洋环境保护的体制机制外，英国还大力加强海洋环境保护区建设。2010 年 1 月，英格兰德文郡沿海的伦迪岛（Lundy Island）海域成为英国第一个海洋保护区。截至 2016 年，英国已经在本土近海建立了 50 个海洋保护区，覆盖超过 2 万平方公里海床。② 在海外领地方面，2010 年 4 月，英国政府宣布在印度洋的查戈斯群岛（即英属印度洋领地）附近建立世界上最大的海洋保护区，即"英属印度洋领地海洋保护区"（The British Indian Ocean Territory Marine Protection Area）。该保护区面积达 63.9661 万平方公里，绝大部分区域彻底禁止商业捕捞。2012 年 7 月，来自英美多家科研机构的学者共同发布了《英属印度洋领地保护和管理方案》（Conservation and Management in British Indian Ocean Territory），提出从海洋科学、环境立法、渔业管理、岛屿监测等方面入手，提高海洋保护区的管理水平，增强保护效果。2016 年 9 月，英国又宣布将在南太平洋的皮特凯恩岛、大西洋的圣赫勒拿岛等 4 座岛屿附近海域新建海洋保护区，大约 130 万平方公里海域将禁止商业捕捞。

英国推动海洋保护区建设的举措不仅可以有效保护面临越来越大危险和挑战的海洋环境，还可以进一步彰显英国对一些海外领地的主权，特别是对其所拥有的专属经济区的管控权，从而以海洋环保为切入点，巩固并扩大英国的全球性海洋影响力。

---

① UK Department for Environment, Food & Rural Affairs, Marine Conversation Zones, Update, January 2016, p. 1, https://assets.publishing.service.gov.uk/government/uploads/system/uploads/attachment_data/file/492784/mcz-update-jan-2016.pdf.

② UK Department for Environment, Food & Rural Affairs, Marine Conversation Zones, Update, January 2016, p. 4, https://assets.publishing.service.gov.uk/government/uploads/system/uploads/attachment_data/file/492784/mcz-update-jan-2016.pdf.

（二）海洋科学研究

英国大力推动海洋科学发展，理顺海洋科学研究管理体制。作为一个老牌海洋强国，英国有着悠久的海洋科技研究的历史。早在 1882 年，英国就成立了苏格兰海洋科学协会（Scottish Association for Marine Science），该组织是世界最早成立的海洋科研组织之一。

1986 年，英国成立了海洋科学技术协调委员会，专门负责制订英国的海洋科技发展规划，协调海洋科技发展。1990 年，英国政府公布了今后数十年英国海洋科技发展战略报告，规定了国家海洋战略的六大目标，它们分别是：大洋、领海、沿海水域及生物资源的环境保护；海洋资源的开发利用；国防；气候变化及其影响预测；海洋技术；海洋法制管理。其中，报告提出要优先发展海洋遥感、大型计算机、数据库、水下技术以及新型海洋观测仪器等对实现海洋科技发展战略具有重大意义的高新技术。此外，英国还建立了一系列从事海洋科技研究的机构，并不断整合资源，调整研究方向，形成英国的海洋科技研究体系。[①]

在海洋科技管理方面，英国同美国一样，长期采用分散管理体制。英国政府并未成立一个统一的海洋科技管理机构，相关的职责分散在政府有关部门中。近年来，英国政府致力于整合国内海洋科研力量，促成建立了海洋技术中心、开发研究中心等，加强科研机构、大学与企业的合作，重视海洋科技的转化应用，形成了政府、科研机构和企业三位一体的联合开发体制。[②] 英国海洋科学研究的主要力量是研究机构和大学，其中海洋科学研究机构大体可分为专门性研究机构、区域性研究组织、综合性研究机构和海洋调查机构四类。2010 年成立的英国国家海洋中心（National Oceanography Centre，NOC）和普利茅斯海洋实验室（Plymouth Marine Laboratory，PML）是英国最重要也是最知名的两大海洋综合性研究机构。英国国家海洋中心隶属于英国自然环境研究委员会（Natural Environment Research Council，NERC），是世界六大海洋科研机构之一，研究范围从海岸带到深海，代表了英国在海洋学研究方面的最

①　高战朝：《英国海洋综合能力建设状况》，《国外海洋开发与管理》2004 年第 3 期，第 30 页。

②　相玉兰：《海洋科技管理的新进展》，《海洋信息》1997 年第 12 期，第 18 页。

高水平。普利茅斯海洋实验室主要从事海洋观测、海洋模型、研究和预测海洋生态系统等工作，旨在提供海洋环境解决方案，聚焦海洋环境与社会的关系等。① 在大学方面，以海洋学专业见长的英国著名学府主要有南安普顿大学、纽卡斯尔大学、利兹大学、格林尼治大学、利物浦大学、格拉斯哥大学、加迪夫大学等。其中，南安普敦大学的海洋学专业因为依托英国国家海洋中心而独具优势。

在海洋科学研究规划方面，2007 年，英国自然环境研究委员会启动了名为"2025 年海洋"（Ocean 2025）的战略性海洋科学计划，计划在未来 5 年内投入 1.2 亿英镑，重点支持气候、海水流动、海平面、海洋生物化学循环、大陆架及海岸演化、生物多样性、生态系统、大陆边缘及海岸研究、可持续的海洋资源利用、健康与人类活动的影响、技术开发、下一代海洋预测、海洋环境中的综合持久观察等研究领域，并支持建立英国海洋数据中心、平均海平面永久服务中心和海藻与原生物样品收集中心 3 个科研机构。② 2010 年，英国又颁布了《英国海洋科学战略2010—2025》（UK Marine Science Strategy），以期通过未来 15 年的努力，整合英国政府、企业、非政府组织和其他方面的力量，共同建设一个清洁、健康、安全、富饶和生物多样化的海洋。该战略确定的未来英国海洋科学研究的重点领域有 3 个，即探索海洋生态系统的运作机制、应对气候变化及它同海洋环境之间的交互影响、维持并增加生态系统收益等。③《英国海洋科学战略 2010—2025》由英国海洋科学协调委员会（Marine Science Co-ordination Committee，MSCC）具体负责实施，为此还颁布了《战略实施计划 2015—2025》（Strategic Implementation Plan

① 王金平等：《英国海洋科技计划重点布局及对我国的启示》，《地球科学进展》2014 年第 7 期，第 869 页。另参见英国国家海洋中心官网（http：//www.noc.ac.uk/）、普利茅斯海洋实验室官网（https：//www.pml.ac.uk/）。

② 宋国明：《英国海洋资源与产业管理》，《国土资源情报》2010 年第 4 期，第 10 页。

③ HM Government，Scottish Government，Northern Ireland Executive，Welsh Assembly Government，*UK Marine Science Strategy：Shaping，Supporting，Co-ordinating and Enabling the Delivery of World Class Marine Science for the UK. 2010-2025*，London：Department for Environment，Food & Rural Affairs on behalf of the Marine Science Co-ordination Committee，2010，https：//assets.publishing.service.gov.uk/government/uploads/system/uploads/attach ment_data/file/183310/mscc-strategy.pdf.

2015-2025）。①

总的来说，英国的海洋环境保护与海洋科学研究起步早，起点高，成效显著。英国的海洋环境保护特别注重立法和国际合作，善于从制度设计入手，建立科学合理的海洋环保管理体系。而英国的海洋科学研究既着眼于服务海洋经济发展的需求，又密切关注国际海洋科学的前沿问题，紧跟时代发展潮流，使英国的海洋科学研究始终保持世界领先地位。

四　海洋事业管理与海洋立法

第二次世界大战后，世界主要海洋大国的海洋开发利用逐渐向着开发海洋矿物资源、利用潮汐和风能发电、进行海水养殖、培育海洋合成药物、发展海洋科技等方向发展，而英国的海洋事业管理则走在了世界前列，其思路日渐清晰，开发海洋的力度也在不断加大。

长期以来，作为英国海洋事业管理的具体执行者，英国海上执法队伍主要有4支：（1）交通部下属的皇家海岸警卫队，主要负责海难救助、保护海洋浴场和游泳区的安全等；（2）皇家海军，主要任务是沿海经常性地进行海上巡逻和查禁海上走私活动等，并协助进行海上救助，以及应要求承担海上渔业捕捞检查和保护渔业区等工作；（3）民间机构皇家救生船协会，主要承担离岸30海里内的海上救生救助任务；（4）执行海洋环境保护、海上交通安全等任务的其他部门，如交通部海洋污染控制厅等。② 总的来说，英国海洋管理体系一直存在管理主体分散、条款分割过细等问题，这在一定程度上影响了英国海洋管理的效率和质量。

近年来，英国海洋立法的步伐不断加快，在科学管理海洋事务上动作不断。2008年，英国成立了海洋科学协调委员会（MSCC）。该机构由21个政府部门、非政府组织、企业代表和其他社会力量等成员组成，旨在打破政府、非政府组织和产业界之间的壁垒，对英国的海洋研究事业进行统一规划和部署。2009年11月12日，英国批准了《海洋与海岸带准入法》，这标志着综合性海洋法律正式进入英国法规体系。英国《海

---

① Marine Science Co-ordination Committee, *Strategic Implementation Plan 2015-2025*, https://assets. publishing. service. gov. uk/government/uploads/system/uploads/attachment _ data/file/528400/mscc-strategic-implementation-plan. pdf.

② 张炜主编《国家海上安全》，海潮出版社，2008年，第161页。

洋与海岸带准入法》具有英国海洋基本法的性质，也可称为《英国海洋法》。它由 11 个部分共 325 条组成，包括：（1）海洋管理组织；（2）专属经济区、其他海洋区域与威尔士渔业区域；（3）海洋规划；（4）海洋许可证；（5）海洋自然保护；（6）近海渔业管理；（7）其他海洋渔业事务管理；（8）海洋执法；（9）海岸休闲与娱乐；（10）其他；（11）补充条款等。

　　这部《英国海洋法》的主要特点有：第一，宏观的指导性条款与微观的实施措施相结合，可操作性强；第二，始终贯彻可持续发展原则；第三，重视综合管理；第四，注重生物多样性保护；第五，强调公开、透明，鼓励公众参与决策与管理；第六，因地制宜，对不同地区采取不同的政策。① 这表明，英国的海洋事业管理将坚持可持续发展道路，注重资源利用与环境保护相结合，这也体现出在全球化背景下面临海洋污染等新的威胁和挑战，英国对海洋发展道路的新认识。根据《英国海洋法》，英国成立了统一的海洋管理组织，全面负责全国的海洋事业管理工作，以改变以往那种各部门条块分割、分散管理、效率不高的局面。②《英国海洋法》主要适用范围为英格兰和威尔士地区。2010 年，苏格兰政府也颁行了《苏格兰海洋法》[Marine（Scotland）Act（2010）]，建立了与根据《英国海洋法》规定设立的英国海洋管理组织相对应的 "苏格兰海洋"（Marine Scotland）机构。2013 年，北爱尔兰政府颁布实施《北爱尔兰海洋法》[Marine（Northern Ireland）Act（2013）]，该法案赋予北爱尔兰环境部（Northern Ireland Department of the Environment）等同于英国海洋管理组织的职权。③

　　除海洋立法外，进入 21 世纪，英国政府还颁布了一系列海洋战略规划文件，用于指导英国未来数十年的海洋事业。2007 年，英国发布了《2007—2012 年海洋战略研究规划》。2010 年 2 月，英国政府又颁布了《英国海洋科学战略 2010—2025》，旨在协调政府、企业、科研机构、大

---

① 李景光、阎季惠：《英国海洋事业的新篇章——谈 2009 年〈英国海洋法〉》，《海洋开发与管理》2010 年第 2 期，第 90—91 页。

② 李景光、阎季惠：《英国海洋事业的新篇章——谈 2009 年〈英国海洋法〉》，《海洋开发与管理》2010 年第 2 期，第 87—89 页。

③ 史琪琪：《英国〈海洋与海岸带准入法〉评析——兼论对中国海洋法制借鉴》，《海商法评论》2017 年第 3 期，第 49 页。

学等多方面力量，统一指导英国海洋科学事业的发展。同年 3 月 15 日，英国又发布了《海洋能源行动计划 2010》，规定了潮汐发电、海洋风力发电等未来英国海洋能源建设的方向。

总的来说，英国海洋事业管理的趋势是加强海洋立法，突出政府的指导和协调作用，使海洋管理体制由分散走向统一，改变以往主要由民间组织、私人企业和团体积极投身各类海洋事业管理的局面，但又注意保护民间组织的积极性，善于调动它们的力量优化海洋管理体系，提高管理效率。

五　海洋服务业与海洋科普教育

（一）海洋服务业

二战后，英国虽然不再是世界首屈一指的海洋强国，但仍然是名列前茅的海洋先进国家。英国虽然在海军力量、造船、大型海洋工程设备等"硬实力"上呈现衰落之势，但凭借其数百年治理海洋的丰富经验和深厚的历史积淀，在船舶登记、信贷、海事仲裁等"软实力"上依然处于世界顶尖水平，当前的国际海洋制度在很大程度上仍然有深深的英国烙印。英国海洋经济的显著特点之一，就是将高附加值的海洋服务业作为其发展重点，目前英国在海洋服务业领域占据世界领先地位。

尽管英国商船队总吨位已很难稳定地保持在世界前十名之列，但英国拥有全球最发达的海事服务行业，伦敦仍然是最为重要的国际航运中心之一，尤其是在 90% 的贸易都是通过海运完成的欧盟内，英国在保险、船舶经纪、海事法律服务等方面的作用几乎无可替代。英国拥有全球历史最悠久、最健全、最成熟、最专业、最有信誉的海事服务体系，劳氏船级社、国际保险协会、英国保险经纪协会等著名机构历史悠久、享誉世界。据统计，英国在全球船舶保险费中所占的比例高达 35%，占全球船舶经济收入的 26%，全球 25% 的海事法律合作伙伴在英国。波罗的海交易所（Baltic Exchange）、国际海事组织（International Maritime Organization，IMO）等重要的国际海事机构等位于英国。[1] 英语是国际海事活动的通用语，英国海商法对各国海商法等相关法律以及国际公约、

---

① 张向辉：《"脱欧"对英国航运影响几何》，《中国船检》2016 年第 6 期，第 51 页。

国际惯例等产生了深远影响。

英国海洋服务业的主要门类有港口业、航运业、海洋商业服务业，其中海洋商业服务业主要包括核算、仲裁、船舶登记和入级、咨询、教育、金融、保险、法律、船舶经济等。① 据统计，2013 年英国海洋服务业创造了 46.89 万个就业岗位，为英国 GDP 的贡献达 222 亿英镑，相当于英国经济总量的 1.4%，另外还为英国税收贡献了 62 亿英镑。②

（二）海洋科普教育

作为一个传统海洋国家，英国一直十分重视对公民的海洋教育，特别注重培养他们探索海洋、保护海洋、利用海洋的国家意识。英国推动海洋教育的相关组织和机构主要包括政府单位、学校教育机构、海洋博物馆及水族馆、民间团体、媒体和网络等。在官方教育层面上，目前英国政府虽然没有设立专门负责管理海洋事务的部门，但一直致力于积极协调英国海军、交通部等多个涉海部门，为海洋教育提供各种便利。英国政府充分利用英国在数百年海洋发展历史中积累下来的丰富的物质和非物质文化遗产，如港口、码头、战舰、水兵俱乐部等，以及设在朴次茅斯、南安普敦、利物浦等港口城市的海洋科研机构、博物馆、造船厂、码头等，开展海洋历史、海洋文化、海洋科技等方面的宣传和教育。例如，作为英国海军的发源地之一，朴次茅斯就保留有都铎时代的船坞遗迹，并展出亨利八世时期的名舰"玛丽·罗斯"号（HMS *Mary Rose*）的遗骸，以及纳尔逊在特拉法尔加海战中的旗舰"胜利"号（HMS *Victory*）和英国第一艘铁甲舰"勇士"号（HMS *Warrior*）。此外，当地还有英国海军博物馆、英国海军潜艇博物馆、英国海军火力博物馆等。

位于伦敦泰晤士河边的格林尼治皇家海军学院（Old Royal Naval College）旧址是英国著名游览胜地，作为英国海军历史传统、文化哲学和个性精神的象征而存在。著名的英国国家海事博物馆（National Maritime Museum）也坐落于此。另外，伦敦的帝国战争博物馆（Imperial War Museum）专门将一个分馆设在停泊在伦敦塔桥附近的退役巡洋舰

---

① "UK Maritime Services", Maritime London, http://www.maritimelondon.com/uk-maritime-services.

② *The Economic Impact of the UK Maritime Services Sector: A Report for Maritime UK*, Oxford: Oxford Economics, 2015, p.9.

"贝尔法斯特"号（HMS *Belfast*）上。北爱尔兰贝尔法斯特除了有著名的"泰坦尼克"号纪念馆外，还有退役的"卡罗琳"号巡洋舰（HMS *Caroline*）可供游人参观。这艘巡洋舰曾参加过日德兰海战，在英国皇家海军中一直服役到2011年。利物浦的阿尔伯特码头（Albert Dock）也以悠久的航海历史和丰富的海洋文化成为闻名于世的游览胜地。更值得称道的是，英国海军博物馆图书馆、英国国家海事博物馆、帝国战争博物馆等珍藏的关于英国海军的历史档案资料均向公众免费开放，鼓励包括专业研究人员、退役军人和民间历史爱好者等在内的一切对海军史感兴趣的人士开展相关研究，为其提供各种便利。每逢公众假日，前往上述博物馆、图书馆等地参观的游客，特别是中小学生络绎不绝。

一言概之，作为一个具有百年辉煌海洋历史的老牌强国，英国的海洋教育和科普的资源极为丰富，而英国政府和民间组织也十分善于挖掘和利用这种资源，开展多种形式的海洋教育和科普活动，将英国深厚的海洋意识传承下去，并根据时代的变迁和发展的需求不断补充新的内容，使英国海洋发展永远充满活力。

第四章

现代英国海洋观的历史沿革与发展

作为一个具有悠久海洋历史和深厚海洋传统的国家，英国海洋观具有非常丰富的内涵，蕴含了极为精粹的哲学智慧。现代英国海洋观既承继了数百年来英国统治海洋的光辉传统，体现出源远流长的历史流变的浓墨重彩，又与时俱进地融入现代英国人对当代国际海洋政治的现实思考，体现了创新、务实、积极进取的精神。

第一节　近代以来英国海洋观的发展演变

一　近代以来英国对海洋发展道路的认知与思考

近代以来，英国对海洋发展道路的认识，是随着海洋因素对英国社会渗透程度的逐步扩大而得以确立并不断加深的，概括为一点，即英国在军事和经济上都要统治海洋，并从海洋中获取安全回报和经济收益。作为一个岛国和全球性贸易帝国，英国本土和帝国的安全都系于海洋，它的繁荣也建立在整个海洋发展结构的基础之上。①

在军事层面上，英国一直将海军力量视为国家安全和发展的基石。自都铎王朝以来，海军一直被视为英国国运维系的命脉和英国富强的守护神，这一观念在维多利亚时代因为"日不落帝国"（the empire on which the sun never sets）的建立而得到进一步强化。1891 年，英国海军在伦敦切尔西地区外海举行了一场规模盛大的展览。在一个群雄并起的帝国主义时代，这场展览也再次印证了英国海军在英国历史和现实中的

---

① Andrew Lambert, "Great Britain and Maritime Law from the Declaration of Paris to the Era of Total War", in Rolf Hobson and Tom Kristiansen, eds., *Navies in Northern Waters, 1721-2000*, London: Frank Cass, 2004, p. 11.

特殊地位。正如它的座右铭所写的那样："在上帝的庇护之下，英国的财富、繁荣与和平都仰赖于它的海军来捍卫。"英国《泰晤士报》指出，1891 年的展览再次展现出控制海洋对于英国生存和发展的极端重要性，今天英国所获得的一切，哪怕是最微小的利益都同它的海洋霸主地位密切相关，正是一代代为之奋斗的人们使得英国确立起了统治海洋的崇高地位，而这种地位集中体现在了那一艘艘接受检阅的、庄严威武的英国海军战舰身上。①

　　在经济层面上，英国人将海洋视为财富的源泉，由此形成的以发展商业、海外贸易和殖民地扩张为主要内容的海洋发展模式为英国这个贫瘠海岛带来了勃勃生机，这一点在英国人对以海洋为主要载体的自由贸易的追求中体现得淋漓尽致。自由贸易同海洋经济是相辅相成的统一体，自由贸易的发展带来了以造船、航运、保险、海外投资等为代表的海洋经济的繁荣，英国从海洋产业中获得的收益迅速增长。使用蒸汽机的汽船在 19 世纪初进入航运领域后，逐步取代传统的帆船成为海上运输的首选，汽船的出现不仅大大提高了海运的效率，还加快了海运成本下降的速度。1840—1860 年，海运成本每年下降 2.3%，1900—1910 年则每年下降 3.3%。到 1870 年，汽船已占海上运输船队的 49%。②

　　技术的进步更加推动了自由贸易的发展。到 19 世纪 60 年代，欧洲各国虽然对自由贸易的接受程度不同，但大体上顺应了这一趋势，德意志诸国、俄国等欧洲大国虽然并未实质上改变贸易保护主义政策，但仍然降低了部分商品的关税，荷兰、比利时、瑞士、瑞典、挪威、丹麦、葡萄牙等欧洲中小国家则较为彻底地实现了自由贸易。1860 年英法商约的签订，标志着英国推行的自由贸易政策取得了巨大的成功，也显著地影响了德国、意大利等国。③

　　同时，在思想层面上，英国在丢掉加莱后已经失去了争夺欧洲大陆

① Daniel Wayne Stewart, "*The Greatest Gift to Modern Civilization*"：*Naval Power and Moral Order in the United States and Great Britain, 1880 - 1918*, Ph. D dissertation, Temple University, 1999, p. 3.

② 〔英〕彼得·马赛厄斯、悉尼·波拉德主编《剑桥欧洲经济史》第 8 卷，王宏伟等译，经济科学出版社，2004 年，第 23 页。

③ 〔英〕彼得·马赛厄斯、悉尼·波拉德主编《剑桥欧洲经济史》第 8 卷，王宏伟等译，经济科学出版社，2004 年，第 28—41 页。

霸权的资格，长期混战不休的欧陆也逐渐成为渴望维护自身独立和自由的英国人所急欲与之保持距离的场所。"光荣革命以后，英语民族开始把目光转向海洋。对大多数英国人来说，欧洲是一个危险的根源，一块不自由的大陆，到处都是独裁者、耶稣会士以及流亡的詹姆斯党人。与此相反，浩瀚的海洋才是机遇与商业财富的宝库。英伦岛上的人们开始把他们的目标从欧洲转向大西洋……讲英语者的定居点和基地形成了一个环大西洋的'岛链'，同时还不断地闪现在两岸之间辽阔海域的零星岛屿上。大西洋几乎变成了盎格鲁圈的一个内湖。"① 也许，从地缘决定论的角度可以更好地理解海洋与自由的关系。法国启蒙思想家孟德斯鸠（Charles de Secondat，Baron de Montesquieu）在描述他所认为的英式自由时就曾谈道："相比大陆，岛屿上的居民享有的自由程度更高。岛屿通常地域狭小；部分民众很难被调动起来去镇压另一部分民众；海洋把他们和大帝国分离开来；独裁者在有限范围内难以维持统治；征服者被海洋阻隔；而岛民则因为不受其武力影响，更容易保留他们自己的法律。"②

　　概括而言，近代以来英国对海洋发展道路的认知与思考体现在军事、经济和思想三个层面上，军事层面着眼于海洋对于维护英国这个岛国安全和独立地位的关注，经济层面则瞄准了海洋蕴含的丰富资源对贫瘠的不列颠岛的巨大吸引力，思想层面则从自由主义的高度去看待海洋这个新兴的舞台。军事层面的英国海军、经济层面的海洋贸易和思想层面的自由主义运动有机互动，共同构成了近代英国海洋发展的三大支柱，奠定了不列颠海洋发展模式，也进一步深化了英国人的海洋意识。近代以来英国人这种强烈的海洋意识被学者彼得·帕德菲尔德（Peter Padfield）简化为"主宰海洋"。他在代表作《海洋霸权和西方思想的开放：塑造了现代世界的海军战役》（*Maritime Supremacy and the Opening of the Western Mind：Naval Campaigns That Shaped the Modern World*，*1588 - 1782*）一书中宣称："海上霸权是理解现代历史中绝大多数问题的关键，当然包括我们——西方民主国家——为什么是这样以及怎么成为现在这

---

① 〔英〕丹尼尔·汉南：《自由的基因：我们现代世界的由来》，徐爽译，广西师范大学出版社，2015年，第228页。

② 〔英〕丹尼尔·汉南：《自由的基因：我们现代世界的由来》，徐爽译，广西师范大学出版社，2015年，第336—337页。

样的难题。我们是海上霸权的继承人。我们的文明（如果可以这么说的话）、信念和优势不是优越的思想、无畏、狡猾、贪婪或无情（这些都是人类的共同属性）的产物，更不是基督教教义、'新教职业伦理'或盲目机会的产物，而是让强国利用和主宰海洋的特定配置的产物。"①

二　近代海洋观与英帝国的建立和发展

毫无疑问，英帝国是一个以海洋为根基和舞台的帝国，海洋因素在这个帝国的建立和发展的历史进程中扮演着极为重要的角色，也发挥了举足轻重的作用，而一切海洋因素的出发点则是不列颠民族深刻的海洋意识和海洋观念。同时，近代以来不列颠民族海洋意识的演进也在英帝国建立和发展的过程中打下了深刻的烙印。甚至有学者认为，发轫于英国的盎格鲁文化圈的本质是海上文明，而英语世界是一个不断扩张的群岛。②

在对西班牙"无敌舰队"史诗般的胜利当中，英国人超越传统的、教皇敕封的海洋权利的海洋观念，在精神层面上奠定了胜利的基础。"伊丽莎白女王坚信，海洋的所有权既不属于任何民族，又不属于任何个人，利用海洋和天空是所有人的权利。她唤醒国人进行一场反对外国势力威胁与侵略的民族战争。在她统治后期，商业和殖民、海盗和劫掠，这些语汇既充满着战争硝烟，又让人们感受到海洋气息。"③ 而先进的海洋观念又是与积极进取、顽强拼搏的海洋精神一脉相承的。"一个具有激情、冒险和不屈精神的民族将是无敌的，依靠这种精神，这个民族就可以焕发出使人振奋的力量，民族国家形成时期的英国人正是以这种方式去发展自己的海洋事业的。"④ 正是因为有了这种积极向上的海洋精神，英国在殖民扩张早期才敢于向一度垄断海上贸易的西班牙和葡萄牙挑战。1604

①　〔美〕彼得·雅克、扎卡里·A. 史密斯：《国际海洋纵览》，盛国强等译，上海译文出版社，2016年，第83页。

②　〔英〕丹尼尔·汉南：《自由的基因：我们现代世界的由来》，徐爽译，广西师范大学出版社，2015年，第333页。

③　姜守明：《从民族国家走向帝国之路：近代早期英国海外殖民扩张研究》，南京师范大学出版社，2000年，第242页。

④　姜守明：《从民族国家走向帝国之路：近代早期英国海外殖民扩张研究》，南京师范大学出版社，2000年，第248页。

年《伦敦条约》（*Treaty of London*）的签订，标志着英国彻底打破了西班牙对殖民和贸易的垄断地位，西班牙和葡萄牙的殖民霸权逐渐衰落并走向终结。

　　大英帝国的海洋特性从英国开始崛起时就已经显现出来。对于英国这样一个资源贫乏、市场狭小、人口较少、地处偏远的岛国而言，唯有向海洋索取资源、积极面向海外发展才能实现国家的崛起和富强，而不断扩大帝国的版图则是英国"走向海洋"的必然选择。获得不受限制的通往世界海洋的通路，是伊丽莎白一世时代的英国人同西班牙人斗争的主要诉求之一，它鼓舞着英国人在随后数百年的征程中去建立一个"海洋的帝国"（empire of the seas）。[1]

　　早在 17 世纪，英国人就已深刻认识到统治海洋是推动英国走向世界的关键。1699 年 12 月，英国外交官兼诗人马修·普赖尔（Matthew Pryor）在一首歌颂英王威廉三世（King William III）的赞美诗中强调，英国"有责任维护世界和平，统御海洋"，他写道：

　　　　我们的祷告被他听到，陛下的舰队扬帆起航，

　　　　随风而动，逐波而行，

　　　　开拓新的土地，建立新的印度领地，

　　　　在未知的世界去布撒大不列颠的力量。[2]

　　到 18 世纪末，英国海军对国内政治的影响已不容忽视。在达特茅斯、普利茅斯、朴次茅斯、罗切斯特、索尔塔什、桑德维奇等由英国海军直接或部分控制的自治城镇，海军代表共有 10 个议会席位。这些地区同时也是英国海军的主要基地，英国海军部通过资助在当地修建船坞的方式来左右当地的选举。[3] 1805 年取得特拉法尔加海战的辉煌胜利后，海军在英国人心中的形象更加高大伟岸，海军文化已经逐渐渗入英国人

①　David Cannadine, *Empire, the Sea and Global History: Britain's Maritime World, c.1760 - c.1840*, New York: Palgrave Macmillan, 2007, p.42.

②　Julian Go, *Patterns of Empire: The British and American Empires, 1688 to the Present*, New York: Cambridge University Press, 2011, p.30.

③　N. A. M. Rodger, *The Wooden World: An Anatomy of the Georgian Navy*, New York: W. W. Norton & Company, 1996, pp.329-330.

的社会生活。维多利亚时代的桂冠诗人丁尼生（Alfred Tennyson）曾这样描绘海军与英国国运的关系：

> 她英勇的陆军兵散人少，
> 她岛上的无数百姓靠异国土地才能吃饱，
> 只有英格兰舰队是她宝中之宝。①

道格拉斯·罗杰（Douglas Rodger）是 19 世纪上半叶英国最为著名的剧作家，他创作了诸如《黑眼苏珊》这样脍炙人口的通俗剧，将海军的故事搬上舞台加以称颂。著名演员库克塑造了英国水手积极、勇敢和浪漫的形象，成为这一时期最受欢迎的戏剧演员。1830—1837 年执政的英国国王威廉四世（King William Ⅳ）被称为"水手国王"，他对英国海军的热爱和推崇被维多利亚女王继承。② 可以说，经过数百年的历史积淀，海洋因素已经成为英帝国的主要特征和支柱之一。新教、商业、海洋力量、自由是密不可分的统一体，它们共同缔造了不列颠海洋帝国，并成为这个帝国最鲜明的特征。③

在如何看待不列颠帝国的问题上，尽管学者们各抒己见，但他们都不否认这个帝国具有鲜明的海洋性特征，帝国建立的步伐是伴随着英国人征服海洋的历史活动而展开的。"帝国建立的传说，如吉卜林所述，起始于不列颠岛屿的自然环境，英国人民被大海所环绕，他们必须透过船舶的制造，才能赢得自然的三大元素——水、风与太阳——的帮助。由于船只的创造发明，英国才得以与险象环生的自然力量相结合，也才得以成为全世界的主人。"④ 在英国著名诗人吉卜林（Joseph R. Kipling）的笔下，海洋生活和海洋思维构成了英国人的灵魂。而英国的海上霸权和海军的辉煌历史——包括从击败西班牙"无敌舰队"到特拉法尔加海战

---

① 〔英〕阿萨·勃里格斯：《英国社会史》，陈叔平等译，商务印书馆，2015 年，第 324 页。
② 〔英〕布莱恩·莱弗里：《海洋帝国：英国海军如何改变现代世界》，施诚、张珉璐译，中信出版社，2016 年，第 219 页。
③ David Cannadine, *Empire, the Sea and Global History: Britain's Maritime World, c. 1760 - c. 1840*, New York: Palgrave Macmillan, 2007, p. 46.
④ 〔美〕汉娜·阿伦特：《帝国主义》，蔡英文译述，台北联经出版事业公司，1982 年，第 126 页。

的辉煌，再到马岛战争的胜利——成为英国人选择统御和管理海洋的标志。① 换言之，海洋不仅是不列颠帝国建立的途径和载体，更是融入这个帝国血液中的基本元素，它代表了英国人的价值取向。

三　近代以来英国人面向海洋的生活方式

自从在都铎时代成为一个真正意义上的海洋国家以来，英国的发展同海洋的关系就越来越密切，海洋因素对英国社会生活的影响也在不断加深，英国人生活中的方方面面都在不同程度上被打上了海洋烙印。到维多利亚时代，伴随着英国绝对海上霸权的建立和不断巩固，海洋进一步塑造了英国人的社会生活方式，并且成为英国普通民众生活中标志性的文化图腾，具有了象征英国人精神风貌和审美旨趣的代表性意义。

英国的自然地理环境并不适于农业，尤其是耕作业发展。不列颠岛长年受西风控制，湿润多雨，经常阴云密布而日照不足，这不利于小麦等粮食作物的生长，而适于发展畜牧业。另外，不列颠岛面积较为狭小，可用于耕作和放牧的土地并不多，能够承载和供养的人口有限，再加上工业革命后兴建工厂和进行道路交通建设需要占用大量土地，英国的土地资源由此更为紧张。随着工业化时代人口的大爆炸，英国本土面临的粮食供应压力与日俱增。

在这种情况下，从殖民地进口粮食和各种消费品成为英国的必然选择。加拿大的小麦、澳大利亚和阿根廷的牛羊肉、中国和印度的茶叶、西印度群岛的热带水果等源源不断地进入英国家庭，不仅解决了英国的粮食问题，也极大地丰富了英国人的餐桌，使得维多利亚时代的英国人保持了世界上最高的生活水平。实际上，从世界各地进口粮食和消费品正是一种通过海洋寻找和补充食物的表现，由殖民地乃至全世界来供养英国人，正是以英国建立了全球性海上霸权和殖民帝国，并形成了由英国主导的自由贸易体系和国际秩序为前提的。"这种海洋秩序为解决社会人口与食物资源之间的矛盾提供了交通保证，尤其是跨越北海的贸易，使英国能够保证从中东欧、俄罗斯获得粮食。英国从海洋中补充的食物

---

① Michael Wesley, "The 2012 Vernon Parker Oration", p. 2, http：//www.lowyinstitute.org/publications/2012-vernon-parker-oration.

也在增加。"①

工业革命使得英国的捕鱼效率也大为提高，它直接促成英国在 19 世纪 70 年代形成了鱼和油炸土豆条（fish and chips）的饮食组合。换言之，即今天最能代表英国饮食的炸鱼和薯条，这既是一种英国工人阶级的身份象征，② 也代表了英国这个海岛国家民众的口味取向，它同时是英国海洋生活方式的体现。典型的英式美食炸鱼和薯条中的鱼，特指大西洋鳕鱼（Atlantic Cod）或黑线鳕（Haddock），而不能用其他鱼类代替。这种对传统口味的坚持甚至在二战后引起了一场英国与冰岛之间的"鳕鱼战争"。时至今日，炸鱼和薯条已经成为英国文化的一种象征和英式生活的一大标志。

到维多利亚时代，海上贸易对英国人生活的极端重要性已经不言而喻。伴随着几个世纪以来的发展变迁，茶、咖啡、糖、烟草等从海外输入的消费品已经成为英国人日常生活中不可或缺的必备之物，饮茶、喝咖啡、抽雪茄风靡英伦，从上流社会到下层民众对此都趋之若鹜。而在大英帝国遍布世界的殖民地上，专门用于生产茶叶、咖啡和烟草的种植园数不胜数，喝下午茶被英国人带到世界各地，成为英伦文化的重要标志。在英国，饮茶已经成为一种社交方式。"无论哪个阶级的英国人，都认为茶有神奇功效。一杯茶能够治好，或至少能够大幅减轻从头痛到膝盖擦伤的几乎所有小毛病。茶还是所有社交、心理疾病的重要药方……这种神奇饮料……能够起到平静、抚慰、恢复元气和精神的作用。无论你的精神和身体状况如何，所有人都需要'来杯好茶'。"③ 英国人所饮用的茶叶来自中国和印度，加入茶的牛奶产自英国本土，而糖则多来自西印度群岛，因此，饮茶的生活方式在某种程度上成为大英帝国广袤和繁荣的表现。此外，去咖啡馆喝咖啡已经不仅仅是一种消费习惯，而且成为英国人获取信息和资讯的重要渠道，构成了英国最具代表性的公共

---

① 舒小昀：《谁在养活英国：英国工业革命时期食物研究》，《学术研究》2008 年第 8 期，第 115 页。

② 〔德〕贡特尔·希施费尔德：《欧洲饮食文化史：从石器时代至今的营养史》，吴裕康译，广西师范大学出版社，2006 年，第 148 页。

③ 〔英〕凯特·福克斯：《英国人的言行潜规则》，姚芸竹译，生活·读书·新知三联书店，2010 年，第 303 页。

领域之一。①

在维多利亚时代，英国人的生活水平显著提高，物质和精神文化生活日渐丰富，这在很大程度上源自从海外进口的商品规模扩大，种类增多，殖民地产品在英国人餐桌上和家庭中所占的份额越来越大。据统计，从维多利亚女王登基的 1837 年到 1860 年，英国人每人每年平均消费的食糖从 18 磅增至 35 磅，在 1870—1899 年增至 54 磅，到 1900—1910 年则增至 85 磅。茶叶的消费量则从 1.5 磅增至 6 磅。② 到 19 世纪 90 年代，英国平均每年进口 2.24 亿磅茶叶，印度和锡兰成为英国进口茶叶的主要来源地。③

在维多利亚时代，伴随着海上霸权和日不落帝国的建立，英国的贸易和航运空前繁荣。悬挂英国国旗的货轮遍布全球各大洋，它们满载英国的煤炭、棉纺织品和其他工业产品驶往世界各大港口，运回英国人生活所必需的粮食和各种消费品。正如吉卜林在 1911 年为青少年课本而写的一首诗中所描绘的那样：

> 哦！你要去哪儿，大轮船，
>
> 燃着英格兰的煤炭，穿梭在盐湖？
>
> 我们将给你带去面包和黄油，
>
> 还有牛肉、猪肉、羊肉、鸡蛋、苹果和奶酪。
>
> 你从哪里来呀，大轮船？
>
> 当你离开时，我要在哪里记录下你的行踪？
>
> 我们从墨尔本、魁北克和温哥华而来，
>
> 霍巴特、香港和孟买等地都有我们的身影。
>
> 那么我可以为你做些什么呢，大轮船？
>
> 哦，我能为你做什么才能让你舒适又健康？
>
> 派出大军舰来到辽阔的大海吧，

---

① 参见陈勇《咖啡馆与近代早期英国的公共领域——哈贝马斯话题的历史管窥》，《浙江学刊》2008 年第 6 期。

② 〔英〕阿萨·勃里格斯：《英国社会史》，陈叔平等译，商务印书馆，2015 年，第 318 页。

③ 〔英〕艾瑞克·霍布斯鲍姆：《帝国的年代：1875—1914》，贾士蘅译，江苏人民出版社，1999 年，第 70 页。

没人能阻止我们运送食物。

我们每天用大轮船给你们送来

面包和饼干，

糖果和烤肉。

如果有人阻止我们的到来，那你们就要挨饿啦。①

到第一次世界大战爆发前，英国消费的糖、可可和巧克力全部依赖于进口，另外 79% 的谷物、64.5% 的黄油、40% 的肉类也需要从海外输入。一个普通英国人所摄入的卡路里中有近 2/3 是由国外输入的食品所提供的。另外，维持英国工业运转所需的棉花、石油和橡胶等重要原料也全部依赖于进口，大部分矿石、金属和羊毛也是由海外运来的。②

广袤的殖民地不仅为英国提供了食物、各类消费品和工业生产所需的原材料，它们还使得英国几乎垄断了一些世界性的重要资源，例如无论是在战争时期还是在和平时期的交通中都得到广泛使用的马匹。在当时世界市场上畅销的几种马匹中，南非马、海湾马、澳大利亚和新西兰的威尔士马都来自英国的领地，"马科动物的海上贸易基础局限，并且逐渐成为英国专属"。③

此外，海洋还是英国文学经久不衰的传统题材。伊丽莎白一世时代的辉煌促成英国文学中的海洋主题元素显著增多，如埃德蒙·斯宾塞的名作《仙后》直接将笔下人物的旅行描述为海洋航行，威廉·莎士比亚（William Shakespeare）在传奇剧《泰尔亲王佩里克利斯》中隐含的对在海上开疆拓土的伊丽莎白一世的怀念和对当时在位的詹姆斯一世（King James Ⅰ）的批评，以及莎士比亚在《亨利六世》《约翰王》《理查三世》等作品中对英格兰海岛的颂扬等。有学者对这一现象精辟地概括道：

---

① 转引自约翰·M. 麦肯齐《湖泊、河流以及海洋：19 世纪后期帝国的技术、种族和船运》，载〔英〕大卫·科林格瑞等编《航海帝国：19 世纪英帝国的海上贸易》，张雯等译，上海译文出版社，2016 年，第 177—178 页。

② Michael B. Miller, *Europe and the Maritime World：A Twentieth-Century History*, Cambridge：Cambridge University Press, 2012, p.218.

③ 威廉姆·杰瓦斯·克拉伦斯-史密斯：《从开普敦到西伯利亚——印度洋和中国海域的马科动物贸易》，载〔英〕大卫·科林格瑞等编《航海帝国：19 世纪英帝国的海上贸易》，张雯等译，上海译文出版社，2016 年，第 80—95 页。

"海岛意识使得英格兰人对海洋地理与民族关系进行了重构，在重构过程中产生了强烈的自恋情结，不仅认为自己身处人间乐园，更自诩为神的选民。"① 换言之，英国文学中海洋意象的不断出现和显著增强表明，英国人已经将海洋与民族国家的命运发展紧密地联系到了一起。随着英国海洋事业的不断发展，特别是维多利亚时代英国绝对海上霸权的最终确立和日不落帝国的建立，以海洋为题材的小说、诗歌等文学作品更是层出不穷，它们着重描写英国人在海上搏击风浪、在异域他乡探险奋斗的生活，以及殖民主义浪潮下的人物命运、社会风貌等，并成为这一时期英国人日常读物的重要选择，从而风行一时。在维多利亚和爱德华（King Edward Ⅶ）时代，英国从事海洋文学创作的代表人物主要有罗伯特·史蒂文森（Robert L. Stevenson）、约瑟夫·康拉德（Joseph Conrad）、查理·金斯莱（Charles Kingsley）等，经典名著包括《金银岛》《白水仙号上的黑家伙》《黑暗之心》《吉姆爷》《水孩子》等。

一言概之，海洋因素对英国社会生活的影响可以概括为物质和精神两个层面。在物质层面，英国民众对从海外运来的茶、咖啡、糖、烟草等的依赖日益加深，而这些消费品源源不断地供应是建立在英国掌握全球性海洋霸权的基础之上的；在精神层面，海洋成为一种意向和素材，它被描绘成不列颠的价值追求和精神表征，从而被赋予了更多的神圣而抽象的色彩。

第二节　两次世界大战与英国海洋观的发展演变

自第一次世界大战以来，英国的海上统治地位日趋动摇，它在《五国海军条约》中被迫承认了美国同它平起平坐的海上地位，并在第二次世界大战后彻底丧失了海上霸权。这是英国整体国力衰落的必然结果，它标志着维多利亚时代晚期以来的相对衰落终于造成了英国海上霸权的全面崩溃。

---

① 刘立辉：《英国 16、17 世纪文学中的海洋叙事与民族国家想象》，《西南大学学报（社会科学版）》2018 年第 3 期，第 124 页。

一　二战与英国海洋帝国的彻底崩塌

第二次世界大战是英国海军有史以来经历的最为激烈的战争，这场战争给英国海军力量造成了极为惨重的损失。在二战中，英国海军共损失了 1525 艘各型战舰，总吨位高达 200 万吨，其中至少有 224 艘主要水面战舰和 139 艘驱逐舰被击沉，超过 5 万名海军士兵阵亡。[①] 此外，作为英国海洋事业和经济支柱的商船队损失极为惨重。据统计，英国在二战中损失的商船总吨位达 1145.5906 万吨，这直接导致 1945 年英国商船队的规模降至 1939 年总吨位的 70%。英国出口贸易总值从 1938 年的 4.71 亿英镑下降到 1945 年的 2.58 亿英镑，进口却从 8.58 亿英镑上升到 12.99 亿英镑，海外债务增加了 5 倍，达到 33.5 亿英镑，另有 12.99 亿英镑的资产被清偿。英国财富总计损失达 73 亿英镑，它已成为当时世界上最大的负债国。[②]

第二次世界大战彻底改变了国际格局。长期以来作为英国国威和大国地位基石的海权的衰落，昭示着英国作为一个全球霸权国家已经不复存在。在第二次世界大战中，美国成功取代了英国世界头号海上强国的地位，空中力量的兴起和苏联陆军令人印象深刻的巨大威力都彻底打破了英国在战后恢复昔日海上地位的任何幻想。[③] 实际上，英国在二战后海上霸权的彻底终结，也印证了维多利亚时代晚期以来人们关于大英帝国所谓"战略过度扩张"（strategical over extension）的担忧，"日不落帝国"在战后逐渐崩溃表明这种担忧变成了现实。从维多利亚时代开始，英国对殖民地、世界市场、海外原料和投资收益的依赖日益加深，而这些在战争中都是极易受到打击和影响的。英国为维持其全球性帝国承担了广泛的义务，其防务负担日趋沉重，而活力不断下降的英国经济又逐渐无法为英国履行这些义务提供足够的资源和手段。如此一来，在内部

---

① Eric J. Grove, "A Service Vindicated, 1939-1946", in J. R. Hill and Bryan Ranft, eds., *The Oxford Illustrated History of Royal Navy*, Oxford: Oxford University Press, 1995, p. 377.

② Paul M. Kennedy, *The Rise and Fall of British Naval Mastery*, London: Macmillan, 1983, p. 317.

③ John Darwin, *The Empire Project: The Rise and Fall of the British World-System*, *1830- 1970*, New York: Cambridge University Press, 2009, pp. 591-592.

纷争和外部威胁的双重打击下，帝国的最终崩溃势所必然。对于英帝国而言，它对内饱受爱尔兰独立运动的困扰，对外又经历了两次尽管赢得尊严和荣誉却让它流尽鲜血、输光财富的世界大战，战后又遭遇了风起云涌的民族解放运动的冲击，因此这个帝国在 1945 年之后的迅速萎缩乃至最终崩溃也成为一种宿命。二战后，英国这个全球性的帝国逐渐只剩下一些残余的海外领地可供支配，并且还要被迫调整工业、殖民地和海军政策，以适应不断衰落的现实。①

第二次世界大战带来了世界海军战术的划时代变革，这种变革除体现为航母编队作战等形式外，更多表现为陆海空的立体式联合作战模式逐渐成形。英国著名海洋战略学家科贝特就曾多次强调海陆军联合作战的重要性，这一思想虽然在一战时期遭到质疑，却在二战中得到更为广泛和深刻的实践，特别是空中力量的加入极大地丰富了海战的作战思想，有力地改变了战争的形态和走势。以诺曼底登陆为例，航母的灵活运用、空降部队的出现以及两栖作战技术的发展，凸显了联合作战的巨大威力和军事价值。② 在这方面，美国海军无疑走在了前列，它彻底摒弃了传统的战列舰战术，大力发展以航母为核心的全新的特混舰队战术，并在太平洋战争中取得了辉煌战绩。相比之下，在战争的大部分时间里都固守战列舰战术，且深受德国潜艇袭击之苦的英国海军则黯然失色，它不得不在盟国海军力量中尴尬地扮演着美国的配角。

二　英国对自身海洋地位变迁的认知

在以上种种因素的综合作用下，战后英国不得不选择接受美国的海权崛起，并与之展开更为紧密的合作。这种策略尽管显得有些悲壮，却不失为一种务实而明智的做法，英国也从中获益良多。在英国衰落的同时，美国国内要求取代英国的世界地位的声音也不断出现。实际上，早在二战形势最危急的 1942 年，英美霸权转移的趋势就已经开始显现。这一年对英国而言是极为艰难的一年，它不仅在各大战场上连吃败仗，其

---

① Paul M. Kennedy, *The Rise and Fall of British Naval Mastery*, London: Macmillan, 1983, pp. 347–348.

② Paul M. Kennedy, *The Rise and Fall of British Naval Mastery*, London: Macmillan, 1983, p. 329.

海上交通线在德国"狼群战术"的打击下也岌岌可危，这直接导致英伦三岛居民忍饥挨饿，英国国民收入锐减。英国经济已经到了极为窘迫的境地，它不得不大举向英联邦成员借债，几乎是在勉强维持战略守势。到 1942 年 9 月，英国已经拖欠印度价值 3.6 亿英镑的物资和劳务，这一数字一年后上升为 6.55 亿英镑。另外，英国还拖欠埃及 2.5 亿英镑债款。1942 年 5 月，美国《财富》杂志指出，"不列颠治下的和平"已经寿终正寝，英国"破产了，它的帝国正在走向衰亡……英国的银行和保险收入将不复存在，它的商船一艘接一艘被击沉"。在这种情况下，美国显然已经无法再依靠以海权为标志的"不列颠治下的和平"来保护自己，建立"美利坚治下的和平"（Pax Americana）成为它新的诉求。①

　　虽然英国在二战中失去了海上霸主地位，但审慎务实的英国人很早就意识到了英国海上霸权走向终结的必然趋势，并有意通过与美国的海上合作来尽量延缓英国衰落的速度，谋求借助美国的力量实现英国的战略利益，维护英国的全球影响力，这也成为寻求进一步密切英美海上合作的一大思想动因。尽管如此，对于高傲的英国人而言，要完成承认自己已经沦落为二流强国的心理转变绝非易事，这一过程是曲折的。

　　战后初期，取得战争胜利、恢复了昔日殖民帝国的英国仍然视自己为一流的全球性强国，特别是在海洋事务上凭借丰厚的历史遗产依然占据有利地位，但战后世界格局的急剧变化给了它当头一击。首先，英国为适应冷战需要的重整军备政策与虚弱的经济之间的矛盾日益尖锐。战后初期，英国一方面积极研制原子弹和氢弹，另一方面也为了适应朝鲜战争和冷战的需要而扩充常规军备。但经济的严重困难以及冷战态势的长期性迫使英国政治家不得不放弃曾经的帝国旧梦，转而追求"可负担"的防务政策。同时，核武器的出现凸显了战略空军的地位，海军被认为在全球核大战中将扮演次要角色，因而成为英国削减军费的重点，② 这无疑是对英国这样一个传统海洋帝国的沉重打击。其次，英国在远东和太平洋地区的话语权受到严重削弱。英国本希望借积极参

①　John Darwin, *The Empire Project: The Rise and Fall of the British World-System, 1830 - 1970*, New York: Cambridge University Press, 2009, pp. 511-512.

②　Christopher M. Bell, *Churchill and Sea Power*, Oxford: Oxford University Press, 2013, pp. 311-312.

加朝鲜战争巩固英美同盟关系，体现英国在远东的影响力，然而，1951 年 9 月，英联邦在太平洋地区最重要的两个成员国澳大利亚和新西兰同美国签订了《澳新美安全条约》（*ANZUS*），而英国则被拒绝加入这一同盟。这一让大英帝国颜面尽失的事实深刻道出了战后英国的虚弱，折射出英国国际地位的严重下降。它表明，英国在二战中无力在远东和太平洋战场保护澳大利亚和新西兰安全的教训让两国记忆犹新，而美国已经取代英国成为澳大利亚和新西兰最重要的盟友和安全伙伴。远东和太平洋地区距离英国本土遥远，长期以来，海军力量是英国在这一地区保持统治力和影响力的最重要的支柱，而战后英国远东帝国的逐渐崩溃，特别是澳大利亚和新西兰对英国的疏离，深刻体现出英国在这一地区海军力量和威信的衰颓。最后，1956 年的苏伊士运河危机使英国彻底认识到，世界已经是美苏两个大国唱主角的舞台，英国海军尽管仍然训练有素，但也不得不接受战后规模被一再削减的命运。1971 年英国完全撤出苏伊士运河以东表明，尽管英国依然是海洋治理经验丰富、海洋遗产众多的海洋强国，但它已经不再是昔日的全球性海洋帝国，而只能沦为地区性的中等海洋强国。

第三节　二战后英国海洋观的演进与革新

二战后，英国人面临的最大心理落差就是必须正视大英帝国已经彻底衰落并逐步瓦解的事实，它在一个美苏争霸的两极世界中必须迅速适应已经发生重大改变的国际环境，以务实、理性、灵活的态度在夹缝中寻求突破。

一　积极推动英美跨大西洋合作

灵活务实一直是英国海洋思维的主要特点之一，这种务实在第二次世界大战后主要表现为英国对跨大西洋合作的积极推动，寻求借助美国的力量来维持英国的海洋影响力，巩固英国作为海洋大国的地位，并谋求在海洋综合实力不断衰落的情况下，巧妙利用英国丰厚的海洋精神遗产来获取最大的海洋利益。

二战后，尽管英国为了履行北约义务并应对苏联威胁，仍然保持了一支在西方世界中仅次于美国海军的海军力量，但总体而言，其规模和质量呈不断下降的趋势。不仅是英国海军，整个英国海上产业的规模都在萎缩。1950年，英国造船量占世界造船量的38%，英国商船总吨位占世界商船总吨位的30%。到1970年，英国造船量仅占世界造船量的6%，而商船总吨位仅占世界商船总吨位的11%。到1980年，这两项数据又进一步分别下降到1.8%和6%。① 英国越来越依赖于北约的集体防卫，特别是美国的保护来确保其本土安全。

作为一个事实上的中等强国，英国海军力量的世界排名虽然高于其经济总量和综合国力的排名，但战前维系了数百年的英国海上霸权已经彻底终结，英国的国际地位随之下降。此时，英国是继续在美国的"保护伞"下发挥超出自身国力的世界影响力，还是完全融入欧洲，积极参与构建欧盟共同防务机制；是必须履行众多的义务，还是满足于使用常规武器和核武器来解决问题，时至今日，对于这些问题英国仍在思考之中。② 不过，有一点是可以肯定的，那就是英国在积极为以美国为核心的北约集体防务做贡献的同时，不会放松自身武装力量建设，特别是将会以更大的决心和投入确保英国海军力量保持有效、可靠的现代化水平。

换言之，尽管北约集体安全机制是英国国家安全的基石，而海军是英国对北约安全和防务最大的贡献，但英国政府仍然致力于确保对本国海军力量的控制权。在英国看来，北约最大的作用是阻止战争而不是赢得战争，英国的海洋战略仍然是要确保自身武装力量，特别是在威胁到英国安全和利益的危机发生时英国海军能够行动自由，从而对危机和突发事件做出灵活而迅速的反应。③

由此可见，战后英国积极推动跨大西洋合作的海洋观，是构建英美海洋联盟、借助美国力量维护日渐式微的英国海洋大国地位战略的直接体现，北约成为英国实现跨大西洋合作的主要实践平台，而英国也从构筑大西洋两岸紧密的合作关系中收获了巨大的战略利益。

---

① James Cable, *Britain's Naval Future*, London：Macmillan, 1983, p.174.
② Paul M. Kennedy, *The Rise and Fall of British Naval Mastery*, London：Macmillan, 1983, pp.345-346.
③ James Cable, *Britain's Naval Future*, London：Macmillan, 1983, pp.186-187.

二　注重海洋资源开发和利用

如果说英国在掌控世界海洋霸权时对海洋价值的认识，主要是围绕海上交通线而展开的话，那么第二次世界大战后伴随着世界海洋开发时代的到来，作为老牌海洋强国的英国则敏锐地认识到海洋的资源价值和经济价值，并当仁不让地成为海洋开发的先行者。

时至今日，尽管英国虽然已经算不上一流的海洋强国，其海军力量也呈下降趋势，但英国在海洋深层开发和利用方面仍然保持了世界领先地位，尤其是在海洋油气资源勘探和开采、海洋风力和潮汐发电、海洋生物制药等方面体现出强劲的实力和创新意识。另外，英国在海洋科技研究方面也走在世界前列。

历史一再证明，一个仅拥有强大海军而缺乏发达的海洋经济的国家，是缺乏面向海洋发展的坚实基础的，不可能真正成长为一个海洋强国，而得不到海洋经济有力支撑的强大海军也将面临衰落。今天，海洋经济的内涵较之维多利亚时代已经大大扩展，它不再仅限于捕鱼、造船、航运、海上保险和海外投资，而是拓展到海洋油气资源开发、海洋发电（海洋能、风力）、海洋生物制药、港口物流、海洋环保产业、海洋旅游产业等多个领域，这些方兴未艾的"新海洋经济部门"大有可为，它们也成为英国保持世界海洋强国地位的重要支柱。

概括而言，二战后，在寻求建立英美海洋联盟的战略统摄下，现代英国海洋观不仅仅表现为英国的海军战略发展思路，更表现为英国对国际海洋政治发展趋势的预判，特别是对开发利用海洋和海洋环境保护价值的全新认识，以及对海洋立法等海洋管理事业的高度重视。换言之，这是一种新型的综合性海洋观。

三　深化全民海洋意识教育

历史上，英国的海洋观也没有脱离西方文明中心论的藩篱，即将西方文明等同于海洋文明，将东方文明等同于大陆文明，认为海洋文明较大陆文明更为优越，而英国则是西方海洋文明最典型且最成功的代表。长期以来，英国将海洋文明和海上强国视为自由、民主的象征，而往往将大陆文明和陆上强国看作专制独裁政体的代表。

英国海洋历史学家尼古拉斯·罗杰（Nicholas A. M. Rodger）从海军和陆军性质对比的角度，深刻阐释了海洋国家的内在含义。在他看来，发展海权不能仅仅依靠海权自身的努力，更需要得到广泛的社会支持，它是更高程度上的社会、政治和体制的统一化的产物。一个军事政权可以靠武力来维持，但一支海军则必须得到公众的支持才能获得发展。从历史上看，陆军只要得到专制政府的支持就可以获得发展，而海军离开了全民一致的认识则成为无源之水，这就是西班牙、法国、德国和苏联先后在海军竞赛中失利的根本原因。换言之，这些大陆国家缺少盎格鲁-撒克逊民族所具备的那种强烈深刻的海洋意识，而它们在同英美争夺海上霸权的时候也无一例外地都是专制政体，这同建立了民主制度因而能为海军发展获得更多资源支持的海洋国家大相径庭。在英美海洋思想家的意识中，海军代表自由政府、陆军代表专制政权的观念可谓根深蒂固。在他们看来，陆上力量比海上力量更能作为帝国的象征，它对帝国宣扬自身形象至关重要。[①]

英国的海洋文化资源可以分为有形和无形两种。有形的海洋文化资源包括如纳尔逊的"胜利"号这般的功勋战舰，以及遍布全英各地的旧船坞、海战纪念碑、海洋博物馆等。无形的海洋文化资源则见之于一代又一代英国人对统治海洋观念的描述和传承，这种观念可以是记录在案的文字阐述，更多则体现在英国人数百年来形成的珍惜海洋、保护海洋、利用海洋的意识传统和风俗习惯中。现代英国深化全民海洋意识教育的活动，则同时从利用有形和无形两种海洋文化资源入手，使下一代能够切身感受到海洋律动与英国国运兴衰的密切关系，从而从小培养以海洋为中心的爱国主义情感。

四　注重发挥英国的海洋"软实力"

二战结束后至今，英国尽管仍然是世界主要海洋强国之一，但昔日大英帝国统治全球海洋的辉煌时代已经一去不复返。体量较小的英国在

---

① 　N. A. M. Rodger, *The Safeguard of the Sea: A Naval History of Great Britain*, Vol. I, London: 1997, p. 435.

失去其殖民帝国之后，受制于领土、人口、资源、技术等因素，在以海军力量、海洋经济规模等为标志的硬实力方面，已经很难与美国这样的大国比肩。不过，英国拥有数百年的海洋治理经验，留下了相当丰富的海洋遗产，它在海洋秩序塑造、海洋政治建构、海洋文化传播等方面仍然拥有无可比拟的强大"软实力"（soft power）。战后至今，硬实力逐渐减弱的英国越来越注重发挥其"软实力"，以在全球化时代更好地维护并拓展英国的国家利益。

　　2015 年出台的英国最新版战略防务与安全评估报告强调，要注重发挥英国的"软实力"作用，扩大英国的全球影响力。报告提出，英国要进一步支持英国协会（British Council）和英国广播公司（BBC）等组织，在全世界传播英语语言文化、推广英国的价值观。[①] 其中，英国政府计划在四年内投入 2.89 亿英镑以支持 BBC 扩大其全球新闻服务。另外，英国政府还设立了总额逾 7 亿英镑的"治理、教育和文化基金"（Governance, Education and Cultural Fund），以进一步拓展并增强英国的软实力。[②] 在"脱欧"背景下，更好地向全球展示英国开放、公正和有创造力的形象至关重要，而在英国越来越难以负担支撑传统外交所必需的军事投入的情况下，软实力的价值和作用就更加凸显出来了。它不仅是文化交流的工具，更是推动英国构建一个更加稳定、公正和负责任的全球政治的关键因素。[③] 海洋软实力是一国软实力在海洋维度的体现，它同"海洋力量"（maritime power）概念息息相关。海洋力量这一概念描述了国家从整体角度看待海洋的方式，集中体现为在海洋上开展活动和利用海洋的能力，这一概念包括但不限于海洋军事力量，它更多体现在利用海洋的经济和外交两个层面。[④] 在经济层面，英国的海洋软实力主要体

---

① HM Government, *National Security Strategy and Strategic Defence and Security Review 2015: A Secure and Prosperous United Kingdom*, London: Her Majesty's Stationery Office, 2015, p. 49.

② HM Government, *National Security Strategy and Strategic Defence and Security Review 2015: First Annual Report 2016*, London: Cabinet Office, 2016, p. 20.

③ Phillip Blond, James Noyes & Duncan Sim, *Britain's Global Future: Harnessing the Soft Power Capital of UK Institutions*, London: The ResPublica Trust, 2017, pp. 2-3.

④ UK Ministry of Denfece, *UK Maritime Power*, Swindon: The Development, Concepts and Doctrine Centre, 2017, pp. 3-4.

现在英国在全球海洋产业市场中的地位上，这种地位并不以英国海洋产业的规模、质量和技术水平为标志，而是突出表现为英国在海洋保险、船舶评级认证、海洋商事仲裁、海洋法规建构等海洋服务业方面的世界权威地位和崇高声誉，而伦敦更是全球海洋金融、海洋商贸和海洋法规的中心，这也得益于数百年来英国统领并治理全球海洋的丰厚历史积淀。在外交层面上，英国的海洋软实力则主要体现在英国是开放、有序的国际制度的最大受益者之一，而这种国际制度在相当程度上是历史上以英国为中心的国际秩序的继承和发展，英国在当前国际秩序的形成和塑造过程中发挥了不可替代的重要作用。当前，英国是联合国安理会常任理事国，以及北约、七国集团（G7）、二十国集团（G20）和英联邦的主要成员国，并在"脱欧"后依然同欧盟保持着密切的贸易、防务与合作关系。①

经济层面的海洋软实力相对容易理解，外交层面的海洋软实力则相对模糊一些，但我们从进入 21 世纪以来英国颁布的多个外交、防务、安全领域的战略文件可见，英国反复强调自身在多个国际组织、双边或多边政治安排中的核心地位或发挥的重要作用，提出要充分利用英国作为当前国际秩序的主要受益者的优势为英国的政治、经济、军事、外交政策服务。而这一优势在相当程度上是历史上的不列颠海洋帝国留给英国的重要遗产。另外，除经济层面和外交层面外，我们还应留意到英国的海洋软实力也体现在文化层面上。文化层面的海洋软实力除体现为前文所述的英语的世界语言地位外，还表现为英国自海洋崛起以来所形成的英伦生活方式对世界的影响力。不仅如此，伦敦、朴次茅斯、利物浦、南安普敦、贝尔法斯特等地的英国海洋历史景点，德雷克、霍金斯、库克船长的冒险故事，纳尔逊的经典传说等都闻名世界，吸引着各国游客前往英国一探究竟。英国同英联邦各国的历史纽带使得其影响力不仅限于政府层面，而且深入到广阔的英联邦各国的社会层面。② 英国还认为，

---

① UK Ministry of Denfece, *UK Maritime Power*, Swindon: The Development, Concepts and Doctrine Centre, 2017, p. 19.

② House of Lords, *Revised Transcript of Evidence Taken before the Select Committee on Soft Power and the UK's Influence Inquiry on Soft Power and the UK's Influence*, 15 October 2013, p. 3.

凭借其经济力量、学术研究和科研实力在全球发挥着举足轻重的影响力，英国在创意产业、体育和诸如 BBC 这样的机构中的全球领先地位体现出它独特的软实力。① 在 2018 年的全球软实力排名中，英国位居首位。在英国软实力的构成中，教育和文化占据了重要地位，② 而海洋软实力在其中的贡献和促进作用无疑是不可忽视的。

---

① HM Government, *National Security Strategy and Strategic Defence and Security Review 2015: First Annual Report 2016*, London: Cabinet Office, 2016, p. 6.
② USC Center on Public Diplomacy, *The Soft Power 30: A Global Ranking of Soft Power 2018*, London: Portland PR Limited, 2018, p. 44.

第二编

美国的海洋战略与海洋观

第五章

近代美国的海洋战略

海洋因素一直是影响美国独立和发展的重要因素。然而，在建国后的百余年期间，美国主要在北美的陆上空间发展，美国社会整体的海洋意识并不强烈。直到19世纪下半叶，随着其大陆扩张任务的完成，转向海洋成为美国突破经济和社会发展瓶颈的必然选择，美国登上世界政治舞台的中心与它逐渐从大陆国家转变为陆海兼备型强国几乎是在同一时间内发生的。可以说，近代以来，美国经济和社会发展方向从陆地向海洋的转变奠定了它崛起为世界霸主的基础。

第一节　美国海洋战略思想与海权理论的发展

一　美国海洋战略思想的历史沿革与实践

（一）殖民地时期的海洋活动和海洋传统

翻开地图，可以清晰地看到美国这个年轻国家所拥有的地理优势：美国位于北美大陆中部，北部是加拿大，南部是墨西哥，西北部的阿拉斯加与俄罗斯隔白令海峡相望，东南部的佛罗里达与灿若群星的加勒比海众多岛国交相辉映。美国在陆上几乎没有外来入侵的威胁和压力。其陆地领土面积达937万平方公里，仅次于俄罗斯、加拿大和中国，而且美国本土资源丰富、环境优越、气候宜人。美国三面临海，东海岸与长期作为世界政治中心的欧洲隔着波涛汹涌的北大西洋，西海岸则直面浩瀚开阔的太平洋，南面则是风景绮丽的加勒比海。这种三面临海，特别是直面大西洋和太平洋的自然地理环境使得美国既拥有了在飞机出现以前几乎无法跨越的天然安全屏障，也赋予了它向两个方向、两个海外世界拓展的机遇。美国共有26000多个岛屿，海岸线全长22680公里，居世界第四位，其专属经济区面积达到1135万平方公里，居世界首位。美国有 30 个州和 5 个联邦领地被划为沿海州，它们被分为东南地区、东北地区、墨西哥湾地区、太平洋地区和五大湖区 5 个板块。① 无论是从单纯的自然地理还是更为复杂的地缘政治角度，我们都可以说，美国既是一个陆地大国，也是一个海洋大国，它既建立了坚实的陆权基础，又具备了发展海权的优越条件，这一点是同作为单纯岛国的英国和日本所不同的。事实上，在近现代历史上，美国所走的正是一条先发展陆权再发展海权的道路。

　　美国独立的历史首先是一部在陆地上不断向西开疆拓土的扩张史。众所周知，美利坚合众国（the United States of America）起初由英国在北美大西洋沿岸的 13 个殖民地组成。这些殖民地早在美国独立之前就以繁荣的经济和活跃的对外贸易著称，位于北美东北部的马萨诸塞、新罕布什尔、罗得岛、康涅狄格等新英格兰地区（New England）的工商业都相当发达，尤其是它们利用当地茂密的森林发展起来的造船业享誉欧洲。美国南方的农业经济非常兴旺，棉花、粮食、烟草等成为其主要出口商品。数百年来，以英国清教徒为主的移民群体将英国的海洋生产生活方式移植到大西洋彼岸，不断孕育和发展了北美的海洋文化。"新英格兰荒凉的土壤很早就把清教徒勤奋的努力引向海洋，引向渔业、航运业、贸易以及与这样一些事业有关的种种行业……正是海洋为殖民地时期的青年提供了最大的冒险机会。新英格兰的青年年纪轻轻就逃离那多石的田地，学会航海技术，积蓄一点钱，在 19、20 岁就驾驶他们自己的方帆双桅船出海了。海洋使他们能逃避马瑟之辈的可怕说教，发点财，提高社会地位，并神气活现地戴上绅士的头衔。"②

　　北美殖民地的建立是英国海洋发展模式的一大标志，也是英国经济不断走向繁荣的表现。到 18 世纪，随着经济发展水平的进一步提升，北美殖民地对英国的重要性也与日俱增，这一点通过与同期的英属西印度殖民地的经济发展情况进行对比可以给人留下更为深刻的印象。1700—1701 年，英属北美殖民地的出口额为 25.6 万英镑，占英国出口总额的6%，同期英属西印度殖民地出口额为 20.5 万英镑，占英国出口总额的

①　石莉等：《美国海洋问题研究》，海洋出版社，2011 年，第 1 页。
②　〔美〕查尔斯·A. 比尔德、玛丽·R. 比尔德：《美国文明的兴起》上卷，许亚芬译，商务印书馆，2012 年，第 107—108 页。

5%。两者基本上处于同一水平。到了 1750—1751 年，英属北美殖民地的出口额增长到 97.1 万英镑，占英国出口总额的 11%。而英属西印度殖民地的出口额虽然也增长到 44.9 万英镑，但仍然只占当时英国出口总额的 5%。而到了 1772—1773 年，两地的差距进一步拉大。英属北美殖民地的出口额达 264.9 万英镑，跃升至英国出口总额的 26%。英属西印度殖民地的出口额为 122.6 万英镑，占英国出口总额的 12%。① 通过分析这一组统计数据可以发现，整个英属美洲殖民地（British America）的经济在 18 世纪都处于快速增长时期，但英属北美殖民地的经济发展速度更快，整体水平更高。

在英国的刻意安排下，英属西印度殖民地主要出产蔗糖和烟草，以种植热带经济作物为主，经济结构比较单一，对英国和世界市场的依赖较大。相比之下，英属北美殖民地经济活动的自主权和独立性较大，它们通过长期同欧洲、亚洲和非洲的贸易往来培养出了大批熟谙海上生活的水手、船员、商人、工匠等，即拥有大批适应海洋生活的人口，并且逐渐形成了走私和私掠的传统。在美国独立战争期间，虽然没有一支像样的海军，但北美殖民地神出鬼没的私掠战术给英国以沉重打击。② 由此可见，北美殖民地的经济和社会生活方式从一开始就是同海洋密不可分的，它们具有悠久的海洋传统。

（二）独立战争和建国初期的美国海军战略

尽管今天的美国毫无疑问是世界首屈一指的海洋强国，它具有最强大的海洋综合实力，并在一定程度上主导了全球海洋秩序，但在美国立国以来的近 300 年发展历程中，它经过了相当长的时间，经历了反复曲折之后才最终确立起面向海洋发展的国家战略。实际上，虽然第一批美国人是经过艰难险阻跨越大西洋而来的欧洲移民，但这并不意味着美国的先民天然地就具备了强烈的海洋意识，这种意识是随着美国历史和社会的发展而逐渐萌发的，而美国海洋意识觉醒的过程又因为战争的刺激

① Adapted from a Table Entitled "Geographical Distribution of Eighteenth-Century Foreign Trade", in Deane and Cole, *British Economic Growth*, *1688-1959*, p. 87. Qutoed in David Armitage and Michael J. Braddick, eds., *The British Atlantic World*, *1500-1800*, New York: Palgrave Macmillan, 2009, p. 64.

② David French, *The British Way in Warfare*, *1688-2000*, London: Routledge, 2015, p. 68.

而不断加快。

　　早在美国独立战争期间，华盛顿（George Washington）领导下的大陆军就认识到建立一支强大海军的重要性。1775 年，华盛顿租赁了"汉纳"号（Hannah）帆船，在上面安装了几门火炮后改装成战舰，这成为美国海军的"第一舰"。在华盛顿看来，制海权是美国革命成功的关键，为此他多次向法国方面求援，希望得到法国海军的援助。① 在得到法国舰队大力支援的大陆军取得约克敦大捷后，华盛顿写道："你会看得出，在目前的斗争中，无论陆军发挥多大的作用，海军仍然要起决定的作用。"② 1775 年 8 月 11 日，大陆会议（Continental Congress）得知两艘装载供应英军武器和火药但并未武装和得到护航的双桅帆船驶离英国后，便决定拦截这两艘船只，以缴获其武器弹药来装备华盛顿的大陆军。为此，大陆会议任命了一个由来自马萨诸塞的约翰·亚当斯（John Adams）、来自新罕布什尔的约翰·兰登（John Langdon）和来自康涅狄格的赛拉斯·迪恩（Silas Deane）组成的三人委员会来负责这一拦截行动。委员会在得到大陆会议的同意后，授权华盛顿从马萨诸塞借用一艘武装纵帆船和一艘单桅纵帆船来执行拦截行动，并同时要求康涅狄格和罗得岛也为拦截行动提供船只。这次行动是大陆会议首次形成关于海军的完整政策，它也构成了此后 100 年间美国政府对于海军问题的基本立场：（1）对舰队持不信任态度；（2）极不情愿挑战敌人的强大海军；（3）钟情于偷袭敌人的商船和货船；（4）始终希望将海军费用尽可能地降到最低点。③

　　独立战争期间，大陆军初步建立了一支海军（continental navy），这支海军诞生于罗得岛。1775 年 10 月 13 日，关于建立一支美利坚舰队的提案获得大陆会议通过，这一天就成了美国海军的诞生日。建立之初的大陆海军有 8 艘战舰，由伊塞克·霍普金斯（Esek Hopkins）指挥。1775 年 12 月，大陆会议授权建造 13 艘护卫舰，平均每艘造价 66666 美元。大陆会议

---

① 〔英〕J. F. C. 富勒：《西洋世界军事史》第二卷，钮先钟译，广西师范大学出版社，2004 年，第 251—252 页。

② 〔英〕A. 古德温编《新编剑桥世界近代史》第 8 卷，中国社会科学院世界历史研究所组译，中国社会科学出版社，1999 年，第 221—222 页。

③ Kenneth J. Hagan, This People's Navy: The Making of American Sea Power, New York: The Free Press, 1991, pp. 1-2.

还组建了一个由 13 名成员组成的海事委员会（marine committee），以监督大陆海军的行政运作并指导舰队的部署。这个委员会实际上成为美国海军部的前身，它直接负责海军的行政管理直到 1779 年 12 月被正式的美国海军部（Board of Admiralty）所取代，而后者实际上是效仿英国海军部（Admiralty）而成立的机构。这一时期，财政主管罗伯特·莫里斯（Robert Morris）成为实际上的海军管理人（agent of marine），他的工作一直持续到独立战争尾声。[①]

1776 年《独立宣言》（*The Declaration of Independence*）发表时，大陆海军的舰艇增加到 27 艘，但其中只有 6 艘是正式建成的战舰。[②] 这支海军虽然远远不能与英国海军相提并论，但它也有惊人的壮举。1778 年 3 月，独立战争时期的传奇海上英雄，被誉为"美国海军之父"的约翰·保罗·琼斯（John Paul Jones）率领"突击者"号战舰（USS *Ranger*）对英国港口发动突袭，这一行动震惊了世界。在 1779 年的弗兰伯勒角海战中，琼斯率领的"好人理查德"号（USS *Bonhomme Richard*）成功俘获了英舰"塞拉皮斯"号（HMS *Serapis*），极大地鼓舞了北美人民反抗英国统治的士气。美国著名海洋文学作家詹姆斯·库柏（James F. Cooper）在 1824 年以琼斯为原型创作了小说《领航人》。《领航人》是美国第一部海洋小说，也是库柏著名的海洋小说"三部曲"（《领航人》《红海盗》《海妖》）的开篇之作。

除大陆军创建的海军外，独立战争时期活跃的美国海军力量还包括华盛顿率军围攻波士顿时创立的私人船队、各殖民地组建的舰队以及武装私掠船只。其中，华盛顿创立的私人船队的主要目标是捕获英军的补给船只，殖民地属舰队则主要用于海岸防御，而武装私掠船只则着眼于对英国海上交通线和商船进行袭扰。[③] 私掠战术成为美国独立战争时期海军战略的主要内容。独立战争时期，获得大陆会议正式委任的私掠船有 1697 艘，加上各地委任的私掠船，总数估计超过 2000 艘，共有 2208

---

① Kenneth J. Hagan, *This People's Navy：The Making of American Sea Power*, New York：The Free Press, 1991, p. 5.

② 〔英〕A. 古德温编《新编剑桥世界近代史》第 8 卷，中国社会科学院世界历史研究所组译，中国社会科学出版社，1999 年，第 238 页。

③ 蔡祖铭主编《美国军事战略研究》，军事科学出版社，1993 年，第 36 页。

艘英国商船被美国私掠船捕获，英方损失总计达 6600 万美元。①

早期的美国海军力量发展举步维艰，大陆海军在独立战争结束后很快被解散。尽管美国海军在法美"私掠战争"和远征北非的作战中学习到了英国的海军专业知识，积累了作战经验，总体规模也得到有限扩大，但美国海军仍然太过弱小，远不足以有效捍卫美国利益。并且，扩建舰队通常只是战争爆发后仓促上阵的临时手段，一旦战争形势好转，或者冲突有可能以和平方式结束，美国决策者对海军发展的热情即迅速退潮。这也反映出早期的美国人对发展海军、掌握制海权的重要性的认识还远远不够，他们只看重建立商船队以发展贸易，却忽视了保护海上贸易也是国家必须承担的责任。究其原因，是建国初期的美国奉行严格的孤立主义政策，将发展海上力量视为容易遭到欧洲国家干涉、激化同欧洲强国矛盾的不明智之举，并且极为警惕庞大的军事机构对民众自由构成的威胁。

1794 年，在日益猖獗的北非海盗大肆劫掠美国商船的刺激下，联邦政府颁布了海军法，并根据这一法案建立起了美国第一支真正意义上的国家舰队。"海军的主要功能是促进和保护商业，不过它也服务于其他目的。例如，海军军官在和平时期作为国务院的助手来行动，运送外交人员或亲自从事条约谈判。在战时，海军不仅保护商业，而且成了'国家之剑'，袭击敌人的商业。海军还与陆军和海岸防御工事相配合防备入侵。"②

1797 年，热心海军的前马萨诸塞代表约翰·亚当斯成为第二任美国总统。1775 年，亚当斯主持制订了大陆海军的规章管理制度。1796 年 12 月 18 日，亚当斯在作为美国参议院议长的讲话中表示，他与即将离任的华盛顿在海军问题上观点一致，即为了保护对美国至关重要的贸易，必须建立一支足以抵御外敌侮辱和劫掠的海军。③ 在美法准战争（Quasi-War）期间，美国政府组织了一支由 50 多艘战舰和 1000 多艘私掠船组成

---

① 〔美〕内森·米勒：《美国海军史》，卢如春译，海洋出版社，1985 年，第 11—12 页。
② 〔美〕威廉森·默里等编《缔造战略：统治者、国家与战争》，时殷弘等译，世界知识出版社，2004 年，第 230 页。
③ Kenneth J. Hagan, *This People's Navy: The Making of American Sea Power*, New York: The Free Press, 1991, p. 37.

的海上武装力量。①

尽管相对于对常备陆军可能威胁人民自由和权利的高度警惕而言，美国的建国者们对海军更为放心，但总的来说，他们仍然认为海军这种耗资巨大的军种对于新生的共和国来说太过奢侈，国会对向海军拨款可以用"吝啬"来形容。美国海军也一直沿袭了独立战争时期的私掠和袭扰战术，始终坚持传统的海岸防御战略，不重视也不愿意发展大型远洋舰队，这使得美国的海军力量发展长期受到很大制约。而在当时美国的政治结构中，代表南部农业利益的政治力量十分强大，他们并不希望劳民伤财扩建海军。例如，美国第三任总统托马斯·杰斐逊（Thomas Jefferson）就认为："只要有一支能保卫沿岸和港口的海军就行了，不需要建设远洋舰队，因为建立远洋舰队不仅费用太过高昂，而且会卷入无休无止的战争，从而使公众难以负担，甚至陷于没顶之灾。"②

（三）内战至 19 世纪末的美国海洋战略

在 1812 年爆发的第二次英美战争中，英美海军力量对比悬殊，导致美国吃尽了苦头。由于缺乏大型战舰和远洋舰艇，以炮艇为主、奉行海岸防御战略的美国海军孱弱不堪，无法有效阻止英国舰队对美国港口和海岸的封锁，难以阻挡英军登陆，更遑论为深受英国掠夺和强征之苦的本国商船提供护航。在第二次英美战争的刺激下，战后美国海军有了一定程度的发展。为保护美国日益兴盛的海外贸易，美国海军在 1835 年成立了东印度分舰队，其主要职责是保护美国在远东和印度洋地区的贸易活动和商业利益。1853 年打开日本国门的美国海军准将佩里（Commodore Matthew C. Perry）就是东印度分舰队司令。此后，美国又建立了太平洋分舰队，该舰队参加了 1846—1848 年对墨西哥的战争。但总的来说，这一时期美国海军实力仍然非常有限，海军战略基本上还是沿用了杰斐逊时期的近岸防御思路，但已逐步开始向远海积极防御转变。

1865 年南北战争结束后，因为内战而一度兴盛的美国海军再次失去了用武之地。这一时期正是美国在大陆上开疆拓土的黄金时代，而海军

---

① 〔美〕威廉森·默里等编《缔造战略：统治者、国家与战争》，时殷弘等译，世界知识出版社，2004 年，第 232 页。

② 〔美〕内森·米勒：《美国海军史》，卢如春译，海洋出版社，1985 年，第 45 页。

则似乎缺乏有说服力的战略目标：英国海军实际上承担了保护北美大陆免遭欧洲强国海上入侵的责任，而拉美国家则对美国毫无战略威胁可言。在这种情况下，美国海军重蹈战争之后必然迅速衰败的覆辙也是在所难免了。1864—1865 财年，美国海军预算为 1.22 亿美元，下一个财年就锐减至 4300 万美元，1870—1871 财年进一步降至 1900 万美元。美国国会对海军发展的严格限制，使得美国海军发展举步维艰，其整体实力与美国迅猛增长的综合国力严重不符。①

总的来说，美国独立后，其海军和海上力量的发展道路一直坎坷不平。在很长一段时间内，受制于财政空虚、地区利益争夺、民众对发展海军可能威胁共和民主制度的警惕，以及政府忽视武装力量建设等多方面因素，美国海军的发展一直起伏不定。虽然它在第二次英美战争、美国内战等战争因素的刺激下一度有所壮大，但在战后各种因素的制约下又很快衰败下去。

美国一些政治家对美国的海上防务危机和海军的落后状态忧心忡忡。早在争取独立期间，曾任外交官、后来成为美国最高法院首席法官的约翰·杰伊（John Jay）就非常期望美国能拥有英国那样强大的海军力量。他写道："大不列颠海军，我们闻名已久，如果我们明智的话，终有一天美国海军也会引人注意。"② 安德鲁·杰克逊总统（Andrew Jackson）也素以对海洋事务和海军的热情而闻名，他的海军部长利瓦伊·伍德伯里（Levi Woodbury）曾写道："以现役舰只而论，虽然在名义上美国只是世界第五或第六海上强国……但是如果我们对海军力量的真正要素，对我们已正式服役以及正在建造的舰只，对我们的造船材料和已经汇集上来的以及搜集之中的设备，对我们庞大的商船队（不论其是商用帆船还是汽船），对我们兴隆的渔业，我们漫长的海岸线以及宽阔的内海，同时对我国与其他国家的相关位置——我们与很少国家领土相连却与大多数可能和我们发生冲突的政府隔海相望，如果我们对这些事实加以考虑的话，那么事情一定很明显，我们最暴露的部分，我们最大的危险

---

① Lawrence Sondhaus, *Naval Warfare*, *1815 - 1914*, London: Routledge, 2001, pp. 126 - 128.
② 〔美〕汉密尔顿等：《联邦党人文集》，程逢如等译，商务印书馆，1989 年，第 18 页。

就在海上。"①

　　1812 年英美战争后，美国海军的主要任务是对付海盗和保护美国海上贸易，尽管它在全球各大海域相继建立了分舰队，但建造大型战列舰的提议再次遭到冷遇。在 1812 年英美战争之后的很长一段时间，甚至在马汉的海权论提出之后，海洋对于美国而言仍然更多只是一个隔绝欧洲大陆战火、保持美洲和平安宁的天然屏障，浩瀚的大西洋使得美国可以不必过分担心来自欧洲的外来干涉，也不用为了国防安全而发展规模庞大、费用高昂且可能危及美国民主体制和民众自由的常备军，因而美国人可以自由安详地在美洲大陆这块处女地上耕耘劳作。可以说，两大洋的地理环境是美国孤立主义成长和发展的摇篮。但另一方面，跨越大洋以在欧洲争雄的冲动又随着美国国力的增长而日益显露出来，一旦时机成熟，海洋就不再只是隔绝美国与欧洲战火的屏障，而是美国迈向国际舞台、争夺世界霸权的跳板。随着西进运动的完成，美国国土终于从大西洋沿岸扩大到太平洋沿岸，三面临海的得天独厚的海洋地理环境赋予了美国同时向大西洋、太平洋和加勒比海扩张的绝佳条件。

　　事实上，美国的海洋潜力早在其立国不久就随着对外贸易的急剧扩大而逐渐显现出来。在观察美国制度方面蜚声世界的托克维尔（Alexis-Charles-Henri Clérel de Tocqueville）就曾惊叹道："当我沉思盎格鲁-美利坚人从事商业的激情、帮助他们的诸多有利条件以及他们的行动的成功时……我情不自禁地相信他们有一天终将成为全球头号海上强国。他们生来就注定要统治海洋，正如罗马人生来注定要征服世界一样。"②

　　虽然长期以来影响美国海军发展的国内政治环境并不理想，但以切斯特·阿瑟总统（Chester A. Arthur）为代表的美国政治家，仍然不遗余力地推动美国海军的发展和进步，这也使得美国海军的水平不至于下滑到一个离谱的地步。此外，美国海军的正规化建设也逐步取得了一定的成效。1815 年，威廉·班布里奇海军准将（Commodore William Bainbridge）在

---

①　〔美〕拉塞尔·F. 韦格利：《美国军事战略与政策史》，彭光谦等译，解放军出版社，1986 年，第 80 页。
②　转引自〔美〕威廉森·默里等编《缔造战略：统治者、国家与战争》，时殷弘等译，世界知识出版社，2004 年，第 241 页。

马萨诸塞州的查尔斯顿建立了海军第一所训练学校。1845 年，在海军部长班克罗夫特（George Bancroft）的推动下，位于马里兰州安纳波利斯的海军学校成立，这所学校在 1850 年被正式命名为美国海军军官学校（United States Naval Academy）。它主要教授航海等专业技能，为美国海军培养初级军官。而 1884 年在罗得岛州纽波特成立的美国海军战争学院（United States Naval War College）则主要讲授海军史和海军战略，培养海军中的高级军官和参谋人员。这两所学校成为培养高素质的美国海军人员的摇篮，二战中的许多美国海军名将，如尼米兹（Chester W. Nimitz）、哈尔西（William F. Halsey, Jr.）、斯普鲁恩斯（Raymond A. Spruance）等，都是这两所学校的校友。

　　一直到 19 世纪末马汉的海权论提出后，美国才开始进行大规模的海军建设。而在这之前，美国的迅速崛起主要是经济上的崛起，政府对军事建设缺乏足够和稳定的支持。美国日益兴盛的海上贸易实际上得益于英国海上霸权的保护，从而使美国成为典型的"搭便车"者。美国政治学家罗伯特·阿特（Robert J. Art）对这一问题的概述相当精辟："在孤立主义战略的鼎盛期，美国在武备松弛的状态下却发展壮大、富强起来……美国完成这一伟业的原因在于英国海上的霸权保证了美国本土安全。保卫美国的不是美国的军事力量而是英国的舰队……在此期间，美国是不劳而获者的典范：其军事命运不是依赖于自己的所作所为，而是依赖于英国的庇护。"①

　　由此可见，从美国独立战争到马汉的海权论提出之前的一百多年时间里，新兴的美国积极在大陆拓展的同时，已经开始思考面向海洋发展的战略选择问题。为争夺海上霸权和殖民地，美国进行了一系列有益的探索，积累了丰富的经验，这些都为马汉海权论的提出奠定了坚实的基础。

　　美国的设计师和工程师在海军技术的创新和应用上也值得强调。1807 年，美国工程师罗伯特·富尔顿（Robert Fulton）设计建造了世界上第一艘蒸汽轮船"克莱蒙特"号（Clement）。1861—1865 年美国内战期间海军技术发展突飞猛进，在由木制风帆战舰向铁制蒸汽战舰转变的

---

① 〔美〕罗伯特·阿特：《美国大战略》，郭树勇译，北京大学出版社，2005 年，第 180 页。

过程中，美国走在了时代的前列。为了对抗占据优势的北方海军，南方海军谋求利用铁甲舰打破北方海军大批木制风帆战舰的封锁，而北方也积极设计新的铁甲舰来彻底摧毁南方海军的抵抗。就这样，1862 年 3 月 9 日，北方海军铁甲舰"莫尼特"号（Monitor）与南方海军铁甲舰"弗吉尼亚"号（Virginia）在汉普顿锚地爆发了世界海军史上第一次铁甲舰之间的对决。这场对决未能分出胜负，双方舰艇的炮火都未能穿透对方的铁甲，铁甲对舰艇的防护作用表现得淋漓尽致，由此加快了木制战舰退出海军的速度。此外，蒸汽船、水雷、潜艇等新武器也在美国内战中得到充分使用，经过战争的检验之后它们在技术上日臻成熟。

二　美国全面走向海洋发展道路的历史背景

尽管直到 19 世纪末，美国海军的发展才开始真正起步，但美国作为一个拥有深厚贸易传统的国家，却始终不曾忘记海洋对于新生国家发展的重要性。虽然美国在建国后的 100 多年里并未拥有一支足以同欧洲列强并驾齐驱的海军，但它的舰艇仍然活跃在世界各大洋上，而且为拓展贸易也曾使用英国惯用的"炮舰政策"（gunboat policy）。

19 世纪末，在经历了长期的曲折反复之后，美国最终走上了全力发展海权的道路，这一选择与当时的历史背景是分不开的。19 世纪中期，在风起云涌的工业革命浪潮的推动下，寻求获得海外市场日益成为美国资本主义发展的强烈诉求，而建立一支强大的海军和商船队就成为这种诉求的具体表现。美国崛起道路上的"海洋化"诉求也与它的地理状况变迁有关，当美国最终成为一个连接大西洋和太平洋的完整大陆时，海洋对美国而言就已经不再仅仅是隔离欧洲的战火与纷争的屏障，而是充满商机与诱惑的聚宝盆。有中国学者认为，从 19 世纪末海外扩张开始到 1945 年第二次世界大战结束，正是美国外交史上的"门户开放时期"或称"海洋主义时期"。换言之，摆脱孤立主义传统的束缚，谋求以全球为舞台进行海外扩张成为这一时期美国国家发展最重要的诉求。①

美国独立后，其版图不断扩大。美国参加 1812 年英美战争的一大目的，就是试图从英国手中夺取加拿大。在向北扩张受挫后，美国开始将

---

① 王玮、戴超武：《美国外交思想史：1775—2005 年》，人民出版社，2007 年，第 48 页。

目光转向中西部和南部。1846 年，美国正式兼并俄勒冈。此后在对墨西哥的战争中，美军的胜利使得美国领土扩张达到高潮。战后签订的和约规定，美国以 1500 万美元的代价从墨西哥手中"买下"面积达 52.9 万平方英里的土地，包括今天的加利福尼亚州、内华达州、犹他州、亚利桑那州，以及怀俄明州、新墨西哥州和科罗拉多州的部分地区。美墨战争后签订的和约，还确认了美国对此前军事占领的得克萨斯的所有权。1867 年，美国又以 720 万美元的价格从俄国购得了太平洋沿岸的阿拉斯加。至此，美国基本上完成了大陆扩张的任务，其版图从大西洋沿岸延伸到太平洋沿岸，成为一个真正意义上的两洋国家。为了巩固大陆扩张的成果，美国掀起了轰轰烈烈的西进运动，打开了通往太平洋沿岸的交通，从而成为一个贯通北美洲东西两面的陆上大国。

与此同时，19 世纪后半期，美国的经济政治结构也开始发生重大变化，海外扩张成为美国进一步发展的必然要求。首先，内战结束后，美国经济进入高速发展阶段，急剧增长的生产力使得美国工农业产品出现过剩，有限的国内市场无法满足美国制造业发展的需求，因此迫切需要开拓海外市场。正如后来参加柏林会议的美方代表约翰·卡森（John Carson）所说："如果美国不能为其工农业品找到海外销售市场，那么我们剩余的产品很快就会从大西洋海岸涌回美国内陆，经济繁荣的车轮将由于过多财富的负担而裹足不前。"① 1873 年，美国爆发了内战结束后的第一次经济危机。危机一直延续到 19 世纪末，它推动美国加快走向海外寻求市场。其次，在第二次工业革命的推动下，各主要强国在 19 世纪下半叶掀起了争夺和瓜分殖民地的狂潮，社会达尔文主义、极端民族主义、帝国主义思想甚嚣尘上，各国间的竞争在很大程度上变成了对海外殖民地的争夺，这些都要求拥有强大的海军力量。在这一背景下，新崛起的美国也无法再置身事外，它必须告别过去孤立主义的传统，加入列强竞逐的行列。为此，美国必须利用自己的地理优势，在太平洋和大西洋两个方面积极拓展，并建立自己的海外殖民地，从而获得对国际事务的话语权。因此，对海洋的控制和利用就被提升到了一个空前的战略高度，

① Charles S. Campbell, Jr., *The Transformation of American Foreign Relations, 1865 – 1990*, New York: Harper & Row, 1976, p. 85.

它推动美国开始积极推进从陆权大国向海权大国的转变。

在这一历史背景下，美国社会关于向海洋发展的呼声不断高涨，诸多有识之士提出了建立强大海军、发展海外贸易、拓展商业帝国，甚至是效仿欧洲强国建立海外殖民地的种种构想。其中的主要代表人物，包括多次从事太平洋勘测和探险的查尔斯·威尔克斯（Charles Wilkes），主张建立以墨西哥湾和加勒比海为轴心的海洋帝国的海军上尉马修·莫里（Matthew F. Maury），将美国设计成"太平洋商业帝国"的国务卿威廉·西沃德（William H. Seward），以及主张建立强大海军、拓展海上贸易与航运的著名海洋小说家詹姆斯·库柏等人。

近代美国走向海洋发展道路的历史也是一个不断向西部扩张的历史，西进运动的进程没有因为美国领土扩张到太平洋沿岸而停止，而是进一步向整个太平洋地区扩张，即从大陆扩张转向海洋扩张。美国学者这样形容向太平洋方向的扩张对于美国的重大意义："古代文明是在地中海沿岸繁荣起来的，现代文化兴起于大西洋，未来的文化则属于太平洋，在那儿，更古老的东西和更新的东西以贸易和经济的竞赛形式相汇合……美国利益在太平洋沿岸和太平洋内遥远的岛屿中的发展，无疑地给美国在那个地区的所有大企业以有力的推动。"①

另外，美国受益于英国海权保护的历史也证明，建立一支强大的海军对于美国的安全和发展具有极为重要的意义。正如英国前首相丘吉尔所言："当年在海洋屏障和英国海军的保护下，美国的民主制度免受欧洲的威胁，它根据英国的制度和习惯法建立起来，后来受到法国革命的促进，此时已带来了繁荣和力量。"② 罗伯特·阿特也指出，美国这个新生的国家在19世纪孤立主义盛行、武备严重松弛的年代实现了繁荣，在很大程度上应归功于英国海上霸权保护了它的安全。"保卫美国的不是美国的军事力量而是英国的舰队……没有英国的默许，没有哪个欧洲强国可以把其政治、军事或经济的影响力渗透到西半球，而英国在大多数时间里选择了独霸西半球……在孤立主义战略的鼎盛期，美国安全和英国的

---

① 〔美〕查尔斯·A.比尔德、玛丽·R.比尔德：《美国文明的兴起》下卷，许亚芬译，商务印书馆，2012年，第1023页。

② 〔英〕温斯顿·丘吉尔：《英语国家史略》下册，薛力敏、林林译，新华出版社，1985年，第434页。

帝国战略之间存在着一种'搭便车'的关系。"①

不过，南北内战结束后，美国海军再一次重蹈了和平时期必遭政府冷落和荒废的覆辙。到1880年，美国海军舰艇总数已经减少到48艘，幸存下来的舰艇也大多老旧腐烂，难堪大用。这一时期，美国海军甚至位列丹麦、中国和智利之后，仅居世界第12位。② 显然，海军力量的落后同美国强烈的扩张需求和列强竞争日趋激烈的国际大环境严重不符，纠正长期以来制约美国海军发展的机制和观念桎梏的时机已经到来，而突破口就是马汉提出的海权论。实际上，早在马汉的海权论问世之前，美国政界的一批有识之士就提出了改变美国海军落后局面，建立适应新时期美国扩张需要的新型海军的主张。得克萨斯州联邦参议员塞缪尔·马克西（Samuel Maxi）大声疾呼："世界上哪有作为一等强国而没有海军之理！"而南卡罗来纳州联邦参议员马修·巴特勒（Matthew Butler）则主张美国应放弃传统的进行贸易掠夺、以私掠战术为核心的海上战略，转而建立真正意义上的远洋海军舰队。两任海军部长威廉·亨特（William H. Hunt）和威廉·钱德勒（William E. Chandler）也都积极推动海军的改革。除政治家外，一些民间人士也呼吁美国重视"海上霸权"的价值，这些人包括作家查尔斯·考利（Charles Cowley）、亨利·巴纳德（Henry Barnard）、弗朗西斯·帕克曼（Francis Parkman）、乔治·雷诺兹（George Reynolds）和塞缪尔·艾略特（Samuel Eliot）等。③

1881年7月，美国海军部成立了由罗杰斯海军少将（Rear Admiral John Rodgers）任主席的海军顾问委员会（Naval Advisory Board），专门研讨将向国会提交的海军发展规划，这也是美国新海军（New Navy）建设的开端。11月，美国海军顾问委员会提交了一份报告，即拟议中的美国海军建设规划，这份报告建议美国建造一支由8艘一等巡洋舰、10艘二等巡洋舰、24艘木制巡洋舰、5艘鱼雷艇、10艘巡逻鱼雷艇和10艘港口鱼雷艇等组成的舰队，总花费2960.7万美元。尽管这一造舰方案并未得到美国国会的支持，但美国社会对海军建设的热情开始持续高涨，包括

① 〔美〕罗伯特·阿特：《美国大战略》，郭树勇译，北京大学出版社，2005年，第181页。
② 〔美〕内森·米勒：《美国海军史》，卢如春译，海洋出版社，1985年，第166页。
③ 〔美〕彼得·卡斯滕：《海军贵族——安纳波利斯的黄金时期及现代美国海军至上主义的出现》，王培译，海潮出版社，2011年，第324页。

《纽约时报》（*New York Times*）在内的多家美国主流媒体对海军问题的关注越来越多。[1] 1882年，美国海军情报部成立。1883年，美国开始建造舰名英文首字母"ABCD"的4艘巡洋舰，即"亚特兰大"号（USS *Atlanta*）、"波士顿"号（USS *Boston*）、"芝加哥"号（USS *Chicago*）和"海豚"号（USS *Dolphin*）。不过，受国会的限制，这4艘巡洋舰仍然沿用了传统设计方案，而且是轻装火力且未配备装甲。1884年10月，美国海军战争学院在罗得岛州纽波特宣告成立，这也是美国海军主义者继续推动建立强大海军的重要举措。[2]

1885年，美国海军史学家阿尔弗雷德·塞耶·马汉（Alfred Thayer Mahan）被美国海军战争学院院长斯蒂芬·卢斯准将（Commodore Stephen B. Luce）任命为讲授海军史的讲师，这个学院也成为马汉创立海权论的舞台。[3] 此外，美国海军学会在1873年宣告成立，并于1879年开始定期出版海军学会会刊，海军军官的晋升和退休制度也逐渐完善。1885—1887年，美国海军在"ABCD"4艘巡洋舰的基础上，改进了设计和建造工艺，建成了5艘第二代巡洋舰，即"纽瓦克"号（USS *Newark*）、"查尔斯顿"号（USS *Charleston*）、"巴尔的摩"号（USS *Baltimore*）、"费城"号（USS *Philadelphia*）和"旧金山"号（USS *San Francisco*）。这一系列举动表明，在马汉的海权论提出之前，美国海军的正规化建设已经启动。在海权论提出后，美国海军的发展步入了快车道。

三　马汉的海权论及其对美国的影响

在美国逐步走向海洋的历史大背景下，马汉的海权论应运而生。"海权"（sea power）这一概念最早来源于马汉在1890年出版的经典著作《海权对历史的影响：1660—1783年》（*The Influence of Sea Power upon History 1660–1783*），海权论是马汉关于海权的价值、作用和实现方式等的相关论述的观点集合。马汉的思想由"海权论三部曲"所组成，即

---

[1] Mark Russell Shulman, *Navalism and the Emergence of American Sea Power, 1882–1893*, Annapolis, Md: Naval Institute Press, 1995, pp. 102–104.

[2] Mark Russell Shulman, *Navalism and the Emergence of American Sea Power, 1882–1893*, Annapolis, Md: Naval Institute Press, 1995, pp. 110–111.

[3] 〔美〕内森·米勒：《美国海军史》，卢如春译，海洋出版社，1985年，第171—175页。

《海权对历史的影响：1660—1783 年》、《海权对法国大革命和帝国的影响：1793—1812 年》（*The Influence of Sea Power upon the French Revolution and Empire，1793–1812*）、《海权与 1812 年战争的关系》（*Sea Power in Its Relations to the War of 1812*），这三部著作所阐发的观点共同构成了海权论的思想理论体系。迄今为止，国内外学者研究海权论的成果可谓汗牛充栋，但并未对"海权"这个概念的定义达成广泛的共识。事实上，马汉本人也没有对海权的定义做出明确阐释，他所有的论著基本上是在描绘而非定义海权。可以认为，海权就是一个国家对海洋的控制权，它可以充分利用海洋所赋予的资源、条件和机会来发展自己，同时在必要时又可以阻止竞争对手或敌人利用海洋。虽然马汉从未明确定义海权概念，但这并不妨碍我们去认识和思考他的理论。

马汉认为，海洋的航运价值使其成为社会历史中最重要且最引人注目的因素，人们可以充分利用海上航线通向四面八方。尽管海上充满各种危险，但无论是旅行还是运输，海路相对于陆路来说还是安全、方便、迅速和廉价的。① 马汉整部学说的理论框架建立在英国海权发展历史的基础之上。以英国在近代以来由向海发展而崛起的历史为论据，马汉阐述了建立强大海权所必需的两大前提：一是建立广泛、健康、有活力的对外贸易体系；二是拥有一支强大的海军。② 另外，在马汉看来，影响各国建立海权的因素有 6 点，即著名的"海权六要素"，包括地理位置、自然结构及其相关的物产和气候、领土范围、人口、民族特点、政府的性质等。③

马汉海权论的中心思想就是鼓励美国摒弃孤立主义传统，效仿英国、法国、荷兰等欧洲海洋强国，去拓展海外殖民地、建立强大的海军和商船队，简言之，就是充分利用海洋这个舞台使新生的美利坚民族在帝国主义、殖民主义激烈竞争的浪潮中占据一席之地，甚至占据领先地位。为了实现这一目的，马汉非常重视从经济视角阐释海权的重要性。他在

---

① Alfred T. Mahan, *The Influence of Sea Power upon History 1660–1783*, Boston：Little Brown and Company，1898，p. 25.

② Alfred T. Mahan, *The Influence of Sea Power upon History 1660–1783*, Boston：Little Brown and Company，1898，p. 539.

③ Alfred T. Mahan, *The Influence of Sea Power upon History 1660–1783*, Boston：Little Brown and Company，1898，pp. 25–89.

海权论中提到了海权的三个环节：生产、海运、殖民地。在马汉看来，生产的目的在于交换，海运保证了不断交换的实现，殖民地则是为了促进、扩大及保护海运。由于海外贸易可以给国家带来巨大财富，因此海洋国家都在竞相获得更多的殖民地，以为本国货物寻找更多的销路，为本国舰船取得更多的活动场所，为本国人民谋求更多的职业，使本国更加繁荣昌盛。[1] 马汉强调，合理使用和控制海洋，只是积累财富的商品交换中的一环，但却是位于中心的一环，因为谁拥有海权，谁就可以强迫其他国家向它缴纳特别税，而且历史也证明，这是使国家致富的最有效的方法。[2]

由此可见，马汉的理论中渗透着亚当·斯密（Adam Smith）的"国富论"的思想，可以说是简化版的"国富论"。马汉将一个充满活力的对外贸易视为一个国家经济健康发展的最重要因素。在马汉看来，美国人具有进行贸易的才能，他们富于冒险精神，用不了多久就会将海权建立起来。如果未来有地方需要殖民化，美国人将会毋庸置疑地把他们在自治和独立发展方面的一切传统和才能带到这些地方。[3]

马汉的海权论从一开始就是同竞争和战争联系起来的，这也契合了它所诞生的极端民族主义、社会达尔文主义、帝国主义盛行的年代。马汉认为，由于资源、市场等是有限的，国家之间对海外贸易的竞争引发了冲突的危险，这就促使一个国家需要建立强大的海军力量来保护其贸易活动。马汉在《海权对历史的影响：1660—1783 年》开篇就谈道："海权的历史从其广义上来说，涉及了促使一个民族依靠海洋或利用海洋强大起来的所有事情，但它主要是一部军事史。"[4] 因此，海权论自诞生之日起就打上深深的军事化烙印。马汉指出，海运体系是一个开放而脆弱的交通体系，国家间关于贸易和殖民地的竞争使得彼此之间的冲突和

---

[1]　Alfred T. Mahan，*The Influence of Sea Power upon History 1660-1783*，Boston：Little Brown and Company，1898，p. 28.

[2]　Alfred T. Mahan，*The Influence of Sea Power upon History 1660-1783*，Boston：Little Brown and Company，1898，p. 226.

[3]　Alfred T. Mahan，*The Influence of Sea Power upon History 1660-1783*，Boston：Little Brown and Company，1898，pp. 57-58.

[4]　Alfred T. Mahan，*The Influence of Sea Power upon History 1660-1783*，Boston：Little Brown and Company，1898，p. 1.

战争不可避免。为了确保宗主国、殖民地和市场之间贸易交通线的安全和畅通，避免海上交通线遭到袭击，就必须建立强大的海军力量。只有通过军事力量控制海洋，并确保长期控制贸易战略中心，才能有效破坏敌人的贸易和运输能力，从而瓦解其海权体系。这一切都需要一支强大的舰队来完成，一个国家必须拥有这样的舰队并能在对竞争对手的战争中获得胜利，才能夺得对海上交通、贸易及一切主动权的控制权，从而增强自身的海权。①

马汉的理论也带有鲜明的历史主义研究的特点，并且特别强调"以史为鉴"。在仔细考察了欧洲国家一个世纪的海权历史，特别是英国建立海上霸权的历史后，马汉认为，海上战役总是由平时和战时都保有强大主力舰舰队的一方获胜，因此美国在和平时期也要保持一支足够强大的舰队。没有强大的海军就没有制海权，没有制海权，国家的商业活动就会受到威胁，国家的繁荣就无法保障。因此，强大的海军力量是获得制海权、确保国家安全和贸易繁荣的重要条件。然而，基于地理和历史原因，美国长期以来一直保持孤立态势，海军建设几起几落，发展十分缓慢。根据马汉的海军理论，美国不能再依靠坐拥两大洋的地理优势实行静态的海岸防御，而是要建设强有力的进攻型海军。根据这一原则，美国海军的新战略要建立在对海洋的主动控制的基础上。只有控制了海洋，才能阻止一切对美国的攻击。1890 年以前，美国海军主要由巡洋舰和低舷铁甲舰组成，美国海军在全球有不少据点，并部署了小型舰队，它们的主要任务是港口和海岸防卫，而并非获得制海权或对敌人发起主动进攻。在马汉看来，这样的舰队同美国的大国战略不相符，美国不能再依靠独立战争时期的私掠船战术阻止敌人对美国本土和海外利益的侵扰，而是迫切需要一支由战列舰组成、用主动进攻精神所武装起来的舰队，并且这支舰队将是集中使用而不是分散配置，它要能在未来的海战中赢得一场决定性战役。

在一个竞争激烈的帝国主义时代，美国不能再孤芳自赏，为坐拥两洋的地理优势而沾沾自喜，并继续遵循建国先贤关于同专制、暴力的欧

---

① Alfred T. Mahan, *The Influence of Sea Power upon History 1660-1783*, Boston: Little Brown and Company, 1898, pp. 539-540.

洲"旧大陆"保持距离的教诲，这是马汉一直竭力劝告其同胞的。只有突破观念桎梏，美国海权的发展才能获得一直警惕于常备军建设会损害公民权利和自由的美国民众的支持。为此，马汉在其著作《美国向外看》（The United States Looking Outward）中警告美国公众，美国正处在遭受欧洲列强干涉的危险之中。他提出，随着巴拿马运河的建成通航，将出现一条从大西洋经太平洋直达远东的航道，这将引起欧洲列强的极大兴趣。届时，它们的注意力将转向加勒比海地区和远东，而美国东海岸、西海岸和一向被美国视为后院的加勒比海地区都将出现欧洲强国的战舰，这对美国的国家安全和利益无疑将构成极大的威胁。马汉特别强调，作为欧洲大陆最强大的两个国家，英国和德国很可能在加勒比海地区建立舰队基地，并图谋控制巴拿马运河。① 如果这种预测成为现实，那将是对"门罗主义"（Monroe Doctrine）的直接挑战，美国作为新兴大国的地位将面临中途夭折的风险。马汉对美国所处危险的警告不免有夸张的成分，但他力图证明美国必须建立强大海军的用意符合历史发展的潮流，也契合了美国由陆权大国向海权大国转型的必然趋势。

总的来说，马汉的海权论是结合了所处时代背景对历史所进行的分析和对经验的总结，不是单纯为了学术研究和理论研讨，而是具有强烈的现实用意。相较于英国"蓝水学派"学者们的著作，马汉对海军史的阐释谈不上足够精湛和深刻，甚至不少地方还存在谬误，但当时美国乃至整个世界需要的不是专业而高深的海军史理论著作，而是将历史事实高度浓缩和抽象概括之后简明扼要的观点和结论，甚至是某种足以鼓舞人心的宣传口号。显然，马汉在这一点上取得了成功，他的著作更像是扣人心弦的宣传作品，直截了当地告诉人们，特别是告诉美国公众：一个国家若想伟大，就必须建立强大的海权。马汉本人对这一点心知肚明。在出版《海权对历史的影响：1660—1783 年》一书时，马汉专门告诉出版商："我特意采用了'海权'这一术语而非'海洋的'这个形容词，因为后者过于轻描淡写，不能引起人们的注意力，而我希

---

① Alfred T. Mahan, *The United States Looking Outward*, *The Interest of America in Sea Power—Present and Future*, Boston: Little Brown, 1898, p. 13.

望可以引起公众的注意并能够广泛流传开来。"① 马汉曾向他的朋友、共
和党参议员亨利·卡伯特·洛奇（Henry Cabot Lodge）坦言："我的目的
就是想用过去的经验去影响将来的观念和政策取向。"②

在完成了这一系列铺垫之后，马汉的核心用意非常简单明了：美国
需要认真建设一支强大的海军，这关乎美国未来的国运。马汉对海权及
其目标和手段的阐释，实际上向公众回答了一系列问题，包括美国为什
么需要建设强大的海军、海军能做什么、怎么做以及在哪里做等。概括
而言，海权论不是简单的海军论，但它的落脚点却是实实在在地建设海
军和拓展海外基地。随着美国工业产值在 1894 年超过英国并跃居世界首
位，它成为世界头号强国只是时间问题。在这样一个深刻的历史背景下，
马汉的海权论顺应历史发展潮流，为美国的全面崛起设计了积极进行海
外扩张、大力发展海军力量的战略方案，使得美国这样一个新兴强国迅
速找准了自身在"大洗牌"的世界格局中的战略定位，从而为美国的下
一步发展指明了方向。

第二节　近代美国的海军建设及海洋战略指向

马汉提出海权论后，在美国各界获得了广泛好评，特别是获得了众
多主张建立强大海军的政界、军界和学界人士的支持，包括美国海军战
争学院院长斯蒂芬·卢斯、美国海军协会教授詹姆斯·索利（James
R. Soley）、两任海军部长本杰明·特雷西和希拉里·赫伯特（Hillary
A. Herbert），以及曾任助理海军部长、后来成为美国总统的西奥多·罗
斯福等。③ 海权这个概念本身就意味着胜利、威望、安全和繁荣。④ 在一
个美国迈向海洋强权的年代里，马汉的海权论可谓生逢其时，它给美国

---

① Robert Seager, *A T. Mahan*, *The Man and His Letters*, Annapolis, Md: Naval Institute
　Press, 1975, p. 204.
② Robert Seager, *A. T. Mahan*, *The Man and His Letters*, Annapolis, Md: Naval Institute
　Press, 1975, p. 209.
③ George W. Baer, *One Hundred Years of Sea Power*: *The U. S. Navy, 1890-1990*, Stanford:
　Stanford University Press, 1994, p. 11.
④ George W. Baer, *One Hundred Years of Sea Power*: *The U. S. Navy, 1890-1990*, Stanford:
　Stanford University Press, 1994, p. 17.

政府的战略决策带来了重大影响，促使美国迅速将海权论的观点付诸实践，有力推动了美国海军的建设和海外扩张活动的开展。

一　"战列舰主义"与美国海军建设

随着 19 世纪下半叶海军技术的突飞猛进，美国国内关于更新美国海军的呼声不断高涨。同时，为了应对海军实力不断增长的智利、阿根廷、巴西等拉美海军大国，美国在 1886 年建造了"得克萨斯"号（USS *Texas*）和"缅因"号（USS *Maine*）战列舰，排水量分别为 6315 吨和 6650 吨，这两艘战舰成为美国海军的第一批战列舰。[①]

随着马汉海权论的问世，美国海军建设逐渐进入高潮。美国海军部长特雷西在海军部 1889—1890 年度报告中，详细阐述了马汉关于"控制海洋的主动性"和"战舰建造"的观点。他认为，美国海军应该配备 20 艘一级战列舰，分成两个舰队。负责大西洋和墨西哥湾防务的舰队由 12 艘战列舰组成，另外 8 艘战列舰组成的舰队负责太平洋防务，这两支舰队至少需要得到 60 艘巡洋舰的支援。作为马汉海权论的信徒，特雷西尤为强调主动进攻精神，即集中战列舰对敌人发起攻击。在海军部 1889—1890 年度报告中，特雷西强调："如果战争爆发，那么这场战争尽管原则上是防卫性质的，但在实践操作中运用主动进攻性的原则显然会更有效。"[②] 海军部 1889—1890 年度报告是目前所见美国海军最早的关于主动控制海洋及舰队武装的官方文件。在这份报告中，特雷西以刚刚平息的萨摩亚危机为例指出，孱弱的美国海军已经无法适应美国逐步走向海外的战略，它必须建造更多蒸汽动力的战舰，新舰队必须以战列舰为中心而不能再走发展传统的浅水重炮舰（monitors）的老路。美国海军仅有 44 艘现役和在建战舰，这一规模仅位列世界第 12 位，甚至排在奥匈帝国、奥斯曼帝国和中国之后，而当时最强大的英国海军共有 367 艘战舰，其中有 76 艘是装甲战舰。特雷西对 1883 年以来建造的无装甲防护巡洋舰和仅配备轻型装甲的巡洋舰相当不满，认为这些性能不佳、战备不足的舰艇无法满足美国

---

①　George W. Baer, *One Hundred Years of Sea Power*：*The U. S. Navy*，*1890-1990*，Stanford：Stanford University Press，1994，p. 18.

②　*Annual Report of the Secretary of the Navy for 1889*，p. 4.

海军的需求。①

　　1890 年是美国海军史上具有里程碑意义的一年。马汉在这一年出版了他的代表作《海权对历史的影响：1660—1783 年》，这本著作很快风靡世界，尤其受到英国、德国等大国的重视。美国国会海军事务委员会（House Naval Affairs Committee）也开始着手研究马汉所提出的"战列舰主义"（battleship philosophy），并提出了建造 3 艘一等战列舰，以在太平洋、大西洋和墨西哥湾各部署一艘的方案。②

　　1890 年，美国国会首次授权建造"印第安纳"号（USS *Indiana*）、"俄勒冈"号（USS *Oregon*）和"马萨诸塞"号（USS *Massachu setts*）3 艘一级战列舰，即"印第安纳"级战列舰。"印第安纳"级战列舰排水量为 1.0288 万吨，航速 16 节，装备有 4 门 13 英寸、8 门 8 英寸和 4 门 6 英寸口径的火炮。③ 尽管这三艘战列舰被美国国会定义为"海岸战列舰"（coastline battleships），以避免刺激欧洲列强而使得美国陷入军备竞赛，④但这三艘战列舰的下水表明美国海军已经开始告别传统的海岸防御战略，向建设远洋型、决战型海军迈进。美国著名历史学家巴巴拉·W. 塔奇曼（Babara W. Tuchman）用优美的文笔描述了"印第安纳"级战列舰对于美国海权崛起的意义："这些军舰所体现的政策在当时尽管远没有被普遍承认，却表明了转变正在发生，朝向马汉所指的方向：向外扩张。这意味着美国必须建造一支舰队，足以成功抵御潜在敌人的所有攻击。"⑤

　　马汉的"战列舰主义"不仅定下了美国海军战略的基调，而且也反映了美国在帝国主义时代新的促进商业贸易的方式。建造一支集中使用战列舰的舰队，也意味着集中工业和商业力量来拓展美国的贸易，它正

　　① Kenneth J. Hagan, *This People's Navy*: *The Making of American Sea Power*, New York: The Free Press, 1991, pp. 194–195.

　　② Mark Russell Shulman, *Navalism and the Emergence of American Sea Power*, *1882–1893*, Annapolis, Md: Naval Institute Press, 1995, p. 129.

　　③ *Annual Report of the Secretary of the Navy for 1890*, p. 13.

　　④ George W. Baer, *One Hundred Years of Sea Power*: *The U. S. Navy*, *1890–1990*, Stanford: Stanford University Press, 1994, p. 21.

　　⑤ 〔美〕巴巴拉·W. 塔奇曼：《骄傲之塔：战前世界的肖像，1890—1914》，陈丹丹译，中信出版社，2016 年，第 134 页。

在成为美国商业活动的标准模式。①

1892 年，赫伯特出任美国海军部长。作为马汉学说坚定的拥戴者，赫伯特主张建立一支强大的战列舰舰队，如此才能与欧洲强国海军争雄，而巡洋舰并不是美国海军发展的重点，它只能起到辅助作用。赫伯特强调，美国海军应该摒弃装甲巡洋舰和以私掠战术为主的防御战略传统，转而采用以战列舰为中心的进攻战略。在赫伯特任内，美国海军继续推动战列舰的建造工作。1893 年，美国国会批准建造"艾奥瓦"号战列舰（USS *Iowa*）。"艾奥瓦"号排水量达 11296 吨，航速 17 节，配备了 12 门12 英寸和 8 英寸口径的火炮。此外，美国还建造了重型装甲巡洋舰"布鲁克林"号（USS *Brooklyn*）、一艘实验性潜艇和多艘鱼雷艇。② 1896 年初，美国海军获准建造"肯塔基"号（USS *Kentucky*）和"奇尔沙治"号战列舰（USS *Kearsarge*）。这两艘战列舰排水量为 11520 吨，航速接近17 节，装备了 4 门 8 英寸和 4 门 12 英寸口径的火炮。另外，美国海军还建造了 6 艘鱼雷艇和 8 艘辅助船只。③ 1896 年夏，美国国会又批准建造"阿拉巴马"号（USS *Alabama*）、"伊利诺伊"号（USS *Illinois*）和"威斯康星"号（USS *Wisconsin*）3 艘战列舰，这 3 艘战列舰排水量为 11520吨，航速 16 节，进一步增强了火力。④

1897 年，对马汉推崇备至的西奥多·罗斯福出任美国助理海军部长，实际上主持海军部的日常工作，掌握了美国海军建设的主导权。罗斯福上任一周后，就向时任总统威廉·麦金莱（William Mckinley）提交报告，从专业角度详细阐述了美国海军现役战列舰的部署和性能情况，并指出其在技术上的优缺点和他个人对海军舰艇配置的建议。

1898 年爆发美西战争后，罗斯福说服海军部长约翰·朗（John Long）利用国内高涨的爱国主义热情请求国会批准建造新的战舰。1898年 5 月，美国国会同意建造第二艘"缅因"号战列舰，以及 1.25 万吨的一级战列舰"俄亥俄"号（USS *Ohio*）和"佛蒙特"号（USS *Vermont*）。

---

① Mark Russell Shulman, *Navalism and the Emergence of American Sea Power*, 1882–1893, Annapolis, Md: Naval Institute Press, 1995, p.154.
② *Annual Report of the Secretary of the Navy for 1893*, p.17.
③ *Annual Report of the Secretary of the Navy for 1899*, p.6.
④ *Annual Report of the Secretary of the Navy for 1896*, p.5.

这些战舰都配备有 4 门 12 英寸口径主炮和 16 门 6 英寸火炮。此外，国会还同意建造 12 艘鱼雷艇和 6 艘鱼雷驱逐舰。① 1898 年的美西战争有效检验了采用新技术、新作战思想的美国海军的战斗力，但这场战争也暴露出美国海军缺少运煤船、侦察舰和支援舰艇等问题，特别是在大西洋和太平洋之间调动舰队的地理上的困难。例如，"俄勒冈"号战列舰接到从西海岸调到加勒比海以支援古巴战事的命令后，不得不长途跋涉绕过南美洲最南端的合恩角，延误了战机。同时，"俄亥俄"号战列舰撤出太平洋后，美国西海岸已经没有可以为亚洲分舰队提供支援的战列舰了。美国国会吸取美西战争的经验教训，终于在 1899 年解除了对建造战列舰的限制，转而积极支持采用最新技术武装舰队。② 同时，美国海军在美西战争中调动舰队的不便也进一步促使美国政府加快了争取巴拿马运河租让权的步伐。

1901 年，美国总统麦金莱遇刺，副总统罗斯福接任总统。罗斯福上台后开始大刀阔斧地建设海军，积极推行海外扩张政策。罗斯福本人不仅积极说服国会批准建造更多战列舰，而且推动美国海军更多地重视鱼雷艇、潜艇等新型舰艇。

在海军发展规划方面，1903 年，海军上将杜威（Admiral George Dewey）领导的美国海军部综合委员会（General Board of the U. S. Navy）制订了一个 "海军建设总体规划"（General Naval Scheme）。该规划是一个 "17 年造舰方案"，本质上是对德国 1900 年舰队法案的回应，目标是确保到 1920 年时使美国海军压倒德国海军，成为仅次于英国海军的世界第二大舰队。换言之，美国要认真应对大西洋对岸正在如火如荼展开的海军军备竞赛。虽然美国尚未卷入这场海军军备竞赛，但它并不希望被欧洲列强甩在身后。根据 "海军建设总体规划"，美国将在 1920 年建成 48 艘战列舰，以确保美国海军可以在大西洋与德国海军抗衡，在太平洋应对日本海军的挑战，确保美国在菲律宾的防御以及维护在中国的 "门户开放" 政策（Open Door Policy）。根据杜威的构想，美国舰队无疑应该以战列舰为中心，每个分舰队由两艘战列舰为核心，配属 1 艘装甲巡洋舰、

---

① *Annual Report of the Secretary of the Navy for 1898*，p. 34.

② George W. Baer, *One Hundred Years of Sea Power: The U. S. Navy, 1890-1990*, Stanford: Stanford University Press, 1994, p. 32.

3 艘轻型快速巡洋舰、4 艘侦察巡洋舰、3 艘驱逐舰、2 艘运煤舰，以及一系列支援和辅助舰艇。到 1920 年，美国海军将拥有 370 艘战舰和辅助舰艇。[①] 不难看出，"海军建设总体规划"可谓雄心勃勃，它实际上是杜威提出的支撑未来十年美国外交政策的长期造舰方案，也构成了未来十年美国海军建设的蓝本。尽管这一计划因为过于超前而遭到美国国会和总统的否决，但它在 1906 年左右将美国海军建成仅次于英国的战列舰舰队，使美国成为世界第二大海军强国的思路得到认同。[②]

1906 年，英国建成了划时代的"无畏"号战列舰，开创了世界海军史上的"无畏舰时代"，争相建造"无畏"型战列舰很快成为世界海军竞赛的核心内容。美国海军很快也迎头赶上。1910 年，美国海军建成了它第一艘"无畏"舰——"特拉华"号（USS *Delaware*），该舰是美国第一艘装备统一大口径主炮，或称"全重型火炮"（all-big-gun battery），并配有高速涡轮发动机的战列舰。[③]

1909 年，威廉·塔夫脱（William H. Taft）任美国总统，他继续执行罗斯福的海军扩张政策。同年，"阿肯色"号（USS *Arkansas*）和"怀俄明"号（USS *Wyoming*）两艘"无畏"舰开工建造。它们的排水量高达 2.6 万吨，装备有 12 门 12 英寸口径的主炮。[④] 19 世纪末 20 世纪初，在世界海军竞赛的刺激下，美国海军军费直线上升，从 1890 年的 2200 万美元攀升至 1914 年的 1.39 亿美元。在巨额的军费投入下，美国海军发展迅猛。1890 年，美国海军还只有 2 艘战列舰，而到 1914 年它已拥有一支由 39 艘现役和在建的战列舰组成的强大舰队。美国海军的世界排名也从 1889 年的第 12 位上升到 1914 年的第 3 位，仅次于英国海军和德国海军。[⑤] 1900 年后，曾经孱弱无比、整体实力与美国综合国力严重不相称的美国海军已经成为世界一流海军，美国已经崛起为世界海军竞赛中一

①　George W. Baer, *One Hundred Years of Sea Power：The U. S. Navy, 1890－1990*, Stanford：Stanford University Press, 1994, pp. 38－40.

②　George T. Davis, *A Navy Second to None：The Development of Modern American Navy Policy*, New York：Harcourt, Brace, 1940, p. 169.

③　George W. Baer, *One Hundred Years of Sea Power：The U. S. Navy, 1890－1990*, Stanford：Stanford University Press, 1994, p. 24.

④　*Annual Report of the Secretary of the Navy for 1909*, p. 69.

⑤　〔美〕E. B. 波特：《世界海军史》，李杰等译，解放军出版社，1992 年，第 363 页。

个不可忽视的有力竞争者。①

二　海洋战略统摄下的美国海外扩张

19 世纪末 20 世纪初，美国海洋战略的基本思路是充分发挥美国的两洋地理优势、依托海洋实施对外扩张，具体表现是以美国本土为中心，由近及远，向海外世界拓展。同时，为避免引起欧洲列强的猜忌和强烈反应，特别是防止触及海上霸主英国的神经，美国的扩张方向主要是欧洲列强力量相对薄弱以及利益相对次要的拉美和太平洋地区，而在英国掌控的大西洋地区则小心翼翼地处于战略防御状态。美国这种"东攻西守"的策略，使得其海上扩张的阻力大大减小，尤其是规避了同英国的正面冲突，为美国顺利获得西半球主导权，以及在国际事务中建立同英国的友谊奠定了基础。

（一）在加勒比海和南美方向的扩张：寻找海军基地

1. 控制加勒比海和墨西哥湾，巩固拉美"后院"

美国控制加勒比海和墨西哥湾的战略是从寻找和建设海军基地开始的。海军建设如火如荼，建立海外海军基地的问题也提上了议事日程，并成为影响美国外交政策的重要因素。

1892 年美国海军部长特雷西指出，美国严重缺乏海外加煤站和海军基地，而战时它又不能指望和平时期可以为其舰艇补充燃料的中立国港口仍然对其开放，美国缺乏掌握在自己手中的海外加煤站和海军基地，这将严重影响美国海军的长远发展。② 为解决这一问题，特雷西出任美国海军部长后，就将建设海军基地的目光投向了加勒比海和墨西哥湾地区。

特雷西之所以选中加勒比海和墨西哥湾作为美国建设海军基地的地区，有两点考虑。其一，加勒比海和墨西哥湾位于美国南部，长期以来被美国视为"后院"。这一地区岛屿众多，遍布深水良港，而且拥有多条通往欧洲、亚洲和非洲的海上航线，战略地位非常重要。其二，英国、

---

① George W. Baer, *One Hundred Years of Sea Power*: *The U. S. Navy*, *1890-1990*, Stanford: Stanford University Press, 1994, p. 33.

② U. S. House, *53rd Congress*, *2nd Session*, Exec. Doc. No. 11, p. 37.

法国等欧洲传统强国扩张的重点是非洲、印度洋和远东，它们在加勒比海地区的利益相对较少也较为次要，部署在这一地区的海上力量也相对薄弱。美国若在这一地区建设海军基地，不会过分刺激欧洲强国，所面对的阻碍和敌意也相对较少。尽管英国、德国资本也在不断向拉美国家渗透，但美国掌握地利之便，并且以"门罗主义"为号召，可以更为方便地在这片被美国视为"后院"的地区扩张。如果美国掌握了加勒比海和墨西哥湾的制海权，可以进一步巩固美国在西半球的主导地位，排挤英国、德国等欧洲强国的势力，特别是阻止德国对拉美的觊觎，最终实现美国在西半球的独霸地位，并为向太平洋方向的扩张奠定基础。

美西战争是美国在加勒比海和墨西哥湾方向扩张的最大举动。1898年取得美西战争的胜利后，美国实际上控制了古巴。1903年，美国强行向古巴租借关塔那摩湾及其邻近的部分陆上领土修建海军基地，并且不设定归还期限。关塔那摩基地由美国一直控制至今，成为美国在加勒比海地区最重要的军事基地。美西战争的胜利，也使得美国海军完成了从过时的商业袭扰和海岸防卫战略向马汉式的舰队作战战略的转变。①

2. 强化宣示"门罗主义"，谋求在拉美独占权

19世纪末20世纪初，美国和英国逐步解决了在委内瑞拉危机等问题上的矛盾，两国关系迅速升温。英国为集中力量在欧洲对付德国，开始从拉美撤军，渐渐默许美国利用"门罗主义"在这一地区谋取优势地位。与之形成鲜明对比的是，德国却大力在拉美扩张，严重威胁到了美国在这一地区的利益。

1902年，德国海军以委内瑞拉债务危机为借口封锁了委内瑞拉港口。随后，高度紧张的美国向德国发出警告，要求德国将与委内瑞拉的争端交由国际法庭仲裁，否则美国将派遣由44艘舰艇组成的舰队前往委内瑞拉海域。② 在这场委内瑞拉问题引发的国际危机中，英国的态度甚为关键。由于英国不想和美国在委内瑞拉问题上发生冲突，于是从委内瑞拉撤军，而被孤立起来的德国最后被迫同意将委内瑞拉问题交由海牙

---

① Kenneth J. Hagan, *This People's Navy: The Making of American Sea Power*, New York: The Free Press, 1991, p. 193.

② Robert W. Love Jr., *History of the U. S. Navy*, Mechanicsburg: Stackpole Books, 1991, p. 426.

国际法庭仲裁。在委内瑞拉危机中，美国的局部海军优势是促成它最终能成功威慑英国和德国的基础。正如一名美国海军军官描述的那样，"罗斯福……将大西洋舰队几乎所有战舰派到一起，从而在局部战场空间——即加勒比海——之内集结起压倒性的力量，然后便摊开底牌，向英、德两国公布设定好的最后期限，只给两国本土政府留下非常有限的考虑时间……一旦开战，集结好的大西洋舰队将会在英、德本土舰队驰援之前，便摧毁规模较小的两国分舰队……罗斯福在最大限度下成功运用海军力量，赢得了这场赌局，也帮助自己在国际社会中建立起了信誉"。①

委内瑞拉危机也加深了美德之间的矛盾，进一步促进了英美接近。实际上，马汉在其代表作之一的《美国向外看》中已将德国视为美国的潜在敌人。他以萨摩亚和波纳佩岛危机为例，强调德国在全球的商业和殖民扩张正在不断引发同其他国家的摩擦和冲突，德意志帝国的军国主义传统使得德国的扩张更加危险，美国应该对德国这种咄咄逼人的侵略势头保持高度警惕。② 19 世纪 90 年代以来，以马汉为代表的美国海军战略的设计者们讨论最多的，就是可能在加勒比海同德国开战，而在西太平洋同日本进行一场马汉式的舰队决战。③

3. 修建并独占巴拿马运河，实现"两洋联动"

美西战争的胜利使美国获益良多，但这场战争也暴露出许多问题，特别是大西洋和太平洋之间缺乏连通，导致分别部署于东西海岸的美国海军调动十分不便。美西战争的胜利使美国获得了古巴、波多黎各、菲律宾和关岛等战略要地，但这些地方同美国在太平洋中部的主要基地夏威夷等却相互隔绝，不利于美国充分发挥地缘战略优势。因此，美西战争结束后，美国国内要求修建地峡运河的呼声日益高涨。

1900 年 2 月，美国国务卿海约翰（John M. Hay）与英国驻美大使庞斯福特勋爵（Sir Julian Pauncefote）签署了《海约翰－庞斯福特条约》

---

① 〔美〕亨利·J. 亨德里克斯：《西奥多·罗斯福的海军外交——美国海军与美国世纪的诞生》，王小可等译，海洋出版社，2015 年，第 232—233 页。

② Mark Russell Shulman, *Navalism and the Emergence of American Sea Power, 1882 - 1893*, Annapolis, Md: Naval Institute Press, 1995, pp. 83 - 84.

③ Kenneth J. Hagan, *This People's Navy: The Making of American Sea Power*, New York: The Free Press, 1991, p. 193.

（*Hay-Pauncefote Treaty*），取代了 1850 年签署的《克莱顿-布尔沃条约》（*Clayton-Bulwer Treaty*）。该条约规定美国可以单独修建和拥有一个中立的地峡运河，但运河区不得设防，且英国保有运河通航的自由权。运河区不得设防的规定阻止了美国想把运河区变成"国中之国"的设想，因此美方自《海约翰-庞斯福特条约》签订之日起就一直谋求对其进行修改，美国国会为此提出了条约修正案，但遭到英方的反对。此后，美国利用英国深陷布尔战争泥潭之机最终迫使英国让步。1901 年 11 月 18 日，英美签订了第二个《海约翰-庞斯福特条约》，修改后的条约没有明确禁止在运河区设立军事设施，默认了美国可以在运河区设防。至此，美国获得了修建、管理和防卫运河的独占权。巴拿马运河问题的解决是英国对美妥协迈出的一大步。

在取得修建运河的权力后，美国接下来要做的就是排挤法国巴拿马运河公司，取得实际上对运河修建和管理的排他性特权。1879 年，法国巴拿马运河公司取得了开凿运河的租让权，因设计建造苏伊士运河而名声大噪的法国外交官费尔南德·德·雷赛布（Ferdinand Marie Vicomte de Lesseps）担任公司董事长。不过，由于设计方案存在重大缺陷，再加上低估了巴拿马地区热带雨林条件下施工的难度以及出现了严重的财政困难，法国巴拿马运河公司于 1889 年宣布破产。在这种情况下，一直谋求取代法国取得运河独占权的美国加紧活动。1902 年 1 月，法国巴拿马运河公司被迫同意用 4000 万美元的低价将企业财产和相关权利尽数转让给美国。

为了摆脱哥伦比亚民众强烈的爱国热情对美国完全控制运河的阻挠，美国暗中策划巴拿马从哥伦比亚"独立"。1903 年 11 月 3 日，巴拿马地峡爆发政变。随后，美国趁机向巴拿马派遣了一支舰队。在美国的武力威胁下，哥伦比亚政府被迫同意巴拿马"独立"。"独立"后的巴拿马政府于 11 月 18 日与美国正式签订了《海约翰-比诺·瓦里亚条约》（*Hay-Buanu Varilla Treaty*）。根据该条约，美国取得了巴拿马地峡一条 10 英里宽地带的租借权，美国将负责建造、设防并管理巴拿马运河。至此，运河区完全成为"国中之国"，美国单独控制了巴拿马运河，从而可以方便地在大西洋和太平洋之间调动舰队，推动了美国在太平洋方向的扩张。

（二）在太平洋方向的扩张：同日本争夺制海权

如前所述，为避免同欧洲列强在其核心利益密布的大西洋地区发生正面冲突，并且大力开拓远东新兴市场，美国将欧洲列强力量相对薄弱的太平洋确定为扩张的主要方向和重点地区。"制订国家政策，导致美国于太平洋设置海军场站，恰如地中海进入英国权益范围迫使其在那里逐渐获取海军场站一样。"① 在太平洋上的行动也成为美国帝国主义扩张的发轫，太平洋同时也是检验 19 世纪 80 年代开始创建的美国"新海军"战斗力的舞台。② 在太平洋方向，美国海洋扩张的主要举措是夺取海外基地并应对来自日本的挑战和竞争。

1. 夺取菲律宾，建立西太平洋海军基地

19 世纪中期以来，远东成为欧洲列强扩张的重点，特别是中国成为列强争相瓜分的对象。而立国不久、国力尚弱且长期秉持孤立主义原则的美国则姗姗来迟，它要在已几乎被列强瓜分殆尽的远东获得一块殖民地并建立牢固的海外基地，只有通过战争从其他列强手中"虎口夺食"，已衰朽不堪的西班牙成为新兴的美国所打击的第一个对象，而扼守太平洋西南部航线、战略地位突出的菲律宾则成为美国的目标。在 1898 年的美西战争中，夺取菲律宾和古巴成为美国的主要目的，其基本战略构想就是在远东和加勒比海地区各获取一个海外基地。

1898 年 2 月 15 日，美国海军战列舰"缅因"号在古巴哈瓦那港爆炸沉没。4 月 22 日，美国海军封锁古巴。4 月 24 日，西班牙对美国宣战。次日，美国对西班牙宣战，美西战争爆发。战争爆发时，美国海军共有 5 艘战列舰、6 艘铁甲舰、2 艘装甲巡洋舰、8 艘防护巡洋舰、9 艘小型巡洋舰、1 艘撞击舰、1 艘爆破炮艇、6 艘鱼雷艇和 10 艘炮艇。在战争期间，美国海军还新增了 4 艘防护巡洋舰、4 艘鱼雷艇和 1 艘炮艇。③ 战争爆发时，西班牙海军可投入 4 艘装甲巡洋舰、12 艘老式巡洋

---

① 〔美〕艾·塞·马汉：《海军战略》，蔡鸿幹、田常吉译，商务印书馆，2003 年，第 186 页。

② Mark Russell Shulman, *Navalism and the Emergence of American Sea Power, 1882–1893*, Annapolis, Md：Naval Institute Press, 1995, pp. 93–94.

③ H. W. Wilson, *The Downfall of Spain：Naval History of the Spanish-American War*, London：Sampson Low, Marston and Company, 1900, p. 39.

舰、5 艘鱼雷炮艇、3 艘驱逐舰、3 艘鱼雷艇和 4 艘炮艇。到战争结束时，这支舰队新增了 1 艘战列舰、1 艘装甲巡洋舰、1 艘铁甲舰和 4 艘驱逐舰。[①] 尽管西班牙海军在规模上基本与美国海军相当，但其舰艇陈旧落后，保养不力，再加上人员训练不足，专业素养不高且整体士气低落，因而在海军质量上，暮气沉沉的西班牙海军已经无法同新兴的美国海军相提并论。[②]

1898 年 5 月 1 日，乔治·杜威海军准将率领的美国亚洲分舰队进入马尼拉湾。在现代化的美国舰队面前，装备落后、训练不足的西班牙舰队早已不复当年"无敌舰队"之勇。经过数小时战斗，杜威的舰队全歼西班牙舰队。在加勒比海地区，美国北大西洋分舰队对古巴的圣地亚哥港实行了有效封锁，并在 7 月 3 日的战斗中彻底消灭了西班牙舰队。8 月 13 日，西班牙投降。12 月 10 日，美国与西班牙签订结束战争的《巴黎和约》。和约规定，西班牙承认古巴独立，将波多黎各、关岛和菲律宾转让给美国，美国向西班牙支付 2000 万美元作为补偿。1899 年 4 月 11 日，美国正式占领菲律宾。

值得一提的是，在美国和西班牙在马尼拉湾为争夺菲律宾而鏖战时，对美国心存疑虑且暗中支持君主制的西班牙的德国，也一度想趁机干涉并获利，德国太平洋舰队在马尼拉湾同杜威舰队形成对峙之势。英国暗中站在美国一边，英国舰队在马尼拉湾突然行动将德美舰队隔开，才使得德国对菲律宾的干涉没有变成现实。这一事件连同德国和美国在萨摩亚、拉美的冲突，埋下了两个新兴海洋大国交恶的种子。指挥美国舰队的杜威谈到德国人时，认为"他们太莽撞了，野心太大了……总有一天他们会因为做得过分而失败的"。[③] 另外，英国在美西战争中对美国的支持也进一步唤起了"盎格鲁-撒克逊精神"，这是英美在和平解决委内瑞拉危机之后两国关系急剧升温的一大表现。"共和党政府对英国的同情和亲切关怀更是感激不尽……美国在战争期间得到了英国保持善意中立的

---

① H. W. Wilson, *The Downfall of Spain*: *Naval History of the Spanish-American War*, London: Sampson Low, Marston and Company, 1900, p. 58.

② H. W. Wilson, *The Downfall of Spain*: *Naval History of the Spanish-American War*, London: Sampson Low, Marston and Company, 1900, pp. 68-79.

③ 〔美〕巴巴拉·W. 塔奇曼：《骄傲之塔：战前世界的肖像，1890—1914》，陈丹丹译，中信出版社，2016 年，第 243 页。

好处，在谈判和平时又得到它的亲切庇护。"而英美亲近的根本原因，是德国作为两国共同敌人的凸显，"德国作为吓小孩的灰熊的突然出现……吓得英国投入了美国的怀抱"。①

2. 吞并夏威夷，占据中太平洋海军据点

位于北太平洋中部的夏威夷群岛，是美国通往亚洲的咽喉要地和理想的中转站，美国国内的扩张主义者一直对夏威夷垂涎欲滴。1874 年，美国殖民者在夏威夷发动政变，建立了傀儡政权。1887 年，美国迫使夏威夷同意它在珍珠港修建海军基地。1893 年，马汉发表了《夏威夷和我们未来的海权》一文，强调控制夏威夷群岛对美国在北太平洋地区的安全至关重要。②

1894 年，美国策划推翻了夏威夷女王李留俄卡拉尼（Queen Liliuokalani）的政权，成立了夏威夷临时政府。1898 年 7 月，美国正式吞并夏威夷。1959 年，夏威夷正式成为美国第 50 个州。

3. 以日本为假想敌，制订"橙色计划"

明治维新后强大起来的日本很快成为新兴海洋强国，它在西太平洋地区的扩张固然沉重打击了英美视为威胁的沙皇俄国，但也趁势坐大，威胁到了西方国家在中国的利益，特别是其谋求独霸中国的野心同美国的"门户开放"政策格格不入。新兴的日本天然是一个太平洋国家，而美国虽然诞生于大西洋沿岸的 13 个殖民地，但在完成大陆扩张任务后同样成为太平洋国家，并积极谋求在欧洲列强势力相对薄弱的太平洋地区大展拳脚。如此一来，太平洋东西两岸的两个新兴强国形成了争夺太平洋海权之势。

1897 年，美日因日本移民夏威夷问题而产生摩擦，两国军舰在夏威夷海域紧张对峙，一度游走在战争边缘。尽管这一风波最后通过外交途径得到解决，但由于美日这两个新崛起的太平洋东西两岸的国家都致力于在太平洋地区扩张的战略，矛盾难以调和，美日战争成为日俄战争结束后美国政治家和海军主义者一直研究的课题。美国总统罗斯福在俄国与日本之间斡旋，促成双方在美国朴次茅斯的海军码头签署结束日俄战

---

① 〔美〕查尔斯·A. 比尔德、玛丽·R. 比尔德：《美国文明的兴起》下卷，许亚芬译，商务印书馆，2012 年，第 1228 页。

② A. T. Mahan, *The United States Looking Outward*, *The Interest of America in Sea Power—Present and Future*, Boston: Little Brown, 1898, pp. 31−32.

争的和约，在很大程度上也是为了遏制日本借由对俄战争的巨大胜利而蓬勃崛起的势头。"日本的胜利威胁到了亚洲脆弱的力量平衡，而罗斯福决定在美国的长远利益遭受到不可修复的伤害之前建立新的平衡。"① 有鉴于此，美国加强了应对日本在远东的海权优势的研究，并形成了一系列战略战术方案。概括而言，美国针对潜在的美日冲突的基本战略是：保证美国西海岸和菲律宾的安全，维护在中国的"门户开放"政策。对于美国海军来说，问题是如何应对日本在远东的地理优势和海权优势。

1903 年，陆海共同委员会制订了第一套防御菲律宾的方案。1905 年5 月，日本在对马海战中几乎全歼沙俄波罗的海舰队，更是让美国不得不对这个新崛起的海上对手保持警惕，并思考如何在未来可能的对日战争中有效防守菲律宾。1907 年 6 月，罗斯福要求杜威领导的海军部综合委员会制订一个对日本的作战方案。综合委员会假想战争爆发后日本会入侵菲律宾，建议驻亚洲美军先撤到马尼拉湾，然后再逐步撤退到夏威夷。这一计划被称为"橙色计划"（War Plan Orange），即与日本作战的战争大纲。鉴于美国海军大部分战舰都是在大西洋分舰队的组织下进行训练，因此这一计划还包含了一个从美国东南部的诺福克海军基地绕合恩角到旧金山湾的战略行动。美国舰队在夏威夷集结后，将径直驶向西太平洋解救被困的马尼拉湾，并在菲律宾建立军事基地。之后，美国海军将攻击日本商船，并准备在关岛、吕宋、冲绳的三角地带进行一次海上决战。在战争的最后阶段，美国海军将在中国沿海或冲绳建立第二个海军基地，以彻底封锁日本，迫使其投降。整个作战过程持续约 4 个月。此后，美国的对日作战计划不断得到修订和完善。"橙色计划"的基本思想，就是派出强大的主力舰队前往西太平洋地区，确保美国牢牢掌握制海权，通过封锁和海上决战最终击败日本。②

除制订"橙色计划"外，美国还派出由 16 艘战列舰组成的"大白舰队"（Great White Fleet，战列舰全部漆成白色）威慑日本。1907 年 12 月16 日，"大白舰队"在埃文斯海军少将（Rear Admiral Robley D. Evens）的

---

① 〔美〕亨利·J. 亨德里克斯：《西奥多·罗斯福的海军外交——美国海军与美国世纪的诞生》，王小可等译，海洋出版社，2015 年，第 149 页。

② George W. Baer, *One Hundred Years of Sea Power*: *The U. S. Navy*, *1890-1990*, Stanford: Stanford University Press, 1994, p. 120.

指挥下，从弗吉尼亚州的汉普顿海军基地出发，绕道南美洲进入太平洋。1908 年 10 月 16 日，"大白舰队"抵达日本横滨，受到了日本方面的热情欢迎。舰队高级军官得到明治天皇的接见和宴请，日本联合舰队司令长官东乡平八郎大将（Admiral Togo Heihachiro）也特地为"大白舰队"举行了海军招待会，参加招待会的美国海军军官中就包括后来成为日本海军掘墓人的尼米兹和哈尔西两位年轻的海军少尉。

美国派遣"大白舰队"进行全球巡访的主要目的，是在美日战争阴云密布的背景下，在避免贸然同日本开战的同时，向日方展示美国强大的海军力量，对其进行战略威慑。"大白舰队"出访前，曾有观察家担心此举会激化美日间的矛盾，或诱使德国趁机在大西洋地区采取挑衅行动。但事实是日本方面表现出十分和平友好的态度，东京还拒绝将美国"大白舰队"的来访同美日在日本移民问题上的摩擦联系起来。为此美国总统西奥多·罗斯福曾表示："我们同日本政府和日本新闻界的龃龉中每一个微小的粒子，都奇迹般地消失了。"在他看来，"大白舰队"对日本的威慑性访问有力地证明了美国海权的价值。[1]"大白舰队"所展示的压倒性海军力量，成功迫使日本更为谨慎地对待美日在太平洋的海权竞争，不敢轻言对美动武。1908 年 11 月 30 日，美国国务卿鲁特（Elihu Root）与日本驻美大使高平小五郎以换文形式签订了《鲁特-高平协定》（Root-Takahira Agreement），两国同意维持太平洋地区现状，特别是日本保证不觊觎菲律宾，而美国则同意日本在中国和韩国享有某些优先权利，由此暂时缓解了美日矛盾。

离开日本后，"大白舰队"又访问了中国、锡兰，随后穿越红海，经苏伊士运河抵达地中海。"大白舰队"访问了地中海沿岸各港口。1909 年 2 月 22 日，跨越了 4.6 万海里的"大白舰队"结束环球航行，回到汉普顿海军基地。

（三）在大西洋方向的扩张：支持英法对抗德国

1. 开展海军外交，推行"炮舰政策"

罗斯福对海军的偏好，使得他在面对突然事件甚至是国际危机时，

---

[1]　George W. Baer, *One Hundred Years of Sea Power: The U. S. Navy, 1890-1990*, Stanford: Stanford University Press, 1994, p. 46.

喜欢派遣舰队来执行"炮舰外交"任务。1904 年夏秋，罗斯福派巴克海军少将（Rear Admiral Albert S. Barker）率领的战列舰舰队和朱厄尔海军少将（Rear Admiral Theodore F. Jewell）率领的装甲巡洋舰舰队，以及查德威克海军少将（Rear Admiral French E. Chadwick）率领的南大西洋分舰队访问地中海沿岸各港口，以展现全新打造的美国海军的实力，赢得欧洲传统海军强国的尊重和友谊。

1904 年 5 月，希腊裔美国商人帕迪卡利斯（Ion Perdicaris）在摩洛哥丹吉尔被绑架。罗斯福得知此事后，立即命令在东地中海活动的查德威克舰队前往丹吉尔对摩洛哥苏丹施压，以解救被绑架的美国人质。随后，朱厄尔舰队也赶往丹吉尔支援查德威克舰队。在摩洛哥政府与当地势力谈判僵持不下的情况下，美国舰队准备武力解救人质。美国高调的解救人质行动引起了英国、法国和西班牙的不安。6 月，英国派出"威尔士亲王"号战列舰（HMS *Prince of Wales*）赴直布罗陀，以在对摩洛哥苏丹施压的同时监视美国舰队的行动，此后又短暂前往丹吉尔加入同美国舰队的联合施压行动。同时，西班牙也担心美国会借机占领丹吉尔，遂派出"佩拉约"号（*Pelayo*）战列舰前往西班牙南部的加迪斯港对美国舰队保持戒备。而一直谋求控制整个摩洛哥的法国也警惕美国的解救人质行动会变成对摩洛哥的军事介入，这无疑将打乱法国在摩洛哥的整体部署。经过激烈的博弈，特别是在美英法的联合压力之下，摩洛哥政府被迫在谈判中退让，帕迪卡利斯在被绑架一个月后获释。

"帕迪卡利斯事件"充分证明，崛起之中的海军已经逐渐成为美国应对国际危机的一大工具，而且其效果是令人满意的。如果说在欧洲强国力量相对薄弱的加勒比海和南美推行"炮舰外交"还难以让人信服美国海军已今非昔比的话，那么在列强环视的地中海地区动用舰队解救美国公民，并迫使欧洲主要海军强国一度都如临大敌，则彻底证明海军实力的显著增强有效提高了美国的国际地位。这一点，在此后的两次摩洛哥危机中体现得更加淋漓尽致，拥有强大海军力量的美国成为英法争取的对象。

2. 公开支持英法，对德国保持警惕

19 世纪末 20 世纪初，随着欧洲国家之间关系变得日益复杂，大国间的矛盾不断加深。在这种情况下，美国作为新崛起的大国对于改变欧洲两大军事集团的力量对比就有了突出的价值。尽管在表面上保持中立，但实际上美国是倾向于英法而对德国保持警惕的。

除了同英国有共同的血缘、文化和价值观外，美国在第一次世界大战前选择亲近英国而疏远德国，还在于它在地缘政治和战略利益上与英国总体上保持一致。美国学者罗伯特·阿特指出，19世纪末20世纪初，处于孤立主义状态下的美国正在面临三大"地缘政治梦魇"的威胁，即英国海上霸权的衰落、德国可能在第一次世界大战中获胜从而威胁美国，以及德国和日本可能征服欧亚大陆。"英国海军力量的衰落让美国担心，一个敌对的欧洲大国会把势力渗透到加勒比地区，从而对美国沿海大城市构成海上威胁。德国在一次大战中取胜的威胁让威尔逊总统担心美国的民主制度会被庞大的军事力量推翻……而德国和日本征服欧亚大陆的威胁更是让美国害怕自己会遭到全球经济封锁并最终在军事上被德国和日本这两个霸权国家打败。"阿特认为，正是因为担心英国无法再保证美国的安全，美国才决心发展一支强大的海军，并逐步取代英国成为西半球最强大的海上力量。[①]

19世纪末20世纪初，德意志帝国疯狂的海军扩建运动不仅威胁到了英国的海上霸权，也让同样谋求实现海上崛起的美国感到如芒在背。德皇威廉二世是马汉海权论的狂热信徒，他继位后大力扩建海军，以谋求将德国的影响力超出欧洲，建立德国的海外殖民帝国。德国陆续通过的多个海军法案虽然矛头指向的是英国，但如果德国的海军实力急剧膨胀并且持续拓展自己的势力范围，同样会威胁到美国在西半球的安全，特别是德国在阿根廷、委内瑞拉等国具有不可忽视的影响力，德国资本对拉美的渗透也让美国忧心忡忡。即便从海军战略本身而言，美国和德国都致力于建设世界第二大海军强国，并且都暗中谋求挑战英国的海上霸主地位，这也使得两国成为直接的竞争对手。同时，在菲律宾和萨摩亚等地，美德舰队都险些发生冲突。相比同德国的矛盾不断上升，美国与英法则关系良好，尤其是妥善解决了与英国在拉美的分歧。美国在中国提倡的"门户开放"政策和在布尔战争中支持英国的立场受到英方欢迎，两国在国际事务中的合作越来越频繁，"盎格鲁－撒克逊友谊"逐渐

---

① 〔美〕罗伯特·阿特：《美国大战略》，郭树勇译，北京大学出版社，2005年，第232页。

超越德国所谓的"条顿同盟"而更受英国青睐。

1905 年 3 月 31 日，随着德皇威廉二世鲁莽地造访摩洛哥丹吉尔，本就矛盾尖锐的法德之间爆发了第一次摩洛哥危机，这一事件为美国积极干涉欧洲大陆纷争、体现自身价值创造了机会。在摩洛哥危机中，德国遭到英法的联合抵制，处境孤立。百般无奈之下，柏林不得不请刚刚调解了日俄战争的美国总统罗斯福出面斡旋。在化解摩洛哥危机的阿尔赫西拉斯会议（Algeciras Conference）于 1906 年 1 月召开之前，罗斯福派遣一支舰队访问英国驻直布罗陀的地中海舰队，以显示美国对英法的支持。阿尔赫西拉斯会议表明，美国海权力量开始对国际均势产生影响。[1]

1911 年，德国又挑起了第二次摩洛哥危机，这次危机又被称为阿加迪尔危机。美国总统塔夫脱立即表示支持英法。他命令美国北大西洋舰队访问英法以向协约国示好，并有意取消访问德国基尔港的计划，从而表明美国政府的态度。由西姆斯海军少将（Rear Admiral William S. Sims）率领的美国舰队抵达英国格拉维森德港后受到热烈欢迎。在当地市政厅，西姆斯表示，"假如英国有一天受到了来自欧洲联盟的威胁，大英帝国能够依靠来自大洋彼岸同胞的最后一艘船、最后一个人、最后一滴血"。[2]西姆斯的这番表态尽管有外交辞令的成分在内，但仍然明确表明了美国政府对欧洲争端的态度，即在无法保持中立的情况下，将首先支持英国。

19 世纪以来英美两国海军之间的密切关系，也有助于美国在 20 世纪错综复杂的国际关系中支持英法。英美两国舰艇经常互访，两国海军军官都视对方军舰的来访为特别期待的事。美国驻伦敦的海军武官被授予英国皇家海军俱乐部的荣誉成员。1894 年，马汉访问英国时受到了包括英国海军在内的英国各界的热烈欢迎和盛情款待。英美两国海军在第二次鸦片战争中的行动，1866 年在智利沿海对西班牙的海军行动，1867 年在墨西哥的军事行动，1882 年英国炮轰埃及亚历山大港的行动，1898 年的美西战争，1899 年的萨摩亚危机中都有过合作或相互支持。从 1879 年开始，美国安纳波利斯海军军官学校派遣最优秀的毕业生前往英国学

---

[1]　Lisle A. Rose, *Power at Sea: The Age of Navalism, 1890-1918*, Columbia: University of Missouri Press, 2007, p. 44.

[2]　Edward B. Parson, *Admiral Sims' Mission in Europe*, unpublished Ph. D Dissertation, State University of New York, 1971, p. 48.

习，英国还向美方提供了英国军舰的设计草图和相关技术资料。[①]

3. 以战列舰为中心，建立两洋舰队

美西战争后，美国海军内有识之士建议将美国分布在海外的分舰队集中整编成两个舰队，即大西洋舰队和太平洋舰队，这一方案很快被采纳。[②] 美国海军部随后取消了设在南大西洋和欧洲的各分舰队基地，将这些分舰队一起并入大西洋舰队。

1907 年，美国海军将 16 艘战列舰统一整编为大西洋舰队 （Atlantic Fleet），同时将太平洋上所有的舰艇统一整编为太平洋舰队 （Pacific Fleet），其核心力量是 8 艘装甲巡洋舰和 8 艘轻型巡洋舰。[③] 至此，美国的 "两洋舰队" 正式宣告成立，它标志着一个新兴海权大国的诞生。到 1914 年，美国海军的总吨位已经达到 98.5 万吨，成为仅次于英国海军 （271.4 万吨） 和德国海军 （130.5 万吨） 的世界第三大海军。[④]

---

① 〔美〕彼得·卡斯滕：《海军贵族——安纳波利斯的黄金时期及现代美国海军至上主义的出现》，王培译，海潮出版社，2011 年，第 111—117 页。

② *Annual Report of the Secretary of the Navy for 1903*，pp. 465–478.

③ George W. Baer, *One Hundred Years of Sea Power*：*The U. S. Navy, 1890–1990*, Stanford：Stanford University Press, 1994, p. 41.

④ 〔美〕罗伯特·阿特：《美国大战略》，郭树勇译，北京大学出版社，2005 年，第 233 页。

第六章

现代美国的海洋战略

两次世界大战是美国由陆权大国走向海权大国，由海权大国走向海权强国的关键节点。在第一次世界大战中，美国海军通过支持协约国对抗德国潜艇和大西洋护航实现了飞速发展，并在战后成功地取得了同英国海军平起平坐的地位。在第二次世界大战中，美国海军进一步成长为盟国的支柱性力量，它在大西洋海战和太平洋战争中都取得了举世瞩目的骄人战绩，美国也由此在战后顺理成章地取代英国成为世界新的海上霸主。

第一节　第一次世界大战时期的美国海洋战略

一　一战的爆发与美国海洋战略的展开

（一）参战前美国的战争准备

第一次世界大战爆发后，美国虽然表面上严守中立，但无论从政治还是从经济角度而言，它实际上倾向于英法等协约国，而同德国则在价值观、地缘政治、海洋权势竞争等问题上存在深刻矛盾。虽然美国一直到战争后期才正式参战，但它从战争爆发开始就一直密切关注欧洲战局的发展，并有针对性地做好准备。

美国海军部综合委员会认为，美国在战争中的海洋战略应主要包括以下内容：第一，捍卫"门罗主义"，将德国排除在西半球之外；第二，控制两大洋，保护美国的海外贸易；第三，增强海军实力，扩大美国在外交斡旋中的影响力；第四，一旦美国对德国宣战，美国舰队将加入协约国作战或在北大西洋独立作战。[①] 美国海军部综合委员会还特别强调，

---

① *Annual Report of the Secretary of the Navy for 1915*, pp. 73-78.

假如德国最终击败英国，它必然要付出惨重代价，从而在短期内将无力追求实现其战前的"世界政治"的目标，但德国舰队在打破英国海上霸权的十年内仍可能对美国秉持的"门罗主义"构成威胁。①

美国虽然保持中立，但同两大阵营中的英国与德国都存在尖锐矛盾。美国抱怨英国的海上封锁政策严重侵害了美国作为中立国的权利和自由贸易原则。英国为避免来自美国的货物流入德国而在海上强制拦截美国商船进行检查，实际上阻止了美国与丹麦、荷兰等德国的邻国进行贸易，给美国贸易商造成高额的经济损失，而且对美方的外交抗议置若罔闻。而德国的"无限制潜艇战"则不仅造成美国财产的损失，还严重威胁美国船员的生命安全，这是美国无法忍受的。1915 年的"卢西塔尼亚"号事件发生后，美德关系骤然紧张，两国交恶已成定局。1917 年 1 月 31 日，德国宣布恢复"无限制潜艇战"，美国随后宣布与德国断交。"德国知道，无限制潜艇战可能会导致美国的卷入，但是德国认为，无限制潜艇战可以迅速使英国经济瘫痪，在美国军队到达法国之前，战争就可以结束，因为美国并没有做好战争准备，参战准备需要很长时间。"② 然而，德国人显然低估了美国参战的决心。1917 年 3 月 1 日，"齐默尔曼电报"（Zimmermann Telegram）被媒体曝光，美国举国哗然，反德浪潮迅速高涨。"齐默尔曼电报"成为压垮美德关系的最后一根稻草。1917 年 4 月 6 日，美国正式对德国宣战。

（二）战时美国海军战略的运作

总的来说，战时美国海军战略的运作主要分为以下三个方面进行。

1. 准备舰队决战与全力反潜护航兼顾

"卢西塔尼亚"号事件发生后，美国开始大规模扩建海军。根据美国海军部建议的"五年建设计划"，美国海军要建造 10 艘"无畏"舰、6 艘战列巡洋舰、10 艘侦察巡洋舰、50 艘驱逐舰和 67 艘潜艇。其中，第一批建造的 4 艘战列舰排水量为 3.2 万吨，主要配备 8 门 16 英寸口径火炮。第二批建造的 6 艘战列舰排水量增至 4.2 万吨，16 英寸口径火炮增

---

① Robert W. Love Jr., *History of the U. S. Navy*, Mechanicsburg: Stackpole Books, 1991, p. 474.

② 王立新：《踌躇的霸权：美国崛起后的身份困惑与秩序追求（1913—1945）》，中国社会科学出版社，2015 年，第 35 页。

加到 12 门。① 这一计划预计至少需要花费 5 亿美元。如果该计划得到顺利实施，那么到 1922 年，美国海军将拥有 27 艘一级战列舰、25 艘二级战列舰和 6 艘战列巡洋舰。②

一战爆发后，美国进一步完善了海军的管理和指挥体系。1915 年 5 月，美国海军设置了海军作战部长（Chief of Naval Operations）一职，威廉·本森少将（Rear Admiral William S. Benson）成为首任美国海军作战部长。海军作战部长最初主要负责协调海军部各局的工作，此后逐渐演变成一个相当于海军参谋长的职位，主要负责拟定海军作战计划。另外，美国海军部还成立了海军咨询委员会（Naval Consulting Board）。该机构主要由来自知识界和工业界的学者组成，首任主席为著名发明家爱迪生（Thomas A. Edison），以为作为技术密集型军种的海军提供专业的咨询意见和建议，推动海军技术的革新和进步。

1916 年 5 月 31 日，日德兰海战爆发。英国大舰队并未能在这场海战中消灭德国公海舰队，重新上演"特拉法尔加的辉煌"。尽管从战略上看，德国公海舰队实际上被围堵在了基尔港而未能打破英国的海上封锁，但英国大舰队同样因为必须紧盯这个强大敌人而无法自由行动，缺少足够的机动兵力来执行护航任务。同时，消灭德国海军主力的任务仍未完成，协约国仍必须不断增强其海军力量，时刻准备进行一场经典的马汉式的舰队决战，寻机彻底剪除德国的海上威胁。在这种情况下，美国国会迅速通过 1916 年造舰计划，寄希望于在最短时间内尽可能地增强美国的海上力量。1916 年 8 月 29 日，美国国会参众两院通过了威尔逊政府提出的《1916 年海军法案》（Naval Act of 1916）。根据该法案，美国将从 1919 年 7 月起大规模建造 156 艘战舰，这批舰艇预计在 1922—1923 年完工。在这 156 艘战舰中，有 56 艘需要立即开工建造，其中的重中之重是建造 10 艘战列舰和 6 艘战列巡洋舰。③

《1916 年海军法案》是一个以战列舰为主的造舰计划，其基本指导思想是为同德国海军进行一场马汉式的舰队决战做好准备。不过，战争

---

① George W. Baer, *One Hundred Years of Sea Power: The U. S. Navy, 1890-1990*, Stanford: Stanford University Press, 1994, p. 60.
② *Annual Report of the Secretary of the Navy for 1915*, pp. 5, 8.
③ *Annual Report of the Secretary of the Navy for 1916*, pp. 7-8, 10-11.

形势的发展使得护航用的驱逐舰成为急迫的需要，而《1916 年海军法案》计划中建造的驱逐舰数量严重不足，无法满足美国海军在舰队决战之外执行护航等多样化任务的需求。[①] 由于英国要集中舰队主力在北海牢牢封锁并寻机彻底消灭德国公海舰队，因此反潜护航的任务很大程度上主要由美国海军承担。为适应新形势的变化，美国海军需要调整造舰重点，即从以战列舰为中心转向以执行反潜护航任务的驱逐舰为中心。为此，美国助理海军作战部长普拉特（Captain William V. Pratt）建议暂停执行《1916 年海军法案》，集中力量建造急需的驱逐舰和运输舰等，这一建议得到美国海军部长丹尼尔斯（Josephus Daniels）、海军作战部长本森和大西洋舰队司令梅耶（Admiral Henry T. Mayo）等海军高层人士的支持。1917 年 7 月 20 日，美国海军部长丹尼尔斯要求暂停执行《1916年海军法案》，特别是暂停建造新的战列舰，以集中人力物力建造英法急需的驱逐舰等反潜舰艇。美国国会随后同意拨款建造 200 余艘驱逐舰。[②]

2. 组织东海岸防御与稳固太平洋后方

一战期间，确保美国东海岸的安全，特别是免遭德国潜艇的袭击，一直是美国海军部考虑的重点问题。1917 年 9 月，美国海军作战部长本森首次提出避免美国东海岸遭到德国潜艇攻击的问题，但并未得到足够重视。一直到 1918 年美国东海岸船只不断遭到德国潜艇攻击，损失直线上升后，东海岸防御问题才引起美国海军部的重视。为此，美国海军加紧建造驱逐舰等反潜舰艇，同时要求东海岸各港口积极组织反潜巡逻和扫雷等。

1917 年 4 月，美国海军部建立了一支由 70 艘战舰组成的"加勒比海巡逻队"，由威尔逊海军少将（Rear Admiral Henry Wilson）负责指挥。"加勒比海巡逻队"主要负责保护协约国在加勒比海、墨西哥湾、巴拿马运河的商船及相关利益，监视可能在这些区域活动的德国潜艇的动向。美国海军作战部长本森还支持美国海军陆战队占领海地、尼加拉瓜和多米尼加，以在必要时获得对抗德国海军向南美渗透的前进基地。

---

① George W. Baer, *One Hundred Years of Sea Power: The U. S. Navy, 1890-1990*, Stanford: Stanford University Press, 1994, p. 61.

② George W. Baer, *One Hundred Years of Sea Power: The U. S. Navy, 1890-1990*, Stanford: Stanford University Press, 1994, p. 73.

在确保本土安全、准备对德作战的同时，保护菲律宾的安全和维护在中国的"门户开放"政策也是美国海军的重要任务，而其更大的意义是暂时在太平洋方向稳住日本，避免美国海军在大西洋和太平洋两线作战。1917年11月，美国国务卿兰辛（Robert Lansing）与日本特使石井菊次郎以换文形式在华盛顿签订了关于中国安排的《兰辛-石井协定》（Lansing-Ishii Agreement）。协定规定，美国承认日本在中国的"特殊利益"，日本尊重美国提出的"门户开放""机会均等"原则。对美国而言，《兰辛-石井协定》只是权宜之计，它最大的意义在于暂时实现了美日在远东的妥协，以条约形式维护了美国在远东的利益。对美国海军而言，这份协定使得它免除了后顾之忧，暂时不用担心日本会在太平洋上对美国利益发起攻击，从而可以腾出手来集中精力应对欧洲的战事。

3. 同英国海军合作开展大西洋反潜护航

本书第一部分已经详尽描述了德国潜艇给英国造成的困境，同样的问题也发生在美国身上。同英国大舰队一样，战前美国海军一直致力于研究舰队决战，而对如何开展有效的护航缺少理论和实践准备。恰恰在美国参战以后，美国海军面临的首要任务并不是同已经被英国大舰队牢牢封锁在基尔港内的德国公海舰队进行舰队决战，而是如何将200万美军和大批作战物资安全地运往法国战场，这就迫切要求美国海军迅速完成从准备舰队决战到执行海上护航和运输任务的角色转变。

1917年5月29日，美国海军专门负责有关美军运输和商船护航事务的"巡洋舰和运输武装队"正式宣告成立。6月14日，第一支运输船队从汉普顿海军基地出发。这支船队搭载了1.4万名美军官兵和大批武器装备。7月1日，运输船队安全抵达法国圣纳泽尔港。[①]

为保护协约国商船，美国海军护航部队还与英国海军合作开展护航行动，这一行动与运送美军前往欧洲战场的行动结合了起来。美国海军确定的护航区域是北大西洋、加勒比海、南大西洋和地中海，而纽约、汉普顿海军基地、哈利法克斯、悉尼、新斯科舍等则是商船护航的起点。一般来说，每20—25艘商船组成的商船队可以得到1—2艘驱逐舰和若干艘扫雷舰、猎潜舰等小型舰艇的护航。5月29日，从

---

① *Annual Report of the Secretary of the Navy for 1917*, pp. 8–9.

美国汉普顿跨越大西洋直达英国利物浦的航线正式建立。1917 年夏，为了保证护航的效率，从汉普顿海军基地出发的美国运输船队和从哈利法克斯出发的商船护航队被安排在大西洋中点会合，然后一起穿越大西洋。此外，驻法国布雷斯特港的美国武装汽艇也为出入境部队以及航行在危险区域的商船提供护航。1918 年，美国海军部成立了海外运输指导中心，专门负责提供货船和组织运输美国海军在英国、法国和地中海作战所需的各种物资。

在严密的护航体系保护下，美国运输船队在整个战争中共航行 388 次，运送了 90 万人次美军部队前往欧洲战场，英、法、意等国的运输船也航行了近 600 次，运送了超过 100 万人次的美军部队前往欧洲作战，但所有的护航行动都是由美国舰队组织的。大西洋护航体系的建立使得协约国商船的损失显著降低。据统计，1917 年 5 月，协约国损失了 59.6629 万吨商船。而在建立护航体系之后，1918 年 7—8 月，344.4012 万吨商船中只损失了其中的 1.6988 万吨。① 除运送美军士兵外，美国海军还成功地运送了 600 万吨货物、150 万吨煤，以及 70 万吨石油和汽油。②

如果说反潜护航作战的成功对英国的意义更多体现在确保英伦三岛民众的正常生活和英国战争机器的有效运转，并让英国对德国的海上封锁体系继续有条不紊地运行的话，那么对美国的意义和对整个协约国的重要性就更为直接地体现在战场上。有效的反潜护航措施，使得大批美军和大量作战物资能够源源不断地横渡大西洋抵达欧洲战场，这对已经破釜沉舟发动最后一次攻势的德军无异于是致命打击，并有效挽救了危如累卵的战场形势，极大地改变了西线的力量对比，使得胜利的天平不可动摇地向协约国倾斜。战争在进行了四年之后，作为有生力量的美军的加入是协约国最终取得战争胜利的关键，而这一切的首要前提就是反潜护航的成功。

---

①　*Annual Report of the Secretary of the Navy for 1918*, p. 10.

②　George W. Baer, *One Hundred Years of Sea Power: The U. S. Navy, 1890-1990*, Stanford: Stanford University Press, 1994, p. 78.

二　一战后美国世界海洋强国地位的确立

关于第一次世界大战爆发的原因，从不同角度可以做出不同的解释，但基本上不会有人否认，战前英国与德国激烈的海军竞赛是导致两国关系持续恶化，最终走向兵戎相见的重要原因。从这个层面上讲，第一次世界大战也是一场解决旧有的海洋秩序矛盾的战争。战争的结果是，德国这个曾经最大的海上霸权挑战国战败。法国因为惨重的损失以及防止德国东山再起的战略考量，而将战略重点放在陆军上。在奥匈帝国和奥斯曼帝国土崩瓦解之后，意大利海军在地中海占据了一定的优势。但世界海权格局最重要的变动是，美国和日本强势崛起，它们取代德国开始挑战在战争中遭到严重削弱的英国海上霸权。因此，在海权问题上，旧有的矛盾被新的矛盾所取代，世界各主要强国之间的海军竞赛并未因德国的战败和战争带来的巨大损失而偃旗息鼓，相反，主要战胜国因为得到了改写自特拉法尔加海战以来世界海洋秩序的权力和机会而产生了激烈碰撞。第一次世界大战后，在确定战后新的海洋秩序问题上，主要战胜国在有关战后世界海军力量平衡、实现公海航行自由、对德国在南太平洋岛屿和海外殖民地的处理，以及限制海军军备等问题上展开了激烈的博弈，其中唱主角的无疑是英国、美国和日本，而美国作为战后最有实力和最富潜力的海权强国，成为世界海洋舞台上最受瞩目的角色。

（一）　英美海权之争：“巴黎海战”的爆发

第一次世界大战打破了海洋大国的权力平衡，正如美国海军作战部长本森所言：“过去美国建设海军的动力来自英国、德国等国舰队的潜在威慑……战后形势发生改变了，我们突然发现英国舰队处在一个绝对优势的地位。”[1] 在新的世界海洋秩序的形成过程中，英美等海洋大国都力争在战后为自己获得新的战略优势，对于美国而言尤其如此。海军是美国总统威尔逊谋求建立世界新秩序的后盾，一支同英国海军并驾齐驱的强大舰队将是美国在谈判桌上同列强博弈的有力筹码。[2] 美国的主要战

[1]　Ray Stannard Baker, *Woodrow Wilson and World Settlement*, Vol. Ⅲ, New York: Doubleday Page & company, 1922, p. 210.

[2]　George W. Baer, *One Hundred Years of Sea Power: The U. S. Navy, 1890-1990*, Stanford: Stanford University Press, 1994, p. 86.

略目标，就是利用在战争中迅速膨胀起来的海权力量，谋求同英国平等的海洋大国地位。换言之，作为在战争中充分体现了工业和经济实力，已经在战后首次拥有了国际舞台最高发言权的美国，不仅要避免英国利用德国战败的机会巩固其海上优势，而且要凭借自身强大的海军力量，彻底终结英国数百年的海上霸权，实现美国作为海权强国的崛起，争取获得同英国平等的海洋大国地位。

第一次世界大战后，英国与美国围绕战后世界秩序重建问题矛盾重重，其中一个矛盾焦点即是战后世界海洋制度的安排，特别是是否应该按照威尔逊的倡议，实现完全的海洋自由开放。作为传统海上霸主，英国对海洋自由开放提出强烈反对，因为此举将损害英国在战时对敌国进行海上封锁、登临商船检查禁运品的自由，而这种自由恰恰是英国拥有控制海洋特权的体现。第一次世界大战初期，美国作为最大的中立国，在英国的海上临检和海上封锁问题上受影响最大，因此也是对英国干涉中立国商船航行自由举措的坚定反对者。① 随着美国参战及战后在国际事务中话语权的显著增强，美国强烈反对战后英国继续保有并扩大海上霸权，尤其是难以接受英国对美国的海上优势。同时，美国海军还强烈仇视英日同盟。在美国海军看来，在主力舰数量上，英国与日本海军加起来拥有对美国海军 67：17 的压倒性优势。为此，美国必须马上启动新的造舰计划。② 而在英国看来，美国此举就是对英国海上权威的公然挑战。在这种情况下，英国扬言以不参加国际联盟为威胁，逼迫美国停止挑战英国的海上霸权。在巴黎和会上，两国甚至为此爆发了一场"巴黎海战"（sea battle of Paris）。

然而，美国坚持要求英国承认美国在海军力量上拥有与其平起平坐的权利。由于美国方面态度坚决，再加上英国经历了一战的洗礼而精疲力竭，急需美国在经济和政治上的合作来安排战后世界秩序，因此最终不得不做出让步。1919 年 4 月 10 日，威尔逊总统的顾问豪斯（Edward M. House）同英国外交部常务次官塞西尔（Edgar A. R. Gascoyne-Cecil）签订了旨在

---

① 关于战时交战国干涉中立国海上贸易权利的问题，可参见郑雪飞《"自由船，自由货"：战时中立国海上贸易权利之争》，中国社会科学出版社，2004 年。

② Kenneth J. Hagan, *This People's Navy：The Making of American Sea Power*, New York：The Free Press, 1991, p. 259.

寻求英美在海军问题上达成妥协的《豪斯-塞西尔备忘录》。根据这份备忘录，美国同意暂停大规模扩建海军，而英国支持建立国际联盟的方案，并承认美国在海军力量上拥有与英国同等的地位。尽管暂时达成了妥协，但美国并未放弃建设相等甚至超过英国的海军力量。

（二）美日海权之争："橙色计划"的升级

第一次世界大战后，对原德属太平洋岛屿的处置问题也引起了战胜国之间的矛盾，而矛盾的实质是美国与日本对远东和太平洋地区海权的争夺。1917年，英国和日本达成战后瓜分德国在太平洋殖民地的秘密协定。根据该协定，英国同意日本获取德国在赤道以北的太平洋上的岛屿，而日本则同意英国占领德国在南太平洋的岛屿。在战争中，英国与日本也在夺占德属太平洋岛屿、进攻青岛，以及在印度洋和地中海的护航行动上开展了卓有成效的海军合作。英国借助日本的力量消除了德国在远东和太平洋的威胁，并减轻了海军在执行反潜护航任务上的压力。而日本则趁欧洲列强忙于厮杀而无暇东顾之机，隐隐形成了独霸中国的局面，并将势力范围扩大到了整个西太平洋。尽管英日两国都从这一同盟关系中受益匪浅，日本更是奠定了在远东的优势地位，但对美国而言，英日同盟极大地掣肘了美国对远东的海洋战略设计，不利于美国同日本争夺太平洋的海权。另外，日本获得了原来德国在太平洋的领地，也对关岛和菲律宾等美国在远东的领地构成了直接威胁。美国海军部综合委员会就指出："日本接管的岛屿将对关岛和'橙色计划'下美国舰队在菲律宾附近的一切行动造成巨大威胁。"[1]

日本通过占领德属太平洋岛屿，获得了在美日太平洋海权争夺中的地理优势，可以有效威胁防守薄弱的美属关岛和菲律宾。尽管美国海军力量远胜于日本，但美国海军分别部署在大西洋和太平洋，特别是美国海军主力集中在大西洋地区。一旦美日战争爆发，弱小的美国亚洲舰队很难抵挡日本的进攻，而远在圣迭戈的美国太平洋舰队对比集中全部主力于本土水域的日本联合舰队也不占明显优势。如何克服地理上的不利

---

[1]　Earl Pomeroy, *Pacific Outpost: American Strategy in Guam and Micronesia*, Stanford: Stanford University Press, 1951, p. 69.

条件成为美国海军未来在对日本作战时必须首先解决的难题。① 日本充分利用地理上的优势制订了针对美国的"九段渐灭"的作战方案，而美国海军则不断修订和完善"橙色计划"。

在美日互为假想敌的背景下，即便是在两次世界大战期间，两国也并未放松扩建海军，而是在太平洋地区掀起了一场新的海军军备竞赛。1921 年 3 月，美国国会通过了一个新的造舰计划。这个计划包括完成《1916 年海军法案》中未完成的建造项目。随后，日本也宣布将在 1927 年前建造 8 艘战列舰。第一次世界大战后，应对日本的扩张成为美国太平洋战略的核心内容，它也成为美国全球海洋战略的重点。

（三）英美日大博弈：《五国海军条约》的签订

1921 年 11 月 12 日，国际限制军备会议在华盛顿召开，史称华盛顿会议。尽管会议主题是限制海军军备，但美国的真实目的是借协商限制海军军备问题使美国正式获得建立与英国同等规模舰队的合法权利，同时谋求拆散英日同盟。

华盛顿会议召开前，很多美国官员担心英日会因为美国的《1916 年海军法案》而联合起来对付美国，但美国海军部综合委员会认为，如果减少法案规定的造舰数量，就会更加削弱美国应对其他海军强国的能力。委员会指出，"日本之所以参加会议是因为美国海军法案要建造 15 艘一级主力舰的威慑力……如果放弃这一目标，日本回去后会自由地追求自己咄咄逼人的造舰计划"。② 此外，美国太平洋战略的基础是确保菲律宾的安全和维护在中国的"门户开放"政策，而日本也想在菲律宾和中国拓展自己的利益，并且日本侵略中国的行动已经严重损害了美国的在华利益。因此，美国必须保有足够的武装力量，以便必要时使用武力来遏制日本。正是基于这种考虑，当美国内部讨论英美日海军主力舰的比例时，认为美日主力舰之比只能是 10∶5 或 10∶6、10∶7 的方案是无法接受的，因为这会赋予本来就占据地理便利条件的日本在舰队决战中获得

①　George W. Baer, *One Hundred Years of Sea Power*: *The U. S. Navy*, *1890-1990*, Stanford: Stanford University Press, 1994, p. 51.

②　Gerald E. Wheeler, *Prelude to Pearl Harbor*: *The United States Navy and the Far East*, *1921-1931*, Columbia: University of Missouri Press, 1963, p. 56.

足以左右胜负的巨大优势。①

　　1922年2月6日，经过长期激烈的博弈和争论之后，美国、英国、日本、法国和意大利签订了《五国关于限制海军军备条约》（简称《五国海军条约》）。根据该条约，五国的主力舰吨位比例为5∶5∶3∶1.75∶1.75。据此，美国和英国将保留52.5万吨的战列舰和战列巡洋舰，日本可以拥有31.5万吨的主力舰。在航空母舰的吨位上，英美的限额为13.5万吨，日本为8.1万吨，法意各为6万吨。各国承诺不得新建海军基地和防御工事，香港、冲绳、菲律宾和关岛等地都在规定范围内，但夏威夷、澳大利亚和新西兰不在此列。条约有效期至1932年，缔约国都承诺十年内不再建造战列舰。② 不过，《五国海军条约》并未对巡洋舰、驱逐舰等辅助舰艇做出限制，英国在这些舰种上仍然占据优势。

　　不可否认，华盛顿会议是美国的巨大胜利。在外交上，美国成功拆散了英日同盟，代之以《四国条约》。在海军问题上，《五国海军条约》以国际法的形式彻底终结了数百年来英国独霸海洋的局面，美国在海军力量上获得了同英国平起平坐的地位。更重要的是，英国在华盛顿会议上实现了由亲日向亲美的转变，英美妥善解决了自一战结束以来在海军问题上的龃龉和冲突，实现了谅解与合作，这为两国在二战中的结盟奠定了基础。英国的转变除了自身的虚弱以及在政治、经济、外交等各个层面迫切需要美国的合作和支持外，也是基于日本的持续扩张对英美在远东和中国利益的损害程度不断加深。俄国在日俄战争中失利，德国在第一次世界大战中战败，也使得英日同盟失去了存在的价值。而曾作为英国在远东"马前卒"的日本，则取代俄国和德国成为英国在远东新的、更大的威胁。在这种情况下，联美抗日成为英国必然的选择。英国在远东的主要军事基地是新加坡和香港，但两地都远离中国政治、经济中心，对于日本的威慑效果有限。另一方面，英国在一战后急于恢复遭受重创的经济，削减国防预算，对于相对次要的远东难以投入足够的国防资源。因此，同样有着对抗日本的需要，且无论是在国力还是地理位

---

①　George W. Baer, *One Hundred Years of Sea Power: The U. S. Navy, 1890-1990*, Stanford: Stanford University Press, 1994, pp. 95-96.

②　Robert W. Love Jr., *History of the U. S. Navy*, Mechanicsburg: Stackpole Books, 1991, pp. 532-533.

置上都占据优势的美国就成为英国需要倚仗的盟友。

不过，需要指出的是，尽管美国是《五国海军条约》最大的赢家，但这一条约本质上仍然只是一个英美日互相妥协的产物。美国为了让日本接受在主力舰上同英美的比例是 3∶5，也做出了相当大的让步。美国同意不在夏威夷以西新建前进基地，使得美国海军在菲律宾、关岛和阿留申群岛都缺乏安全的驻泊港口，严重削弱了美国海军在西太平洋采取进攻性海上控制战略的能力。换言之，美国在菲律宾和关岛只能处于被动防御的地位，无法在西太平洋地区形成对日本的优势。更令美国焦虑的是，如果它没能完成《五国海军条约》分配给它的造舰份额，而日本充分行使了自己的权利的话，那么在未来的美日海上决战中，日本海军将对美国海军占据三成的力量优势。① 尽管乔治·贝尔（George Baer）的这番研究只是在进行预测，但不幸的是，这一预测最终成为事实。受制于国内政治博弈，美国海军在战后很长时间内确实没能完成华盛顿会议规定的造舰份额，无法加强海军基地和防御工事建设的关岛和菲律宾长期处于防卫薄弱的状况，这使得美国海军不得不在未来的战争中首先立足于思考如何防备日本的进攻。

第二节　两次世界大战期间的美国海洋战略

一　美国海军的两大任务与战略设计

1922 年《五国海军条约》签署后，美国海军在战后十年的政治大环境得以确立，海军战略的设计也随即提上了议事日程。美国海军部长登比（Edwin Denbigh）在 1922 年的海军部年度报告中指出，第一次世界大战后美国海军主要有两大任务：第一，维持足够的海军力量以支持国家总体战略和商业活动，保卫美国本土和海外利益；第二，在遵守条约规定的同时，竭尽所能建设一支不逊于任何国家海军的世界一流海军。②

第一个任务实际上就是应对日本的海上扩张，为未来可能与日本发

---

① George W. Baer, *One Hundred Years of Sea Power: The U. S. Navy, 1890-1990*, Stanford: Stanford University Press, 1994, p. 100.

② George W. Baer, *One Hundred Years of Sea Power: The U. S. Navy, 1890-1990*, Stanford: Stanford University Press, 1994, p. 104.

生的战争做好准备，这成为两次世界大战期间美国海军战略的中心任务。为此，美国不断修订和完善"橙色计划"。

1921年，"橙色计划"首次主张将马绍尔群岛和关岛作为舰队来往于夏威夷和菲律宾的中转站。美国如果能在南太平洋建立起前进基地，那么也将能很容易地攻占吕宋岛。1923年4月，美国海军作战部长埃贝尔海军上将（Admiral Edward Eberle）指示海军部综合委员会按照新的舰队部署指导思想修订"橙色计划"。修订后的计划指出，海军部对华盛顿会议所达成的"无防御条款"的应对不是将舰队消极地驻扎在太平洋东海岸，而是应积极考虑如何弥补美国海军在西太平洋没有海军基地的缺憾，以及思考如何进行跨洋作战。

美国海军认为，一旦战争爆发，日本很可能会在美国增援舰队到达之前就占领菲律宾和关岛。因此，曾在一战中率美国舰队赴欧作战的罗德曼海军上将（Admiral Hugh Rodman）指出，美国一定要加强珍珠港海军基地的建设，另外还应在旧金山建立一个新的海军基地，以增强美国在太平洋地区的海军力量。[①] 除要解决缺少海军基地的问题外，改善舰队的结构也成为必然要求，特别是需要增加快速机动的巡洋舰，以满足跨洋作战和封锁日本的需要。[②]

美国海军的第二个任务就是通过国际裁军的方式，进一步实现与英国海军平起平坐的地位，逐步削弱英国在巡洋舰、驱逐舰、潜艇等辅助舰艇上仍保有的巨大优势。1927年6月29日，新的世界海军裁军会议在日内瓦召开，这次会议的主题之一是就辅助舰艇的比例做出规定。美国希望能在日内瓦会议上将华盛顿会议上确立的关于英美日主力舰吨位5∶5∶3的比例的规定扩大到巡洋舰，并且规定英美海军保有的巡洋舰总数不超过40万吨。换言之，美国要求在巡洋舰方面也能获得与英国平等的权利。对于美国的用意，参加日内瓦会议的前英国第一海务大臣杰利科看得很清楚，他一针见血地指出，美国在日内瓦会议上只有一个目

---

① Earl Pomeroy, *Pacific Outpost: American Strategy in Guam and Micronesia*, Stanford: Stanford University Press, 1951, p. 98.

② Sinclair Cannon, "Budget, 1925, Estimate of Situation", Apr 9, 1923, War Plan Department to Chief of Naval Operations, OA, Naval Historical Center.

标，即在海上同英国平起平坐。① 鉴于《五国海军条约》关于禁止在西太平洋地区新建海军基地和防御工事的规定对美国海军战略的设计造成巨大困难，美国在日内瓦会议上坚决反对对太平洋地区的防御措施建设再做任何限制。

对于美国限制巡洋舰吨位的提议，英国和日本都提出反对。英国强调，它需要更多的巡洋舰来保卫遍布全球的广阔殖民地和海上交通线，这是英国进行帝国防卫的基本需求。因此，英国要求保有 70 艘装备 6 英寸口径火炮的 6000 吨级多用途轻型巡洋舰，但它主张严格限制配备 8 英寸口径火炮的重型巡洋舰的数量。② 日本则不甘心在巡洋舰的实力对比上也弱于英美，迫切希望发展重型巡洋舰，以进一步巩固在西太平洋的海上优势，因此对美国限制巡洋舰总吨位的提议态度冷淡。此外，日本强烈要求将华盛顿会议上规定的海军主力舰比例修订为 10：10：7，而这是美国所无法接受的。③ 由于各方利益分歧难以弥合，日内瓦会议最终无果而终。

二　突破"条约型海军"束缚与扩军备战

在 1929—1933 年的世界性经济危机的打击下，法西斯势力开始抬头，国际形势趋于紧张，德国和日本成为新的战争策源地。与此同时，英法等欧洲强国则致力于开展国际裁军运动，并力求通过外交方式缓和德国、日本对凡尔赛-华盛顿体系的不满情绪，绥靖主义的气氛逐渐变得浓厚起来。

（一）两次伦敦会议与海军裁军问题

在世界性经济危机的大背景下，各主要海军强国都面临日益沉重的财政压力。特别是日本在 1923 年发生了关东大地震，人员、财产损失惨重，无力再进行代价高昂的海军军备竞赛。英国则在"十年规则"的指

---

① George W. Baer, *One Hundred Years of Sea Power*: *The U. S. Navy*, *1890-1990*, Stanford: Stanford University Press, 1994, p. 110.

② George W. Baer, *One Hundred Years of Sea Power*: *The U. S. Navy*, *1890-1990*, Stanford: Stanford University Press, 1994, p. 109.

③ Robert W. Love Jr., *History of the U. S. Navy*, Mechanicsburg: Stackpole Books, 1991, p. 555.

引下，也希望暂缓劳民伤财的海军军备竞赛，而将精力放在恢复在一战中遭受重创的经济上。美国国内也是和平主义和孤立主义盛行。在这种情况下，暂停海军军备竞赛成为主要海军强国的共同诉求。1930 年和1935 年举行的两次伦敦海军会议，就是这一背景下的产物。

1930 年 1 月 21 日，第一次世界海军裁军会议在伦敦开幕。4 月 22日，各大国达成《限制和削减海军军备条约》，即《第一次伦敦海军条约》。根据该条约，美国、英国、日本可保留的重型巡洋舰数量分别为18 艘、15 艘和 12 艘；在潜艇方面，美、英、日三国的潜艇总吨位都不得超过 5.27 万吨。另外，条约规定各国建造的驱逐舰的吨位不得超过1850 吨，所装备的火炮的口径不能超过 5 英寸。在日本保证尊重并维护美国在中国的"门户开放"政策的前提下，英美同意向日本做出让步，接受在巡洋舰和驱逐舰等辅助舰艇总吨位上与日本 10∶10∶7 的比例。①

20 世纪 30 年代初，美国海军建设再次陷入了惯常的战争结束后的低谷时期。究其原因，主要是 1929 年爆发的世界经济危机造成的持续性经济萧条，以及正在轰轰烈烈开展的国际裁军运动。这一时期，美国国会多次否决美国海军的扩建方案。在胡佛（Herbert C. Hoover）总统任内，美国海军远远未能完成在《五国海军条约》规定下的造舰方案，其主力舰规模只达到了《五国海军条约》分配给美国的份额的 65%，而同期日本则几乎用完了它的份额，且日本的主力舰大部分都是新建战舰。这就使得美日海军力量对比向有利于日本的方向发展。到 1935 年，美日海军力量对比已经达到 10∶8，日本得以进一步巩固在西太平洋地区的海上优势，牢牢掌握了远东地区的制海权。相较之下，美国海军不仅舰队老化问题严重，而且人员、训练和装备都不足，整体战斗力呈现下降态势。不过，得益于数十年的建设，美国海军作为世界一流海军的基础已经牢牢打下。1931 年，美国海军虽然远远未能用完《五国海军条约》分配给它的份额，但仍然拥有 15 艘战列舰、3 艘航母、18 艘巡洋舰、78艘驱逐舰和 55 艘潜艇。这样一支舰队在规模上超过了日本海军，可与英国海军并驾齐驱。到 1933 年，美国海军的规模已经降到了一战结束后的

---

① Alfred L. Castle, "Ambassador Castle's Role in the Negotiations of the London Naval Conference", *Naval History*, Summer 1989, p. 18.

最低点。海军总兵力减少到 9.1 万人，但仍然比 1914 年时多出 2/3。[①]

随着 1933 年富兰克林·罗斯福（Franklin D. Roosevelt）上台，美国海军逐步走出了胡佛时代的低谷，迎来了新的春天。罗斯福同其曾任美国总统的堂叔西奥多·罗斯福一样热爱海军，他曾担任威尔逊政府的助理海军部长，精通海军事务，并同未来的两位五星海军上将李海、哈尔西私交甚笃。罗斯福上台后，海军建设成为其推行的罗斯福"新政"（The New Deal）中推动工业复兴的重要一环，即通过刺激军事工业来推动全国经济复苏。

新上任的美国海军部长斯旺森（Claude A. Swanson）成为罗斯福任内一系列海军扩建方案的设计者和执行者。1939 年 7 月斯旺森去世后，自 1936 年以来担任助理海军部长的发明家爱迪生之子查尔斯·爱迪生（Charles Edison）继任海军部长，他继续执行罗斯福的海军扩建计划，进一步协调并有效地管理了涉及造舰方案的各个部门和机构的活动。同时，作为前助理海军部长，罗斯福比以往任何一届总统都更关心并精通海军的具体事务，包括海军战略、舰艇设计、人事管理等，这就使得美国海军的发展持续得到来自高层的强有力支持。1940 年 7 月，诺克斯（Frank Knox）接任美国海军部长一职，成为二战中美国海军战略的设计者和领导者。

在罗斯福的领导下，美国海军作战部长普拉特（Admiral William V. Pratt）和海军部综合委员会提出了一个为期 8 年的海军建设方案，该方案要求国会拨款 10 亿美元建造 119 艘战舰。同时，国会在 1934 财年还应拨款 2.53 亿美元建造 32 艘战舰和一批飞机。1933 年 6 月，罗斯福签署了《全国工业复兴法》（*National Industrial Recovery Act*），专门拨款 2.38 亿美元以执行普拉特提出的海军建设方案。[②] 1934 年，罗斯福总统批准了两年前被胡佛总统否决的《文森-特拉梅尔法案》（*Vinson-Trammell Act*）。国会在 1935 财年批准了 3.02 亿美元的海军建设拨款，另外根据

---

① 〔美〕威廉森·默里等编《缔造战略：统治者、国家与战争》，时殷弘等译，世界知识出版社，2004 年，第 457 页。

② George W. Baer, *One Hundred Years of Sea Power: The U. S. Navy, 1890-1990*, Stanford: Stanford University Press, 1993, p. 129.

《全国工业复兴法》再追加 1.13 亿美元拨款。[1]

　　1935 年 12 月 9 日，第二次伦敦海军会议开幕。由于海军决策权已被主张对英美强硬的"舰队派"所把持，因此在这次会议上日本要求全面废除同英美在海军力量上的比例限制，即取得在所有舰种上同英美完全平等的地位，而这显然是英美所无法接受的，这也决定了第二次伦敦海军会议从一开始就不可能达成有价值的成果。1936 年 1 月 15 日，日本宣布退出伦敦海军会议。3 月 25 日，美国、英国和法国签署了《第二次伦敦海军条约》，就主力舰、航母、巡洋舰的吨位和火炮口径等做出明确规定。日本不受条约约束，因此最后达成的限制实际上并无多大意义，它只是美英法阵营内部单方面的约定，并不能有效遏制德国和日本的海军扩张，特别是日本扩建海军的势头。1936 年 12 月 31 日，随着《五国海军条约》和《第一次伦敦海军条约》到期，再加上之前已经退出第二次伦敦海军会议，日本大规模扩建海军再无任何来自国际法的限制，从而完全走出了"条约型海军"时代。根据 1937 年日本内阁批准的海军扩建方案，日本海军计划建造 12 艘战列舰、12 艘航母、28 艘巡洋舰、96 艘驱逐舰、70 艘潜艇和 65 个航空中队，以确保日本海军有能力"针对敌对的美国，掌握西太平洋的制海权"，从而实现"帝国在亚洲大陆站稳脚跟的同时向南海进军"的战略目标。[2]

　　针对日本大规模扩建海军的动作，美国也针锋相对地做出部署。1936 年 6 月 2 日，美国国会通过法案，授权海军部可以在其他海军大国开工建造战列舰时也即刻实施美国的战列舰建造计划。随后，罗斯福宣布美国将建造 2 艘 3.5 万吨的战列舰、6 艘驱逐舰和 12 艘潜艇，这是自第一次世界大战结束以来美国首次建造战列舰。[3]

（二）日本扩大侵华与美国海军的应对

　　1931 年 9 月 18 日，日本挑起九一八事变，公然破坏"门户开放"

①　John C. Walter, *The Navy Department and the Campaign for Expanded Appropriations*, *1933-1938*, Ph. D Dissertation, University of Maine at Orono, 1972; George W. Baer, *One Hundred Years of Sea Power: The U. S. Navy*, *1890-1990*, Stanford: Stanford University Press, 1993, p. 130.

②　George W. Baer, *One Hundred Years of Sea Power: The U. S. Navy*, *1890-1990*, Stanford: Stanford University Press, 1993, p. 133.

③　Joseph K. Taussig, "The Case for the Big Capital Ship", *Proceedings*, July 1940, p. 30.

政策，使得远东形势骤然紧张。1937 年 7 月 7 日，日本制造"卢沟桥事变"，全面侵华战争爆发。在侵华战争中，日本不断对英美在华利益发起挑衅。

1937 年 12 月 12 日清晨，在长江上为"美平"（*Meiping*）、"美安"（*Meian*）、"美峡"（*Meihsia*）3 艘美国油轮护航，并负责撤离美国侨民的美国海军亚洲舰队长江巡逻队（Yangtze Patrol）的"帕奈"号炮舰被日本飞机炸沉，造成 3 人死亡、43 人受伤。同时，英国炮舰"蜜蜂"号和"瓢虫"号也遭到攻击。"帕奈"号事件后，美国海军内部群情激愤。美国海军部长斯旺森和海军作战部长李海要求立即对日本进行海上封锁，采取有力行动遏制日本在远东的扩张。不过，李海的这一建议遭到美国总统罗斯福和国务卿赫尔（Cordell Hull）的反对。他们都担心，在日本政府第一时间就"帕奈"号事件向美方道歉和赔偿之后，海军采取封锁行动无异于同日本开战，这在孤立主义盛行的 30 年代是不会赢得美国公众支持的。[①]

"帕奈"号事件后，日本外相广田弘毅在 1937 年 12 月 13 日和 26 日公开向美国道歉。12 月 22 日，包括后来出任日本联合舰队司令长官的山本五十六在内的一批日本海军高级军官前往美国驻日大使馆道歉。12 月 24 日，日本政府正式就"帕奈"号事件向美方提交了 119 页的回复。这份回复在极力为日本轰炸行为进行辩解的同时，不断强调日本愿意保护美国在华利益等，以求在"南进"时机出现之前尽力避免日美摊牌。[②]"帕奈"号事件表明，随着日本不断扩大侵华规模并力求将英美排挤出远东，美日之间爆发战争只是时间问题，美国政府对此也心知肚明。因此，尽管力求避免同日本发生冲突，但罗斯福政府仍然加快了扩建海军的步伐。

1938 年初，美国国会通过了 1934 年罗斯福签署的《文森-特拉梅尔法案》，这是美国国会自一战以来首次同意扩建海军。至此，美国海

---

①　George W. Baer, *One Hundred Years of Sea Power*: *The U. S. Navy, 1890-1990*, Stanford: Stanford University Press, 1993, pp. 133-134.

②　汪熙等:《美国海军与中美关系》，复旦大学出版社，2013 年，第 51—52 页。

军终于可以完成《五国海军条约》规定的美国海军造舰配额。[1] 1938年 1 月 21 日，国会批准了每年建造 2 艘战列舰、2 艘轻型巡洋舰、8艘驱逐舰和 6 艘潜艇的方案。当年 5 月，国会又批准了第二个文森法案，将舰队规模再扩大 20%。根据这一法案，国会应立即拨款再增建 2艘战列舰、2 艘航母、9 艘轻型航母、23 艘驱逐舰、2 艘潜艇，以及1000 架海军战斗机。[2]

此外，在 1922 年，美国大西洋舰队与美国太平洋舰队合并成美国舰队（Untied States Navy Fleet），而随着欧亚两大战争策源地的形成，美国海军在未来的战争中必须同时应对大西洋和太平洋两大战场的格局已经越来越清晰。因此，第二个文森法案也标志着美国决心建设一支"两洋海军"。

（三）二战的爆发与"彩虹计划"的出台

1939 年 9 月，德国闪击波兰，英法对德宣战，第二次世界大战正式爆发。1940 年 6 月，法国沦陷，英国被迫孤军奋战，并在德国潜艇的打击下勉力维持其海上交通线。面对欧洲岌岌可危的战局，美国加紧扩军备战，而海军建设和部署则是其中的重点。

1939 年 9 月 8 日，美国总统罗斯福宣布美国进入"有限紧急"（limited emergence）状态。在这一状态下，美国海军兵力从 131485 人增加到191000 人，并且征召退役和预备役海军及海军陆战队人员，加紧采购物资和装备。同时，根据总统令，美国海岸警卫队（Coast Guard）在必要时也将划归海军指挥。[3] 二战爆发后，美国海军的应对主要从海军建设、海军部署和作战计划设定三个方面展开。

在海军建设方面，1940 年 6 月，美国国会通过了第三个文森法案，决定在 1938 年的基础上增加 20% 的拨款，以实现美国海军力量增长 11%的目标。1940 年 7 月，即法国沦陷一个月后，美国国会通过了第四次文

[1] George W. Baer, *One Hundred Years of Sea Power: The U. S. Navy, 1890-1990*, Stanford: Stanford University Press, 1993, p.134.

[2] Robert W. Love Jr., *History of the U. S. Navy*, Mechanicsburg: Stackpole Books, 1991, p.607.

[3] Fleet Admiral Ernest J. King, *U. S. Navy at War, 1941 - 1945: Official Reports to the Secretary of the Navy*, Washington D. C.: United States Navy Department, 1946, p.7.

森法案，要求将舰队规模再扩大 70%。① 第四个文森法案的正式名称是
《两洋海军法案》（*Two-Ocean Navy Bill*）。该法案是美国历史上规模最大
的海军扩建方案，计划建造 132.5 万吨战斗舰艇，在大西洋和太平洋各
建立一支独立的舰队。②

　　在海军部署方面，1941 年 2 月 1 日，美国海军正式整编为大西洋舰
队（Atlantic Fleet）、太平洋舰队（Pacific Fleet）和亚洲舰队（Asiatic
Fleet），指挥官分别为欧内斯特·金海军上将、哈兹本德·金梅尔海军上
将（Admiral Husband E. Kimmel）和托马斯·哈特海军上将（Admiral
Thomas C. Hart）。此后，为应对欧洲日益恶化的局势，太平洋舰队的部
分舰艇被调往大西洋舰队。③

　　在作战计划决定方面，进一步修订完善"橙色计划"是这一时期美
国海军战略的主要内容。在过去 30 年中，"橙色计划"虽然经过多次补
充、修改和完善，但均立足于美日在都没有外援的情况下在太平洋单独
进行舰队决战。在 1936 年《反共产国际协定》签订之前，美国海军部认
为，美国舰队可以加利福尼亚为基地专心进行太平洋作战，而不必过多
担心东海岸和加勒比海地区的安全。换言之，美国可以集中全部优势的
海军力量赢得对日战争的胜利。不过，柏林-罗马轴心（Berlin-Rome
Axis）建立后，德国在欧洲扩张的步伐不断加快，美国在大西洋方面也
感受到越来越大的威胁，不得不分兵大西洋，优先确保西半球的安全。
一旦美国卷入战争，它就必须做好两线作战的准备，特别是海军既要在
大西洋对抗德国和意大利海军，又要在太平洋方向同日本海军作战。在
大西洋方面，美国海军可以得到强大的英法舰队的支援，但在太平洋方
向，美国必须独自面对在西太平洋掌握显著优势的日本联合舰队，新加
坡的英国舰队、印度支那的法国舰队及东印度的荷兰舰队实力都相当薄
弱，它们不足以为美国提供足够支援。而且，美国在远东只有孱弱的亚
洲舰队，太平洋舰队从珍珠港出发增援关岛和菲律宾也是劳师远征、颇

---

①　George W. Baer, *One Hundred Years of Sea Power: The U. S. Navy, 1890-1990*, Stanford:
　　Stanford University Press, 1993, pp. 134-135.

②　Fleet Admiral Ernest J. King, *U. S. Navy at War, 1941 - 1945: Official Reports to the
　　Secretary of the Navy*, Washington D. C.: United States Navy Department, 1946, p. 8.

③　George W. Baer, *One Hundred Years of Sea Power: The U. S. Navy, 1890-1990*, Stanford:
　　Stanford University Press, 1993, p. 156.

费时日。因此，如何在可能同时发生两洋战争的情况下，更为协调地使用海军力量，成为美国海军部思考的主要问题。更急迫的是，随着英德在大西洋上战云密布，以及日本在远东蠢蠢欲动，美国全面参战已是箭在弦上，留给美国海军战略设计者的时间已然不多。

1939 年 5 月，美国海军出台了第一个取代"橙色计划"的"彩虹计划"。根据这一计划，战争爆发后，美国将面临 5 种战略选择：第一，有限的西半球单边防御；第二，与英法结盟共同在太平洋地区作战；第三，美国在太平洋和日本单独进行决战；第四，扩大的单边防御；第五，在保证西半球安全的同时，同英法在大西洋、欧洲大陆、非洲等地协同作战，彻底击败德国和意大利。[①] "橙色计划"向"彩虹计划"的转变，标志着美国结束近 20 年来以全力对付日本的太平洋战略为核心的海洋战略，开始转向同时对付东西半球威胁的"两洋战争"。尽管"橙色计划"并未实施，但仍然有着重要意义，美国海洋战略的执行者更是从中受益匪浅："第一，它使一代海军军官熟悉了进行一场对日战争涉及的种种基本问题……第二，橙色计划的需要迫使海军和海军陆战队去面对基本和非常复杂的技术和组织问题"，"橙色计划设想了一场持久的、步步打回菲律宾的战争，那就是后来于 1943 年末尼米兹中太平洋攻势采取的路线：首先进攻吉尔伯特群岛，然后攻打马绍尔群岛，最后进攻马里亚纳群岛"。[②]

1939 年 6 月 30 日，美国制订了第二个"彩虹计划"。根据该计划，美国将参加同英法可能还包括苏联的同盟国阵营，与德意日轴心国集团作战。到第二次世界大战全面爆发前夕，美国海洋战略的核心已经完全由"橙色计划"规定的单纯的太平洋战略转为在大西洋和太平洋同时作战的两洋战略。为此，美国加快了建设两洋舰队的步伐。另外，建立跨大西洋联盟被提上议事日程，英美战略合作特别是海军合作成为美国两洋战略中的重要内容。

在开展战略设计的同时，美国海军的备战工作也在紧锣密鼓地进行

---

① Steven T. Ross, ed., *American War Plans*, *1919-1941*, Vol. 3, New York：Garland, 1992, pp. 69-72.

② 〔美〕威廉森·默里等编《缔造战略：统治者、国家与战争》，时殷弘等译，世界知识出版社，2004 年，第 490—491 页。

着。除通过了多个海军扩建法案外，美国海军的作战思想也在悄然发生变化，"到 1941 年，海军已组合起成功地进行对日作战的一些基本条件：配置均衡、愈益以航空母舰为核心的远洋舰队；旨在夺取、建设和保卫海岛基地的一系列观念；攻击敌方交通线的远洋潜艇。海军懂得行将到来的战争是漫长和艰巨的，大概不会通过一次大歼灭战一举告捷，而是要靠一长串战役才能打赢"。①

第三节　第二次世界大战时期的美国海洋战略

一　二战爆发后的美国海洋战略

（一）美国的战争准备与海军战略部署

1. 建立西半球中立区与本土防卫

第二次世界大战爆发后，德国和英国都发表了进行报复性封锁和建立交战区的声明，美国对此的反应是首先确保西半球的中立和安全。1939 年 10 月 2 日，在美国的推动下，拉美多国联合发表了《巴拿马宣言》，禁止任何交战国战舰进入美洲和加勒比海岛屿 300 英里内的海域。此外，罗斯福还宣布美国海军在西半球中立区内进行巡逻，将此前刚刚重新组建的大西洋分舰队命名为"中立巡逻队"。

本土防卫是美国海军战略的首要任务，它同西半球防卫紧密相连。根据 1939 年制订的"彩虹计划"，美国陆军将派兵保护海军在西半球的基地，从而建立一个从阿拉斯加经夏威夷和巴拿马运河，到加勒比海的防御圈。在美国看来，一旦德国占领整个西欧并击败英国，下一步就会把矛头指向西半球，而美国将完全暴露在德国的枪口之下。而在 1940 年的大溃败之际，长期作为西半球保护伞的英国海军正在集中力量保卫本土，同德国进行殊死战斗，根本无暇帮助美国保卫本土。而在太平洋地区，英国、法国、荷兰已经无力保卫它们在远东的殖民地，美国更不可

---

① 〔美〕威廉森·默里等编《缔造战略：统治者、国家与战争》，时殷弘等译，世界知识出版社，2004 年，第 469—470 页。

能指望在同日本开战时得到欧洲强国的援助。① 因此，美国必须自己肩负起单独防卫本土和整个西半球，并同日本争夺太平洋制海权的重任，而这一重任在很大程度上将落在美国海军肩上。

2. "欧洲第一" 与 "猎犬计划" 战略

1940 年 6 月，法国的迅速败降让美国深感震惊。尽管英国坚持取得了"不列颠之战"的胜利，但包括海军作战部长斯塔克（Admiral Harold R. Stark）在内的很多美国军方高层认为，如果得不到更多的援助，英国最终仍然会在德国空军的狂轰滥炸下战败。②

在斯塔克等人看来，美国只有采取"欧洲第一"（Europe First）的战略才可能扭转这种极端不利的局面，确保西半球的安全。换言之，美国必须大力援助英国对抗德国，确保英国不在德国的狂轰滥炸下投降。同时，如果德国在法国沦陷后又夺取了强大的法国舰队，则美国将把海军主力集中在东海岸和大西洋，以应对德国海军的威胁。

1940 年 6 月 14 日，美国海军部提交了一份新的造舰计划。根据这一计划，美国海军将耗资 40 亿美元，着眼于在大西洋和太平洋分别建设两支完全独立的舰队，即"两洋海军"。为此，美国海军必须拥有 18 艘重型航母，以及超过 200 艘的轻型航母、战列舰、巡洋舰、驱逐舰和潜艇等。1940 年 7 月 18 日，美国国会通过了《两洋海军法案》。除加强自身海军建设之外，美国还在尚未参战的情况下，尽可能地援助英国。1940 年 7 月，罗斯福和丘吉尔达成了著名的《驱逐舰换基地协议》（*The Destroyer-Naval Base Exchange*）。根据该协议，美国将 50 艘第一次世界大战时期的老式驱逐舰转让给英国。作为回报，英国将西印度群岛、百慕大群岛和纽芬兰岛的基地租给美国 99 年。③

在欧洲战争如火如荼之际，日本也在不断扩大侵华战争并觊觎英国、美国、法国和荷兰在远东和太平洋的殖民地，两者都对美国的国家安全和利益构成了严重威胁。有限的国防资源特别是海军力量如何在两条战

---

① George W. Baer, *One Hundred Years of Sea Power*：*The U. S. Navy*，*1890-1990*，Stanford：Stanford University Press，1993，p. 147.

② George W. Baer, *One Hundred Years of Sea Power*：*The U. S. Navy*，*1890-1990*，Stanford：Stanford University Press，1993，p. 153.

③ Frederick W. Marks Ⅲ，*Wind over Sand*：*The Diplomacy of Franklin Roosevelt*，Athens：University of Georgia Press，1988，p. 162.

线上合理分配，究竟应将哪个战略方向确定为重点引发了美国决策层内部的争论。争论的结果是，美国海军力量应该首先部署在大西洋地区，以坚定地支持英国抵抗德国的扩张。因为德国一旦击败英国并征服整个欧洲，下一步将很可能跨越大西洋进攻美国。美国海军作战部长斯塔克明确指出："英国的胜利是最符合我们的利益的……如果它输了，我们将来也会一败涂地。"他在 1940 年 11 月的备忘录中以"我们应该在哪里作战""我们的战争目标是什么"这两大问题为出发点，对美国面临的战争形势进行了详细分析。在这份备忘录中，斯塔克希望决策者在 4 个战略选项中做出抉择：第一，将军事资源集中在对西半球的防御上；第二，在太平洋联合英国和荷兰对日本采取攻势，在大西洋采取守势；第三，向欧洲战场的英国提供援助，并援助远东战场的中国、英国和荷兰军队；第四，在同英国结盟的情况下，在大西洋采取进攻战略，在太平洋采取防御战略。斯塔克进一步分析指出，"目前英国缺乏人力物力来打败已经占领欧洲的德国。在这种情况下，美国的力量投入到大西洋战场就显得至关重要……而英国若要打败德国就必须获得巨大的援助，这就使得美国在太平洋地区不得不保持谨慎的防御战略"。①

　　斯塔克本人倾向于第四个方案，即在大西洋采取攻势，在太平洋保持守势，这样的战略也被称为"欧洲第一"战略或"先德后日"（Germany First）战略。在斯塔克看来，美国无法承受英国战败的灾难性后果：（1）如果英国战败则大英帝国势必将土崩瓦解，那么世界主要的贸易航道将被敌人所控制，美国经济将因此而遭受重创；（2）英国战败后，整个西半球都将暴露在轴心国的阴影之下，美国的处境将会相当危险。② 总之，这份备忘录的中心思想就是说服决策者要在大西洋采取攻势，而在太平洋采取守势。为此，斯塔克强调美国应该竭力避免与日本在远东发生冲突。③ 斯塔克将这份备忘录呈送给了美国海军部长诺克斯，它后来被称为"猎犬计划"（Plan Dog）。"猎犬计划"是美国在第二次

①　Steven T. Ross, ed. , *American War Plans, 1919-1941*, Vol. 3, New York：Garland, 1992, pp. 225-250.

②　Louis Morton, *Germany First—The Basic Concept of Allied Strategy in World War Ⅱ*, Washington D.C. : Center of Military History, U.S. Army, 1990, pp. 24-29.

③　George W. Baer, *One Hundred Years of Sea Power：The U.S. Navy, 1890-1990*, Stanford：Stanford University Press, 1993, p. 155.

世界大战全面爆发、美国面临两线作战的情况下，经过长时间酝酿制订出的战略指导方针，它最终由海军战略上升为美国在战争中的国家大战略。[①]

（二）英美在大西洋护航问题上的合作

面对德国潜艇日益猖獗的袭击，美国逐步扩大对英国反潜护航行动的援助，以确保跨大西洋海上交通线的安全。美国除加紧向英国提供驱逐舰等物资支持外，还在尚未参战的情况下派遣海军组织大西洋护航行动。

1941 年 3 月 15 日，美国总统罗斯福下令对任何针对西半球的攻击行为都坚决予以反击，并表示美国的防御前哨将包括冰岛、格陵兰岛、亚速尔群岛，甚至可能包括从达喀尔至巴西一线。[②] 4 月 2 日，美国海军将 1 艘航母、3 艘战列舰、4 艘巡洋舰和 2 个驱逐舰中队从太平洋舰队调往大西洋舰队。4 月 20 日，罗斯福宣布将西半球防御范围扩大至亚速尔群岛、格陵兰岛和冰岛。1941 年 7 月，美军占领冰岛，建立了海军航空基地，并组织了丹麦海峡巡逻队。英国首相丘吉尔称赞美国占领冰岛是"一个有着头等政治和战略重要性的事件"。此举使得大量通过冰岛水域的英美船只可以得到有效保护，减少了来自德国潜艇的威胁。[③]

进入 1941 年，美国船只接连在大西洋遭到德国潜艇袭击。1941 年 5 月 21 日，德国潜艇在南大西洋击沉了美国商船"罗宾·穆尔"号（*Robin Moor*）。9 月 4 日，美国驱逐舰"格里尔"号（USS *Greer*）在冰岛以南 150 海里海域处遭到潜艇袭击。10 月 15 日，美国海军"卡尼"号驱逐舰（USS *Carney*）被鱼雷击中，11 名船员阵亡，7 人受伤。10 月 30 日，美国"萨林纳斯"号油轮（USS *Salinas*）在纽芬兰以东 700 海里海域处被两枚鱼雷命中。10 月 31 日，美国驱逐舰"鲁本·詹姆斯"号（USS *Reuben James*）被德国潜艇击沉，100 多名美国水兵丧

---

① 关于美国"欧洲第一"战略的确定，可参见韩永利《战时美国大战略与中国抗日战场（1941—1945）》，武汉大学出版社，2003 年。

② George W. Baer, *One Hundred Years of Sea Power: The U. S. Navy, 1890-1990*, Stanford: Stanford University Press, 1993, p.160.

③ 〔美〕詹姆斯·麦格雷戈·伯恩斯：《罗斯福：自由的战士（1940—1945）》，马继森译，商务印书馆，2015 年，第 122 页。

生。这一系列事件促使美国进一步完善海军护航体系。特别是"鲁本·詹姆斯"号被击沉后，罗斯福决心采取"积极防御"措施，他下令对任何威胁护航船队的可视目标开火，并寻求国会废除关于禁止武装商船的中立法案，以允许商船进入英国本土附近的交战区域。① 此前的 7 月 9 日，罗斯福批准了海军作战部长斯塔克海军上将和大西洋舰队司令欧内斯特·金海军上将起草的"西半球共同防御计划"，正式下令美国海军将负责保护从美国本土到冰岛的跨大西洋航线，保护对象除美国商船外，也包括英国、加拿大等国的商船。

1941 年 5 月 27 日，罗斯福宣布美国进入"无限期国家紧急状态"（unlimited national emergency）。8 月 9 日，罗斯福和丘吉尔在纽芬兰的阿金夏湾举行首脑会晤，会后发表了著名的《大西洋宪章》（The Atlantic Charter）。在罗斯福和丘吉尔会晤的同时，斯塔克和欧内斯特·金也同英国军方代表进行了会晤，双方就护航问题达成共识：英国海军护航舰队从 9 月开始撤出大西洋西部海域，将护航行动交由美国大西洋舰队统一指挥；大西洋舰队对所有加拿大海域以西的大西洋护航行动负责。9 月 16 日，英美联合护航舰队开始第一次护航行动。

（三）珍珠港事件与美国正式参战

在珍珠港事件爆发前，根据"欧洲第一"的战略原则，为确保能集中精力应对大西洋上德国潜艇的袭击，全力支援英国以防止整个欧洲落入希特勒之手，美国海军在太平洋上采取战略防御态势，以尽量避免同日本发生冲突。

1941 年 4 月 13 日，日本同苏联签订了《日苏中立条约》，使得苏联不再成为日本进攻东南亚的后顾之忧。随后，日本加紧了"南进"行动。7 月 24 日，3 万名日军进驻法属印度支那。此前的 1939 年 2 月，日军已经攻占了海南岛。至此，日本已经完成了进攻东南亚的战略部署。同时，在广东的日军也对香港形成了大兵压境之势。日军进驻法属印度支那后，美国政府随即在 7 月 26 日宣布冻结日本在美的全部资产，并对日本实行石油、钢铁和其他战略物资的全面禁运。英国

---

① 　　George W. Baer, *One Hundred Years of Sea Power: The U. S. Navy, 1890-1990*, Stanford: Stanford University Press, 1993, pp. 162-163.

和荷兰也采取了类似的行动。

美国的禁运成为压垮本已岌岌可危的美日关系的最后一根稻草。严重依赖美国石油和废钢铁的日本决心铤而走险，同美国兵戎相见。1941年9月6日，日本通过了对美开战的作战计划。根据该计划，战争爆发后，日本将立即进攻并彻底消灭美国亚洲舰队和太平洋舰队，同时入侵菲律宾、马来亚和东印度群岛。10月20日，偷袭珍珠港的方案获得通过。11月，日本正式决定出兵太平洋。开战时的日本海军，共有10艘战列舰、10艘航母、18艘重型巡洋舰、20艘轻型巡洋舰、65艘潜艇，再加上其他舰艇，总计有391艘舰艇，总吨位达146万吨。此外，日本海军还征用了180万吨民船，达到了日本民船持有量的30%。①

1941年12月7日清晨，日本偷袭珍珠港。美国太平洋舰队措手不及，几乎全军覆没。停泊在珍珠港的8艘美国战列舰中，2艘被炸沉、3艘遭重创、3艘轻伤。另外还有150架海军飞机被炸毁。2117名海军和海军陆战队官兵阵亡，960人失踪。而日军仅损失60架飞机。② 但值得庆幸的是，事发时太平洋舰队的航母并不在珍珠港内，而珍珠港储存的重油和主要设施等也未被日本摧毁，这就为美国海军以珍珠港为基地迅速对日本展开反击创造了条件。12月8日，美国正式对日本宣战，太平洋战争全面爆发。12月11日，美国对德国和意大利宣战。

珍珠港事件一度打乱了美国的战略部署，"欧洲第一"的基本原则遭到质疑。在举国震惊、复仇怒火高涨的氛围下，大部分美国海军高层都要求将主力舰队从大西洋调回太平洋，对日本发起反击。"对罗斯福和他的军事长官们而言，他们长期以来所害怕的事情终于成为事实：此前毫无保留地支援盟国，而现在本国的陆军和海军突然不得不保卫十几处关键所在。谣传日本战舰又掉头驶向夏威夷、巴拿马甚至加利福尼亚。沿海城市疯狂地打电话，要求保护。陆军和海军不敢再一次被敌人打个措手不及了。"③ 美国军方人士，尤其是以大西洋舰队司令欧内斯特·金

① 〔日〕藤原彰：《日本军事史》，张冬等译，解放军出版社，2015年，第168—169页。
② Fleet Admiral Ernest J. King, *U. S. Navy at War, 1941 – 1945: Official Reports to the Secretary of the Navy*, Washington D. C.: United States Navy Department, 1946, p. 11.
③ 〔美〕詹姆斯·麦格雷戈·伯恩斯：《罗斯福：自由的战士（1940—1945）》，马继森译，商务印书馆，2015年，第200页。

为代表的美国海军人士强烈要求对日本展开反攻，改变"先德后日"的战略原则。但在英美协商后，美国仍然坚持了这一战略原则，首先致力于击败德国，但同时不放弃在太平洋对日本展开反击。

珍珠港事件后，美国的战争机器全面发动起来。美国参战前，海军现役舰艇共有 4500 艘，其中包括 17 艘战列舰、7 艘航母、18 艘重型巡洋舰、19 艘轻型巡洋舰、200 艘驱逐舰和鱼雷艇、114 艘潜艇。到 1945 年底，美国海军已经拥有各型舰艇 9.1 万艘，其中包括 24 艘战列舰、2 艘大型巡洋舰、29 艘航母、73 艘护航航母、23 艘重型巡洋舰、45 艘轻型巡洋舰、489 艘驱逐舰和鱼雷艇、500 艘护航舰、274 艘潜艇。[1] 为了更好地适应两洋战争的作战需要，美国海军还对组织架构进行了调整。1942 年 1 月 1 日，调整后的美国海军主要职务如下：斯塔克海军上将担任美国海军作战部长，欧内斯特·金海军上将担任美国海军舰队总司令，哈特海军上将担任亚洲舰队司令，尼米兹海军上将接替在珍珠港事件后被解职的金梅尔担任太平洋舰队司令，英格索尔海军中将（Vice Admiral Royal E. Ingersoll）担任大西洋舰队司令。1942 年 3 月，美国海军作战部长和美国海军舰队总司令的职责合并。斯塔克调任驻欧洲美国海军部队司令，欧内斯特·金身兼美国海军作战部长和美国海军舰队总司令两职。此后，各舰队直接接受美国海军舰队总司令的指挥。[2]

二　战时美国海洋战略的全面展开

珍珠港事件后，美国全面投入战争。无论是在欧洲战场还是在太平洋战场，美国的战略进攻都是从海洋方向发起的，美国海军扮演了关键性角色。

（一）大西洋战场上美国海军的主要活动

在大西洋战场，美国海军的主要任务是为前往英国、苏联和美国东海岸各港口的运输船队提供护航，保卫美国本土和西半球，以及为盟军

---

① 〔美〕阿瑟·林克、威廉·卡顿：《一九〇〇年以来的美国史》中册，刘绪贻等译，中国社会科学出版社，1983 年，第 188—190 页。

② Fleet Admiral Ernest J. King, *U. S. Navy at War, 1941－1945: Official Reports to the Secretary of the Navy*, Washington D. C.: United States Navy Department, 1946, p. 31.

在北非、地中海和欧洲战场展开的登陆作战提供海上支持等。① 简言之，美国在大西洋战争中的战略任务，就是动用优势海权力量全面封锁欧洲，向英国、苏联等盟国运送人员和物资，同时向海外投射军力。② 因此，在大西洋战场上，美国海军主要是协同英国、加拿大等国海军对德国潜艇展开反潜护航作战，并在盟国转入反攻行动后从海上发起登陆作战，支援陆军向北非和欧洲等地投送兵力。

　　1. 同英国协作进行反潜护航，保卫美国近海及大西洋交通线

　　美国参战后，之前还有所顾忌的德国潜艇随即对灯火通明、商船来往极为繁忙的美国东海岸展开了袭击。由于缺少防备，美国商船在家门口遭遇了惨烈的海洋屠杀。"成百上千艘的盟国船只来往于新斯科舍—南塔基特沙洲—纽约市—切萨皮克湾—特拉华湾—佛罗里达，然后到盛产石油的加勒比海和墨西哥湾。这些船只几乎都没有武装，也不结队航行，往往形单影只，是德国鱼雷最好的攻击目标。而岸上的迈阿密和大西洋城是旅游胜地，4 月中旬以前，霓虹灯招牌一直灯火通明，流光溢彩。"③ 据统计，仅 1942 年上半年，就有近 234 万吨美国船只在西半球海域被德国潜艇击沉，其中大多数集中在东海岸和墨西哥湾。历史学家将这种惨重的商船损失比作大西洋上的珍珠港事件，这也使得美国痛下决心加强反潜护航。④

　　战争爆发前，美国海军按照马汉的海权理论着眼于舰队决战，其战略设计和造舰的重点是战列舰等大型主力舰，相对忽视了驱逐舰等小型舰艇的作用。一种观点认为，主要用于反潜护航的小型舰艇在战争爆发后很快可以大批量生产。这种观点显然过分乐观地估计了建造这类护航舰艇所需的时间。因此，当美国面临德国潜艇的严重威胁时，现有的反

---

①　Fleet Admiral Ernest J. King, *U. S. Navy at War, 1941 - 1945: Official Reports to the Secretary of the Navy*, Washington D. C.: United States Navy Department, 1946, pp. 77-78.

②　John Ferris and Evan Mawdsley, eds., *The Cambridge History of the Second World War*, Vol. Ⅰ, Cambridge: Cambridge University Press, 2015, p. 455.

③　〔美〕詹姆斯·麦格雷戈·伯恩斯:《罗斯福:自由的战士（1940—1945）》，马继森译，商务印书馆，2015 年，第 277 页。

④　George W. Baer, *One Hundred Years of Sea Power: The U. S. Navy, 1890-1990*, Stanford: Stanford University Press, 1993, p. 194.

潜力量却严重不足，护航和沿海防御都呈现出混乱的状况。①

　　这种情况一直到 1943 年才得到显著改观。在组织上，美国海军作战部长欧内斯特·金在 1943 年 5 月将美国海军反潜力量统一整编为第十舰队，由他亲自指挥。第十舰队全面负责所有的反潜巡逻和护航任务，有权抽调大西洋方向的任何船只和飞机进行反潜作战。② 具体而言，第十舰队的任务主要有 5 点：（1）摧毁德国潜艇；（2）保护盟国在美国东海岸、墨西哥湾和加勒比海的航运；（3）支援美国和其他盟国在大西洋的反潜行动；（4）训练由美国负责的护航队和运输船队；（5）协调美国反潜培训和物资供应。③ 1943 年 7 月，美国海军开始大批列装新建的驱逐舰，护航航母的出现进一步提高了反潜的效率。此外，美国沿海的护航舰队还可以得到陆军航空兵的支援，装备了雷达的陆基飞机可以有效探测并攻击德国潜艇，它们被分配给美国海军指挥，便于统一进行反潜作战。④ 可以说，陆海军的有效配合也是美国取得反潜作战胜利的重要原因。

　　美国军工企业还开足马力加紧建造船只，以弥补德国潜艇袭击造成的损失。从 1942 年 7 月开始，美国新造船只总量就已超过了被德国潜艇击沉的船只总量。其中，"自由轮"（liberty ship）的建造具有重大意义。1941 年 9 月，美国开始建造"自由轮"。这种 7176 吨的预制船满载时航行速度达到 11 节，可以标准化大规模生产。到 1942 年 10 月，美国一天就有 3 艘"自由轮"开工建造。到大西洋海战最紧张的 1943 年上半年，共有 711 艘"自由轮"下水，全年就有 1900 万吨载重量投入使用。据统计，战争期间，美国共建造了 5777 艘"自由轮"，它们活跃在大西洋和

　① George W. Baer, *One Hundred Years of Sea Power*：*The U. S. Navy, 1890－1990*, Stanford：Stanford University Press, 1993, pp. 195－196.

　② George W. Baer, *One Hundred Years of Sea Power*：*The U. S. Navy, 1890－1990*, Stanford：Stanford University Press, 1993, p. 203.

　③ Fleet Admiral Ernest J. King, *U. S. Navy at War, 1941－1945*：*Official Reports to the Secretary of the Navy*, Washington D. C.：United States Navy Department, 1946, pp. 206－207.

　④ George W. Baer, *One Hundred Years of Sea Power*：*The U. S. Navy, 1890－1990*, Stanford：Stanford University Press, 1993, p. 199.

太平洋战场的各个战区，有力地保障了盟国的物资供应。①

1943 年 9 月，德国海军总司令邓尼茨曾再次试图在北大西洋发起"狼群战术"，但在英美护航舰队的强大打击之下不久就宣告失败。1943年和 1944 年，德国分别损失了 237 艘和 242 艘潜艇。到 1944 年 4 月，德国部署在大西洋的潜艇只剩下 50 艘，德国海军已经无力阻止盟军在诺曼底的登陆行动。② 1944 年 10—12 月，仅有 14 艘得到护航的商船在横渡大西洋时被击沉，而同期德国潜艇的损失则达到 55 艘。③

到 1944 年，盟国用于护航的舰艇达到 3070 艘，共编成 380 个护航编队，累计为 18856 艘商船进行了护航。其中，美国负责中大西洋和南大西洋航线的护航行动，美国海军组织了 24 个前往地中海的护航编队，成功运送了 53.6134 万名美军士兵前往欧洲战场，没有损失一艘船只；在加勒比海到地中海的航线上，1943 年 2 月至 1944 年 6 月，共有 30 个快速护航队安全通过，没有任何损失；在美国至直布罗陀这条航线上，1942 年 11 月到 1945 年 5 月 8 日欧洲战事结束，美国海军共组织了 189个护航编队，护送 11119 艘货船穿越大西洋，其中仅有 9 艘货船受损。④由此可见，盟国的护航行动取得了巨大成功。

2. 发起海上登陆作战，支援陆军跨越大西洋投射兵力

在大西洋战场上，美国从海洋开辟第二战场的战略主要通过从海上发起登陆作战来实现，主要行动包括北非登陆、西西里登陆和诺曼底登陆等。

1942 年 11 月，美英盟军在北非登陆，代号为"火炬"行动。其中，休伊特海军少将（Rear Admiral Henry K. Hewitt）率领的西部特混舰队由 102 艘舰艇组成，3.5 万名美军士兵从弗吉尼亚登船，直接从美国横渡大西洋在非洲上岸。由于"火炬"行动的需要，登陆舰艇成为

---

① George W. Baer, *One Hundred Years of Sea Power：The U. S. Navy，1890-1990*，Stanford：Stanford University Press，1993，pp. 199-201.

② George W. Baer, *One Hundred Years of Sea Power：The U. S. Navy，1890-1990*，Stanford：Stanford University Press，1993，p. 228.

③ George W. Baer, *One Hundred Years of Sea Power：The U. S. Navy，1890-1990*，Stanford：Stanford University Press，1993，p. 205.

④ George W. Baer, *One Hundred Years of Sea Power：The U. S. Navy，1890-1990*，Stanford：Stanford University Press，1993，pp. 228-229.

急需装备。这直接促使美国海军推迟了驱逐舰、轻型航母等反潜护航舰艇及"自由轮"的建造工作,转而集中人力物力建造登陆舰艇。据统计,1942 年 5 月至 1943 年 4 月,美国海军共建造了 8719 艘各型登陆舰艇。[①]

"火炬"行动是人类战争史上第一次使用大批登陆舰艇实施"由舰到岸"的渡海登陆战役,它为以后盟军在西西里岛和诺曼底的登陆作战积累了经验。盟军占领北非后,由此掌握了进攻欧洲的重要战略基地。

美英盟军于 1943 年 7 月在意大利西西里岛进行了大规模登陆作战。美国陆军上将艾森豪威尔(General Dwight D. Eisenhower)统一指挥地面作战的盟军部队,英国海军上将坎宁安则统率盟国海军部队。在西西里登陆作战中,盟军投入的总兵力为 47.8 万人,舰艇约 2600 艘,飞机约 4000 架,对德意军队占据了压倒性优势。8 月 17 日,盟军攻占了西西里岛,打开了进攻欧洲的大门。1943 年 9 月 8 日,意大利正式宣布无条件投降。10 月 13 日,意大利新政府首相巴多格里奥(Field Marshal Pietro Badoglio)宣布退出轴心国集团,并向德国宣战。意大利投降后,意大利海军剩下的 9 艘巡洋舰、11 艘驱逐舰、41 艘护航舰、37 艘潜艇、40 艘鱼雷快艇和约 400 艘各型辅助舰艇加入盟军一方作战,另有约 90 艘总计30 万吨的商船也为盟国海上补给线服务。[②]

1944 年 6 月 6 日,盟军发起了代号为"霸王"的诺曼底登陆作战,这是迄今为止人类历史上规模最大的一次渡海登陆作战,近 300 万盟军士兵渡过英吉利海峡前往法国。

在诺曼底登陆行动中,盟军共投入了约 5000 艘舰艇,其中有 4266 艘登陆舰艇,以及包括 6 艘战列舰、2 艘巡洋舰、119 艘驱逐舰等在内的702 艘战舰和支援舰艇,另外还有上百艘其他舰艇。盟国还调集了 3500架重型轰炸机、2300 架中型和轻型轰炸机、5000 架战斗机、1400 架运输机及 3300 架滑翔机为登陆部队提供空中支援。共有 2479 艘美国海军舰艇、12.4 万名美国海军官兵参加了诺曼底登陆。在 6 月 6 日(即登陆的

①　George W. Baer, *One Hundred Years of Sea Power: The U. S. Navy, 1890–1990*, Stanford: Stanford University Press, 1993, p. 224.

②　〔意〕布尔加丁:《地中海海战——第二次世界大战中的意大利海军》,蔡鸿幹译,海洋出版社,1982 年,第 344 页。

"D 日"）之后的一个月里，盟军已将 92.9 万名士兵、58.6 万吨物资和 17.7 万辆车辆运上滩头。在站稳脚跟后，盟军迅速粉碎了德军的抵抗，持续向纵深推进，很快进占法国腹地。[①] 诺曼底登陆成功后，盟军顺利在欧洲大陆开辟了第二战场，纳粹德国被迫陷入东西两线作战局面，其最终失败已成定局。

（二）太平洋战场上美国海军的主要活动

太平洋战争爆发后，香港、马来亚、菲律宾、印度尼西亚和缅甸等西方国家的基地迅速落入日本之手。美国在关岛、菲律宾的基地丧失殆尽，英国退守锡兰和印度，苦苦支撑。荷兰丧失了东印度，维希法国政权虽然名义上保留了对印度支那的宗主权，但进驻该地的日军实际上控制了印度支那。到 1942 年夏，日本已经征服了从琉球群岛、马里亚纳群岛、加罗林群岛到爪哇、马来亚、婆罗洲、印度支那、菲律宾和中国沿海的广阔地区，整个西太平洋甚至中太平洋都成为日本的"内湖"。如果说在大西洋战场上，美国海军主要立足于"守"的话，在太平洋战场上美国海军则主要致力于"攻"。相比大西洋战场，太平洋战场集中了美国海军大部分精锐力量，其中心任务就是对日本展开反击，一步步扭转战场形势，直至攻入日本本土。

在太平洋战场，美国海军将对日本展开的反攻行动分为 4 个阶段。（1）稳固防守阶段（The defensive）。这一阶段的任务是在珍珠港遭袭后，致力于保卫美国西海岸和海上交通线免遭日本侵袭。（2）防守反击阶段（The defensive-offensive）。这一阶段，美国海军仍将主要精力投入防守之中，但将伺机展开反攻行动。（3）稳步进攻阶段（The offensive-defensive）。在这一阶段，美国海军对日本展开积极进攻，已经完全掌握了战场主动权，但仍将投入足够兵力巩固战果。（4）全面进攻阶段（The offensive）。美国海军将依托已安全无虞的前进基地，自由选择对敌人发起进攻的地点。[②] 为扭转在太平洋战场的被动局面，美国海军对资源短缺、严重依赖进口的日本首先展开潜艇战。

---

① George W. Baer, *One Hundred Years of Sea Power: The U. S. Navy, 1890-1990*, Stanford: Stanford University Press, 1993, p. 230.

② Fleet Admiral Ernest J. King, *U. S. Navy at War, 1941-1945: Official Reports to the Secretary of the Navy*, Washington D. C.: United States Navy Department, 1946, p. 39.

1. 对日本展开潜艇战，逐步切断日本的海上交通线

珍珠港事件发生后的当天下午，美国即宣布对日本实施"无限制潜艇战"（unrestricted U-boat warfare），即攻击一切悬挂日本国旗的船只。① 对于第二次世界大战时期的潜艇战，我们耳熟能详的是德国绞杀英国海上交通线的"狼群战术"，但对美国用潜艇战封锁日本海上运输线、彻底摧毁日本海运力量的关注并不多。事实上，美国潜艇取得了丝毫不逊于德国潜艇的辉煌战绩。美国对日本推行"无限制潜艇战"主要基于两点考虑：其一，珍珠港事件后美国在太平洋的海军力量相对日本处于弱势，短时间内美国还无法组织起能同经验丰富的日本海军相抗衡的水面舰队；其二，资源贫乏、战线越来越长的日本经不起长期战争的消耗，尤其是落后的日本工业无法有效弥补船只的损失。

可以说，对日本展开潜艇战是美国太平洋战略的一个明智之举。日本占领的太平洋岛屿比较分散，面积过大，加上需要在岛上大量修建防御工事和机场港口等基础设施，使得本就战线过长、资源匮乏、兵力不足的日本又背上了沉重的负担。而随着战争的推移和海空损失的加大，人力物力资源均已十分紧张且战术思想落后的日本很难组织起有效的海上护航。再加上日本决策层死板地固守在日本海同美国进行舰队决战的迷梦，对海上护航的重要性缺乏足够认识。最适合护航的驱逐舰不是配备适合护航的远续航力和反潜武器，而是配备对敌舰展开快速攻击的鱼雷发射管。日本也没有认真考虑将占领的东南亚的石油、橡胶、矾土等运回本土途中的海上护航问题。即便在战争末期日本成立了海上护航司令部，也只是使用旧式驱逐舰和海防舰，而不愿调派新式驱逐舰参与护航。② 在这种情况下，日本商船基本上处于无护航的状态，极易遭到潜艇攻击。

此外，日本落后的海军建设思想也严重阻碍了反潜力量的发展。战前日本疯狂迷信马汉的舰队决战论，始终强调主动进攻和海上决战，其海军建设主要围绕战列舰展开，即便是航母也主要用于配合战列舰进行舰队决战，严重忽视了用于护航的小型舰艇的建设。日本战前集中精力

---

① Theodore Roscoe, *United States Submarine Operations in World War II*, Annapolis, Md: Naval Institute Press, 1989, p. 19.

② 〔日〕藤原彰：《日本军事史》，张冬等译，解放军出版社，2015 年，第 173 页。

建设的战列舰"武藏"号、"大和"号，航母"飞龙"号、"苍龙"号等，主要用于舰队作战，但反潜手段严重缺乏。[①] 当然，日本相对英美落后的造船工业也无法同时满足建造主力舰和大批量生产辅助舰艇的需要，它也缺乏财力和资源配备足够数量的反潜护航舰艇。

1942—1943 年，美国海军已经广泛使用装备雷达的潜艇攻击日本的海上运输线，这一措施取得了辉煌的战果。到 1944 年底，已经有半数以上的日本商船被美国潜艇击沉，美国潜艇还开始攻击日本军舰，特别是在它远离港口之后。随着大批油轮被击沉，日本已经很难将东南亚的石油、橡胶等战略物资运往本土加工。到 1945 年夏，美国已经对日本本土形成了严密的海上封锁体系。日本在东南亚开采的石油只有很少一部分最终能够运抵本土，这一比例在 1942 年是 40%，1943 年锐减至 15%，到 1944 年则仅为 5%。1943 年 2 月的瓜达卡纳尔岛战役到 1944 年夏的菲律宾海战役期间，由于严重缺乏燃油，日本舰队几乎没有离开港口的锚泊地。同样，到 1945 年 8 月，日本商船队只剩下战前保有量的 12%，而由于缺乏燃油，其中又只有半数即 31.2 万吨商船可供使用。而同期盟国商船队的载重量则达到 8800 万吨。[②]

据统计，美军潜艇在太平洋战争中共击沉了包括 1 艘战列舰、4 艘舰队航母、4 艘护航航母、12 艘巡洋舰、42 艘驱逐舰和 23 艘潜艇在内的 201 艘日本军舰，占到美国在整个第二次世界大战期间击沉敌军舰艇总数的 1/3。此外，美国潜艇还击沉了 1113 艘日本商船，总吨位达 477.9 万吨，占美军在战争期间击沉敌人商船总数的 60%，而战前日本的商船总吨位为 620 万吨。这些损失都是国力虚弱的日本所无法承受的，更谈不上弥补。到 1944 年 8 月，日本维持战争的最低进口量为 450 万吨，由于严重缺少可供运输的商船，以及遭到美国潜艇的打击，只有 325 万吨进口物资运抵日本。[③] 由此可见，美国对日本的潜艇战极为沉重地打击了日本战时经济，加速了日本的灭亡。

---

① Lisle A. Rose, *Power at Sea*, *the Age of Navalism*, *1919-1945*, Columbia: University of Missouri Press, 2006, p. 383.

② George W. Baer, *One Hundred Years of Sea Power*: *The U. S. Navy*, *1890-1990*, Stanford: Stanford University Press, 1993, p. 235.

③ George W. Baer, *One Hundred Years of Sea Power*: *The U. S. Navy*, *1890-1990*, Stanford: Stanford University Press, 1993, pp. 233-235.

2. 以岛屿争夺战为基本形式，逐步将战线推至日本本土

1942 年 3 月，美国海军作战部长欧内斯特·金向罗斯福总统建议，美国太平洋战略的第一阶段应"守住夏威夷，支持澳大利亚，从西南太平洋的新赫布里底群岛向西北推进"。[①] 金认为，在太平洋南部开展有限进攻，可以减轻太平洋其他地区的压力，如夏威夷、阿拉斯加等，甚至印度战场也可以从中受益。[②]

美国的有限进攻战略首先体现在 1942 年 5 月 4 日爆发的珊瑚海海战中。珊瑚海海战是世界战争史上首次航母编队在目视距离之外，主要以舰载机进行的海上作战。日本取得了战术上的胜利，却遭遇了战略上的失败。在这次海战中，美国损失了"列克星敦"号航母（USS *Lexington*），日本则有"祥凤"号轻型航母被击沉，双方另都损失了 1 艘驱逐舰。尽管舰艇的损失不大，但日本海军一批阵亡的精英飞行员却无法及时得到补充，从而被迫放弃了原定的对新喀里多尼亚、斐济、萨摩亚、莫尔兹比港、孟加拉湾和印度的进攻计划。此外，日本海军第五航空战队的"翔鹤"号和"瑞鹤"号两艘航母原本要参加中途岛作战，但由于前者在珊瑚海海战中受损，后者严重减员，被迫退出。这就使得在接下来具有决定意义的中途岛海战中，日美航母力量对比从 6∶3 变成了 4∶3，为美国海军取得中途岛海战的胜利赢得了良机。

1942 年 6 月 4 日，中途岛海战打响。日本在这场海战中惨败，共损失了 4 艘航母、1 艘重型巡洋舰及 253 架飞机，最危险也是最致命的损失还是人员的损失，即日本再次损失了一批最优秀的飞行员，并且这种损失是无法得到弥补的。日本也因为战前不够重视飞行员的补充培养而收到了恶果。待这批精英飞行员损失殆尽之后，日本将再也无法拥有优秀的飞行员同美国海军争夺制空权。此后，日本海军航空力量遭到严重削弱，日本联合舰队的战斗力也不断下降。[③] 中途岛海战是太平洋战场的转折点，日本从战略进攻被迫转入战略防御，再也没有能力发动大规模

---

①　Thomas B. Buell, *Master of Sea Power: A Biography of Fleet Admiral Ernest J. King*, Annapolis, Md: Naval Institute Press, 1995, pp. 503–505.

②　Robert William Love, Jr., *The Chiefs of Naval Operations—Ernest Joseph King*, Annapolis, Md: Naval Institute Press, 1980, p. 178.

③　George W. Baer, *One Hundred Years of Sea Power: The U. S. Navy, 1890–1990*, Stanford: Stanford University Press, 1993, pp. 220–221.

进攻。而美国则借由中途岛海战的胜利掌握了太平洋战场的主动权。[1]

1942年8月，在取得中途岛海战和瓜达卡纳尔岛战役的胜利后，美军在太平洋战场上开始进行局部反攻。

瓜达卡纳尔岛战役后，战败的日本在战略上只能进行被动防守。1943年11月，美国在太平洋中部的塔拉瓦岛发起两栖登陆作战，这是美军在太平洋战场上进行的首次大规模两栖登陆作战。1944年1—2月，美军在马绍尔群岛登陆作战中采取交互跃进的"蛙跳战术"（leapfrogging），取得了巨大成功。

1944年2月12日，美军又发动空袭并摧毁了日本联合舰队基地特鲁克环礁（Truk islands），这是美军第一次完全以航母及舰载机为核心对敌人目标发起的海空联合作战。此役中共有30艘日本商船和275架日军飞机被摧毁。[2] 至此，特鲁克环礁和拉包尔作为日本海空基地的作用已不复存在。此后，美国凭借牢牢掌握的制海权和制空权，对日本发起了全面反攻。

1942年5月，美国参谋长联席会议正式决定在太平洋战场实施"双重推进"（dual advance）的反攻战略，即将太平洋战场分为中太平洋战区和西南太平洋战区，分别从两条战线上对日本展开反攻。中太平洋战区盟军司令由尼米兹海军上将担任，该战区的美军主要凭借优势的海军力量向日本外围岛屿和本土推进。美国陆军上将麦克阿瑟任西南太平洋战区盟军司令，这个战区由陆军唱主角，旨在从东南亚方向解放菲律宾并进攻日本本土。两个战区都直接对美国参谋长联席会议负责，由其协调作战。这种双重推进的反攻战略使得日本处处被动挨打，而美国则可以任意选择地点和时间发起进攻。[3]

1944年6月，美日进行了马里亚纳海战。在这场有史以来规模最大的航母决战中，日本舰队在占据绝对优势的美国海空军面前毫无还手之力，3艘航母被击沉，另外损失了476架飞机和445名飞行员。仅6月

---

① John B. Lundstrom, *The First South Pacific Campaign: Pacific Fleet Strategy, December 1941-June 1942*, Annapolis, Md: Naval Institute Press, 1976, p. 204.

② George W. Baer, *One Hundred Years of Sea Power: The U. S. Navy, 1890-1990*, Stanford: Stanford University Press, 1993, pp. 244-245.

③ George W. Baer, *One Hundred Years of Sea Power: The U. S. Navy, 1890-1990*, Stanford: Stanford University Press, 1993, p. 247.

19 日一天，美军就击落了 297 架日本舰载机和 100 架陆基飞机，自身只损失了 25 架飞机。① 美军借助这场战争的胜利占领了马里亚纳群岛，成功地在日本的所谓"绝对国防圈"（The Absolute Defense Zone）上打开了一个巨大的缺口，为 B-29 远程轰炸机轰炸日本夺取了前进基地。至此，日本海军航空兵精锐丧失殆尽，已无力同美军争夺制空权。缺少制空权的日本进而很快输掉了接下来的莱特湾海战。

　　1944 年 10 月 20 日，莱特湾海战打响。莱特湾海战是太平洋战场上最后一次大规模海战，也是世界战争史上规模最大的一次海战。美军在这场史无前例的大海战中投入了 17 艘快速航母、18 艘护航航母、18 艘战列舰、7 艘重型巡洋舰、16 艘轻型巡洋舰、95 艘驱逐舰、14 艘护航驱逐舰、45 艘鱼雷艇，以及约 1000 架飞机。② 在莱特湾海战中，美军和澳大利亚军队共投入兵力 14.3668 万人，日军兵力仅为 4.28 万人。在这场海战中，日本联合舰队共损失了 68 艘舰艇，包括 3 艘战列舰、4 艘航母、10 艘巡洋舰和 9 艘驱逐舰。相比之下，美军仅损失了 1 艘轻型航母、2 艘护航航母、2 艘驱逐舰和 1 艘护航驱逐舰。③ 莱特湾海战后，日本海军几乎全军覆没，它已无法组织兵力抵御美军进攻，更遑论与美军进行期待已久的舰队决战。美国取得了绝对的制海权。④

　　莱特湾海战后，美军步步逼近日本本土。1945 年 3 月 26 日，硫磺岛完全被美军控制。4 月 1 日，美军开始进攻冲绳。经过 3 个月血战，美军在 7 月初占领冲绳，打开了通往日本本土的门户。

　　1945 年 5 月 8 日，德国宣布投降，随后大批盟军陆续从欧洲战场被派往太平洋战场。到 8 月中旬，为准备进攻日本本土的"没落行动"（Operation Downfall），美国海军在太平洋战场上集结了 1137 艘战舰、14847

---

①　George W. Baer, *One Hundred Years of Sea Power: The U. S. Navy, 1890-1990*, Stanford: Stanford University Press, 1993, p. 249.

②　George W. Baer, *One Hundred Years of Sea Power: The U. S. Navy, 1890-1990*, Stanford: Stanford University Press, 1993, p. 254.

③　George W. Baer, *One Hundred Years of Sea Power: The U. S. Navy, 1890-1990*, Stanford: Stanford University Press, 1993, p. 257.

④　George W. Baer, *One Hundred Years of Sea Power: The U. S. Navy, 1890-1990*, Stanford: Stanford University Press, 1993, pp. 261-262.

架飞机、2783 艘大型登陆舰艇，以及数以万计的小型登陆舰艇。[①] 此外，美国海军还在日本沿海开展了代号为"饥饿行动"（Operation Starvation）的大规模布雷行动，进一步扎紧了封锁日本的篱笆。另外，美国对日本持续的战略轰炸也进一步打击了日本的民心士气。为减少伤亡，尽快结束对日战争，8 月 6 日和 9 日，美国分别向广岛和长崎投放了原子弹。在世界反法西斯同盟各国的共同打击下，8 月 15 日，日本宣布无条件投降。9 月 2 日，日本在停泊在东京湾的美国"密苏里"号战列舰（USS Missouri）上签署了投降书。至此，太平洋战争以反法西斯同盟取得最后的胜利而告终。

三 二战后美国海洋霸权的最终确立

自 19 世纪下半叶以来，美国就开始朝着世界一流强国迈进。第一次世界大战后，美国取代英国成为新的世界海洋霸主的趋势逐渐变得明晰起来。在经历了第二次世界大战的洗礼之后，美国终于将这一趋势变成事实，成为新的世界头号海洋强国。

据统计，1940 年 7 月 1 日，美国海军在役官兵人数为 20.3127 万人，装备各型舰艇 1099 艘。到 1945 年 8 月 31 日，美国海军在役官兵人数已经达到 340.8455 万人，装备各型舰艇 68936 艘，其中包括 23 艘战列舰、99 艘航母及运输船、72 艘巡洋舰、380 艘驱逐舰、360 艘护航驱逐舰及 235 艘潜艇。而且这些舰艇均为新建造的，采用了最先进的技术，配备了最现代化的设备。此外，美国海军还拥有 74032 架飞机，其中 41000 架飞机是在二战期间入役的。[②] 美国海军力量的爆炸式增长不仅仅体现在武器装备数量上的急剧增加，还表现为装备质量和海军作战思想的飞跃。从 1941 年 12 月 7 日太平洋战争爆发到 1945 年 10 月 1 日，在新加入美国海军的主要战斗舰艇中，战列舰只有 8 艘，而新增的航母则达到 141 艘，包括 1 艘超级航母、17 艘航母、9 艘轻型航母和 114 艘护航航母，

---

① George W. Baer, *One Hundred Years of Sea Power：The U. S. Navy，1890-1990*，Stanford：Stanford University Press，1993，p. 271.

② George W. Baer, *One Hundred Years of Sea Power：The U. S. Navy，1890-1990*，Stanford：Stanford University Press，1993，pp. 182-183.

另外新增 13 艘重型巡洋舰、33 艘轻型巡洋舰、349 艘驱逐舰和 203 艘潜艇。[①] 数字是枯燥的，但它反映出美国海军已经完全摒弃了战前以战列舰为中心的"大舰巨炮主义"，而是坚持以大型航母为舰队核心的海空一体的发展思路。[②]

　　雄厚的国力为美国取得太平洋战场的胜利奠定了坚实的物质基础。相较于大西洋海战，太平洋海战的规模、烈度和残酷程度都有过之而不及，参战双方的损失也是惊人的。1941 年 12 月 7 日至 1945 年 10 月 1 日，美国海军共损失了 2 艘战列舰、5 艘航母、6 艘护航航母、7 艘重型巡洋舰、3 艘轻型巡洋舰、71 艘驱逐舰、11 艘护航驱逐舰、52 艘潜艇。[③] 这些损失的舰艇绝大部分是在太平洋战场上被日军所击沉，这表明：决定太平洋战争胜利的关键在于美日两国海军的战损补充能力，在这方面美国占据压倒性优势。美日两国的工业实力本就不在一个层级之上，这也是日本联合舰队司令长官山本五十六等人反对日本对美开战的主要原因。尽管偷袭珍珠港的成功使得日本一度占据对美国的海上力量优势，但随着美国强大的战争机器发动起来，这种优势很快就荡然无存，而综合国力的差距决定了日本在太平洋战争中毫无翻盘的希望。战争期间，美国的煤产量、原油产量、钢铁产量、炮弹产量分别是日本的 11 倍、222 倍、13 倍和 40 倍。1943 年，日本在建航母只有 3 艘，而同期美国已建成 22 艘航母。当年日本飞机的产量更是只有美国的 20%。[④] 在以海空立体化作战为主的太平洋战场上，日本落后的工业生产能力决定了它无法弥补战争中的损失，更遑论战胜美国。两国悬殊的国力决定了美国赢得太平洋战争只是时间问题。

①　Fleet Admiral Ernest J. King, *U. S. Navy at War, 1941 – 1945: Official Reports to the Secretary of the Navy*, Washington D. C. : United States Navy Department, 1946, pp. 252-283.

②　Fleet Admiral Ernest J. King, *U. S. Navy at War, 1941 – 1945: Official Reports to the Secretary of the Navy*, Washington D. C. : United States Navy Department, 1946, pp. 221-222.

③　Fleet Admiral Ernest J. King, *U. S. Navy at War, 1941 – 1945: Official Reports to the Secretary of the Navy*, Washington D. C. : United States Navy Department, 1946, pp. 287-291.

④　George W. Baer, *One Hundred Years of Sea Power: The U. S. Navy, 1890-1990*, Stanford: Stanford University Press, 1993, p. 236.

除作战部队外，美国强大的后勤组织和运输能力也保证了战争的胜利，其中最重要的无疑是海运能力。在整个第二次世界大战中，从美国港口前往海外的士兵人数达 763.9491 万人，其中 479.1237 万人被派往大西洋战场，284.8254 万人被派往太平洋战场，从美国向盟国运输物资的商船载重量高达 8800 万吨。① 这表明，美国无疑掌握了世界上技术最先进、组织最有力、效率最高的海上运输力量。

到第二次世界大战结束时，美国已经拥有规模最大、技术最先进、战斗力最强的海军舰队。协调配合的海空战略、专业高效的后勤保障体系、科学娴熟的两栖作战战术，以及超强的工业生产能力，这些都是美国取代英国成为新的世界海上霸主的重要基础。美国在二战之后已经成为无可置疑的超级大国，而海上的崛起则是美国实现大国崛起最为突出的标志，这个新生的国家已经掌握了世界海洋霸权。正如有学者形容的那样，到二战结束时，美国已是"世界上最强大最富有的国家，而这个世界简直已被它的陆军、海军和空军到处盘踞，世界上的一切地方也以不同形式和在不同程度上同美国经济生活联系在一起，并成为美国财富和恩惠的附庸"。②

---

①　George W. Baer, *One Hundred Years of Sea Power: The U. S. Navy, 1890-1990*, Stanford: Stanford University Press, 1993, pp. 229.

②　〔英〕C. L. 莫瓦特编《新编剑桥世界近代史》第 12 卷，中国社会科学院世界历史研究所组译，中国社会科学出版社，1999 年，第 760 页。

第七章

二战后美国的海洋战略

第二次世界大战结束后，美国从同苏联进行全球争霸的大战略设计出发，加紧控制全球主要海域和海上通道，同盟友合作构建层层包围圈，以对苏联及社会主义阵营实行战略遏制。冷战时期的美国海洋战略服从服务于美国对美苏对抗的大战略，在不同的时期因为美苏力量对比的变化而体现出不同的特点。冷战结束后，世界向多极化格局演变，开启了新的海权时代。为了迎接各方面新的挑战，美国在后冷战时代极其重视运用现代科技强化海权力量，始终坚持领跑世界海洋开发、利用，并推行"前沿存在""从海上出击""从海到陆"等战略理念。

第一节　冷战时期美国的全球海洋战略

一　从海洋包围欧亚大陆与全面遏制战略

冷战爆发后，美国在全球范围内对以苏联为首的社会主义阵营实行遏制战略。美国推行遏制战略的区域大致可以划分为三部分：北大西洋与欧洲大陆、太平洋与远东地区、印度洋和地中海及中东地区。

（一）建立北约，对苏联进行战略威慑

冷战期间，美国在大西洋地区建立了北大西洋公约组织（North Atlantic Treaty Organization，NATO），组织了第一条从海洋包围欧亚大陆的战线。1949 年 4 月 4 日，美国、加拿大、英国、法国等 12 国在华盛顿签订了《北大西洋公约》，公约于 1949 年 8 月 24 日正式生效。美国的基本战略是利用北约这个海洋联盟体系从外围包围苏联，迫使其同时在多个战场作战，进而利用西方国家在地缘政治和经济实力上的优势击败苏联。

二战结束后不久，美国就在地中海等地和苏联展开了激烈争夺。

1946 年 4 月，为了对苏联干涉土耳其的意图进行威慑，美国派"密苏里"号战列舰访问土耳其伊斯坦布尔。同年夏，美国又派出"法戈"号巡洋舰（USS *Fargo*）前往意大利东北部和南斯拉夫西北岸的里雅斯特。8 月，在达达尼尔海峡危机中，美国坚决支持土耳其拒绝苏联提出的共同防守海峡的要求，并派出"富兰克林·D. 罗斯福"号航母（USS *Franklin D. Roosevelt*）访问希腊，以对苏联进行战略威慑。1946 年底，美国海军决定在地中海地区建立一支常驻舰队，这支舰队于 1950 年被正式改编为美国第六舰队（Sixth Fleet）。美国海军在地中海的这一系列行动表明，美国正逐渐渗透和控制地中海地区，并将这里作为反苏的前沿阵地。

（二）组建岛链体系，在亚太包围中国

第二次世界大战结束后，美国完全控制了西太平洋地区。不过，随着中国局势的重大变化，特别是在国民党政权从大陆败退后，美国失去了中国这一重要战略支撑点，其亚太体系被打开了一个巨大的缺口。1949 年新中国成立后，加入了以苏联为首的社会主义阵营，这进一步威胁到美国在亚太地区的主导地位。为此，美国国家安全委员会主张在远东推行遏制战略。新中国成立后不久，美国即着手策划在亚太地区实施"东方弧线"封锁战略，特别是遏制和包围新生的社会主义中国。

1950 年 1 月 12 日，美国国务卿艾奇逊（Dean G. Acheson）发表演说，指出阿留申群岛—日本列岛—琉球群岛—菲律宾群岛是美国的一条"需要绝对防卫的安全线"，即所谓的"艾奇逊线"（Acheson Line）。[①]1954 年 1 月，美国国家安全委员会报告强调，"失去印度支那，不仅会在东南亚和南亚产生反响，而且也会对美国和自由世界在欧洲及其他地区的利益造成最严重的影响"。[②]在第二次世界大战中，美国占据了太平洋上的几乎所有重要岛屿，具备了在战后初期建立太平洋岛链体系及包围亚太地区的条件。美国对亚太地区的包围圈主要分为三个层次：第一条封锁线主要分布在西太平洋和白令海，北起阿拉斯加，经西太平洋岛

---

①　Dean Acheson, *Present at the Creation：My Years in the State Department*, New York：New American Library, 1969, pp. 463-467.

②　*FRUS*, 1952-1954, Vol. 13, p. 419.

链和印度支那，西至巴基斯坦，组成包围社会主义国家的"东方弧线"；第二条封锁线位于太平洋中部和南部地区；第三条封锁线位于美国西海岸至巴拿马运河一线，它们构成了美国的后方基地网。为了完善包围圈体系，美国主要采取了以下措施。

第一，巩固在亚太地区的军事同盟，完善太平洋岛链体系。1947 年 9 月 2 日，美国与 18 个拉美国家签订了《美洲国家间互助条约》，即《里约热内卢公约》。《里约热内卢公约》是美国主导的第一个集体防务机制，开创了战后美国建立集体防务体系的先河。1950 年，美国和泰国签订了《泰美经济技术援助协定》和《泰美军事援助协定》。1951 年 8 月 30 日，《菲美共同防御条约》正式签订。1951 年 9 月 1 日，美国、澳大利亚、新西兰 3 国在美国旧金山签订了《澳新美安全条约》。1951 年 9 月 8 日，美国与日本签订了《日美安全保障条约》，建立了实际上的美日军事同盟。1954 年 12 月 8 日，美国与败退台湾的国民党当局签订了美蒋"共同防御条约"。1954 年 9 月 8 日，美国、英国、法国、澳大利亚、新加坡、泰国、巴基斯坦、菲律宾 8 国签订了《东南亚集体防务条约》，建立了东南亚条约组织（Southeast Asia Treaty Organization，SEATO）。

这些双边或多边条约使得美国得以在亚太地区采取合法的干涉行动，并建立了多个军事同盟，掌握了太平洋地区的诸多战略要地，组织起了日本列岛—台湾海峡—马六甲海峡的第一道封锁线，以及阿留申群岛—马里亚纳群岛—新西兰—澳大利亚的第二层包围圈。

第二，美国还积极支持和参与亚太地区的局部战争和武装冲突，用武力遏制所谓的"共产主义势力的扩张"。1950 年 6 月 25 日，朝鲜战争爆发。杜鲁门政府立即出兵干涉，并命令美国第七舰队驶入台湾海峡，阻止中国人民解放军渡海解放台湾。1954 年 4 月，美国积极支持法国在印度支那的战争。1961 年 5 月，肯尼迪派遣一支特种部队进驻南越，扶持吴庭艳政府，拉开了越南战争的序幕。

第三，加强军事基地建设，加速构建军事包围体系。第二次世界大战期间及战后，美国抢占了太平洋上的重要岛屿，加紧建设太平洋岛链体系。美国在阿留申群岛、马里亚纳群岛等地修建了港口、预警雷达站和地下核试验场等设施。

通过抢占太平洋的重要岛屿和广泛建立军事同盟，战后美国很快在亚太地区建立起了围堵社会主义阵营的包围圈和岛链体系。在美国的岛链体系中，第一岛链主要是指靠近中国大陆沿海的那条弧形岛屿带，即北起日本列岛、琉球群岛，中接台湾岛，南至菲律宾、大巽他群岛的链形岛屿带，它涵盖了中国的黄海、东海和南海海域。这一条岛链是美、日、韩等国向西部署的最前沿。第二岛链以关岛为中心，由驻扎在澳大利亚、新西兰等国的基地群组成，它是一线美军和日韩等国的后方依托，又是美军重要的前进基地。到 20 世纪 80 年代，美军在第一、二岛链上的基地网主要由 3 个基地群组成，即东北亚基地群、东南亚基地群和关岛基地群。其中，东北亚基地群以日本横须贺港为中心，由日本本土、冲绳岛和韩国的 30 多个海空军基地组成。该基地群规模庞大，不仅是美国海空力量主要的战略集结地和出发地，也是美国在西太平洋的后勤供应中心。它控制了宗谷海峡、津轻海峡、朝鲜海峡 3 个重要海峡，既可支援朝鲜半岛的陆上作战，又可支援西北太平洋的海上作战。东南亚基地群由菲律宾、新加坡和泰国等东南亚国家的 10 余个海空基地组成。该基地群原来以菲律宾的苏比克海军基地为中心，美军撤出苏比克海军基地和克拉克空军基地后，又取得了在新加坡、马来西亚、印尼等国军事基地的使用权。该基地群是美国在第一岛链基地网的南翼，是美军在中南半岛作战的重要依托，也是东南亚最大的战略物资转运站，以及美国第七舰队在东南亚最大的后勤基地。该基地群扼守从西太平洋通往印度洋和波斯湾的主要海上通道，既可支援东南亚的陆上作战，又可支援西南太平洋和印度洋的海上作战。关岛基地群由关岛的阿普拉港海军基地、安德森空军基地和阿根纳海军航空站等组成，该基地群地处第一岛链基地网的中后方，是美军西太平洋基地网中的战略预备基地，也是主要的后勤补给基地。

（三）进军印度洋，控制中东等边缘地带

印度洋是美国控制中东地区的前沿阵地。第二次世界大战后，美国一手推动建立了巴格达条约组织（Baghdad Pact）。该组织后来改称中央条约组织，并同北大西洋公约组织、东南亚条约组织一道，成为美国包围社会主义阵营的重要一环。

至此，冷战期间的美国通过建立北大西洋公约组织、东南亚条约组织、中央条约组织以及缔结一系列的双边和多边军事协定，通过对广大边缘地带、战略要地和重要岛屿的控制，建立起了从西太平洋出发，环绕东南亚、中东、地中海、西欧到大西洋，针对社会主义阵营的欧亚大陆包围圈体系。

二　冷战背景下美国海洋战略的调整与革新

在美苏对抗的大环境下，美国海军根据形势的演变，积极调整海洋战略，以适应和满足国家大战略的需要。根据美国的构想，冷战时期的美国海军将主要肩负起战略核威慑、和平存在、对第三世界国家的冲突进行直接军事干涉，以及阻吓同苏联的大规模常规战争的任务。[1]

（一）　针对苏联陆上优势的海洋控制战略

冷战期间，美国参谋长联席会议所设计的遏制战略中，最重要的内容仍然是对抗苏联的陆上力量。在强大的苏联陆军可能横扫西欧的情况下，美国必须首先确保英伦三岛的安全，然后从欧洲边缘地带对苏联展开反击。反击的基本模式是，首先对苏联进行战略轰炸，摧毁苏联的重要工业基地，使其交通线陷入瘫痪，然后从大西洋彼岸赶来的美国援军再登陆欧洲，击退苏联的陆上进攻。为了挫败苏联的挑战，美国必须同时发挥在制海权、远程轰炸机和核武器等方面的战略优势。[2]

1948年，美国海军部综合委员会提交了一份题为《未来十年内国家安全与海军的作用》的报告，提出在冷战背景下重建美国海军自己的战争理念。这份报告强调，单纯使用核武器并不能迅速取得战争的胜利，美国的战略准备必须考虑周全。报告认为，作为战后崛起的两个超级大国，美苏之间并不会出现一方迅速击败另一方的情况，因此美苏之间的对抗注定将是长期而持久的。美国海军的任务并不是要投入到对苏联的全面战争之中，而是要让战争远离美国国土，同时对苏联展开反击。海洋是联系美国和外部世界的纽带，因此海军的首要任务仍然是控制海洋。报告明确指出，美国海军在冷战中的首要任务包括控制海洋、夺取和建立海外基地、摧毁敌人的基地、为盟军提供后勤补给和各种支持等，海军航空兵也要以

---

①　John J. Mearsheimer, "A Strategic Misstep: The Maritime Strategy and Deterrence in Europe", *International Security*, Vol. 11, No. 2, 1986, p. 8.

②　Steven T. Ross, *American War Plans*, *1945-1950*, New York: Garland, 1988, pp. 6-20.

控制海洋作为其行动原则。①

　　在 1950 年爆发的朝鲜战争中，美国的海洋控制战略起到了重要作用。在相互毁灭的核战争实际上难以爆发的情况下，常规军力，特别是海军仍将在战争中起到不可或缺的作用。正因为掌握了绝对的制海权，美国海军才能顺利将部队和大批后勤物资不远万里运送到朝鲜战场，并为陆上和空中军事行动提供支持。控制海洋还是美国在战争爆发后的六个月内成功进行多次登陆作战的根本前提。仁川登陆、元山登陆和兴南登陆使得"联合国军"击败了朝鲜，挽救了危如累卵的李承晚政权，为美国进一步介入战争赢得了时间。②

　　同时，美国海军在朝鲜战争中的出色表现，也使得二战后一度盛行的"海军无用论"遭受了一记响亮的耳光。夺取并掌握制海权、支援登陆作战、承担后勤运输重任等美国海军所发挥的关键作用，是战略空军这个核时代的新宠儿所无法替代的。这也说明，即便是在核战争正在成为未来新的世界大战可能的主要作战形式的大背景下，传统的常规战争仍然是不可消弭的，而拥有一支足以胜任多样化任务、确保美国牢牢控制海洋的海军是打赢战争不可或缺的重要条件。朝鲜战争的爆发使二战后命运多舛的美国海军获得了新生。美国海军预算从 1950 财年的 40 亿美元猛增到 1952 年的 160 亿美元，这一数字是 1949 年美国国防预算的总和。③

　　为打破空军的陆基轰炸机对核武器的垄断，美国海军一方面加紧研制新一代 6.5 万吨的"美国"级超级航母（super carrier），另一方面又着手推动核武器的小型化，以确保舰载机能搭载核武器从航母上起降。尽管受制于二战结束后数年内美国军种间激烈的斗争，"美国"级超级航母的建造计划最终被取消并引发了一场"海军上将的叛乱"（revolt of the admirals）的风波，但美国海军仍然致力于研发可以携带原子弹在航母上起降的轰炸机。此后，随着可发射潜射弹道导弹的战略核潜艇的服役，

①　James L. Lacy, *Within Bounds: The Navy in Postwar American Security*, Alexandria: Center for Naval Analyses, 1983, pp. 86–87.

②　James A. Field and Ernest McNeill Eller, *History of United States Naval Operations: Korea*, Honolulu: University Press of the Pacific, 2001, p. 367.

③　Kenneth J. Hagan, *This People's Navy: The Making of American Sea Power*, New York: The Free Press, 1991, p. 343.

美国海军不仅打破了空军对核武器的垄断地位，还成为美国"三位一体"核战略中的重要一环。此外，美国海军舰艇率先采用核能作为动力，开启了核动力时代。1954 年，美国建成世界上第一艘核动力潜艇"鹦鹉螺"号（USS *Nautilus*）。1957 年，美国建成世界上第一艘核动力巡洋舰"长滩"号（USS *Long Beach*），其后又建成了核动力驱逐领舰（后改为巡洋舰）"班布里奇"号（USS *Bainbridge*）。1961 年，美国海军建成服役的"企业"号（USS *Enterprise*）成为世界上第一艘核动力航母，这艘航母一直服役到 2012 年。1964 年，"企业"号、"长滩"号和"班布里奇"号组成了第一特遣舰队（Task Force One），作为世界海军史上第一支完全由核动力舰艇组成的舰队开始环球航行。这次堪比 1906 年美国"大白舰队"环球航行的壮举历时 65 天，总航程达 30565 海里。这三艘舰艇在航行过程中未添加任何燃料，充分体现了核动力舰艇在适航性上的巨大优势。

（二）大规模报复战略和有限威慑战略

1953 年 10 月，美国国家安全委员会第 162 号文件（NSC-162）正式公布。文件规定，在未来的战争中，核武器将和其他武器一样被使用。①根据美国总统艾森豪威尔的大规模报复战略（Massive Retaliation），核武器是对苏联遏制战略的基石，大规模报复战略的根本目的是对敌人起到威慑作用。

对于艾森豪威尔政府的大规模报复战略，美国海军作战部长罗伯特·卡尼海军上将（Admiral Robert B. Carney）认为，这一战略是建立在核威慑的基础之上，它在很大程度上限制了外交活动的空间。而苏联同样拥有强大的核力量，由此可能会同美国形成战略僵局。在这种情况下，常规力量可以在不引起全面战争的前提下充分发挥作用，而最适合扮演这一角色的军种无疑是海军。

1953 年 12 月和 1954 年 1 月，卡尼向美国参谋长联席会议呈送了海军部的战略计划。这个计划主张美国应制订一个灵活的国家战略，时刻做好战争准备，包括准备好进行有限常规战争和全面战争。在全面战争中，海军航空兵应该在支持大规模报复战略中扮演重要角色，即不仅要实现海洋

---

① *FRUS*, 1952-1954, Vol. 2, part. 1, p. 593.

控制，而且要对敌人造成重大打击。① 卡尼的继任者阿利·伯克（Admiral Arleigh Burke）提出了有限威慑战略（limited deterrence），要求加速建设由航母、核潜艇和导弹组成的对苏联的海上威慑体系。目前美国海军现役的宙斯盾驱逐舰被命名为"阿利·伯克"级，就是为了纪念这位在美国海军战略发展史上留下深刻印记的海军上将。

为适应核战争时代，美国海军将发展潜射弹道导弹作为建设的重点。1960 年 7 月，美国海军"乔治·华盛顿"号核潜艇（USS George Washington）在水下成功试射可搭载核弹头的"北极星"弹道导弹。1961 年 8 月，美国第一种真正意义上的战略导弹核潜艇（SSBN）——"伊森·阿伦"级核潜艇进入海军服役，从而构成了美国的海基核武器力量。到 1980 年，美国的核动力舰队已经拥有 126 艘战舰，包括 74 艘攻击型核潜艇、41 艘战略导弹核潜艇、3 艘航母和 8 艘导弹巡洋舰，它们占美国海军舰艇总数的 1/3，并且构成了美国海军进攻性力量的主力。② 1981 年，美国建成了第一艘装备新型"三叉戟"潜射弹道导弹的"俄亥俄"级战略核潜艇首舰"俄亥俄"号。"俄亥俄"级核潜艇排水量为 1.9 万吨，装备 24 枚"三叉戟-1"导弹，可携带 192 枚核弹头，每枚核弹头当量为 10 万吨 TNT。一艘"俄亥俄"级战略核潜艇的威力超过 10 艘装备"北极星"导弹的战略核潜艇，构成了新一代美国海基核武器的中坚力量。③ 目前，经过不断改进的"俄亥俄"级仍是美国海军装备的唯一一级承担核打击任务的战略核潜艇。同时，更为先进的"哥伦比亚"级战略核潜艇的研发工作也已启动。

（三）灵活反应战略与逐步升级战略

进入 20 世纪 60 年代后，冷战逐渐呈现出美守苏攻的形势，美国的战略优势不断被削弱。1961 年肯尼迪（John F. Kennedy）上台后，改变了艾森豪威尔的大规模报复战略，积极推行灵活反应战略。这一战略要

---

① George W. Baer, *One Hundred Years of Sea Power：The U. S. Navy，1890–1990*, Stanford：Stanford University Press，1993，p. 343.

② George W. Baer, *One Hundred Years of Sea Power：The U. S. Navy，1890–1990*, Stanford：Stanford University Press，1993，p. 358.

③ 〔俄〕伊·马·卡皮塔涅茨：《第六代战争中的海军》，李太生、王传福译，东方出版社，2012 年，第 62 页。

求抛弃大规模报复战略中片面依赖核武器的做法，强调建立多样化的军事力量，即在发展核威慑力量的同时，加强常规力量建设，确保美军能打赢不同类型的战争。1965 年，在肯尼迪遇刺后继任的约翰逊总统（Lyndon B. Johnson）提出了逐步升级战略，它是灵活反应战略的具体化表现。逐步升级战略将战争从危机到全面核大战分为 7 个阶段、44 个阶梯和 6 道门槛，美国将根据不同等级逐步增大压力。

美国海军在肯尼迪的灵活反应战略中发挥的关键性作用，在 1962 年古巴导弹危机中体现得淋漓尽致。可以说，美国优势的海军力量是挫败苏联进军美国后院意图，同时避免两国彻底摊牌而爆发核大战的关键所在。共有 183 艘美国海军舰艇参加了对古巴的海上封锁行动，其中 99 艘舰艇总共航行约 78 万英里，彻底封锁了古巴海域和巴拿马运河区。海军航空兵的 68 个飞行中队进行了 9000 架次飞行。[①] 在美国占据绝对优势的海空力量面前，苏联最终被迫选择屈服。苏联缺乏同美国相抗衡的海军力量，这也是赫鲁晓夫的冒险之举失败的重要原因，这也刺激了苏联在古巴导弹危机之后大力发展海军，特别是潜艇部队。

古巴导弹危机是国际危机管理的一个经典案例。当危机爆发时，肯尼迪政府首先想到的不是进行核报复，而是审慎地决定先使用海军进行海上封锁，阻止苏联向古巴运送攻击型武器，但并不针对食品、石油等物资。这实际上是既让赫鲁晓夫认识到事件的严重性，又给他充分的时间从古巴撤走导弹。在海上封锁的背后，美国也开展了一连串外交攻势，争取盟国和国际社会的支持，由此进一步增强了封锁的效果。[②] 当然，苏联相对美国处于明显弱势的海军力量是赫鲁晓夫最终被迫向美国妥协的重要原因。

（四）重建对苏优势的进攻性海洋战略

进入 20 世纪 70 年代后，美国深陷越战泥潭，而苏联在美苏争霸中的进攻性态势更为明显。赫鲁晓夫的冒险政策在古巴导弹危机中遭到耻辱性的失败，刺激了苏联加速发展海军力量。苏联海军重点发展潜艇部

---

① Richard K. Smith, *Cold War Navy*, Washington D. C.: Information Planning Associates for the Department of the Navy, 1976, Chap. 18.

② Walt W. Rostow, *View from the Seventh Floor*, New York: Harper & Row, 1964, pp. 38-39.

队，很快形成了对美国的数量优势。截至 1970 年，苏联海军已有 20 艘弹道导弹核潜艇、112 艘短程巡航导弹潜艇、2 艘直升机航母、8 艘导弹巡洋舰、29 艘导弹驱逐舰。[①] 到 1971 年，苏联的潜艇优势进一步扩大。它已经拥有超过 50 艘的弹道导弹核潜艇，现役核潜艇和在建核潜艇数量也超过了美国，攻击型潜艇达到了 300 艘。苏联的水面舰艇部队着眼于发展一支全球舰队，使得美国海军自第二次世界大战以来第一次面临强有力的竞争者。[②] 在作战思想上，苏联海军司令戈尔什科夫明确表示，苏联海军不会只满足于保卫国土免遭海上敌人的入侵，而是要深入大洋和敌人领土发动攻势，苏联海军要出现在世界各大洋上，打破美国对海洋的统治地位。[③]

苏联海军的迅速崛起，特别是其不断膨胀的潜艇部队，迫使美国开始重新设计进攻性海洋战略。70 年代末，美国海军作战部长托马斯·海沃德海军上将（Admiral Thomas B. Hayward）建议对苏联实施主动进攻战略。他认为，苏联的舰艇和海军基地在美国航母、各类战舰和两栖作战部队的"闪电攻击"下将会显得非常脆弱，尤其是缺乏掩护、直接暴露在美国及日本眼皮底下的苏联太平洋舰队。[④]

20 世纪 80 年代，在里根政府重建对苏优势的战略背景下，美国海军在海军部长小约翰·莱曼（John Lehman Jr.），以及两任海军作战部长托马斯·海沃德和詹姆斯·沃特金斯海军上将（Admiral James D. Watkins）的领导下开始重建海上优势。这一时期美国海洋战略的重心内容是，在同苏联的全面战争爆发后，美国海军要在第一时间对苏联发起进攻行动。美国要利用在地理位置、军事和经济等方面的优势，确保对苏联的战争是一场长期的、全球性的常规战争。这一思想全面反映在 1985 年提交给国会的题为《海洋战略》（*The Maritime Strategy*）的报告中，该报告于次

① Lisle A. Rise, *Power at Sea: A Violent Peace, 1946 – 2006*, Columbia: University of Missouri Press, 2007, pp. 186-187.

② George W. Baer, *One Hundred Years of Sea Power: The U. S. Navy, 1890-1990*, Stanford: Stanford University Press, 1993, p. 397.

③ Lisle A. Rise, *Power at Sea: A Violent Peace, 1946 – 2006*, Columbia: University of Missouri Press, 2007, p. 184.

④ Elmo R. Zumwalt Jr., *On Watch: A Memoir*, New York: Quadrangle/New York Times Book Co., 1976, p. 279.

年正式出版。① 根据《海洋战略》，一旦美国同苏联爆发战争，美国海军将以航母特遣舰队为核心深入北海、波罗的海的咽喉地区及挪威海，对苏联部署在其本土港口和基地的海军发起强大攻势。同时，美国海军将协同北约盟友在格陵兰岛—冰岛—英国一线首先立足于稳固防守，并在此基础上对苏联占优势的潜艇部队展开反击。在莱曼看来，大型航母战斗群不仅将在对苏联的核战争中占据美国海军战略的重心位置，也将是有限战争或炮舰外交的首选武器。②

　　要有效推行进攻性海洋战略，美国海军必须建设强大的水面舰队。不过，受到越南战争导致财政困境等国内外多种因素的影响，到 1975 年，美国海军现役战舰数量降到了 500 艘以下，跌入 1939 年以来的最低点。到 1977 年，美国海军舰艇数量进一步减少到 464 艘。美国“核潜艇之父”海曼·里科弗海军上将（Admiral Hyman G. Rickover）甚至在国会抱怨称，在未来的潜艇战中他宁愿选择指挥苏联潜艇部队。③

　　为改变这一不利情况，莱曼提出了“600 艘舰艇发展计划”。根据这一构想，美国海军必须达到 600 艘舰艇的规模，包括 4 支地区性舰队、15 个航母战斗群、4 个水面战斗群、100 艘攻击型潜艇，以及大量辅助舰艇。其中，每个航母战斗群由 1 艘航母、2 艘巡洋舰、4 艘导弹驱逐舰、4 艘护卫舰组成，每个水面战斗群由 1 艘战列舰、1 艘巡洋舰、4 艘驱逐舰、4 艘护卫舰组成。为更有效地应对危机和地区冲突，美国海军还计划向世界各地可能发生冲突和危机的地区事先部署 25 艘战舰，其他 116 艘战舰作为快速反应部队随时做好行动准备。④

　　莱曼的“600 艘舰艇发展计划”是围绕建造现代化主力水面作战舰艇和大型航母展开的。⑤ 到 20 世纪 90 年代，美国海军已经拥有 547 艘战

① George W. Baer, *One Hundred Years of Sea Power: The U. S. Navy, 1890-1990*, Stanford: Stanford University Press, 1993, p. 429.

② Kenneth J. Hagan, *This People's Navy: The Making of American Sea Power*, New York: The Free Press, 1991, p. 384.

③ George W. Baer, *One Hundred Years of Sea Power: The U. S. Navy, 1890-1990*, Stanford: Stanford University Press, 1993, p. 411.

④ George W. Baer, *One Hundred Years of Sea Power: The U. S. Navy, 1890-1990*, Stanford: Stanford University Press, 1993, p. 430.

⑤ Kenneth J. Hagan, *This People's Navy: The Making of American Sea Power*, New York: The Free Press, 1991, p. 383.

舰，其中包括 15 艘航母和 100 艘攻击型潜艇，基本实现了 600 艘舰艇的
目标。[①]

第二节　冷战后美国海洋战略的发展演变

1991 年，苏联宣布解体。冷战结束后，核战争的危险虽然大幅降
低，但局部战争和地区冲突有增无减，新的非传统安全威胁更是层出不
穷。在新形势下，美国不能再以对抗苏联作为其制定海洋战略的依据，
而要积极应对新的挑战。冷战结束后，恐怖主义、毒品交易、跨国走私
等非传统安全威胁的影响日渐突出，同时地区强国也开始崛起。面对更
为错综复杂的国际环境，美国海军必须要完善已有的战略。

一　"前沿存在""从海上出击"战略的形成与完善

为了适应国际形势的发展变化，美国海军在 1992 年初专门成立了
"战略研究小组"。该小组分析了未来 20 年内美国海军所面临的战略环
境，论述了在这种环境中海军应承担的任务，以及完成这些任务所必须
具备的各种能力。同年 10 月，美国海军发表了题为《从海上出击：海军
面向 21 世纪的发展》的白皮书。白皮书描绘了美国海军在 21 世纪初的
全新图景，提出为维护冷战后美国的全球利益，美国海军必须继续保持
80 年代以来的"前沿部署"战略。这份文件还强调，海军和海军陆战队
需要保证美国在海上的安全和自由，同时也要具备支持远征部队前往世
界任何地区作战，以及协助美军在任何海域、海岸或陆上发起行动的能
力。[②] 这份文件明确指出，"未来参与的重大作战行动，必然是各个部门
之间的共同作战行动"，海军建设要从相对独立的战略思维转变为积极和
其他部门展开合作的战略思维，"海军和海军陆战队、美国海军和盟国海
军之间的合作必须得到进一步加强"。[③]

---

①　George W. Baer, *One Hundred Years of Sea Power: The U. S. Navy, 1890-1990*, Stanford: Stanford University Press, 1993, p. 442.

②　J. F. Morton, "The U. S. Navy in Review", *United States Naval Institute Proceedings*, May 1993, pp. 117-126.

③　Stephen Howarth, *To Shinning Sea: A History of the United States Navy, 1775-1998*, Norman: University of Oklahoma Press, 1999, p. 568.

　　这份文件阐述的另一个重要观点是，海军作战重心在未来将从公海转向近海岸。这意味着，美国海军建设思维出现了"从在大洋海区进行实战转向从海洋协助作战的根本变革"。① 美国海军对此的具体阐述是：海军重点作战区域将是沿海岸、河岸 50 公里内的区域，因为世界上大多数人口都居住在距海岸 50 公里的区域内，大多数商业活动也是在此区域内进行的，所以一旦战争爆发，这里是必须要控制的区域。② 这一战略构想的提出，意味着美国海军行动重点从海上作战转向舰对岸行动，以及从海上使用海军力量对沿海地区施加影响。

　　1993 年，美国国防部长阿斯平（Leslie Aspin）进一步发展了"从海上出击"（strike from the sea）的战略。他将美国海军的战略任务具体分为五项：从海洋向陆地的力量投射、控制海洋和获取制海权、战略威慑、战略运输、海军前沿存在（forward presence）。③ 其中，"前沿存在"主要是指在紧靠世界各重要战略地区的前沿地带，长期部署美国海军力量。这充分体现出美国在世界重要地区保护自己和盟国利益的决心，海军将在其中发挥战略威慑作用。

　　1994 年 9 月，美国海军正式将"前沿部署"战略调整为"前沿存在"战略，并在战略任务中增加了夺取地区控制权的要求。鉴于苏联解体后美国在海上最大的威胁已经消失，而且美国已经建立起遍布全球的军事基地网，以及凭借同盟友之间的军事合作关系牢牢控制了全球制海权，因而可以将海军力量由"前沿部署"调整为"前沿存在"，以较少的兵力投入发挥更大的战略作用，使海军成为应对地区威胁和危机的机动部队。"前沿存在"着眼于美国在发生危机的情况下，在第一时间内迅速组成强大的快速反应部队，积极应对各种危机和挑战，保护美国及其盟国利益。

　　1996 年 12 月，美国海军又将《从海上出击：海军面向 21 世纪的发

①　Secretary of the Navy Sean O'Keefe, CNO Admiral Frank B. Kelso Ⅱ, Commandant of the Marine Corps General C. E. Mundy, Jr., *From the Sea: Preparing the Naval Service for the 21st Century*, Washington D. C.: Department of the Navy, 1992, p. 2.

②　J. F. Morton, "The U. S. Navy in Review", *United States Naval Institute Proceedings*, May 1993, pp. 117-126.

③　S. C. Truver, "The U. S. Navy in Review", *United States Naval Institute Proceedings*, May 1995, pp. 120-125.

展》白皮书加以完善，出台了一份新的完整的"前沿存在、从海上出击"的战略实施方案。这份新方案指出，到 21 世纪 20 年代，虽然发生世界大战的可能性微乎其微，但地区危机和局部冲突仍然不断，各种挑战和潜在敌人仍然对美国构成现实威胁。概括来说，美国海军所面临的主要威胁包括以下 4 个方面：（1）大规模地区冲突，这是对美国安全最大的挑战，最有可能发生冲突的地区是东北亚和西南亚；（2）武器扩散，主要是指核生化武器等大规模杀伤性武器和导弹技术的扩散；（3）低强度冲突，主要包括种族冲突、边界冲突、领土争端、恐怖活动、毒品走私、国际犯罪、计算机黑客攻击等；（4）可能出现敌视美国的大国。①

因此，美国海军未来将担负的主要任务包括以下 3 个方面。（1）和平时期参与前沿威慑。其主要内容包括：第一，美国海军在前沿地带保持无限期的存在状态，这将作为美国推行外交政策的有形工具；第二，通过人道主义救援行动、舰队出访、接待外军来访等形式支持美国外交政策，促进美国民主传播，增进美国与其他国家之间的相互理解和信任，改善美国与前敌对国和潜在敌对国之间的关系，保护美国海外公民的生命和财产安全；第三，通过海上合作、共同训练、联合军演等方式展示美国军事力量，对潜在威胁和敌对国家进行战略威慑。（2）控制危机与防止冲突。美国海军部署在前沿地带的舰队可以及时侦察和掌握有关国家的动向，并针对不同情况做出快速反应，这种反应包括武力威慑和直接的军事干预等。（3）作战并夺取胜利。一旦战争爆发，美国海军将发挥其整体作战和联合打击的能力，迅速突破敌人防线，赢得战争胜利。②

1997 年，"前沿存在、从海上出击"的战略得到进一步完善，成为美国海军面向新世纪的正式纲领性文件。在这份文件中，美国海军进一步阐释了"海军作战构想"的行动步骤：从战争初级阶段开始，利用美国海军在军事技术上的优势，对敌人领土的核心地区和要害目标实施先发制人的联合精确打击。海军长期有效的五项主要任务是：实施战略核威慑、开展舰对岸行动、夺取海上和沿海地区的制海权、

① 曹文振等：《经济全球化时代的海洋政治》，中国海洋大学出版社，2006 年，第 160—161 页。
② 王生荣编著《蓝色争锋——海洋大国与海权斗争》，海潮出版社，2004 年，第 312 页。

战略性海上调遣、在前沿地区保持存在。① 2015 年，美国又颁布了新版《21 世纪海上力量合作战略》，提出进一步扩大前沿部署的舰队规模，增加前沿部署基地。②

二　注重联合作战，强调快速反应

进入 21 世纪，美国海军更加重视开展国际合作，积极应对恐怖主义、海盗、海洋灾害、环境污染等非传统的全球性海洋威胁。当代著名海洋政治学者、英国伦敦国王学院教授杰弗里·蒂尔指出，当前赋予海军的重要职责是应付对良好海上秩序的威胁，这些都促使有必要将海上军事力量和民事力量结合起来，而民事力量将成为维护全球海上秩序的重要保证。另一方面，随着全球性海上安全问题的不断涌现，开展多种形式的多国海军合作的意义也得以凸显，其中一个很重要的表现形式就是海军外交。蒂尔认为，"我们进入 21 世纪后，采取集体海上行动以保卫整个世界都赖以生存的海洋系统，这一需要变得更加明显"。③

2005 年 8 月，时任美国海军作战部长迈克尔·马伦海军上将（Admiral Michael Mullen）在海军战争学院发表演讲，首次提出了"千舰海军"（thousand-ship navy）的构想，即组建一支在美国海军领导、统筹下的国际舰队，促使各国海军之间开展更为密切而广泛的海上合作，共同应对全球性海上威胁和挑战，执行包括打击毒品交易、海盗、人口走私和恐怖主义等多种任务。2005 年 9 月，美国颁布了《国家海上安全战略》。该文件强调，美国将致力于通过加强同盟友和伙伴的合作，积极应对海盗、恐怖主义、海上犯罪等威胁，维护全球海洋安全。④

在具体的海军战术上，美国海军屡有创举，不断提出新的作战概念。2002 年 10 月，时任美国海军作战部长维恩·克拉克海军上将（Admiral

---

① 〔俄〕卡皮塔涅茨：《"冷战"和未来战争中的世界海洋争夺战》，岳书瑶等译，东方出版社，2004 年，第 456 页。

② U. S. Department of the Navy, *A Cooperation Strategy for 21st Century Seapower: Forward, Engage, Ready*, March 2015, p. 9, https://www.navy.mil/local/maritime/150227-CS21R-Final.pdf.

③ 〔英〕杰弗里·蒂尔：《海军与新秩序》，张校伟译，《外国军事学术》2005 年第 8 期，第 36—37 页。

④ *The National Strategy for Maritime Security*, September 2005, pp. 14-15.

Wayne Clark）在《海军学会学报》上发表了一篇题为《21世纪海上力量》的文章。他在文章中指出，美国海军在21世纪的任务是在全球范围内阻止、威慑和战胜不断增多的潜在威胁，包括大规模杀伤性武器、常规战争和恐怖主义等。在克拉克的构想中，未来美国海军战略的核心是三个相互交织的概念，即"海上打击"、"海上盾牌"和"海上基地"。"海上打击"即投送精确、持续的进攻力量，迅速和决定性地打击侵略者；"海上盾牌"将提供一个多层防御体系，以保护美国本土，保持对争夺激烈的滨海区的进入，并为实施陆上作战的多国部队和联合部队撑起一把保护伞；"海上基地"使疏散配置但以网络联结的舰队具备联合作战能力，它将提高美军的作战独立性，并将作为投送进攻和防御火力的基础——使"海上打击"和"海上盾牌"成为现实。①

2007年1月，美国首次公布了《美国海岸警卫队战略》，提出了新时期海岸警卫队在维护美国海洋安全方面应发挥的作用。2007年10月，美国海军、海军陆战队和海岸警卫队联合颁布了《21世纪海上力量合作战略》，这是针对美国海上力量未来发展方向的纲领性指导文件。文件明确提出，美国要在西太平洋地区无限期地派驻"可靠的战斗力量"，大幅度增强美国盟友的实力，并对中国保持警惕。②《21世纪海上力量合作战略》更进一步指出，美国有三大潜在敌人：第一，势均力敌的竞争对手，例如中国；第二，伊朗和朝鲜这样的"流氓国家"（rogue state）；第三，以"基地"组织为代表的跨国恐怖主义和全球暴乱网络。文件强调，美国可使用由攻击性潜艇和水面战舰等发射巡航导弹、摧毁中国的重要军事和政治目标等一切手段，来对中国进行威慑，以削弱中国阻止美国进入中国东海和南海的能力。③ 在2012年《美国国防战略纲要》中，美国再次强调，中国和伊朗这样的国家会使用一切办法阻止美国向其周边地区进行力量投射，因此美国武装力量必须强化其在"反介入"

---

① 〔美〕麦克·布奇、麦克·马伦：《海上盾牌：确保全球防御力量的投送》，刘琳译，《外国军事学术》2003年第2期，第7页。

② U. S. Navy, Marine Corps, and Coast Guard, *A Cooperative Strategy for 21st Century Seapower*, October 2007.

③ James Kurth, "The New Maritime Strategy: Confronting Peer Competitors, Rogue States, and Transnational Insurgents", *Orbis*, Fall 2007, pp. 588-589.

地区的行动能力。① 2010 年 5 月 25 日，美国又出台了《2010 年海军行动概念》，进一步规定了美国海上力量实践《21 世纪海上力量合作战略》的具体措施和方式。同一年，美国提出了"空海一体战"（air-sea battle）概念，从而有针对性地应对中国的反介入和区域拒止战略（anti-access/area denial，A2/AD）②。

综上可见，冷战结束后美国海军新战略的主要内容包括：（1）始终保持前沿存在；（2）强调对待危机和冲突的快速反应能力；（3）以高科技为导向确保占据绝对海上优势；（4）提高"由海到陆"的攻击能力等。但随着近年来中美、俄美关系因为经贸问题、南海问题、克里米亚问题等呈现趋紧之势，美国开始调整其海军战略思想，在一定程度上着眼于回归传统的海上控制战略。2017 年 1 月 9 日，美国国防部发布了题为《水面力量战略：重返海洋控制》的白皮书。这份白皮书的出台表明，美国开始重新将争夺并控制海洋作为优先任务。为此，美国海军在新一期造舰规划中提出要建造替代"阿利·伯克"级驱逐舰的新一代大吨位巡洋舰，其将中国海军作为对手的意图已昭然若揭。

三　在实战中体现海军价值，完善海军战略

冷战结束后至今，美国海军仍然是美国对外干涉行动的急先锋。在一系列对外战争和军事行动中，美国海军不断完善"从海上出击"战略。

在 1990 年爆发的海湾战争中，美国海军依托优势力量对海湾地区实行了严密的封锁，切断了伊拉克的石油进出口，迫使严重依赖石油收入的伊拉克在经济上难以为继。不仅如此，伊拉克战场远离美国本土，后勤运输压力极大，海军成为保证美国及盟国迅速调运人员、装备的关键。由舰艇发射的"战斧"巡航导弹也成为美国海军对陆上目标进行精确打击，实施"由海向陆"战略的主要方式。

---

① U. S. Department of Defense, *Sustaining U. S. Global Leadership*: *Priorities for 21st Century Defense*, January 2012, pp. 4-5.

② Jan Van Tol, Mark Gunzinger, Andrew Krepinevich, and Jim Thomas, *Air-Sea Battle*: *A Point-of-Departure Operational Concept*, Washington D. C.: Center for Strategic and Budgetary Assessments, 2010, https: //csbaonline. org/research/publications/airsea-battle-concept/publication.

　　海湾战争证明了海权力量在控制海洋、发动空袭、两栖作战、战略运输方面不可或缺的作用。相比空军和陆军，美国海军的优势首先表现为快速灵活的兵力调动和强大的运输能力，并且适用于任何形式的联合行动；其次，美国海军能根据实际需要，执行夺取港口、海岸目标并完成登陆、阻截、封锁、防御等多种作战任务。① 在 1999 年的科索沃战争中，美国及北约盟国并未出动地面部队，而是凭借优势海军力量有效封锁、空袭塞尔维亚武装。在 2003 年的伊拉克战争中，美国较海湾战争更加大规模地使用精确制导武器，而其中大部分精确打击任务是由海军舰载机和"战斧"巡航导弹完成的。

　　2001 年 10 月，美国发动了阿富汗战争。阿富汗是一个远离海洋的内陆国家，但海军仍然有着重要的用武之地。在阿富汗战争中，美国海军首次从海上对远离海洋的欧亚大陆心脏地区发起攻击，攻击距离屡创纪录。游弋在印度洋上的航母成为美国进行特种作战、兵力投送、火力支援的重要基地。

　　西太平洋地区是未来世界海洋安全形势最为复杂、热点焦点问题最为突出的地区。围绕着聚焦于该地区的一系列错综复杂的地区性海洋矛盾，美国同中国、俄罗斯等地区性大国之间的战略博弈势必将更加激烈，而影响这些问题发展趋势和走向的一大因素无疑就是美国及其盟友与中俄等国的海权力量对比。

　　同时，西太平洋地区也是美国实践其新的海军战略思想，检验新的海军战术和武器平台的焦点地区。在这种矛盾错综复杂、局势微妙敏感的情况下，能否妥善处理地区领土海洋争端，能否实现不同制度、不同利益、不同价值观的国家间的和平共处，在很大程度上取决于美国是否能与西太平洋地区主要大国在海洋事务上保持沟通与合作，从而减少对抗与摩擦，争取实现互信和共赢。尽管迄今为止，受到中俄两个大国的有力遏制，美国海军尚未在西太平洋地区展开大规模实际作战行动，但部署在该地区的美国第七舰队非常活跃。在历次台海危机和朝核危机中都可以看到该舰队的身影，美国也多次从本土和大西洋地区增派航母战斗群赴西太平洋执行任务。

---

　　① 　Secretary of the Navy H. Lawrence Garrett Ⅲ, CNO Admiral Frank B. Kelso Ⅱ, and Commandant of the Marine Corps General A. M. Gray, "The Way Ahead", *Proceedings*, Vol. 117, No. 4 (Apr. 1991), p. 47.

特别值得一提的是，为了围堵日益崛起的中国，美国多次宣称将把60%的海军兵力部署到亚太地区。近年来，在南海地区，从奥巴马政府到特朗普政府，美国海军舰艇执行所谓"南海自由航行"行动的频次有增无减，中国海军多次驱离挑衅我国领土主权和海洋权益的美国舰艇和飞机，中美两国在南海"擦枪走火"的风险持续上升。

第三节　美国的海洋发展政策

一　海洋管理体制与海洋发展规划

目前，对于海洋管理尚没有一个被广泛接受的定义。有美国学者认为，"海洋管理"（ocean management）指为了达到人们所希冀的某一目标而对某一特定资源或某一特定海域进行管理的过程。[①]

美国海洋管理的特点是战略上高度重视、组织形式上灵活多样、海洋法律体系完整成熟，并且拥有悠久的海洋立法历史。早在 1888 年，美国就制定了《港口管理法》，此后又在 1899 年颁布了《河流与港口法》，1924 年颁布了《防止油污染法》，1925 年颁布了《公共船舶法》，1927年颁布了《联邦港湾工人补偿法》。第二次世界大战结束后，美国在取代英国成为世界第一海军强国的同时，也着手编制完善海洋事业的发展规划，以求在开发利用海洋资源和海洋事业管理这一新的海洋争夺领域全面占据领先地位。总体而言，战后美国在海洋管理制度建设上取得了巨大进步，并屡有创新之举，为美国开发利用海洋做出了重大贡献。

1945 年 9 月 28 日，美国总统杜鲁门（Harry S. Truman）发表了著名的《杜鲁门公告》（*Truman Proclamation*），第一次提出美国对处于公海之下但毗连美国海岸的大陆架底土和海底的自然资源拥有管辖权。《杜鲁门公告》可以被视为美国推进现代海洋管理，力求通过国家统一规划来开发海洋、利用海洋资源的标志。它也表明，美国通过第二次世界大战全面取代英国成为新的世界海洋霸主后，开始采取行动逐步修订长期以来以英国为中心的自由海洋制度，建立由美国主导的新的国际海洋秩序。《杜鲁门公告》主张美

---

① Biliana Cicin-Sain and Robert W. Knecht：《美国海洋政策的未来——新世纪的选择》，张耀光、韩增林译，海洋出版社，2010 年，第 13 页。

国对其大陆架上的资源拥有管辖权，但并未对大陆架上覆水域和大陆架本身的主权提出要求，由此体现出美国既要掌控本国近海的海洋资源，同时尽可能多地攫取国际海洋资源，又要避免其他国家效仿美国过多地主张海洋主权而损害美国海洋活动自由的矛盾心态。事实上，《杜鲁门公告》发表后，引起了世界范围内轰轰烈烈的"海洋圈地运动"，也推动了国际海洋制度的改革和发展，尤其是促进了《联合国海洋法公约》（*United Nations Convention on the Law of the Sea*，*UNCLOS*）的出台。迄今为止，美国仍未加入《联合国海洋法公约》，其心态同发表《杜鲁门公告》时如出一辙。

《杜鲁门公告》发表后，美国的海洋管理朝着科学化、规范化的方向发展。1966 年，美国国会通过了《海洋资源与工程发展法》，授权成立了由美国副总统当任主席的"总统海洋科学、工程和资源委员会"，成员包括麻省理工学院前校长斯特拉顿（Julius Stratton）等 15 人，因而该委员会也被称为斯特拉顿委员会。斯特拉顿委员会成立后，主要负责协助美国总统规划、指导全国海洋事务。1969 年，在发生一系列突发性海洋环境事件之后，由斯特拉顿委员会起草的《我们的国家与海洋》报告出炉。报告要求美国政府正视国家面临的海洋生态灾难威胁，制订国家保护海洋环境的系统性举措。

进入 21 世纪，美国官方又相继颁布了一系列指导性文件和法令，进一步完善并拓展了美国的海洋管制制度。2001 年 7 月，美国国会通过了《2000 年海洋法令》，授权美国政府成立海洋政策委员会（The United States Committee on Ocean Policy）。2004 年 9 月 20 日，海洋政策委员会向国会和总统提交了名为《21 世纪海洋蓝图》的海洋政策报告。同年 12 月 17 日，美国总统小布什（George W. Bush）发布行政命令，公布了《美国海洋行动计划》。《美国海洋行动计划》从 6 个方面对落实《21 世纪海洋蓝图》提出了具体措施：（1）提高海洋领导地位，增进海洋协调；（2）加深对海洋、海岸带和五大湖的了解；（3）加强对美国海洋、海岸带和五大湖资源的利用和保护；（4）管理海岸带及其流域；（5）支持海洋运输；（6）推进国际海洋政策的制订和海洋科学的发展等。① 同

---

① Pew Oceans Commission（美国皮尤海洋委员会）编《规划美国海洋事业的航程》下册，周秋麟、牛文生等译，海洋出版社，2005 年，第 502—531 页。

时，美国政府还宣布，为了实施该行动计划，美国将成立一个内阁级的海洋政策委员会，设在总统行政办公室。新的海洋政策委员会将指导原海洋政策委员会落实关于海洋和沿岸管理的建议。《21 世纪海洋蓝图》和《美国海洋行动计划》对美国 30 多年来的海洋工作做出了最全面、最彻底的回顾和客观的综合评价，总结了经验教训，并在此基础上制订了新的国家海洋政策，确定了国家未来的海洋前景。

2009 年奥巴马（Barack H. Obama）上台后，进一步调整并改革了美国的海洋管理制度和海洋政策。2009 年 9 月，奥巴马政府颁布了《美国政府部门间海洋政策工作组中期报告》，强调建立以生态保护为核心的海洋综合管理机制。2010 年 7 月，奥巴马政府又颁布了《政府部门间海洋政策特别工作组最终报告》，即《国家海洋政策》，宣布改组现有的海洋管理机构，决定成立新的国家海洋委员会（National Ocean Council）。① 国家海洋委员会的成员包括农业部长、商务部长、国防部长、能源部长、国土安全部长、司法部长、劳工部长、国务卿、交通部长等内阁部长级官员，以及国家环保署署长、国家航空航天局局长、国家海洋与大气管理局局长、海岸警卫队司令等相关职能部门的首长，其主要职责是协调美国联邦政府各部门的涉海工作，负责贯彻落实国家海洋政策。② 国家海洋委员会的建立标志着美国海洋管理体制建设迈上了一个新台阶，进一步向着建立综合性海洋管理体制的方向迈进。2013 年 4 月，美国政府公布了旨在落实《国家海洋政策》的《国家海洋政策执行计划》（*National Ocean Policy Implementation Plan*）。这份计划主要从海洋经济（the ocean economy）、海洋安全（safety and security）、海岸带与海洋修复（coast and ocean resilience）、地方参与（local choices）、科学和信息支撑（science and information）五个方面提出了贯彻《国家海洋政策》的具体措施。③ 目前，具体负责美国海洋行政管理工作的主要联邦政府部门和独立机构有农业部、国务院、国防部、商

---

① 参见夏立平、苏平《美国海洋管理制度研究——兼析奥巴马政府的海洋政策》，《美国研究》2011 年第 4 期，第 77—93 页。

② *Executive Order 13547—Stewardship of the Ocean, Our Coasts, and the Great Lakes*, The White House, https://www.whitehouse.gov/the-press-office/executive-order-stewardship-ocean-our-coasts-and-great-lakes.

③ *National Ocean Policy Implementation Plan*, National Ocean Council, April 2013, https://www.whitehouse.gov/sites/default/files/national_ocean_policy_implementation_plan.pdf.

务部、国土安全部、内政部、交通运输部、司法部、环境保护署、国家航空航天局、国家科学基金会和海洋哺乳动物委员会，其中商务部下属的美国国家海洋和大气管理局（National Oceanic and Atmospheric Administration，NOAA）是职能最为集中、最为专业的海洋管理职能部门。①

总的来说，美国的海洋管理体制改革朝着建立综合性海洋管理制度的方向发展，以谋求解决传统行业管理体制所带来的职责不明、条块分割、效率低下等问题，而当前美国所奉行的海洋管理理论主要是以生态系统为基础的管理理论、自然适应性管理理论、系统工程理论和经济学基本理论四种。这四种理论都充分考虑到了海洋综合管理的复杂性、专业性和难度，谋求用更为科学、更为统筹的管理哲学来提升海洋管理工作的效率和质量。② 同时，作为一个联邦制国家，美国的海洋管理体制在管理主体上又采取了分权体制，即联邦和各州进行权责划分，各司其职。在沿海州内，各地市县又有具体的管理区域划分。

二　海洋立法与海洋法制建设

作为现代法治国家，美国十分注重海洋立法，通过多部海洋法律法规指导国家海洋事业。据不完全统计，迄今为止美国制定和实施的涉海法律法规达140多部。美国海洋法制建设的基本模式是，政府在采取重大海洋行动之前，国会通过颁布相关法律法规，对行动的宗旨、要求、具体步骤、经费等做出相应的规定。美国的海洋立法主要包括沿海资源方面的立法、海洋油气开发方面的立法、专属经济区的渔业立法、海洋哺乳动物保护方面的立法、海洋环境保护方面的立法、海底文化遗产资源保护的立法等。③

综观战后60多年美国的海洋立法，可以看出美国海洋法制建设的若干特点和一般规律。

第一，立法和执法等程序健全，分工明确。美国国会是涉海法律法规的立法机构，它建立了较为完善的立法咨询、公开征求社会各界意见和送交审批的制度。联邦政府的相关部门是具体负责实施海洋法律法规

---

① 石莉等：《美国海洋问题研究》，海洋出版社，2011年，第140—150页。
② 石莉等：《美国海洋问题研究》，海洋出版社，2011年，第132—137页。
③ 石莉等：《美国海洋问题研究》，海洋出版社，2011年，第244—250页。

的机构，而海岸警卫队则是专门进行海上执法的单位。

第二，海洋法规完备细致，涵盖广泛。美国是一个联邦制国家，联邦政府和各州在海洋资源的开发利用方面各有其利益，双方既有合作的一面，又有斗争的一面，这容易造成全国海洋管理出现条块分割、权责不清、重复建设、相互推诿等问题和弊病。为了尽量减少各政府机构之间的管辖权之争，美国海洋法规几乎事无巨细都要详细规定。例如，根据美国《濒危物种法》，当海龟在海上时，其保护和管理由国家海洋渔业局负责；当海龟在陆上时，则由渔猎局管理。

第三，涉海法律法规修改或增补频繁。随着《联合国海洋法公约》的颁布实施，国际海洋争端呈现日渐激烈之势，各国对海洋的开发力度也前所未有地增强。在这一背景下，美国涉海法律法规也随着情况的变化而不断修改或增补。如《海岸带管理法》自颁布以来已经有 4 个修正案，《渔业养护和管理法》的修正案更多达 6 个。如此频繁地修改，虽然旨在适应不断变化的国内外形势和海洋环境，但它仍然在相当程度上影响了美国涉海法律法规的权威性、严肃性和稳定性。①

三　海洋开发与海洋资源利用

优越的海洋地理环境，不仅为美国提供了丰富的海洋科技、海洋生物、海洋矿产、海洋旅游等资源，也给美国带来了巨大的经济利益。美国沿海较大的港口有 189 个，港口吞吐量达 1674 万个标准箱，每年创造的经济效益高达 660 亿美元。此外，美国拥有极为丰富的海洋生物、海洋矿产和海洋旅游资源。据统计，美国海洋专属经济区内拥有全世界 20% 的渔业资源、35% 的美国油气资源，年产值达 220 亿—260 亿美元。美国有 90% 以上的货运依赖海上运输，海上运输量占进出口货物总量的 99%。美国每年的海洋旅游收入为 250 亿—300 亿美元，占全国旅游总收入的 48% 以上。美国海洋产业不仅在美国国民经济中占有重要地位，而且在世界海洋经济中也独占鳌头。20 世纪 90 年代，美国海洋经济产值占国民生产总值的 20%。2000 年，美国国内生产总值为 9.8729 万亿美

---

① 　石莉等：《美国海洋问题研究》，海洋出版社，2011 年，第 260—262 页。

元，海洋产业总产值估计超过 5000 亿美元。[①] 2010 年，海洋经济产业为美国贡献了 277 万个就业岗位，为当年美国 GDP 贡献了 2576 亿美元增加值，约占 GDP 的 1.8%。[②] 如果统计海岸经济带，则更能凸显海洋经济对美国经济的重要性。目前，美国有 80% 的人口住在 30 个沿海州，它们对美国经济的贡献率高达 83%。[③]

在海洋开发利用方面，美国扮演着世界领跑者的角色。早在 1961 年，美国国会就通过了海洋开发计划。1966 年，美国政府又颁布了《海洋资源与技术开发法》。1961—1973 年，美国用于发展海洋科学和海洋开发的拨款由 2216 万美元上升到 6.719 亿美元。[④]

1969 年，斯特拉顿委员会发表了题为《我们的国家与海洋》的海洋科学长远规划建议书，即著名的"斯特拉顿报告"。该报告突出强调了发展海洋科学技术的必要性，并提出了两个面向深海的技术目标：第一，短期内使美国具备开发利用深达 600 米的大陆架和大陆坡的能力；第二，1980 年以前，达到在 6000 米深度进行考察的能力，2000 年以前，达到利用这一深度的海洋资源的能力。[⑤] 1978 年，美国发射了世界上第一颗海洋科学卫星，用来搜集海流、潮汐、波浪和水温等方面的资料。20 世纪 70 年代末，美国在夏威夷海面利用海水温差发电的试验获得成功。1982 年，美国又在夏威夷的瓦胡岛建设了岸式和海上试验电站各一座，功率均为 4 万千瓦。1985—1990 年，美国在大西洋和太平洋共建立了 4 万公顷左右的"海上农牧场"。[⑥]

根据《联合国海洋法公约》，美国的海洋专属经济区面积可达 1135 万平方公里，居世界首位，美国也因此成为该公约的第一大受益国。不过，美国为了获得更多的公海资源和海洋空间，最大限度地避免受到国

---

① 曹文振等：《经济全球化时代的海洋政治》，中国海洋大学出版社，2006 年，第 61—62 页。
② 韩立民、李大海：《美国海洋经济概况及发展趋势——兼析金融危机对美国海洋经济的影响》，《经济研究参考》2013 年第 51 期，第 60 页。
③ Judith Kildow 等：《美国海洋和海岸带经济状况（2009）》，王晓惠等译，《经济资料译丛》2010 年第 1 期，第 8 页。
④ 曹文振等：《经济全球化时代的海洋政治》，中国海洋大学出版社，2006 年，第 61 页。
⑤ 张继先：《近 20 年来美国海洋科学政策的演变》，《海洋通报》1981 年第 6 期，第 69 页。
⑥ 曹文振等：《经济全球化时代的海洋政治》，中国海洋大学出版社，2006 年，第 61 页。

际法的约束，一直拒绝加入《联合国海洋法公约》，谋求通过其强大的海洋综合实力尽可能地控制甚至是垄断海洋资源。但另一方面，美国又有选择地采纳或推行公约中若干有利于它的条款，并要求其他国家遵守公约的相关规定，以求实现自身海洋利益的最大化。

尽管美国在海洋开发利用方面占据世界领先地位，但其海洋事业仍然具有很大的盲目性，而且缺乏系统性。美国商务部发表的题为《美国70 年代海洋政策》的研究报告称，20 世纪 60—70 年代，美国海洋科学和海洋开发仍然存在以下主要问题：第一，缺乏明确的长期目标，因而"产生盲目的增长与变化"，"联邦海洋科学工作显得没有重心"；第二，由于偏重支持针对特定任务的海洋研究，将资助重点放在联邦实验室上，因而"学术界能力不足"；第三，由于针对短期目标的单项海洋研究与发展项目激增，联邦海洋科技工作的分散和重叠问题日益严重。① 里根（Ronald W. Reagan）上台以后，又将政府科学预算的重点放在军事研究项目上，海洋科学预算大幅削减，由此严重影响了 80 年代美国海洋科学的发展。直到冷战结束后，美国才开始调整这一政策，制订实施全面系统的海洋开发和海洋科学研究战略。

在美国主要海洋产业中，海洋旅游业和海洋矿产业是美国海洋经济中最大的两个产业，分别占美国海洋经济增加值的 34.6% 和 33.9%。其中，海洋旅游业提供了海洋产业 69.7% 的就业岗位，在对就业贡献方面居各海洋产业之首，海洋交通运输业提供的就业岗位占 15.9%，居第二位。② 海洋旅游业是美国最大的海洋产业，2010 年完成增加值 892 亿美元，提供了 193.2 万个就业岗位。仅次于海洋旅游业的海洋矿产业 2010 年完成增加值 874 亿美元，提供了 14.4 万个就业岗位。其中，海洋油气勘探开发是美国海洋矿产业中最重要的门类，海洋油气勘探开发完成增加值占海洋矿产业增加值的 98.3%，提供了 94.4% 的就业岗位。美国开发生产海洋油气有悠久的历史，在技术水平和生产规模上居世界领先地位。2010 年，美国在管辖海域生产石油 6.3 亿桶，占全国石油总产量

① 张继先：《近 20 年来美国海洋科学政策的演变》，《海洋通报》1981 年第 6 期，第 73 页。

② 韩立民、李大海：《美国海洋经济概况及发展趋势——兼析金融危机对美国海洋经济的影响》，《经济研究参考》2013 年第 51 期，第 60 页。

的 32%，生产天然气 2.3 万亿立方英尺，占全国天然气总产量的 19%。其中，墨西哥湾是美国海洋油气的主产区。[①]

四　海洋科学研究与海洋环境保护

（一）海洋科学研究

美国政府从 20 世纪 50 年代开始高度重视海洋科学研究。1959 年，美国科学院海洋学委员会制订了《美国海洋学十年规划（1960—1970）》，对美国的海洋事业发展规划进行了系统梳理和总结。1969 年，该委员会出台了《美国 1971—1980 年海洋学计划》，此后又制订了《新技术革命与美国海洋开发政策》。20 世纪 80 年代，美国提出了"全球海洋科学规划"，把发展海洋科技提高到全球战略的高度，要求继续保持美国在海洋科技领域的世界领先地位，进一步巩固美国对其他国家的绝对优势。

冷战结束后，美国政府对发展海洋科技的重视有增无减，主要从立法、管理、经费、人员等多方面大力支持海洋科技工作。当前美国海洋科技管理采取分散管理体制，主要管理部门包括海军研究署、国家科学基金会、国家海洋和大气管理局、美国地质勘探局、矿产管理局、能源部等。目前，美国海洋科技研究的领域主要有物理海洋学、海洋地质与地球物理学、化学海洋学、生物海洋学、极地研究、深海研究等，研究重点包括海洋生物技术、海洋观测技术和深潜技术等。

克林顿（William J. Clinton）总统任内，美国在 1996—2000 年 5 年间投入的海洋科学研究与开发经费达 110 亿美元，其投入从占国内生产总值的 2.6%增至 3%。克林顿还专门为国际海洋年发表总统宣言。在宣言中，他呼吁各国共同努力，保护海洋生态环境，确保对海洋资源的可持续利用。在 1998 国际海洋年的推动下，美国在 1998 年和 2000 年两次召开全国海洋工作会议。在 2000 年的全国海洋工作会议上，根据国会当年通过的《2000 年海洋法令》，美国成立了海洋政策委员会，重新审议和制订美国海洋战略。2000 年 6 月，美国总统克林顿宣布了一项国家海洋

[①]　韩立民、李大海：《美国海洋经济概况及发展趋势——兼析金融危机对美国海洋经济的影响》，《经济研究参考》2013 年第 51 期，第 60—61 页。

勘探计划。根据该计划，美国将对加利福尼亚、纽约和佛罗里达三州附近海域的三处海底进行实地勘测研究。这标志着美国的海洋勘探进入了新的时期。

2007 年，美国发布了《绘制美国未来十年海洋科学发展路线图》。2013 年 2 月，美国国家科技委员会推出了《海洋国家的科学：海洋研究优先计划》，这份计划是对 2007 年 "路线图" 的升级，也是迄今为止最新的一份美国海洋科技研究计划。该计划从海洋科学本身和与海洋有关的社会学两个方面列明了美国海洋研究的优先领域：（1）促进对海洋酸化的认识；（2）关注北极地区；（3）增强对海洋自然资源的认识；（4）提高抵御自然灾害和环境灾害的能力；（5）海洋作业和海洋环境；（6）海洋在气候变化中的作用；（7）改进生态系统健康；（8）改善人类健康环境。[①] 从这份计划中我们可以看出，关于如何改善和推进海洋环境保护是美国海洋科学研究关注的重点。2015 年，美国国家科学基金会与美国国家研究理事会共同发布了《海洋变化：2015—2025 年海洋科学 10 年计划》，将海洋酸化研究、北极研究、墨西哥湾生态系统研究和海洋可再生能源研究作为今后 10 年美国海洋科学研究的重点关注领域。[②]

（二）海洋环境保护

美国的海洋环境保护与海洋资源的可持续利用概念紧密联系在一起。1984 年，美国海洋生物学家希尔曼和海洋地理学家亚历山大提出了一种称为 "大海洋生态系统"（large marine ecosystem）的海洋管理概念，将海洋环境看作一个整体系统，使人们对海洋环境的保护和管理的认识上升到了一个新的高度，并为发展新的海洋环境保护管理方法提供了理论依据。[③]

2003 年 6 月，民间组织皮尤海洋委员会（Pew Ocean Commission）在充分征求和吸纳了社会各界的意见后，向美国国会提交了名为《美国的活力海洋：规划海洋变化的航程》（*America's Living Oceans：Charting a Course for Sea Change*）的报告。报告将美国的海洋政策分为 6 个阶段，即启蒙时期（从美国建国到 1957 年）、从人造卫星到斯特拉顿委员会的时期

---

① 李双建、于保华等：《美国海洋战略研究》，时事出版社，2016 年，第 193—196 页。
② 王金平：《美国海洋研究重点关注四大方向》，《中国矿业报》2016 年 2 月 24 日。
③ 蔡守秋、何卫东：《当代海洋环境资源法》，煤炭工业出版社，2001 年，第 25 页。

（1957—1969 年）、激进主义的时期（1969—1981 年）、争论和僵持时期
（1981—1989 年）、寻求一致认识的时期（1989—2000 年）和一致要求变革
的时期（2000 年至今）。① 报告指出，美国在海洋经济蓬勃发展的同时也
面临着严峻的海洋生态环境保护形势，日趋严重的海洋污染问题和生态
灾难必须引起美国政府和公众的高度重视。为此，美国必须基于可持续
开发和利用海洋资源的原则，从改善海洋管理的角度入手，全面制订和
实施以海洋环境保护和资源健康利用为主题的新的海洋政策，建立以统
一、完整的生态系统为出发点的高效的海洋治理框架。②

　　2004 年 9 月 20 日，美国海洋政策委员会向国会提交了题为《21 世
纪海洋蓝图》的报告。报告主要针对"生活在边缘区域""清洁的水域"
"海洋的价值和重要性"等 9 个方面的问题提出规划，提出的建议涉及海
洋和沿岸政策的方方面面，包括制订新的国家海洋政策框架、促进海洋科
学和教育、海洋资源管理和沿海开发转向基于生态管理的目标、改善对联
邦部门活动和政策的协调、改善基于生态系统边界的区域管理，以及发展
平衡海上多种用途的协调管理等议题。此外，美国还大力推动海洋保护区
（Marine Protected Areas，MPAs）建设。根据功能不同，美国按照养护为主
（conservation focus）、保护层级（level of protection）、永久保护（permanence
of protection）、持续保护（constancy of protection）和生态保护规模
（ecological scale of protection）这五大标准对保护区进行不同定位。迄今
为止，美国已经建立了超过 1600 个海洋保护区。③ 2016 年 8 月 26 日，
美国总统奥巴马宣布将夏威夷帕帕哈瑙莫夸基亚国家海洋保护区的面积
扩大至原有的 4 倍，达到 150 万平方公里，这也使得它成为世界上最大
的海洋保护区。2016 年 9 月 15 日，奥巴马又宣布在美国东北部建立美国
第一个大西洋海域的海洋保护区，即面积达 1.27 万平方公里的"东北部
水下深谷与海底山海洋国家保护区"。保护区建立后，将禁止商业捕鱼、
采矿和钻探。

　　①　Pew Oceans Commission（美国皮尤海洋委员会）编《规划美国海洋事业的航程》上册，
　　　　周秋麟、牛文生等译，海洋出版社，2005 年，第 1—10 页。
　　②　Pew Oceans Commission（美国皮尤海洋委员会）编《规划美国海洋事业的航程》上册，
　　　　周秋麟、牛文生等译，海洋出版社，2005 年，第 13—15 页。
　　③　参见美国国家海洋保护区中心官网，https：//marineprotectedareas. noaa. gov/。

从上述动作中我们不难看出，进入 21 世纪后，美国对保护海洋环境的重视程度不断提高，不断提出新的规划和设计方案。美国的海洋环境保护并不是孤立存在的，而是在很大程度上与海洋科学的发展紧密结合在一起的，这就使得美国的海洋环境保护可以及时吸收最新的海洋科学研究成果，而美国的海洋科学研究也始终瞄准改善海洋环境、促进人与海洋和谐共存、科学利用海洋资源的方向发展，两者形成了良性互动的关系。

五　海洋教育与海洋科普活动

在美国官方和民间颁布的一系列海洋发展规划中，海洋教育是其中的重要内容。2002 年，在美国国家科学基金会、美国国家海洋与大气管理局的支持下，美国建立了全国性海洋科学网络组织——美国海洋科学教育卓越中心（Centers for Ocean Sciences Education Excellence，COSEE）。目前，美国海洋科学教育卓越中心在全美共设有 12 个中心，拥有超过 270 家公共机构合作伙伴及 2000 名网络成员，其宗旨是促进和培养海洋科技工作者和教育工作者之间的合作，以进一步探索、认识和利用海洋。其主要工作目标是：（1）促进当前的海洋科学研究与多样化的教育实践相结合；（2）构建有信誉的一体化资源，进一步扩大影响力；（3）积极推动科技工作者致力于教育和公共服务；（4）向教育工作者传授科学和科学研究的性质精神；（5）充当连接正式和非正式的教育伙伴和公众与海洋科学企业的桥梁；（6）尝试拓宽海洋科学参与度的策略；（7）发展和分享富有创造性、高技术含量的深度教育、通信工具和战略；（8）协助科学家掌握必要的技能，以在海洋科学概念和研究之间建立有效的连通关系；（9）提高海洋科学在教育体系中的影响力；（10）推动海洋文化发展；（11）在教育实践中率先采用海洋观测系统的数据；（12）建立实践共同体。① 总的来说，美国海洋科学教育卓越中心旨在进一步密切科学界和教育界的合作关系，使海洋科技工作者能够有意识地推广普及海洋科学知识并参与海洋教育活动，而海洋教育工作者则能在教学和实践活动中主动融入并熟练运用海洋科学知识，促进海洋科技成果的转化和传播。

---

　　①　参见 COSEE 官网，http：//www. cosee. net/about/。

在高等教育方面，美国开设海洋生物和生物海洋学、海洋资源管理、海洋科学、海运、海洋工程及海洋学六大类涉海专业的高校有上百所，基本分布在美国东部、西部和南部海岸地区，有60多所高校和科研机构可以授予海洋专业博士学位。美国国家海洋与大气管理局、美国国家科学基金会海洋补助金计划都在不同程度上资助了海洋教育活动。① 目前，美国海洋高等教育的发展趋势是加快涉海学科和专业的深度融合，组建包含物理、化学、生物、地质和工程等学科的专门的海洋学院或研究所。一些大学还与海洋研究机构合作培养学生，如麻省理工学院与伍兹霍尔海洋研究所的合作、加州大学与斯克里普斯海洋研究所的合作等都是很好的典范。② 科技与教育的有机结合推动了美国海洋科学研究的繁荣，除伍兹霍尔海洋研究所和斯克里普斯海洋研究所外，拉蒙特－多赫蒂地球观测所（Lamont-Doherty Earth Observatory）等美国著名海洋科研机构也都享誉世界。

在基础教育方面，美国的海洋教育重在从教材和实践两个层面培养学生对海洋的兴趣，促使他们掌握地理学、水文学等与海洋相关学科的知识。美国有众多致力于推广全民海洋教育的非营利组织和协会，它们的主要目标是为幼儿、高中生、大学生、研究生、博士后研究人员及普通民众等各层次人员提供接受海洋科学教育的机会。除前文提到的美国海洋科学教育卓越中心外，这些教育项目和机构还有国家海洋学伙伴计划（National Oceanographic Partnership Program）、国家海洋教育者协会（National Marine Education Association）等。③

---

① 李双建、于保华等：《美国海洋战略研究》，时事出版社，2016年，第243—246页。
② 胡松、刘慧、李勇攀：《美国海洋科学教育概况分析》，《海洋开发与管理》2012年第1期，第73页。
③ 胡松、刘慧、李勇攀：《美国海洋科学教育概况分析》，《海洋开发与管理》2012年第1期，第74页。

第八章

现代美国海洋观的历史沿革与发展

现代美国海洋观同其海洋战略的发展演进息息相关。美国在巩固并拓展其海上霸权的过程中不断孕育、丰富并创造性地发展了海洋观，它引领了世界海洋认知和利用的现代潮流，并在思想意识方面保持着全球领先地位。

第一节　近代以来美国海洋观的发展演变

一　建国后美国海洋观念的诞生与沿革

（一）美国建国之初海洋民族主义的萌发

美国建国之后，在华盛顿、杰斐逊等开国先贤"孤立于欧洲之外"的教诲下，联邦政府一直避免大规模发展被认为是推行对外扩张工具的海军，仅在战时急需的情况下才匆忙建造或购买舰只，并主要立足于海岸防卫，采用私掠战术同强大的英法舰队周旋。但事实证明，私掠战术不能有效地保护美国的海上贸易，弱小的美国海军无力捍卫美国的安全、民族独立和经济利益。

尽管如此，从美国独立到马汉的海权论提出之前，美国海军的发展长期摇摆不定，一直无法摆脱战时膨胀起来的海军舰队在战后迅速被裁减、变卖乃至荒废的宿命。这一时期，虽然美国的海上贸易迅速发展，其巨大的海洋发展潜力逐渐显露，但总的来说，海洋对于新生的美国而言更多是隔绝欧洲大陆战火纷争的安全屏障，美利坚民族可以在海洋的保护下安心地在广阔的北美大陆上拓展驰骋，首先完成大陆扩张的任务。可以说，19世纪下半叶之前，美国主要是一个大陆国家，它对海洋的关注度和影响力都微乎其微。美国虽然也在地中海、东印度等地派驻了海外分舰队，但这些弱小的分舰队的主要职责是保护商船、打击海盗，本土则加强海岸要塞的建设，这一时期美国海洋战略的基本主题还是"守土保交"。

　　然而，得天独厚的海洋地理环境和长期以来秉持的以贸易为导向的海洋生活方式，特别是由英国传播而来的以自由、民主、契约精神为核心的价值观，决定了美国建国后非但不能脱离海洋而生存，反而进一步由大西洋世界拓展到了太平洋世界。另外，在美国独立战争和 1812 年英美战争中，海军都是抗击强大的大英帝国的中坚力量，涌现出了约翰·保罗·琼斯这样带有阿喀琉斯浪漫主义英雄情怀的"海上英雄"或"海上骑士"，这些都催生了美国海洋民族主义的诞生。"海洋民族主义"这一概念由美国学者托马斯·菲尔布莱克（Thomas Fhilbrick）提出，尽管他并未对这一概念做出精准的定义，迄今对这一概念也未有一个公认的标准定义，但我们不妨认为海洋民族主义是民族主义在海洋这个载体上的呈现，以弘扬民族的海洋生活秉性、海洋历史传统和海洋文化。有学者认为，美国的海洋民族主义"是 19 世纪美国从自立到崛起进程中形成的一种思想意识形态"，"美利坚民族在此期间形成的对海洋之于国家地位和命运的重要认识，把美国命运同大海紧密联系；对海洋的无比自豪和光荣，以及由此而形成的对海洋的集体意识；海洋是国家地位的象征，是新兴的美国国家实力的展示场所等"。① 应该说，这段对海洋民族主义概念的阐释是比较合理的，它在一定程度上说明了美国建国初期以国家身份对海洋认知程度的加深。不过，我们也不能过分夸大美国的"海洋属性"，特别是不能过分拔高美国在建国之初对海洋价值、地位和作用的认识。在建国后很长一段时间，尽管美国的海洋贸易继续发展，但海洋在美国政治和对外决策中的地位是相对次要的，它更多是起到美国隔绝欧洲大陆纷争和战火的屏障作用。从美国内战结束至 19 世纪 80 年代，美国海军都长期处于得不到真正重视的孱弱地位，这也说明至少美国决策者对海洋作为贸易平台之外的价值的认识仍然是很不够的。同时，美国国内的首要任务是完成大陆扩张，将西部土地纳入新生的合众国版图。简言之，美国海洋民族主义萌发于美国建国之初，但要得到真正

---

① 段波：《詹姆斯·库柏的海洋书写与国家想象》，华中师范大学博士学位论文，2014年，第 34 页。

的发展，还必须等到 19 世纪下半叶美国地缘政治环境的深刻变化和国内经济的进一步发展，以及国际大环境的巨大变迁等所共同构成的历史背景的到来。

（二）19 世纪末美国海洋扩张思想的发展

到 19 世纪下半叶，随着美国版图逐步由大西洋沿岸扩张到太平洋沿岸，向北夺取加拿大领土的受挫，以及向南兼并得克萨斯、加利福尼亚等墨西哥领土任务的完成，特别是轰轰烈烈的"西进运动"的成功，美国基本上完成了大陆扩张的任务。面向海洋发展、进行海外扩张就成为这个工农业蓬勃发展、经济日益繁荣的新兴强国的必然目标。

同时，作为一个东西濒临浩瀚大洋，南部直面加勒比海的大国，美国在地理、历史和民族心理上并不是一个传统大陆国家。美国的开国者都是从欧洲漂洋过海而来，而早在英属殖民地时期，北美 13 个殖民地就以发达的造船业和航海贸易而享誉世界，因此美国人骨子里的海洋情结并未因为建国近百年来专注于大陆发展而销声匿迹，它在第二次工业革命的强烈推动下最终迸发出来，并表现出强大的生命力和创造力。

如前文所述，早在马汉创立海权论之前，美国一批有识之士就对美国海军的落后状况忧心忡忡，并不遗余力地奔走呼号，希望美国政府重视海洋发展，并积极谋求同欧洲强国在世界海洋舞台上展开竞争。值得一提的是詹姆斯·库柏。他不仅以卓越的海洋文学成就享誉美国文坛，而且致力于推动美国海军建设和发展。在他的众多作品中，不仅有《领航人》这样具有代表性的海洋小说，也有在 1839 年出版的两卷本《美国海军史》（*The History of the Navy of the United States of America*）这样严肃的学术著作。库柏撰写《美国海军史》的目的很明确，就是要歌颂美国独立战争和 1812 年英美战争时期美国诸多海军英雄的丰功伟绩，激起全民族的海洋热情，并呼吁美国政府改变对海军不够重视的态度，正视美国海军存在的问题，采取有力举措加强海军建设，以为美国的对外扩张和海权发展提供坚实的后盾。[①]

到 19 世纪下半叶，美国大陆扩张任务的完成使得海洋扩张的历史课

[①]　段波：《詹姆斯·库柏的海洋书写与国家想象》，华中师范大学博士学位论文，2014年，第 74—75 页。

题摆到了正走向世纪之交的美国人面前。如果说在很长一段时间，东部的大西洋在美国人潜意识里被视为隔绝以强权政治、专制王权、争霸战乱为代表的旧欧洲战火的屏障的话，浩瀚、神秘而朝气蓬勃的太平洋则成了机遇的代名词。19 世纪 40 年代初，美国海军军官、探险家威尔克斯率领的考察队不仅横穿了整个美国西部，还成功到达了南太平洋及南极等地。而 1867 年美国从俄国手中购得阿拉斯加标志着美国向太平洋沿岸扩张的任务已基本完成，正在快速崛起的美国势必要溢出北美大陆走向海洋。鉴于大西洋仍然是当时如日中天的大英帝国和欧洲列强的禁脔，因此美国扩张的下一个目标就是加勒比海和太平洋上的诸多岛屿。

二　马汉海权论对美国人海洋观的开拓

从学术价值看，马汉的海权论存在不少问题，例如，它仅仅从英国一国的海洋历史和实践经验出发概括出海权发展的若干原则和规律，其普遍性和适用性值得怀疑。另外，海权论是对丰富但零碎的海战案例的分析和经验总结，其理论深度不足，专业性还有所欠缺。但在一个争夺海洋和殖民地成为帝国主义竞争的中心话题的年代，马汉的海权论第一次系统而完整地阐明了控制海洋、发展海权力量对于国家兴衰的重大意义，尤其是它对美国必须拥有一支强大海军的疾呼迎合了主张美国应向海洋发展的社会力量的诉求，并在一个民族主义和强权政治甚嚣尘上的年代里赢得了最热烈的反响，进一步开拓了美国人的海洋观。更重要的是，马汉深入浅出地直接提出"海权是强国的标志"这个简洁明快而又极能鼓舞人心的口号。这一口号有力地契合了那个时代各个强国的需求，因而收获了空前热烈的反响，这是冷静、深沉的科贝特和他更为精深、专业的著作《海上战略的若干原则》所无法带来的。

在马汉之前，虽然有以国务卿西沃德等为代表的一批美国有识之士已经要求改变美国海上贸易繁荣而海军力量落后的不利状况，但他们的主张较为零散，并且对美国未来海洋发展模式的认识还主要停留在商业扩张层面上，并未系统阐发海军建设的重大战略性意义。詹姆斯·库柏等人通过宏大叙事和文化书写阐释了美利坚民族作为海洋民族的形象，并且也以文学创作的方式描绘了海洋贸易、海权扩张对新生的美国的重要性。荒野和大海是库柏作品的两大地理舞台，它们"帮助塑造了美利坚民族精神和民族性格，因为美利坚民族正是在同包括大海和荒野在内的大自然的生存斗争中，才形成了美国国民性格中最重要的特性——扩张主义、冒险精神、乐观主义、个人主义……茫茫的大海和广袤的荒野却不断激发起他征服荒野、征服大海的无穷的欲望，从而为美国霸权扩张的本性准备了适合其茁壮成长的沃土"。① 在对海权作用和美国海洋扩张的理论建构、实践路径和未来规划方面，马汉的海权论相比库柏的文学作品更为直接，内容更为丰富，其影响力也更大。可以认为，马汉在相当程度上继承并显著发展了库柏关于海洋扩张的某些思想。

马汉的海权论以相对严密的逻辑，提出充满活力的外贸体系和强大的海军是建立强大海权的两大前提，而生产、海运和殖民地则构成发展海权的三大环节，从而得出结论：没有强大的海军就没有制海权，一个没有制海权的国家其商业贸易就要受到威胁，因此对于美国这样一个经济发展日益依赖于对外贸易的国家而言，必须建设强大的海军。在激烈的国际竞争中，美国必须通过建立强大的海权来应对英国、德国等强国的挑战，从而在一个强权政治时代实现真正意义上的崛起，为美国以新兴强国姿态登上世界舞台奠定基础。概括而言，马汉的海权论促使美国人思考如何更加积极而正面地看待海上军事力量的作用，它促使美国开始改变片面追求海上贸易而警惕、忽视发展海军的国家政策传统，从战略角度认识海军的重大价值，为正处于由大陆发展向海洋发展转变的美国指明了方向。

第二节　两次世界大战与美国海洋观的发展

一　一战后美国从陆权到海权的价值转向

在第一次世界大战中，美国海军为协约国的最终胜利做出了重要贡献，体现出海上力量巨大的战略优势。同时，海军服务于国家战略和外交活动的重大价值也让美国政治家印象深刻，美国总统威尔逊、参议员亨利·卡伯特·洛奇、阿尔贝特·贝弗里奇（Albert Beveridge）等美国

---

① 段波：《詹姆斯·库柏的海洋书写与国家想象》，华中师范大学博士学位论文，2014年，第95页。

重量级政治家都坚定地支持美国海军建设。在第一次世界大战中，美国社会各界推动海军发展的热情持续高涨，就像历史学家哈罗德·斯普劳特（Harold H. Sprout）所描述的那样："包括工农业界、学术界、金融界等的各种支持海军扩建和备战的社团如雨后春笋般迅速成长。"①

第一次世界大战后，包括海军将领、政治家在内的美国海军派人士一致要求打破英国对海洋的垄断地位，建设一支足以同英国海军并驾齐驱的美国海军舰队，谋求英美在海洋事务上平起平坐的地位。为此，英美之间进行了"巴黎海战"等一系列战略博弈和较量，美国最终在华盛顿会议上正式终结了英国数百年来的海上霸权，实现了梦寐以求的同英国平等的海洋地位。这既是美国在战略上的巨大胜利，也是美国海洋观革新的显著标志。它表明，美国不再是以往那个孤芳自赏、专注于大陆发展的年轻国家，而是开始成长为谋求扬帆出海、积极参与并谋求主导国际事务的成熟大国。美国对海军重大战略意义认识的不断加深以及对海军问题的高度关切，也体现出其关注重点开始从国内事务转向国际事务，发展模式由大陆转向海洋，它从一个较为单纯的陆权大国向陆海兼备型的海权大国转变。

二　二战与美国海洋霸权意识的迸发

尽管美国在第一次世界大战后已经证明，它拥有取代英国成为新的世界海上霸主的实力和决心，但受制于国内根深蒂固的孤立主义传统和萧条的经济，一战后美国制订的多个海军建设计划进展并不顺利，这表明美国人在思想上还没有完全做好领导世界的准备。但随着第二次世界大战的到来，经历了残酷战火洗礼的美国人逐步完成了建立"美国治下的和平"的心理积淀过程，战后美国海洋霸权意识的全面迸发便是这种心理过程的结果。

在第二次世界大战中，美国海军让人印象最深刻的不仅仅是它强大的实力，还有它卓越的创新能力和积极的进取精神，这是美国谋求控制海洋的强烈意识的深刻体现。美国海军通过第二次世界大战成长为世界

---

① Harold H. Sprout, *The Rise of American Naval Power*, *1776-1918*, Annapolis, Md: Naval Institute Press, 1990, p. 366.

上规模最大、装备最先进、技战术素养最优良、实战经验最丰富的海军，美国也成功取代英国成为新的全球海洋霸主。

虽然我们无法精确界定美国海洋霸权意识完全迸发的时间节点，但无法否认的是，第二次世界大战为美国建立全球性海洋霸权奠定了基础，而二战后美国顺利接过英国海洋霸主的"接力棒"，表明美国通过第二次世界大战完成了彻底告别孤立主义传统、全面走向世界舞台并统治全球海洋的自我思辨过程。

同时，美国的海洋霸权意识又不完全是古典和传统的，而是融入了许多新的思想。在木制风帆战舰时代，海洋的战略价值主要体现在交通运输方面，因此英国海洋霸权的核心指导思想是夺取并控制全球主要海上交通要道，建立遍布全球的海军基地、加煤站和贸易据点，由此形成控制全球海洋的网络，从而保证英国海上贸易的安全通畅和便捷高效。美国继承并发展了英国控制海上交通线的思想，它不仅要牢牢地掌握对世界主要海域的制海权，还要构筑岛链体系和海上包围圈，从而形成由海洋包围大陆的战略态势，最大限度地扩大美国的海洋影响力。可以认为，美国海军在20世纪90年代提出的"由海向陆"思想，正是从海洋包围大陆的一贯思路的最新发展。

随着人类对海洋认识程度的不断加深，除了发展海上贸易的交通价值和建设海军的安全价值外，海洋的经济价值也在日益凸显。1945年《杜鲁门公告》的出台表明，美国式的海洋霸权不仅体现在传统的海洋安全领域，更体现在对海洋资源的争夺和开发上。得天独厚的两洋地理环境、高度发达的海上贸易和雄厚的经济实力、强大的海上军事力量、先进的科技和高素质的人才队伍、卓越的创新意识和深远的战略眼光，以及不断完善的海洋管理体制，都构成了美国在二战后引领世界海洋开发潮流的优越条件，奠定了美国在海洋开发领域始终保持世界领先地位的基础。毫无疑问，保持并巩固美国在海洋开发领域的领导地位是美国海洋霸权意识的核心内容之一，而这一切又都与推动美国完全实现海洋崛起的第二次世界大战有着密切的关系。

第三节　二战后美国海洋观的演进与革新

巩固并加强美国对世界海洋的统治地位，应对来自海上的各种威胁和挑战，必要时对突发危机和冲突进行军事干涉，确保美国不受阻碍地获取和利用海洋资源，是当前美国海洋战略的中心任务，也是美国主导国际海洋秩序的根本出发点。作为当今世界首屈一指的海洋强国，美国从海上兴起和发展的根本动力，在于它在历史征程中形成了一套完备合理的海洋观，并随着时代的发展不断增添新的内容，表现出蓬勃的生机和活力。

一　美苏争霸背景下海陆对抗的海洋观

冷战时期，美国海洋战略的核心要求是充分发挥美国的海洋优势，遏制苏联在陆上的扩张，即主要以美国海权对抗苏联陆权。美国海权对抗苏联陆权并不意味着美国海军同苏联陆军进行正面对抗，而是指美国利用其海上力量优势牢牢地控制世界主要海上交通线，进而从海上对苏联进行战略包围和战略遏制，特别是挫败苏联海军进入大洋为苏联拓展战略空间的努力。

在战略上，美国及其盟友寻求将苏联海军封锁在近海以内，阻止其通过波罗的海、黑海、日本海进入大洋，尤其是挫败其谋求通过阿富汗战争等陆上攻势获得印度洋出海口的战略构想，并严密监视苏联海军在越南、索马里等地的海外基地，避免其成长为一支足以对美国海上霸权和西方海上安全构成挑战的全球性海军；在战术上，美国一直将苏联庞大的核潜艇部队视为最大威胁，积极组织盟友构筑多道反潜防线。在欧洲，英国海军主要承担起防卫苏联潜艇从大西洋东北方向对北约盟国发动突袭的防务任务。在亚洲，日本海上自卫队迅速成长为世界一流的反潜力量，严密监视符拉迪沃斯托克的苏联太平洋舰队的动向，协同驻日美军和阿拉斯加的美国海军部队扼守西北太平洋海区，警惕苏联战略核潜艇在太平洋地区的活动。必要时，美国及其盟国将从北海、地中海和北太平洋三个方向彻底将苏联海军封锁在港口内，阻止其进入大洋。同时，在北冰洋地区，美国、加拿大、英国等国海空力量也严密监视着苏联北方舰队的动向。

美国在冷战中对苏联的胜利，在某种程度上表现为美国海权对苏联陆权的胜利。以美国为首的北约实质上是一个海洋联盟，而以苏联为首的华约则是一个典型的陆上军事集团。冷战期间，苏联陆权从大陆心脏地带向陆地边缘渗透和扩张，而美国海权则以广阔的海洋为依托，从陆地边缘对大陆心脏地带进行包围和遏制。这一场影响了世界格局近半个世纪的渗透与反渗透、遏制与反遏制的斗争，最终以美国海权战胜苏联陆权而告终。

二　后冷战时代美国全球霸权战略中的海洋观

冷战结束后，美国凭借作为唯一超级大国的优势，积极利用苏联解体后出现的"力量真空"，谋求全面控制全球海洋。总的来说，美国在后冷战时代，特别是在20世纪90年代初到21世纪初的十余年时间里，其全球霸权战略中的海洋观是对冷战时期海洋观的延续和发展，它比冷战时期更加重视控制全球主要海上交通线，确保美国能畅通无阻地进出世界主要海域，甚至将触角伸至一些国家的近海。

20世纪90年代以来，"前沿存在""从海上出击""由海向陆"成为美国海军战略的核心指导思想，这一思想深刻反映出美国在后冷战时代的霸权主义海洋观，即要通过"前沿存在"等方式更好地对地区危机和冲突进行快速反应，有效应对潜在的威胁和挑战，特别是借"由海向陆"实现美国力量从海上向大陆的渗透，遏制中国等新兴海洋大国的崛起，继续保持并巩固美国对全球海洋的统治地位。

在后冷战时代，为了更有效地控制全球海洋，美国海军不仅迅速摒弃了冷战时期同苏联进行海上决战的传统思维，积极向应对地区热点和局部冲突的灵活反应战略转变，还十分重视海军的技战术革新，希望通过技术与战略思想的良性互动共同促进美国海军战斗力实现新的飞跃。不难发现，20世纪90年代至今，无论是在战略思想、体制机制还是在军事技术上，美国海军都一直保持了活跃的创新能力，联合作战、精确打击、网络战、信息战等新概念、新理念层出不穷，并在海湾战争、科索沃战争、阿富汗战争、伊拉克战争等战场上得到实践和检验。相应地，武库舰、濒海战斗舰、新一代驱逐舰和核动力航母、"鱼鹰"战机、航母舰载无人机、电磁炮等高新技术武器也应运而生，它们不仅可以确保美国海军在技术上始终独领风骚，也使得美国牢牢把握并引领世界军事革命的潮流，并在军事技术和新战术思想的制高点上保持了对其他国家的不对称优势。

三　21世纪美国主导全球海洋治理与合作的海洋观

"9·11"事件之后，尽管小布什政府一度推行强硬的单边主义政策和强权政治，但随着美国逐渐陷入阿富汗战争和伊拉克战争的泥潭，这种一味使用暴力反恐的模式被证明是"越反越恐"。与此同时，贩毒、走私、海盗活动、海洋灾害、环境污染等非传统威胁呈现不断上升的势头，而要有效遏制这种威胁，确保海洋安全并促进海洋经济繁荣，单靠美国一家的海洋力量是远远不够的，因此必须有效推进全球海洋治理与合作。在21世纪，主导全球海洋治理与合作成为美国海洋观的核心内容。

美国倡导的全球海洋治理与合作主要体现在海洋安全领域和海洋开发领域。在海洋安全领域，美国希望通过"千舰海军"（后改名为"全球海上伙伴倡议"）等形式构建美国主导下的全球海上安全合作机制，共同打击海盗、贩毒、走私等海上犯罪活动，有效应对一系列非传统海上安全威胁。当然，全球海洋合作的核心层面还是巩固和加强美国同盟友之间的海军合作，特别是在东亚、中东等热点地区，通过联合军演、共同防卫等形式确保美国的海洋影响力和有效威慑作用。

在海洋开发领域，其全球海洋合作的海洋观具体包括海洋财富观、海洋生态价值观、海洋军事利用价值观和海洋文明观等方面。在海洋财富观方面，美国认识到海洋不仅是保证全球自由贸易和商业繁荣的源泉，还是提供油气资源、矿物资源、生物资源等的宝库，发展海洋经济是21世纪美国经济发展的必然方向之一。在海洋生态价值观方面，美国从全球生态的高度充分认识到海洋对于人类文明延续和发展的重大意义。首先，海洋是地球生命支持系统的重要组成部分，如果没有海洋发挥调节作用，地球将会出现极寒或极热天气，人类将无法生存。其次，海洋纳污能力、自净能力或自然恢复能力是有限的，不能无限容纳人类制造的各种污染物和废弃物。最后，海洋生态系统是脆弱的，人类开发利用海洋不能以牺牲海洋生态环境为代价。在海洋文明观方面，美国不断推进对海洋与人类健康关系的研究，辩证地看待海洋对人类生活的影响，既重视开发海洋生物资源，从海洋获取重要的食物、药物和其他人类生产生活必需品，又有针对性地开展海洋污染防范、海洋毒素防治等。[①]

客观而言，美国在一定程度上确实具备了推动开展全球海洋治理合作的能力。作为世界首屈一指的海洋强国，美国不仅保持了全球最强大的海军力量，而且在海洋经济、海洋科技、海洋管理等方面都保持了世界领先地位，具有强大的海洋综合实力。特别是美国具有强大的创新能力和创新精神，它对海洋开发利用的认识日益深化，并一直在探索新的领域和利用方向，不断提出新的理念和主张，能有效引领后起海洋国家实现在海洋领域的跨越式发展。

不过，尽管美国积极倡导并推行全球海洋合作，但必须指出，美国海洋观中的单边主义思维仍然根深蒂固，利己主义、排他主义和强权政治在美国海洋政策中时有体现。例如，美国迄今未加入《联合国海洋法公约》，而是按照国内法和自身价值观去实行"美国特色"的海洋管理，但又经常按照有利于自身的原则去解释并利用《联合国海洋法公约》，谋求获得最大的海洋行动自由，并攫取最大的海洋利益。这种两面派的做法不利于构建公正合理的国际海洋新秩序，也必然给美国海洋战略的推行造成一系列矛盾和障碍。

同时，美国谋求建立在其主导下的国际海洋秩序虽然融入了若干和平、进步、协商的原则和精神，但仍然无法摆脱浓厚的西方霸权主义和强权政治的色彩，这也是与广大发展中国家主张以《联合国海洋法公约》为基石构建公正合理的国际海洋新秩序的精神背道而驰的，必将遭到越来越多国家的抵制。

---

① 　石莉等：《美国海洋问题研究》，海洋出版社，2011年，第8—12页。

第三编

日本的海洋战略与海洋观

第九章
近代日本的海洋战略

　　贯穿近代日本海洋战略的一条主线，就是在西方列强从海上纷至沓来的刺激下日本逐渐打破长期闭关锁国的状态，并随之革新自强，进而踏上海洋扩张、梦想征服世界的不归路。近代日本的海洋扩张观念根深蒂固，这是日本特殊的岛国地理特征、依海而生的历史文化传统，以及近代西方列强在东亚扩张造就的地缘政治环境所共同促成的，这些因素对日本现代及当代海洋战略与海洋观的形成与发展都产生了深远的影响。

第一节　古代日本的海洋活动与海洋文化

一　古代日本的海洋发展历程

（一）日本的海洋地理环境与早期海洋活动

　　日本列岛位于太平洋西北部，与欧亚大陆隔海相望，它由本州、九州、四国、北海道四个主要岛屿及多个群岛和小岛组成，在地理上是一个典型的岛国。在地形上，日本列岛西部为半封闭的日本海，东临浩瀚的太平洋，海岸线总长 3 万多公里，曲折狭长，其中太平洋沿岸分布着日本的主要平原和众多深水良港，如东京、横滨、神户、长崎等重要港口。日本地处寒暖流交汇之处，有众多天然渔场，渔业资源十分丰富。日本人自古就有食鱼的传统，日本人对鱼的消费量居世界首位，其他海产品的消费量也居世界前列。总的来说，日本具备了一个典型海洋国家的特征，拥有面向海洋发展的优越条件，使得海洋成为影响日本民族生存和发展的关键要素。

　　关于日本列岛上人类起源的时间并无定论，但发端于新石器时代的绳文文化被认为是奠定现代日本文化和日本民族基础的最古老的文化。[①]
最能反映绳文时代生活环境的，是贝冢和居住地的遗址。从现存的贝冢
遗址发掘出了精巧的以鹿角磨制的钓钩，以及鲷鱼、鲈鱼等鱼类的鱼骨，
从这些鱼骨的分布情况可以推定，日本先民更多地生活在海岸附近。[②]
据推测，日本的食鱼传统在绳文时代便已形成。日本东北地区出土的文
物证明了当时的渔捞技术已经十分发达，已存在铦（鱼叉），甚至渔网
编织用的土锤、石锤及用于集体捕鱼的木船。[③]

　　在绳文时代，日本先民主要从事狩猎和捕捞等原始活动，进入弥生
时代后，日本逐渐步入农耕社会。不过，由于日本多山地，耕地较少，
因此日本人的主要生活方式还是海洋性的。陈寿在《三国志·魏书·东
夷传·倭人》（通称《魏志倭人传》）中指出："又南渡一海千余里，名
曰渤海。至一大国，官亦曰卑狗，副曰卑奴母离。方可三百里，多竹木
丛林，有三千许家，差有田地，耕田犹不足食，亦南北市籴。又渡一海，
千余里至末卢国，有四千余户，滨山海居，草木茂盛，行不见前人。好
捕鱼鳆，水无深浅，皆沉没取之。"由此可知，在《魏志倭人传》书写
完成的公元3世纪，古日本人已经开始了农田的耕种，但尚不具备规模，
渔捞活动仍是主要的生产方式。对于这些水性超群的捕鱼者，《魏志倭人
传》描述："男子无大小皆黥面文身……今倭水人好沉没捕鱼蛤，文身
亦以厌大鱼水禽，后稍以为饰。"此处对日本古代海民的描述尤为具体，
文中提到了为避开蛟龙、大鱼、水鸟的袭击，男子皆文身，而后文身渐渐
变为装饰作用这样的细节。对于日本古代的海洋性生产生活方式，《万叶
集》中有生动的描述：

　　　统治天下的大君／如神灵高高在上／在印南野的大海／藤井浦的海
　　边／钓鲔鱼的船繁忙／烧盐的人聚集／优良的海湾／有丰厚的渔获／能烧
　　出精致的盐／一直在此观赏／洁净的白色海滩[④]

---

① 〔日〕坂本太郎：《日本史概说》，汪向荣等译，商务印书馆，1992年，第14页。
② 宫本常一：『海に生きる人びと』，東京：未来社，1987年，第17页。
③ 冯玮：《日本通史》，上海社会科学院出版社，2012年，第20页。
④ 〔日〕佚名：《万叶集》上，金伟、吴彦译，人民文学出版社，2008年，第384页。

　　《魏志倭人传》《万叶集》等古典文献反映了日本早期浓郁、发达的海洋文化。正如丁山在《古代神话与民族》一书中所描述的那样："埃及人尊尼罗河为生命之水，苏美尔人尊恩利尔为山家，若干民族之古代，因其所在环境不同，在山祀岳，傍水祀河，神格无常，时因祀之者境迁而异。"① 这种海洋性的生产生活方式，决定了日本神话以海洋为万物之源，以海神为崇拜、依赖及敬畏对象的原始意识。

　　弥生时代后，日本列岛开始进入"古坟时代"，倭王权逐步确立，日本古代国家的轮廓开始显现。在大和政权建立前，各地区还属于政权割据状态，存在北九州政权、出云政权、吉备政权等地方政权。地方政权中的重要一支则是海人势力。在日本学者千田稔看来，古代日本王权的海洋意识来源于深入王权内部的海人文化。② 日本历史学、民族学及考古学经常使用"海人"这一概念来指代海民。海人不仅仅指渔民，还表示区别于陆民的集团。他们主要以海洋作为维持生计的舞台，从事渔业、制盐、水运、贸易、海盗活动等。③ 海人分布的地域甚广，到公元 9 世纪，海人居住的地方被称作海部。日本最早的词典《和名抄》对海部进行了记载，如海部郡（今大分）、市原郡海部乡（今千叶）、熊野郡海部乡（今京都）。海部除了显示在地名里外，也是倭王权为统辖各类技术者所设的组织，除海部外还有山部、忌部、土师部等。④

　　海人集团还在巩固王权中起到了重要作用。以大和地区为根据地、以大王氏为中心的豪族集团为了巩固势力、统一全国而极力拉拢海人集团。据《古事记》记载，仁德天皇派遣使臣，迎娶了吉备海部直的女儿。历史上是否有此事目前已难以考证，但可以推想，古代日本皇家存在通过与海人集团通婚来夯实王权的政治需要。另外，保证食物的供给也是古代王权维系的重点。各类食物中，海产品尤其受王室重视。在《古事记》中仁德天皇即位前传里，大山守命发动叛乱，意图夺取天下。大雀命与宇迟能和纪郎子合力战胜了大山守命，两人都相互推让对方当天皇。正值此时，海人来敬献鲜鱼，两者相互推让了很久，导致海人来

①　丁山：《古代神话与民族》，商务印书馆，2005 年，第 391 页。
②　中西進：『南方神話と古代の日本』，東京：角川書店，1995 年，第 68 页。
③　後藤明：『古事記——環太平洋の日本神話』，東京：勉誠出版，2012 年，第 47 页。
④　王海燕：《日本古代史》，昆仑出版社，2012 年，第 86 页。

往奔波，疲惫不堪，甚至为此而哭泣。由此反映出接受海人进贡的海产品，已经成为王者的象征。①

海人集团除了对内政提供支持外，对外交也有较大贡献。公元 3 世纪以来，出于对铁资源的需求，倭国与朝鲜半岛南端的加耶地区始终保持着密切联系。公元 4 世纪后半叶，朝鲜半岛的百济、加耶诸国与日本列岛的联系开始加强。在这一系列与朝鲜半岛的交流中，处于九州地带的海人豪族"宗像族"发挥了重要作用。宗像族凭借高超的驾船技术，确保了日本与朝鲜半岛之间往来航路的通畅。至推古朝，日本列岛开始推进与中国的交流，陆续向中国派遣使节。日本使节前往中国的海路航线同样离不开海人集团的支撑，遣隋使小野妹子本人就是海人豪族和珥氏的后代。

简言之，作为一个岛国，日本与外界的交流离不开海洋，无论是开展外交、对外战争还是向外国学习都以海洋为交通媒介，这也奠定了海人集团在推动日本国家发展中的重要地位。可以说，随着历史的发展，各大海人豪族势力逐渐渗入古代日本内政外交的各个方面，在寻求政权稳固、国家发展这一背景下，海人集团成为日本海洋文明史演进过程中不可忽视的重要力量。

（二）古代日本海洋历史的发展轨迹

公元 663 年 8 月，日本、百济联军与唐、新罗联军间爆发了著名的白村江海战（又称白江口之战），日军在这场战争中惨败。朝鲜《三国史记》记载，在白村江海战中，尽管兵力和战舰数量都远不如对手，但唐军"左右夹船绕战"，致使日军"赴水溺死者众，舻舳不得回旋"。《旧唐书·刘仁轨传》也记载了唐军主将刘仁轨的用兵经过："仁轨遇倭兵于白江之口，四战捷，焚其舟四百艘。烟焰涨天，海水皆赤。"白村江海战奠定了唐朝在东亚的中心地位，也使得日本天智天皇意识到同强大、先进的中国封建王朝的巨大差距，随后开始积极派遣遣唐使，全面学习唐朝的政治、经济、文化、科技等。②

日本派遣遣唐使也反映出这个被海洋所包围的国家的开放心态，它

---

① 大林太良：『海人の伝統』，東京：中央公論社，1996 年，第 31 页。
② 冯玮：《日本通史》，上海社会科学院出版社，2012 年，第 68—69 页。

并不因失败而恼羞不已、故步自封，而是善于向先进的对手学习，直至有一天超越它。可以说，在近代早期幕府闭关锁国之前，日本作为一个典型的海洋国家，其开放程度在东亚独立国家中名列前茅，这也同日本本土资源贫瘠、多自然灾害，必须通过对外交往才能获得发展的自然地理和地缘政治环境有关。

在宋朝，中国商品经济发展水平迈上了一个新的台阶，随之而来的就是中日贸易的兴盛。不同于传统的以朝贡和赏赐为主要内容的官方贸易，宋朝中日贸易的主要形式是民间贸易。到镰仓时代中期，幕府经常派遣商船入宋开展贸易。《宋史·日本传》记载："倭人冒鲸波之险舳舻相衔，以其物来售。"有学者认为，随着贸易的活跃，中国、日本和朝鲜半岛之间形成了开放性的环流贸易圈，这个贸易圈无疑以商品经济最发达的中国为中心，而日本则在其中扮演了重要角色。①

蒙元时期，忽必烈曾两次派兵远征日本，即1274年的"文永之役"和1281年的"弘安之役"，但这两次远征行动都以失败告终。对于强大的蒙古军队征日失败的具体缘由，学界尚存争议，但海上风暴的袭击和由多民族组成的蒙军内部的矛盾是其中的重要原因。此后，元朝还有第三次征讨日本的计划，并已开始了修建战船等准备工作，但由于内部叛乱和忽必烈在1294年病逝，这一计划未能实施。

公元14—15世纪，由日本列岛而来的"倭寇"袭扰东亚大陆和朝鲜半岛沿海地区。他们主要从事海盗活动，以杀人越货、抢掠财物为营生，当然也不乏进行贸易经商者。倭寇之乱兴起的原因有很多，其中很重要的一点是随着人口的增加，日本本土资源不足以维持生活需要，必须从海外获取生产和生活资料。例如，朝鲜半岛有"三岛倭寇"之说，即来自日本对马、壹岐、肥前松浦三地的倭寇，这三个地区地势险峻、土地贫瘠，不适合农业耕作，无法维持自给自足的农业经济，当地只有进行海外冒险才能维持生存。② 早期赴海外的倭人以经商贸易为主，后来慢慢演变为海盗活动居多。

在官方贸易方面，日本和明朝之间开展了长达百余年的"勘合贸

① 冯玮：《日本通史》，上海社会科学院出版社，2012年，第198—199页。
② 冯玮：《日本通史》，上海社会科学院出版社，2012年，第250页。

易"。所谓勘合，是明朝政府颁发给合法贸易船只的许可证，以区别于海上走私和海盗贸易。日本和明朝之间的勘合由"日"和"本"两个字组成，顺次编号，明朝持"日"字号勘合，日本持"本"字号勘合。日本遣明船到达中国后，出示"本"字号勘合，经验证后准许贸易。明朝推行勘合贸易的出发点是确立以中华帝国为中心的朝贡体系和东亚秩序，而日本室町幕府恢复同中国明朝的外交和贸易往来，也有借此强化幕府权威的用意。据统计，1401—1547年，日本共派遣了19批遣明船，其中进行朝贡贸易的"勘合船"始发于1404年，前后共17批。[①]

由上述古代日本海洋发展的历史可以看出，海洋因素对日本人的民族心理和民族性格的成长具有重要影响，特别是对日本处理对外关系的基本心态产生了不可忽视的作用。日本列岛被茫茫大海所包围，东临浩瀚无垠的太平洋，西望统一、强大的东亚大陆，这种特殊的地理环境逐渐孕育了日本人自负而又自卑的民族心理。既害怕外敌渡海来侵，又渴望摆脱狭小岛屿的束缚和大海的包围进行对外扩张，成为日本人矛盾而又真实的内心想法。

二　日本的海洋神话传说与海神信仰

（一）古史书所载早期日本人对海洋的认知

海洋为古代日本人提供"鱼盐之利，舟楫之便"，凝集了共同想象和民族意识，这种文化记忆以神话传说为载体传承至今。关于古代日本神话传说的文字记载最早可见于《古事记》和《日本书纪》两部典籍（以下简称"记纪神话"）。这两部典籍被认为是日本现存最完整的古史书，其编撰主旨在于阐述日本民族的起源、国家的形成、天皇的由来及谱系等。[②]记纪神话中关于海洋的记述提供了探索古代日本海洋文化样态的重要端绪，是反映日本早期人海关系、海洋观念的重要窗口。

记纪神话开篇即讲述了日本国土形成的过程，反映了古代日本人对海洋空间的认识。《日本书纪》描述道："开辟之初，洲壤浮漂，譬犹游

---

① 冯玮：《日本通史》，上海社会科学院出版社，2012年，第251—255页。
② 陈秀武：《记纪神话中的日本政治意识初探》，《日本学刊》2007年第1期，第100页。

鱼之浮水上也。"① 根据太安万侣所撰《古事记·序》，在这片洲壤浮漂的海域中，有神祇浮沉于海水而涤身。② 也就是说，开天辟地前是浩瀚海面上分散着小浮块的"混沌"景象。据考证，这种认识不仅限于日本，从中国长江流域到朝鲜半岛南部，乃至东南亚沿海地区的神话中都存在类似的描述。③ 宇宙间的"圣神"赐予伊邪那岐命与伊邪那美命男女二神一支天沼矛，命其修固漂浮着的国土。二神在天空的浮桥上，把矛头伸入海水中搅动，提起长矛后滴下来的海盐形成了一个海岛。于是天地有了分隔，男女二神降临海岛完成圣婚，开始创生诸岛屿和诸神。这段创世神话是古代日本人以对海底地壳运动造成新岛出现的自然现象的观察为基础，结合一定想象加工而成，它折射出日本列岛从茫茫海洋中生成的国土观。④ 至此，神话交代了海洋与国土形成的关系，打开了二者存在的平行空间，而"伸入海水的矛"和"滴下的海盐"等动态描写则反映出了从天到海的立体空间。

其后，伊邪那美命因生产火神受伤而死去并坠入黄泉国，伊邪那岐命为寻找妻子到了黄泉国。从黄泉国出来后，进行了禊袚仪式。其间化生出了众多的神灵，包括洗涤左右眼和鼻子时生成的天照大御神、月读命、须佐之男命。伊邪那岐命最为疼爱这三个孩子，他委任天照大御神治理高天原，月读命治理夜之国，须佐之男命治理海原，即"三神分治"的物语。⑤ 此三神神格极高，天照大御神更是被尊为日本皇室的祖先神。这也反映了海洋在古代日本人认知中的重要性，它与太阳、月亮一道构建了古代日本人的世界观与时空观。

在空间上，记纪神话体系将宇宙垂直分为天、地、地下三部分。天即高天原，乃诸神居住的场所；地即苇原国，代表日本本土及人间世界；地下则包括黄泉国、海原和根国，常寓意生死交替轮回之场所。地下世界是更具观念性的异界空间，记纪神话不乏对这三大空间的详细描述。相较于象征死亡的黄泉国，海底世界是富饶而华丽的另一派景象。山幸

① 坂本太郎、家永三郎、井上光贞等校注『日本古典文學大系67 日本書紀』（上），東京：岩波書店，1967年，第3頁。
② 〔日〕太安万侣：《古事记》，周作人译，人民文学出版社，1979年，第1页。
③ 後藤明：『古事記——環太平洋の日本神話』，東京：勉誠出版，2012年，第46頁。
④ 王金林：《日本神道研究》，上海辞书出版社，2007年，第5页。
⑤ 〔日〕太安万侣：《古事记》，周作人译，人民文学出版社，1979年，第24页。

到达海神国度与海神之女结为夫妇，有"美智皮之叠敷八重、亦絁叠八重"，有百台结纳、美酒飨宴。① 可以说，海神的世界是充满爱与财富、光明与幸福的世界。②

常世国原本为延伸到海底的地下国、祖灵国，后来也被认为是海彼岸的异乡。在《日本书纪》垂任天皇篇里，天皇命令田道间守到常世国去寻找非时香果（即现在的橘）。"田道间守于是泣悲叹之曰，受命天朝，远往绝域，万里蹈浪，遥度弱水。是常世国则神仙秘区，俗非所臻。是以往来之间，自经十年。"③ 在日本神话中，作为"理想乡"的常世国不像中国的蓬莱位于山中抑或天上，而是位于海的彼岸抑或是海之中央，这反映了海洋在日本本土信仰中的牢固基础。

结合自身经验并发挥想象，古代日本人对于被海环绕的国土有着"格物致知"的观察。在其原始的世界观里，海洋空间是立体的，是与天和地并行的存在。海域被观念性地抽象为神域，在与外来文化的融合中，这一想象的异域空间被赋予神秘的色彩，并加入了时间的轴线。这样的时空是理想国度的代名词，寄托着古代日本人最为美好的向往与愿望。

（二）古代日本的海洋神祇意识

古代日本的海洋神祇意识产生的根源主要有三个方面：一是古代人对自身所处自然环境的因应，通过神格化理解并认知海洋现象，表达感谢或畏惧之情；二是对民族历史的追溯和对祖先的敬畏，为了建立民族自豪感和渲染祖先功绩，向上古追溯并神化其民族起源；三是基于万物有灵意识或泛灵意识，产生对各种灵应对象的崇祀，记纪神话所塑造的古代日本诸神多以自然现象为原型，表现出自然现象神格化的特征。

在记纪神话中登场的海神共有 20 余位，它们多半是在水中禊祓的过程中产生的。前文提及伊邪那岐命去黄泉国找寻妻子，从那里出来后，

---

① 坂本太郎、家永三郎、井上光贞等校注『日本古典文學大系 67 日本書紀』（上），東京：岩波書店，1967 年。

② 岡田啓助：「山梨の龍宮信仰と常世」，『帝京学園短期大学研究紀要』，2006 年第 5 号，第 A1—A14 頁。

③ 参见坂本太郎、家永三郎、井上光贞等校注『日本古典文學大系 67 日本書紀（上）』，東京：岩波書店，1967 年。

他必须经过禊被才能清除黄泉国的污秽。在这一过程中，诞生了保护远海航行的神奥疏神、镇定海浪的神奥津那艺佐毗古神、保护远海捕鱼的奥泽甲斐弁罗神、保护沿海航行的边疏神、镇定海边的边津那艺佐毗古神、保护沿海捕鱼的边津甲斐弁罗神。① 伊邪那歧命在水的下、中、上面清洗时，生出了绵津见三神和筒之男命三神。筒之男命三神也被称为住吉三神，原为航海的守护神。随着时间的推移，其功能逐渐由航海神转变为渔业神，此后更是被赋予了保卫国土、防御外敌的功能。② 被后世供奉的重要海神还有宗像三神，他们是天照大神将须佐之男命的十拳剑折为三段放入口中嚼碎后，从她吹吐出的气息中诞生的。宗像三神因具有守护通往朝鲜半岛的海上航行安全的作用，从大和时期起就备受重视。

日本神话中海神众多，这不仅反映出古代日本人对海洋的敬仰与感恩，更意味着人们对海神威力的认识和对平安丰收的祈愿。古代日本人具备了一定的海洋灾害意识，在其看来，海上狂风大作是海神发怒所致，只有拿性命、物品供奉海神才能抚慰海神之心，从而平息海上风暴。例如神武天皇东征时，遭遇海难，二哥时稻饭拔尖跳入海中以平息海神的怒火。日本武尊征讨虾夷（今北海道）时，暴风忽起，船舟飘摇，其妾第橘媛在海浪上铺设菅草席八叠，皮褥八张，锦垫八层，坐于其上沉入海中。③ 在此之后，风暴得以停止，船顺利靠岸。

虽然海神会掀起巨浪，给人们带来苦难，但在日本神话中的众多海神无一恶神，而是具有多种功能的保护神。④ 正因如此，古代日本人会祀奉海神，祈求航行平安。如《万叶集》短歌里妻子为出海远征的丈夫祈福所云：

> 遵从大君的旨令/ 前往比邻的国中/我心爱的夫君/说出来令人敬畏/ 住吉的现人神/ 请坐镇在船头/ 顺利路过海岛/ 平安穿过礁矶/

---

① 〔日〕梅原猛：《诸神流窜——论日本古事记》，卞立强译，经济日报出版社，1999年，第15页。

② 網野善彦：『海から見た日本文化』（海と列島文化 第10卷），東京：小学館，1992年，第34—35頁。

③ 〔日〕太安万侣：《古事记》，周作人译，人民文学出版社，1979年，第106页。

④ 松本芳夫：「古代人の海洋意識」，『史学』，第2卷，第3号，1942年3月，第380页。

不要遇上风浪/ 一路无病无恙/ 愿早日返回故乡

古代日本的海神信仰包含着人们对海神威力、庇佑、赐予的敬仰、顺应、祈求及感谢之情，并由此产生了"祭祀""祭礼"等诸多带有强烈群体性特点的海洋文化活动。日本原始神道关于海神的祭祀从弥生时代起就已开始。祭祀海神的代表性遗迹有漂浮于玄界滩的孤岛，作为海岛上宗像神社的冲津宫，有的祭祀遗址则可追溯到公元4世纪后半叶。① 这一原始神道文化几经演变流传至今，最为著名的海神祭祀活动当属每年夏季在严岛神社举办的管弦祭，当天人们在船上安放神舆，吹奏管弦于海上，以慰藉海神神灵。② 如今供奉宗像、住吉、惠比寿等海神的神社遍布日本福冈、大阪、兵库各地，继续承载着人们对海洋的祈愿。

在记纪神话里，海神除了承载古代日本人对海洋的崇拜和敬畏之情外，更重要的意义在于传达古代豪族的先祖观念。作为政治神话，以天皇家祖先神天照大神为核心的天上王权是以天皇为首的地上王权的象征，聚集在高天原解决危机的众神都是臣姓系的中央豪族的祖先神。③ 例如，绵津见神被视作阿昙族的祖先神，宗像三神则代表着古代宗像一族。换言之，日本的海神信仰既包含了自然崇拜也囊括了祖先崇拜，既属于带有民俗、节庆、集市等特色的民间信仰，又与日本神道关系密切，带有自然崇拜、祖先崇拜、多神崇拜等诸多典型的神道特点。

（三）海洋因素与古代大和王权

日本神道云：大日本是神国。由于神明的加护，国家得以安全。由于国家的崇敬，神明得以增灵威。④ 为构建神国国体，记纪神话将天皇与天神攀上关系，其"神代"的故事是在古日本大王统治日本全境以后的某个时期，出于使王权和君主地位名正言顺的目的，由政府官员以实际状况和民间传说为素材创作而成的。因此，记纪神话带有浓重的政治

---

① 〔日〕村上重良：《国家神道》，聂长振译，商务印书馆，1990年，第20页。
② 姜春洁：《功能主义视角下的日本海神信仰研究》，《广东海洋大学学报》2012年第2期，第16页。
③ 冈田精司：「記紀神話の成立」，朝尾直弘等编『岩波講座日本歴史2古代2』，東京：岩波書店，1975年，第290—330页。
④ 王守华：《神道思想研究的现代意义》，《日本学刊》1997年第3期，第76页。

色彩，彰显着古代日本的国家意识和王权意识。

众所周知，日本皇室将天照大御神尊为祖为神，天照大御神即普照大地的伟大之神。日本天皇皆为天照大御神的直系子孙，由此确立了日本万世一系的神国基础。值得注意的是，神格最高的天照大御神是伊邪那岐命在海水中行禊产生的。换言之，海洋成为开启神国国体的源头，因此享有解释国家渊源的功能和地位。

在"山幸彦与海幸彦"的故事中，天照大御神的曾孙山幸彦火远理命是抵达海神龙宫后才获得权力基础的。海幸彦火照命和山幸彦火远理命是两兄弟，哥哥火照命专司捕鱼，弟弟火远理命专司狩猎。起初，火远理命地位较低，他弄丢了哥哥的鱼钩，为寻找鱼钩来到了海神宫。但在其归来后，兄弟的尊卑关系发生了逆转：主宰海原的大绵津见神将女儿丰玉比毗卖嫁给了火远理命。通过与海神之女的圣婚，火远理命继承了海神支配雨水的咒语和神器，遂使哥哥火照命臣服。① 也就是说，山幸彦火远理命的海神宫之行具有加冕仪式的性质，这则神话在现实的宗教仪式上也有所体现：古代新天皇必须以八十岛祭的形式在海边举行典礼后，方能取得作为统治者的神圣资格。②

随后，山幸彦火远理命与海神之女生下鹈草葺不合命，鹈草葺不合命又娶了海神的另一位女儿玉依毗卖，并生下四子，分别是御毛沼命、五濑命、稻冰命和若御毛沼命。若御毛沼命也就是后来的神武天皇，他经过征伐统一了大和，是日本历史上的第一代天皇。当然，神武天皇的真实性还有待考证，但在记纪神话体系里，无疑是从神代过渡到后续天皇谱系的重要衔接。也就是说，日本天皇谱系的父系继承了天照大御神的血脉，而母系则继承了海神的血脉，这背后反映出了王权基础的海洋属性。③ 在日本历史上，仁德天皇曾迎娶海人豪族吉备海部直的女儿，由此可见古代日本皇室有通过与海人集团通婚来巩固王权的可能。

除此之外，海洋还是影响国家统一和王权扩张的重要因素。为一统各割据政权，神武天皇开始东征，而向东多为海路，大兴舟楫之便成为必然选择。当神武天皇率皇舟抵达东征第一站速吸门（今明石海峡）

---

① 水林彪：『記紀神話と王権の祭り』，東京：岩波書店，2001 年，第 190—191 頁。
② 蕙宣、沈仁安：《中日民俗的异同和交流》，北京大学出版社，1993 年，第 156 页。
③ 大林太良：『海人の伝統』，東京：中央公論社，1987 年，第 23 頁。

时，恰巧出现了一名渔人乘小船前来为他指引道路。神武天皇将他引上船来，特赐名为椎根津彦。神武天皇东征的传奇故事以渔人椎根津彦的出场作为开端，折射出熟悉海路的渔人在古代政权建立中发挥的作用。[①] 由此可见，海洋是决定王权兴衰的重要因素之一。但海洋对王权的发展具有两面性：一方面，海上的恶劣环境容易遏制民族的迁徙和政权的辐射；另一方面，驾驭海洋、征服海洋则可助推王权的发展，加强对外威慑力。

日本神话传说带有浓郁的海洋文化特色，折射出古代日本人的海洋意识和人海互动过程。通过对神话传说及其衍生的海神信仰的考察，我们不难发现，海洋是创造日本国的母体，是光明富丽的理想乡，是权力的来源和扩张的基础，它塑造了古代日本人的时空观、国土观、原始信仰和政治意识。日本的海洋文化流传至今，强化了日本作为海洋民族的身份认同，为国家面向海洋发展提供了原始养分。

第二节　丰臣秀吉时期的日本海洋战略

一　丰臣秀吉的对外扩张与"文禄·庆长之役"

（一）丰臣秀吉的征伐朝鲜野心

16 世纪末，随着丰臣秀吉击灭明智光秀，日本历史进入了安土桃山时代。丰臣秀吉野心勃勃，他不仅要统一日本列岛，还梦想侵略朝鲜并征服中国。1585 年（天正十三年），丰臣秀吉寄给美浓的大垣代官的信中有"命令平定唐国的意图"的字句。次年，丰臣秀吉在大阪与日本的耶稣会副管区长的谈话中提出，待日本国内诸事处理安定以后，将把日本的统治权让渡给弟弟美浓守（羽柴秀长），自己则渡海去征伐朝鲜和中国。为此将采伐木材，建造 2000 艘海船，以壮出征军势。[②]

1591 年，丰臣秀吉着手进行侵略朝鲜的战争准备。是年正月，丰臣秀吉对各国大名下达征召水军部队兵员的命令，进行战争动员，命令责

---

① 　江月：《论日本神话传说中海洋对王权的作用》，《科教导刊》2016 年第 5 期，第 152 页。
② 　三田村泰助编『明帝国と倭寇』（東洋の歷史：第 8 卷），東京：人物往来社，1967 年，第 320 頁。

成各国大名从速建造船舶以供跨海征伐朝鲜之需。动员令内容如下。第一，日本全境东起常陆，经南海至四国、九州，北起秋田、坂田至中国，临海各国诸大名凡领地食禄每十万石者，准备大船两艘。各海港每百户出水手十人，以驾驶各国诸大名所建之船；此外，须将多余的船只与人员集中至大阪以供调遣。第二，丰臣直辖本军所需船只则由各国大名每十万石建大船三艘、中船五艘。所需建造费用均由丰臣拨给；各国大名将所需建造费用，以预算形式造表呈报，由丰臣先行拨给一半，迨船只建造完毕后，再行付清。第三，水手给予俸米，其妻子食粮另外给付。军阵中所雇用之下人妻子，亦一律给予食粮。第四，上述征伐朝鲜所需的各船舶、水手，均须于 1592 年（天正二十年）春季集中至摄津、播磨、和泉三国各港口。[①] 此外，1592 年 3 月，丰臣亦下达了征召陆军部队兵员的动员令，明确规定了各国诸大名每万石应征召入伍的兵员人数。

　　1592 年（文禄元年）3 月，丰臣秀吉共调动了自全国动员的 56.3 万人，包括作战部队 30.625 万人，后勤劳役与辎重人员 25.6 万人。而当时面积大约 26 万平方公里的日本全国的总人口为 1150 万人，可谓举倾国之力发动战争。日本以陆军部队 15.87 万人为侵朝军队主力，编为九个军团，分别由小西行长、加藤清正、黑田长政、岛津义弘、福岛正则、小早川隆景、毛利辉元、宇喜多秀家、羽柴秀胜率领，在以宇喜多秀家为总指挥官的指挥下，渡海侵略朝鲜。九鬼嘉隆、藤堂高虎、加藤嘉明、来岛康亲、菅野正影等人率领由 9200 人和 700 艘舰船组成的水军以做运输士兵和海战之用。此外，丰臣为了进一步扩充兵源，命德川家康、前田利家、上杉景胜、蒲生氏乡、伊达政宗率领他们旗下的军队共计 10.5万余人在肥前名护屋（今佐贺县）集结，作为侵朝战争的战略总预备队。[②]

　　在战略上，丰臣秀吉采纳德川家康的建议，确定了"陆海并进""以强攻弱""速战速决"的方针。丰臣秀吉给水军布置的任务是保证陆军的物资供应，而陆军则兵分三路，齐头并进，进而攻占整个朝鲜。在一切工作准备就绪后，丰臣秀吉以朝鲜拒绝对中国动武为由，于 1592 年

---

①　西村真次：『安土桃山时代』，东京：早稻田大学出版部，1922 年，第 472—473 页。

②　平凡社编集部编『日本史料集成』，东京：平凡社，1963 年，第 262—263 页。

4 月正式发动了针对朝鲜的侵略战争，史称"文禄・庆长之役"。在这场战役中，丰臣秀吉同时将侵略的矛头指向了中国。1592 年 4 月 12 日，小西行长率领第一军团共 1.87 万人先期渡海至对马岛待命。4 月 13 日，丰臣秀吉下达全军进攻的命令，日军倾巢而出。4 月 14 日，侵朝日军首先在釜山登陆。5 月 2 日，攻占朝鲜京城汉城。6 月 15 日，攻占平壤。战役开始后，日本水军还在九鬼嘉隆、藤堂高虎等将领的指挥下自釜山沿朝鲜海岸线北上攻掠。

（二）　日本水军与中朝联军的海战

"文禄・庆长之役"这场东北亚区域性国际战争始于 1592 年，至 1598 年结束，历时六年。在此期间，侵朝日军不仅在陆地上与朝鲜和明朝联军展开激烈搏杀，其水军也在黄海海面同朝鲜及明朝水师展开激战。日本水军与朝鲜水军在黄海上的激战是世界军事史上首次使用热兵器交战的海战，双方先后进行了玉浦海战、泗川海战、唐浦海战、固城海战、栗浦海战、漆川梁海战、鸣梁海战、闲山岛海战、安骨浦海战、釜山海战及露梁海战等大规模海战，海战的结局对日本侵朝战争的进程产生了重要影响。

其中，玉浦海战是"文禄・庆长之役"爆发以来，朝鲜军队所取得的首场大捷，李舜臣以微小的代价即歼灭日军这一海上强敌，不仅掌握了海上控制权，而且打破了日军不可战胜的神话，极大地振奋了朝鲜军民抗敌的决心。而日军在玉浦海战的失败则导致其从本土输送兵力和粮食辎重至朝鲜半岛的行动变得日益困难。由于在玉浦海战后即已丧失大部分的制海权，侵朝日军陷入惶恐不安的状态，极大地影响了日军的士气。

闲山岛海战被西方学者称为"朝鲜的萨拉米海战"，这场海战及其后的安骨浦海战构成了"文禄・庆长之役"中最重要的两场战役，成为整个战争的战略转折点。朝鲜水军在李舜臣的指挥下击毁日军大量舰船，全歼日本水军精锐，完全控制了制海权，有效切断了日军在黄海的海上交通线，从而牢牢掌握了战争的主动权。而日本方面，陆军加藤清正部虽然已推进至咸镜北道，但由于水军大败，日军的物资供应陷于捉襟见肘的窘境。通过陆路运输所花费的人力物力不仅是海上运输的 4 倍以上，而且还会因遭到明朝军队、朝鲜军队和义兵的截击使得物资运输与补给难以为继，从而导致小西行长所率日军在攻陷平壤后再也无法继续向北前行。其后，援朝明军和朝鲜军民的英勇战斗彻底粉碎了丰臣秀吉野心勃勃的侵略计划。可以说，日本水军在闲山岛海战的失败直接宣判了丰臣秀吉侵略朝鲜战争的死刑，进而导致其征服中国的"宏图远略"破灭。此后，战争虽仍旧继续了数年，但那只不过是为了安抚丰臣秀吉失望的野心而进行的无望战争而已。①

其后，朝鲜军民在中国的援助下，最终击败侵略者，收复了全部国土。由于侵朝战争的失利，丰臣秀吉的统治基础发生了动摇，他本人也不久病亡。

（三）丰臣秀吉的南洋经略

在朝鲜战役激烈进行的同时，在日本驻菲律宾的贸易行商原田孙七郎的策动下，丰臣秀吉又将侵略目光投向了富庶的东南亚地区。原田向丰臣献言，建议丰臣派遣水师南下攻略菲律宾。原田提出，日本应主动挑起与菲律宾的争端，主张丰臣以太阁的名义致信西班牙驻菲律宾的地方殖民长官，敦促其向日本朝贡以激怒西班牙殖民者，从而为日本进攻菲律宾制造口实。在原田的策动下，丰臣依计派原田为使者前往马尼拉将书信转交给西班牙驻菲律宾总督达斯马利尼亚斯（Gomez Perez Das Marinas），然后静观其变。出乎原田预想之外的是，达斯马利尼亚斯慑于丰臣的威势，遣使传教士柯博斯为代理使节率团专程赴日觐见丰臣，呈上珍宝并极尽面谀之辞以博取丰臣的欢心。如此一来，丰臣、原田等人原定激怒西班牙以获得宣战口实的计划失去了实施的可能性，加之日本正在进行侵朝战争已无力旁顾，以及其水军缺乏对西班牙作战的信心和远洋航海所必需的知识与技术等，丰臣侵略东南亚的计划也就此搁浅了。②

丰臣秀吉发动的"文禄·庆长之役"是近世日本为侵略东亚大陆所射出的第一枚鸣镝，同时也成为近代日本军国主义者扩张政策的滥觞。丰臣秀吉"进军朝鲜，席卷明朝四百余州，以为皇国之版图"，③ 以及窥

---

① 中村新太郎：『日本と朝鲜の二千年』（上），東京：東邦出版，1981年，第229—230頁。
② 高木友三郎：『海上権と日本の発展』，東京：興亜日本社，1942年，第140—141頁。
③ 参謀本部編『日本戦史（8）朝鲜役』，東京：村田書店，1978年，第11頁。

伺东南亚的行径不仅反映了当时日本社会上海洋扩张思想的胎动，而且折射出现代"东亚新秩序"理论的憧憧魅影，对近代日本军国主义以侵略求发展的观念产生了重要影响，其流毒甚广，贻害无穷。

二　日本思想界对丰臣秀吉海洋扩张思想的阐释

丰臣秀吉死后，从德川幕府直到二战日本战败投降的三个多世纪中，日本思想界始终不遗余力地对丰臣秀吉的"丰功伟绩"进行"历史叙述"和"理论建构"，将他的扩张思想不断系统化和具体化，使之逐渐成为近代日本军国主义者推行包括海洋扩张战略在内的世界扩张战略的理论原点。

德川家康奉行"锁国制度"，但没有妨碍他在继承丰臣秀吉政治遗产的同时全盘接收丰臣的侵略野心。德川家康的目标同样是企图建立以日本为中心的东亚国际秩序。

这一目标为江户时代思想家就日本在东亚国际关系格局中身份定位的理论建构提供了方向指南。德川时代的思想家在丰臣秀吉亚洲扩张思想的基础上抛出了日本应成为亚洲乃至世界政治主宰的理论，要求建立由日本主导的国际关系，并强调普天之下，世界各国在承认日本领导地位的前提下各安其所，从而实现在日本治下的世界和平。可以说这种由日本实行统治来保证世界和平的"八纮一宇"（即天下归一）的思想始终存在于江户时代学者们的著作中。① 甲午战争时期，坪谷水哉在《丰公朝鲜军记》的序文中对丰臣秀吉的扩张思想大肆吹捧："文禄、庆长期间，（日本）先后两次出兵朝鲜，历时长达七年之久，二十万貔貅蹂躏八道之野，数番与明韩联军鏖兵，炫耀日本威武之光辉于异域，永绝邻国觊觎之念，宣扬国威，伸张国权，阙功至伟。是为丰太阁雄才伟略所致，恩泽流被后世之民多矣。"② 坪谷的这席话充分说明，丰臣秀吉作为近代日本军国主义思想的始作俑者，直接影响到江户时期知识分子海洋扩张思想的形成。

---

① D. C. Holtom, *Modern Japan and Shinto Nationalism: A Study of Present-Day Trends in Japanese Religions*, Chicago: The University of Chicago Press, 1943, pp. 23—24.

② 博文館編『日清戦争実記』（第 3 編），東京：博文館，1894 年，第 55—56 頁。

第三节　幕府时期海洋扩张思想的理论奠基

一　近代欧美列强对日本的海上袭扰

1784年，美国商船"中国皇后"号（*The Empress of China*）成功开通纽约到广州的航线，中美正式建立了贸易关系，两国贸易额迅速上升。在对华贸易的刺激下，美国急于打开日本的国门，因为日本横亘在中美航线上，必须将其纳入服务于中美贸易的轨道。美国需要在通往中国的贸易航线上寻找一个较英国更接近于中国的贸易中转站。① 在这种时代背景之下，美国船只多次在日本周边海域出没，寻机敲开幕藩锁国体制下日本紧闭的国门。

从18世纪中叶开始，欧美列强开始向觊觎已久的日本扩张。在列强争夺日本的角逐中打头阵的是沙皇俄国，它利用邻近日本的地理优势首先出兵进行武力试探。早在1711年，沙皇彼得一世就派兵在日本北方及本州沿海地区进行勘测活动，并与北海道南部属松前藩管辖的虾夷族进行通商活动。1792年和1804年，俄国使节拉克斯曼（Adam Kirillovich Laxman）与雷扎诺夫（Nikolay Petrovich Rezanov）两度向幕府提出通商的要求，均遭到幕府的拒绝。沙俄遂转而谋取库页岛和千岛群岛的领有权，并企图以此为跳板控制整个北太平洋地区的制海权。1806—1811年，俄国武装船只多次袭扰南库页岛、择捉岛、礼文岛、利尻岛、国后岛等地和日本沿海，要求日本开港。

就在俄国对日本北部领海虎视眈眈的同时，日本南部也因英法等国的骚扰而频频告警。拿破仑战争期间，英国为打破法国的大陆封锁政策，积极抢占作为法国附庸国的荷兰的海外殖民地，在大洋上四处追捕荷兰船只，并伺机闯入日本领海。1808年，英国军舰"费顿"号（HMS *Phaeton*）为追捕荷兰船只闯入长崎港，佐贺藩因制止不力而被幕府问罪，长崎奉行松平康英引咎自裁。1824年，英国捕鲸船的船员两度在日本常陆国的大津滨和萨摩藩的宝岛登陆，索要新鲜食物

---

① 　William F. Nimmo, *Stars and Stripes across the Pacific: The United States, Japan and the Asia/Pacific Region, 1895–1945*, Westpor: Praeger, 2001, p. 4.

和淡水，甚至抢劫耕牛。可见，英国成为当时日本来自海上的最主
要威胁。

除英国外，法国也积极谋求打开日本国门。1844 年 3 月，法国舰
队抵达琉球首府那霸，向琉球政府出示中法《黄埔条约》，要求缔结通
商条约并允许法国传教士在当地传教及通商贸易，但琉球政府以本国
乃中国的藩属不能自主为由予以拒绝。1846 年 5 月，法国舰队再次抵
达那霸，但仍未能迫使琉球政府同意其通商和传教的要求。因当时琉
球处于萨摩藩的羁縻统治之下，法国便转而派遣海军威逼日本德川幕
府。幕府慑于法国的军事威胁，遂采纳萨摩藩的意见，接受了法国的
条件。①

1853 年 7 月，美国东印度舰队司令马修·佩里准将率领两艘蒸汽
动力明轮木壳护卫舰"萨斯喀那"号（USS *Susquehanna*）和"密西西
比"号（USS *Mississippi*），以及两艘单桅风帆动力木壳运输舰"普利茅
斯"号（USS *Plymouth*）和"萨拉托加"号（USS *Saratoga*）强行闯入
江户湾的相州浦贺海面，向幕府递交美国总统米勒德·菲尔莫尔
（Millard Fillmore）的国书。因这四艘舰艇均为黑色涂装，故称为"黑
船来航"事件。②菲尔莫尔在国书中称，美国将在尊重日本政府法令和
礼仪的基础上与日本进行友好往来，以建立两国间互利互惠的商业贸易
关系。他请求德川幕府救助遇险的美国船员并对美国船只开放港口，为
其提供燃料、粮食及淡水等补给物资。菲尔莫尔在国书中还特别提醒幕
府："蒸汽军舰仅仅需要 18 天即可从美国横渡太平洋抵达日本。"③由此
可见，菲尔莫尔致幕府的国书和盘托出了佩里此行的真实用意，即以武
力为后盾叩开日本国门，因此"黑船来航"事件又被称为"佩里
叩关"。

在"佩里叩关"的冲击下，日本国门洞开，幕藩锁国体制也随之土
崩瓦解。此后，英、俄、法等西方列强接踵而至，迫使德川幕府签订了

---

①　沼田次郎编『東西文明の交流（第 6）日本と西洋』，東京：平凡社，1971 年，第
282—287 頁。
②　安岡昭男：『日本近代史』，東京：芸林書房，1982 年，第 1 頁。
③　加藤祐三：『黒船異変：ペリーの挑戦』（岩波新書の江戸時代），東京：岩波書店，
1993 年，第 58 頁。

《安政五国条约》，日本由此沦为任由列强宰割的俎上鱼肉。马克思对此评论道，西方国家"建立世界市场和以这种市场为基础的生产"的任务，"随着中国和日本的门户开放，这个过程看来已经完成了"。[①] 西方列强巨大的海上冲击叩开了日本沉重的国门，引发了近代日本前所未有的民族危机。另外，西方国家海军在"黑船来航"等事件中所展现出的强大海权力量，也让日本社会各界深感震撼，由此带来的强烈刺激在暮气沉沉的日本国内宛如一石激起千层浪，将军、领主、武士、豪农、知识分子等社会各阶层随即就富国强兵这一主题各抒己见，激烈争论。其中，效仿西方发展各种学科，尤其是学习西方国家的航海之法成为救亡图存的重要议题，并很快产生了广泛的社会影响。

二　日本知识界的海防观念与海洋扩张思想

（一）林子平的海防论

江户时代后期的兵学家和地理学家林子平是经世学派中提出海防论的第一人。1785年，林子平推出《三国通览图说》一书，1785年、1786年分别刊出了与该书配套的地图和解说部分。林子平在《三国通览图说》一书中全面介绍了日本及其周边的历史沿革、文物制度、风俗习惯、地理物产、里程、风俗、气候等情况。林子平亦毫不隐讳自己所著《三国通览图说》的意图在于明确日本周边的状况以便适时采取相应对策。他在自序中，言及"地理实乃关键之所在。居庙堂之上而秉国政者不知地理，将临治乱；率兵征伐者不知地理，将有失安危之所；跋涉者不知地理，将不知缓急"。所以，林子平以日本为中心，制作了朝鲜、琉球、虾夷的地图，以便在逢国家治乱之时，"不迷不疑"、未雨绸缪以达胸有成竹的境地。[②]

1786年，林子平又出版了《海国兵谈》一书。他在书中纵论五大洲形势，在强调日本"为地缘上无接壤的邻国且四周皆环海之国"，亦即"海国"的同时，不忘提醒国民"勿忘江户日本桥下水，直通中国与荷

---

①　《马克思致恩格斯（1858年10月8日）》，载中共中央马恩列斯著作编译局编《马克思恩格斯全集》（第29卷），人民出版社，1972年，第348页。

②　林子平：「三国通览图説 题初」，山本饒编『林子平全集』（第2卷），東京：生活社，1944年，第229頁。

兰"，亦即"海国"日本与世界的联系，以启迪国人放眼世界。他在书中指出日本加强海防必须做到攻防兼备，并具体提出了各项防卫措施，依次论述了水战、陆战、军纪、战略、夜战、选士、编制、行军、兵器、辎重、城池攻防、操练等事项的关键要领，堪称处于资本主义前夜的日本有关海防与武备的百科全书。林子平是经世学派中开海防研究之先河者。他在《海国兵谈》等著作中潜心钻研经国济世之策，主张巩固海防以化解海国日本因西力东渐所面临的潜在与现实危机，给日本民众防御来自海上的西方列强的侵略开启了新的思想方向，具有积极的历史意义。

不过，林子平的海防论也为近代日本武力扩张论的兴起埋下了伏笔，从总体上为构思日本对外侵略扩张的近代世界战略奠定了基础。① 林子平将日本邻近地区作为其攻略的目标。他在《海国兵谈·自跋》中直言不讳地宣称，自己著述《三国通览图说》的目的在于厘清朝鲜、琉球、虾夷的地图，以便"当朝鲜、琉球与虾夷及中国、俄国等外来强敌海上入寇时详悉防御之术"，而且更在于"日本英雄率兵进入此三地时，能暗记此图以应对变化"。② 为此，林子平在《海国兵谈》中露骨地提出，希望日本能够出现如俄国女皇叶卡捷琳娜二世那样的君主，以"一统五洲"。为完成这一目标，林子平主张通过武力实行对外扩张，并强调"治世而不忘战，乃保卫国家之道"。在论及日本的武备方面，他主张文武兼顾，以武为先。③

（二）本多利明和佐藤信渊的思想

18 世纪 90 年代，不少有强烈扩张主义情结的日本学者在本居宣长的日本中心主义的基础上开始提出"建立'大日本帝国'的构想，其主要代表人物是本多利明和佐藤信渊"。④ 江户时代后期的经世学家本多利明在《西域物语》和《经世秘策》等著述中公开鼓吹日本应效仿西欧尤

① 蒋立峰、汤重南：《日本军国主义论》上，河北人民出版社，2005 年，第 132 页。
② 林子平：「海國兵談自跋」，山岸德平、佐野正巳共编『新编林子平全集 1 兵学』，東京：第一書房，1988 年，第 287 页。
③ 林子平：「海国兵谈」，山岸德平、佐野正巳共编『新编林子平全集 1 兵学』，東京：第一書房，1988 年，第 81 页；上村勝弥编『大日本思想全集 第九卷 渡边華山集 高野長英集 林子平集 附 蒲生君平集』，京京：先進社内大日本思想全集刊行会，1932 年，第 81 页。
④ 戚其章：《国际法视角下的甲午战争》，人民出版社，2001 年，第 7 页。

其是英国进行海外开拓。他在《经世秘策》中指出，英国虽地处孤岛却能睥睨群雄，其中要诀就在于英国实行了促进生产发展和海外贸易的"劝业制度"和"海洋涉渡制度"。本多利明认为日本作为海洋国家，航海运输及海外贸易原本就是国君的天职与首要的国务。所以当局者应派遣船只驶往各国，搜罗国家所必需的物资及金、银、铜等并输入日本以厚实国力，"是为使海国物资充足的方法"。

从这种认识出发，本多利明以欧洲各国为例，强调日本意欲成为"大国"，就必须推行"开拓制度"。他指出："欧洲各强盛国家，其本国虽小，但多有属国，亦堪称大国。"因此，对于日本而言，"无论东洋抑或西洋，皆有可属于日本之诸岛"。而且，日本可以不择手段以取得属于自己的岛屿，"即使侵犯他国，也应由此而增强本国，乃是国家要务"。为实现"大日本帝国"构想，本多利明在《经世秘策》中发出了日本国民的"帝国主义雄心"与"复兴的第一声"，即将日本国号改为"古日本"，并迁都至与伦敦处于同一纬度的堪察加，同时在与巴黎同一纬度的唐太岛（今库页岛）地区建筑规模庞大的城郭，以便发展与大陆滨海边疆地区及中国东北的贸易，从而实现"东洋有大日本岛，西洋有英吉利岛，在全世界，两者比肩同列为富强之大国"。①

此外，本多利明还在 1801 年所著的《交易论》中援引欧洲列强尤其是英国进行海外殖民战争与掠夺的事例，阐述以战争为后盾的"海洋涉渡制度"，亦即海外贸易制度。他直言不讳地称自己撰写该书的用意在于，"阐明乃使国家永远臻于无穷富贵之根本道理在于运用贸易手段榨取他国的金银铜货，并尽收于我国以厚殖国力"。本多利明将"此种贸易之道的极致"概括为通过"战争之道"进行海外扩张，鼓吹日本应伺机"攻略外国并占领其地"，具体而言，"此种交易之极致乃系自由自在地发挥海洋涉渡。故而此项海洋涉渡亦即与开赴战场别无二致，由此所得斩获巨额利益则与赢得会战而攻取郡国之事等量齐观"。本多利明在"海洋涉渡"的立论基础上进一步阐释了以武力扩张为核心的对外贸易观。他宣称："通过发动战争以谋取国家利益乃是为君之道的诀窍及捍卫

---

① 本多利明：「経世秘策」，塚谷晃弘、蔵並省自編『日本思想大系 44 本多利明 海保青陵』，東京：岩波書店，1970 年，第 12—86 頁。

国家的本职工作。如是则交易之道合乎战争之道，攻取外国而尽收其所有亦为顺理成章之事。"①

　　本多利明有关"大日本帝国"的构想经过佐藤信渊"皇室中心主义"的补充与润色，"'帝国主义这一只有在皇室中心主义之下才能被有效而且充分地付诸实践的真理'得到了阐明"。② 1823 年，江户时代后期的经世学派改革思想家佐藤信渊抛出了其代表作《宇内混同秘策》，系统阐释了他的侵略思想。他在序言中狂妄地宣称："我皇大御国（日本）乃大地上最初肇成之国家，为世界万国之根本，根本一旦有序，则全世界（各国）应悉数皆为其郡县，万国之君长皆应为其臣仆。"因此，"皇国号令世界万国实乃自然而然之天理"，而"安抚世界万国之苍生自始即为皇国君主之要务"。他主张，皇国日本应依照此种天理，首先吞并"满洲"，其次应逐步将全中国纳入日本的版图，继而占领东南亚并以此为跳板占领印度，从而实现日本"对世界万国的混同"，亦即"合并世界各国"。③ 佐藤信渊因此被皇道派法西斯分子尊为先觉。

　　佐藤信渊在书中将"宇内混同"的锋芒直指中国："皇国日本之开辟异国，必先肇始吞并支那。……故而此书先详述攻取中国之方略。"他提出："凡经略异国之方法，应先自弱而易取之地为始。当今之世界万国中，皇国易于攻取之土地莫如支那之满洲为更易取者。"佐藤信渊强调在吞并中国之后，日本应挟战胜之余威，乘势征服整个亚洲，"中国既入日本版图，其他西域、暹罗、印度诸国，侏离鴃舌，衣冠诡异之徒，渐慕德畏威，必稽颡匍匐，隶为臣仆"。④

　　从上述认识出发，佐藤信渊详细论述了侵略及吞并中国的战略步骤。他从地缘政治的视角指出：中国东北与日本的山阴、北陆、奥羽、松前等地隔海相望，相距仅 800 余里，是"易于攻取之地"。而"自中国的首都北京至满洲海岸，沙漠辽阔，山谷险恶。而自皇国日本征伐此地，海上距离仅百余六七十里，我军则可乘虚而入"。加之，"满洲人性情急

---

①　本多利明：「交易論」，塚谷晃弘、蔵並省自编『日本思想大系：44 本多利明　海保青陵』，東京：岩波書店，1970 年，第 166—182 頁。

②　井上清：『日本帝国主義の形成』，東京：岩波書店，2001 年，第 2 頁。

③　井上清：『日本帝国主義の形成』，東京：岩波書店，2001 年，第 2 頁。

④　佐藤信淵：「混同秘策」，尾藤正英、島崎隆夫校注『日本思想大系：45 安藤昌益・佐藤信淵』，東京：岩波書店，1977 年，第 426—428 頁。

躁而缺少谋略、懦弱恐惧",可谓不堪一击。因此,如果日本得以囊括,则"我皇国不仅可得到满洲,而且中国国势的衰败亦将由此开始,从而在此基础上,尽可谋取朝鲜与整个中国"。[1]

在如何攻取朝鲜和中国东北的具体措施上,佐藤信渊主张由青森府、仙台府之兵充任先锋,顺黑龙江而下进逼中国东北西南部,日军登陆后用谷物、美酒等对当地居民进行安抚或用武力征服。沼垂府、金泽府之兵则直接进驻朝鲜半岛,并在距离中国东北八百海里的海岸逡巡,伺机一举登陆,则"黑龙江诸部皆归我所有"。而后乘势发兵攻吉林城,攻取盛京。同时,松江府预备舟船、战车,载以武器、大炮,发兵抵达朝鲜国东海岸,以占领咸镜、江原、庆尚三道。博多府则出兵攻占朝鲜国南部海岸,进军忠清道,直逼中国都城北京。大泊府的任务是攻占琉球诸岛和台湾岛,进而直接登陆浙江,占领台州、宁波等地。天皇则亲率熊本府之兵进攻中国江南地区,目标是占领应天府(今南京),将其作为临时皇居。此后,日本将"录用有文才之中国人,施以仁政,致力于抚育中国人,再用数十年时间平定中国全境"。[2]

佐藤信渊还是近代日本"南进论"的始作俑者。他在《海防策》中打着防范英国觊觎东亚的幌子,详细阐述了征服东南亚的具体步骤。他认为日本应先从伊豆诸岛派出舟师,开拓南洋中的无人之岛(小笠原群岛),并将八丈岛等地少人多之地的民众迁入该岛,渐次开发该地以发展新田农耕之业,悉数聚敛该地的物产之利。同时与清朝、安南、暹罗等国互通贸易,加紧经营诸岛,并与琉球结成掎角之势,以待非常时期"派遣舟师攻取吕宋、巴刺卧亚。此两国皆气候温暖,物产极其丰饶,宜以会聚该两地与各国进行贸易,并在该两地设置兵力,严整武备以镇守该两地以为图南之基础。又从此地派遣舟船经营爪哇、渤泥以南诸岛,或结以和亲以收互市之利,或遣以舟师兼其弱,在其要害之地置以军卒。若耀兵南洋以伸张武威,则谙厄利亚人(英国人)虽至猖獗,又安敢觊觎东洋哉。诚

---

① 佐藤信渊:「混同秘策」,尾藤正英、島崎隆夫校注『日本思想大系:45 安藤昌益·佐藤信渊』,東京:岩波書店,1977年,第430—431頁。

② 佐藤信渊:「混同秘策」,尾藤正英、島崎隆夫校注『日本思想大系:45 安藤昌益·佐藤信渊』,東京:岩波書店,1977年,第433—436頁。

如斯，则日本的国富兵精，威势强劲又岂可以语言能尽述之"。① 由是观之，佐藤信渊的"宇内混同论"是其后日本军国主义者鼓吹世界战略的滥觞，他关于吞并中国东北、攻略南洋的设想亦成为"大东亚共荣圈思想的先驱"。②

海洋扩张思想不仅在经世学派中大行其道，而且在其他学派中也备受推崇。水户藩的兰学者就主张幕府早日"确定海防之大策"以成击退夷狄之功，在此基础上进而主张"建造大型舰船，漂洋过海，长驱直入各国境内以成就交易之事，其利莫大焉，此举且为我日本富国强兵之一大助力也"。③ 通过对江户时期日本政治思想发展轨迹的描绘，我们不难看出，从丰臣秀吉时代就流传下来的海洋扩张的侵略思想与传统对近代日本军国主义的侵略扩张产生了承前启后的重大影响，在很大程度上而言，近代日本法西斯军国主义将侵略扩张作为国家发展政策工具的战略抉择不过是丰臣秀吉时代与德川幕府时期海洋扩张侵略思想的延续与延展。

三 "佩里叩关"后日本社会的开国与海防思想的勃兴

"佩里叩关"之后，日本有识之士均意识到借鉴与吸收西方文明是推动日本实现富国强兵不可或缺的必要课程，④ 并就如何学习西方文明，实现富国强兵的具体途径达成共识，那就是打开国门，彻底废除阻碍海外贸易的《大船建造禁止令》，⑤ 积极发展开海通商，力图通过繁荣商业贸易及充实军备，最终达成使日本成为世界强国的战略目标。⑥

"佩里叩关"给日本朝野上下造成空前的震撼。幕府首席老中阿部

---

① 鸨田惠吉：『佐藤信淵選集』，東京：日本出版配給株式会社，1943 年，第 333 頁。
② 大畑篤四郎：『日本外交史研究第 1 卷：日本外交政策の史的展開』，東京：成文堂，1983 年，第 105 頁。
③ 豊田天功：「防海新策」，今井宇三郎、瀬谷義彦、尾藤正英校注『日本思想大系：53 水戸学』，東京：岩波書店，1973 年，第 345 頁。
④ 佐藤誠三郎：『「死の跳躍」を越えて：西洋の衝撃と日本』，東京：千倉書房，2009 年，第 7—8、28 頁。
⑤ 三谷博：『維新史再考：公議・王政から集権・脱身分化へ』，東京：NHK 出版，2017 年，第 132—134 頁。
⑥ 井上勝生：『幕末・維新』（シリーズ日本近現代史 1），東京：岩波書店，2006 年，第 52 頁。

正弘深感兹事体大，遂遣使向朝廷奏明"黑船来航"的情况，同时又将佩里递交的国书译本下发给幕府臣僚、诸藩大名、旗本及御家人等各级官员传阅，并就如何应对美方的国书向他们征求意见，希望他们对今后的对外方针政策建言献策。

　　福冈藩藩主黑田齐溥在答复幕府的上书中力陈开国通商实乃臻于富国强兵之良策。黑田指出，日本凭借当前的兵力根本无法抵御列强的坚船利炮，继续执行锁国之策是不现实的。为巩固国防，必须废除禁止建造大船的命令，"如若公开允许与外国进行商业贸易，则日本将会变得繁荣昌盛且兵备齐整"。[1] 彦根藩藩主井伊直弼在上书中明确主张开国通商。他尖锐地指出，在当前佩里以武力强行叩关的形势下，"若仅主张此前封闭西洋之旧法，则无以捍卫天下之太平与皇国之安全"。鉴于当前所面临的局势，日本必须变革，开国通商，派遣船舶远赴海外交易，在具体政策操作上可以恢复宽永之前的朱印船制度。[2] 幕臣向山源太夫力主幕藩领主应力行"远通各方"之策果断开国，允许日本与外国进行通商而以贸易所获的利益整顿与充实武备，亦即"应以深远之英断，允许海外各国的通商通航，以确立富强之基础，以此充实舰船枪炮等武备"。[3] 老中堀田正睦也点明当今世界各国之间相互交流和通商贸易已经是时代趋势，日本若是拒绝开国通商就是逆时代潮流而动，而极有可能招来战祸，"是以全世界为对手，势必致使国中无辜民众永远陷于生灵涂炭之险境也"。因此，日本只有积极谋求变革，进行对外贸易，"广航外国，开通贸易，取彼之所长，补此之所不足，用以培养国力，壮大武备"。[4]

　　阿部正弘将美国国书交由幕臣及各藩诸侯、武士乃至町人商议之事在日本社会引起轩然大波，不仅幕府重臣与诸藩大名纷纷向幕府建言开国通商与充实武备，而且各藩下层武士也积极上书幕府，要求放弃锁国

---

①　黑田齐溥：「上書」，吉田常吉、佐藤誠三郎編・校注『日本思想大系 56（幕末政治論集）』，東京：岩波書店，1976 年，第 32 頁。

②　井伊直弼：「交易を許すの議につき上書」，加藤周一 ほか編、田中彰校注『日本近代思想大系（1）開国』，東京：岩波書店，1991 年，第 136—137 頁。

③　向山源太夫：「夷国船の処置につき寛猛二策」，加藤周一 ほか 編、田中彰校注『日本近代思想大系（1）開国』，東京：岩波書店，1991 年，第 127—129 頁。

④　堀田正睦：「意見書」，吉田常吉、佐藤誠三郎 編・校注『日本思想大系 56（幕末政治論集）』，東京：岩波書店，1976 年，第 69—70 頁。

体制、开展海外贸易并大力建设海军。当时著名的兰学者和兵法家、松代藩藩士，佐久间象山早在 1842 年 11 月就在《就海防上藩主书》中提出了著名的"海防八策"，强调日本应立即废除建造大船的禁令，仿效西方国家建造新式巨型舰船；加强海防，铸造先进的西式火炮并在诸藩国海岸要地建筑炮台，以应对突发事件；组建西式海军，仿效西方国家进行水兵的操练；选任执掌海运职权的官员并严加管理与外国的通商。①

"佩里叩关"后，佐久间象山撰写了《论时务十策》，并给幕府首席老中阿部正弘建言献策，提出训练海军、改革兵制、选用将领、振奋士气等十条建议。② 1854 年，佐久间象山在狱中写下了《省侃录》，提出了"东洋道德，西洋技艺"的著名理论，从而奠定了幕末日本社会开国论的理论基础。佐久间象山在该书中根据开国攘夷的战略系统阐释了以仿效西方列强发展新式海军为要旨的强兵论，大声疾呼日本应"建造军舰、铸造火炮，于海上迎击来犯之敌而以海战决定胜负"，并强调"海防之要务，在于火炮和军舰，尤其以火炮最为关键"。③ 长州藩士、阳明学派思想家并有着"明治维新的急先锋"④ 之称的吉田松阴继承并发展了其师佐久间象山的海防思想。吉田松阴积极思考因应美国海军进犯的策略，陆续写出了《将及私言》《急务条义》《海战策》《急务策》等时政策论，就攘夷事宜向幕府及藩国执政者提出了大义、听政、纳谏、枪炮、舰船等涉及军事、政治各个方面的意见，鼓吹建造舰船、整备枪炮、强化海防、攘击外夷以捍卫"皇国日本"。⑤

---

①　佐久间象山：「海防に関する藩主宛上書　天保一三年一一月二四日」，佐藤昌介、山口宗之校注，佐藤昌介、植手通有、山口宗之解説『日本思想大系 55（渡辺崋山・高野長英・佐久間象山・横井小楠・橋本左内）』，東京：岩波書店，1971 年，第 269—270 頁。

②　佐久间象山：「時務十策」，塚原渋柿園編『佐久間象山』（少年読本第 39 編），東京：博文館，1902 年，第 75—84 頁。

③　佐久间象山：「省讐録」，信濃教育会編『象山全集』（上卷），東京：尚文館，1913 年，第 15 頁。

④　德富蘇峰：『吉田松陰』，東京：岩波書店，1984 年，第 20 頁。

⑤　吉田松陰：「將及私言」，山口県教育会編『新装版 吉田松陰全集』（第 2 卷），東京：大和書房，2012 年，第 11—23 頁；吉田松陰：「急務條議」，山口県教育会編『新装版吉田松陰全集』（第 2 卷），東京：大和書房，2012 年，第 24—27 頁；吉田松陰：「海戰策」，山口県教育会編『新装版 吉田松陰全集』（第 2 卷），東京：大和書房，2012年，第 28—31 頁；吉田松陰：「急務策一則」，山口県教育会編『新装版 吉田松陰全集』（第 2 卷），東京：大和書房，2012 年，第 32—35 頁。

就黑船来航之后国家面临的危局，吉田松阴提出了应大力贯彻"航海雄略"，通过海外扩张来解决日本面对的民族危机，强调："当今宜急修武备，整备舰船、充实大炮"，以此"开拓虾夷，封建诸侯，乘间夺取加摸察加（今堪察加半岛）、隩都加（今鄂霍次克海）；晓谕琉球会同朝觐，一如内地诸侯；责成朝鲜，令其纳贡献质，一如古盛之时；北割取满洲之地，南收台湾、吕宋诸岛，以示渐近攻取之势"。①

"佩里叩关"后，有着"首开日本海军建设先河第一人"② 之称的幕臣胜海舟向幕府首席老中阿部正弘提交了《佩里来航之际的上书》《关于海防的再度上书》等一系列关于加强江户湾海防以及发展海军的意见书，后人将胜海舟的这些意见书统称为"海防意见书"。③

针对当前日本面临的严峻形势，胜海舟提出了具体的因应策略：第一，当下幕府整军经武的急务在于改革军制、选任良将和训练新军，其关键在于"录用人才"与"改建西洋兵制"；第二，根据江户湾的地形特点加强该处的岸防工事建设，即修建坚固的炮台；第三，组建西式海军。④

土佐藩乡士坂本龙马因受"黑船来航"的强烈刺激而开始自觉地放眼正视世界另一端的西方列强，在其拜佐久间象山为师研习兰学后逐渐了解并服膺于西方国家先进的科学技术和制度文化，其后又经胜海舟的引导，遂立志于为日本创设近代海军和振兴海外贸易。1867 年 7 月 10 日，坂本龙马与土佐藩士后藤象二郎一同搭乘藩船"夕颜"号从长崎出发前往京都。龙马在船上向后藤提出了自己就未来新国家政治改革所设想的具体方案，后由海援队长冈谦吉执笔成文，此即著名的"船中八策"。坂本在"船中八策"中提出了"幕府还政于天皇，政令皆出自朝廷""设置议政局，选任议员协助朝廷参赞万机""从公卿、诸侯及天下

---

① 吉田松陰：「幽囚録」，山口県教育会編『吉田松陰全集』（第 2 巻），東京：大和書房，1973 年，第 54—55 頁。

② 頭山満：『幕末三舟伝』，東京：国書刊行会，2007 年，第 316 頁。

③ 勝安芳：「ペリー来航に際し上書 嘉永六年七月」，江藤淳 ほか編『勝海舟全集 2（書簡と建言）』，東京：講談社，1982 年，第 255—256 頁；勝安芳：「海防に関し再度の上書嘉永 六年七月」，江藤淳 ほか編『勝海舟全集 2（書簡と建言）』，東京：講談社，1982 年，第 257—260 頁。

④ 勝安芳：「ペリー来航に際し上書 嘉永六年七月」，江藤淳 ほか編『勝海舟全集 2（書簡と建言）』，東京：講談社，1982 年，第 255—256 頁。

士民中择其贤能者出任顾问，赐予官职并革除旧式有名无实的官职”
"复核古法并重新厘定法典""设置亲兵以拱卫帝都""扩充海军""公
议裁定外交事宜以重新确定条约""确立与国际接轨的金银汇率制度"
的建议，主张日本应利用岛国控制着海上通道的区位优势发展海上力量
以"扩张国势"，从而描绘出了极富想象力的"海洋国家"蓝图。①

　　1867 年 11 月，天皇通过"奉还大政"从德川幕府末代将军庆喜手
中成功接管政权，从而预示着以闭关锁国为内核的幕藩体制开始黯然谢
幕，其所代表的旧时代走向历史，新时代即将开启。为了适应新的形势，
坂本龙马在"船中八策"的基础上将相关内容调整为《新政府纲领八
策》，主要内容包括"征召天下贤达以充任顾问""朝廷选任贤能诸侯并
赐予官爵，革除冗官""议定外交""编撰律令，新定无穷之大典"
"（设置）上下议政所""（组建）陆海军局""（编练）亲兵""平均今
日皇国与外国的金银物价"等项条款。②《新政府纲领八策》奠定了明治
维新的理论基础，成为明治政府构建新国家体制的基本方针。龙马草拟
的《新政府纲领八策》与此前撰写的"船中八策"共同构成了未来明治
政府的施政纲领，其中，将"扩张海军"具体化为成立"陆海军局"等
海军专职管理机构，将海军建设纳入政府部门的常态化管理，这是对
"新日本"作为海洋国家所进行的顶层设计和大手笔擘画。

第四节　明治维新与近代日本海军的建立

一　明治政府发展海军的战略构想

　　19 世纪后期，强大起来的日本迅速走上了对外侵略扩张的道路，新
兴的日本"欲经营四方，安抚汝等亿兆，开拓万里波涛，广布国威于四

---

① 坂本龍馬：「船中八策」，加藤周一 ほか 編、江村栄一校注『日本近代思想大系 9 憲
法構想』，東京：岩波書店，1989 年，第 32—33 頁；豊田泰：『日本の対外戦争幕末
開国と攘夷』，東京：文芸社，2006 年，第 353—354 頁。

② 坂本龍馬：「新政府綱領八策（慶応三年十一月）」，平尾道雄監修、宮地佐一郎編
集・解説『坂本龍馬全集』，東京：光風社書店，1978 年，第 396—397 頁。

方，安置天下于富岳"。① 海军作为"兼六合以开都、掩八竑而为宇"②
的利器而备受明治政府的重视。1868 年 7 月 14 日，明治政府的军务官在
上台伊始就上奏天皇，强调兴办海军是当务之急。对此，天皇于当年 10
月颁布诏谕："海军建设为当今第一要务，应该从速奠定基础。"③

　　1870 年 5 月，日本兵部省向太政官呈交了一份筹建海军的建议书，
这是当时日本海军建设最为全面、系统的规划文件。建议书在总纲要中
指出了建设海军的重要意义和急迫性。建议书指出，日本是"一个被分
割成数岛的独立于海中的岛国"，认为日本若"不认真发展海军，将无
法巩固国防。当今各国竞相发展海军，我国则十分落后。因此他国对我
国殊为轻视，出言不逊，甚至干出不法之事。若我国拥有数百艘军舰，
常备精兵数万，那么他国便会对我国敬畏起来，哪里还敢有今日之所
为？"因此，建议书得出的结论是，建立强大的海军"实关皇国安危荣
辱"，海军可"用以压制强敌，扩大我国数千年悠久历史之影响，耀皇
威于四海"，"这才是最紧急最重要的国务"。另外，建议书还说明了海
军建设的具体规划，特别是将俄国视为日本在海上的假想敌和竞争
对手。④

二　明治政府的海军建设

（一）海军军政领导机关与军令指挥系统的设置和完备

　　日本近代海军军事领导机构是伴随国家官制改革的发展历程而开始
得到创建、完善和完成的。明治维新之初，新政府的一切规章制度尚在
草创时期，所以国家中央各级官制改革频仍。近代日本海军领导机构肇
始于明治政府早期的"三职七科制"。1868 年 1 月 17 日，明治政府根据
1867 年 12 月 9 日颁布的《王政复古大号令》设置"总裁""议定""参
与"三职取代此前的摄政、关白和征夷大将军，并任命有栖川宫炽仁亲

---

① 明治天皇：「明治元年三月十四日億兆安撫國威宣布ノ宸翰」，外務省編『日本外交文
　書·明治·第一卷第一冊』，東京：巖南堂書店，1936 年，第 148 頁。
② 維新史料編纂会編『維新史』（第 5 卷），東京：吉川弘文館，1941 年，第 393 頁。
③ 〔日〕外山三郎：《日本海军史》，龚建国、方希和译，解放军出版社，1988 年，第 19
　页；内田丈一郎：『海軍辞典』，東京：弘道館圖書，1943 年，第 13 頁。
④ 佐藤市郎：『海軍五十年史』，東京：鱒書房，1943 年，第 49—54 頁。

王就任总裁，由此组成新政府的中央行政首脑机构。同时，明治政府在"总裁""议定""参与"三职之下设置包括海陆军务科在内的神祇挂（科）、国内事务挂（科）、国外事务挂（科）、海陆军务挂（科）、刑法事务挂（科）、会计事务挂（科）和制度寮挂（科）等七挂（科）具体负责各项行政、司法、财政与军事领域的事务。明治政府还明确划定出"三职七科制"各职务之间的职权关系，即"总裁"统领所有国政；"议定"是执掌各科事务的长官，负责制定政策；"参与"为各科的事务次官，参与政策的审议，从而在大体上搭建出中央行政机关的基本架构。明治新政府的军务领导机关以"三职七科制"下的海陆军务科为发端，其中，海陆军务科设两名"议定"，分别由副总裁岩仓具视、海陆军务总督嘉彰亲王及岛津忠义兼任，并规定该机构划归海陆军务总督领导，海陆军务次官广泽真臣和西乡隆盛兼任海陆军务科参与。①

"三职七科制"出台16天后的1868年2月3日，明治政府将"三职七科制"改为"三职八局制"，即"总裁""议定""参与"三职之下设立总裁、神祇、国内、外国、海陆军、会计、刑法、制度等八局，各局具体负责的事务如其名。总裁局统领八局，首脑为总裁；另七局首脑由"议定"担任；"参与"则出任八局的执事官员。如此一来，"三职七科制"的海陆军务科也随之相应地改为军防事务局（海陆军军防事务局），仍旧负责领导陆海军的事务。②

1868年4月21日，明治政府进行第三次官制改革，将"三职八局"又改为"太政官七官制"，在太政官（明治政府成立之初最高的行政机构）下设议政官、行政官、会计官、神祇官、军务官、外国官、刑法官等负责具体事务的官职。军务官作为七官之一，负责领导海陆军的事务。军务官下辖海军局与陆军局此二局和筑造司、兵船司、兵器司、马制司等四司。嘉彰亲王和大村益次郎分别出任军务官知事、军务官判事。海陆军二局的出现标志着海军从陆军中剥离出来，由此成为近代日本海、

---

① 海軍省編『海軍制度沿革』（卷2官制・上），東京：海軍大臣官房，1941年，第2頁；田中惣五郎：『明治維新体制史：復古維新現状派の相関性』，東京：千倉書房，1941年，第83—90頁。

② 海軍省編『海軍制度沿革』（卷2官制・上），東京：海軍大臣官房，1941年，第3頁；田中惣五郎：『明治維新体制史：復古維新現状派の相関性』，東京：千倉書房，1941年，第91—99頁。

陆军职权分立的滥觞。①

　　1869 年 8 月 15 日，明治政府进行了第四次官制改革，实行"二官六省制"，即在太政官和神祇官下设立民部省、外务省、兵部省、宫内省、大藏省和刑部省等六省，军务官改为兵部省，其长官称为兵部卿，副职则为兵部大辅，由嘉彰亲王出任首任兵部卿，大村益次郎就任兵部大辅。② 1871 年 7 月，明治政府对"二官六省制"进行大幅度改革，在太政官下设大藏、工部、司法、宫内、外务、兵部和文部等七个省，并对各省的内设组织机构进行了调整和扩充。兵部省官制由此得以创立，兵部卿仍为兵部省的长官并实行武官专任制，为此，首次明文规定必须由少将军衔以上者担任兵部卿，负责统辖与处理"陆海军兵力扩充、海防、守御、征伐、调遣、兵学及操练"等陆海军事务，兵部省在其内部分别下设专职负责海陆军军务的领导机构即海军部与陆军部，其中，海军部下辖海军秘史局、海军军务局、海军造船局、海军水路局、海军会计局、海军兵学寮、海军造船司、海军水路司、海军水兵部、海军提督府；陆军部则下辖陆军秘史局、陆军军务局、陆军炮兵局、陆军筑造局、陆军会计局、陆军兵学寮、陆军参谋局、陆军三兵本部，陆军五管镇台；此外，还开设了海陆军军医寮、海陆军礼问司、海陆军武库司等跨部门联合管理机构。③

　　1872 年 1 月 13 日，兵部省鉴于"当今正值文明开化之时，各国都在扩充军备，加速建设常备陆军与海军"的世界军制发展趋势，专门向太政官提出将兵部省分设为陆海军省的申请，以进一步健全军政部门的领导指挥职能。其给出的申报理由为："海军和陆军的情况迥然不同，其官员不可兼任，须将两种军职分开。故奏请批准废除兵部省，分别设置海军省和陆军省。"④ 太政官（左院）批准兵部省的申请并在 1 月 23 日下发的批文中答复如下："诸君提议分别设置陆、海军两省，以简化军务，节省费用，谋求两军之强大，实为护国之道，这也是各国共同之建

①　海軍省編『海軍制度沿革』（卷 2 官制・上），東京：海軍大臣官房，1941 年，第 4 頁。

②　蘇峰德富猪一郎：『近世日本国民史．明治天皇御宇史』（法度制定篇 上），東京：日本史籍協会，1945 年大衆版，第 45—48 頁。

③　佐藤市郎：『海軍五十年史』，東京：鱒書房，1943 年，第 56 頁。

④　防衛庁防衛研修所戦史室：『戦史叢書 大本営海軍部・聯合艦隊〈1〉—開戦まで—』，東京：朝雲新聞社，1975 年，第 16 頁。

军规律，故须按兵部省奏折从速改革。"① 1872 年 2 月 28 日，明治政府撤销兵部省，并分置为陆军省和海军省，从此，陆、海军实现分开与各自并立，② 由此日本军队方才真正实现了"陆海分离"。明治政府由此在陆海军分立的前提下开始大规模建设近代海军的活动。

1872 年 10 月，明治政府正式厘定海军省职制，武官在大元帅之下划分为包括将官、佐官、尉官、准士官、下士官和兵在内的 15 个等级；③同时颁布海军条例，健全海军省内部组织机构。条例明文规定：海军省除了下设主船寮、水路寮、兵学寮、军医寮等四寮及机关司、造兵司、武库司等三司之外，还设有水兵本部、裁判所和提督府，其职责具体如下："水兵本部管辖海兵队及炮兵队；裁判所司掌文武士卒的弹劾、捕亡和断狱；提督府管辖附近诸港，分守东京及其他六处。"另置秘史局、军务局、会计局，负责处理相关的军政事务。1873 年 3 月设海军提督府，以海军中将或少将级别的高级军官出任提督，相当于陆军的镇台，是海军镇守府的前身。④

1873 年 3 月，明治政府在国内沿海战略区域设置海军后方监管组织机构——海军提督府，提督府作为海军镇守府的前身，其职责相当于陆军方面的镇台，专司在其根据地内监管舰队大后方的各项军务。1875 年 10 月，明治政府将全国沿海地区划分为东西两个海军区，东西两部海军区各设指挥官，分驻横滨和长崎，由此创立出海军区制度。同年 12 月，日本海军撤销海军提督府（同时撤销还有主船寮、军医寮、水兵本部等机构）并于次年 8 月新设东海、西海两所镇守府。⑤ 1886 年 4 月，明治

---

① 〔日〕外山三郎：《日本海军史》，龚建国、方希和译，解放军出版社，1988 年，第 8 页。

② 防衛庁防衛研修所戦史室：『戦史叢書　大本営陸軍部〈1〉—昭和十五年五月まで—』，東京：朝雲新聞社，1967 年，第 10 頁；海軍歴史保存会編『日本海軍史』（第 1 巻　通史　第 1・2 編），東京：海軍歴史保存会，1995 年，第 102—104 頁。

③ 長尾耕作編『海軍出身案内』，東京：博文館，1901 年，第 178 頁。

④ 松下芳男：『明治軍制史論』（上巻），東京：有斐閣，1956 年，第 170 頁；防衛庁防衛研修所戦史室：『戦史叢書大本営 海軍部・聯合艦隊〈1〉—開戦まで—』，東京：朝雲新聞社，1975 年，第 49 頁；海軍歴史保存会編『日本海軍史』（第 1 巻　通史　第 1・2 編），東京：海軍歴史保存会，1995 年，第 172—176 頁。

⑤ 海軍歴史保存会編『日本海軍史』（第 1 巻　通史　第 1・2 編），東京：海軍歴史保存会，1995 年，第 177—183 頁；海軍省編『海軍制度沿革』（巻 3 官制・下），東京：海軍大臣官房，1939 年，第 74 頁。

政府颁布镇守府官制（1889 年 5 月改为镇守府条例）并根据所颁布的官制，确定了镇守府的任务和组织体制。与此同时，明治政府又根据海军条例，沿着全国海岸线走向将全国海岸及附近海域划分为五个海军区，在各海军区作为永备基地的军港中设立镇守府，这五个海军区的镇守府分别设于北海道的室兰、神奈川县的横须贺、京都府的舞鹤、广岛县的吴和长崎县的佐世保等处，镇守府设置司令长官负责军务领导工作，由大将或中将军衔的高级军官任职，其职责是"掌管辖区内军令执行的工作，监督辖区驻军的军容风纪和兵员军训的事宜，并负责管理军事行政的事务"。镇守府司令长官是日本海军中继海军大臣、海军军令部长（后为军令部总长）、联合舰队司令长官之后的非常重要的职位，在军政方面接受海军大臣的领导，在军令方面则接受海军军令部长的指示开展执行作战计划等项工作。镇守府司令部下设有人事部、军需部、港务部、舰船部、经理部、军法会议、海兵团、海军航空队、海军通信队、防备战队、警备战队等。设有海军工厂、海军航空工厂、海军医院、海军刑务所。横须贺镇守府有海军炮术学校、水雷学校，吴镇守府有海军潜水学校。镇守府主要负责管理海军区的守备、统辖及整备所属舰艇、弹药、燃料和消耗品的补给、兵员的征募与训练等工作，由此承担起舰队的后勤支援和后方警备。[1] 综上所述，镇守府作为日本海军在国内沿海战略区域设置的后方监管部门，其除了作为海军永备基地担任后勤保障任务外，还具有内线部队的性质，即负责驻泊在港的舰队及军港等战略要地的安全警卫工作。海军镇守府的设置对于保障舰队的后勤供应和稳定战略后方，发挥了极其重要的作用。

　　明治政府在着手组建海军军政机构的同时还进行了军令机构的建设。近代日本最早的军令机构是明治政府于 1871 年 7 月设立的军务局。翌年，陆、海军省分立后，军务局于 10 月内设军事科。1874 年 5 月，把军事科归并到原秘史局的事务科内。1876 年 8 月，根据海军职制及事务章程，重建军务局，负责军令、军政事务。鉴于海军的军令事务随着其军备和组织机构的扩大而日趋纷繁，明治政府遂于 1884 年 2 月根据海军省

---

[1]　防衛庁防衛研修所戦史室：『戦史叢書 大本営海軍部・聯合艦隊〈1〉—開戦まで—』，東京：朝雲新聞社，1975 年，第 49 頁；松下芳男：『明治軍制史論』（下巻），東京：有斐閣，1956 年，第 181 頁。

达丙第 21 号规定，撤销海军省军务局，另改设军事部作为海军省的外局，[①] 该部主官由将官担任部长，并由海军少将仁礼景范和海军大佐井上良馨分别担任首任正副部长，在部长领导下"统辖本部所属人员，总理部务"，"凡涉及军令或军事战略相关之事宜，部长均应参与海军卿之筹划"。此外，还颁布"（暂定）军事部条例"，明确规定"军事部是掌管有关兵制节度、舰队编制、海岸防御方案、舰船武器配备、水路之探测等的研究及其他军令兵略的机构"。[②] 海军省军事部作为海军最初的中央军令机关，负责研究海军军事制度、舰队编制、海岸防御、舰船枪炮水雷及水路情况调研等项工作，同时还掌管军令、军事战略等领域的相关事务。同年 12 月，根据新制定的条例规定，军事部还负责军事计划的拟制工作并将仅有的某些军政职能移交给新成立的总务局，军事部作为独立的军令机关的性质更加明确。军事部作为军务局的改组，在职能上扩大了原军务局所涉及的军令制定与管理的事项，但排除了有关军政事务，成为明确负责军令的专职机关。这是海军逐渐迈向二元主义的第一步。[③]

　　1886 年 3 月 18 日，明治政府根据《明治十九年敕令》颁行新订的《参谋本部条例》，对日本陆海军军令机构的组织结构及其职能进行调整。条例将参谋本部界定为负责制订陆海军军事计划的机构。参谋本部由超越内阁的皇族要员出任本部长以提升军令系统的权限。在参谋本部部长领导之下由陆海军将官出任参谋本部副职（次长）以辅助部长的工作，参谋本部划分为陆军部和海军部，并在各部之下设置第一、第二及第三等三局。参谋本部海军部作为陆海军统一的军令部门开始运行。1886 年 3 月 22 日，明治政府根据所颁布的新订参谋本部条例裁撤军事部

---

①　海軍卿川村純義：「達 海軍省 丙第貳拾壹号　軍務局ヲ廢シ軍事部ヲ置クノ儀」，大蔵省印刷局『官報　第百捌拾壹號（明治十七年二月八日）』，東京：日本マイクロ写真，1884 年 2 月 8 日，第 1 頁。

②　海軍卿川村純義：「達　海軍省　丙第貳拾貳号　軍事部條例」，大蔵省印刷局編『官報　第百捌拾壹號（明治十七年二月八日）』，東京：日本マイクロ写真，1884 年 2 月 8 日，第 1—2 頁；松下芳男：『明治軍制史論』（下巻），東京：有斐閣，1956 年，第 166 頁。

③　松下芳男：『明治軍制史論』（下巻），東京：有斐閣，1956 年，第 163–170 頁；防衛庁防衛研修所戦史室：『戰史叢書 大本営海軍部・聯合艦隊〈1〉―開戦まで―』，東京：朝雲新聞社，1975 年，第 27–28 頁。

而另设参谋本部海军部，将原军事部负责的相关军令事务转隶移交参谋本部海军部，参谋本部长下设陆、海军次长以辅佐部长负责涉及军令的各项事务。① 参谋本部陆海军部的出现标志着在近代日本军制上形成了军政方面的二省（陆、海军省）和军令方面的一部（参谋本部）制。海军军令部门从军政系统独立出来并划归参谋本部统一领导，这在近代日本海军史上尚属首次。至此，近代日本海军的军令、军政机关完全实现分离，军令机关由此开始走向独立，这成为日本海军开始实行二元管理体制的肇始，同时也是近代日本海军二元主义的发端。

1888 年 5 月 12 日，明治政府撤销参谋本部条令而改为"参军官制"，参谋本部长改称"参军"，下设陆、海军参谋本部，分别由陆海军各自选派一名将官出任本部长。"参军"是帝国全军的参谋长，直属天皇，执掌出师准备计划、制订国防及作战计划，统辖陆、海军参谋军官。② 10 个月后的 1889 年 3 月 7 日，日本政府根据明治天皇颁布的"明治二十二年敕令第25 号""明治二十二年敕令第 30 号"，恢复参谋本部条例，再次实现了陆、海军军令机关的分离，分设参谋本部和海军参谋部，海军参谋部隶属海军大臣，海军由二元组织再并为一元组织。③

1889 年 3 月 7 日，明治政府将参军官制又改回到参谋本部，并规定在海军省之下设置海军参谋本部，海军参谋本部长接受海军大臣的领导，负责军队作战计划的制订与实施、舰队调动派遣等项与军令相关的工作。海军再次实现了军政与军令合一的一元化管理体制。④ 由于军政军令合一的一元化管理体制仍没有明确理顺日本陆海军之间的职权关系，1892年 11 月，时任海相的仁礼景范认为一元制的组织体制不适应当时海军的发展，向首相伊藤博文历陈其弊并直截了当地提出建立"海军参谋部"的建议，但仁礼景范的这一建议被认为是意图同参谋总长争权夺利而遭

---

① 防衛庁防衛研修所戦史室：『戦史叢書大本営海軍部・聯合艦隊〈1〉—開戦まで—』，東京：朝雲新聞社，1975 年，第 29 頁。
② 防衛庁防衛研修所戦史室：『戦史叢書大本営海軍部・聯合艦隊〈1〉—開戦まで—』，東京：朝雲新聞社，1975 年，第 31 頁。
③ 防衛庁防衛研修所戦史室：『戦史叢書 大本営海軍部・聯合艦隊〈1〉—開戦まで—』，東京：朝雲新聞社，1975 年，第 31 頁；松下芳男：『明治軍制史論』（下卷），東京：有斐閣，1956 年，第 172 頁。
④ 防衛庁防衛研修所戦史室：『戦史叢書 海軍軍戦備〈1〉—昭和 16 年 11 月まで—』，東京：朝雲新聞社，1969 年，第 6 頁。

到参谋本部的强烈抵制，未能提交到内阁会议上进行审议。最后还是根据天皇颁布的"明治二十六年敕令第 37 号"，陆海军首脑进行磋商后于 1893 年 5 月 19 日制定出了《海军军令部条例》并于次日颁布，设立陆军参谋本部和海军军令部二元制中央军令指挥机关。海军军令部设在东京，下辖海军秘史局、海军军务局、海军造船局、海军会计局等 10 个部门以及海陆军军医寮、造兵司、武库司和纠问司等 4 个海陆共管机构。海军军令部的职能包括"掌管出师作战、沿岸防御的计划，监督镇守府及舰队的参谋军官，督察海军的训练"，海军军令部长"直接隶属于天皇"，接受天皇（陆海军大元帅）的垂直领导，辅佐天皇指挥海军，"参与帷幄军机方略谋划，管理部务"。① 至此，海军军令部最终从海军省内独立出来而与陆军参谋本部并列为直属于天皇的最高军令机关。日本海军同陆军一样，由此实行了军政、军令独立的二元制度。需要指出的是，就在出台《海军军令部条例》的当天，明治政府还以"敕令第 52 号"的形式颁布了《战时大本营条例》，明文规定："（陆军）参谋总长的职责是参与大本营帷幄的机务并制定帝国陆海军的大作战计划"，② 海军军令部在权责上仍旧接受参谋总长的统辖。这说明，尽管明治政府设立了与陆军参谋本部对等并直接隶属于天皇的海军统帅机关——海军军令部，但是，如果单从统帅权划分方面而言，陆海军仍旧没有实现真正意义上的对等。为进一步突出和强化海军军令部的权责，明治政府在此后多次对《海军军令部条例》进行修订与增补。1897 年 11 月，日本军部对《海军军令部条例》进行修改，明确规定海军军令部长掌管日常海军国防事务，以及海军对外用兵的计划制订与指挥等事项。1903 年 12 月，明治政府以"敕令第 293 号"的形式颁布修正后的大本营条例，规定大本营幕僚长由参谋总长和军令部长共同担任。③ 这说明了，即使处在战争

① 佐藤市郎：『海軍五十年史』，東京：鱒書房，1943 年，第 56 頁；松下芳男：『明治軍制史論』（下巻）、東京：有斐閣，1956 年，第 190 頁；防衛庁防衛研修所戦史室：『戦史叢書 大本営海軍部・聯合艦隊〈1〉—開戦まで—』，東京：朝雲新聞社，1975 年，第 36-38 頁。

② 大谷敬二郎：『天皇の軍隊』，東京：図書出版社，1972 年，第 235 頁；田中惣五郎：『日本軍隊史』（第 1 成立時代の巻），東京：理論社，1954 年，第 192 頁。

③ 防衛庁防衛研修所戦史室：『戦史叢書 陸軍軍戦備』，東京：朝雲新聞社，1979 年，第 39 頁。

时期，陆海军的军令部门也各自独立，至此，海军在统帅权方面从形式上获得了与陆军对等的独立权。

综上所述，明治政府自成立以来为确保近代日本对外侵略扩张的战争机器能够高速运转而疯狂扩充海军军备，完善海军组织机构，增强海军指挥系统。其中，日本海军建立起的军政、军令机构双元制的领导组织体制，明确理顺了日本海军军政领导机构与军令指挥机构之间的职权关系，从而卓有成效地提升了海军作战的指挥能力，并在其后的中日甲午战争和日俄战争中发挥出高效的指挥效能，为日本海军在这两次大规模战争中获胜奠定了坚实的基础。

（二）海军常备舰队的组建

19 世纪 50 年代以前，日本不仅没有军舰，就连能够远洋出海的船舶也很少。直到 1850 年以后，幕府才从荷、英等国购进少数船只。1854 年，幕府在相州浦贺、萨摩藩鹿儿岛开始模仿欧洲船式制造船只。以后逐渐在江户石川岛、长崎等地开始造船。自 1854 年至 1864 年间，德川幕府总共制造出小型舰船 11 只。1857 年到 1868 年，日本从欧洲国家购买小型军舰 7 艘，均为百吨小船，最大的不超过千吨，最小的仅三十余吨。当时日本的海军力量还很弱小。彼时的日本海军不是近代意义上一个统一国家所拥有的海军，只是幕府和各藩各自拥有的海上部队。明治维新后，政府收缴了在戊辰战争中战败的幕府及其佐幕派各藩的舰船，同时也一并接收战争中站在政府阵营的各藩所献上的舰船，在此基础上开始创办近代化的日本海军。此后，日本政府不断斥巨资扩建海军，通过从国外订购与本国生产的方式增加新式军舰以积蓄与扩充海军实力。

1868 年 1 月，明治政府开始创建由其直接掌握并具有真正意义上的日本近代海军。而明治政府开始创办海军之时，既没有一艘舰船，也没有部队。1868 年 1 月 27 日，伏见鸟羽战役爆发后，为乘胜追击德川幕府的败军，明治政府委任总裁炽仁亲王为东征大总督，议定嘉彰亲王为海军总督，大原俊实担任海军前锋。而海军前锋的任务是将明治政府从萨摩、佐贺和久留米三藩征调的讨幕部队经由海路输送到关东。为此，大原任命萨摩藩士中原犹介和佐贺藩士浜野源六担任海军前锋的参谋官，负责率领从萨摩、佐贺、久留米三藩抽调的"丰瑞丸"（萨摩藩）、"孟春丸"（佐贺藩）、"雄飞丸"（久留米藩）3 艘船只，前往关东地区助战。中原和滨野率船队于 3 月 18 日从大阪港出发，3 月 23 日抵达横滨港，完成了此次运兵的任务。此举成为明治政府组建近代海军舰队的肇始。[1]

明治维新政府极其重视海军建设，明治天皇即位当年就通过亲自检阅海军的形式表明了新政府全力以赴发展海军的政策决心。2 月 6 日，明治政府再次从萨摩、长门、筑前、久留米、安艺、肥前、土佐等效忠天皇的诸藩中各征调一艘军舰，参加明治政府成立以来的首次海上阅兵活动。各舰于 3 月 21 日从京都出发，23 日抵达大阪待命。经过短暂休整后，明治政府于 26 日在大阪湾内毗邻天保山的附近海域举行海上阅兵仪式，6 艘来自各藩的蒸汽动力军舰接受明治天皇睦仁的检阅。此次时称"海军天览"的海上阅兵仪式即为日本近代历史上著名的天保山观舰式。尽管此次海上检阅的规模很小且不甚规范，但它却成为近代日本海军观舰式的起点，充分表达出明治政府极端重视海军发展的态度及其全力发展海军的决心。[2]

4 月 21 日，德川幕府投降，决定"无血开城"献出江户，东征大总督、有栖川宫亲王炽仁率政府军开进江户城，幕府将其 8 艘军舰中的"富士山"号、"朝阳"号、"翔鹤"号和"观光"号移交给明治政府。明治政府以这 4 艘军舰为核心组建起由自己直辖的舰队，这就是明治政府最早直辖的军舰。1871 年 7 月，废藩设县令颁布的同时，各藩将所剩舰船全部上交政府，但大多数都是一些陈旧破损的舰船，不堪大用。截至 1872 年海军省成立时，日本海军所拥有的大小舰船合计仅为 17 艘，其中军舰共计有"东"（"甲铁"）"龙骧""筑波""富士山""春日""云扬""日进""第一丁卯""第二丁卯""凤翔""孟春""乾行""千代田形""摄津"等 14 艘，运输船"大阪丸""春风丸""快风丸"3艘，总排水量共计 13832 吨。明治政府海军统辖的各级军官共有 171 名，兵员合计 1539 名。[3] 由于这一时期日本海军的组成人员及列装舰船分别

①　海軍大臣官房編『海軍軍備沿革』，東京：海軍大臣官房，1922 年，第 1—2 頁。

②　海軍歷史保存会編『日本海軍史』（第 1 卷　通史 第 1・2 編），東京：海軍歷史保存会，1995 年，第 56—57 頁；海軍省編『海軍制度沿革』（卷 2 官制・上），東京：海軍大臣官房，1941 年，第 1 頁。

③　J. Charles Schencking, *Making Waves: Politics, Propaganda, and the Emergence of the Imperial Japanese Navy, 1868-1922*, Stanford: Stanford University Press, 2005, p. 54.

由幕府和各藩所属舰队拼凑而成，舰船型号、武器配置及制式、军制结构根据其产地及此前所效仿的国家而五花八门，英国式、法国式与荷兰式混杂其间，以致日本海军在当时被人们戏称为"百鬼夜行"。尽管此时近代日本海军被明治政府冠以国家海军之名，实际上正如山本权兵卫在日后接受记者采访时对其所做出的评论那样，明治海军在事实上不过是由幕府残存的海军及各藩微弱的海军所组成的乌合之众。①

为了改变近代日本海军所处"百鬼夜行"的混乱局面，将这支形同乌合之众的疲惫之师打造成为真正的海上劲旅，从而满足抵御列强来自海上的军事入侵并满足明治政府对外侵略扩张的需求，1870 年 5 月，兵部省在成立伊始就提出了新建各型军舰 200 艘，运送船 20 艘，为期 20 年的海军扩充计划。计划决定规定：一、投入金 1000 万两、米 20 万石作为海军建设经费，在未来 20 年间分三期拨付，即军舰建造计划每七年为一期，经三期实现 200 艘的目标，同时计划每七年建造 1/3 替代舰，即军舰预期舰龄20 年；二、新建各型军舰 200 艘，运送船 20 艘，其中：蒸汽厚铁舰 50艘、木铁两制舰 70 艘、大炮船 60 艘、护送船 20 艘；三、常备兵员：士官 2000 人、裨官 3000 人、水夫 10500 人、水勇 5000 人、火夫 2300 人、职工其他 2200 人，共计 25000 人。②

1873 年 1 月，明治政府的首任海军卿胜海舟在对 1870 年的海军扩充计划进行修订和细化的基础上提出了新一期的海军扩充计划，并将该项新的造舰计划提交兵部省立案。该项计划将海军舰队的规模扩大到拥有104 艘各型舰船，其中包括：铁甲舰 26 艘、大型舰船 14 艘、中型舰船32 艘、小型舰船 16 艘、输送船 8 艘、练习舰 2 艘、输送船 6 艘，预期将用 18 年的时间完成计划。③ 尽管胜海舟的海军扩充计划相较于原方案有了大幅度的缩减，但由于政府财政拮据无力提供必要的资金支持，加之出身于长州藩的山县有朋掌握明治政府的军政大权，因其囿于日军中固

---

① 故伯爵山本海軍大将伝記編纂会編『明治百年史叢書 伯爵山本権兵衛伝』（卷上），東京：原書房，1968 年，第 345 頁。

② 伊藤正徳：『現代日本文明史』（第 4 卷 国防史），東京：東洋経済新報社，1941 年，第 98 頁；佐藤市郎：『海軍五十年史』，東京：鱒書房，1943 年，第 93 頁；海軍大臣官房編『海軍軍備沿革』，東京：海軍大臣官房，1922 年，第 3 頁。

③ 海軍大臣官房編『海軍軍備沿革』，東京：海軍大臣官房，1922 年，第 3 頁；佐藤市郎：『海軍五十年史』，東京：鱒書房，1943 年，第 93 頁。

有的陆海军矛盾而对胜海舟的计划从中作梗，阻挠该计划在内阁审议中获得通过，因此 1873 年的海军扩充方案最终也只能束之高阁而从未真正付诸实施。

　　鉴于海军扩充计划由于经费问题而再三搁浅，为了解决扩充海军所面临的资金匮乏这一燃眉之急，保证海军建设舰船的方案得以稳步推进，明治政府于同年 12 月面向华族和士族开征家禄税用以开辟财源，由此充实整备陆海军所需的经费。该税法规定：规定华族、士族除赏典禄之外，自 5 石起，对家禄所有者实行累进制征税；此外，除陆海军武官以及驻外公使馆人员以外的各级官吏均必须捐献自己的俸禄。其具体比例为："敕任官"（由日本天皇敕书任命的高级官员）捐献份额为其薪俸的 10%，"奏任官"（由陆海军大臣奏请天皇再任命的官员）的份额则为 5%。天皇也以身作则，每年带头献金 36000 日元。① 为了给此次专为增加海军建设经费而开征的家禄税以及此后类似的课税法令进行政治背书，明治政府不惜动用至高无上的天皇权威，借助颁诏的方式向全国民众昭示其大办海军的决心。1874 年 1 月，明治天皇特地给宫内省下诏，宣称："如今日之般为充实陆海军经费而新设家禄税，旨在加强国力以保护国民，故而朕亦将厉行节约以充实陆海军经费，望尔等有司体谅此项旨意，凡宫中一切用度均务必节俭减省。"②

　　1874 年 5 月，羽翼未丰的明治政府迫不及待地向中国龇出了其蛰伏已久的侵略獠牙，以 1871 年 12 月的琉球漂流民被台湾岛上居民袭杀为借口悍然出兵中国台湾，制造了中日近代历史上著名的"牡丹社事件"（日方将此次侵略活动称为"征台之役"），由此拉开了近代日本侵略中国的帷幕。

　　在"牡丹社事件"中，明治政府深感海军实力不足，遂在事件平息后开足马力全速发展海军。1875 年，日本向英国订购了铁甲舰"扶桑"号、"金刚"号与"比睿"号巡洋舰，上述 3 舰由英国海军舰船设计师爱德华·里德（Edward Reed）爵士设计，采用蒸汽动力，集中了当时英国

---

①　佐藤市郎：『海軍五十年史』，東京：鱒書房，1943 年，第 93 頁。

②　伊藤正徳：『現代日本文明史』（第 4 卷 国防史），東京：東洋経済新報社，1941 年，第 73 頁。

造船技术的精华。① 明治政府于 1875 年向英国订购 3 艘军舰之事具有重要的历史意义，在某种程度上而言，明治政府大力兴办海军可以说就是从这个时期开始的。

明治政府向外国订购军舰的同时也开始在国内自主建造军舰。1873 年至 1880 年间，日本海军横须贺造船厂陆续建造了 "清辉" 号、"天城" 号和 "磐城" 号 3 艘军舰。其中，日本自建的第一艘装甲快速炮舰 "清辉" 号就被视为日本海军历史上里程碑式的事件之一。1876 年 6 月 21 日，"清辉" 号军舰建成并入列日本海军。该舰的建成标志着明治政府自此开始具备自造军舰的能力。

为了对外扩张，特别是要击败中国这个日本称霸亚洲所需认真面对的假想敌，明治政府认为仅拥有这些军舰是远远不够的，遂决定进一步推进大规模建造军舰的海军扩军计划。1881 年 12 月，时任海军卿的川村纯义提出了一个新的海军扩张案，共分两期，其中第一期计划从 1882 年起新建 60 艘军舰，为期 20 年，总预算 4014.034 万日元。该项庞大的扩军计划由于远超明治政府的财政负担能力而未能获准通过实行。为此，川村对原方案进行修改，将新建军舰的数量由此前的 60 艘削减为 32 艘，所剩的 12 艘缺额改由从现有的军舰中挑选，待 8 年期满后再另行建造新舰进行替换。② 川村的海军扩军计划得到了明治政府军政要员的支持与积极呼应。1882 年 8 月，时任参事院议长的山县有朋向明治天皇上奏《关于陆海军财政呈文》，强调将谋求扩充海陆军，实 "乃当前之急务"。为此，山县要求将烟草税作为扩充陆海军的军费。③

1883 年，明治政府正式将中国确定为日本的主要假想敌，并以击败中国为目标加快了扩充海军的步伐。是年 2 月 24 日，海军卿川村纯义提出了题为《军舰整备计划案》的第五次海军扩军计划案并获得太政大臣三条实美的批准，该海军扩充案计划自 1883 年起至 1890 年的为期 8 年间，每年下拨 300 万日元，再加上以海军省定额舰船制造经费中专门拨

①　海軍大臣官房編：『海軍軍備沿革』，東京：海軍大臣官房，1922 年，第 4 頁；佐藤市郎：『海軍五十年史』，東京：鱒書房，1943 年，第 95 頁。

②　海軍大臣官房編『海軍軍備沿革』，東京：海軍大臣官房，1922 年，第 5 頁。

③　山県参事院議長：「陸海軍拡張に関する財政上申」，大山梓編『山県有朋意見書』，東京：原書房，1966 年，第 118 頁。

付 33 万日元充作军舰建造经费，即每年投入经费 333 万日元用于建造军舰。造价总计高达 2664 万元日元，用以新建 32 艘各类型军舰。其具体配额如下：大型军舰 5 艘，造价共计 750 万元日元；中型军舰 8 艘，造价共计 780 万元日元；小型军舰 7 艘，造价共计 252 万元日元；水雷炮舰 12 艘，造价共计 882 万元日元。[①]

　　1880 年，李鸿章为北洋水师从英国订购了"超勇""扬威"两艘碰撞巡洋舰，随后又在德国订购了"定远"号、"镇远"号两艘大型铁甲舰。1885 年，当"定远""镇远"两艘大型铁甲舰建成归国时，日本海军当时列装的各型军舰立即相形见绌，明治政府当局者感到如芒在背，处心积虑地研究击败"定远"级铁甲舰的策略，加紧扩军备战。

　　1886 年 6 月 12 日，《海军公债证书条例》正式对外颁布。该条例明文规定：政府发行票面价值总额 1700 万日元的海军公债，发行期限为 3 年，公债购置 5 年后，从第六年开始在 30 年内以抽签方式分批次偿还本金。[②] 此次明治政府发行的海军公债作为政府债券其收益性远不及商业债券，但是却得到了社会各界的大力支持。第一期征募的 500 万元公债一经发行，民众即踊跃购买，在截至 7 月 10 日的征募期限内，日本银行及其代理分店共有 2600 人应募，筹款金额总计高达 16622300 日元，仅此一次征募就几乎达到本次公债原定 1700 万元的预期目标。[③]

　　在公债发行既定的三年期限中，明治政府总共募集到 17241000 日元，超额完成了原定的预期目标，其中的 16967003.674 日元作为"海军别途费"（1887 年起改称为"海军特别费"）直接用于建造军舰。[④] 由

①　伊藤正德：『現代日本文明史』（第 4 卷 国防史），東京：東洋経済新報社，1941 年，第 99 頁。

②　「海軍公債証書条例（明治十九年六月十五日勅令第四十七号、同二十年勅令第一号を以て改正）」，日本証券経済研究所編、小林和子監修『日本証券史資料』（戦前編第 8 巻 公社債・投資信託・税制），東京：原書房，2011 年，第 10 頁。

③　西郷従宏：『元帥西郷従道伝』，東京：芙蓉書房，1997 年新装版，第 218 頁。

④　伊藤博文文書研究会監修，川島淳編集・解題，檜山幸夫総編集『伊藤博文文書』（第 106 巻 秘書類纂・財政 8），東京：ゆまに書房，2014 年，第 63—74 頁；池田憲隆：『近代日本海軍の政治経済史：「軍備拡張計画」の展開とその影響』，東京：有志舎，2022 年，第 112—114 頁；大内兵衛編『日本財政論』（公債篇），東京：改造社，1947 年改訂版，第 51 頁。

于海军公债这笔巨款的及时到位，首任海军大臣西乡从道提出的新建各型舰艇 54 艘、总吨位高达 66300 吨的新舰船建造计划亦即对清第一期军备扩张计划得以顺利实施。

1887 年，西乡从道采纳法国布雷斯特海军造船厂设计部主任、海军省特聘顾问路易-埃米尔·白劳易（Louis-Émile Bertin）的建议，决定下拨海军"特别费"749 万日元用以启动建造专门针对"定远"和"镇远"两艘铁甲舰的军舰建造工程。日本海军将计划建造的 3 艘无装甲防护海防舰以著名的"日本三景"命名，即为"松岛"号、"严岛"号、"桥立"号，因此后世将该级军舰统称为"松岛"级巡洋舰或者直接冠名为"三景舰"。由于上述 3 艘军舰均属于无装甲防护的海防舰，在抗打击的装甲防护上无法与北洋海军的"定远"级铁甲巡洋舰相抗衡，所以白劳易为 3 艘军舰各装配了一门口径达 320 毫米的巨炮，意图凭借威力巨大的大口径火炮对"定远"级铁甲舰造成毁灭性打击，通过延长火炮的身管来为炮弹提供足以穿透"定远"级铁甲舰防护装甲的飞行速度，并通过机械化的回旋俯仰机器结构来保证火炮发射的速度。3 艘军舰赶在中日甲午战争爆发之前竣工并作为主力舰编入现役，"松岛"号巡洋舰担任当时日本海军舰队的旗舰。[①]

截至 1894 年中日甲午战争爆发前，日本海军联合舰队已经拥有包括 4 艘主力巡洋舰、1 艘装甲巡洋舰、7 艘防护巡洋舰和 12 艘普通巡洋舰在内的大型水面舰艇 31 艘，总吨位共计 33330 吨；正在建造的战舰 6 艘，总排水量共计 33330 吨，以及 24 艘鱼雷快艇（共计 1475 吨）与 2 艘在建的鱼雷快艇，并装配了大量先进的新式速射炮。[②] 至此，日本海军已经建成了一支具有强大作战能力的常备舰队。

---

①　海軍歴史保存会編『日本海軍史』（第 1 卷 通史 第 1・2 編），東京：海軍歴史保存会，1995 年，第 274—280 頁；高橋邦太郎：『お雇い外国人』（第 6 卷 軍事），東京：鹿島研究所出版会，1968 年，第 231—242 頁。

②　J. Charles Schencking, *Making Waves: Politics, Propaganda, and the Emergence of the Imperial Japanese Navy, 1868-1922*, Stanford: Stanford University Press, 2005, p. 94；中島武：『大日本海軍史海の旗風（明治篇）』，東京：芙蓉荘，1937 年，第 105—110 頁；海軍歴史保存会：『日本海軍史』（第 1 卷 通史 第 1・2 編），東京：海軍歴史保存会，1995 年，第 301—303 頁。

（三）海军院校的组建与海军各类人才的培养

1. 兴办各类海军院校

1868 年 8 月 31 日，明治政府新设的海陆军军务官知事嘉彰亲王、军务官判事大村益次郎在上奏明治天皇的报告中着重强调了发展海军对于日本的重要意义，"耀皇威于海外非海军莫属，"故"当今应大兴海军"。而兴办海军的关键要务"首先应网罗精通技艺之士，以从事海军训练、编制和造船冶炼等方面的工作"。"鉴于皇国精通上述技艺之士甚少"，建设海军的根本在于"兴办学校"，应从速"创办学校，以建立海军之基础"。更加之，"军舰的灵魂是军官"，因此"尽快创办学校，广选良师，教育海军军官是建设海军的头等大事"。天皇审阅奏报后于 10 月颁布诏书对此给予明确的批复，即"海军之事为当务之急，应从速奠定基础"。①

1869 年 9 月，兵部省在东京筑地德川幕府海军操练所旧址开设海军操练所，招收萨摩、长州、佐贺等 16 个藩选派的志愿者及另外的 100 名走读生，以培养海军专业人才。这成为日本海军创办军校的历史起点。1870 年 11 月，明治政府将海军操练所改名为海军兵学寮，以负责"教导学生，培养海军武官成才之事宜"，② 并专门制订了海军兵学寮的各项规章制度。根据规定，兵学寮取消走读制，遴选出 15 名年龄从 15 岁到 19 岁的少年生和 29 名年龄在 20 岁至 25 岁的成年生接受海军专业学习，并专门从沼津兵学寮抽调出一批精干教师授课。1872 年 8 月，又分别将少年生和成年生改为预科生和本科生，同时设立预科学舍。10 月，对兵学寮的组织机构进行调整，新设寮监长、教育总监等职务管理日常事务，从而使海军教育步入了正轨。明治政府于 1873 年确立起海军学习英国的指导方针，③ 当年 7 月聘请英国海军教官团队全权负责海军兵学寮的日常教学事务，并借鉴英国海军条例重新厘定了兵学寮的规章制度，增设力

---

① 〔日〕外山三郎：《日本海军史》，龚建国、方希和译，解放军出版社，1988 年，第 13 页；「軍務官ヲシテ海陸軍基礎定立ヲ講究セシムルノ件　明元、一　行政官」，海军省編『海軍制度沿革』（卷 2　官制·上），東京：海軍大臣官房，1941 年，第 8 頁；沢鑑之丞，一二三利高編『海軍兵学寮』，東京：興亜日本社，1942 年，第 96 頁。

② 松下芳男：『明治軍制史論』（上卷），東京：有斐閣，1956 年，第 373 頁。

③ 海軍歷史保存会編『日本海軍史』（第 1 卷　通史 第 1·2 編），東京：海軍歷史保存会，1995 年，第 61 頁。

轮机专业，由此使海军教育全面实现了正规化。

1876 年 8 月，海军兵学寮更名为海军兵学校，[①] 它与海军经理学校及海军机关学校并称为"日本海军三大校"，[②] 由此成为明治政府培养海军初级军官的重镇。10 月，在海军兵学校之下开设海兵士官学校作为其分校。1888 年 8 月，海军兵学校从筑地搬迁到安芸郡的江田岛町，该校主要面向社会青年以及从海军下士与士兵中招生，新生于每年 12 月入学，接受为期 3 年的学校教育，学生的所有学费均由国家承担。[③] 此外，为加强对海军各类专业技术人才的培养，明治政府在海军兵学校、海军经理学校、海军机关学校之外，还开办了海军轮机学校、海军炮兵学校、海军通信学校、海军财会学校、海军水雷学校、海军工程学校、海军气象学校、海军潜水学校与海军军医学校等各类型海军专业技术学校。

鉴于目前所开办的学校培养的只是海军初级军官，明治政府决定创办旨在培养海军中高级军官的高等军事院校。1888 年 7 月 14 日，明治政府根据"敕令第 55 号"正式制定出《海军大学校官制》，同时颁布了《海军大学校条例》。[④] 同年 8 月 28 日，海军大学在东京筑地原海军兵学校旧址正式挂牌成立，首任校长由海军省军务局局长井上良馨海军少将兼任，接受海军大臣的直接领导。11 月 26 日，学校正式开学授课。海军大学主要为海军培养中高级指挥军官和参谋军官，其招生标准十分严格，明确规定生源主要是从海军兵学校的毕业生中且具有 10 年左右在基层部队任职经验的大尉、少佐级军官中选拔，而且被录取者在海军兵学校毕业的名次必须非常靠前，因此该校最初每年招生名额仅有 10—20人。海军大学作为日本海军最高学府，设置有将校科、机关科、军医科等专业院系，后增设了数学科和物理学科。教学内容以近代海军高级战

---

① 海军省编『海軍制度沿革』（卷 2 官制・上），東京：海軍大臣官房，1941 年，第 557 頁。

② 海军有终会：『海軍士官を志す人の為めに：附・海軍文官志願者の栞』，東京：海軍有終会，1937 年，第 44 頁。

③ 海军省编『海軍制度沿革』（卷 2 官制・上），東京：海軍大臣官房，1941 年，第 557頁；太平洋戦争研究会编『江田島海軍教育』（戦記クラシックス），東京：新人物往来社，2003 年，第 164—165 頁；旺文社编、海軍省監修『海軍への道』，東京：旺文社，1944 年，第 94 頁。

④ 海军省编『海軍制度沿革』（卷 2 官制・上），東京：海軍大臣官房，1941 年，第 514頁、529 頁；高野邦夫编『近代日本軍隊教育史料集成』（第 10 卷 海軍大学校），東京：柏書房，2004 年，第 5—15 頁。

术为主，课程涵盖了近代蒸汽舰队的编组、队形、调动、阵列、战术以及海上封锁与对敌方陆地要塞的压制射击等科目。海军大学的创建表明了明治政府已经建立起海军军官分级培训制度。[①]

2. 派遣留学生

明治政府在开办海军兵学寮、为海军学校聘任西方海军强国教官的同时，还将向先进国家派遣留学生作为加快海军发展的捷径。1870 年 3 月，明治政府就派遣留学生及相关事项与英国签订为期 3 年的合同。根据合同，明治政府派遣分别来自萨摩藩和德岛藩的前田十郎左卫门与伊月一郎作为首批学员赴英国学习。

1871 年 2 月 22 日，明治政府从海军省与海军兵学寮中选派青年军官和青少年学生留学英美两国。明治政府当时派留学生出国学习时，对其所学专业没有明确规定。1875 年 6 月 9 日，明治政府再次从海军兵学寮的在校生中选派学员赴英美两国留学，此次规定了所修专业。此外，明治政府还从横须贺造船厂的毕业生中选拔能者赴法留学，主攻造船专业。

3. 聘任外国教官

明治政府在正式确立起以英国海军为标准建设近代海军之前就已经开始着手聘请外籍教官。1870 年 3 月 22 日，明治政府兵部省正式聘请英国海军上尉霍斯（Hawes）出任海军炮兵教官，负责传授火炮射击等技术。次年又聘请于 1867 年来日的英国人布林克利·弗朗西斯（Brinkley Francis）担任海军东京炮术学校的教官，以英国海军的训练与作战方式向该校学生传授炮术。[②] 霍斯具有卓越的组织能力，他在"龙骧"舰及其他军舰上任教期间，就炮术教学及海军士兵的日常训练与组织管理等领域颇有建树，以至于有着"日本海军之父"的赞誉。[③]

1873 年 7 月，明治政府聘请英国海军阿奇博尔德·道格拉斯

---

① 実松譲：『海軍大学教育：戦略・戦術道場の功罪』，東京：光人社，1993 年，第 76—77 頁；高野邦夫編『近代日本軍隊教育史料集成』（第 10 巻 海軍大学校），東京：柏書房，2004 年，第 5—7 頁、47—64 頁；高野邦夫編『近代日本軍隊教育史料集成：解説』，東京：柏書房，2004 年，第 59—67 頁；北川敬三：「明治期日本海軍の課題と高等教育：海軍大学校の創設・改革と海軍の知的態度」，『軍事史学』，第 48 巻，第 4 号，通号第 192 号，2013 年 3 月，第 121—138 頁。

② 武内博編著『来日西洋人名事典』，東京：日外アソシエーツ，1983 年，第 357 頁。

③ 篠原宏：『日本海軍お雇い外人：幕末から日露戦争まで』，東京：中央公論社，1988 年，第 120 頁。

（Lieutenaut Commander Archibald Douglas）率领的教官团担任海军兵学寮的教官，负责兵学寮的教学工作。教官团由 6 名军官、12 名士官及 16 名水兵组成。①

1879 年，明治政府聘用英国海军少校威尔兰（Lieutenaut Commander L. P. Willan）为海军军校教官，专门给海军军校学员传授炮术和航海术方面的专业知识。

1888 年，日本海军大学聘用英国海军上校英格尔斯（Captain John Ingles）为海军大学顾问兼教员。英格尔斯任教期间开设了战术课。1892 年，日本海军部专门将英格尔斯在 1890 年至 1891 年给海军大学第三期学员授课的讲义内容整理出版。1894 年补充修订后再次交付出版。英格尔斯在该讲义的第二讲中以图文并茂的形式全面且系统地阐释了舰队各种队形阵列的优缺点及其应对策略。②

4. 远洋实习训练

为保证海军学校的学生能够更好地掌握航海技术，提高他们的实战能力，明治政府自 1875 年开始实施远洋航海军事训练制度。1875 年，海军兵学校首次组织部分优秀毕业生以少尉候补生的身份搭乘"筑波"号训练舰进行远洋航海实习，47 名军校生参加实习。他们与"筑波"号全舰官兵从东京品川港出发，横渡太平洋抵达美国夏威夷、旧金山等地，直至次年才返航回国。1878 年，明治政府再次派遣"筑波"号搭载鹿野勇之进班的学生实施远洋航海训练。参训学生与全舰官兵从横滨出发，南下穿过赤道抵达澳大利亚布里斯班和悉尼。同年，明治政府派遣"清辉"号搭载海军兵学校的学生远航至欧洲。此次"清辉"号的远航，展示了正在经历明治维新的日本文明开化的新形象，得到了西方媒体的赞誉。英国《先驱论坛报》就称赞道："只要看一看'清辉'号军舰，就足以推测日本国文明开化的程度。日本人用自己建造的军舰，在无一个欧洲人帮助的情况下进行远洋航海，实在令人赞叹。尤其是舰长精通自

---

① 海軍歴史保存会編『日本海軍史』（第 1 卷　通史 第 1・2 編），東京：海軍歴史保存会，1995 年，第 63—66 頁。

② ジョン・イングルス述『海軍戦術講義録』（上・下合本），吉田直温訳，東京：水交社，1892 年，第 9—23 頁。

己的业务……与英国舰相比，'清辉'号毫不逊色。"①

日本海军兵学校学生搭乘"筑波"号与"清辉"号军舰远赴北美洲、澳大利亚及欧洲的航海军事训练被称为明治海军的三大远航，由此开启了日本海军远洋航海军事训练制度。此后海军多次派遣"筑波"号、"龙骧"号、"清辉"号搭载海军学员进行远洋航海训练。1879 年南下至新加坡，1880 年远航北美，1883 年远航秘鲁，1887 年远航巴拿马、塔西提岛及夏威夷。日本海军学员先后到过中国、美国、澳大利亚、巴拿马、智利、秘鲁、英国等国家和地区。除战争时期外，远洋航行制度作为日本海军训练的必备科目从未中断，远航实习使学员们将理论知识与实践紧密结合起来，促进了日本海军整体技战术水平的提高。

三　明治政府海军的扩军备战

（一）　日本海军的对华战争准备

19 世纪 80 年代，日本以清政府北洋舰队为假想敌开始大规模扩充海军。明治政府在 1869 年 5 月制订了"二十年海军扩张计划"，将海军建设纳入国家大战略。1882 年，在海军卿川村纯义的主持下，海军省提出的名为"军舰整备计划案"（即"八年造舰计划"）的扩军方案获得通过，该计划案规定建造新舰的经费预算总额为 2400 万日元，从 1883 年起的 8 年间，每年投入经费 333 万日元，总共新建各型军舰 32 艘。②根据"军舰整备计划案"，明治政府在海军建设方面的经费投入将逐年增多，从 1871 年的 50 万日元，增至 1887 年的 1000 万日元。③

1874 年的"牡丹社事件"是明治维新以来日本第一次大规模对外用兵，这一事件使日本政府对于发展陆海军的重要性有了进一步的直观认识。为了与装备西方新锐铁甲舰的中国北洋水师相抗衡，日本政府决定增加陆海军的军费拨款，为此决定新设"家禄税"，规定除了军官与驻外公使馆的外交官以外，所有"敕任官"和"奏任官"须分别向国家捐献俸

①　〔日〕外山三郎：《日本海军史》，龚建国、方希和译，解放军出版社，1988 年，第18—19 页。

②　池田清：『日本の海軍』（下），東京：朝日ソノマン，1966 年，第 142 頁。

③　伊藤正徳：『現代日本文明史』（第 4 巻 国防史），東京：東洋経済新報社，1941 年，第 129 頁。

禄的 10% 与 5% 充作军费。为了给百官做出表率，明治天皇特地给宫内省下诏，责成宫内省节省宫廷用度并每年从中拨款 3.3 万日元充作军费开支，同时敦促政府各部门体认"今番增加陆海军军费而新设家禄税乃旨在增强国力，保护国民"之宗旨，积极认捐并节约开支。①

1893 年，日本针对中国的扩军备战已经箭在弦上。日本政府为了对抗北洋水师，专门出台了一项规模庞大的海军扩军计划，为此提出了规模空前的海军军费预算案，使得军费预算在日本财政预算中的比例由此前的 29% 增加到 32%。日本政府的海军军费预算案因议会反对而未能获得通过。不仅如此，议会还削减了包括军费在内的政府财政预算 250 万日元，并要求政府进行海军改革。议会与政府形成了尖锐的对峙。为解决纷争，明治天皇向群臣颁布"和衷共济诏敕"，内称"国家军防乃国家大事，苟延一日之缓或将遗百年之憾。朕兹省六载之内廷费用，岁贯三十万元"以充作军费之需。同时特令政府文武官员非有特殊情况者，皆从岁禄中贡献薪金一成用以补充造舰经费。② 明治天皇的敕谕颁布之后，议会屈服于天皇的绝对权威，接受了政府的海军军费预算案，从而为日本政府的扩军备战扫清了最后的障碍。

在搬出天皇权威的同时，日本首相伊藤博文也在鹿鸣馆发表演说，呼吁社会各界配合政府的国防政策为建设海军捐款。伊藤的呼吁获得了日本朝野的积极响应，社会各界踊跃捐献海防金，半年内海防献金即达到 203 万日元，从而在日本国内掀起了一股扩充军备尤其是发展海军的军国主义狂潮。除此之外，为了扩充海军军费，政府还发行"海军公债"，追加海军预算，征课华族累进税，鼓励陆海军及驻外人员捐献每月部分所得。甚至明治天皇亦先后拨出宫中用费 60 余万日元，充作海军经费，以示倡导。③

由于有了充足的经费支持，日本海军建设稳步推进。截至 1887 年，日本海军已拥有各型军舰 30 余艘，总吨位超过了 5 万吨。④ 鉴于海军实

---

① 福地重孝：『軍国日本の形成：士族意識の展開とその終末』，東京：春秋社，1959 年，第 21 頁。

② 伊藤正徳：『現代日本文明史』（第 4 卷 国防史），東京：東洋経済新報社，1941 年，第 74 頁。

③ 海軍有終会編『近世帝国海軍史要』，東京：海軍有終会，1938 年，第 205—206 頁。

④ 野村実：『日本海軍の歴史』，東京：吉川弘文館，2002 年，第 32—33 頁。

力的增加，日本参谋本部于 1887 年拟订了针对中国的作战计划——《清国征讨策案》，规定于 1892 年前完成对华作战的准备。

（二）日本海军的对俄战争准备

中日甲午战争后，日本为"三国干涉还辽"感到屈辱，制订了十年扩军计划，海军更是掀起了建造军舰的高潮。在短短数年间，日本海军的规模在原有基础上扩大了 4 倍。[①] 如表 9—1 所示，截至日俄战争爆发前的 1902 年，日本海军提前完成了十年扩军计划的预定目标。

表 9—1　日俄战争前夕日本海军实力一览

舰　种	数量（艘）	平均时速（节）	总排水量（吨）
一等战列舰	6	18.0	84960
二等战列舰	2	14.0	10938
一等巡洋舰	6	20.5	57953
二、三等巡洋舰	15	19.3	55177
海防舰	2	13.5	3790
炮舰	7	13.3	6612
驱逐舰	19	30.2	6097
水雷艇	30	26.7	3537
水雷炮舰	—	—	—
布雷舰	—	—	—
通报舰	3	20.7	3860
合计	90	—	232924

资料来源：池田清：『日本の海軍』（上），東京：朝日ソノマン，1966 年，第 244 頁。

此后，日本海军先后以中国与沙俄为战争目标进行扩军备战，并最终在中日甲午战争与日俄战争中击败中国的北洋水师与沙俄太平洋舰队，跻身世界海军强国的行列，"这个在太平洋上出现的海军大国，极大地改变了将来列强在这一地区的力量对比"。[②]

[①]　秦郁彦：『統帥権と帝国陸海軍の時代』，東京：平凡社，2006 年，第 45 頁。
[②]　池田清：『日本の海軍』（下），東京：朝日ソノマン，1966 年，第 11 頁。

（三）日本海军的对美战争准备

日俄战争后，日本海军以美国为假想敌，开始向大海军发展。"八·八舰队"[①] 计划是日本海军开始建设大舰队的第一步。鉴于此时舰队规模已不敌美国海军，日本遂急起直追，再度扩充海军。1907 年 4 月制订的《帝国国防方针》（以下简称《方针》）奠定了未来 30 年对美海军战略的基本原则，即以在日本指定的作战区域对美国进行一场对马海战式的舰队决战为核心内容的"渐减邀击作战"。[②]

在该方针的指导下，日本海军实力迅速膨胀。到 1912 年，日本海军已拥有 2 艘 2 万吨级的战列舰（"河内"号、"摄津"号）、2 艘 1.9 万吨级的战列舰（"萨摩"号、"安芸"号）、4 艘 1 万吨级以上的装甲巡洋舰（"筑波"号、"生驹"号、"鞍马"号、"伊吹"号）和 3 艘 5000 吨级的巡洋舰（"筑摩"号、"矢引"号、"平户"号），以及 1 艘 4100 吨级的巡洋舰（"利根"号），阵容庞大。[③]

美日两国海军在太平洋上的崛起及其展开的军备竞赛，构成了美日争夺太平洋制海权的重要内容，同时预示着美日在太平洋上激烈争锋时代的来临。

四　近代日本海军战略思想的形成

（一）马汉海权论对近代日本海军的影响

中日甲午战争之前，日本虽大力发展海军，但其军政高官的海权观念仍然相当薄弱。直到发动甲午战争前夕，日本参谋本部对于在战争中掌握制海权的重要意义的认识仍旧不足。以参谋次长川上操六为代表的"陆主海从"派甚至散布"果遇战争，但有陆军，已足言战"的"陆军万能"论。针对这种观点，海军大佐山本权兵卫明确指出了掌握制海权对于战争结局的重要意义，"夫海军之主要任务，则在掌握制海权，进而迫近敌地以压服之，或组陆战队登陆，占领据点，或掩护陆军前进，与

---

① 所谓的"八·八舰队"，指的是日本主力舰队要以舰龄不满 8 年的 8 艘战列舰和 8 艘装甲巡洋舰为核心，以若干艘驱逐舰等为辅助。

② 〔日〕外山三郎：《日本海军史》，龚建国、方希和译，解放军出版社，1988 年，第 76—77 页。

③ 池田清：『日本の海軍』下，東京：朝日ソノマン，1966 年，第 22 页。

敌抗战，或炮击敌国重镇，或堵塞敌国物资，或破其谋，或伐其交，多歧多端，任务复杂，若专视海军为陆军输送补助机关，是不知海军使命，不足与言国防用兵也"。①

日本在甲午战争中的胜利，充分证明了海军对于战争胜负的重要性，成功扭转了军方高层轻视制海权的态势。不久，马汉的海权论传入日本，马汉所宣扬的发展海军以控制海权的观点为日本发展海军提供了最有力的理论支持。

1896 年，马汉的著作《海权对历史的影响：1660—1783 年》经出访美国的日本农商大臣金子坚太郎之手传入日本，后经由海军省的外围组织水交社在 1899 年翻译成日文，并以《海上权力史论》为名由东邦协会负责刊印发行。该书日译本一经上市，立即在日本引起轰动，不仅海军院校将该书当作教材使用，而且在民间也掀起了一股马汉热。该书还在天皇和内阁大臣中传阅，并受到他们的交口称赞，马汉遂在日本声名鹊起。

马汉提出积极掌握制海权的观点与日本海军预期的战略总目标不谋而合，因此日本海军将其视为自己在海军战略上的精神导师，甚至一度萌生聘请马汉担任海军大学教官的想法。② 虽然该计划后因故搁浅，但日本海军转而派遣秋山真之、佐藤铁太郎等青年军官负笈美国，学习马汉的海权思想，从而培养出许多未来日本海军的中坚力量。

（二）秋山真之、佐藤铁太郎与近代日本海军战略思想的形成

在近现代日本海军史上，秋山真之、佐藤铁太郎是在战略思想上对日本海军的发展影响最大的两个人物。

1898 年，秋山真之前往美国海军军官学校留学。在留学期间，秋山虽未获准赴美国海军战争学院进修，但他亲自到纽约拜访了马汉。在美西战争期间，秋山作为观察员登上美国军舰观战。秋山真之充分吸收了马汉的舰队决战思想，在 1910 年写成的《海战要务令》中强调先发制人、集中兵力、速战速决等海战原则，并且提出了战略、战术

① 世界日报海事编译局编《海事》，第 9 卷，第 6 期，1936 年，第 50—51 页。
② アルフレッド・T. マハン：『マハン海上権力史論』，北村謙一訳，東京：原書房，2008 年，第 ii—iii 頁。

和战务的区别。

佐藤铁太郎曾留学英美。在留学美国期间，他接触到海权论，并很快服膺于马汉的观点。佐藤自美回国后，在 1902 年出版了《帝国国防论》一书，主张日本应向海洋发展。他强调日本是一个岛国，"海岛国家的国防应以海军为主力"，"当今帝国面临世界性的发展机遇，而实现世界性的发展必须依赖于向海洋发展"。①

日俄战争后，佐藤又在 1908 年写成的《帝国国防史论》中提出了"国防要则十条"，将美国定为日本的假想敌，断言日美海军必有一战，因此强调日本必须高度重视与夺取制海权相关的扩军备战，并在充分考虑列强军备现状的基础上全力以赴实现海军的扩军目标。② 佐藤有关日美海军必有一战的论调与马汉的日美必然冲突论如出一辙。马汉所宣扬的发展海军以控制海权的观点为日本发展海军提供了最有力的理论支持。③ 佐藤从日本的地理条件出发，极力反对陆军的"大陆政策"，更预言"远离自卫走向侵略是亡国之基"。④ 在佐藤看来，日本的发展方向应当在海上，掌握制海权，求富于海外，成为"亚洲的英国"。这能带动海运、造船、钢铁、机械等工业的发展，且海军的志愿兵制能减轻国民负担，更符合日本的国情。⑤

佐藤铁太郎和秋山真之共同研究后提出，基于攻防双方所需兵力的计算，为准备对美作战，国力居于劣势的日本应使其海军达到美国海军实力的七成，方才有利用在东亚海域的地理优势战胜美国的可能。日本应步步设防，对远道而来的美国主力舰队采取截击战略（ambush strategy），待削弱美国舰队后再相机进行舰队决战。具体说来，"在战争开始的时候，日本海军将进攻菲律宾，消灭那里的美国海军力量并占领马尼拉。然后它就在那里以逸待劳，等待美国舰队向西越过太平洋来收复菲律宾。当美国舰队接近日本领海时，日本舰队将在小笠原群岛以西

---

① 角田順：『満州問題と国防方針：明治後期における国防環境の変動』，東京：原書房，1967 年，第 649—650 頁。

② 工藤美知尋：『日本海軍と太平洋戦争』上，東京：南窓社，1982 年，第 42 頁。

③ アルフレッド・T. マハン：『マハン海上権力史論』，北村謙一訳，東京：原書房，2008 年，第 ii—iii 頁。

④ 佐藤鉄太郎：『帝国国防史論』下，東京：原書房，1979 年，第 144 頁。

⑤ 佐藤鉄太郎：『帝国国防史論』下，東京：原書房，1979 年，第 158 頁。

海域进行拦截并在一次决战中加以歼灭，就像它在对马海峡歼灭俄国波罗的海舰队那样"。① 此后，"对美七成军力论"和与之配套的"渐减邀击作战"或"九段渐灭作战"被日本海军奉为圭臬。

第五节　明治政府早期的海上对外扩张

一　"征韩论"与"江华岛事件"

明治政府成立伊始就出台了"大陆政策"，并将朝鲜作为贯彻该政策的突破口。换言之，即要以朝鲜为跳板，先征服朝鲜再征服中国，进而征服整个东亚大陆。

1869 年，明治政府参议木户孝允以当年 1 月朝鲜拒绝接受带有侮辱性质的国书一事为借口首倡"征韩论"，鼓吹"应以朝廷之兵力来开拓朝鲜之釜山浦港"，并强调征伐朝鲜"可借以确立皇国之国体"并"使亿万国民对内外的目光为之一变"，从而使日本"在东洋大放异彩"。1870 年 8 月，明治政府的外务权大丞柳原前光更是直言不讳地重申"征韩"的意义，"朝鲜国地势北连满洲，西接鞑清，若使之绥服，乃为巩固皇国之基础，将来经略进取外国之根本也"。是年，外务省官员佐田白茅亦上书当局，提出以征伐朝鲜"为皇国痛陈挞伐之计"。佐田指出，征伐朝鲜可以"大练我国之兵制，且光耀皇威于海外，岂可不以神速而征伐之乎哉"，他建议政府罔顾物议从速出兵朝鲜，"征伐朝鲜，富国强兵之良策也，不可轻易以靡财蠹国之论而却之"。1871 年，右大臣岩仓具视亦提出"征韩"的建言。从 1873 年 8 月起，日本政府再度掀起"征韩论"的高潮，鼓噪侵略朝鲜。1875 年 4 月，在朝鲜釜山负责交涉事宜的日本外务省官员森山茂、广津弘信建议日本政府利用朝鲜国内政局不稳的情况派军舰威胁朝鲜，打开朝鲜的国门。② 于是，明治政府决定派军舰前往朝鲜沿海示威。

1875 年 5 月 25 日，由日本海军少佐井上良馨指挥的军舰"云扬"

---

① 〔日〕麻田贞雄：《从马汉到珍珠港：日本海军与美国》，朱任东译，新华出版社，2015 年，第 59—60 页。

② 外务省编『日本外交文書 第 8 巻』（外务省藏版），东京：日本外交文書颁布会，1963 年，第 71—72 页。

号以"保护日本使臣"为由侵入朝鲜釜山海域。6月12日，"第二丁卯"号继"云扬"号后驶入釜山海域。两舰借口开展军事演习，肆意放炮，进行各种挑衅行为。6月20日，"云扬"号和"第二丁卯"号离开釜山港，沿着朝鲜东海岸北上，对朝鲜沿海进行非法测量，并侵入军事要冲永兴湾进行侦查。1875年9月，日本政府命令"云扬"号、"第二丁卯"号、"春日丸"号3艘军舰执行研究去中国牛庄的海路的"特殊使命"，再次发起威胁朝鲜的军事挑衅行动。其中，"云扬"号搭载士兵100人（包括海军陆战队员24人），"第二丁卯"号搭载士兵76人，"春日丸"号搭载士兵134人。[①] 9月24日，"云扬"号等3艘军舰满载从朝鲜沿岸地区劫掠来的战利品撤离江华湾，于28日返回日本长崎。"云扬"号舰长井上良馨向日本政府发电报"报功"，诡称日本军舰因朝鲜方面首先开炮而不得不开炮还击，从而将事件的起因嫁祸给朝鲜方面。[②] 日本政府接到井上良馨的电报后即向全世界宣布由于朝鲜方面对"云扬"号军舰的"无理"挑衅行为，日方不得不进行"自卫"。[③]

此次事件传回日本国内后，日本军国主义者欣喜若狂，叫嚣"这是天赐的发泄八年来隐忍的绝好口实"，[④] 敦促政府借机对朝开战。此次日本军舰入侵事件史称"云扬"号事件（又称"江华岛事件"）。1876年1月8日，日本政府任命黑田清隆为全权办理大臣，井上良馨为副全权办理大臣，率领8艘军舰前往朝鲜江华岛就"云扬"号事件与朝鲜交涉，而他们更重要的任务是利用这次事件打开朝鲜的国门。[⑤] "云扬"号事件是日本为了打开朝鲜国门而蓄意谋划的一次侵略战争，而日本海军则在其中扮演了急先锋的角色。

---

① 田保橋潔：『近代日鮮関係の研究』（上卷），東京：原書房，1973年，第397—398頁；山辺健太郎：『日韓併合小史』（上卷），東京：岩波書店，1966年，第45—46頁。

② 菊池謙譲：『近代朝鮮史』（上卷），東京：大陸研究所，1940年，第333—338頁；田保橋潔：『近代日鮮関係の研究』（上卷），東京：原書房，1973年，第397—398頁。

③ 外務省編『日本外交文書　第8卷』（外務省蔵版），東京：日本外交文書頒布会，1963年，第131頁。

④ 菊池謙譲：『近代朝鮮史』上卷，東京：大陸研究所，1940年，第333—338頁。

⑤ 多田好問編『岩倉公實記』下卷，東京：岩倉公舊蹟保存會，1928年，第310—312頁。

二 "牡丹社事件"与吞并琉球

日本军国主义者认为,台湾岛 "对将来我国掌握东亚霸权,控制太平洋的制海权也是极其必要的"。① 鼓吹海外扩张理论的日本思想家德富苏峰在其《台湾占领意见书》中也妄称:"台湾是我们南进的门户,是大日本帝国向南扩张至为关键的一步,设法占领台湾,才能实现我们向台湾海峡诸半岛、南洋群岛进取的目标。"同时,日本担忧台湾是列强争夺的 "好食物",要 "尽早占领台湾,免得为他国占先"。② 1872 年 7 月,明治政府在获悉琉球漂流民在台湾被当地人杀死的消息后,立即将其视为侵占台湾的机会。11 月,明治政府派遣桦山资纪、黑冈勇之丞、福岛九成、儿玉立国、田中纲常、成富清风等人秘密潜入台湾刺探当地情报。

1874 年 2 月,明治政府通过《台湾蕃地处分要略》,后又设立 "台湾蕃地事务局",任命大隈重信为 "台湾蕃地事务局"长官、西乡从道为 "台湾蕃地事务局"都督。3 月,明治政府组建了名为 "台湾生蕃探险队"、总兵力达 3600 人的侵台部队。明治政府还租用英国商船 "约克夏"号和美国商船 "纽约"号运送兵员与物资,雇用美国军事顾问李仙得 (Charles W. Le Gendre),做好了出兵准备。1874 年 4 月 9 日,西乡从道率军从东京湾品川港出发,前往长崎。但在出兵前夕,英美等国却转变态度表示反对,声明中立并拒绝租借船只给日军。日本政府迫于外交压力决定停止此次行动,但西乡从道以 "已经准备妥当"且 "军队士气高昂势不可挡"为由拒不受命,继续率军前往台湾。③ 此即日本近代史上的所谓 "征台之役",中国方面则称之为 "牡丹社事件"。清政府无心应战,向日本做出妥协退让。

根据 1874 年 10 月中日签订的《北京专约》,清政府被迫向日本赔偿50 万两白银。尽管中日对《北京专条》"保民义举"中 "民"的理解各有不同,但日本借此战实际上中断了琉球与清廷的藩属关系。日本通过

① 中塚明:『歴史の偽造をただす:戦史から消された日本軍の「朝鮮王宮占領」』,東京:高文研,1997 年,第 166—167 頁。

② 大江志乃夫ほか:『岩波講座近代日本と植民地』第 2 巻,東京:岩波書店,1992 年,第 149 頁。

③ 芳即正、毛利敏彦編著『図説　西郷隆盛と大久保利通』,東京:河出書房,1990 年,第 65 頁。

出兵台湾窥得中国海防虚弱之现实，从而进一步加快发展海军，以实现征服中国乃至亚洲的野心。

琉球从明初起就是中国属国，此后，琉球国王世代接受中国的册封，并按时向中国朝贡。由于琉球地处通往中国航线的要冲，日本对此地早就垂涎三尺，自明治维新后不久即阻止琉球向清廷纳贡。1872 年 5 月 25 日，大藏大辅井上良馨在呈递给正院的建议书中强调指出，琉球在国防上对日本而言具有"皇国之翰屏，譬手足如头目"的作用，认为明治维新之后，琉球既奉中国为正朔，又受萨摩控制的两属地位已不合法，主张以外交方式解除琉球的两属关系，遣使"招其酋长于阙下，责其不臣之罪……令其悔过谢罪，晓谕其茅土岂可私有，而后趣其速收版籍归我所辖，使之郡国制置、租税调贡等，悉如内地一轨"。①

日本发动"牡丹社事件"，正是以琉球漂流民被害事件为借口。为此，明治政府急于向国内外阐明琉球为日本的固有领土，不久即对琉球采取处置措施。1875 年 5 月 17 日，明治政府派遣内务大丞松田道之率军前往琉球。7 月 14 日，松田抵达首里后即横蛮命令琉球国王不得接受清朝的册封及向清廷朝贡，改奉日本为正朔，对日本行岁时礼仪，更革职制及遵行日本法律，遴选年轻有为之士赴日本学习等。次年，日本又强行接管了琉球的司法权与警察权，琉球王国已名存实亡。明治政府鉴于琉案争端业已公开化，为避免夜长梦多，遂加紧了吞并琉球的步伐。1879 年 3 月 27 日，日本内务大书记官松田道之亲率警部巡查 160 人及熊本镇台步兵 400 人开进首里，向原琉球国王尚泰下达日本政府的指令，宣布废除琉球藩，将该地改设为冲绳县，原鹿儿岛藩主锅岛直彬奉命出任县令，并在冲绳县推行一如日本内地的政治。② 这样，日本就用刺刀强行割断了琉球与中国之间的传统关系，琉球因此"成为日本对外扩张的第一个牺牲品"。③ 对于日本而言，吞并琉球群岛使其拥有了向南发展

---

① 我部政男：『明治国家と沖縄』，東京：三一書房，1979 年，第 29 頁；明治文化资料丛书刊行会編（下村富士男編）『明治文化资料丛书』第 4 卷，東京：風間書房，1962 年，第 8 頁。

② 维新史料编纂会编『维新史』第 5 卷，東京：吉川弘文館，1941 年，第 833 頁。

③ 中国社会科学院近代史研究所编《日本侵华七十年史》，中国社会科学出版社，1992年，第 22 页。

的前进基地，对于解决南方问题（即侵略台湾）具有重大意义。①

第六节　日本东亚海上优势地位的确立

一　日本海军的对华战略与中日甲午战争

1887 年，由日本参谋本部次长川上操六主持、第二局长小川又次制订的《清国征讨策案》就已在海权制胜论的理论基础上初步勾勒出侵华的具体方案。方案指出，日本与中国开战后，作战目标应是吞并旅顺半岛、山东澄州府、舟山群岛、澎湖列岛、台湾以及长江两岸 10 里左右的地方，其中尤以旅顺半岛为要，因为这是控制中国北部、压制朝鲜的要害地区。② 而海军夺取制海权则是战争顺利进行的关键。时任海军省主事、被誉为"日本海军之父"的山本权兵卫就宣称，"其无能掌握海权者，斯不克制敌以操胜算，此古今东西莫易之义，史乘往例，乃其雄辩明证也"。③

日本参谋本部根据山本的意见制订了统筹兼顾的作战计划，其基本思想是夺取舰队的前进基地，并随着战局的发展，不断将前进基地从朝鲜西海岸向北移动，以扩大对朝鲜半岛西部海域的控制权，从而掩护陆军登岸，以实现"从海上应援陆军，使其完成进击平壤之功"。④

这一计划的作战目的是：将日本陆军主力从海上运送到渤海湾择地登陆，在直隶（今河北）平原与中国军队决战，然后进攻北京，迅速逼迫清政府达成城下之盟。这一作战计划高度强调掌握制海权的重要性，认为"鉴于清国四水师不仅舰艇只数及吨位均凌驾于我海军，而且北洋水师实际拥有优于我军的坚强舰只，胜败之数难于预料"，⑤ 因此，日本陆军主力在直隶平原"决战的结局首先要取决于海战的胜

---

① 维新史料编纂会编『維新史』第 5 卷，東京：吉川弘文館，1941 年，第 834 頁。
② 中塚明：『日清戰争の研究』，東京：青木書店，1968 年，第 79 頁。
③ 世界日报海事编译局编《海事》，第 9 卷，第 6 期，1936 年，第 50 頁。
④ 中国史学会：《中国近代史资料丛刊5：中日战争6》第 1 册，上海人民出版社，2000 年，第 239 頁。
⑤ 陸軍省编『明治軍事史：明治天皇御伝記史料』上，東京：原書房，1966 年，第 913 頁。

败",即取决于日本海军能否首先在海上战场歼灭中国海军主力,掌握渤海与黄海的制海权,从而保证安全运送陆军主力在渤海湾内登陆。鉴于上述考虑,日本大本营在作战计划中设置了作战的两个阶段:第一阶段,日本陆军入侵朝鲜,牵制中国军队;日本海军联合舰队出海,寻机歼灭北洋水师,从而掌握黄海与渤海的制海权。第二阶段,根据海上作战可能产生的不同结局,分别编设出三种具体作战方案:

方案一:如果日本海军在海战中获胜并掌握了预定海区的制海权,则立即运送其陆军主力兵团在渤海湾实施登陆作战,进而在直隶平原与中国军队进行决战;

方案二:如果海战胜负未决,日本海军不能掌握制海权,则以陆军主力兵团固守平壤以达成对朝鲜的占领;海军则以主力舰队维护海峡的制海权,从事陆军增遣队的运输工作;

方案三:如果日本海军在海上战场失败,制海权落入中国海军之手,陆军则全部撤回本土设防,海军守卫沿海,准备全力抵御中国军队对日本的进攻行动。[1]

我们不难发现,日军决策层对中国海军没有做出任何轻视的判断和决策,将中国四支舰队通盘考虑进去体现出日本海军决心进行海上决战的战略意图,而且企图首先消灭中国海军主力北洋水师,以保障日军在渤海湾登陆,在直隶平原同清军主力决战。制海权对于日本,有十分把握要争夺,无十分把握也要争夺,唯求早夺,不欲迟夺,这充分体现出海权制胜论的中心思想。

此后的战争进程表明,能否掌握制海权的确成为决定战争胜负的关键性因素。日本联合舰队在黄海海战中重创中国北洋水师、控制黄海制海权后,战争的胜负就基本上毫无悬念了。实际上,双方实力对比也决定了日胜中败的结局。据统计,中国北洋水师共有 10 艘舰艇参加甲午战争,其中 7 艘主力舰总吨位达 27300 吨,平均航速为 15—16 节,各型舰

---

[1] 誉田甚八:『日清戦史講究録』,東京:偕行社,1911 年,第 7—8 頁;海軍軍令部:『廿七八年海戦史』下巻,東京:春陽堂,1905 年,第 98 頁;藤村道生:『日清戦争』,東京:岩波書店,1963 年,第 76—79 頁。

炮共计 182 门。相比之下，日本联合舰队则占据了全面优势，其参战舰艇达 12 艘，其中 9 艘主力舰总吨位达 33400 吨，平均航速为 16—19 节，各型舰炮共计 293 门，而且射程更远、射速更高、威力更大。在兵力方面，中方参战人员为 2100 余人，日方参战人员为 3500 余人，日方明显占优势。尽管中日两军都接受了严格的英式海军训练，但中方人员缺少实地作战经验，而日方人员通过远洋航行训练等作战经验相对更为丰富，且北洋水师在总教习琅威理（Captain William Metcalfe Lang）离军后风纪转坏，训练渐驰，素质下降。总的来说，日本是举倾国之兵对抗北洋水师一省舰队，恰如李鸿章所言，中国是"以北洋一隅之力，搏倭人全国之师"，"焉有不败之理"？①

日本海军在甲午海战中经过丰岛海战、大东沟海战和威海卫海战等一系列战役，最终彻底摧毁了中国北洋水师，取得了甲午战争的胜利。日本的胜利对国际格局产生了重要影响，美国海军部部长赫伯特就不无忧虑地指出，甲午战争的胜利使得"日本几乎是一跃而起就已经跻身进了世界大国的行列"。②

二 "三国干涉还辽"与日俄战争

19 世纪末 20 世纪初，日本和俄国因为争夺中国东北而矛盾不断激化。1894 年，日本在甲午战争中获胜后，强迫清政府签订《马关条约》，割让台湾和辽东半岛，此举严重刺激了沙皇俄国。俄国为抵制日本在中国势力的坐大，联合法国和德国对日施压，逼迫日本同意放弃辽东半岛，但日本从中国勒索了 3000 万两白银作为"赎辽费"。为此，"辽东之耻"的言论一度充斥日本报纸。

另外，俄国海军在远东的存在也让日本如芒在背。"中日战争结束时，俄国通过威胁性的干涉手段，获得了旅顺港，并在亚洲开辟一个势力范围。为巩固这个据点，俄国陆续向远东派遣了许多一级战列舰，直

①　王家俭：《李鸿章与北洋舰队：近代中国创建海军的失败与教训》，生活·读书·新知三联书店，2008 年，第 456—457 页。

②　Charles E. Neu, *The Troubled Encounter: The United States and Japan*, New York: Wiley, 1975, p. 33.

到把太平洋舰队，建设得像波罗的海舰队一样强大。"① 俄国此举对日本构成了巨大威胁，两国在争夺中国东北等问题上不可避免地处于直接对峙的状态。同时，俄国在远东的扩张也威胁到了英国的利益，后者在集中力量应对德国在欧洲的威胁而分身乏术的情况下，有意将日本作为其在远东的盟友来遏制俄国。

为了对付俄国，1902 年 1 月，日本与英国签订了《英日同盟条约》，获得了英国在未来的日俄战争中对日本的支持。在得到英国的支持后，日本不断与俄国就日本在东北三省的"权益"进行交涉，但遭到俄国的拒绝，双方的战争一触即发。1904 年 2 月 5 日，日本宣布中止日俄谈判，与俄国断交。2 月 8 日，日军偷袭旅顺，日俄战争爆发。

日俄战争爆发时，日本海军拥有各型舰艇 152 艘，共计 26 万吨。其中，联合舰队主力由 6 艘现代化的战列舰及 6 艘装甲巡洋舰组成，即"六·六舰队"。俄国海军拥有各型舰艇 361 艘，总排水量达 80 多万吨，编为波罗的海舰队、黑海舰队和太平洋舰队三支主力舰队。其中，俄国太平洋舰队驻守旅顺港和海参崴（今符拉迪沃斯托克），下辖包括一等战列舰在内的舰艇多达 72 艘（总计 19.3 万吨）。② 作为传统海军强国，俄国海军在舰艇吨位上远远超过新兴的日本海军，但其海军质量却逊于日本海军。

1904—1905 年的日俄战争是一场以海战开始、以海战结束的战争，海战的胜负对于战争的进程产生了重大影响。战争爆发之初，日本不宣而战并先发制人，出动联合舰队偷袭并重创旅顺港的俄国太平洋舰队。在此后的数场海战中，日本联合舰队连续击败俄国太平洋舰队，迫使其主力仅能龟缩在港内避战不出，由此掌握了战争初期的制海权。此举保证了日本海上交通线的安全，有力支援了日本陆军对旅顺要塞的地面进攻，从而形成了有利于日本的战场态势。在战争后期交战双方陆军力竭之际，日本联合舰队在对马海战中几乎全歼千里迢迢赶来增援、改称第二太平洋舰队的俄国波罗的海舰队，完全控制了日本海、黄海的制海权，

---

① 孟宪谟、李家德：《世界重要战略地区图说》，军事科学出版社，1986 年，第 201 页。

② 实松譲：『あ＇日本海軍』（上卷），東京：光人社，1987 年，第 153 頁。

最终迫使俄国求和。① 据俄方统计，在对马海战中，俄国海军共损失了
18 艘战舰和 3 艘运输船，另有 5 艘舰艇被俘，共损失官兵 7000 人。②

　　在日俄战争中，俄方消极避战，本应积极出击的机动舰队变成了守
卫要塞的岸防舰队，拱手让出了制海权。在最富有进取精神的太平洋舰
队司令马卡洛夫（Vice Admiral Stepan Osipovich Makarov）触雷身亡后，
俄太平洋舰队就一直龟缩在旅顺港内，不敢主动出击，最后被攻克 203
高地的日军用重炮从高处将其舰艇逐一击沉。马汉在其名著《海军战
略》一书中对俄太平洋舰队消极避战的"要塞舰队"战术提出了严厉批
评，他认为"这种计划主要着眼于要塞，而不是着眼于海军的效能……
要塞彻底贬低了舰队，使舰队在国家观念之中微不足道。其结果是，在
旅顺口俄国既无要塞舰队，因为除拆除舰炮供要塞使用之外，舰队对要
塞的防御毫未发挥作用……俄国人的行动，从集结、配置和使用舰队来
看，全都表明他们缺乏将舰队用于进攻目的；而是以不惜将舰队用于支
援要塞为目的"。马汉进一步指出，俄国奉行"要塞舰队"这种消极防
御的战术，实际上反映了俄国是一个缺乏海洋传统的民族，"要塞舰队这
一对立因素业已深入人心，致使控制海洋这一思想从未能见诸国家计划
之中……在军事上，俄国作为一个国家无进取心可言。俄国对于防御已经
偏爱至麻木不仁的程度"。③

　　当然，日本胜利的根本还是日俄两国在战争组织上的差异所致。从
综合国力来看，俄国无疑远胜于日本。但俄国军队主力和战略重点在欧
洲，在远东的兵力并不对日本占优势，且一旦开战难以及时从遥远的欧
洲派来援军，即便援兵到来也是人困马乏，而日本坐拥地利之便则可以
以逸待劳，日本在对马海战中的胜利充分反映了这一点。当然，这些都
是客观原因，而主观原因才是致命的，即俄国的国家动员能力和军队组
织效率太低，无法将理论上的兵力和国力优势及时转化为战场上的实际

①　海軍省教育局編『海軍軍事講話』，東京：兵用図書株式会社，1936 年，第 55—60
　　頁；Edwin A. Falk, *Togo and the Rise of Japanese Sea Power*, London：Longmans, Green &
　　Co., 1936, pp.238-243。

②　〔俄〕伊·马·卡皮塔涅茨：《第六代战争中的海军》，李太生、王传福译，东方出版
　　社，2012 年，第 132 页。

③　〔美〕艾·塞·马汉：《海军战略》，蔡鸿幹、田常吉译，商务印书馆，2003 年，第
　　367—369 页。

优势，导致俄军在战场上处处被动挨打，最终被优势日军集中兵力各个击破。

此外，日俄战争也充分暴露了日本的国力不济。作为一个工业化刚刚起步，仍然以农业经济为主的国家，它对长期消耗战的承受能力相当脆弱，所以进一步巩固了自甲午战争以后逐渐奠定的"速战速决"思想。在海上，这种"速战速决"思想就鲜明地体现在赌博式的舰队决战上，东乡平八郎在对马海战中升起的"皇国兴废，在此一战"的著名旗语就充分说明了这一点。但悲剧的是，中日甲午战争中消灭北洋水师和日俄战争中全歼波罗的海舰队让日本举国上下将赌博式的舰队决战思想奉为圭臬，这种战术上的冒险主义逐渐成为制约日本海军战略的桎梏，最终在太平洋战争中结出了恶果。

第十章

现代日本的海洋战略

现代日本海洋战略的主要任务，是充分运用海军力量为日本的对外扩张服务，同美国争夺太平洋地区的海上霸权成为这一时期日本海洋战略的核心内容。在第一次世界大战中，日本利用欧美列强忙于欧战而无暇东顾的良机，确立了在西太平洋和远东地区的海上优势地位，但也进一步激化了同美国的海权矛盾。在第二次世界大战中，美日在太平洋战场上兵戎相见，惨烈的太平洋战争最终以日本的彻底失败而告终，明治维新后经数十年苦心经营的日本海军也彻底覆灭。

第一节 日本的太平洋战略与日美海上争霸

19 世纪末，作为新兴的两个海洋强国，日本和美国在太平洋地区展开了激烈的争夺，争夺焦点集中在夏威夷、菲律宾和中国华南等地区。

一 夏威夷危机与日美在太平洋上的早期争夺

（一） 日美对夏威夷的觊觎

日美首先就夏威夷的主权归属问题展开了第一回合的较量。夏威夷是地处太平洋上的一个岛国，同时它又是中美太平洋航线上的中转站。美国于 1842 年承认夏威夷王国并于 1849 年与夏威夷缔结通商条约。鉴于夏威夷是太平洋上开启"远东贸易大门的锁匙"，[①] 美国对该岛觊觎已久，"就地理位置来看，夏威夷占据着北太平洋上的军事枢纽。因此，占领该岛是事关美国国家政策的重要问题"。[②] 19 世纪中后期，美国发起了

---

① Walter LaFeber, *The New Empire: An Interpretation of American Expansion, 1860 - 1898*, New York: Cornell University Press, 1980, p. 35.
② 黒羽茂：『太平洋をめぐる日米抗争史』（改訂新版），仙台：東北教育図書株式会社，1966 年，第 34 頁。

兼并夏威夷的运动。

1875 年，美国与夏威夷签署了《美夏贸易互惠条约》。在经济要求得手后，美国加快了在政治上兼并夏威夷的步伐。美国经过软硬兼施迫使夏威夷政府将《美夏贸易互惠条约》第二款修正为："夏威夷国王授予美国使用珍珠港的绝对权力，根据授权，美国船只可以出入瓦胡岛的珍珠港、在瓦胡岛上设置船只的煤炭供应站和船舶修理厂以及所有的必要设施。"[①]

1871 年 6 月，日本与夏威夷正式建立外交关系。夏威夷不仅是日本进入太平洋的必经之路，而且有大量日本移民在当地定居。1881 年 3 月 4 日，夏威夷国王卡拉卡瓦（King Kalakaua I）抵达日本，受到日本政府的高规格礼遇。卡拉卡瓦对日本的访问加快了日本与夏威夷缔结条约的进度，而且为日本向夏威夷移民打开了方便之门。1884 年日本政府批准向夏威夷移民，日夏关系得到了进一步的发展。截至 1890 年，在夏威夷定居的日本移民已达 12360 人，占夏威夷总人口的 13.3%，而同期的美国移民仅为 1928 人。[②] 因此，日本也在打夏威夷的主意。[③] 美国出其不意地控制了夏威夷，这令日本措手不及进而恼羞成怒，遂就夏威夷的归属与美国展开了争夺，并多次出动军舰开赴夏威夷向美国展示武力。

（二）"白糖革命"与第一次夏威夷危机

夏威夷女王李留俄卡拉尼即位后不甘于充当美国的傀儡，提出了"夏威夷是夏威夷人的夏威夷"的口号，并采取多项措施维护国家主权。女王的施政引起了美国的敌视。1893 年 1 月 17 日，在美国驻夏威夷公使约翰·史蒂文斯（John Stevens）的策划下，美国海军陆战队配合美国在

---

① 黒羽茂：『太平洋をめぐる日米抗争史』（改訂新版），仙台：東北教育図書株式会社，1966 年，第 33 頁。

② 黒羽茂：『太平洋をめぐる日米抗争史』（改訂新版），仙台：東北教育図書株式会社，1966 年，第 34 頁。

③ 卡拉卡瓦曾考虑通过夏威夷王室与日本皇族联姻的方式引入日本势力，以借助日本的力量挫败美国策划的美夏合并运动。在访日期间，卡拉卡瓦利用与明治天皇会谈之机当面提出了日夏联姻的建议。明治天皇与日本外务大臣井上馨会商后婉拒了卡拉卡瓦的建议。但是在此之后，日本密切注视夏威夷国王的动向，"如果日本天皇一旦接受国王的这个计划，夏威夷将成为日本的领土"。参见黒羽茂『太平洋をめぐる日米抗争史』（改訂新版），仙台：東北教育図書株式会社，1966 年，第 34 頁。

夏威夷的糖业商人发动了一场"白糖的、起于白糖并由白糖所决定的革命"。① 殖民主义者废黜了女王，推翻了夏威夷王朝的统治。美国通过这场"白糖革命"牢牢控制了夏威夷。女王退位两周之后，约翰·史蒂文斯建议美国政府兼并夏威夷群岛。

1893 年 2 月，日本政府获悉夏威夷爆发了"白糖革命"后当即决定，以保护日本在当地的移民为由，派遣东乡平八郎海军大佐率领"浪速"号巡洋舰火速赶往夏威夷向美国示威。2 月 23 日，"浪速"号驶入檀香山与先期抵达的日本海军训练舰"金刚"号会合。不久，日本舰艇在鸣放礼炮的问题上与夏威夷临时政府发生龃龉。东乡一行态度强硬，这与当时激增的日本移民以及日本人争取参政的运动桴鼓相应，结果导致当地风传日本有吞并夏威夷的野心。甚至有传言称，当时在火奴鲁鲁周围潜伏着一支由日本军人组成的第五纵队，人数多达 1000 人以上，而夏威夷女王与东乡是他们的幕后老板。②

美国人对来自日本的不速之客保持高度警惕，"浪速"号抵达珍珠港当天，美国巡洋舰"波士顿"号正在港内。"波士顿"号随即以保护美国人的生命财产安全为由，派海军陆战队上岸接管临时政府设在该岛的防务，并负责当地的安全警卫和维持秩序等工作，一时间珍珠港的气氛非常紧张。夏威夷反日报纸发表评论说，美日在珍珠港的海战一触即发。华盛顿甚至接到报告，传说"浪速"号特地为日本侨民运来了武器弹药。③ 尽管美日一度剑拔弩张，但由于日本忙于中日甲午战争，遂主动采取让步，缓和了与美国的紧张关系。

（三）移民风波与第二次夏威夷危机

中日甲午战争后，美国与日本围绕夏威夷纷争再起，这次斗争的焦点集中在日本移民入境夏威夷的问题上。

1884 年日本政府批准向夏威夷移民后，日本移民大量涌入夏威夷，

---

① 三輪公忠：『環太平洋関係史：国際紛争のなかの日本』，東京：講談社，1968 年，第 95 頁。

② 小笠原長生編『東郷平八郎全集』（第 1 巻 伝記），東京：平凡社，1920 年，第 102 頁；黒羽茂：『太平洋をめぐる日米抗争史』（改訂新版），仙台：東北教育図書株式会社，1966 年，第 80 頁。

③ ウィリアム・L. ニューマン：『アメリカと日本：ペリーからマッカーサーまで』，本間長世ほか訳，東京：研究社，1986 年，第 121 頁。

并积极发起取得参政权的民众运动。① 1898 年 2 月，美国国会参议院外交委员会收到来自夏威夷当局发来的一份报告。报告称，来自日本的移民中有人携带军服和勋章，据此可以判断"移居夏威夷的日本臣民中夹杂着大量参加过对华战争的军人，他们现在仍听命于天皇的指挥"。为此，该报告向夏威夷当局发出警告："一旦美国兼并该群岛并拒绝在该岛恢复君主制，日本对夏威夷的政策必将变得步步紧逼和凌厉。"②

面对岛内日益膨胀的日本移民群体，美国总统麦金莱意识到"日本人的眼睛已经盯上了夏威夷"。如果美国对这种情况无动于衷，那么在不久的将来，日本人就会策动另一场革命，"其结果则是日本取得对夏威夷的控制权"。他呼吁，必须采取措施来遏制日本在夏威夷地区日益增长的影响，"我们不能把夏威夷拱手让给日本"。③ 限制移民入境以消除日本潜在的威胁成为美国首选的措施，因此，美国在日本向夏威夷移民的问题上大做文章。如此一来，日本移民问题成为美日交恶的导火索，并再次引发了两国海军严峻的武装对峙。

在《美夏合并条约》签署前夕，夏威夷共和国政府利用合并运动高涨的形势，拒绝日本移民入境。1897 年，日夏之间连续爆发"神州丸"号、"佐仓丸"号和"畿内丸"号事件。在这一系列拒绝日本移民上岸的事件中，1582 名抵达夏威夷的日本移民中共有 1185 人被拒绝上岸。④对于夏威夷当地政府拒绝日本移民上岸的事件，日本政府迅速做出强烈反应，日本移民问题升级为日夏两国间（实质上是美日之间）严重的外交问题。

在外交方式未能奏效的前提下，日本转而使用武力示威来对夏威夷当局施压，以求得问题的解决。日本驻夏威夷代理公使岛村久于 1897 年

---

①　黒羽茂：『太平洋をめぐる日米抗争史』（改訂新版），仙台：東北教育図書株式会社，1966 年，第 42 頁。

②　Payson J. Treat, *Diplomatic Relations Between the United States and Japan, 1853 - 1895*, Vol. Ⅱ, Stanford：Stanford University Press, 1932, p.978；黒羽茂：『太平洋をめぐる日米抗争史』（改訂新版），仙台：東北教育図書株式会社，1966 年，第 49 頁。

③　Foster Rhea Dulles, *America in the Pacific：A Century of Expansion*, Boston：Houghton Mifflin, 1932, p.191.

④　外務省編『日本外交文書　明治』第三十卷，東京：巌南堂書店，1999 年，第 672—709 頁。

4 月 7 日向东京发出电报，要求派遣军舰保护当地的日本移民并且应对禁止移民上岸的事件。日本政府对岛村的要求给予肯定回应。15 日，日本海军大臣西乡从道命令"浪速"号巡洋舰赶往夏威夷保护日本移民。①美国深知日本来者不善，立即采取了针锋相对的强硬措施。5 月，"浪速"号巡洋舰抵达夏威夷。为防范日本海军有所行动，华盛顿授权美国驻夏威夷公使和"费城"号巡洋舰（USS *Philadelphia*）舰长在日本对夏威夷政府动武的前提下，派遣海军陆战队在夏威夷登陆，宣布美国政府对夏威夷实行临时性保护。②

就在移民问题悬而未决之际，美国采取了釜底抽薪的行动。1897 年 6 月 16 日，美国与夏威夷签署合并条约，以既成事实迫使日本打消对夏威夷的领土奢望。美国此举招致日本的强烈反对。1897 年 6—7 月，日本驻美公使星亨就美夏合并多次向美国国务卿约翰·谢尔曼（John Sherman）正式提出抗议。③ 8 月 14 日，谢尔曼通过外交信函的方式予以回复，拒绝接受日方的抗议。④

日本政府鉴于海军的武力示威既未能阻止美国兼并夏威夷，又对解决移民问题于事无补，只好回到了通过外交谈判途径解决争端的轨道上。经过权衡利弊，日本自度在事关朝鲜"独立"问题上与沙俄尖锐对立，仍需要美国的支持，不宜在太平洋上再与美国构衅，因此，在美国重申《美夏合并条约》中保证日本政府与夏威夷前政府既有条约所规定的权利之后，日本再次做出了让步。9 月，"浪速"号奉命从夏威夷返回

①　野村実：『日本海軍の歴史』，東京：吉川弘文館，2002 年，第 31 頁；外務省編『日本外交文書　明治』第三十卷，東京：巌南堂書店，1999 年，第 672—709 頁。

②　Foster Rhea Dulles, *America in the Pacific: A Century of Expansion*, Boston: Houghton Mifflin, 1932, p. 191.

③　日本在抗议中声明，日本对夏威夷不存在任何的领土野心，主张各国有必要相互协调以维持夏威夷的现状。日本认为，美夏合并不仅严重损害了在夏威夷定居的日本人在居住、商业和工业上的既得利益，而且妨碍了日夏对两国之间悬案的解决。参见野村実『日本海軍の歴史』，東京：吉川弘文館，2002 年，第 154 頁。

④　美方答复日方称，美国政府不承担夏威夷政府与他国政府缔结的条约或协定所产生的任何义务，美国在建议的条约中没有歧视日本权利的内容，在夏威夷的日本臣民将依据国际法享有全部权利和保护。美国将做出所有适当努力，鼓励并扩大两国间的商务关系，这必将使两国今后的交往更加紧密。参见外務省編『日本外交文書　明治』第三十卷，東京：巌南堂書店，1999 年，第 1026—1028 頁。

日本。①

12 月 22 日，星亨在非正式场合向谢尔曼提出解决争端的方案，提议美国出面劝告夏威夷政府向日本政府支付一笔赔偿金。② 1898 年夏，经过美方居间调停，夏威夷地方当局通告日本政府，就拒绝日本移民上岸事件向日方支付赔偿金 7.5 万美元。至此，这场夏威夷拒绝日本移民入境的风波告一段落，美日对夏威夷的争夺也画上了句号。

美日军舰在夏威夷的军事对峙是两国海军在太平洋上的首次较量，虽然冲突最终以和平解决的方式收场，但美日两国出动军舰争夺夏威夷的事件不仅"当时在美日两国之间引起了无益的猜疑和裂痕"，③ 而且成为两国海军争夺太平洋制海权的先声。

二　日美对菲律宾的争夺

中日甲午战争后，日本在东北亚的迅速崛起引起了华盛顿的警觉。美国一些战略分析人士对日本在亚太地区的发展动向做出预测，认为美日在亚太地区的摩擦与冲突将不可避免。美国前驻朝公使奥古斯丁·赫德（Augustine Hurd）提出警告，称日本将在东亚地区奉行独霸政策。因此，美国应在东亚采取更为积极的行动，否则日本将会关闭中国市场的门户并把美国从亚太地区扫地出门。④ 为夺取美日竞争中的战略制高点，美国加速了在太平洋地区的抢滩行动。美国在亚太地区的扩张刺激了日本的胃口。这次，美日争夺的对象是菲律宾。

（一）菲律宾在日本南进战略中的重要地位

美国对菲律宾觊觎已久。菲律宾独立战争爆发后，美国把自己打扮成菲律宾的解放者介入战事。1898 年 4 月 22 日，美国借口"缅因"号事件向西班牙宣战，直接出兵菲律宾与西班牙作战。在西班牙败局已定，菲

---

① 野村実：『日本海軍の歴史』，東京：吉川弘文館，2002 年，第 154 頁。
② 野村実：『日本海軍の歴史』，東京：吉川弘文館，2002 年，第 31 頁；Payson J. Treat, *Diplomatic Relations Between the United States and Japan, 1853–1895*, Vol. I, Stanford：Stanford University Press，1932，p. 27。
③ 黒羽茂：『太平洋をめぐる日米抗争史』（改訂新版），仙台：東北教育図書株式会社，1966 年，第 51 頁。
④ Jeffery M. Dorwart, *The Pigtail War：American Involvement in the Sino-Japanese War of 1894–1895*, Amherst, Mass. ：University of Massachusetts Press，1975，p. 120.

律宾独立战争即将胜利之际，美国暴露了隐藏已久的扩张野心。1898 年 10 月 1 日，在促成美西停战谈判的巴黎和会召开前夕，美国总统麦金莱对即将启程赴会的美国代表团面授机宜，要求他们在与西班牙代表谈判时强调美国的立场，"美国必须接收吕宋岛及其全部利益和主权"。① 同时，美军在菲律宾站稳脚跟之后立即反咬一口，向菲律宾军民发起猛烈进攻，菲律宾独立战争转入了反对美国这个新的侵略者的阶段。

　　日本对菲律宾同样是垂涎三尺。中日甲午战争之后，日本盘踞台湾并以此为瞭望台窥伺东南亚，军国主义者宣称东南亚地区"拥有无限的天然资源，等待他人前来开发"。因此，日本应"以台湾为跳板，渐次占领菲律宾、安南以及东印度群岛"。② 日本陆海军及参谋本部中的"南进论"者更是鼓吹："帝国国防第一线应扩展到菲律宾及马来亚周边以谋求东亚之安稳。"③ 此时，日本"南进"的企图已十分明显，菲律宾独立战争的爆发为日本插手菲律宾事务提供了可乘之机，军方在介入菲律宾问题上更是蠢蠢欲动。

　　1898 年 5 月 1 日，美国亚洲舰队在马尼拉湾击败西班牙舰队。5—6 月，日本海军以观战为名，派出"浪速"号、"秋津洲"号和"松岛"号 3 艘军舰前往菲律宾窥探虚实。当企图与美国合霸菲律宾的如意算盘化为泡影后，日本决定借援助菲律宾政府抗击美国的侵略来另辟蹊径。在军方支持下，日本民间的右翼分子④以志愿人员的身份向菲律宾政府偷

①　Cray Hirk, *Philippine Independence*, New York: Farrar & Rinehart, Inc, 1936, pp. 13-14.

②　竹越与三郎：『慶応義塾福沢研究センター近代日本研究資料：2 人民読本「大正版」』，東京：慶応義塾福沢研究センター，1988 年，第 222—223 頁；黒沢文貴、斎藤聖二、櫻井良樹：『国際環境のなかの近代日本』，東京：芙蓉書房，2001 年，第 153 頁。

③　黒羽茂：『太平洋をめぐる日米抗争史』（改訂新版），仙台：東北教育図書株式会社，1966 年，第 25 頁。

④　不容忽视的一点是，介入菲律宾战事的日本人不仅有来自民间的右翼分子，还有为数众多的退伍军人。这些退伍军人为参加援助菲律宾的计划而故意从军中退役，日本军方介入的迹象非常明显。其中，化名为"近藤五郎"的陆军大尉原祯是军中策划"布引丸"号事件的中心人物。这一系列事件表明，无论是在援助菲律宾独立运动还是利用"布引丸"号向菲律宾运输武器的问题上，日本军方都给予了相当程度的关注，甚至不惜提供具体援助措施。参见黒羽茂『太平洋をめぐる日米抗争史』「改訂新版」，仙台：東北教育図書株式，1966 年，第 25 頁。

运军火，甚至深入战地从事刺探军情、护送菲方重要人员转移等军事活动。①

（二）日美围绕菲律宾展开的外交博弈

美国在镇压菲律宾革命的过程中逐渐觉察到日本人参与其事，在截获了日方人员介入菲律宾战事的确凿证据后，美方向日本外务省提出交涉。两国之间爆发了一系列外交纠纷，导致美日关系一波未平一波又起。日本政府不愿在此事上节外生枝而过多开罪美国，遂出面制止了右翼势力在军方支持下的冒险活动。

1900 年 11 月 22 日，日本外务大臣青木周藏就"布引丸"号事件致函该案所涉及的大阪、山口、福冈、长崎、兵库、神奈川等县知事，向他们通报了事件的经过，指出该事件引发了日美两国的外交纠纷。美国驻日公使已就此前中村弥六等人雇用"布引丸"号货船为菲律宾"叛乱分子"运输武器弹药一事，向日本政府提出交涉。为杜绝之后再度发生类似的事件而影响日美外交关系，青木要求上述各县知事密切注意此类行为并予以严厉取缔。②

日本借援助菲律宾革命者来介入美菲战争，其真实目的在于插足菲律宾事务，与美国争夺对菲律宾的控制权。

三　日美在中国华南地区的争夺

美国吞并夏威夷群岛和占据菲律宾的主要目的就是借助两地在太平洋的位置，把美国与中国的市场联系起来。马汉认为，掌握对菲律宾和加勒比海的控制权，其最终目标亦指向中国，菲律宾是美国"前往中国的踏脚石"和为发展对华贸易提供保障的基地，"巴拿马运河、夏威夷

---

① 帝国党成员高知县士族吉本襄、奈良县士族今田主税等 6 名日本人向菲律宾革命者提供武器，为当地人掩护菲律宾政府军的一名中尉穿越美军战线潜入马尼拉市区。1898 年 8 月 19 日，该名中尉被美军俘获后供出了有日本人参与战事的实情。此后，美国驻菲律宾当局加强了对供职于日本政府的日本人的监视。8 月 21 日下午，美方经过严密监视之后，逮捕了 3 名定居在菲律宾的日本人。事后，美国驻菲律宾总督将此事通报给日本驻马尼拉领事三增。经过双方交涉，被捕的 3 名日本人获释并被遣返回国。参见外务省编『日本外交文书　明治』第三十二卷，東京：巌南堂书店，1999 年，第 880—881 页。

② 外务省编『日本外交文书　明治』第三十二卷，東京：巌南堂书店，1999 年，第 887 页。

和菲律宾的重要性在于它们是进入中国及其长江流域的重要通道，是保证我们在中国行动成功的领土支撑点"。① 这样，美国将华南地区视为从菲律宾进入中国的桥头堡，迫切希望将该地区收入囊中。

清政府在中日甲午战争中一败涂地，英、俄、法、德等帝国主义列强借机趁火打劫，"强行劫取了长期的租赁权和能为自己带来丰厚经济利益的势力范围"。美国此时正忙于菲律宾战事而分身乏术，当它将菲律宾等地收入囊中匆匆赶来时，列强瓜分中国已近尾声。

为了扭转不利局面，美国提出在中国实行"门户开放"的主张，要求与列强分取杯羹，同时积极考虑在华建立海军基地。1900 年，美国国务卿海约翰在公开场合大谈美国外交政策的目的在于保护中国的领土完整，维护所有列强在中国享有机会均等的贸易权利。而在背地里，他秘密为美国"在中国南方三沙湾寻求一个海军基地和租界"。② 1900 年 12 月 6 日，海约翰就日本是否同意美国向中国租借三沙湾作为海军加煤站一事亲自试探日本驻美公使高平小五郎，并要求高平给予明确答复。

佐藤铁太郎的海权理论也深深影响了日本"南进"政策的形成，佐藤的理论诞生于欧美列强"大海军主义"兴起和日本国内陆海军对立的环境中。其"海主陆从""守势国防"的思想一定程度上与日本民间兴起的"南进论"遥相呼应。③ 两者均认为日本的未来在南不在北，在海不在陆。因此，日本政府从"南进"的立场出发，同样将华南视为与其利益攸关的战略要地。日本占领台湾后更是垂涎与台湾仅一苇之隔的福建。1900 年 8 月 20 日，日本首相山县有朋在《北清事变善后策》中正式提出日本实行"北守南进"的政策，强调无论是对中国实施贸易控制、军事侵略，还是保持中国行政完整或瓜分其国土，日本均应阻止中国割让福建。同时，日本在该地区"宜扩张势力范围，要求在其领域内获得驻屯军队、铺设铁路、采掘矿山等特权"。山县进而强调，日本还应根据中国今后形势的变化和各国的动向适时把江西、浙江等地划入自己

---

① W. E. Livezey, *Mahan on Sea Power*, Norman: University of Oklahoma Press, 1980, p. 205.

② Thomas A. Bailey, *A Diplomatic History of the American People*, New York: Meredith Corporation, 1969, pp. 480–484.

③ 清水元：『両大戦間期日本・東南アジア関係の諸相』，東京：アジア経済研究所，1986 年，第 8 頁。

的势力范围，以便"在将来与台湾相对应，互成犄角之势。平时可为我国在华内地工业贸易的根据地，一旦有事则可扼住东亚的咽喉，以制驭来犯之敌"。① 本着这种战略考虑，1900 年 8 月 24 日，山县内阁借口厦门的一座日本庙宇被焚出兵占领厦门，但最终因遭到美国等西方列强的反对而被迫作罢。

这次，美国将手伸向了福建，企图染指日本的禁脔。日本意识到如果让美国在租借三沙湾的问题上得手，势必使台湾夹在三沙湾与菲律宾之间而腹背受敌，于是决定以其人之道还治其人之身。日本外相加藤高明搬出海约翰一贯标榜的"门户开放"政策回绝了美国租借三沙湾的要求，他强调："日本政府始终对国务卿关于维护中国领土完整的声明表示赞赏。日本政府认为，不给任何国家以实现领土野心的借口可以最好地维护中国的领土完整。因此，日本政府真诚希望美国放弃租借三沙湾的计划。"② 为挫败美国染指福建的计划，日本还通过威胁的手段取得了清政府不将福建租借给美国的承诺。在日本双管齐下的攻势面前，海约翰在华南谋取海军基地的计划最终未能实现。

四 日俄战争后日美对太平洋海权的争夺

日俄战争前，列强在远东地区形成了群雄逐鹿的格局，"在亚洲，尤其是在中国展开了对优势地位的竞争"。沙俄"是一个完整的强国，而且与中国近在咫尺"，因此对美国在华利益的威胁最大。另外，海权分布于英美德日等几个国家之中，而且"这些国家的军事力量的基地相距甚远"。美国意识到在这种格局下，解决亚洲问题的最佳途径就是"保持存在于列强之间而且具有稳定基础的敌对势力之间的力量均势。这样将会阻止任何一个国家或是任何一个国家联盟凭借所形成的实力去获取不应有的优势地位"。③

美国支持日本对付沙俄，是为自己在中国东北推行"门户开放"政

① 大山梓编『山縣有朋意見書』，東京：原書房，1966 年，第 261 頁。
② Kamikawa Kimura, *Japan-American Diplomatic Relations in the Meiji-Taisho Era*, Tokyo：Pan-Pacific Press, 1958, pp. 193–194.
③ Alfred Thayer Mahan, *The Problem of Asia：Its Influence upon International Politics*, New Brunswick, NL：Transaction Publishers, 2003, pp. 115–136.

策鸣锣开道。同时，日俄相互掣肘还可以保持远东地区的力量均势，从而有利于美国进一步从中渔利。然而，日俄战争后，日本外交的基本方针在于巩固和消化通过中日甲午战争、日俄战争在亚洲大陆攫取的胜利果实，尤其是确保并扩大日本在朝鲜半岛和中国东北的权益，同时，决心"首先掌握太平洋的支配权以确保正义与公道"。如此一来，日本就势必与推行"门户开放"政策、积极在亚洲扩张的美国狭路相逢，形成尖锐的对峙。[①]"日本在对马海峡的胜利结束了美国对俄国势力在中国蔓延的恐惧，取而代之的是对日本崛起的海军的恐慌，对日本向西海岸移民的毫无道理的警惕更加剧了这种恐慌……对日战争已经第一次出现了真正的可能性，马汉无法忍受舰队集结在大西洋而使得太平洋沿岸的军事力量变得十分弱小。"[②]

随着日美矛盾的升级，日本将美国作为自己在太平洋上的主要假想敌而加紧扩军备战，美日两国为争夺太平洋的霸权多次剑拔弩张，两国一度游走于战争的边缘。日本这个"新兴的恐怖强权"也因此成为美国在太平洋上的心腹大患。美国总统西奥多·罗斯福甚至就日本对美国构成的海上威胁直言不讳地坦陈自己的担忧。他强调，日本"如果受到刺激而又在海上占有先机的情况下，就会轻而易举地占领我们的菲律宾和夏威夷。日本陆海军已经成为美国最可怕的对手，世界上再不会有比他们更危险的敌人了"。[③]

日俄战争后不久，美日两国即在日本在中国东北抵制美国的"门户开放"政策与美国针对日本移民的种族歧视等问题上龃龉丛生，美日之间的战争危机再次显现。1906 年，美国开始制订针对日本的"橙色计划"。在 1907 年的《帝国国防方针》中，日本也将美国列为假想敌。

与此同时，美国国内有关日本来袭的传言也不胫而走，整个美国一片风声鹤唳。美国总统罗斯福在综合分析了有关日本军事动向的情报后，认为日军有可能在加利福尼亚登陆。为防患于未然，他甚至促令财政部

---

①　池田清：『日本の海軍』下，東京：朝日ソノマン，1987 年，第 20—21 頁。

②　〔日〕麻田贞雄：《从马汉到珍珠港：日本海军与美国》，朱任东译，新华出版社，2015 年，第 19 页。

③　Theodore Roosevelt and Henry Cabot Lodge, *Selections from the Correspondence of Theodore Roosevelt and Henry Cabot Lodge：1884–1918*，Vol. 2，New York：Charles Scribner's Sons，1925，p. 135.

长将美国政府储存在旧金山的金锭紧急转移到丹佛。①

针对严峻的形势，罗斯福总统强调化解战争风险的可行之道就是以"我们充分倚重于本国的战斗力"为前提，"本着美国与生俱来的礼让、宽容与正义的精神与日本人打交道"。② 在当前"事态的发展威胁到美国利益的情况下"，罗斯福决心"让自己的战斗舰队全体出动，深入太平洋进行一次远航演练"，通过展示美国海军的实力警告日本不要对美国轻举妄动，"预防战争的唯一可行之道在于让日本人知道我们在战争中立于不败之地"。③ 为此，他不顾众人反对，决定派出战斗舰队进行环球巡航。

1907 年 12 月，美国海军派遣"大白舰队"进行环球巡航。当"大白舰队"驶入横滨港时，日本举国上下为美国海军的庞大阵容震惊不已。日本政府领教了美国海军的实力后一改往日的蛮横姿态，同意在太平洋保持现状，尊重美国的"门户开放"政策。

1908 年 9 月 25 日，日本内阁通过决议开始与美国进行外交磋商，并通过外交渠道再三向美国表示希望改善两国关系。日方向美方承诺，日本移民将流向朝鲜半岛和中国东北地区，而不再是美国。日本在本国移民问题上将不再给美国制造麻烦。作为交换条件，日本要求美国承认其在中国东北和朝鲜半岛的行动自由的合法性。11 月 30 日，美国国务卿鲁特与日本驻美大使高平小五郎以换文的形式达成了《鲁特-高平协定》。该协定规定：两国维护太平洋地区的现状，互相尊重对方在该地区的属地，维护该地区工商业机会均等的原则，鼓励各自商业的自由与和平的发展；两国采取一切和平手段维护中国的独立与完整，维护各国在华工商业机会均等的原则。④

1907 年美日战争危机在日本军事机器即将开始运转时戛然停止了。就日本前倨后恭的原因，美国总统罗斯福运用海权的观点予以解读：美

---

① ウィリアム・L. ニューマン：『アメリカと日本：ペリーからマッカーサーまで』，本間長世ほか訳，東京：研究社，1986 年，第 136 頁。

② Elting E. Morison, ed., *The Letters of Theodore Roosevelt：The Square Deal，1901 - 1905*，Vol. 4，Cambridge：Harvard University Press，1951，p. 5；黒羽茂：『太平洋をめぐる日米抗争史』（改訂新版），仙台：東北教育図書株式会社，1966 年，第 83 頁。

③ Raymond A. Esthus, *Theodore Roosevelt and Japan*，Seattle：University of Washington Press，1966，p. 191.

④ *FRUS*，1908，pp. 511-512.

国海军通过组织战斗舰队环球巡航对"日本所肆言的极其狰狞的战争论调"给予了"严正的答复",即"'语气温和,手握大棒'",[①] 所以"美国与日本之间的每一处细微的矛盾和来自日本的所有压力转瞬之间神奇地消失了,这就是海权的价值"。[②]

五　日美两国军方制订互为假想敌的作战计划

1897 年,美国与日本围绕美国吞并夏威夷与排斥日本移民问题发生摩擦,双方均向夏威夷派出军舰进行示威,两国游走于战争的边缘。在这种背景之下,美日双方都以对方为主要假想敌开始制订相应的作战计划。此后,军事战略的尖锐对立成为两国关系中的一股潜流。是年 5 月,美国海军正式出台了针对日本的作战计划《有关西班牙与日本的计划》。以美国海军少将蒙哥马利·西卡德(Rear Admiral Montgomery Cicada)为首的特别委员会根据在夏威夷与日本、在古巴与西班牙同时进行两场战争的构想起草了一项作战计划。该计划规定:在美国与西班牙、日本同时进行两场战争的形势下,美国海军将主力部署在大西洋及加勒比海,以对付主要的敌人西班牙;而在太平洋则集结少量兵力防范日本夺取夏威夷。[③]1897 年的对日作战计划成为此后"橙色计划"的起源。

1904 年 4 月,美国陆军参谋长阿德纳·R. 查菲(Adna Romanza Chaffee)中将向陆海军联合委员会(Joint Army and Navy Board)建议制订一系列作战计划,以便在突发非常事态之时保证陆海军的战斗单位采取联合军事行动。这些作战计划将当前对美国构成现实或潜在威胁的国家预设为假想敌,并冠以颜色为代号来区分,此即为彩色战争计划(Color War Plan)。11 月,陆海军联合委员会向有关方面提交了一系列作战计划,其中针对日本的作战计划为"橙色战争计划"(War Plan Orange,后文简称为"橙色计划")。在某些情况下,早期的战争计划等同于抽象的训练,而不与实际事态挂钩。然而橙色计划却经常被专门抽出来加以

---

①　Raymond A. Esthus, *Theodore Roosevelt and Japan*, Seattle: University of Washington Press, 1966, p. 184.

②　Frederick W. Marks Ⅲ, *Velvet on Iron: The Diplomacy of Theodore Roosevelt*, Lincoln: University of Nebraska Press, 1982, p. 57.

③　細谷千博、斎藤真編『ワシントン体制と日米関係』,東京:東京大学出版会,1978 年,第 415—416 頁。

重新研究，反复修改，以便能够更好地随时适应国际形势的剧变。[①]

鉴于日本在 1907 年的《帝国国防方针》中已经将美国明确列为假想敌，美国陆海军联合委员会详细分析了日本来犯的各种情况以及相应的作战策略，并在此基础上于 1907 年 6 月 18 日制订了保卫菲律宾的具体方案。方案规定了美国陆海军在战争爆发前应遵循的方针，即美国海军将主力舰队从大西洋调防至太平洋，同时将在日本来犯时采取战略防守的策略。具体而言，为避免舰队被日军摧毁，美国海军应将部署在亚洲海域的主力战舰撤至太平洋海岸，同时据守苏比克湾和马尼拉等待来自大西洋的增援。[②] 为了保证"橙色计划"得到有效贯彻，美军加紧对日战备的各项工作。华盛顿全力扩充海军规模并大幅加快了珍珠港海军基地建设的进度。罗斯福还指令驻菲美军加强菲律宾的防御。[③]

美国陆军经过长期论证，确信战争期间美军无法在陆战中坚守菲律宾直到增援的六西洋舰队抵达战场。美国决定将珍珠港建成太平洋上最大的海军前进基地。1909 年，美国国会通过海军法案，授权罗斯福政府在夏威夷和菲律宾修建海军基地，以加强美国在太平洋上的防卫。海军法案还决定将美国海军的舰队主力半数常驻太平洋海域，以应对日本的威胁。[④]

1911 年 3 月，美国海军战争学院受海军部的委托，对日本现有的战争潜力、兵力动员及战场投放能力进行了全面系统的研究，事后形成的研究报告是"橙色计划"自 1904 年 11 月出台以来最完整的对日作战方案。报告预测日本将对太平洋上的美军发动突然袭击。美国海军主力舰队从大西洋驰援太平洋需要 3 个月时间。在此期间，日本至少可动员 10 万人攻取并固守基斯卡岛—夏威夷群岛—东萨摩亚的岛链防线，但横渡

---

① Louis Morton, "War Plan Orange: Evolution of a Strategy", *World Politics*, Vol. 11, No. 2 (January 1959), pp. 221–250; Graee P. Hayes, *The History of the Joint Chiefs of Staff in World War II: The War Against Japan*, Annapolis, Md: Naval Institute Press, 1982, p. 3; Steven T. Ross ed., *American War Plans: 1919–1941*, Vol. 1, New York: Garland Publisher, 1992, p. 19.

② William Reynolds Braisted, *The United States Navy in the Pacific, 1897–1909*, Annapolis, Md: Naval Institute Press, 1958, pp. 199–200, 204–205, 206–207.

③ A. Whitney Griswold, *The Far Eastern Policy of the United States*, New York: Yale University Press, 1962, p. 126.

④ 池田清：『日本の海軍』（下），東京：朝日ソノマン，1966 年，第 22 頁。

太平洋直接进攻美国本土的可能性不大。美国海军主力舰队可以从北线、中线和南线横渡太平洋对日军发起反击。鉴于夏威夷和关岛沦陷导致从北线和中线开展反攻具有极大的危险性，报告建议美国海军应在南线的澳大利亚和加罗林群岛补充燃料后进攻菲律宾，并夺取某处作为反攻基地，切断从菲律宾至日本本土的海上交通线，最后通过封锁作战迫使日本投降。①

1913 年，美国海军再次系统性地阐释和确认了"橙色计划"的基本战略思想，其要义在于一旦美国与日本发生战争，菲律宾群岛在计划设想中将成为日军进攻的首要目标，而驰援的美国海军主力舰队能否及时抵达将成为能否守住菲律宾的关键因素。而美日战争一旦爆发，美国驰援菲律宾的舰队将从加勒比海起锚，绕道合恩角之后横渡太平洋，预计历时 3—4 个月抵达菲律宾。在确保海上交通线安全的同时，美国海军紧急启用尚未完工的珍珠港基地和尚未开工的关岛基地作为与日本海军展开决战的前进基地。美国海军在夺取制海权之后，将为驻守菲律宾的部队提供人员及物资支援，并配合驻菲美军展开地面反攻行动。②

此后，美国海军多次对"橙色计划"进行修订与补充，直至 1939 年因根据国际形势发生剧变而被正式撤回，取而代之的是"彩虹战争计划"（Rainbow War Plan，后文简称为"彩虹计划"）。"橙色计划"持续长达 30 余年，始终是"颜色计划"的重中之重，在美国与日本争夺太平洋制海权的斗争中发挥出不可或缺的重要作用。③

就在美国紧锣密鼓地制订对日战争计划时，日本也针锋相对地制订出与美国开战的战争计划。1907 年 4 月 4 日，日本陆军参谋本部、海军军令部共同起草的《帝国国防方针》、《国防所需兵力》及《帝国军用兵

---

① Steven T. Ross ed., *American War Plans: 1919 - 1941*, Vol. 1, New York: Garland Publisher, 1992, p. 19; Edward S. Miller, *War Plan Orange: The U. S. Strategy to Defeat Japan, 1897-1945*, Annapolis, Md: Naval Institute Press, 1991, p. 1.

② Louis Morton, *Strategy and Command: The First Two Years*, United States Army in World War II, Washington, D. C.: Department of Army, Office of Chief of Military History, 1962, p. 24; Steven T. Ross, *American War Plans: 1890 - 1939*, Portland: Frank Cass, 2002, p. 81.

③ Major Adam M. Cannon, *Scylla and Charybdis: The Army's Development of War Plan Orange*, Fort Leavenworth, Kansas: School of Advanced Military Studies United States Army Command and General Staff College, 2012, p. 1.

纲领》经元帅府的审议通过后最终得以确定，正式形成了日本的战略方针政策。①

日本海军在《帝国国防方针》中将美国正式列为其未来作战的主要假想敌，强调美国海军"是帝国海军在作战上必须予以最密切关注的对象"。从对美作战的考虑出发，《国防所需兵力》规定，海军用于对付美俄的舰艇总吨位为 50 万吨，并将组建"八·八舰队"作为兵力保有的最低限度，即组建以舰龄在 8 年以内的 8 艘战列舰和 8 艘装甲巡洋舰为核心的主力舰队。②

在《帝国国防方针》中，日本海军在"（海军）用兵纲领"中针对美国正式提出了"邀击渐次歼灭战略"，明文规定："海军对美作战应迅速扫荡敌方在亚洲的海上兵力，控制西太平洋的制海权以确保日本的海上交通线并设伏等待敌方的本土舰队，寻机予以邀击歼灭"。③具体而言，对美作战以海军作为交战主力，针对美国的作战方针是以西南诸岛（冲绳）海域为决战的战线，在小笠原群岛进行前哨战，邀击并渐次歼灭来袭的美国舰队。该战略要求日本海军在途中截击来袭的美国舰队，同时逐步消耗其战斗力，在日本近海寻求决战并最终全歼美国舰队。这种战略成为此后乃至太平洋战争时期日本海军一以贯之的基本方针。④

《帝国国防方针》自 1907 年出笼以来，日本先后共 3 次对其进行修订与补充。在这一过程中，日本海军始终将美国作为第一假想敌，强调必须在坚持舰队总吨位对美七成比例的基础上贯彻主力舰队决战及渐减邀击战略以应对美国海军的威胁，由此确保日本在西太平洋上的制海权。

---

① 防衛庁防衛研修所戦史室：『戦史叢書 海軍軍戦備〈1〉—昭和 16 年 11 月まで—』，東京：朝雲新聞社，1979 年，第 61 頁；北岡伸一：『日本陸軍と大陸政策：1906-1918 年』，戻京：東京大学出版会，1978 年，第 9 頁。

② 防衛庁防衛研修所戦史室：『戦史叢書 大本営海軍部大東亜戦争開戦経緯〈1〉』，東京：朝雲新聞社，1979 年，第 103 頁。

③ 防衛庁防衛研修所戦史室：『戦史叢書 海軍軍戦備〈1〉—昭和 16 年 11 月まで—』，東京：朝雲新聞社，1969 年，第 63 頁。

④ 防衛庁防衛研修所戦史室：『戦史叢書 大本営海軍部・連合艦隊〈1〉—開戦まで—』，東京：朝雲出版社，1975，第 110 頁；池田清：『日本の海軍』（下），東京：朝日ゾノマン，1987 年，第 23—25 頁。

第二节　第一次世界大战时期及战后的日本海洋战略

一　一战时期的日本海军作战与对外扩张

第一次世界大战爆发后，国际形势风云突变，欧美列强忙于在欧洲厮杀而无暇东顾，日本趁机迅速填补了亚太地区因战争所形成的权力真空，它通过夺占德国在亚太地区的殖民地扩大了自己的势力范围，坐收渔翁之利。

1914 年 10 月，日本借口对德作战攫取了德国在赤道以北的太平洋岛屿殖民地，将其势力范围推进到加罗林群岛和马绍尔群岛一线，与美国在太平洋地区的防御圈毗邻相望，从而在太平洋海权角逐中占据了极其有利的位置。而日本此举在战略上对美国的海权具有极其不利的影响。一是，处于日本控制之下的加罗林群岛和马绍尔群岛成为打入美国连接其本土与菲律宾的海上交通线的楔子，这意味着日本将上述岛屿要塞化后，就有能力切断夏威夷与菲律宾之间距离最近的海上通道，从而在两国爆发战争的时候，迫使美国绕道驰援菲律宾。二是，日据加罗林群岛之一的雅浦岛，是美国通往中国、菲律宾和澳大利亚的海底通信电缆的枢纽，日本对雅浦岛的排他性控制毫无悬念地表明，美国与亚太地区进行通信联络的唯一备用线路随时有被日本阻断之虞。[①]

具体说来，日本海军在第一次世界大战时期的任务有两点：第一，趁机夺取青岛及德国在太平洋的殖民地；第二，协同英、法等打击德国在印度洋等地的商船和潜艇，并为协约国商船队护航。由于以青岛为基地的德国东亚舰队在战争爆发后就离开了青岛展开游击战，因此日本海军在青岛之战中只是面临留守德军的鱼雷艇等，而并未与德国舰队正式交战，主要是护送日本陆军登陆。1914 年 11 月 7 日，日军与英军配合，攻占了青岛。在日德于青岛激战正酣时，日本海军派出由 2 艘战列巡洋舰、1 艘装甲巡洋舰和 2 艘驱逐舰组成的第一南遣支队开往南太平洋，另组建由 1 艘战列舰和 2 艘巡洋舰组成的第二南遣支队前往澳大利亚，为增援欧洲战场的澳大利亚军队护航。这两支南遣支队同澳大利亚海军

---

① 細谷千博等編『日米関係史　開戦に至る10年（1931—1941）2 陸海軍と経済官僚』，東京：東京大学出版会，1971 年，第 26 頁。

一道，迅速攻占了马绍尔群岛的贾卢德岛、库赛埃岛、波纳佩岛、雅浦群岛、帕琉岛、昂戈尔岛等德属太平洋岛屿。日本还派舰艇与英国远东舰队配合，在印度洋搜寻德国"埃姆登"号轻型巡洋舰（SMS *Emden*）。

1917 年 1 月，应英国要求，日本海军组成了 3 个特遣舰队，在从澳大利亚、新西兰经印度洋和地中海到英国本土的航线上保护协约国商船，以挽救在德国潜艇打击下岌岌可危的英国海上交通线。其中，日本第二特遣舰队负责的地中海战区尤为重要。该舰队以马耳他为基地，主要保护由法国马赛至马耳他和埃及亚历山大港的海上交通线。从 1917 年 4 月至 1918 年 11 月战争结束，日本第二特遣舰队单独执行了 350 次护航任务，共护送军舰和运输船达 787 艘次，护送人员共计 75 万人次。①

在第一次世界大战中，在对华问题上，日本的野心急剧膨胀，企图独吞中国，从而对美国的"门户开放"与"利益均沾"政策构成了实质性威胁。如此一来，美国无论如何也不能对日本大肆攫取亚太地区利益的行径置若罔闻。欧洲战争结束后，美国立即腾出手来调整其太平洋政策，以遏制日本咄咄逼人的扩张势头。

二　华盛顿体系下的日美海权竞争

（一）巴黎和会与日美海权矛盾

1918 年 1 月，美国总统威尔逊抛出了"十四点计划"，这是美国顺应战后新的国际形势所出台的争夺世界霸权的总方针与总政策，企图在"门户开放、机会均等"的旗号下取代英法在亚太地区地位的同时排挤日本，夺取亚太地区的霸权。而"十四点计划"中确保"公海航行绝对自由"的条款，则是美国谋求构建以自己为主导的世界海洋新秩序的诉求。其后，美国在巴黎和会上正式提出了以"十四点计划"为蓝图的战后国际秩序构想。

日本对威尔逊的"十四点计划"反应强烈，后担任日本首相的近卫文麿在出席巴黎和会期间公开撰文抨击这一计划。他声称，威尔逊所谓的民主化、平等化忽视了各国民众在国际领域的生存权，英美既已确保了本国

---

① 〔日〕外山三郎：《日本海军史》，龚建国、方希和译，解放军出版社，1988 年，第 80—82 页。

生存所必需的资源，却仍旧推行移民限制等措施，妨碍各国的发展以维持不平等的现状，其所倡导的和平主义不过是隐蔽的利己主义而已。故而，日本不能盲从威尔逊的"十四点计划"主张，而应采取措施"排击英美本位的和平主义"。近卫文麿进而鼓吹日本以武力改变国际秩序的合理性，强调第一次世界大战是美、英、法等赞成维持现状的富裕国家与德国等希望打破现状的贫穷国家之间矛盾不可调和的产物，他在充分肯定德国发动战争是正当要求的基础上提出，日本为了自身的生存也必须效仿德国以打破现状，"从我们自己的前途出发建立新的国际和平秩序"。① 而争夺太平洋制海权则是日本"建立新的国际和平秩序"战略的既定目标。

为实现这一目标，日本政府在派遣代表团出席巴黎和会前就出台了精心策划的《讲和三大方针》《对威尔逊十四点的意见》等文件，明确规定了应对欧美列强的方针。其中《讲和三大方针》明确提出了日本在太平洋上的权益诉求，包括要求德国无偿让渡在中国青岛及赤道以北太平洋各岛屿的领土主权，由日本继承德国在青岛和赤道以北太平洋诸岛所享有的权利，并接管德国政府及法人在上述地区的全部物资等。为达成上述目的，《讲和三大方针》还强调对于协约国提出的讲和条件，如与日本没有直接的利害关系则不予干预，如对日本有着共同的利害关系则必须尽可能地与列强保持步调一致，以共同享有相关的权利。②

巴黎和会开幕后，战败国殖民地的再分配就成为会议的重要议题之一，列强在如何对德属殖民地进行分赃的问题上争吵不休。1919 年 1 月 27 日，在和会第十次会议上，日本全权代表牧野伸显根据政府拟定的《讲和三大方针》，提出了对赤道以北德属太平洋诸岛的领土主权要求，特别是要求无条件接收德国在当地的所有权利和财产。美国对日本在战争期间强占了众多原德属太平洋岛屿早已如芒在背。美国总统威尔逊认为，如果听任日本控制太平洋上的德属岛屿殖民地将导致美国在菲律宾的防务陷于空洞化，因此，他明确反对将原太平洋德属岛屿殖民地转让

---

① Akira Iriye, *The Origins of the Second World War in Asia and the Pacific*, London: Longman, 1987, pp. 38-39；伊藤武编『近衛公清談録』，東京：千倉書房，1937 年，第 231—232 頁；筒井清忠：『近衛文麿——教養主義のポピュリストの悲劇』，東京：岩波書店，2009 年，第 33—34 頁。

② 鹿島守之助：『日本外交史：12 パリ講和会議』，東京：鹿島研究所出版会，1971 年，第 55 頁。

给日本，并重申了美国的立场："马绍尔群岛和加罗林群岛，德国的新几内亚和萨摩亚，都应该由国际共管。"①

威尔逊"国际共管"论的弦外之音就是要逼迫日本将到嘴的殖民利益吐出来，并转而由美国确立对上述岛屿的统治权，日本遂拉上英国来对付美国。由于日本对太平洋德属岛屿的军事占领已是既成事实，加之英国从自身利益出发援引英日同盟明确表态支持日本的主张，美国只得在英日的联合抵制下被迫退让。1920 年 12 月 17 日，国联根据《凡尔赛和约》第 119 条和《国际联盟盟约》第 22 条制订了《关于中太平洋赤道以北德国殖民地委任统治书》，确认了日本、英国和澳大利亚对其实际占领的各个岛屿的委任统治权，日本遂正式以委任统治的形式控制了赤道以北的太平洋诸岛。②

根据和约规定，美日划定了彼此在太平洋上的势力范围。日本攫取了对赤道以北的西太平洋广阔海域的控制权，而美国则实现了对包括夏威夷与阿留申群岛在内的东北太平洋海域的统治。美国占领的关岛与菲律宾作为孤立的前哨阵地毗邻日本所控地区的西部，其原有的美属领地的法律地位维持不变。如此一来，巴黎和会后的远东国际格局形成了这样的态势，即巴拿马运河的开通巩固了美国在太平洋地区的战略地位，而日本控制的南洋诸岛又在美国与菲律宾之间深深地打入了一枚楔子，美日的太平洋战略形成了尖锐对峙的态势。③ 如此一来，凡尔赛体系对于亚太地缘政治格局所产生的重大影响，就是加剧了美日对太平洋制海权的争夺。

巴黎和会确立了凡尔赛体系，暂时调整了列强在西方的利益分配，但它们在东亚和太平洋地区的矛盾仍然非常尖锐，其中日美之间的矛盾尤为尖锐。巴黎和会后，美国一直寻机解决《凡尔赛和约》未能解决的美日之间有关海军力量对比、海军基地问题等悬案，以保证其在远东、太平洋地区特别是在中国的利益冲突中处于不败之地。这样一来，华盛顿会议作为在实质上对巴黎和会的延续，调整日俄战争以来尤其是

---

① 〔苏〕库尼娜：《1917—1920 年间美国争夺世界霸权计划的失败》，汪淑钧、夏书章译，世界知识出版社，1957 年，第 296 页。

② 外务省编『日本外交年表竝主要文书』（上卷），東京：原書房，1966 年，第 491 页、499 页。

③ 防衛庁防衛研修所戦史室：『戦史叢書（8）大本営陸軍部〈1〉—昭和 15 年 5 月まで—』，東京：朝雲新聞社，1969 年，第 255—256 頁。

一战后不断紧张的美日关系，消除日本在太平洋上对美国海权所形成的潜在威胁就成为议题中的应有之义。美日在海军军备、岛屿殖民地要塞化及英日同盟等问题上的折冲樽俎，构成了华盛顿会议期间美日海权竞争的主要内容。

第一次世界大战期间，针对美国海军的大规模扩军行动，日本毫不示弱，将1917—1921年的海军预算增加3倍，并于1920年批准了海军组建"八·八舰队"的扩军计划，预计到1927年建成拥有25艘主力舰的舰队，其中包括8艘新型战列舰和8艘战列巡洋舰。该项扩军计划如果得到落实，则意味着日本在海战能力方面将进一步缩小与美国的差距。日美两国掀起的"大海军竞争"使美国切实嗅到了潜在的战争危险，甚至产生了"在此后25年内将与日本爆发战争"之虞。[①] 为此，美国总统哈定（Warren G. Harding）计划召开一次国际裁军会议，在国际法的框架内解决美日之间悬而未决的热点问题，从而以不战而屈人之兵的方式遏制日本在太平洋上全面扩张的势头。

（二）华盛顿会议上的日美战略博弈

限制列强的海军军备是1922年召开的华盛顿会议的主要议题，而限制海军军备实质上就是两大问题：其一，美国要求在海上获得与英国平等的地位，终结英国独霸海洋的历史；其二，美国希望和日本就两国的海军力量比例达成妥协，在确保国家安全的前提下减轻扩建海军对财政的压力。关于第一个问题，本书已在前文进行了详尽论述。而第二个问题则首先关乎美日两国对自身的国家安全关切及双方的分歧。

第一次世界大战结束后，日本通过夺取德国在太平洋的属地而进一步巩固了在西太平洋的优势地位，这被美国认为是对菲律宾等美国远东领地安全的直接威胁，并且日本越来越不掩饰其独占中国乃至整个东亚的野心。而在日本看来，美国已经是与英国并驾齐驱的世界一流海军强国，如果它在大西洋保持强大的海军存在的同时，还能拥有一支足以保护菲律宾和在华"门户开放"状态的海军，无疑将彻底压迫日本在东亚的生存空间，从而对日本的国家安全构成威胁。日本认为，作为一个工

---

① Sadao Asada, *Japan and the United States*, *1915-25*, Ph. D dissertation, Yale University, 1962, p. 124.

业实力和财富远远超过日本的现代化强国，美国有能力并且正在推行控制整个太平洋的政策，这是日本所无法接受的。①

　　而美日两国争斗的焦点问题就是界定两国海军实力之间的对比。美国要求将美日海军力量对比控制在 10∶6 之下，日本则主张将该比重至少维持在 10∶7 的水平。美日在海军力量对比上的博弈是它们争夺太平洋制海权的斗争使然。一战后，美日围绕太平洋制海权的争夺激化，美国方面为弥补在太平洋上海军基地的不足，强调通过保持己方海军对日本海军在舰队实力上的战略优势来压制日本的扩张势头。美国海军所制订的"跨洋对日作战计划"规定：战争时期，美国海军将出动主力舰队攻击日本的近海以切断其海上交通，通过经济封锁击败日本，迫使其屈服。为此，美国海军在舰队实力上必须保持对日本海军 10∶7 以上的优势，同时必须将日本海军的舰队规模压制在美国海军规模的 60% 的标准范围之内。② 而美国海军在华盛顿会议召开前夕就列强的海军实力所做的评估报告认为，美、英、日三国海军舰队的合理比为 10∶10∶6，这样才能确保美国海军的战略优势。③

　　再看日本方面，早在第一次世界大战前，秋山真之就提出，日本海军平时必须维持相当于英美海军 70% 的实力，如此一来在与其交战时也才能获得 50% 的胜算。佐藤铁太郎也认为，进攻一方的舰队必须比防御一方的舰队多出 50% 以上的优势兵力才能取得战争的主动权，而防御一方的舰队则必须达到进攻一方舰队 70% 以上的兵力才能立于不败之地。④

　　尽管威尔逊的"1916 年造舰计划"主要针对英国的海上霸权，谋求美国在海上获得与英国平起平坐的地位，但日本却认为这一计划同时也针对日本，它是美国图谋将太平洋变成美国内湖的野心的体现。日本海军大臣加藤友三郎根据对美国以"世界第一"（second to none）为目标的海军扩军计划及其对日奉行"东洋高压政策"的观察，在政府内阁会

①　〔日〕麻田贞雄：《从马汉到珍珠港：日本海军与美国》，朱任东译，新华出版社，2015 年，第 68—69 页。

②　高木惣吉：『自伝的日本海軍始末記：帝国海軍の内に秘められたる栄光と悲劇の事情』，東京：光人社，1971 年，第 49 頁。

③　William Reynolds Braisted, *The United States Navy in the Pacific*, 1909–1922, Austin: University of Texas Press, 1971, p.588.

④　野村実：『太平洋戦争と日本軍部』，東京：山川出版社，1983 年，第 287—288 頁。

议上强调对美战备的必要性，"从海军军备的角度着眼，美国应该被视为日本帝国的第一假想敌"。① 海军决策层根据秋山真之、佐藤铁太郎等人提出的战略构想，以美日爆发战争时日方处于守势为前提，推断出海军的舰队规模在平时必须维持在美方的 70% 以上才能在战争爆发后以"渐次递减"的战略击垮来袭的美国太平洋舰队。

为此，在接到美方发出的会议邀请函后，日本海军内部就裁军议题明确表示了强烈的反对意见。1921 年 7 月 21 日，日本军备限制对策委员会向海军大臣加藤友三郎提出报告，强调海军没有必要在建造"八·八舰队"的问题上固执己见，可以对美方做出妥协。但是在"必须拥有占美国 70% 以上的海军兵力"的问题上，帝国"绝对没有让步的余地"，从而再次确认了海军的"既定方针"。②

10 月 14 日，日本政府在与"外交调查会议"进行商讨后向出席会议的全权代表加藤友三郎发出训令，明示了当局对限制海军军备的基本方针，即"日本的海军兵力必须在东亚海面上与其他海军强国可动用的海上实力保持均衡状态"。具体而言则是：第一，在不影响与美英保持平衡的前提下可以不坚持"八·八舰队"的计划；第二，必须绝对确保日本海军军力占美国海军军力的 70%；第三，航空母舰的保有量必须与英美海军持平。此外，训令还就撤除、限制及维持太平洋岛屿的设防，包括主力舰、辅助舰的吨位数及限制潜艇等海军军备问题做出了规定。③

1921 年 11 月 12 日，美国国务卿休斯（Charles E. Hughes）在华盛顿会议上向日方代表团提出了裁减海军军备的具体方案，具体内容为：美国放弃 15 艘新完工的战列舰，共计 61.8 万吨；废弃原有全部 17 艘旧式战列舰中的 15 艘，共计 22.77 万吨；日本放弃原定建造 2 艘战列舰和 4 艘战列巡洋舰的海军扩军计划；废弃或放弃已经下水、在建或尚未完工的 3 艘战列舰及 4 艘巡洋舰，共计 28.91 万吨；放弃总吨位达 15.98 万吨的 10 艘旧式战列舰。休斯还向与会列强提议，美、英、日三大海军强

① 海軍大臣官房編『海軍軍備沿革』第一卷，東京：巌南堂書店，1970 年，第 220 頁。
② 防衛庁防衛研修所戦史室：『戦史叢書（91）戦史叢書大本営海軍部・聯合艦隊〈1〉—開戦まで—』，東京：朝雲新聞社，1975 年，第 183 頁。
③ 防衛庁防衛研修所戦史室：『戦史叢書（91）戦史叢書大本営海軍部・聯合艦隊〈1〉—開戦まで—』，東京：朝雲新聞社，1975 年，第 183 頁。

国在达成协定后 10 年内主力舰更新标准的上限分别为 50 万吨、50 万吨、30 万吨。16 日，日方代表按照既定方针向会议提交了针对休斯提议的修正案，坚持日美海军比例至少为 7：10；保留两艘新式战列舰"陆奥"号和"安芸"号；日本在航母拥有量上与美英持平。[①]

在此后 20 多天的会议中，日美双方围绕海军主力舰的比例问题展开了激烈的攻防战，如何界定"现有海军力量"成为双方争论的焦点。11 月 23 日，加藤友三郎致电外相内田，就日方代表团为避免谈判陷入僵局而拟定的四种方案请示处理意见：第一，尽最大努力落实七成比例的既定方针，在不得已的情况下再退而求其次，选择第二或第三种方案；第二，力求落实 10：6.5 的比例，其中包括在建的"陆奥"号战列舰在内；第三，谋求 10：6 的比例，其中包括"陆奥"号战列舰在内；第四，接受美方六成的提案。新任首相高桥是清于 11 月 28 日向加藤发出训令，并指示其尽量落实第一种方案，如遇到阻力则努力实现第二种方案，如果必须做出进一步的让步，再同意第三种方案，但前提条件是"裁减太平洋防务或至少确保维持现状"，削弱美国舰队在太平洋上的集结与活动能力从而保持与美国的均势，而对于第四种方案则应"尽可能地予以废弃"。[②] 换言之，日本可以不再坚持 10：7 的海军力量比例要求，但必须以禁止美国扩建在菲律宾和关岛的军事基地为前提条件，必须避免美国拥有可以在西太平洋驻扎主力舰队的能力。从高桥内阁给华盛顿会议日本代表团的训令可以看出日本政府的战略考虑，即通过制约美国在太平洋上的军事部署来削弱美国海军针对日本的战争能力，从而扭转日本海军因在主力舰问题上对美国做出让步而导致的不利态势。

1921 年 12 月 1—2 日，加藤友三郎就主力舰比例问题与美国代表休斯、英国代表贝尔福（Arthur J. Balfour）展开新一轮的谈判。根据政府的训令，加藤在谈判中仍坚持海军主力舰七成的比例以及保留"陆奥"号战列舰，但首次将裁减海军军备的问题与限制太平洋防务的问题相挂钩。经过长时间的讨论，休斯承认"陆奥"号战列舰已经完工的既成事

---

① Morinosuke Kajima, *The Diplomacy of Japan*: *1894 - 1922*, Vol. 3, Tokyo: The Kajima Institute of International Peace, 1980, pp. 467-471.

② 防衛庁防衛研修所戦史室：『戦史叢書（91）戦史叢書大本営海軍部・聯合艦隊〈1〉—開戦まで—』，東京：朝雲新聞社，1975 年，第 186—187 頁。

实，但是对于比例问题丝毫不予让步。贝尔福也首次"站在公正的立场"上发言表态支持美国的提案，称赞 10∶6 的比例是非常正确的，从而导致加藤陷入了"不利的境地"。①

　　为摆脱日方在当前谈判中所处的不利地位，加藤只好于 12 月 3 日第二次致电国内，就是否"坚决主张我方的立场"抑或"完全同意美国的提案"，以及"在包括'陆奥'号及防务问题的前提下承认美国的提案"请示下一步的行动方针。日本海军当局对加藤的请示给出的意见是废弃"摄津"号战列舰以保留"陆奥"号战列舰；维持太平洋岛屿防务的现状。12 月 10 日，日本政府指示加藤酌情对美英做出妥协。12 日，加藤友三郎前往美国国务院会晤休斯与贝尔福，在会谈中加藤正式提出上述方案，表明日方愿意接受主力舰 10∶6 的比例，但同时必须维持太平洋岛屿军事基地现状的立场，并警告如果听任太平洋岛屿尤其是菲律宾与关岛这样的前哨基地获得无限制的发展，则会产生目前友好的日美关系转向敌对的严重后果。休斯则要求日方接受 5∶5∶3 的比例，并以此为前提条件承诺将维持除夏威夷之外美方设在太平洋海域的军事基地的现状，其中包括菲律宾与关岛的防务保持不变。15 日，美日就是否保留"陆奥"号所遗留的分歧达成妥协，从而在解决主力舰比例与太平洋岛屿防务两大问题上取得实质性进展，双方一致同意维持除日本本土及夏威夷群岛外两国在太平洋海域岛屿属地的军事要塞及海军基地的现状。②

　　作为一名在一片浓厚军国主义氛围中难得清醒的日本海军大将，加藤友三郎发挥了他超越军人身份的政治家作用，他在约束激进强硬的日本海军人士上是无法被替代的。日本学者指出，加藤"从危险的军备竞赛（一个互不信任的体系）一转而为军备限制和美日和缓（一个互相信任的体系）。为了这个目的，他断然把军事上的需要放在次要位置，而进行更为广泛的政治考量……避免和工商业实力不断增强的美国开战是加藤防卫观念的核心。这一现实和总体战的需要促成了他决定接受 60% 的比例"。③

---

①　防衛庁防衛研修所戦史室：『戦史叢書（91）戦史叢書大本営海軍部・聯合艦隊〈1〉―開戦まで―』，東京：朝雲新聞社，1975 年，第 187—188 頁。

②　Morinosuke Kajima, *The Diplomacy of Japan*：*1894 - 1922*, Vol. 3, Tokyo：The Kajima Institute of International Peace, 1980, pp. 480-482.

③　〔日〕麻田贞雄：《从马汉到珍珠港：日本海军与美国》，朱任东译，新华出版社，2015 年，第 100 页。

尽管如此，对于异常敏感且强硬的日本军方来说，签订《五国海军条约》只是日本为赢得赶上美国的时间而采取的权宜之计，并且条约所规定的日本对美海军劣势进一步煽动了日本社会的仇美情绪，也加剧了自 19 世纪末以来的日美矛盾。"未能达成 7 : 10 的比例，和英美在会上对日本施加压力的态度，不仅使海军内部，而且使日本国民也对美国产生了反感和敌意。结果与加藤海相的愿望相反，第二次修改《帝国国防方针》时，将头号假想敌国由原来的俄国改为美国，这个方针一直持续到太平洋战争。"① 而且，《五国海军条约》也使得日本海军和政界内部的矛盾日渐暴露出来，这一接受对美海军实力 60% 比例的条约激起了以日本代表团首席海军顾问、后来的海军军令部长加藤宽治为代表的一批少壮派军官的强烈不满，从而埋下了后来"侵犯统帅权"之争的种子。

不过，从地缘政治安全的角度看，日本实际上从《五国海军条约》中收获颇多，恰如一名中国学者总结的那样："英美都有两大洋需要保护，而日本则只需要保护太平洋一个大洋，而且条约关于英美在太平洋属地不设防的规定实际上大大提高了日本的战略地位，甚至使日本可以在西太平洋地区维持霸权，这是日本一直希望的。因此，《五国海军条约》建立了太平洋地区的战略平衡，有利于日本的安全，而且还把日本从根本无法获胜的海军军备竞赛中解脱出来。"②

华盛顿会议后，美日将海军竞赛重点转向《五国海军条约》未做出限制的巡洋舰、潜艇等辅助舰艇，两国在重型巡洋舰上的竞争尤为激烈。1924 年，美国海军决定建造 8 艘万吨级巡洋舰，并继续完成 1916 年造舰计划中规定的 9 艘潜艇的建造工作。如果这一造舰计划得以顺利完成，那么到 1926 年，美国将拥有 40 艘巡洋舰，总吨位达 334560 吨。③

为应对美方的压力，1924 年，日本海军军令部在第二次修订的《国

①　〔日〕外山三郎：《日本海军史》，龚建国、方希和译，解放军出版社，1988 年，第 87 页。

②　王立新：《踌躇的霸权：美国崛起后的身份困惑与秩序追求（1913—1945）》，中国社会科学出版社，2015 年，第 145 页。

③　Christopher Hall, *Britain, America, and Arms Control, 1921-37*, New York: St. Martin's Press, 1987, p.39.

防所需兵力》文件中明确提出了将"通过增加辅助舰以期巩固国防"。为此，日本海军出台了辅助舰的扩军计划。如表 10—1 所示，预期的计划完工后，再加上《五国海军条约》所允许的主力舰 31.5 万吨、航空母舰 8.1 万吨，日本海军各型舰艇的总吨位将超过 120 万吨。

表 10—1　1924 年日本辅助舰建造计划

舰种		舰只数量（艘）	单舰吨位（吨）	合计吨位（吨）
巡洋舰		40	10000	400000
水战·潜艇战旗舰		16	5600	89600
驱逐舰		144	1400	201600
潜艇	巡洋	12	1970	133640
	敷设	8	1000	
	大型	54	1500	
	补给	6	3500	
	总计	80	—	

资料来源：防衛庁防衛研修所戦史室：『戦史叢書（8）大本営陸軍部〈1〉—昭和十五年五月まで—』，東京：朝雲新聞社，1967 年，第 219 頁。

　　1925 年，美国海军举行了"舰队问题第 5 号"演习。这次演习在夏威夷西部海域举行，设想了夏威夷遭到袭击的情况。演习由美国舰队司令罗伯特·孔茨海军上将（Admiral Robert E. Coontz）指挥，参演兵力高达 2.45 万人，动用了包括 12 艘战列舰和美国第一艘航母"兰利"号（USS Langley）在内的 145 艘舰艇。参演舰队还组织了从澳大利亚到新西兰的远距离巡航，实际上是试验了"橙色计划"拟议的对日战争爆发后快速西援菲律宾的构想。日本对此极为敏感，并认为美国海军的这次演习是华盛顿会议后对日本的一次公开示威。日本海军军令部的一份秘密报告指出："美国海军正在进行大规模的跨洋作战演习，针对日本不加掩饰地全力扩张军备……它在加强西海岸基地的同时正在夏威夷和巴拿马运河区建设基地……总之，美国海军的战略不仅仅是去解救在日本掌控之下的菲律宾和关岛，而且是更为积极地进攻日本沿岸，占领日本领海的战略要地，空袭东京、大阪和名古屋，迫使日本舰队与之决战。如果我们的舰队不与之交战，美国将切断日本的生命线并迫使我们迅速投降。"① 1925 年的"舰队问题第 5 号"演习是 1923—1940 年的美国海军例行演习，但由于规模大、针对性强，且因为发生在 1924 年美国颁布驱逐日本移民的《移民法案》后而颇为微妙。事实证明，这场演习也引起了日本海军的高度关注。1923 年加藤友三郎病逝后，日本海军内对《五国海军条约》不满的强硬派日渐抬头，华盛顿会议后暂时得到缓和的美日关系在平静的外表下实则暗流涌动。

三 "条约派"的倒台与日本退出裁军运动

《五国海军条约》只规定了列强在战列舰、战列巡洋舰等主力舰以及航母上的比例，但并没有限制非主力舰。因此，华盛顿会议后，世界主要海军强国继续探讨限制非主力舰问题，为此先后召开了日内瓦会议和两次伦敦海军会议。1927 年的日内瓦会议因为法国和意大利拒绝参加，以及英美对立而破裂。1930 年 1 月 21 日，第一次伦敦海军会议开幕，日本前首相若槻礼次郎和海军大臣财部彪代表日本出席了会议。这次会议主要讨论非主力舰的比例问题。在这次会议上，日本力图实现华盛顿会议上未能达成的同美国海军力量 7∶10 的目标，要求日本海军在辅助舰艇和大型巡洋舰上达到美国海军 70% 的规模。美国则在会上提出了另一个方案。具体数据如表 10—2 和表 10—3 所示。

表 10—2　日本提出的日美非主力舰比例

舰种	日本（吨）	美国（吨）
大型巡洋舰	108400	150000
轻型巡洋舰	107755	189000
驱逐舰	105000	150000
潜艇	77900	81000
总计	399055	570000

资料来源：防衛庁防衛研修所戦史室：『戦史叢書（31）海軍軍戦備<1>—昭和 16 年 11 月まで—』，東京：朝雲新聞社，1969 年，第 377—378 頁；佐藤市郎：『海軍五十年史』，東京：鱒書房，1943 年，第 293—295 頁。

---

① 〔日〕麻田贞雄：《从马汉到珍珠港：日本海军与美国》，朱任东译，新华出版社，2015 年，第 132—133 页。

表 10—3　美国提出的日美非主力舰比例

舰种	日本（吨）	美国（吨）
大型巡洋舰	108400	180000
轻型巡洋舰	90255	147000
驱逐舰	120000	200000
潜艇	40000	60000
总计	358655	587000

资料来源：防衛庁防衛研修所戦史室：『戦史叢書（31）海軍軍戦備<1>—昭和16年11月まで—』，東京：朝雲新聞社，1969年，第377—378頁；佐藤市郎：『海軍五十年史』，東京：鱒書房，1943年，第293—295頁。

　　可以看出，美国方案规定的日本非主力舰规模基本上仍只有美国的60%，远远达不到日本所期望的70%的比例。经过英国斡旋之后，最终美日双方达成了一个妥协方案，即由美国代表、参议院海军拨款委员会主席戴维·里德（David A. Read）与日本驻英大使松平恒雄达成《里德-松平协定》。根据该协定，日本在大型巡洋舰上达到美国的60.22%，在轻型巡洋舰上达到美国的70%，驱逐舰达到美国的70.33%，潜艇则与美国完全平等。总的非主力舰规模，日本被允许达到美国的69.75%。可以说，除在大型巡洋舰上略有让步外，日本完全实现了非主力舰同美国达到7∶10的目标。尽管如此，以海军军令部长加藤宽治为代表的日本海军强硬派仍然非常不满，他们认为该方案在大型巡洋舰上仍然规定了日本只有美国的60%，而潜艇吨位虽然同美国相当，但规定日美都只能拥有52700吨潜艇，没有达到足够对美展开防御作战的78000吨的最低要求。不过，日本内阁最后还是接受了该方案。1930年4月22日，列强根据细化后的《里德-松平协定》，在伦敦圣詹姆斯宫签署了《第一次伦敦海军条约》。①

　　尽管日本在《第一次伦敦海军条约》上签字，但日本海军内部围绕裁军问题而展开的权力之争日趋激烈，突出表现就是所谓的"侵犯统帅权"事件。1930年4月21日，法西斯主义者、后来的日本首相犬养毅在国会发言中攻击政府，强调裁军问题属于军令范畴，批评主管军政的海军省越权行事，指责内阁批准被军令部强烈反对的《第一次伦敦海军条约》有侵犯天皇统帅权之嫌。在日本海军军令部长加藤宽治看来，美

① 〔日〕外山三郎：《日本海军史》，龚建国、方希和译，解放军出版社，1988年，第88—89页。

国所提的裁军方案从维护日本国防安全的角度是难以接受的，他已将此意见告知海军省并上奏天皇，但政府不等天皇批准就于4月1日致电在伦敦的日本代表同意美国方案，是侵犯了天皇对陆海军的统帅权。但实际上，缔约不属于用兵问题，其职权应属于负责军政的内阁海军省，属于国务范围，而且时任日本首相滨口雄幸已在4月1日就签署《第一次伦敦海军条约》一事上奏天皇，得到天皇的默许而复电批准签字。而加藤上奏天皇是在4月2日，比政府晚了一天。①

　　"侵犯统帅权"是一个政治问题，它虽然暴露出了日本宪法相关解释的不完备，但该问题的提出实际上是法西斯分子和军国主义者妄图推翻议会民选政府而有意做出的攻击行为，并且也是日本海军内部"条约派"和"舰队派"矛盾激化的产物。"条约派"是日本海军内部相对务实理性的一个派别，他们主张遵守1922年的《五国海军条约》和1930年的《第一次伦敦海军条约》，认为决定日本国防战略的实际权力应该属于政府，要从财政和外交角度全盘考虑发展军备的方针，必须正视日本在综合国力上同西方强国的差距。"条约派"的代表人物有军事参议官山梨胜之进海军大将、佐世保镇守府司令左近司政三海军中将、第一舰队司令掘梯吉海军中将、练习舰队司令寺岛健海军中将等。"舰队派"则主张抓住一切机会扩建海军，态度强硬且缺乏遵守国际法的意识，代表人物有天皇叔父伏见宫博恭王、海军元老东乡平八郎元帅、海军军令部长加藤宽治海军大将等。由于裕仁天皇批准签署《第一次伦敦海军条约》，海军军令部长加藤宽治于1930年6月11日宣布辞职，而不堪"舰队派"攻击的海军大臣财部彪也在条约于10月1日获得枢密院通过后的10月3日辞职。

　　1930年的《第一次伦敦海军条约》是日本政府和海军中的温和派的最后一次胜利，它不仅在日本海军内引发了海军省和军令部关系的彻底破裂，还拉开了30年代日本国内一系列政治危机的序幕。1930年11月4日，日本首相滨口雄幸遭到不满政府同意在《第一次伦敦海军条约》上签字的极端分子的刺杀，并在次年去世。这一事件也成为30年代日本一系列暗杀政要行动的开端。1932年伏见宫博恭王出任海军军令部长后，"舰队派"得

---

① 〔日〕外山三郎：《日本海军史》，龚建国、方希和译，解放军出版社，1988年，第91—93页。

势。1933 年，海军大臣大角岑生海军大将将所有"条约派"代表人物全部编入预备役，实际上是彻底断送了这些人在海军的前途。至此，"舰队派"完全掌控了日本海军，由此大大加快了日本的军国主义化速度。

《五国海军条约》和《第一次伦敦海军条约》的有效期都是到 1936 年 12 月 31 日截止。1935 年 12 月 9 日，旨在讨论修约事宜的第二次伦敦海军会议开幕，日方代表是驻英大使永井松三和海军大将永野修身。由于各方分歧难以弥合，日本于 1936 年 1 月 16 日正式宣布退出裁军会议。在此之前，日本已在 1934 年 12 月 29 日，根据规定提前两年通知美方，《五国海军条约》到期后将不再遵守该条约的限制。至此，日本海军已经完全摆脱了一战后裁军条约体系的束缚，不断加大扩建舰队的力度。更危险的是，自建立之初就确定的海军"英吉利式"，其后又深受美国马汉海权论思想影响的海军传统正在被侵蚀殆尽。正如麻田贞雄所概括的那样，长期保持亲英美传统的日本海军军官本来有着全球化和现代化的眼光，显著区别于狭隘的陆军军官，而随着军令部和海军省关系的破裂，本由海军大臣所掌控的行政决策权逐渐被激进的中下层军官所篡夺，"海军特别是中级军官，变得越来越反英美而亲德。海军的政策被情绪化和狭隘的纯军事化思想所主导……在 30 年代，大概海军最明显的变化就是因自身的原因而导致领导力的削弱，以致在 1941 年未能阻止和美国的战争"。[①] 可以说，珍珠港事件的爆发早在 1930 年的《第一次伦敦海军条约》之后就埋下了伏笔。

第三节　日本海军与全面侵华战争

一　九一八事变后的日本海军作战行动

1931 年 9 月 18 日，日本驻中国东北的关东军少壮派军人制造了震惊中外的九一八事变，拉开了侵华战争的序幕。九一八事变的主导者是日本陆军下级军官，这让一向与陆军有嫌隙的海军甚为不服。

为与陆军分庭抗礼，1932 年 1 月 28 日，驻上海的日本海军陆战队突

①　〔日〕麻田贞雄：《从马汉到珍珠港：日本海军与美国》，朱任东译，新华出版社，2015 年，第 193—194 页。

然向当地中国驻军第十九军发起攻击，制造了一·二八事变。1932 年 1 月 29 日凌晨，日本海军航空兵轰炸机从停泊在黄浦江上的"能登吕"号水上飞机供应舰上起飞，空袭闸北地界的中国军队防区与居民区，闸北多处中弹起火燃烧。日本海军陆战队成为日本侵华的急先锋。一·二八事变爆发前,海军大佐鲛岛具重出任上海海军特别陆战队指挥官，下辖 2 个大队，总兵力为 1800 人。[①] 后出于侵华战争的需要，海军陆战队的兵力得到了增强。2 月 2 日，海军陆战队编入因事变爆发而新组建的第三舰队战斗序列，并成为舰队司令长官直属的部队。指挥官由第三舰队副司令长官植松练磨海军少将接任，鲛岛具重则改任参谋长，海军特别陆战队总兵力达到 7000 人。[②]

一·二八事变发生后，日本陆海军大举向上海增兵，特别是日本海军颇为积极。1 月 30 日，"龙田"号巡洋舰率 4 艘驱逐舰搭载海军陆战队在上海黄浦码头登陆。1 月 31 日晨，增援的"加贺"号和"凤翔"号航母搭载第一航空战队抵达上海外海。当天下午，"那珂"号等 3 艘巡洋舰及 1 艘水雷舰搭载 2000 多名海军陆战队士兵在上海登陆。

2 月 6 日之后，日本海军航空队的舰载机从"加贺"号和"凤翔"号航母上起飞对中国军队实施大规模轰炸。在最初的战斗中，日本海军航空兵向海军陆战队提供了充分的航空火力支援，弥补了其兵力薄弱的劣势，从而使陆战队成功维持了日租界的防卫，直至白川义则率领增援的陆军部队前来接防。[③]

二 卢沟桥事变后日本海陆军配合全面侵华

1937 年 7 月 7 日，卢沟桥事变爆发，从而引燃了中日全面战争的导火索。日本海军立即大幅度加强在华兵力部署。日本海军决定将来华增援第三舰队作战的舰队整编后新设为第四舰队，与第三舰队合并为"支那方面舰队"并统一指挥。

---

① 防衛庁防衛研修所戦史室：『戦史叢書（72）中国方面海軍作戦<1>—昭和 13 年 3 月まで—』，東京：朝雲新聞社，1974 年，第 185 頁。

② 雨倉孝之：『帝国海軍士官入門：ネーバル・オフィサー徹底研究』，東京：光人社，2007 年，第 135 頁。

③ 伊藤正徳：『大海軍を想う』，東京：文芸春秋新社，1956 年，第 350 頁。

根据对华战事的需要，"支那方面舰队"麾下三个舰队按中国水域特点分别划定了各自的作战任务：第三舰队以上海为据点，负责中国东海海域和长江流域的作战；第四舰队以青岛为据点，负责黄海海域以及中国北部沿海地区的作战；第五舰队负责从厦门至广州华南海域的作战任务，并承担对驻香港英国海军的警戒战备及战时的主攻任务。此外，日本海军还将基地设在台湾、负责对中国大陆进行空中打击的联合航空队和上海特别陆战队作为直辖部队编入"支那方面舰队"的战斗序列。1939 年 11 月 15 日，"支那方面舰队"根据日本海军当局的命令将其下辖的三个舰队的番号统一更名，第三舰队改为第一遣支舰队，第四舰队改为第三遣支舰队，第五舰队改为第二遣支舰队。此外，在遣支舰队的编制中增设根据地队，以负责海军在占领区内新设置的临时军事基地的日常防务与管理，从而提高海军陆上作战的能力。[①]

淞沪会战中，中国军队扼守的江阴要塞成为阻挡日军从海上与空中进犯南京的屏障，引起日军统帅部尤其是海军的高度重视。为此，日本大本营命令"支那方面舰队"配合华中方面军攻克江阴要塞。

1937 年 8 月 16 日，日本海军航空兵对江阴要塞实施轰炸，从而拉开了江阴攻略作战的序幕。江阴攻略作战从 8 月 16 日打响直至 12 月 2 日中国军队的江阴防线失守，前后共历时 108 天。在这场抗日战争中罕见的海陆空三栖立体作战中，中国海军和陆军英勇抗击日本军队从地面、空中与海上三个方向的进攻，凭借要塞的壁垒工事，灵活运用岸防炮和水雷等武器给予来犯之敌以沉重打击。

江阴要塞虽然失守，但中国守军之前在江阴江面上布置的水雷封锁线仍旧发挥出巨大的功效，日本海军溯江而上的舰艇不断触雷沉没。

淞沪会战后，日本海军陆战队作为华中方面的陆战队主力配合陆军进行了一系列大规模作战。在日本陆海军对南京发起的全面攻略战中，配属海军第 11 战队的海军陆战队与舰队共同参加了进攻南京的"溯江作战"，并根据需要奉命实施配合水面舰艇的扫雷、战场侦察与联络、搜索与警戒，以及配合陆军进攻或独立作战等任务。

---

① 防衛庁防衛研修所戦史室：『戦史叢書（72）中国方面海軍作戦<1>—昭和 13 年 3 月まで—』，東京：朝雲新聞社，1974 年，第 457—458 頁。

三 日本海军的对华海上封锁作战

1937 年 8 月 24 日，日本大本营给驻上海第三舰队司令长官长谷川清海军中将下达了"大海令第 25 号"，命令第三舰队在长江以南的华南海域对中国船舶实施封锁。8 月 25 日，长谷川清发表所谓"遮断航行宣言"，宣布封锁上海吴淞口外长江入海处至天津渤海湾的华北沿海海域以及广东汕头与福建厦门一带的华南海区，禁止中国船舶航行。日本外务省虽然表示对于第三国的和平贸易不加干涉，但第三舰队法律顾问信夫惇平则对报界宣称，日本军舰保留责令外籍船舶停止航行等候检查的权力，如果日方认为外籍船所载为战时违禁品，则日方将有适用"优先购买权"的可能。9 月 5 日，日本海军发表"全支沿岸航行遮断宣言"，宣布封锁除青岛和第三国租借地以外的全部中国海岸。同时，日本海军宣布日方在中国领水内，对于一切船舶均保留查验之权，并要求各外国轮船公司将其在中国领水内的行动通知日方。至此，日本完成了对中国海岸线的全面封锁。1938 年 10 月，日军攻占广东，切断了由香港进入内地的援华物资运输线。为进行广东登陆作战，日本海军派遣了 2 艘重型巡洋舰、7 艘轻型巡洋舰、20 艘驱逐舰和约 150 架舰载机，为运载陆军的登陆船队护航，支援登陆作战。[1] 1939 年 2 月，日军攻占海南岛，同时对汕头、南宁等地展开进攻。1939 年 5 月 26 日，日本海军发言人宣称，对第三国在中国沿海之航行一律实行封锁。至此，中国沿海交通基本断绝。

1938 年 12 月 6 日，日本陆军省出台了《昭和 13 年秋季以后对华处理方案》等方略（以下简称"方略"），确定将对华作战从速决战转入长期持久战的方针。日本大本营从进行持久战的考虑出发，将消耗中国军队的战争实力和摧毁中国军民的抗战意志作为下一阶段作战的重点，并在"方略"中强调指出应对华发动战略轰炸和全面封锁，即"对战略尤其是政略之要点，应坚持坚决的航空作战以及海上封锁，尽可能地截断支那残存的对外联络线，尤其是武器的输入交通线"。[2]

日本实施海上封锁对中国的抗战事业产生了严重的不利影响。在对

① 〔日〕外山三郎：《日本海军史》，龚建国、方希和译，解放军出版社，1988 年，第 111 页。
② 防卫厅防卫研修所战史室：『戦史叢書（8）大本営陸軍部＜1＞—昭和 15 年 5 月まで—』，東京：朝雲新聞社，1967 年，第 574 页。

外贸易方面，随着日本加大封锁力度，中国船只被迫躲入港湾或进入第三国港口，无法从事正常的商业活动。根据中国海关公布的统计数据，到1937年9月底，中国停运船只达240艘，共计35万吨。35个中国港口的外贸船只进出量比战争爆发前的6月足足减少了55%，广州、上海、青岛、天津、秦皇岛等港口受影响最大。从全面抗战爆发到1937年10月，日本击沉、损毁中国渔船200余艘，被迫停泊香港海面不能出海的渔船达到6000余艘。对外贸易量的锐减造成中国工业的全面衰退。据统计，中国盐酸、制酸业因此损失达80%，染织业损失80%，机器翻砂业损失70%，橡胶业损失70%，造纸业损失64%，火柴业损失53%，面粉业损失50%以上，烟草业损失48%以上。封锁导致中国国内物资贫乏、物价飙涨，衣物、粮食、海盐等人民生活必需品和工业原材料等都非常缺乏，物价比战前高出10倍左右；同时，农产品、矿产品等也无法出口，国民政府陷入财政窘境。到1937年9月，中国海关收入比战争爆发前减少了20%左右，占全国海关总收入一半以上的上海海关的收入更是一度减少了25%，而占国民政府财政收入两成左右的盐业收入则更是减少了75%。[①]

1940年7月27日，日本大本营和政府联席会议通过《适应世界形势演变的时局处理纲要》，决定"解决中国事变必须集中政略和战略的综合力量，特别是应采取一切手段杜绝第三国的援蒋行为，以促使重庆政权迅速屈服"。[②]

1940年11月13日，日本大本营御前会议通过了在中国战场进行"长期持久战"的《中国事变处理纲要》（以下简称"《纲要》"），提出对华进行长期的大规模持久战，除继续运用武力外，必须"竭尽全力严加杜绝美英援助重庆政府的行为，并采取一切政略、战略的手段调整日苏邦交，以摧毁重庆政府的抗战意志，促使其迅速屈服"，从而"积极改善内外形势，恢复与增强帝国进行长期大规模持久战及建设大东亚新秩序所必需的国防力量之机动性"。为此，《纲要》强调日军侵华战争的指导方针应适时

①　谢茜：《日本海权的崛起与全面侵华战争》，《武汉大学学报》（人文科学版）2011年第1期，第97页。
②　防衛庁防衛研修所戦史室：『戦史叢書（20）大本営陸軍部<2>—昭和16年12月まで—』，東京：朝雲新聞社，1969年，第50页。

地转向长期武力战的方面，将"长期武力战的态势"明确定义为"在一般形势无重大变化时应继续确保蒙疆、华北的要地与由汉口附近至长江下游流域的要地以及广东之一角、华南沿海诸要冲，经常保持用兵之机动性，同时彻底肃正占领区内的治安，并继续（对重庆政府）进行封锁及航空作战"。①

1941 年 1 月 18 日，日本大本营陆军部将责成参谋本部起草制订的《对华长期作战指导计划》（以下简称《计划》）上奏天皇，当日即获得批准后下发中国派遣军照准执行。该《计划》重申"继续保持现有的对华压力，并在其间运用各种手段尤其是利用国际形势的变化一举解决中国事变"。为此，《计划》在强调对占领区进行维持治安的"肃正作战"的同时，继续对重庆政府进行封锁作战，要求通过封锁海域、港口等手段强化对重庆政府的经济压迫从而迫使其屈服。具体措施就是"在整个（持久作战）期间，力图从地面、海上及空中加强封锁。切断法属印度支那交通线，破坏滇缅公路，兼而用海军封锁海面及陆军封锁港口等方式加强对华经济压迫，以促成重庆政府的屈服"。② 为此，日本陆海军投入了大量兵力，对国际援华的海岸线实施封锁切断作战，使国际援华物资的海上运输线被完全切断。

第四节　太平洋战争与日本海军的覆灭

一　日美矛盾的激化与太平洋战争的爆发

（一）日本"南进政策"的出台

20 世纪 30 年代，随着日本逐步扩大侵华战争的规模，它在远东同英美的矛盾也日益尖锐，直接导致日本在国际上被日渐孤立。不利的国

---

① 外务省编『日本外交年表竝主要文書：1840—1945』下册，東京：原書房，1978 年，第 464—465 頁；防衛庁防衛研修所戦史室：『戦史叢書（79）中国方面海軍作戦＜2＞—昭和 13 年 4 月以降—』，東京：朝雲新聞社，1975 年，第 7—8 頁。

② 防衛庁防衛研修所戦史室：『戦史叢書（20）大本営陸軍部＜2＞—昭和 16 年 12 月まで—』，東京：朝雲新聞社，1969 年，第 130—131 頁；防衛庁防衛研修所戦史室：『戦史叢書（90）支那事変陸軍作戦＜3＞—昭和 16 年 12 月まで—』，東京：朝雲新聞社，1975 年，第 328—329 頁。

际形势反过来又刺激了日本通过武力"南进"以驱逐英美在远东及太平洋地区的势力，进而主宰整个亚太地区的野心。1934 年 1 月，日本在第二次修订《帝国国防方针》时将美国列为头号假想敌。1936 年 6 月，根据"无条约时代"第三次修订的《帝国国防方针》规定："鉴于帝国国防之宗旨，帝国将与我发生冲突可能性大且拥有强大国力和武装力量的美国及俄国作为主要对手，并要防备中国和英国。"为准备对美作战，日本海军确定未来 10 年内要达到 12 艘战列舰、10 艘航母、28 艘巡洋舰、6 个驱逐舰战队、7 个潜艇战队的规模。《帝国国防方针》所确定的对美作战战略仍然贯彻了"渐减邀击作战"的思想，即首先消灭美国部署在远东的亚洲舰队，夺取菲律宾等美国基地，并不断袭扰夏威夷美军基地，以削弱美军战斗力，然后以逸待劳消灭前来增援的美国主力舰队。[①]

日本设想中的舰队决战地点是小笠原群岛以西海域。日本海军强调，在美国主力舰队抵达西太平洋之前，要积极使用潜艇、巡洋舰战队和水雷部队对敌人展开突袭，以逐次削弱美国舰队，为最后战列舰决战创造有利于日本的力量对比。这一作战思想实际上是 1905 年对马海战作战方针的翻版，其核心是立足于在日本占据地理优势的西太平洋近海进行一场决定最终胜负的舰队决战。[②] 不过，这种设想没有充分考虑到美国并不一定会选择在菲律宾遭到攻击后立刻派遣主力舰队驰援西太平洋，而美国一旦决定稳扎稳打、步步推进的话，那么战争将陷入日本唯恐避之不及的消耗战，日本同美国巨大的国力差距决定了日本在消耗战中没有取胜的可能。从战术角度看，一次舰队决战已经无法决定战争胜负，这不再是日俄战争的年代，更何况这次日本的对手是世界头号工业强国，而且决战本身只是一种手段而不是目的，它是为实现制海权而准备的，日本的战略决策者却有本末倒置之嫌。"在 30 年代中期，海军的决策者们认为，只要在一场决战中取得消灭足够多的美国战舰的巨大胜利，美国就会丧失继续抵抗的意志。这种对马汉式决战的执迷使日本海军的主流忘记了马汉教义的真谛，那就是决战只是一种确保掌握制海权的手段，

---

① 〔日〕外山三郎：《日本海军史》，龚建国、方希和译，解放军出版社，1988 年，第 114—117 页。

② 〔日〕外山三郎：《日本海军史》，龚建国、方希和译，解放军出版社，1988 年，第 120 页。

只有掌握了制海权才能赢得胜利。最重要的是，这种执迷蒙蔽了大多数保守的日本海军军官的眼睛，使他们无视技术创新特别是航空作战已经发展到了什么地步，战争的传统已经被改变了。"[①]

1936年8月7日，日本内阁召开了包括总理大臣广田弘毅、陆军大臣寺内寿一、海军大臣永野修身、外务大臣（广田弘毅兼）及大藏大臣马场锳一在内的"五相会议"，以商讨今后的内政外交方针大策。广田内阁在这次会议上决定将进攻英、美、法、荷在东南亚的殖民地（"南进"）与进攻苏联（"北进"）共同列为日本的基本国策。广田内阁在会议上确定的《国策基准》中明确规定，"帝国根据国内外形势所确定的根本国策，在于必须通过外交与国防相结合，在确保帝国在东亚大陆的地位之同时向南方海洋方面发展"，以"确保帝国在名义及实质上均成为维护东亚稳定的势力"。为达成上述目标，《国策基准》强调应期待"满洲国"的健全发展与巩固日"满"在国防上的合作，在消除苏联来自北方威胁的同时推进针对英美的战备。为此，陆军的军备建设应以能够有效对抗苏联在远东可动用的总兵力为目标，尤其需要充实在朝鲜、"满洲"的兵力以便能够在开战之初即可对苏联部署在远东的部队施以关键一击；海军军备应充实足够的兵力以便在对抗美国海军时能够确保掌握西太平洋的制海权。《国策基准》还就"南进"问题专门指出："针对南方海洋尤其是外南洋[②]应努力谋划有利于我民族经济的发展，避免刺激其他国家，通过渐进的和平途径促进我国的势力渗入该地区。"[③]

《国策基准》的出台表明，日本在继续扩大侵华战争的同时将远东及太平洋地区列为新的进攻目标，它也标志着战前日本海洋扩张战略正式步入全面启动的阶段。对此，有论者指出，尽管《国策基准》的主要内容在当时并未对外公布，但是其中所规定的根本国策，即"通过外交与国防相结合，确保帝国在东亚大陆的地位之同时向南方海洋方面发展"，凸显出日本企图构建"大东亚共荣圈"并充当盟主的战略构想。

---

① 〔日〕麻田贞雄：《从马汉到珍珠港：日本海军与美国》，朱任东译，新华出版社，2015年，第214页。

② 指南洋地区处于日本统治范围之外的菲律宾、爪哇、新加坡、所罗门等地。

③ 外务省编『日本外交年表竝主要文书：1840—1945』下册，東京：原書房，1978年，第344頁。

而日本海军的"南进论"则从《国策基准》规定的进入南洋的方针中获得了推力。①

1940 年 4 月 15 日，近卫内阁的外务大臣有田八郎发表谈话，即所谓的"有田声明"，声称日本与南洋地区及东南亚各国"相依互援、共存共荣"，日本政府鉴于欧洲战事的激化而对任何招致荷属东印度现状发生变动的事态均抱有高度的关切。②"有田声明"发出了日本侵略东南亚的明确信号。5 月中旬，日本海军出动专门用于"南进"而新编的第四舰队开赴帕劳群岛，对荷属东印度当局进行武装示威，企图通过赤裸裸的武力恐吓勒索石油、锡矿石、橡胶等 13 种战略物资。

1940 年 5—6 月，在德国"闪电战"的打击之下，荷兰、法国相继败降，英国退守英伦三岛。在这种情况下，英、法、荷等西方国家已无力顾及各自在远东的殖民地。德国在西欧取得的胜利大大刺激了日本对东南亚的侵略野心。巴黎陷落后，日本认为，德军即将在英国本土登陆，英国战败只是时间问题，在这大好时机面前日本"不要误了末班车"，③决心加快"南进"的步伐。为此，日本确定了"北守南进"的战略，即将东南亚作为侵略的主攻方向，企图通过"南进"切断滇越公路、滇缅公路等国际援华交通线，迫使蒋介石领导的国民政府投降，从而使日军从侵华战争的泥沼中抽身，同时抢夺当地丰富的资源，达到其"以战养战"的目的。④

1940 年 6 月 12 日，日本与泰国在东京签署了《日泰友好亲善条约》，规定两国就对彼此有着共同利害关系的有关问题交换情报。⑤ 日本借助《日泰友好亲善条约》将泰国作为侵略东南亚的桥头堡，日本势力大举渗透进中南半岛。同时，日本还谋求以泰国为基地，既能北上对中国进行战略包围，也能南下进攻英属马来亚，尤其是威胁英国在远东最大的海军基地——新加坡。

1940 年 7 月 22 日，近卫文麿组成第二次近卫内阁，旋即加快了南进

---

① 遠山茂樹、今井清一、藤原彰：『昭和史』，東京：岩波書店，1959 年，第 136 页。
② 外務省編『日本外交年表竝主要文書』下卷，東京：原書房，1969 年，第 433 页。
③ 鳥巣建之助：『太平洋戦争終戦の研究』，東京：文芸春秋，1993 年，第 28—29 页。
④ 小林英夫：『大東亜共栄圏の形成と崩壊』，東京：御茶の水書房，1975 年，第 376 页。
⑤ 外務省編『日本外交年表竝主要文書』下卷，東京：原書房，1969 年，第 433 页。

的步伐，决定"为将处于东亚及其邻近岛屿的英、法、荷、葡等国的殖民地纳入东亚新秩序的范围内而采取积极的行动"。① 7 月 26 日，近卫内阁提出《基本国策纲要》，要将"建设东亚新秩序"进一步升级为"建设大东亚新秩序"，准备将进攻范围扩大到整个太平洋地区。《基本国策纲要》规定日本的基本国策是"建立以皇国为中心，以日、'满'、华为基干的大东亚新秩序"，"皇国目前的外交是以建设大东亚新秩序为根本，首先将重点置于结束中国事变方面"。因此，日本各项政策的"当务之急是必须把握世界历史发展的必然趋势，迅速从根本上全面刷新庶政，排除万难，为构建国防国家体制而奋力迈进"。②

7 月 27 日，日本大本营与政府联席会议通过了《适应世界形势演变的时局处理纲要》，决定为应对世界形势的演变，改善内外处境，迅速促成解决中国事变的同时积极利用形势的变化，捕捉良机以努力推进针对南方的政策，从而解决南方问题。该纲要同时强调，在内外形势的发展对日本极其有利的前提下也可以使用武力推动"南进"。③

8 月 1 日，日本外务大臣松冈洋右在记者见面会上阐释政府的外交政策时称："帝国当前外交政策的直接宗旨……首先建设以日'满'华集团为环节之一的大东亚共荣圈。"日本将坚信不疑地"更进一步加强与我国步调一致的友好国家之合作，以毫不退缩的雄心壮志完成上天赋予我民族的理想与使命"。④ 松冈谈话是日本政府要员第一次正式提出"大东亚共荣圈"，这表明日本不满足于独霸中国，而且要建立一个囊括印度、东南亚乃至澳大利亚、新西兰的海上殖民帝国。

（二）日本海军对英美等的作战计划

为应对日本步步逼近的"南进"政策，美国在军事和经济两个领域对日本采取了一系列遏制措施。1940 年 5 月，美国宣布将原驻西海岸圣迭戈的太平洋舰队主力调往夏威夷进行例行军事演习，而且太平洋舰队

---

① 外务省编『日本外交年表竝主要文書』下卷，東京：原書房，1969 年，第 436 頁。
② 防衛庁防衛研修所戦史室：『戦史叢書（20）大本営陸軍部〈2〉—昭和 16 年 12 月まで—』，東京：朝雲新聞社，1968 年，第 47—64 頁。
③ 外務省編『日本外交年表竝主要文書』下卷，東京：原書房，1969 年，第 438 頁。
④ *FRUS*，1931–1941，Vol. 2，p. 111；近藤新治編『近代日本戦争史』（第 4 編大東亜戦争），東京：同台経済懇話会，1995 年，第 289 頁。

在演习结束后将不定期地停驻珍珠港，此举意在对日本进行战略威慑。[①]
5月31日，美国陆海军联合计划委员会将"彩虹4号"（Rainbow 4）作战计划提交罗斯福总统。8月14日，该计划获得罗斯福的批准，成为美国对日战略的指导思想。"彩虹4号"作战计划设想美国处于反对德、意、日的战争中，当日本获得对东南亚及中太平洋的控制权后，美国陆海军应积极谋求保卫美国在东太平洋的属地及整个西半球。[②]

　　1940年7月20日，美国国务院宣布对日本实施道义禁运，禁止向日本出售辛烷值87以上的航空汽油和部分废铁。不过，道义禁运并没有阻止日本向东南亚扩张的步伐。1941年7月28日，日军进驻法属印度支那。此举彻底激怒了美国。当天，美国就宣布对日本实行石油禁运，同时冻结日本在美国的全部资产。日本年石油消耗量为1200万吨，国内年石油产量仅40万吨，大部分石油依靠进口，特别是从美国进口。因此，美国的石油禁运措施对日本是一个沉重的打击。到1941年9月，日本储备的石油只够它一年之用。[③]美国对日本的石油禁运使得本已十分紧张的美日关系更加恶化，两国矛盾空前尖锐，爆发战争只是时间问题。而美日一旦开战，起主要作用的首先是海军。日本海军为此制订了多个对英美作战的计划。

　　1941年6—8月，日本海军军令部对日美交战的进程与可能结果进行了推演，对战争前景得出了"近期乐观、远期悲观"的结论。结论认为，以在日本本土及周边附近海域对美国舰队进行截击作战为前提，日本海军如果拥有超过美国海军50%的兵力则有望获胜。鉴于日本海军的整体实力到1941年底将达到美国海军的70%，因此，该时期是日本对美开战的良机。不过，从1942年起战局将发生逆转，因为这一时期日本在建或计划建造的舰艇总吨位是32万吨，而同期美国的舰艇总吨位则高达190万吨。因此，日本在此后的战争中将很可能遭到失败。最后的结论

①　Dorothy Borg and Shumpei Okamoto, eds., *Pearl Harbor as History*: *Japanese-American Relations*, *1931-1941*, New York: Columbia University Press, 1973, p. 45；秋元健治：『真珠湾攻撃・全記録：日本海軍・勝利の限界点』，東京：現代書館，2010年，第194頁。

②　Steven T. Ross, ed., *American War Plans 1919 - 1941*, Vol. 1, New York: Garland Publishing Inc, 1992, pp. 14-15.

③　John Keegan, *The Price of Admiralty*: *The Evolution of Naval Warfare*, New York: Penguin Books, 1988, p. 204.

是，如果战争持续两年以上，日本就几乎没有获胜的希望。① 而且，随着时间的推移，日本与美国国力的差距也将越来越大。

1941 年 7 月 21 日，日本海军军令部长永野修身在大本营与内阁联席会议上发言时也指出，如果目前对美开战，日本尚有获胜的把握。不过，随着时间的推移，日本获胜的把握将会越来越小。而到了 1942 年下半年，日本将不是美国的对手，而且此后的情况将会随着时间的推移和美日国力差距的拉大而变得更加严峻。永野修身认为，如果即刻与美国开战，日本将能够占领菲律宾，对于海军而言这将是最容易的作战。② 7 月 29 日，日本陆海军就"设想对美英作战情况的一般性过程及问题要点"举行深入会谈。海军方面的代表在会上强调，"海军以现有的兵力对于第一阶段作战（进攻菲律宾群岛、荷属东印度及马来亚）抱有充分的信心，即使是对与美国海军进行舰队决战也有十足的胜算。但是，目前海军没有确切的手段保证能够强行发起舰队决战，从作战的角度来看，对日本而言越早开战越有利"。③ 可以说，随着日本与美国在综合国力上的差距越来越大，"如果发动战争的时间拖延得越久，日本战败的危险性就会越大"。④ 1941 年 8 月，曾任驻美使馆武官的日本陆军大佐岩畔豪雄在日本陆海军联席会议上详尽分析了美日两国的国力差距，美日钢铁产量之比是 20∶1，煤产量之比是 10∶1，飞机产量之比是 5∶1，劳动力数量之比是 5∶1，船舶吨位之比是 2∶1，石油产量之比则高达 100∶1。总体计算，美国的战争潜力是日本的 10 倍以上。⑤

尽管对美开战似乎是必然选择，但自建军以来一直以英美为师的日本海军内部实际上一直存在强大的反对对美开战的声音，代表人物就是海军大臣米内光政、联合舰队司令长官山本五十六和海军省军务局长井

① James William Morley, ed., *Japan's Negotiations with the United States, 1941*, New York: Columbia University Press, 1994, p. 269.

② 防衛庁防衛研修所戦史室:『戦史叢書（20）大本営陸軍部〈2〉—昭和 16 年 12 月まで—』，東京：朝雲新聞社，1968 年，第 358 頁。

③ 防衛庁防衛研修所戦史室:『戦史叢書（101）大本営海軍部大東亞戦争開戦経緯〈2〉』，東京：朝雲新聞社，1979 年，第 402 頁。

④ Herbert Feis, *The Road to Pearl Harbor: The Coming of the War between the United States and Japan*, New York: Atheneum, 1962, p. 248.

⑤ John Keegan, *The Price of Admiralty: The Evolution of Naval Warfare*, New York: Penguin Books, 1988, p. 196.

上成美，但他们在亲德氛围日渐浓厚的日本海军内始终只是少数派，并且备受敌视。而且，在官僚政治的影响下，即便清醒的海军人士认识到对美战争没有胜算而只是将其作为争取更多预算的借口，也在陆军的严重怀疑甚至是仇视下而不敢言明对美战争的选择是错误的，因为那只会使"南进"方针改为陆军所推崇的北上进攻苏联的计划。"海军正在耗费预算巨资来建造船只、生产飞机，同时又表示必须避免与美国的战争。这本来是一个理性的立场，可一旦掺和了陆海军之间的竞争后，激烈的官僚政治矛盾就出现了。陆军会说海军即便用尽预算，也不能和美国一战，如果海军不能战斗，那为什么不把整个预算都给陆军，使陆军能够好整以暇地对付苏联。"①

　　就这样，在各种因素的共同推动下，日本最终选择铤而走险，与美国兵戎相见。1941 年 9 月 8 日，日本陆军参谋总长杉山元将题为《有关南方作战的全局性文件》的"南进"作战构想上奏天皇。杉山元在该份陆海军共同研究得出的作战构想中详细分析了英美在东南亚的兵力部署情况，并明确规定了日军南方作战的目标、兵力运用原则和进攻范围，强调日军此次南方作战的根本目标是彻底摧毁美、英、荷等在远东的势力，占领菲律宾、马来亚、荷属东印度、婆罗洲、关岛、香港及缅甸。日本陆军应与海军合作推进石油资源开发及运输的前期准备工作，并"获得南方主要的军事根据地和重要的资源地域"，从而确保日本处于"不败的态势"。② 10 月 17 日，日本参谋本部作战部制订了题为《对美英荷开战的作战审视》的战争前景预测报告。该报告认为，日军在战争前期将能够用 3 个月的时间击败美英军队并占领整个南方要地，在此基础上再用 5 个月的时间歼灭残存的敌人。而在后期作战阶段，日本虽然会遇到较大困难，但是可以通过逐渐确立持久作战的态势而立于不败之地。③

　　1941 年 11 月 1 日，日本大本营与内阁联席会议通过了《帝国国策实施要领》，最终决定实施"南进"政策，对美、英、荷等西方国家开

---

① 〔日〕麻田贞雄：《从马汉到珍珠港：日本海军与美国》，朱任东译，新华出版社，2015 年，第 283 页。

② 防卫厅防卫研修所战史室：『戦史叢書（20）大本営陸軍部〈2〉—昭和 16 年 12 月まで—』，東京：朝雲新聞社，1968 年，第 448—453 頁。

③ 松下芳男：『日本国防の悲劇』，東京：芙蓉書房，1976 年，第 137—138 頁。

战，"发动战争的时间定为 12 月初，陆海军必须做好相应的作战准备"。根据《帝国国策实施要领》，日本应强化与德、意的合作，同时在战争爆发前必须与泰国建立更为紧密的军事合作关系。① 11 月 5 日，日本御前会议通过了《帝国国策实施要领》。同日，日本裕仁天皇批准了陆海军上奏的有关南进突袭美英荷的作战计划。该计划规定：日本海军将出动以 6 艘航母为核心的机动部队远程奔袭珍珠港，歼灭停泊在港内的美国太平洋舰队；与此同时，日本海军对美英两国设在菲律宾和马来亚的军事基地等重要目标实施先发制人的空袭，夺取登陆作战所必需的制空权；日本陆军则出动 10 个师团在菲律宾和马来亚登陆，摧毁美英在当地的防御，进而将战争扩大到荷属东印度及整个东南亚和西南太平洋诸岛；在中国战场方面，日本海军应配合陆军，在维持对华作战态势的同时，歼灭美、英等在中国的势力，并辅以政略与战略相结合的手段全力压制敌人，迫使蒋介石政权屈服。②

11 月 26 日，美国国务卿赫尔向日方提出了堪称最后通牒的《赫尔备忘录》。该备忘录明确要求日本从中国和法属印度支那全面撤军、放弃三国同盟条约，以及不承认汪精卫伪政权和伪满洲国等。显然，这些要求不可能被日本所接受，日美谈判虽然还在进行之中，但实际上已经破裂。12 月 1 日，日本政府呈请天皇召开御前会议决定开战。12 月 2 日，日本天皇批准 12 月 8 日为开战日期。日本东京时间 12 月 8 日，美国东部时间 12 月 7 日，日本偷袭美国珍珠港，太平洋战争爆发。

根据日本学者外山三郎的统计，太平洋战争爆发时，日本海军有 10 艘战列舰、10 艘航母、18 艘重型巡洋舰、20 艘轻型巡洋舰、113 艘驱逐舰、65 艘潜艇，合计主要战斗舰艇共 236 艘，总吨位为 98.59 万吨。美国海军有 17 艘战列舰、8 艘航母、18 艘重型巡洋舰、19 艘轻型巡洋舰、170 艘驱逐舰、111 艘潜艇，合计主要战斗舰艇共 343 艘，总吨位为 136.2 万吨。日本海军规模是美国海军规模的 72.5%，这一数据达到并

① 防衛庁防衛研修所戦史室：『戦史叢書（76）大本営陸軍部大東亜戦争開戦経緯〈5〉』，東京：朝雲新聞社，1974 年，第 569—570 頁；参謀本部編『杉山メモ』（下），東京：原書房，1977 年，第 378—379 頁。

② 防衛庁防衛研修所戦史室：『戦史叢書（20）大本営陸軍部〈2〉—昭和 16 年 12 月まで—』，東京：朝雲新聞社，1968 年，第 382—383 頁、589—594 頁。

超过了日本一直期望的占美海军实力七成的目标。而且，日本航母的吨位是美国航母吨位的94%，两国航母力量相当，这对于在浩瀚无垠的太平洋作战至关重要。在海军航空兵方面，日本可用于海上作战的飞机约3100架，美国可用于海上作战的飞机共有5500架，但其中只有2600架可用于对日作战。[①]

由此可见，美国海军虽然规模上超过日本，但它要分兵大西洋，特别是要集中力量应对德国疯狂的潜艇攻击，美国在太平洋上对日本保持守势。在武器质量上，双方各有千秋。受国内工业水平限制，特别是在冶金技术上落后于美国这样的工业强国，日本舰艇的装甲防护水平不及美国舰艇，但日本海军在舰艇设计、鱼雷等方面占据优势，也装备了"零"式战斗机这种性能非常优良的飞机。而且，日本海军的训练水平更高，尤其擅长夜袭。此外，日本海军基本上是在本土水域作战，而美国海军主力舰队则是从美国西海岸的圣迭戈和夏威夷出发劳师远征。尽管开战后美国巨大的工业优势会逐渐显现，但在战争之初，日本实际上在太平洋战场上占据优势。不过，日本必须将这短暂的优势及时转化为胜势，一旦战争进入消耗战，日本将没有击败美国的可能，这也是日本最后决定偷袭珍珠港的重要原因之一。

（三）日本偷袭珍珠港与进攻东南亚

1940年11月24日，日本联合舰队司令长官山本五十六在呈递给海军大臣及川古志郎的信中，第一次提出了进攻珍珠港的设想，强调美国很可能不会在战争爆发后就立刻着手同日本进行舰队决战，日本应该在战争初期对美国太平洋舰队采取空袭行动，这是唯一可能战胜美国的机会。1941年1月7日，山本再次致信及川，重申了1940年11月下旬就已经向海军省进言的有关进攻珍珠港的构想，并再度认真检验了该构想的可行性。[②]

1941年1月14日，山本致信第十一航空战队参谋长大西泷治郎海军少将，就进攻美国海军的具体战术与大西进行磋商。山本在致大西的信

---

① 〔日〕外山三郎：《日本海军史》，龚建国、方希和译，解放军出版社，1988年，第131页。
② 豊田穣：『世界史の中の山本五十六：歴史を動かした英雄たちの研究』，東京：光人社，1992年，第22頁；生出寿：『海軍人事の失敗の研究：太平洋戦争・誤断の開戦と完敗の主因』，東京：光人社，1999年，第291—292頁。

中阐释了自己对美作战相关战法的意见，即"日美开战后则无论国际形势如何发展，此时都必须采取果断而彻底的战法方能出奇制胜。海战之初即应使用海军航空兵对夏威夷方面的美国太平洋舰队主力实施全面的空中打击，使其一时无法开进西太平洋。对作为首要打击目标的美国海军舰队群，应以鱼雷攻击为主"。山本还强调自己将全力以赴亲自指挥对美国海军太平洋舰队的袭击，并敦促大西展开相关战术的研究工作。接到山本来信后，大西立即指派第一航空战队参谋源田实海军少佐负责制订相关作战计划，并嘱托源田实尽快完成图上作业。3月初，大西对源田实提交的作战计划草案进行修改后转呈山本。① 鉴于珍珠港的水深无法实施鱼雷攻击，山本一度萌生放弃对美国太平洋舰队实施空袭作战的念头，但经过考虑后判断对珍珠港的空袭并非绝对不可能，遂采取了对港内驻泊的美军战舰实施水平轰炸和鱼雷攻击并行的方案。②

　　1941年12月7日，日本偷袭珍珠港，重创美国太平洋舰队，太平洋战争爆发。在偷袭珍珠港的同时，日军开始大举进攻东南亚的英、美、荷殖民地。1941年12月至1942年2月，日军在马来半岛实施登陆作战。日军大本营的计划是：海军全力夺取制海权和制空权，歼灭英国舰队，陆军在海军掩护下在马来半岛实施登陆作战并沿海岸快速进攻，攻占马来半岛全境及新加坡，为之后进攻荷属东印度建立前进基地。1941年12月4日，日军第25军约11万人在司令山下奉文的指挥下从三亚出发，在海军南遣舰队（舰艇46艘）、陆军第三飞行集团（飞机450架）及海军航空兵部队（飞机349架）的掩护下进抵马来半岛。③ 12月8日，日军先遣部队在泰国的宋卡、北大年和马来亚的哥打巴鲁登陆，迅速占领当地机场和克拉地峡，随后分兵三路南下。英军首战失利，节节败退，企图凭借隘路、河流迟滞日军进攻，以争取时间加强南部防御。日本海军第二十二航空战队和陆军第三飞行集团轰炸新加坡及关丹等英军基地和机场，重创英军的空中力量。

---

① 千早正隆：『中公文庫　日本海軍の驕り症候群』上卷，東京：中央公論社，1997年，第101—103頁；源田實：『真珠湾作戦回顧録』，東京：文藝春秋，1998年，第11—13頁。
② 防衛庁防衛研修所戦史室：『戦史叢書（10）ハワイ作戦』，東京：朝雲新聞社，1967年，第91—92頁。
③ 服部卓四郎：『大東亜戦争全史』，東京：原書房，1973年，第233—235頁。

　　由"威尔士亲王"号战列舰、"反击"号战列巡洋舰及4艘驱逐舰组成的英国远东舰队北上迎战日本海军，并于12月10日在关丹东南海域与日本海军岸基航空兵发生遭遇战。在这场海战中，"反击"号和"威尔士亲王"号先后被日本飞机击沉。凭借这场海战的胜利，日本成功夺取了马来海域的制海权和制空权，为日军海上运输任务的顺利完成提供了保障，更为全面占领马来亚、新加坡等提供了有利条件。日本的胜利对英国在远东的军事地位产生了灾难性影响，使英美在很长一段时间内失去了在远东和太平洋地区的制海权。[①] 马来海战的结果有力证明了"在海战中作战飞机能够击沉战列舰"，[②] 对于这一点，即使是典型的大舰巨炮主义者、日本海军联合舰队参谋长宇垣缠中将也承认，在没有航空兵护航的情况下，战列舰贸然出击将难逃被击沉的结局。他还将马来海战与偷袭珍珠港相提并论，给予其高度评价。[③]

　　马来海战后，日本陆军主力沿马来半岛由北向南迅速推进，在海军配合下于12月31日占领关丹，1942年1月11日攻占吉隆坡。2月8日夜，日军分两路渡过柔佛海峡在新加坡登陆，9日晚占领廷加机场。12日，日军推进到新加坡市郊，14日占领新加坡沿岸海军基地。在日军重重包围下，被切断水源、外援无望的英国守军士气低落。15日，驻新加坡英军司令帕西瓦尔中将（Lieutenant General Arthur Percival）率部投降。此役，日军打通了进攻荷属东印度的战略通道，给盟军在太平洋战场的防御作战造成不利态势。此后，英军又在锡兰之战和缅甸之战中接连失利，印度也岌岌可危。3月9日，万隆失守，日本随后占领了爪哇和整个荷属东印度。在此之前，日本海军还在2月27—28日的爪哇海战中击败了由荷兰海军少将多尔曼（Rear Admiral Karel Doorman）指挥的美、英、荷、澳联合舰队。

　　1941年12月8—14日，日本海军第十一航空战队的轰炸机从台湾起飞对美国设在菲律宾的军事基地进行猛烈轰炸，为日军主力即将发动的

①　豊田穣：『マレー沖海戦』，東京：集英社，1988年，第408頁、448頁；須藤朔：『マレー沖海戦』，東京：朝日ソノラマ，1982年，第193頁；ラッセル・グレンフェル：『主力艦隊シンガポールへ：プリンスオブウエルスの最期：日本勝利の記録』，田中啓眞訳，東京：錦正社，2008年，第102—107頁。

②　須藤朔：『マレー沖海戦』，東京：朝日ソノラマ，1982年，第227頁。

③　宇垣纏：『戦藻録』，東京：原書房，1968年，第42—43頁。

南进作战消除美军来自空中的威胁。尽管美军进行了殊死抵抗，但仍然无法抵挡占据全面海空优势的日军的猛烈攻势。1942 年 3 月，驻菲美军司令麦克阿瑟撤退到澳大利亚。5 月 6 日，接替麦克阿瑟指挥的美军温赖特中将（Lieutenant General Jonathan M. Wainwright）宣布投降，日本占领整个菲律宾。

到 1942 年夏，日本已经占领了西起缅甸、马来亚，东至中太平洋的吉尔伯特群岛，北到阿留申群岛，南达新几内亚和所罗门群岛的广阔区域。英国海军败退东非，勉力维持在印度洋的存在，苦苦防守印度，阻挡日军的下一波攻势。美国海军虽在珍珠港事件中遭受重创，处于战略防御态势，但开始慢慢积蓄反击力量，强大的美国战争机器已经发动起来。

二 中途岛海战与太平洋战场局势的逆转

（一）珊瑚海海战与日本的战略性失败

1942 年 5 月 3—8 日，日本海军与美国海军在西南太平洋海域展开了人类历史上第一次航空母舰之间的海上对决——珊瑚海海战。这场海战是人类历史上首次交战双方舰队相互在对方视距之外进行的海上作战。①

1942 年春，日军占领东南亚广大地区后，决定向西南太平洋推进，一举摧毁盟军在太平洋上的防御。1942 年 1 月 29 日，日本海军联合舰队司令长官山本五十六根据军部下达的"大海指 47 号"命令，决定对所罗门群岛的图拉吉岛和新几内亚岛的莫尔兹比港发起奇袭，以攻占莫尔兹比港为目标，进而掌握该地区的制海权和制空权，切断美国通往澳大利亚的海上交通线，并在此基础上迫使美国航母编队加入战局进而寻机一举予以歼灭。② 5 月初，日本第四舰队司令井上成美海军中将派高木武雄海军中将率领"翔鹤"号和"瑞鹤"号航母及重型巡洋舰 3 艘、驱逐舰 6 艘从特鲁克岛出发，原忠一海军少将率"祥凤"号轻型航母和 4 艘重

---

① 　チェスター・W. ニミッツ、エルマー・B. ポッター：『ニミッツの太平洋海戦史』，実松譲、富永謙吾訳，東京：恒文社，1992 年，第 59 頁。

② 　森史朗：『暁の珊瑚海』，東京：文藝春秋，2009 年，第 23 頁；防衛庁防衛研修所戦史室：『戦史叢書（80）大本営海軍部・聯合艦隊〈2〉—昭和 17 年 6 月まで—』，東京：朝雲新聞社，1975 年，第 173—175 頁。

型巡洋舰、1 艘驱逐舰从拉包尔启航，掩护登陆船队进攻莫尔兹比港和图拉吉岛。

1942 年 4 月，美国海军情报部门截获了日本联合舰队计划进攻莫尔兹比港，进而图谋占领澳大利亚的情报。① 截获日军行动情报后，美国太平洋舰队司令尼米兹命令弗莱彻海军少将（Rear Admiral Frank J. Fletcher）率领由"约克敦"号（USS *Yorktown*）和"列克星敦"号 2 艘航母、140 余架舰载机，以及 5 艘巡洋舰和 9 艘驱逐舰组成的第 17 特混舰队，在珊瑚海阻击来犯的日本舰队。

珊瑚海海战的战斗结果如下。美国方面，"列克星敦"号航母被击沉，"约克敦"号航母遭重创，另外还损失了 1 艘驱逐舰及 1 艘油船。美军共损失 65 架飞机，543 人阵亡。日本方面，轻型航母"祥凤"号及 1 艘驱逐舰被击沉，"翔鹤"号航母遭重创，共损失 69 架飞机，1074 人阵亡。

珊瑚海海战是世界战争史上首次航母编队在远距离以舰载机为主进行的交战，日本海军取得了这场海战的战术性胜利，但由于其损失的飞机和飞行员无法及时得到补充，从而被迫中止原定对莫尔兹比港的进攻，其扩张势头自开战以来首次受挫。因此，珊瑚海海战又是日本的战略性失败。此外，日军在珊瑚海海战中损失了大批经验丰富的飞行员，也对接下来的中途岛战役的胜负产生了重要影响。②

（二）中途岛海战与日本丧失战略主动权

在珍珠港事件中，尽管美国太平洋舰队遭到重创，但其航母编队和储备的重油并没有任何损失，美国太平洋舰队无须退回本土的圣迭戈，仍然可以以珍珠港为基地对日本发起反击。这让日本联合舰队司令长官山本五十六寝食难安。山本五十六认为，日本偷袭珍珠港成功唤醒了美国这个沉睡的巨人，因此日本海军必须在巨人尚未起身之前，通过积极攻势摧毁其航母，完成偷袭珍珠港未完成的任务，彻底摧毁美国太平洋舰队。因此，山本五十六非常赞成联合舰队参谋长宇垣缠海军中将提出

---

① 森史朗：『暁の珊瑚海』，東京：文藝春秋，2009 年，第 68 頁。

② Samuel Eliot Morison，*History of United States Naval Operations in World War II：Coral Sea，Midway，and Submarine Actions，May 1942 - August 1942*，Vol. 4，Boston：Little Brown and Company，1988，p. 63；チェスター・W. ニミッツ、エルマー・B. ポッター：『ニミッツの太平洋海戦史』，実松譲、富永謙吾訳，東京：恒文社，1992 年，第 60 頁。

的进攻中途岛的计划。他强调日本海军应攻占中途岛，并将该岛作为日本海军航空兵的前进基地，从而能威胁夏威夷，诱使美国太平洋舰队出战，并利用日本海军目前掌握的战略优势通过舰队决战彻底将其消灭。[①]

中途岛作战计划的提出，也与山本五十六本人的对美作战构想有关。太平洋战争爆发前，日本海军将"渐减邀击作战"作为对美作战的基本方针。不过，山本五十六很早就对该方针持怀疑态度，并考虑将积极攻势作战作为对美作战构想。早在 1928 年，山本就在海军水雷学校阐述了其对美作战的基本构想，他强调"对美作战应采取诸如攻取夏威夷等积极作战的战略"。山本指出，采取积极攻势作战是基于两方面的判断。一方面，从美日综合国力对比来看，美国的战争能力占据显著优势，它可以在任意时间、任意方向对日本展开进攻，而日本则缺乏这种可以自主选择的自由。即使采取守势，日本仍将不可避免地败于实力更强大的美国之手。另一方面，为了将日美战争限定为短期速决战，就必须尽早抓住敌人的弱点给予其致命一击，以此摧毁其战争意志。只有通过这种方法，日本才能把握住击败美国的战机。[②]

珍珠港事件后，尼米兹接替金梅尔出任美国太平洋舰队司令。1942年 4 月 18 日，杜立特中校（Lieutenant Colonel James H. Doolittle）率领 16 架 B-25 轰炸机从"大黄蜂"号航母上起飞，轰炸了东京等日本城市，史称"杜立特空袭"。尽管这次行动对日本造成的破坏并不严重，但在心理上对日本国民是一个沉重打击。杜立特空袭天皇所在的东京让日本朝野大为震惊，国内舆论沸腾，尤其是对日本海军提出了强烈批评，这让身为联合舰队司令长官的山本五十六深感压力。"杜立特空袭"极大地刺激了山本五十六，使他更加认识到进攻中途岛的必要性，进一步坚定了他发起中途岛战役的决心。[③] 按照山本的构想，日本攻占中途岛后，

---

① 亀井宏：『ミッドウェー戦記　さきもりの歌』，東京：光人社，1995 年，第 72 頁。

② 亀井宏：『ミッドウェー戦記：さきもりの歌』，東京：光人社，1995 年，第 72—73 頁。

③ 防衛庁防衛研修所戦史室：『戦史叢書（43）ミッドウェー海戦』，東京：朝雲新聞社，1971 年，第 62 頁；生出寿：『勝つ戦略 負ける戦略 東郷平八郎と山本五十六』，東京：徳間文庫，1997 年，第 97 頁；宇垣纏：『戦藻録』，東京：原書房，1968 年，第 107 頁；近江兵治郎：『連合艦隊司令長官山本五十六とその参謀たち』，東京：テイ・アイ・エス，2000 年，第 103 頁。

可以构筑起从阿留申群岛直到中途岛的航空警戒线，从而达到阻止美军再度对东京发起空袭的目的。此外，此次空袭也使日本陆军开始重视中途岛作战和阿留申群岛作战，并同意派兵协助海军作战。如此一来，中途岛作战就发展为日本陆海军发起的联合进攻行动。①

1942 年 4 月 28 日，山本五十六在联合舰队旗舰"大和"号战列舰上召开海军高级将领会议，确定了进攻中途岛的具体作战计划。这份作战计划的基本思想是"声东击西"，即以一支舰队佯攻阿留申群岛，以转移美军的注意力，然后以主力舰队攻占防守薄弱的中途岛。中途岛作战初步定在 6 月初进行。5 月 5 日，日本海军军令部发布了《大本营海军部第 18 号命令》，正式批准中途岛作战计划，并将该计划命名为"米号作战"。② 军令部责成联合舰队司令长官与陆军密切配合，实施"AF"（中途岛的代号）及"AO"（阿留申群岛的代号）作战计划。为此，山本五十六调集了约 350 艘舰艇和 1000 架作战飞机，并集中了 10 万人的兵力，组成了日本海军史上规模最庞大的舰队。③

1942 年 6 月 4 日，中途岛海战打响。日本海军在这场海战中遭遇惨败，共损失 4 艘航母、1 艘重型巡洋舰和 253 架飞机，最重要的是再次损失了一批无法得到补充的最优秀的飞行员，从此日本舰队基本上处于支离破碎的状态。④ 中途岛海战成为太平洋战场的转折点，美国通过这场海战的胜利重新夺回了战略主动权，而日本则被迫从战略进攻转入战略防御。

珊瑚海海战和中途岛海战使得日本元气大伤，不得不中止原计划对新喀里多尼亚、斐济、萨摩亚、莫尔兹比港、孟加拉湾和印度的进攻。

---

① 生出寿：『勝つ戦略 負ける戦略 東郷平八郎と山本五十六』，東京：德間文庫，1997年，第 113 頁；千早正隆：『日本海軍の驕り症候群』，東京：プレジデント社，1990年，第 251 頁、299 頁；淵田美津雄：『真珠湾攻撃総隊長の回想 淵田美津雄自叙伝』，東京：講談社，2007 年，第 177—178 頁。

② 亀井宏：『ミッドウェー戦記 さきもりの歌』，東京：光人社，1995 年，第 78 頁；千早正隆：『日本海軍の驕り症候群』，東京：プレジデント社，1990 年，第 296 頁。

③ 淵田美津雄：『真珠湾攻撃総隊長の回想 淵田美津雄自叙伝』，東京：講談社，2007年，第 195—196 頁；草鹿龍之介：『連合艦隊参謀長の回想』，東京：光和堂，1979年，第 115—116 頁；千早正隆：『日本海軍の驕り症候群』，東京：プレジデント社，1990 年，第 306—307 頁。

④ Mitsuo Fuchida and Masatake Okumiya, *Midway*: *The Battle That Doomed Japan*, Annapolis, Md: Naval Institute Press, 1955, pp. 242-243.

由此，日本逐渐丧失了太平洋地区的制海权。至此，美国再也不需要在太平洋战场上进行一场防御战，重新掌握了制海权。[①]

三　瓜岛战役、莱特湾海战与冲绳战役

中途岛海战的失败令日本海军开始丧失太平洋战场上的主动权，日军被迫停止了全面的战略进攻，相继放弃或推迟了对斐济、萨摩亚和新喀里多尼亚等地的进攻计划。不过，日本大本营并未意识到日美双方战略力量对比已经发生了根本性逆转，仍决定继续实施对南太平洋诸岛的进攻。日本打算先在瓜岛修建航空基地，以为掩护对莫尔兹比港的进攻创造条件。然后再进逼澳大利亚，以谋求夺回战略主动权。

为实施该计划，日军于1942年1月占领拉包尔后，立即着手将其建设成日本在南太平洋最重要的海空基地。随后，日军又占领了位于所罗门群岛南部的图拉吉岛，并发现图拉吉岛附近的瓜达尔卡纳尔岛更适合建机场，而且瓜岛距拉包尔直线距离仅1020公里，遂决定在瓜岛修建机场。

日军预计在瓜达尔卡纳尔岛的航空基地建成后，将能有效地防范盟军对日本在太平洋上主要基地拉包尔的袭击，同时可以威胁盟军的供应和通信路线，而且还可以建立一个临时空中火力覆盖区域，以配合对斐济、新喀里多尼亚和萨摩亚的进攻。日本计划在瓜岛一次性部署45架战斗机和60架轰炸机，以便为在南太平洋作战的海军舰队提供空中掩护。在日军在瓜岛修建机场的同时，美军也制订了代号为"瞭望台行动"（Operation Watchtower）的南太平洋反攻计划，目标是攻占新不列颠、新爱尔兰、新几内亚等地区。美军参谋长联席会议对敌我态势进行分析后认为，日军利用瓜岛机场将直接威胁美澳交通线，因此必须把夺取瓜岛作为执行"瞭望台行动"作战的第一步，打乱日军部署，使其陷于被动。因此，当发现日军在瓜岛上修建机场后，美军立即修改了原定的作战计划，将瓜岛作为美军在南太平洋上进行战略反攻的出发点。

1942年8月7日，范德格里夫特少将（Major General Alexander A.

---

①　John B. Lundstrom, *The First South Pacific Campaign: Pacific Fleet Strategy, December 1941-June 1942*, Annapolis, Md: Naval Institute Press, 1976, p. 204.

Vandegrift）率领美国海军陆战队第一师和第二师的一个团共 1.6 万名官兵在瓜岛登岸，并于次日攻占了即将竣工的日军机场，由此揭开了盟军在太平洋战场上进行反攻的序幕。由于岛上日军大部分是工兵部队，加上美军登陆行动非常突然，猝不及防的日军逃入机场以西的马坦尼考河丛林地带，等待援兵。① 美军发起进攻后，日军误认为美军的登陆是小规模的战术行动，因此仅派遣第 7 师团第 28 联队联队长一木清直大佐率领本部人马组成一木支队登陆瓜岛向美军发起反击，但是遭到占绝对优势兵力的美军围歼。此后，日本不断向瓜岛增兵与美军展开拉锯战。

在美日在瓜岛展开激战的同时，日本海军为争夺瓜岛交战海域的制空权与制海权而与美军在 6 个月的时间里进行了大小海战 30 余次，其中较大规模的海战就有 6 次，分别是萨沃岛海战（日方称"第一次所罗门海战"）、东所罗门海战（日方称"第二次所罗门海战"）、埃斯帕恩斯角海战、圣克鲁斯海战（日方称"南太平洋海战"）、瓜达尔卡纳尔海战（日方称"第三次所罗门海战"）和塔萨法隆戈海战。在一系列的海战中，美军共损失航母 2 艘、巡洋舰 8 艘、驱逐舰 14 艘，阵亡约 3300人，伤约 2500 人。日军被击沉航母 1 艘、战列舰 2 艘、巡洋舰 5 艘、驱逐舰 11 艘、潜艇 6 艘，伤亡约 2.5 万人。②

海战的结果使得日军对瓜岛的增援变得异常困难。美军占领亨德森机场后，完全控制了瓜岛附近海域的制海权和制空权，并且还在所罗门群岛其他岛屿的岸基航空兵和航母舰载机的支援下，不断空袭日军向瓜岛运送给养的"东京特快"的起点站肖特兰岛，几乎完全掐断了日军的运输线。在美国的严密封锁下，瓜岛上日军的后勤补给难以为继，只能以野果、野菜和树皮充饥，③ 痢疾、疟疾、疥癣等热带疾病在军中流行。在这种情况下，岛上日军的崩溃只是时间问题。到 1943 年 2 月瓜岛战役结束时，日本在兵力上的优势已荡然无存，完全丧失了战略主动权，而

---

① Stanley Coleman Jersey, *Hell's Islands: The Untold Story of Guadalcanal*, College Station: Texas A&M University Press, 2008, pp. 113-115; Samuel Eliot Morison, *History of United States Naval Operations in World War II*, Vol. 5, Boston: Little Brown, 1958, p. 15.

② Samuel Eliot Morison, *The Two-Ocean War: A Short History of the United States Navy in the Second World War*, Boston: Little Brown, 1963, p. 214.

③ 防衛庁防衛研修所戦史室：『戦史叢書（28）南太平洋陸軍作戦<2>—ガダルカナル・ブナ作戦—』，東京：朝雲新聞社，1969 年，第 476 頁。

美国则占据了战略优势。① 瓜岛战役的决定性胜利也保证了盟国"欧洲第一"战略的顺利实施，使美国在集中力量击败德国的同时，也有能力在太平洋战场对日本采取攻势。②

1942 年下半年到 1943 年上半年，尼米兹率领的美国海军在中太平洋地区对日本展开攻势。美军在占领马绍尔群岛后跳过日本联合舰队在中太平洋最大的基地特鲁克环礁，将矛头指向马里亚纳群岛。在西南太平洋地区，麦克阿瑟率领美国陆军自澳大利亚向印度尼西亚、菲律宾发动跳岛作战。到 1944 年上半年，美国陆海军的两条战线都已迅速逼近日本，进攻势如破竹。1944 年夏，为占领日本"绝对国防圈"上的重镇马里亚纳群岛，美军发动了马里亚纳群岛登陆作战，以求攻克塞班岛和提尼安岛，夺回关岛，从而突破日本的内线防御圈，并为美军 B-29 轰炸机对日本实施战略轰炸获取前进基地。在马里亚纳海战中，日本舰队虽然未被全歼，但其航母再遭沉重打击，基本上失去了同美军争夺制海权和制空权的能力。

1944 年 10 月 20—26 日，美日又进行了莱特湾海战。这场大规模海战以美军的胜利而告终，而出动了包括"大和"号、"武藏"号两艘超级战列舰在内的日本联合舰队则几乎全军覆没。不仅如此，日本在菲律宾一线的空中力量也损失殆尽，莱特湾海战的胜利为美军进攻菲律宾和冲绳岛打下了坚实的基础。

1945 年 4 月 1 日，美军集中 45.2 万人、1500 余艘舰艇和 2500 架飞机发起了冲绳战役。面对盟军强大的攻势，日本派出仅携带单程燃油的飞机组成"神风特攻队"，对美军航母发动自杀式攻击。其中，海军自杀式飞机主要攻击美国特混舰队，陆军自杀式飞机主要攻击美军的运输

---

① H. P. Willmott, *The Barrier and the Javelin*: *Japanese and Allied Strategies*, *February to June 1942*, Washington D. C. : Naval Institute Press, 2008, pp. 522–523; Thomas Guy Miller, *The Cactus Air Force*, New York: Harper & Row, 1969, p. 350; 野村實: 『日本海軍の歴史』, 東京: 吉川弘文館, 2002 年, 第 197 頁。

② Williamson Murray and Allan Reed Millett, *A War to Be Won*: *Fighting the Second World War*, Boston: Harvard University Press, 2001, p. 215; Charles W. Koburger, Jr., *Pacific Turning Point*: *The Solomons Campaign*, *1942–1943*, Westport, Conn. : Praeger, 1995, pp. 74–75; Thomas Guy Miller, *The Cactus Air Force*, New York: Harper & Row Publishers, 1969, p. 350.

船队。在菲律宾、硫磺岛和冲绳战役中，日本共出动了 2482 架自杀式飞机参与特攻作战，共击沉盟军各型舰艇 49 艘，其中包括 3 艘护航航母，重创舰艇 271 艘，其中包括 16 艘攻击型航母、5 艘轻型航母和 15 艘护航航母。①

同时，日本联合舰队还以当时世界上最大的战列舰"大和"号为核心，将残存的舰只组成海上特攻队倾巢而出，实施自杀式攻击的"天一号作战"，妄图通过这种垂死挣扎来挽回颓势。1945 年 4 月 7 日，美军航母舰载机一举击沉了"大和"号战列舰。"大和"号战列舰的沉没标志着日本联合舰队"天一号作战"计划的彻底失败，它不仅预示着日本联合舰队的覆灭，而且宣告了大舰巨炮时代的落幕。

冲绳战役从 1945 年 3 月 18 日美军航母袭击九州开始，到 6 月 22 日战斗基本结束，共历时 96 天。在这场战役中，日本海军包括"大和"号战列舰在内的 16 艘水面舰艇和 8 艘潜艇被击沉，日本在冲绳岛上的 10 万名守军，除 9000 余人被俘外，其余被尽数消灭。此外，冲绳岛上还有 10 万名平民在战争中死亡。美军有 32 艘舰艇被击沉，368 艘舰艇被击伤，其中 13 艘航母、10 艘战列舰、5 艘巡洋舰和 67 艘驱逐舰遭重创，损失舰载机 763 架，1.3 万人阵亡，3.6 万人受伤。② 美军以巨大代价攻占冲绳群岛，打开了日本的西南门户，为进攻日本本土创造了条件。

冲绳战役后，日本联合舰队已经成了一个空壳，但仍然妄图以各种形式的自杀式"特攻作战"配合本土决战。为准备本土决战，日本海军赶制了大批自杀式舰艇，包括 100 艘"蛟龙"袖珍潜艇、224 艘"海龙"袖珍潜艇，以及"回天""震洋"等自杀艇。另外，准备本土决战的残存舰艇还有 15 艘驱逐舰和 18 艘潜艇等。③ 由于美国先后在广岛和长崎投下原子弹，彻底摧毁了日本政府的抵抗信心，日本计划中的"一亿玉

---

① 〔日〕外山三郎：《日本海军史》，龚建国、方希和译，解放军出版社，1988 年，第 186 页。

② Alan J. Levine, *The Pacific War: Japan Versus the Allies*, Westport: Praeger, 1995, pp. 154-160; Mark D. Roehrs and William A. Renzi, *World War Ⅱ in the Pacific*, New York: M. E. Sharpe, 2004, pp. 204-206.

③ 〔日〕外山三郎：《日本海军史》，龚建国、方希和译，解放军出版社，1988 年，第 189—190 页。

碎"的本土决战并没有发生。1945 年 8 月 15 日，日本宣布无条件投降。
9 月 2 日，在美国"密苏里"号战列舰上举行了日本投降签字仪式。11
月 30 日，日本帝国海军正式宣布解散。曾以海洋为舞台在近代兴起的日
本帝国就此彻底覆灭。

第十一章

二战后日本的海洋战略

　　二战后，日本海洋战略的实施在时间上大致可分为冷战时期和冷战后两个阶段。冷战时期，日本海洋战略从服务于巩固日美同盟、共同遏制社会主义阵营的总体战略安排出发，不断强化对海洋国家身份的认知，集中于确保日本海上安全，总体上是防御性战略。冷战结束后，日本与周边国家在海洋领土主权问题上的争端和摩擦有增无减，而日本政治右倾化又为海洋战略提出了服务于实现"正常国家"的要求，这就使得冷战后的日本海洋战略呈现出进攻性、扩张性、军事性的危险倾向。

第一节　冷战时期日本海洋战略的酝酿与实施

一　战后初期吉田茂的"海洋国家"发展战略

（一）日本"海洋国家"的身份定位

　　第二次世界大战后，日本深刻反思在战争中追随德国这样的大陆强国的错误做法，并将自己定位为英美这样的海洋国家，其中最有代表性的政治家就是吉田茂。在日本战败前，作为职业外交官的吉田茂是日本少有的具有国际视野的政治家，并曾因反对同德国缔结《反共产国际协定》进而与英美为敌而被日本军方仇视。在长期赋闲后，吉田茂于1946年受命组阁，成为二战后日本首位对"海洋国家"身份定位与"海洋立国"发展战略进行政策宣示的首相。吉田茂对日本"海洋国家"身份的定位，反映了日本政界在战败后对国家命运和发展方向的深刻反思。在吉田茂看来，"日本是个海洋国家，必须通过海外贸易养活九千万国民。所以，日本必然最重视在通商关系上与经济上最富裕、技术上最先进且历史上关系最为密切的英美两国之间的关系"。他认为，战后日本外交深受日美关系影响，这不仅是事实，而且是日本的必然选择。吉田茂特别强调日美关系的重要性，认为战后日本外交的根本基调是对美亲善，这不仅是日本国家发展战略的大原则，而且是增进日本国民福利最简便且行之有效的捷径，今后不会改变，也不应该改变。[①] 一言以蔽之，吉田茂的海洋国家发展战略就是在日美同盟的政治框架下为日本的贸易立国、经济优先的基本国策服务。

战后初期，吉田茂选择了以经济中心主义政策和追随美国的外交战略为主体的"吉田路线"作为重建日本的国家发展战略，他奉行"拒绝重整军备，全力投入经济建设"的政策以推动日本回归国际社会。为此，吉田茂在外交上唯美国马首是瞻，追随美国在国际政治中的立场，以日本放弃外交自主权为代价换取美国的军事保护。同时，吉田茂政府借助和平宪法和公众反对再军备的民意支持，拒绝美国提出日本重新军事化以协助华盛顿对抗"共产主义扩张"的要求，并对日本重整军备和发展国防工业实行严格的自我限制，重申将"专守防卫"作为日本国防政策的核心理念。[②]

吉田茂的"海洋国家"发展观确定了战后日本国家发展战略的基调。冷战时期，日本政府根据吉田茂的海洋观从当时东西方对峙的国际大背景出发，将美苏抗衡解读为海权国家与陆权国家的全球性对抗，并在此基础上提出了依靠美国的海权来保障日本的国家发展与海上安全的战略构想。

根据这一构想，日本政府"海洋国家"的发展与安全保障战略的内容如下。第一，将世界战略力量划分为"大陆国家群"和"海洋国家群"两大势力圈。日本政府认为，在"大陆国家群"与"海洋国家群"的竞争中，海洋国家始终占据着战略优势地位。日本作为海洋国家，"对海洋具有极高的依存度，利用海洋可实现繁荣，离开海洋则难以生存。其中海上交通是事关国家生死的生命线"。因此，"对于日本这样的海洋国家而言，只有与海洋国家合作才是明智的"。第二，在承认日本安全政策依赖于美国制海权的前提下，强调"自主防卫"应与日美安保合作相结合。战后，美国拥有压倒性的制海权优势。日本虽然不拥有制海权，

---

① 吉田茂：『回想十年』（一），東京：中公文庫，1998 年，第 25—34 页。
② Richard J. Samuels，"Japan's Goldilocks Strategy"，*The Washington Quarterly*，Vol. 29，No. 4，2006，p. 113.

却能依靠"美国制海权强有力的保护"所提供的安全推行"海洋立国"的基本国策。第三,强调日本应发展独立的海上力量从而形成与美国海军的力量互补,达成美国"全球性海权"与日本"地区性海权"合作,以此确保两国海洋上空、水面、水下的安全。[1]

在"海洋国家"发展战略的指导下,凭借地缘优势,日本在经济上实现了崛起。伴随世界经济的发展,"海洋国家"发展战略与经济一体化潮流相融合,引申出以海洋为牵引,以经济文化交融为支撑的区域构想,即"环太平洋构想"。该战略设想由日本首相大平正芳提出,后被铃木内阁、中曾根内阁所继承,铃木善信提出"太平洋团结设想"、中曾根康弘提出"太平洋经济文化圈"。无论哪种提法,强化日美同盟,强调作为"西方一员"的身份都是核心要义。如中曾根所述,"从地理政治学的角度来看,日本是个海洋国家……明治维新后的日本,当不同美、英保持稳定友好关系的时候,就一再遭到失败"。[2] 铃木主张日美建立起不可动摇的关系,与有关国家合作,使太平洋成为"自由、互惠、开放"之海。上述日本政治家们构想的海洋区域涵盖东北亚的日本与韩国、东盟各国、大洋洲的澳大利亚与新西兰、美洲的美国与加拿大及中南美各国等,但不包括中国等国家,反映了日本有意识地排除亚洲大陆国家,以海洋为纽带拓展、构建海洋区域合作的战略意图。

总体而言,战后至今,日本的海洋战略仍然在不断调整和发展之中,但它的一个方向是确立日本的"海洋国家"身份,以及强化日本民众的海洋意识,确立日本面向海洋发展的基本方针,并随之在这一基础上形成了强化日美同盟、谋求构建多边海洋联盟的对外战略。

(二)"贸易立国"战略的实践与经济奇迹

日本在二战中的战败使得它自明治维新以来所推行的扩张战略彻底破产,而战后第三次工业革命的深入推进、全球化程度的不断加深使得日本可以方便地从国际市场获取它所需的任何资源,这些都是战前日本

---

① 海空技術調査会編『海洋国日本の防衛』,東京:原書房,1972 年,第 26—36 頁;自民党安全保障調査会編『日本の安全と防衛』,東京:原書房(印刷),1966 年,第 806 頁。

② 〔日〕中曾根康弘:《新的保守理论》,金苏城、张和平译,世界知识出版社,1984 年,第 134—136 页。

通过武力扩张而无法得到的海洋发展空间和历史机遇。

在战后美国主导的世界经济体系中，日本可谓如鱼得水。战败后的日本按照吉田茂的亲英美思想，主动融入这个开放的西方世界，彻底摒弃了战前同西方对立的"亚洲地区霸权"思维。日本是一个国土狭小、资源贫瘠、人口密集的岛国，而日本人长期的储蓄习惯又使得日本国内市场非常有限，充分利用日本直面太平洋、良港众多的优势推行"贸易立国"战略就成为战后初期日本政府的必然选择。1952 年，日本加入国际货币基金组织（International Monetary Fund，IMF）和国际复兴开发银行（International Bank for Reconstruction and Development，IBRD），1955 年又加入关贸总协定（General Agreement on Tariffs and Trade，GATT）。1954 年，日本政府设立了日本贸易振兴会，专门负责推进对外贸易，协调日本的对外贸易活动。日本政府的这一系列举措大大推动了日本外贸的发展。据统计，1955—1973 年，即日本经济增长的黄金期内，日本对外贸易增加了 15.8 倍，年均增幅高达 16%。[①] 1971 年，日本超过英国，成为仅次于美国和联邦德国的世界第三大出口国。1974 年，日本成为世界第三大进口国。[②] 到 20 世纪 80 年代，日本已成为世界第二大贸易国家。

从 1946 年开始，在美国的大力援助下，因二战而凋敝的日本经济很快得以复苏。1955—1972 年，日本经济进入高速增长期，特别是经历了神武景气（1954 年 11 月至 1958 年 6 月）、岩户景气（1959 年 4 月至 1962 年 11 月）和伊奘诺景气（1965 年 11 月至 1970 年 7 月）三次高峰。1966 年以后的五年间，日本经济增长率达到 12.1%，远远超过美国（3.1%）、联邦德国（4.7%）、法国（5.8%）和英国（2.2%）。到 1968 年，日本就已超过联邦德国，成为仅次于美国的资本主义世界第二大经济强国。[③] 1960—1980 年，日本经济增长了 3.86 倍，年平均增长率达 8.2%，其他主要经济强国年均增长率则都在 5%以下。同时，日本与美国的经济差距也在迅速缩小。1960 年，日本国民生产总值约为美国的 9%，到 1979 年则已达

---

① 强永昌：《战后日本贸易发展的政策与制度研究》，复旦大学出版社，2001 年，第 25 页。

② 陈秀容：《地缘因素在日本对外经贸发展过程中的作用初探》，《世界地理研究》1999 年第 2 期，第 19 页。

③ 〔日〕小林义雄：《战后日本经济史》，孙汉超、马雷君译，商务印书馆，1985 年，第 164 页。

到 43%。① 80 年代初，日本从"贸易立国"转向"投资立国"，对海外市场的依存度进一步加深。1990 年，日本成为世界第一大对外直接投资国。此外，日本还在 1949 年超过英国成为世界第一造船大国，在 1967 年成为世界第一水产大国。由此可见，海洋在战后日本经济生活中占据了绝对重要的地位。

二　冷战背景下日本重建海上防卫力量

在美国的大力支持下，日本加快了重新武装的步伐。1952 年 8 月 1 日，日本保安厅正式成立，负责统一管理日本的武装力量，实际上成为日本的国防部。日本首相吉田茂亲自兼任保安厅首任长官。日本海上警备队归属保安厅管辖，其职责由原来的"保护海上人员和财产的安全并维持治安"改为"维护我国的和平与秩序，保护生命及财产安全"。日本海上警备队成立之初，主要职责是清除日本内海及周边航线在战时布设的水雷。1952 年 11 月 12 日，美日签订了《日美船舶借贷协定》。根据该协定，美方租借给日方 68 艘舰艇，包括 18 艘巡逻护卫舰、50 艘大型登陆支援艇，租借期为 5 年。日本从 1953 年开始自主建造船舶，包括甲型、乙型警备船和补给工作船等。②

1954 年 7 月 1 日，日本开始施行《防卫厅设置法》和《自卫队法》，防卫厅由此正式成立，取代保安厅履行防务职责，并随之设立了陆上、海上和航空三支自卫队。1954 年 3 月和 5 月，日美分别签订了《日美共同防卫援助协定》和《日美舰艇借贷协定》，日本向美军租借了驱逐舰和潜艇等小型舰艇。③ 此后，日本政府颁布了多个防卫力量整备计划，通过向美国购买和自主研发装备等方式不断扩充海上自卫队的规模，提高其技术水平。

1957 年 5 月 20 日，岸信介内阁召开第一次国防会议，审议并经内阁会议讨论最终通过了《国防基本方针》（以下简称"方针"），从而迈出了战后日本"重新建立有效的防卫力量及其体制"最关键的一步。"方

---

① 〔日〕小林义雄：《战后日本经济史》，孙汉超、马雷君译，商务印书馆，1985 年，第 170 页。
② 〔日〕藤原彰：《日本军事史》，张冬等译，解放军出版社，2015 年，第 233—236 页。
③ 〔日〕藤原彰：《日本军事史》，张冬等译，解放军出版社，2015 年，第 248—250 页。

针"明确规定，日本国防的目的是"防范直接及间接的侵略于未然，并在一旦遭到侵略之际立即予以排除，以保卫以民主主义为基调之我国的独立与和平"。"方针"的具体内容主要有四点：第一，支持联合国的行动，谋求国际协作以求实现世界和平；第二，稳定民生，弘扬爱国心，确立保障国家安全所必需的基础；第三，根据国情与国力在自卫所必要的限度内渐进地发展有效的防卫力量；第四，针对外部侵略，基于与美国之间的安全保障体制予以因应，直至将来联合国能够有效地发挥制止侵略的机能时为止。[1]

为了落实《国防基本方针》，1957年6月14日，岸信介主持国防会议通过了"有关防卫力量配置目标"的文件。该文件经过内阁会议确认后，形成了《第1次防卫力量配置计划》（以下简称"1次防"）。"1次防"以1958—1960年的三年为期，以配置基干防卫力量为目的，强调在驻日美军陆上部队规模急剧缩小的情况下，日本自卫队必须迅速配备包括海空防卫力量在内的基干防卫力量，以填补美军撤出留下的空白。为此，确定以下方针：

第一，确定自卫队的兵力配置。规定陆上自卫队总兵力为18万人，自卫队预备军官为1.5万人。海上自卫队舰艇总吨位为12.4万吨，配备飞机约200架，并谋求逐步实现以国产飞机取代美制飞机。航空自卫队所属作战飞机约1300架，组建33个飞行中队，并在中止业已落后的F-86喷气式战斗机的授权生产的同时，继续研究国产空对空导弹及向自卫队提供可供实战的导弹。

第二，明确所投入的国防经费预算。规定最初的预算总额为3年投入4614亿日元。[2]

第三，部队的新编与改编。规定陆上自卫队新组建第7混成团、第10混成团、第1空降团和富士教导团。海上自卫队新组建第3护卫舰队群。航空自卫队将航空集团改编为航空总队。

---

① 岸信介内阁：「国防の基本方针」，防衛庁编『防衛白書』（昭和62年版），東京：大蔵省印刷局，1987年，第84頁。
② 草地貞吾、坂口義弘编著『自衛隊史』（第1卷 日本防衛の步みと進路），東京：日本防衛調查協会，1984年，第231頁。

　　第四，武器装备研发应注意事项。首先，关于目前各种新式武器的研发应在自卫所必要的限度内，倾注全力推进研发，谋求在重要装备物品上渐次获得改善；其次，就装备的配置、舰艇及飞机除了一部分由国内生产之外，所余部分在很大程度上仍由美国提供；再次，该目标的实施应与内外形势的发展保持同步，随时进行再检讨，特别是应顺应科技发展的趋势，谋求促进新式武器的研究开发、列装及装备的更新换代，以实现防卫力量的充实；最后，为达成上述目标，必须经常注意不要妨碍经济的稳定，尤其是根据年度预算的增长趋势，在斟酌财政状况的基础上充分考虑（武器装备研发）与稳定民生的各项政策之间的均衡关系并进行弹性决策。此外，必须讲求发展防卫产业所必需的政策措施，使之与防卫力量相适应。①

　　吉田茂和岸信介政府利用有利的冷战国际形势，加快了日本重新武装的步伐。这两届日本政府在美日安保体制下暗度陈仓，重新组建了作为国家海权力量基础的海上自卫队，并赋予其特殊使命，从而为其后的日本历届政府发展海上武装力量，甚至谋求突破战后和平体制约束铺平了道路。

三　再军备的加速与海空力量的强化

（一）佐藤内阁提出的"3次防"计划

　　1966 年 11 月 29 日，佐藤荣作内阁出台了 1967—1971 年的五年防卫计划，即《第 3 次防卫力量配置计划》（以下简称"3 次防"），该计划由《第 3 次防卫力量配置计划大纲》《第 3 次防卫力量配置计划的主要项目》《第 3 次防卫力量配置计划所需的相关经费》三个部分组成。"3次防"明确规定，日本面临（敌方）使用常规武器的局部战争形势之下的侵略事态，以所必须采取最有效的因应方式为目标，并为达成该目标而以现有的防卫力量为基础，考虑到国内外的形势、国力的增强及国际地位的提高等因素，谋求充实陆海空自卫队。同时，积极提高自卫队员

---

① 　国防会議・閣議：「第 1 次防衛力整備計画（1 次防）」，朝雲新聞社編集局編著『防衛ハンドブック』（平成 23 年版），東京：朝雲新聞社，2011 年，第 91 頁。

的士气，努力组建精锐部队并推进技术研究与开发，实现装备的国产化以巩固防卫基础。为此，必须注意 5 点：（1）高度重视加强对日本周边海域的防卫能力，以及重要地区的防空能力，并强化各种机动（防卫）能力；（2）推进陆海空自卫队有机合作体制的建设；（3）确保防卫所需的兵力，提高自卫队士气和训练强度，在积极推进改善自卫队待遇等各项人事政策的同时充实教育训练体制；（4）强化保障弹药供给的后勤体制，确保自卫队在面临所谓的"有事状态"之下能够快速高效地处置紧急状况；（5）加强宣传，推进在民生合作领域的政策措施。

根据"3 次防"，日本自卫队要达成的主要配置目标如下：

第一，陆上自卫队的主要配置目标：陆上自卫队总兵力编制为 18 万人，为提高自卫队的机动作战能力和防空能力，要强化直升机、装甲车及地空导弹部队，并更新坦克及反坦克武器的配置。

第二，海上自卫队的主要配置目标：为提高海上自卫队对日本周边海域的防卫能力，确保海上交通线的安全，增强护卫舰、潜艇等各型舰艇配置，在谋求武器装备现代化的同时，装备新型固定翼反潜巡逻机和海上巡逻机。

第三，航空自卫队的主要配置目标：为强化对重要地区的防空能力，应增强地对空导弹部队，积极研发新型战斗机，同时实现防空警戒及管制体制的现代化。

第四，技术研发的主要配置目标：加快高级教练机、预警机、运输机等各型战机，短程地对空导弹等各型导弹，以及其他各种装备器材的研发，强化技术研发体制。①

1967 年 3 月 13 日和 14 日，日本国防会议和内阁会议分别通过了《第 3 次防卫力量配置计划的主要项目》，在 1966 年 11 月 29 日佐藤内阁决定的《第 3 次防卫力量配置计划大纲》基础上编列了"3 次防"计划

---

①　佐藤栄作内閣：「第 3 次防衛力整備計画（3 次防）」，朝雲新聞社編集局編著『防衛ハンドブック』（平成 23 年版），東京：朝雲新聞社，2011 年，第 93 頁；「第 3 次防衛力整備計画（3 次防）」，https：//www. asagumo-news. com/hbdl/bouei/1-4jibou/3ji-bou. pdf。

实施防卫力量配置的主要项目。

　　第一，强化海上防卫力量。致力于强化沿岸、海峡等周边海域的防卫能力，同时提高维护海上交通安全的能力。为此，决定建造56艘舰艇，包括14艘装备舰对空导弹及搭载直升机的护卫舰和5艘潜艇，总吨位4.8万吨。装备固定翼反潜巡逻机60架、反潜直升机33架。

　　第二，强化防空能力。分别组建两支各装备"霍克"地对空导弹和"奈基-1"型导弹的部队，并计划在此基础上分别再编成一支部队。实现"霍克"和"奈基-1"型导弹的国产化。尽快确定新型战斗机的研发计划。

　　第三，增强地面防卫力量。为提高陆上自卫队的机动作战能力，在装备83架直升机和约160辆装甲运输车之外，另增购10架大型运输机，升级280辆坦克。增加8500名陆上自卫官。

　　第四，加强教育训练体制、抢险救灾体制等战备体制。装备55架用于训练、抢险救灾的各型飞机，以及总吨位为5000吨的4艘训练支援舰。在超音速高级教练机实现国产化的同时，采取必要措施完成对驾驶员的教育培训。

　　第五，所需经费投入。为实施"3次防"计划，5年间要投入的经费总额为2兆3400亿日元，上下增减幅度预计为250亿日元。①

　　可以说，"3次防"进一步落实了岸信介内阁制定的"国防基本方针"的精神，强调"我国的国防将基于《国防基本方针》（1957年5月20日内阁会议决定）确立同近邻各国的友好合作关系，通过奉行谋求缓和国际紧张局势的外交政策及推动经济、社会发展等国家安全保障所必需的各项内政措施，同时以日美安全保障体制为基调，配置有效的防卫力量并以此作为遏制侵略的工具，捍卫我国基于民主

---

　　① 国防会議・閣議：「第3次防衛力整備計画（3次防）」，朝雲新聞社編集局編著『防衛ハンドブック』（平成23年版），東京：朝雲新聞社，2011年，第93頁；「第3次防衛力整備計画（3次防）」，https://www.asagumo-news.com/hbdl/bouei/1-4jibou/3ji-bou.pdf。

主义的独立与和平"。①

（二）20 世纪 70 年代的 "4 次防" 计划

20 世纪 70 年代，日本经过 20 年的经济高速增长进而跃居为资本主义世界仅次于美国的第二号经济强国。在雄厚的经济实力支撑下，日本谋求由经济大国向政治大国转变，发展军事力量成为实现政治大国目标的重要切入点。另外，美国因为越南战争元气大伤，美国国内指责日本在安全问题上 "搭便车" 的批评声不绝于耳。美国对日本采取的 "美方为矛，日方为盾" 的合作态势强烈不满，要求日本在美日防务合作中做出更大的贡献。② 为此，日本政府对防卫战略进行了两次渐进式调整，即由 "专守防卫" 向 "积极防御" 再到 "前方阻止" 转变。

1976 年三木武夫内阁制定的《防卫计划大纲》与 1978 年发表的《日美防卫合作指针》开启了日本战后防卫战略的首次调整。通过这次调整，战后日本 "专守防卫" 的战略开始发生显著变化，具体可以概括为 4 点：第一，确立了质量建军的原则。将军事力量发展置于经济实力增强的国家利益基础之上，从而迈出了战后日本防卫战略重构中 "策略化再军备" 的第一步。第二，扩大了防卫范围。将防御对象从近海扩大到了日本周边公海和海上交通线。第三，作战指导思想发生改变。由消极被动防御转向积极主动防御，开始强调 "遏制战略" 与 "防患于未然"。第四，日美同盟性质开始发生变化。日美同盟逐渐由政治性的框架体系转变为具有实际可操作性的军事合作体制，这标志着日美双边军事合作体制的形成。③ 1976 年的《防卫计划大纲》与 1978 年的《日美防卫合作指针》的出台不仅赋予了《日美安保条约》以军事同盟的色彩，而

---

① 国防会議・閣議：「第 3 次防衛力整備計画（3 次防）」，朝雲新聞社編集局編著『防衛ハンドブック』（平成 23 年版），東京：朝雲新聞社，2011 年，第 93 頁；「第 3 次防衛力整備計画（3 次防）」，https://www.asagumo-news.com/hbdl/bouei/1－4jibou/3ji-bou.pdf。

② 村田晃嗣：「防衛政策の展開—『ガイドライン』の策定を中心に—」，日本政治学会編『危機の日本外交——70 年代』（日本政治学会年報・1997 年度），東京：岩波書店，1997 年，第 91 頁。

③ 国防会議・閣議：「昭和 52 年度以降に係る防衛計画の大綱について（国防会議・閣議決定——昭和 52 年 10 月 29 日）」，朝雲新聞社編集局編著『防衛ハンドブック』（平成 21 年版），東京：朝雲新聞社，2009 年，第 18 頁。

且也标志着日本加快了加强军事建设的步伐。

1972 年 2 月 7 日和 8 日，日本国防会议和内阁会议分别通过了《第 4 次防卫力量配置五年计划》（以下简称"4 次防"）。"4 次防"由《第 4 次防卫力量配置五年计划大纲》《第 4 次防卫力量配置五年计划的主要项目》《第 4 次防卫力量配置五年计划制订之际的形势判断及防卫构想》等 3 部分组成。"4 次防"是在继承"3 次防"基本思想的基础上制订的，因此其配置方针与"3 次防"大致相同。不过，"4 次防"更为强调加速实现老旧装备的更新换代，以与"3 次防"同等的置办进度充实装备，强化周边海域的防卫能力，推进加快与民生合作的各项政策措施，并以上述要求为主要着眼点制订防卫力量配置计划。"4 次防"在"3 次防"的基础上在质和量两个方面提出了更高的要求。①

《第 4 次防卫力量配置计划》在制订之时，执政的自民党受到美国向日本返还冲绳及《日美安保条约》进入稳固阶段等因素的影响，内部开始出现"自主防卫"的声音。这种"自主防卫"论的代表人物是在二战中的日本海军少佐，于 1970 年 1 月出任防卫厅长官、后任首相的中曾根康弘。中曾根就任防卫厅长官后即发出指示，责成有关方面对事务局在前一年夏天就已完成的防卫白皮书草案进行修改，体现出他寻求转变日本防卫政策的意图。中曾根的"自主防卫"论并不是要废除《日美安保条约》，而是旨在构筑北约式的防卫同盟体制。1970 年 9 月，中曾根在访美期间发表演说，正式向外界宣布日本政府正在就总额高达 160 亿美元的下一期新防卫计划展开讨论。1971 年 4 月，日本政府发表了《第 4 次防卫力量配置计划大纲》，其中最引人注目的是总额高达 5 兆 8000 亿日元的防卫预算，该预算使得防卫经费居世界第 12 位的日本一举跃至世界第 6 位。该计划从制订伊始就强烈反映出中曾根积极谋求"自主防卫"的思想。②

同"3 次防"一样，"4 次防"还详细阐释了陆海空自卫队及技术研发等相关领域所要达成的主要配置目标。

第一，陆上自卫队的主要配置目标：陆上自卫队总兵力编制为

---

① 黒川雄三：『近代日本の軍事戦略概史：明治から昭和・平成まで』，東京：芙蓉書房出版，2003 年，第 251 頁。

② 広瀬克哉：『官僚と軍人：文民統制の限界』，東京：岩波書店，1989 年，第 137 頁。

18 万人，为提高自卫队的机动能力及火力，在装备坦克、装甲车、自行火炮、直升机等武器的同时，应加强地空导弹部队，以增强防空能力。

第二，海上自卫队的主要配置目标：增购护卫舰、潜艇等各型舰艇，装备新型固定翼反潜巡逻机和海上巡逻机。

第三，航空自卫队的主要配置目标：为增强重要地区的防空能力，在装备地对空导弹和主力战斗机的同时，要着重提高警戒管制能力，以实现防空作战的现代化。此外，要采购全新机型的侦察机、高级教练机、运输机等，推进航空自卫队的现代化。

第四，推进导弹、电子武器、反潜警戒与早期预警飞机等武器装备的研发，完善研究开发体制。①

1972 年 10 月 9 日，《第 4 次防卫力量配置五年计划制订之际的形势判断及防卫构想》及主要项目经审议后获得通过。"4 次防"认为，当前的国际形势正在从东西方严重对立的紧张时期走出来，整体趋于缓和。国际格局呈现向多极化发展的趋势。中美、美苏关系有所缓和，东西方在欧洲的谈判获得进展。在亚洲，朝鲜半岛正在展开政治对话，中日邦交正常化对于缓和亚洲紧张局势也发挥了积极作用。不过，在亚洲地区，中、美、苏三大国的利益仍旧复杂地交织在一起，仍无法看到实现地区整体稳定以及使紧张局势得到根本性缓和的可能。而且，亚洲各国间也依然存在着各种错综复杂的矛盾。尽管爆发全面战争的可能性在减小，但不能排除爆发地区性武装冲突的可能。②

田中内阁提出了相应的防卫构想："我国防卫在坚持日美安保体制、维持我国自身有效的防卫能力以防范侵略于未然的基础上，应依靠美国的核抑制力来应对核武器的威胁。在爆发战争的情况下，针对间接侵略及小规模的直接侵略，我国将以自己独立的力量加以因应。而在应对超

---

① 防衛庁：『日本の防衛』（昭和 51 年版），東京：大蔵省印刷局，1976 年，第 98—112 頁；「第 4 次防衛力整備計画」，https://www.asagumo-news.com/hbdl/bouei/1-4jibou/4ji-bou.pdf。

② 「第 4 次防衛力整備計画」，https://www.asagumo-news.com/hbdl/bouei/1-4jibou/4ji-bou.pdf。

越上述界限的大规模武力侵略时，将在美国的援助下予以排除。"① 田中内阁在佐藤内阁决定的《第4次防卫力量配置五年计划大纲》的基础上，对"4次防"计划实施的主要项目做出了如下规定。

第一，陆上自卫队防卫力量配置：装备坦克280辆（其中新型坦克160辆）、自行火炮90门，另购置包括154架直升机在内的159架飞机，新增3个"霍克"地对空导弹群。

第二，海上自卫队防卫力量配置：建造各型舰艇54艘，共6.96万吨，包括13艘护卫舰、5艘潜艇和1艘补给舰等。装备各型飞机92架，其中有87架反潜作战飞机。

第三，航空自卫队防卫力量配置：新增2个"奈基"-J型地对空导弹作战群，准备新编成1个"奈基"-J型地对空导弹作战群，装备46架F-4EJ战斗机。

第四，推进各种电子武器的研发。装备55架用于训练、抢险救灾的飞机和总吨位为5000吨的4艘训练支援舰。实现超音速高级教练机的国内研发，完成对驾驶员的教育培训。

第五，所需经费投入：为实施《第4次防卫力量配置计划》，预计5年间要投入防卫经费4兆6300亿日元。②

1975年12月30日，日本国防会议通过了重新修订"4次防"主要项目的文件《第4次防卫力量配置五年计划的主要项目之处理》，根据最新财政经济状况对《第4次防卫力量配置五年计划的主要项目》进行修改，重新规定了陆海空自卫队防卫力量配置的主要项目，其具体内容如下。

第一，陆上自卫队的相关配备项目：74式主战坦克31辆，73式装甲车60辆，自行火炮70门，作战飞机（直升机）18架。

---

① 「第4次防衛力整備計画」，https://www.asagumo-news.com/hbdl/bouei/1-4jibou/4ji-bou.pdf。
② 草地貞吾、坂口義弘編著『自衛隊史』（第1卷 日本防衛の步みと進路），東京：日本防衛調查協会，1984年，第227頁、231頁；「第4次防衛力整備計画」，https://www.asagumo-news.com/hbdl/bouei/1-4jibou/4ji-bou.pdf。

第二，海上自卫队的相关配置项目：建造各型舰艇 17 艘，总吨位约 2.13 万吨。其中，护卫舰 5 艘（含 1 艘装备舰对舰导弹的护卫舰），潜艇 2 艘，其他舰艇 10 艘。作战飞机 17 架（含反潜作战飞机 15 架）。

第三，航空自卫队的相关配置项目：新增 1 个"奈基"-J 型地对空导弹作战群，装备 42 架 FS-T2 型支援战斗机。①

1978 年 4 月，日本防卫厅开始制订首个《昭和五三年度中期防卫业务预算》（以下简称"五三中业"）。1979 年 7 月 17 日，这份预算草案经防卫厅长官山下元利批准后作为防卫厅从 1980 年 4 月至 1984 年 3 月的内部计划下发实施。"五三中业"重新审视了防空、反潜、水际防卫、电子战、持续作战能力、抗打击能力（生存能力）等此前受到忽视的科目的重要性，为其安排了 18 兆 4000 亿日元的经费预算。② 加强海空防卫作战力量成为"五三中业"的重点内容。根据该预算案，海上自卫队将冲绳航空队改编为第五航空群，设置 4 个护卫舰群、10 个反潜水面舰艇部队，计划建造 39 艘舰艇，包括 16 艘护卫舰和 5 艘潜艇，配备反潜巡逻机 37 架、反潜直升机 51 架、扫雷直升机 6 架。航空自卫队在继续更新"奈基"-J 型地对空导弹系统的同时，提出装备战斗机 77 架、早期预警机 4 架、支援战斗机 13 架和运输机 12 架。③

四　新一轮冷战高潮下的日本海洋战略

20 世纪 80 年代初，随着苏联入侵阿富汗和对苏持强硬态度的美国总统里根上台，东西方阵营掀起了新一轮冷战高潮，美苏关系持续高度紧张。美国从对苏战略出发，要求日本对维护西方阵营海上交通线方面做出更大贡献，日本对此予以积极回应。1980 年，日本自民党安保调查委员会委员长三原朝雄在纪念《日美安保条约》签订 20 周年的研讨会上

---

① 第 1 次田中角荣内阁：「第 4 次防衛力整備計画（4 次防）」，朝雲新聞社編集局編著『防衛ハンドブック』（平成 23 年版），東京：朝雲新聞社，2011 年，第 95 頁。

② 黒川雄三：『近代日本の軍事戦略概史：明治から昭和・平成まで』，東京：芙蓉書房，2003 年，第 272 頁。

③ 日本防衛庁作成：「五三中業」，朝雲新聞社編集局編著『防衛ハンドブック』（平成 22 年版），東京：朝雲新聞社，2011 年，第 83 頁。

发言时表示，日本愿意分担美国在亚太地区的防务责任。他指出，苏联入侵阿富汗后，驻日美国第七舰队为确保波斯湾的安全而分兵印度洋，这就要求西太平洋各国分担该地区的防卫责任。在东北亚地区，只有日本具备协助美国防卫如此广大地区的潜在能力。因此，日本必须正视"一个基本事实，即这已经超出了日本列岛防卫的框架，而形成了以亚洲及太平洋地区的整体安全为核心并进一步扩大安全防卫责任的立场"。[①]

　　日本以此轮冷战为契机对"专守防卫"战略进行了第二次调整。1981 年 5 月，日本首相铃木善幸在访美期间将日美关系公开定义为军事同盟，并提出日本将作为西方阵营中的一员积极承担起西太平洋地区的防务责任，不仅要强化本国领海及周边海空领域的防卫，而且应主动承担起确保 1000 海里交通线安全的责任。[②] 中曾根康弘上台后，从"战后政治总决算"，即实现日本政治大国化的目标出发大力调整日本的外交及防卫政策。中曾根在外交上主张日美关系是外交基轴，同时强调日美是平等的伙伴，要求平等互利解决日美经济摩擦等问题。在防卫问题上，中曾根重视与美国的全球战略保持步调一致，积极参与里根政府的"战略防御计划"（Strategic Defense Initiative，SDI，即通称的"星球大战计划"，Star Wars Program）。中曾根内阁主张 1000 海里防卫权，计划战时使用日本海上自卫队，配合美军围堵苏联太平洋舰队，提升日本自卫队的防空与反潜能力。[③]

　　中曾根康弘上台之后，20 世纪 70 年代石油危机的巨大冲击、海洋国家的发展取向与综合安全保障政策的确立成为日本国家发展战略中三位一体的有机组成。中曾根从其曾任防卫厅长官的经验出发，在铃木内阁海洋政策的基础上推出了综合安全保障政策，并将积极防卫海上通道安全作为实施综合安全保障政策的重要内容。

---

① 加瀬英明ほか編『日米同盟今後の二十年』，東京：自由社，1981 年，第 73 頁。

② 西原正、土山實男編『日米同盟 Q&A100：全貌をこの 1 冊で明らかにする』，東京：亜紀書房，1998 年，第 195 頁；John F. Braford，"Japanese Anti-Piracy Initiatives in Southeast Asia：Policy Formulation and the Coastal State Responses"，*Contemporary Southeast Asia*，Vol. 26，No. 3，2004，p. 485。

③ Sueo Sudo，*Southeast Asia in Japanese Security Policy*，Singapore：Institute of Southeast Asia Studies，1991，pp. 14-16；高橋典幸、山田邦明、保谷徹一ノ瀬俊也：『日本軍事史』，東京：吉川弘文館，2006 年，第 410 頁。

中曾根内阁的综合安全保障政策强调在日美安保体制的框架内发展自主防卫力量，并提出"海洋型列岛防卫"战略的构想，强调将日本防卫政策的重心从保卫本土安全的"专守防卫"扩展到"海上歼敌"，以实现"在海上主动迎击来犯之敌"。同时，中曾根内阁将海上自卫队的活动范围从日本领海扩展到西太平洋，以协助美国遏制苏联并消除对日本海上交通线的潜在威胁。中曾根内阁明确将日美安全合作界定为坚持"海洋型列岛防卫"战略的基础，强调在日美安全合作中美国发挥矛的作用，担负着攻击性的使命，而日本则发挥盾的作用，担负起防卫性的使命。1983 年 1 月，中曾根访美时多次表示要进一步扩大日本作为美国盟国所应承担的义务和责任。他在接受《华盛顿邮报》记者采访时抛出了"日本是不沉的航空母舰""海峡封锁作战"等言论，宣称"日本列岛及本土应该如同不沉的航空母舰一样成为防御苏联'逆火'式轰炸机的坚强堡垒"。他还强调，防御苏联"逆火"式轰炸机的侵扰只是日本海洋战略的第一项目标，第二项目标在于完全控制日本周边的四个海峡，以此阻止苏联海军进出大洋。第三项目标是维护海上交通线的安全。为此，日本应将海上防卫网延长到数百海里，以确保关岛—东京、台湾海峡—大阪的海上交通线的安全。[①] 如此一来，中曾根内阁就在美日同盟的框架下为"海洋型列岛防卫"战略构建出具体的政策安排："在沿海周围数百海里、在海路航线一千海里的海域内，在自卫的范围内建设一支海上防卫力量。"[②] 1983 年版的日本防卫白皮书中提出了"前方阻止"战略，强调通过"洋上阻止""海上歼敌"的作战方式在尽可能远离本国领土的地区歼灭来犯之敌，并保卫 1000 海里海上交通线。

1981 年 4 月 28 日，日本防卫厅长官栗原祐幸指示防卫厅相关事务部门就防卫的主要业务进行预测与评估，并制订出关于防卫经费预算的详尽计划，即《昭和五六年度中期防卫业务预算》（以下简称"五六中业"）。"五六中业"强调应根据防卫大纲所确定的"防卫构想"，从"防卫态势"与"陆上、海上及航空三个自卫队的体制"的质和量两个

---

① 〔日〕藤原彰：《日本军事史》，张冬等译，解放军出版社，2015 年，第 337 页。
② 〔日〕斋藤荣三郎：《中曾根首相的思想与行动》，共工译，商务印书馆，1984 年，第 94 页。

方面配置防卫力量。① 其中，海上自卫队将列装 14 艘护卫舰、6 艘潜艇、50 架反潜巡逻机、63 架反潜直升机。航空自卫队将配置 F-15J 战斗机 75 架、F-1 支援战斗机 24 架、运输机 8 架、运输直升机 6 架、高级教练机 7 架以及地空导弹作战群 2.5 个。②

第二节　冷战后的日本海洋战略

一　日本"海洋国家"发展战略的延续

（一）后冷战时代日本防卫战略的转型

冷战结束后，美日同盟因为中国的崛起而得到了"再定义"。经过"再定义"之后的美日同盟事实上将中国列为主要的假想敌。③ 1994 年 11 月，美国助理国防部长、著名政治学者小约瑟夫·奈（Joseph Nye，Jr.）出访日本。他向村山内阁提交了一份美国调整对日政策并重新定义美日安保体制的备忘录。在这项被美国新闻界称为"奈建议"（Nye Initiative）的备忘录中，美方重申了日本在周边发生突发事态时应向美国提供配合，两国要共同应对中国的崛起，从而定下了美国以强化美日同盟为核心的 21 世纪亚太新战略的基调。④ 在这一背景下，日本安保体制逐渐由冷战时期的"防守型"转变为后冷战时代的"进攻型"。

从服务于成为政治大国的国家战略出发，日本政府从 20 世纪 90 年代中期开始对防卫战略进行了战后第三次亦即冷战后第一次重大调整，这一调整共分三步。

第一步是村山富市内阁于 1995 年 11 月 28 日通过了新《防卫计划大纲》。大纲进一步增加了日美安保体制在日本防卫战略中的比重，将强化

---

① 田村重信、佐藤正久编著『教科書·日本の防衛政策』，東京：芙蓉書房，2008 年，第 104 頁。

② 防衛庁：「五六中業」，朝雲新聞社編集局編著『防衛ハンドブック』（平成 23 年版），東京：朝雲新聞社，2011 年，第 87 頁。

③ 高橋典幸、山田邦明、保谷徹、一ノ瀬俊也：『日本軍事史』，東京：吉川弘文館，2006 年，第 413—414 頁。

④ Mike Mochizuki, ed., *Toward a True Alliance*: *Restructuring U. S. -Japan Security Relations*，Washington D. C.：Brookings Institution Press，1997，p. 12.

日美安保体制置于更为重要的地位，并在此基础上明确规定了日美两国在安全保障领域的具体合作事项。大纲扩大了与美国军事合作的范围，并规划了 2010 年以前日本自卫队的发展方向。[①]

第二步是桥本龙太郎内阁与美国政府于 1996 年 4 月 17 日共同发表了《面向 21 世纪的同盟——日美安全保障联合宣言》。该宣言根据冷战后国际形势的发展，对日美安保体制进行了"重新定义"。宣言将日美安保同盟的防卫范围由此前的"日本本土"扩展到整个亚太地区；将日美安保同盟的防卫对象由此前的主要针对北方改变为主要针对西南方向；将日美安保同盟的防卫方针由此前的"立足本土、专守防卫"修改为"面向亚太、积极防御"；将日本在日美安保体制中的地位和作用由此前的消极被动型调整为积极主动型，赋予日本在日美安保同盟中承担更多的防卫责任。日美两国对日美安保同盟的"重新定义"，为美国以日本为主要基地在亚太地区保持长期军事存在提供了依据。

冷战结束后，日本防卫部门研究认为，经济持续衰退的俄罗斯无力在远东保持高强度的军事存在，且俄罗斯急于同美国改善关系，其对日本的威胁在减小。不过，经济高速增长的中国则越来越应成为日本的首要假想敌和在海洋问题上的主要竞争对手。因此，日本将国家安保战略及从属的海洋安全战略的主要防范对象由苏联转向中国，防卫重点由来自北方的海上威胁调整为强化西南海域及周边岛屿的防御，其意图在于遏制中国走向海洋。[②]

第三步是日美安保协商委员会外长、防长"2+2"会议于 1997 年 9 月共同发表了新《日美防卫合作指针》（以下简称"新指针"）。"新指针"明确规划了日美两国"在平时""在日本遭到武装侵略时""在亚太地区发生紧急事态时"这 3 种情形下，日美两国军事合作的方式、程度、

---

① 安全保障会議・閣議決定：「平成 8 年度以降に係る防衛計画の大綱について（安全保障会議・閣議決定——平成 7 年 11 月 28 日）」，防衛庁編『日本の防衛：防衛白書』（平成 15 年版），東京：株式会社ぎょうせい，2003 年，第 325 頁。

② Naoko Sajima and Kyoichi Tachikawa, "Japanese Sea Power—A Maritime Nation's Struggle for Identity", The Sea Power Centre-Australia (SPC-A) Department of Defence, Oct 1, 2009, p. 73; Kentaro Nakajima, "Is Japanese Maritime Strategy Changing? An Analysis of the Takeshima/Dokdo Issue", *USJP Occasional Paper* 07 - 08, Program on U. S. -Japan Relations, 2007, p. 24; 防衛庁編『日本の防衛：防衛白書』（平成 16 年版），東京：国立印刷局，2004 年，第 62 頁。

范围及规模，实质上是日美两国针对亚太地区的联合军事作战计划。具体而言，"新指针"规定，在平时，日美两国在情报共享、政策磋商、联合国维和行动及联合救灾等领域进行相互支援和合作。在日本遭到武力进攻时，日本将承担首先采取行动以抵抗侵略的主要责任，美国采取适当的后续行动为日本提供必要的军事支持。"新指针"还规定，在所谓的"日本周边地区"出现情况时，美日军事合作包括加强情报收集与共享、政策协商、搜寻和救援行动、难民救济、平民撤退、实施经济制裁等项内容。日本向美国提供军用和民用机场和港口、后勤运输和医疗支助，供应除武器弹药外的物资和燃料以及提供通信保障、空中和海上侦察、排雷等支持。"新指针"还对"日本周边地区"的概念做出解释，强调"周边地区不是一个地理上的概念，而是根据事态的性质决定"。[①]

新《日美防卫合作指针》的颁行为美国军事介入亚太地区事务确立了基本框架。为落实"新指针"所规定的具体内容，日本政府随后陆续颁布了一系列法律法规。1999 年 5 月 24 日，小渊惠三内阁通过了《自卫队法修改案》《周边事态法案》《日美物资劳务相互提供协定修正案》。这 3 项法案授权自卫队在"日本周边地区"发生武装冲突时可以配合美军的作战行动，向美军提供除现场作战之外的一切支援；自卫队的舰艇和战机可以自由派出日本，搜救在国外的日本人，同时为美军伤病员提供医疗救护并搜寻美军失散人员；授权内阁要求地方政府和企业向美军提供各种后方援助等。[②]

通过完成上述立法程序，日本政府实现了对后冷战时代外交与防卫政策及安全保障体制的战略性调整与转型。日本防卫的具体对象由冷战时期的苏联扩大为中国、朝鲜和俄罗斯。防卫范围由日本本土扩展到包括俄罗斯、朝鲜半岛、台湾海峡和南中国海在内的"周边事态"地区。防卫任务

---

①　日米安全保障協議委員会：「日米防衛協力のための指針（新ガイドライン）」（1997年 9 月 23 日），藤田宏郎編著『戦後日本の国際関係：解説と資料』，京都：晃洋書房，2004 年，第 210 頁。

②　国会参議院発表：「周辺事態法」（1999 年 5 月 28 日），藤田宏郎編著『戦後日本の国際関係：解説と資料』，京都：晃洋書房，2004 年，第 214—216 頁；国会参議院：「（特集 ガイドライン関連法の成立）資料 日本国の自衛隊とアメリカ合衆国軍隊との間における後方支援、物品又は役務の相互の提供に関する日本国政府とアメリカ合衆国政府との間の協定を改正する協定」，『時の動き』，第 43 巻，第 8 号，1999 年 8 月，第 76—79 頁。

由以日本本土为重点扩大到以周边地区为重点乃至向全球扩张，从而为日本扩充军事实力和出兵海外打开了绿灯。防卫手段由以日美安保体制为基础、日本依靠美国提供安全保障，变为要增强日本在日美安保体制中独立发挥作用的权重。在防卫政策上，日本提出武装力量服从并服务于国家大战略和国家利益的总体思想，防卫与安保战略及自卫队的建设与发展应主动适应世界政治秩序，跟上世界新军事革命的前进步伐。在防卫发动上，日本从根本上放弃了战后长期实行的"专守防卫"，转而采取"主动先制"的军事战略，并主动谋求与美国构建积极的军事同盟关系。同时，这种战略性的调整和转型也充分说明，对潜在的假想敌实施遏制及对"周边事态"进行军事干预成为后冷战时代日美军事同盟一项全新的使命，日本由此彻底摒弃了战后以防止外敌入侵本土为目标的内向型专守防卫战略，最终实现了从"本土防卫"向"联合干预"的转变，亦即从日美安保体制中的防守之盾向进攻之矛的转型。① 有日本学者指出，新《日美防卫合作指针》的出台使日美关系发生了划时代的变化，即由此前日美共同防卫的重心放在日本本土防卫的内在关系转变为视野对外的外向关系。②

（二）20 世纪 90 年代日本的海洋扩张活动

1994 年 11 月，《联合国海洋法公约》正式生效。日本随即通过片面解释《联合国海洋法公约》，在周边海域公开进行"圈地运动"。

1996 年 6 月 7 日，日本国会参众两院通过了《专属经济区和大陆架法》，宣布建立 200 海里专属经济区。《专属经济区和大陆架法》第一条、第二条规定，日本将通过"中间线"划定与邻国所主张的专属经济区和大陆架的重合部分，从而在国内法层面为日本在东海划界中所主张的"中间线"原则提供法律支撑。6 月 14 日，日本国会又通过了《关于排他性经济水域及大陆架的法律》，擅自将属于中国的钓鱼岛作为日方通过"中间线"划分中日海洋专属经济区的基点。此外，日本国会还陆续修改和完善了《领海法及毗连区法》《专属经济区渔业管辖权法》《养护及管理海洋生物资源法》《海上保安厅法》《水产资源保护法》《防止海

---

① 防衛庁防衛研究所編『東アジア戦略概観 2006』，東京：防衛庁防衛研究所，2006 年，第 2—4 頁。

② 大内啓伍：「21 世紀の日本の外交戦略を提言する（上）」，『世界週報』，第 80 巻，第 14 号，1999 年 4 月 20 日，第 20—23 頁。

洋污染和损害法》《海岸带管理暂行规定》《无人海洋岛的利用与保护管理规定》等一系列在海洋领域维护和拓展日本权益的法律法规。①

在日本官方进行海洋扩张的同时，日本右翼分子也在不断寻衅滋事。1996 年 7 月 14 日，日本右翼团体"日本青年社"在钓鱼岛的北小岛西北角处新设高达 5 米的铝合金制灯塔，并向海上保安厅提出申请将该灯塔作为正式航标，以宣示日本"主权"。桥本龙太郎政府默认了右翼分子的挑衅行径，此后又借口钓鱼岛属于"私人财产"对右翼分子的行动公开表示支持。7 月 17 日，桥本内阁的官房长官梶山静六在记者招待会上公开声称"尖阁列岛"（即中国的钓鱼岛）的所有权属于日本，妄言中国政府不能对"日本青年社"的行为说三道四。8 月 8 日，日本另一右翼团体在钓鱼岛主岛的灯塔附近设置了长 3 米、宽 2 米的大型木制日本国旗，再次挑衅中国的领土主权。右翼分子在钓鱼岛上的一系列挑衅活动得到了日本政府的纵容和支持，一些日本政要甚至要求日本海上保安厅随时准备用武力排除对右翼分子行动的"干扰"。

1996 年 8 月 20 日，桥本内阁宣布根据《联合国海洋法公约》，全面设定 200 海里专属经济区，将钓鱼岛及其附属岛屿囊括其中。桥本内阁还专门向日本海上保安厅、警视厅等有关部门发出指示，责成其必须做好应对"不测事态"的准备。此后，中日关系在历史认知、日本对华政府援助开发（ODA 计划）、安全保障等问题上出现了全面危机。

（三）小泉内阁与"有事"法案

小泉纯一郎在 2001 年 4 月上台后，开始实行"向美一边倒"的外交政策。小泉作为吉田茂的思想继承者，其整体外交战略导向充分反映出他的海洋国家意识。小泉内阁在外交战略的抉择上实现了从田中角荣以来"陆海并重"战略向岸信介"海洋同盟"战略的回归，凸显出日本外交战略上"大陆同盟"与"海洋同盟"的对立。②

---

① 栗林忠男：「海洋法の発展と日本」，国際法学会編『日本と国際法の100 年』（第 3 巻・海），東京：三省堂，2001 年，第 13 頁。

② 1957 年，岸信介对东南亚地区进行战后的首次访问，确定了日本"海洋同盟"的外交政策。1972 年田中角荣实现中日复交则是对战后日本"海洋同盟"外交的根本性转换。参见貴志俊彦「東アジア地域の経済関係と政治戦略―『東アジア共同体』構想をめぐる日中韓のヴィジョン形成―」，『総合政策論叢』，第 11 号，2006 年 3 月，第 187 頁。

小泉上台不久，即面临因美国遭受"9·11"恐怖袭击而形成的
"反恐一边倒"的国际形势，小泉政府因势利导迅速搭乘美国"反恐"
的顺风车，积极推进"有事法制"，并借支持美国反恐将解除"集体自
卫权"的束缚以构筑"正常国家"的战后新国家体制与迈向海洋大国的
进程相结合，其整体外交战略导向充分反映出他的海洋国家意识。

2001年10月5日，小泉内阁向国会提交了《反恐特别措施法》《自卫
队修正法案》《海上保安厅法修正案》。18日，上述法案顺利通过众议院审
议，29日经参议院表决通过后即告生效，从而使日本向海外派兵获得了法
律依据。2001年11月25日，小泉政府首次根据《反恐特别措施法》，向
海外派遣自卫队。海上自卫队根据小泉的命令向印度洋派遣3艘护卫舰，
为以美国为首的多国海军舰艇部队运输物资，并提供燃油及后勤补给服务，
同时担任侦察与警戒任务。此举成为日本战后防卫政策的重大转折。《反
恐特别措施法》在2003年、2005年和2006年3次经日本国会延长。

2003年5月15日，日本国会众议院通过了小泉内阁提交的被称为
"有事三法案"的《应对武力攻击事态法案》、《自卫队法修改案》和
《安全保障会议设置法修改案》，随后，6月6日，日本国会参议院也表
决通过了这3个法案。这是日本继通过《周边事态法》和《反恐特别措
施法》之后对和平宪法的又一重大突破。

《应对武力攻击事态法案》是"有事三法案"的核心。该法案规定，
当日本遭受武力攻击时，政府可在内阁会议上决定应对基本方针，设置由
首相为部长的对策总部，地方自治体要对其军事行动进行协作，否则政府
首相可代行其职能；公共机关也有责任应对武力攻击事态，采取战地救护、
武器运送等协作行动。《自卫队法修改案》增加的内容有，当预测到可能
遭受敌人武力攻击时，自卫队就可构筑防御设施；在接到行动令后，自卫
队有权强行征用私有土地和改变私人房屋的形状。《安全保障会议设置法
修改案》则规定增设一个"应对紧急事态专门委员会"，以便向安全保障
会议提供建议。同时，小泉内阁大肆渲染"中国威胁论"，借此将"适应
多种事态战略"的重心倾向应对中国的"潜在威胁"。①

---

① 　防衛庁編『日本の防衛：防衛白書』（平成16年版），東京：国立印刷局，2004年，
第49頁。

小泉纯一郎在接受记者采访时称赞国会通过"有事三法案"在战后日本政治史上具有划时代的意义,对于"我国的防卫政策而言是一个历史性的转折点"。①"有事三法案"的出台标志着日本政府在国内法层面构建为战争准备和战争动员所必需的立法工作已经基本完成。

"有事三法案"的确立,使日本变相拥有了"集体自卫权",也使东亚地区安全形势出现了新的变数。日本的所谓"有事",即可以根据实际需要定义既成事实的"遭受武力攻击",也包括"事态紧迫,可以预测将受到攻击的局面"以及"有被攻击的危险"。这授予了日本根据自己对事态的预测和判断先行发动攻击的自由。"有事三法案"的出台完全违反了《联合国宪章》的宗旨和日本战后和平宪法的精神,极有可能导致政府滥用国家武力的后果,而且此次在野的民主党和自由党接受自民党的笼络,放弃了充当自民党反对者的做法,使国会中形成了新老保守政党联手压垮革新势力的"特例",增大了日本国家发展道路抉择上的危险性。日本防卫省则对上述 3 个法案给予高度评价,认为通过"有事三法案"在立法过程中的讨论,加深了国民对国家所处安全环境和安全保障政策的认识,形成朝野各党的广泛共识,因此,"有事三法案"的通过对于日本的防卫政策而言堪称历史性的转折点。②

2004 年 6 月,日本国会参议院通过了小泉内阁提出的《武力攻击等事态时有关限制外国军事物资海上运输法案》《自卫队法修正法》《支援美军行动措施法》《特定公共设施利用法》《俘虏处置法》《违反国际人道法行为处分法》《国民保护法》,即"有事七法案",将日本自卫队的后方支援与美军的前线攻击融合为有机的整体,大大拓展了自卫队执行军事任务的活动空间,为自卫队在模糊了地理界线的周边地区,以及在明确了地理界线的公海单独或配合美军应对非常事态提供了法律保障。例如,《武力攻击等事态时有关限制外国军事物资海上运输法案》规定,在发生武力攻击事态时,日本海上自卫队根据《自卫队法》第 76 条第 1 项的规定可以出动舰艇对在日本领海、专属经济区和公海上航行与运输

---

① 小泉純一郎述「武力攻撃事態対処関連三法の成立に際しての談話(平成 15・6・6)」,内閣官房編『小泉内閣総理大臣演説集』,東京:内閣官房,2009 年,第 255 頁。
② 防衛庁編『日本の防衛:防衛白書』(平成 15 年版),東京:防衛庁,2003 年,第 167 頁。

外国军用物资（含武器和人员）的船舶实施停船登临检查，或强制将其带入日本港口予以处置。对于不服从命令者，海上自卫队有权使用武器迫使其就范。①

小泉内阁通过出台以整备战时法律体系为目标的"有事法案"，在很大程度上解除了日本自卫队向海外派兵与用兵的法律限制，将行使集体自卫权及海外派兵与推进防务战略转型画上等号，改变了二战后日本限制发展与使用武力的常态，为日本在日美同盟框架下以武力为前导进行战略扩张奠定了基础。

二　冷战后日美安保同盟的新发展

1991 年苏联解体导致美日同盟因失去共同的敌人而一度陷入"漂流"状态，但这种状态很快因为冷战结束后地区安全局势的复杂化，以及美国的战略调整而结束。冷战结束后，美国进一步扩展以自身为核心的海洋联盟体系，并整合与强化盟友和战略伙伴的海上力量，致力于在盟国间强化由其主导的海洋安全合作机制。而在美国的海洋安全合作机制中，美日同盟作为一种事实上的"海洋联盟"，将在亚太地区的安全与防务政策框架中发挥基础性作用。为此，美日两国积极致力于构建"联合海洋防御"战略，并通过密切的协调与合作落实以两国为核心的多边海洋安全合作倡议所规划的战略目标。②

1996 年《日美安全保障联合宣言》（以下简称《联合宣言》）与1997 年《日美防卫合作指针》的公布，标志着冷战后美日同盟再定义工作的完成。经过再定义，美日同盟的性质由冷战时期的对苏遏制同盟，逐渐演变为保障亚太地区安全与稳定的某种机制，其主要功能由遏制苏联转变为应对朝鲜问题、台湾问题、大规模杀伤性武器扩散、潜在领土纠纷等"不稳定因素"，同盟的防御对象也由苏联转变为中国和朝鲜。正如日本学者添古芳秀所言："经过再定义后的美日同盟开始有了双重功

---

① 小泉純一郎内閣：「武力攻撃事態における外国軍用品等の海上輸送の規制に関する法律（抄）」，内外出版編『陸自作戦法規：ポケット六法』（平成 21 年版），東京：内外出版株式会社，2009 年，第 225 頁。

② The Japan Foundation Center for Global Partnership, "The Global Maritime Security and the Japan-U. S. Alliance: Report of the Study Project Challenges and Prospects of Japan-U. S. Cooperation", The Japan Forum on International Relations, May 2010, p. 111.

能，第一个功能是隐性的：在国际格局这个抽象层面上，从长远上看，其功能是对改变大国关系的国际动力起一种'稳定'作用。另外一个功能是显性的：同盟必须解决潜在的短期性地区冲突，如朝鲜半岛局势。这个功能主要来源于双边安全条约的实际动力和安排。"①

1994年，美国向日本提出了重新定义美日安保体制的"奈建议"。2000年，美国驻日大使阿米蒂奇（Richard Lee Armitage）和哈佛大学教授小约瑟夫·奈推出了《美国和日本：共建成熟的战略伙伴关系》报告，即"第一次阿米蒂奇报告"。报告对美日同盟关系的重塑提出了7点建议：第一，美国应该明确"对包括钓鱼岛在内的日本防卫有责任和义务"，日本也应该成为对等性（负有保护美国的责任和义务）的同盟国；第二，为使安全保障条约发挥切实的机能，日本应该沿着新《美日防卫合作指针》确定的方向完善国内的相关法制；第三，必须密切加强美日军事力量之间的具体合作，使之能够共同应对国际恐怖主义威胁和国际犯罪；第四，日本现行的国际维和法限制太多，日本应该取消这样的限制；第五，以维持应对危机能力为先决条件，尽可能地削减包括冲绳在内的驻日美军基地；第六，美国应该优先向日本提供与防卫相关的技术，鼓励美日防卫产业建立战略性合作关系；第七，推进弹道导弹防御的有关合作，其主导思想是美日由"负担的共同分担"向"权力的共同分享"转变。②

2006年2月6日，美国国防部出台了国防指导性文件《四年防务评估报告》，对美国武装力量面临的威胁进行了重新定义，将战略重点从常规战争转向恐怖主义、大规模杀伤性武器和新兴战略对手3个新领域。美国军方在《四年防务评估报告》中明确指出，中国继续通过大量投资提升其尖端非对称性军事打击能力，是"所有大国和正在崛起的大国中最具有与美国进行军事竞争潜力的国家"。报告强调，美国应重视建设在受到拒止的区域进行远距离持续作战的能力，同时要加快将军事力量向亚太地区转移部署的进度。报告还提出，在遏制中国崛起的问题上将需要盟国提供更多的协作，特别是在亚洲应更加倚重日本的力量，以便在

---

① Yoshihide Soeya, "Taiwan in Japan's Security Consideration", *China Quaterly*, No. 165, March 2001, pp. 130-146.

② Richard L. Armitage, "The United States and Japan: Advancing toward a Mature Partnership", INSS Special Report, October 11, 2000, pp. 1-7.

亚太地区应对中国"这个拥有庞大资源的军事竞争者的挑战"。①

2007 年 2 月，阿米蒂奇与奈共同撰写了题为《美日同盟：引领亚洲正确走向 2020 年》的报告，即"第二次阿米蒂奇报告"。作为美国政界有代表性的"亲日派"，阿米蒂奇在这份报告中渲染了中国崛起带来的"威胁"，再次强调美日同盟对于维护亚太稳定的重要性，并欢迎日本修改和平宪法，支持日本向海外派兵以承担更多防务责任等。② 总的来说，这份报告对日本解禁集体自卫权持肯定态度。

一言概之，从 20 世纪 90 年代中后期开始，美日通过签署新《美日防卫合作指针》，对美日同盟进行了重新定位，美国成为日本迈向"正常国家"的道路上最重要的同路人。日本政府采取"借船出海"的策略，通过不断强化与美国的同盟关系来突破以往在军事、政治上对其成为"正常国家"的诸多限制。在新《美日防卫合作指针》签署的 3 年内，日本政府陆续出台了近 30 部与"有事法制"相关联的补充法案。③

"9·11"恐怖袭击事件发生后，美国在全球范围内展开反恐战争，并大幅度调整其在世界各地的军事部署，使得日本可以在美日同盟的政治框架下在安全事务上发挥更积极的作用。④ 日本舆论界认为，中国海军力量的增长和向"蓝水海军"的转型已经成为美国挥之不去的心病，因此，"日本应该成为美国战略的重要补充，发挥辅助性作用"。⑤ 日本防卫大学前干事志方俊之认为，"日本作为一个海洋国家，不管喜欢不喜欢，都有必要与具有相同价值观和同样是海洋国家的世界最强国家美国保持同盟关系。我们坚持专守防卫政策，保卫自己的海上交通线，必须与美国维持这种同盟，别无选择"。⑥ 在上述思想的影响下，日本更加积

---

① United States Department of Defense, *Report of the Quadrennial Defense Review*, *2006*, Washington D C. : Secretary of Defense, pp. 29, 78.

② "The U. S. -Japan Alliance: Getting Asia Right through 2020", https: //csis-prod. s3. amazonaws. com/s3fs-public/legacy_files/files/media/csis pubs/070216_asia2020. pdf.

③ 森本敏：『米軍再編と在日米軍』，東京：文藝春秋，2006 年，第 8 頁。

④ Richard J. Samuels, *Securing Japan*: *Tokyo's Grand Strategy and the Future of East Asia*, Ithaca: Cornell University Press, 2007, pp. 81–83.

⑤ 春名幹男：「米中の本音を読み取れない民主党の愚」，『VOICE』，2001 年 1 月，第 79 頁。

⑥ 志方俊之：『最新・極東有事：そのとき日本は対応できるか』，東京：PHP 研究所，1999 年，第 147 頁。

极谋求海外派兵和建立军事干预能力，其海洋战略的主动性不断增强。

回顾二战后至今的日本海洋军事战略或海洋安全战略，我们不难发现，日本走的是一条由专守防卫向积极进攻突破的道路。有中国学者将二战后至今的日本海洋军事战略概括为 6 个阶段，即近岸防御阶段（20世纪 50 年代初至 60 年代初）、近海防御阶段（20 世纪 60 年代初至 70 年代初）、近海专守防御战略阶段（20 世纪 70 年代初至 80 年代初）、远洋积极防御战略阶段（20 世纪 80 年代初至 90 年代初）、实现海外派兵阶段（20 世纪 90 年代初至 21 世纪初）、主动出击和海外干预阶段（21 世纪以来）。① 应该说，这种划分是比较合理的。可以看出，日本海洋战略的积极性、主动性和进攻性都在日益上升。随着日本政府"修宪"势头的继续膨胀，有朝一日若彻底突破和平宪法的限制，日本将完全成为拥有进攻性海上军事力量的"正常国家"，日本海上自卫队将正式成为"日本海军"，届时亚太地区的安全稳定乃至世界和平都将面临新的威胁，这是值得包括美国在内的所有国家高度警惕的。

三 日本海洋法律体系的建立和完善

2005 年 3 月，日本国会通过了《推进海底资源开发法》，以日本国内法规范他国在日本专属经济区的资源勘探及海洋调查活动，维护与促进日本对海底矿藏资源的开发。7 月 22 日，日本国会通过了《部分修订旨在综合开发国土而制订的国土综合开发法的有关法律》（以下简称《国土综合开发法》），该法首次将利用和保护包括专属经济区及大陆架在内的海域列入国土规划对象。

2007 年 4 月 3 日，日本国会众议院国土交通委员会通过了《海洋基本法案》和《推进新的海洋立国相关决议案》，敦促政府更加强有力地推进国内相关海洋法律体制的建设，完善同海上保安厅相关的行政关系与行政机构，以充实海上危机管理所必需的组织体系。法案规定设置海洋政策担当大臣，增设由内阁总理大臣担任部长、海洋政策担当大臣为副部长的综合海洋政策本部，负责持续有效地对海洋进行综合管理和调查，并审议、制订海洋基本计划，以期对目前分散的海洋管理实行统一

---

① 修斌：《日本海洋战略研究》，中国社会科学出版社，2016 年，第 42—45 页。

管理，并负责制订日本政府的中长期海洋政策方针。① 同日，众议院全体会议以绝对多数通过了《海洋基本法》。4 月 20 日，日本参议院表决通过了《海洋基本法》。27 日，日本政府颁布《海洋基本法》，该法于 7 月 20 日正式生效。《海洋基本法》阐明了日本"海洋国家"发展的基本战略方针，规定了国家、地方自治政府、事业机构及国民的相关责任和义务，以及管理海洋的制度、政策理念等诸多内容。② 同期，日本国会还表决通过了旨在保护日本企业在东海"中间线"西侧海域进行勘探等活动的《海洋建筑物等安全水域设定法》。③

在实施《海洋基本法》的同时，日本政府还依据该法的规定成立了国家在海洋事务上的战略指挥中枢"综合海洋政策本部"（以下简称"海洋本部"），由首相安倍晋三担任本部长。海洋本部集合了国土交通省、经济产业省等 8 个政府部门的工作人员，它的主要职责是策划、制订和实施日本的中长期海洋政策和海洋基本计划，并协调同海洋有关的国家各部门行政事务。《海洋基本法》的正式实施和海洋本部的成立，标志着日本已经基本完成了推进"海洋国家"建设的立法和机构设置等顶层设计工作。2009 年发表的《海洋白皮书》，标志着新时期日本"海洋国家"发展战略最终得以确定。

2008 年 3 月 18 日，日本首相福田康夫担任本部长的海洋本部和内阁会议审议通过了《海洋基本计划》，提出下一步的任务是制订"为了管理海洋而保全和管理离岛的基本方针"，确定"离岛"的管理体制、方针政策和实施日程。④

2009 年 7 月 17 日，时任日本首相、海洋本部长麻生太郎发表声明，系统阐释了日本的海洋立国战略。他指出，在今天，应对地球环境问题、

①　国土交通委员会：「海洋基本法案」（衆法第 11 号），http：//www.sangiin go jp/japanese/gian joho/ketsugi/166/f072_041901.pdf；国土交通委员会：「新たな海洋立国の推進に関する件」，http：//www.shugiin.go.jp/itdb _ annai.nsf/html/statics/ugoki/h19ugoki/03inkai/koku/66kokud.htm？OpenDocument。

②　「海洋基本法」（平成十九年四月二十七日法律第三十三号），http：//www.mlit.go.jp/kisha/kisha07/01/010611_3/11.pdf。

③　「海洋構築物等に係る安全水域の設定等に関する法律」（平成 19 年 4 月 20 日成立），http：//www.shugiin.go.jp/itdb_gian.nsf/html/gian/honbun/houan/g16601012.htm。

④　「海洋基本計画」（平成 20 年 3 月 18 日閣議決定），http：//www.kantei.go.jp/jp/singi/kaiyou/kihonkeikaku/080318kihonkeikaku.pdf。

资源利用问题的必要性日渐凸显，海洋所发挥的作用更加重要。而日本必须面对海洋资源无序开发，与邻国围绕着海洋能源、矿藏资源归属权的纠纷等与海洋有关的严峻课题。日本受到海洋守护而获得发展，必须真正面对这些问题，实现面向"守护海洋的日本"的变革。为了积极开发和利用海洋资源，必须有计划地推进技术开发和相关制度的完善。日本已经根据《海洋基本法》制订了《海洋基本计划》，并依照该计划举全国之力在最大范围内从战略高度全面综合地推进国家的海洋政策，以应对各种与海洋有关的问题。为此，日本应以实现全新的海洋立国为目标，更好地发挥领导作用。①

民主党上台后，日本海洋战略的法制化建设得到进一步发展。2009 年9 月至 2010 年 12 月，鸠山、菅直人两届政府基本完成了日本海洋法律体系的构建工作。2009 年 12 月 1 日，鸠山内阁公布了《管理海洋、保全和管理偏远海岛的基本方针》（即"鸠山基本方针"），该方针将落实《海洋基本法》的法制建设列为首要任务。"鸠山基本方针"提出，日本海洋战略的目标是保全"国土面积约 12 倍、面积约 447 万平方公里的专属经济区等管辖海域"，② 当务之急是"保全决定日本专属经济区及大陆架外缘的离岛"，"尽可能促进国家取得包括提供专属经济区等外缘根据的离岛基线在内的一定区域，与此同时，研究将其作为国有财产管理的政策"。③

2010 年 2 月 9 日，鸠山内阁向国会提交的《促进保全和利用专属经济区及大陆架、保全低潮线及建设基地设施等法律》（即《低潮线保护法》）获得通过，实现了立法。这一举措以国内法的形式确定了日本在与中国、韩国、俄罗斯等存在有争议领土问题上的立场，强化了日本政府应对政策的法律依据。

2010 年 6 月 24 日，菅直人内阁发布了《促进保全及利用专属经济水域及大陆架、保全低潮线及建设据点设施等法律施行令》。7 月 13 日，海洋本部发表了《促进保全及利用专属经济区及大陆架、保全低潮线及

---

① 麻生太郎：「海の日」を迎えるに当たっての内閣総理大臣メッセジ，http：//www.kantei.go.jp/jp/asospeech/2009/07/17message.html。
② 総合海洋政策本部：「海洋管理のための離島の保全・管理のあり方に関する基本方針（案）」の概要」，http：//www.kantei.go.jp/jp/singi/kaiyou/dai6/siryou1.pdf。
③ 総合海洋政策本部：「海洋管理のための離島の保全・管理のあり方に関する基本方針」（平成 21 年 12 月 1 日），http：//www.kantei.go.jp/jp/singi/kaiyou/dai6/siryou2.pdf。

建设基地设施等基本计划》（即"菅直人海洋基本计划"），明确推进海洋战略的具体政策和实施路径，除制订以礁为"岛"圈海的"特定离岛"政策外，确定"以有利于稳妥保全专属经济区为目的，将专属经济区等外缘的基础——低潮线周边的无主土地早期行政财产化"。[①] "菅直人海洋基本计划"的主旨是"以海洋立国为目标，从长期战略的角度推进保全和利用专属经济区和大陆架"，它主要包括 7 部分内容：（1）完善实施海洋计划的一元化领导体制，以内阁官房为中心统辖各相关行政机构统一执行计划，解决相关政府机构横向运作的难题；（2）国家发挥开发海洋资源的先导作用；（3）政府从硬件和软件两方面支持保全和利用专属经济区的活动，以便在专属经济区妥善"行使开发天然资源等的主权权利"；（4）调查低潮线及其周围状况并建立数据库；（5）保障对低潮线保护区实施进行监视、警戒及执法的具体措施，相关行政机构必须限制在低潮线保护区内挖掘海底等行为；（6）公布了建设"特定偏远海岛基地设施"的详细计划；（7）应对日本与中、韩、俄三国的领土主权争议。[②]

2010 年 12 月 17 日，日本内阁审议通过了《关于 2011 年以后的防卫计划大纲》和《2011—2015 年度中期防卫力量整备计划》，意在落实《海洋基本法》"确保海洋安全"的各项规定。

为应对中国海监维权执法及中国民间保钓活动，继菅直人内阁之后的野田内阁修改法律，继续充实海洋法律体系，这实际上也是提前为实施"购岛"做准备。2012 年 2 月 28 日，野田政府批准《海上保安厅法》和《领海等外国船舶航行法》的修改法案提交国会审议。[③] 2012 年 8 月 29 日，日本国会表决通过了《海上保安厅法及领海等外国船舶航行法部分修改法案》。该修改法案分为两部分。一是部分修改 1948 年国会通过的第 28 号法律《海上保安厅法》，赋予海上保安官以警察权，"海上保安官能够作为刑事诉讼法规定的司法警察职员履行职务"，"海上保安厅

①　総合海洋政策本部：「排他的経済水域及び大陸棚の保全及び利用の促進のための低潮線の保全及び拠点施設の整備等に関する基本計画」，http://www.kantei.go.jp/jp/singi/kaiyou/teichousen/keikaku.pdf。

②　李秀石：《日本国家安全保障战略研究》，时事出版社，2015 年，第 167—171 页。

③　「海保警察権強化、法案を閣議決定」，『産経新聞』2012 年 2 月 28 日。

的设施、船舶或飞机"能够代替"警察署、派出所或驻扎所"应对"离岛犯罪",解决了海保厅与警察厅之间在偏远海岛、领海、专属经济区及大陆架内执法的衔接问题,缩短处置突发事件的时间,提高应对国际纠纷的效率。二是部分修改 2008 年国会通过的第 64 号法律《领海等外国船舶航行法》,针对"在领海等进行伴随停留等活动航行的外国船舶",海上保安官不必登临检查是否进行"非法活动",仅根据船只的"外观、航海状态、船员等的举动及其周围情况",即可"合理判断"并劝告该船长不应停留等,有权"命令不接受劝告的船长退出领海等"。① 按上述规定,日本海保厅有权绕开登记、确认"违法"的程序,在中日之间存有领土及海洋权益争议的海域,直接动手禁止、驱离甚至抓扣从事合法活动的中国公务船及其他船只。

2012 年 7 月 13 日,日本首相野田佳彦发表谈话,强调:"政府所面临着的确保海洋权益,保卫离岛的安全以及确保海洋安全等的问题堆积如山,必须举全国之力来解决这些课题。"认为以举国之力来解决"确保海洋权益、离岛以及海洋的安全等课题"是"日本再生所不可或缺的原动力"。为此,野田向日本国民发出呼吁,要求全民"推进海洋开发,从战略上灵活运用海洋"。②

总的来说,《海洋基本法》是确定日本海洋战略方针的指导思想、基本原则和内容框架的"海洋宪法",此后制订的一系列基本方针、法律法规和政策方案等都是从不同角度、不同方面去落实和充实《海洋基本法》,由此构成了完整的日本海洋法律体系。

四　日本的海洋扩张政策与中日海洋矛盾

(一)日本构建海上对华战略包围圈

日本《呼声》月刊在 2006 年第 4 期刊登了松村劭的《海洋国家日本的军事战略》一文,该文从历史与现实的角度系统诠释了日本作为海洋

---

① 「海上保安庁法及び領海等における外国船舶の航行に関する法律の一部を改正する法律案」(参議院第一八〇回・閣第四五号・海上保安庁法の一部改正),http://www.sangiin.go.jp/japanese/joho1/kousei/gian/180/pdf/t031800451800.pdf.

② 首相「国をあげて海洋権益確保」海の日で談話,日本経済新聞,http://www.nikkei.com/article/DGXNASFS1300O_T10C12A7EB1000/。

国家所具有的国家身份与特性，以及应奉行的防务政策，其观点堪称解构后冷战时代日本"海洋国家发展战略"的范本。该文基于马汉的海权论，将日本的国家身份定位在"海洋国家"的范畴，并在此基础上刻意强调日本作为"海洋国家"与"大陆国家"中国在权利诉求上的特异性，从而虚构出海洋国家与大陆国家这两类国家之间产生对抗甚至冲突的必然性。该文认为，海洋国家对大陆国家战略的首要原则，就是应该利用"远交近攻"的策略维持地区间的势力均衡，"不让大陆出现独大的强权国家"。根据上述认识，文章提出了日本应将"西太平洋"战略作为国家战略，以日美同盟为基础，构建包括中国台湾地区、菲律宾、印度尼西亚、澳大利亚在内的西太平洋壁垒，牢固掌握太平洋海域的制海权，从而作为"西太平洋的利维坦"再次崛起。①

2013 年 9 月 24 日，日本外务省邀请菲律宾、越南、印度尼西亚、马来西亚等 13 个太平洋和印度洋沿岸国家参加在日本举行的为期 3 天的首次国际海洋会议。日本《产经新闻》分析指出，日本召开这次会议意在通过加强与南海、马六甲海峡等地海洋国家的合作，确保日本的海上能源通道的安全，并牵制海洋影响力不断扩大的中国。在会议伊始，日本外务省政务官城内实就对中国提出批评，他指出："（日本）绝不认同中方因实力增强而试图更改海洋现状的举措，中方应该遵守航行自由、和平解决纷争等联合国基本规定。"针对日方毫无根据的指责，中国外交部发言人洪磊指出，中方开展正常的海洋活动符合国际法，不对任何国家构成威胁。一些国家人为制造紧张和威胁，是为自己扩大军事作用制造借口。中方希望日方以史为鉴，为维护地区和平稳定发挥建设性作用。②

概括而言，日本对中国的海洋活动抱有强烈戒心，与其深厚的海洋国家意识和失衡的心态密切相关。有中国学者对日本这一心态的分析十分精辟："伴随中国的崛起，日本加强了防范与遏制的决心，也与其海洋国家意识有密切关系，他们面对日益强大的中国……感到了威胁……所

①　松村劭：「海洋国家·日本の軍事戦略 戦史に照らせば防衛政策の課題は自ずと見えてくる」，『Voice』，2006 年 4 月号，第 96—103 頁。

②　《日本召开 13 国海洋会议或为牵制中国海洋崛起》，中国新闻网，http：//www. chinanews. com/gj/2013/09-25/5319069. shtml。

以，为了维持日本的生存，日本海洋派的主张是与美国以及和美国具有同样价值观的所谓民主主义国家结成联盟，遏制中国的发展。"①

（二）针对中国的日美印澳"价值观同盟"

2006 年 11 月 30 日，时任安倍内阁外务大臣的麻生太郎在日本国际问题研究所的一次研讨会上发表演说，从海洋国家的发展意识出发提出构建针对中国的"自由与繁荣之弧"。麻生呼吁欧亚大陆边缘地区成长起来的"新兴民主国家"团结起来，在"普世价值"的基础上，同东北亚、东南亚、南亚、中东、中东欧及波罗的海各国构建富裕而繁荣的"自由与繁荣之弧"。实际上，麻生所谓的"自由与繁荣之弧"，就是一个"民主国家"针对中国和俄罗斯的包围圈，同时也是为了遏制中俄这样地处欧亚大陆心脏地带国家的影响力，以维护和拓展日本的利益。

"价值观外交"强烈地指向中国，具有明确的针对性。它表明，日本要进一步巩固美日同盟，配合美国新一轮战略布局对中国进行围堵和遏制。2007 年 8 月，安倍晋三对印度进行了访问。此访标志着日本的"价值观外交"转向政策实践。

（三）中日海洋争端的持续升级

20 世纪末，随着苏联的解体与冷战的谢幕，美苏两大阵营在世界范围内的对峙最终偃旗息鼓。国际政治格局的板块位移给日本的战略环境造成剧变，导致其内政与外交政策出现了影响广泛且深远的"冷战后遗症"。②

"泡沫经济"的破灭给日本经济造成了重创。1990—1995 年，日本全国资产损失高达 800 多万亿日元，其中土地等有形资产缩水了 379 万亿日元，股票损失 420 万亿日元，仅上述两项的损失总额就相当于国家财富的 11.3%，使国家发展进程陷入"经济战败"的严峻局面。有关统计数据显示，日本在二战中的物质损失相当于国家财富的 14%—15%，而这次"经济战败"所造成的物质财富流失与战争给日本带来的损失比

---

①　廉德瑰：《日本的海洋国家意识》，时事出版社，2012 年，第 40 页。

②　高坂正尧、吉田和男编著『冷戦後の政治経済：座標軸なき時代の論点を読む』，東京：PHP 研究所，1995 年，第 39 頁。

例几乎相等。①

　　20 世纪 70 年代，随着日本跃居资本主义世界第二经济大国，其国内民族主义情绪开始抬头，日本政坛上"保守化"的倾向暗流涌动。90 年代，"泡沫经济"崩溃后，日本政坛进一步呈现"总体保守化"的趋势。在政治右倾化的驱动下，日本政府将其对华政策的定位由"友好关系"调整为"普通关系"，从而使中日关系转入了"重新定义时期"。②而与日本"经济神话"破灭形成鲜明反差的是，中国在世界政治经济舞台上异军突起，并很快取代日本成为世界第二大经济体。日本政界如何面对这个新的事实，以何种方式处理中日关系，亦即"如何面对一个真正走向现代化且日益强盛的中国，这是日本百余年来第一次遇到的重大历史课题"。③而在海洋战略层面，有日本学者指出，中日两国之间虽有水体相阻隔并间有朝鲜及韩国作为缓冲国，但是朝鲜和韩国都极不可靠。1996 年台海危机后，中国又大力强化在东海的海、空军力量。这对海权大国日本而言，是中日甲午战争以来前所未有的警讯。④

　　后冷战时代世界形势的变化对日本未来的外交政策走向提出了全新的挑战，而导致这种不确定性的根源则是冷战后国际政治经济格局发生的剧变。从严格意义上来说，冷战后世界政治格局发生的最显著变化是欧亚大陆的地缘政治中心正在从西欧向亚太地区发生明显的位移，而这种位移在很大程度上正是中国在冷战后的迅速发展引发的。一种观点认为，从地缘政治角度审视后冷战时代中国的迅速发展对日本构成的挑战基于以下 3 点：第一，中国的快速发展所产生的附加后果是中美关系在某种程度上的复杂化，而这种局面将促使日本在外交政策走向上面临根本性的抉择；第二，中国的快速发展同时也意味着东亚主导国家的角色扮演将发生有利于中国的倾斜，而这将促使日本在今后相当长一段时间

----

①　ヘンリー・キッシンジャー、日高義樹：『2000 年日本が再起する条件：キッシンジャーからの警告！：日高義樹のワシントンレポート』，東京：青春出版社，1999 年，第 25 頁。

②　田中明彦編著『日中関係 1945—1990』，東京：東京大学出版会，1991 年，第 187 頁。

③　梅垣理郎ほか編『総合政策学の最先端Ⅲ多様化・紛争・統合』，東京：慶應義塾大学出版会，2003 年，第 24 頁。

④　Norimitsu Onishe, "Japanese Leaders Picks a New Cabinet Strong on Nationalism", *New York Times*, October 31, 2005, p. A1.

内都面临自我重新定位的问题；第三，后冷战时代的中国是一个能够自由地出入海洋并具有重大海洋利益和海上实力的国家，而这一点对于日本今后的国家安全战略必将产生重大且深远的影响。[①]

另一种观点认为，随着中国改革开放的深入推进，尤其是进入 21 世纪后，中国经济已发展成为高度依赖于海洋的外向型经济，海洋经济已成为拉动中国国民经济发展的有力引擎，由此中国对海洋资源和外部空间依赖程度大幅提高，这些都需要通过建设海洋强国来加以保障。源于对中国日益活跃的海洋活动的担忧，以及在持续 20 年的经济停滞后希望经济尽快复苏的社会舆论作用下，日本政坛要求修改宪法、行使集体自卫权的呼声此起彼伏，而计划在冲绳县与那国岛部署陆上自卫队的举措则表明日本政府开始在海洋战略上赋予自卫队"更加重要的职能"。[②]

在这种背景下，以小泉纯一郎、安倍晋三、小泽一郎、桥本龙太郎等为代表的"正常国家主义者"（normal nationalists），在国家发展方向上提出了具有强烈鹰派色彩的新保守主义路线，即国家主义路线。他们认为，战后在吉田茂主义的指导下，日本沿着"重经济、轻军备"的"商人国家"路线发展成了"经济大国、政治小国"的"单肺"型残疾国家。因此，日本要改变这种"经济一流、政治三流"的"小脑袋恐龙"形象，就必须以成为"政治大国"为目标制订独立自主的国家发展战略。"正常国家主义者"主张，日本在国内政治领域要建立强有力的政治决策机构与政党体制，并要具备军队等"作为国家所必须拥有的全部要素"，从而使日本成为与其他大国比肩的"正常国家"或"普通国家"。为此，必须对《日本国宪法》（即"和平宪法"）进行重新解释、补充乃至修订。

在国际政治领域，"正常国家主义者"明确主张日本应成为联合国安理会常任理事国，不仅要在经济领域为世界做出贡献，而且要求自卫队"组建在联合国指挥下展开军事行动的国际联合机动部队"以展开海外维和行动，从而在军事上承担起更大的国家责任。具体说来，就是在强化日美同盟关系的前提下，通过发展军事力量来实现国家威望。

---

① Euan Graham, *Japan's Sea Lane Security, 1940-2004: A Matter of Life and Death?* London and New York: Routledge, 2006, p. 221.

② Chico Harlan, "Japan Makes a Shift to the Right", *The Washington Post*, September 21, 2012, p. 1.

　　海洋国家发展战略是日本鹰派政治家对新保守主义路线进行政治诠释时不可或缺的话题。如小泽一郎在《日本改造计划》中就强调，囿于战后和平宪法的限制，日本在国家发展战略上陷入了"政治贫困"，无法发挥应有的世界影响力。为此，他主张应强化日美安保体制，并依托日美同盟的政治架构掌握国际事务的主导权，积极发展与"海洋国家"相适应的海上军事力量，以便在确保日本海上生命线安全的同时防范中国的快速发展。而要达成这一设想，日本就必须实现国家战略由"专守防卫"向"创制和平"的转换，并根据该基本方针对自卫队进行重组。①

　　2007 年度的日本《防卫白皮书》公然指责中国，称日本对中国军力现代化发展方向的顾虑正在增强，为此，日本应完善从事海外活动和应对紧急事态的体制，以及提高制定防卫政策的能力等。② 安倍内阁在对华关系、历史认知与领海争端等敏感问题上采取咄咄逼人的进攻态势，妄图突破和平宪法的政治架构，推动日本走向"正常国家"。日本右翼政客假借国家利益之名，通过利用钓鱼岛争端等渲染"中国威胁论"，为日本重新武装制造理由，从而导致了今天中日关系中的最大危机。③ 同时，日本右翼政客推动日本再军备与去和平国家化的行径，导致日本外交方针与防务政策开始呈现"渐进缓慢而又非常明显的右倾化趋势"，日本政治立场向右转的相关举动在东亚地区事务上造成了"第二次世界大战以来最尖锐的对立"。④

第三节　安倍政府全面扩张的海洋战略

一　日本"新安保法案"与美国"亚太再平衡"战略的挂钩

　　进入 21 世纪后，美国一些本着冷战思维不放的战略界人士认为，后

① Richard J. Samuels, *Securing Japan：Tokyo's Grand Strategy and the Future of East Asia*, Ithaca：Cornell University Press, 2007, p.112；小泽一郎：『日本改造計画』，東京：講談社，1993 年，第 119—120 頁、124 頁。

② 防衛省編『日本の防衛：防衛白書』（平成 19 年版），東京：株式会社ぎょうせい，2007 年，第 49 頁。

③ The Inconvenient Truth behind the Diaoyu-Islands, http：//kristof.blogs.nytimes.com/2012/09/19/the-inconvenient-truth-behind-the-diaoyusenkaku-islands/.

④ Chico Harlan, "Japan Makes a Shift to the Right", *The Washington Post*, September 21, 2012, p.1.

冷战时代亚太地缘政治格局的变动和经济全球化进程的提速，促使中国这个全世界最大的陆海复合型国家开始将其地缘战略重心从陆地转向海洋；借助经济高速发展的有利形势，中国的军事力量正在以"迅猛的速度"（breakneck speed）发展壮大，并对亚太地区的海洋战略环境造成深刻的影响；在可预见的将来，中国不仅会维持自己陆权强国的地位，并且将作为一个新兴的海权强国登上世界政治舞台，进而对美国在西太平洋的主导地位以及在亚太地区乃至全球的利益构成严重威胁。因此，华盛顿必须采取包括强化美军在亚太地区前沿部署以及推进美国与该地区盟国和友好国家之间的战略合作等各种措施来遏制中国的崛起。①

　　2011 年 11 月，美国总统奥巴马（Barack H. Obama）在夏威夷举行的亚太经合组织（APEC）峰会上首次提出"转向亚洲"（pivot to Asia）战略。此后，这一战略被修订为"亚太再平衡"（Re-balance to Asia-Pacific）战略。根据这一战略，美国大幅增加了在政治、经济、外交、军事等领域对亚太地区的战略资源投放力度，并将进一步强化美日安保同盟作为推进"亚太再平衡"战略的关键所在，强调必须确保美日同盟的灵活性与适应能力以应对新的地区与全球性挑战。②

　　日本抓住美国推行"亚太再平衡"战略的机遇，将所谓"中间区域"的安保问题作为防卫战略的重心，通过建设动态防卫力量，在亚太地区进行战略扩张，逐步凸显日本军事战略的自立性。在中日海洋争端加剧的背景下，安倍晋三于 2012 年 12 月 26 日再次组阁后，立即打着所谓"自由、民主、人权"的价值观大旗，继续在历史问题上开倒车，并在中日海洋争端中奉行对华强硬外交政策。此外，安倍内阁还着手解禁集体自卫权，一步步解除日本自卫队开展海外军事行动的法律约束，谋求逐步瓦解战后日本和平国家的政治体制架构，积极开展在国家大战略

---

① 　David Wilson and Dick Sherwood, eds., *Oceans Governance and Maritime Strategy*, St. Leonards: Allen & Unwin, 2000, p. 47; Toshi Yoshihara & James R. Holmes, *Red Star over the Pacific: China's Rise and the Challenge to U. S. Maritime Strategy*, Annapolis, Md: Naval Institute Press, 2011, p. 75; David Shambough, "China Engages Asia: Reshaping the Regional Order", *International Security*, Vol. 29, No. 3, 2004/05, p. 66; Ronald Findlay and Kevin H. O'Rourke, *Power and Plenty: Trade, War, and the World Economy in the Second Millennium*, Princeton: Princeton University Press, 2007, p. 283.

② 　Hillary Clinton, "America's Pacific Century", *Foreign Policy*, No. 189, November 2011, pp. 57, 59-63.

上的"修正主义作业"。①

2013 年 12 月 17 日，安倍内阁通过了有着"安保三箭"之称的《2014年以后的防卫计划大纲》《中期防卫力量整备计划（2014—2018）》《国家安全保障战略》3 份纲领性文件。这 3 份文件着眼于"确保日本周边的海域和空域安全"，瞄准"建设具有高实效性的综合机动防卫力量"，谋求全面提升日本自卫队的机动作战能力，赋予其主动进攻性。这 3 份文件强调以"基于国际协调主义的积极和平主义"为理念，着重论述了日本安全保障的基本战略与方针。在谈及日本目前所处的安保环境时，3份文件专门提到中国在东海划设防空识别区，声称中国此举"已经构成以日本为代表的周边邻国的忧虑，并对中国的动向予以持续关注"。在日本安保战略问题上，文件提出首先要从整体上强化日本防卫能力，包括完善国土警备制度、海洋监视制度等防卫体制；其次，要进一步强化日美同盟，并在此基础上发展同东盟、澳大利亚、印度及韩国的战略合作关系；最后，文件还提出将网络攻击和太空安全利用作为国家安全的新课题，对其予以高度重视。② 根据"安保三箭"，日本将主要军力逐步调整部署到西南方向，实质上就是主要针对中国，特别是针对与中国存在主权争端的钓鱼岛问题。

2015 年 4 月 27 日，美国国务卿克里（John F. Kerry）、国防部长卡特（Ashton B. Carter）与日本外务大臣岸田文雄、防卫大臣中谷元在纽约举行日美安全保障协商委员会外长、防长"2+2"会议，就推进中长期美日安全保障及防卫合作、驻日美军重组，以及亚太地区海洋形势等问题展开密切磋商。会后两国外长与防长发表联合声明，宣布了新修订的《美日防卫合作指针》。这是自 1997 年以来《美日防卫合作指针》的首次修改。该份新修订的《美日防卫合作指针》授权日本自卫队在"积极

---

① Kenneth B. Pyle, "Nationalism in East Asia", *Asia Policy*, Vol. 2, No. 3（January 2007）, p. 36；防衛省編『日本の防衛：防衛白書』（平成 19 年版），東京：株式会社ぎょうせい，2007 年，第 49 頁；三浦一夫：「世界の現実と安倍『主張する外交』の時代錯誤」，『前衛』，第 818 号，2007 年 6 月，第 69 頁。

② 等雄一郎：「日米関係から見た集団的自衛権論議：日米防衛協力の進展と集団的自衛権」，『レファレンス』，第 65 巻，第 3 号，2015 年 3 月，第 49—65 頁；沓脱和人、横山絢子：「第二次安倍内閣 2 年目の防衛論議：我が国初の国家安全保障戦略の策定と防衛政策」，『立法と調査』，第 355 号，2014 年 8 月，第 15—26 頁。

和平主义"的旗号下参与美军在世界范围内的战争，并与美军在全球行动中展开双边军事合作，内容包括防御弹道导弹、网络和空间袭击以及维护海事安全等，从而正式将日美军事合作范围从日本"周边地区"扩展到包括中东在内的世界热点地区，显著扩大了日本自卫队参与军事行动的活动空间，赋予日本更具进攻性的角色。[①] 至此，安倍内阁完成了从1978年《美日防卫合作指针》出台以来直至21世纪日本防卫战略转型"三级跳"中最关键性的一跃，日美安保体制的大幅扩容为日本解禁集体自卫权，进而架空和平宪法、重新获得战争能力创造了有利条件。

2015年9月19日凌晨，日本参议院全体会议以148票赞成、90票反对的结果强行通过了以解禁集体自卫权为核心内容的一系列新安全保障相关法案（简称"新安保法案"）。"新安保法案"由《国际和平支援法》与《和平安全法制整备法》两项法案构成。其中，《国际和平支援法》作为永久法案，授权日本自卫队能够随时向海外派兵，从而为日本自卫队对外提供军事援助奠定了法律基础。《和平安全法制整备法》包括了《自卫队法》《联合国维持和平活动（PKO）合作法》《重要影响事态法》《武力攻击事态法》《网络安全法》等10部修正法，明确规定了自卫队行使集体自卫权和对外国发起武力攻击的条件。"新安保法案"赋予首相发动战争的实际裁决权，改变了战后日本在防卫政策上的宪法解释，为日本重新武装全面松绑，导致日本和平宪法第九条的非战承诺与规制名存实亡。这标志着战后日本安保政策和战后日本作为和平国家的发展进程发生了历史性转折。[②]

二　配合美国"空海一体战"

奥巴马政府上台后，美国借口中国正在强化"反介入和区域拒止"（Anti-Access/Area Denial，A2/AD）能力以阻止美国向亚太地区投送军

---

① 日米安全保障協議委員会（2+2）共同発表：「日米防衛協力のための指針（2015年4月27日）」，http://www.mod.go.jp/j/approach/anpo/shishin/pdf/shishin_20150427j.pdf。

② 時事ドットコム：「安保関連法が成立＝戦後政策、歴史的転換–集団的自衛権行使容認・野党抵抗未明まで」，http://www.jiji.com/jc/c?g＝pol&k＝2015091900025，访问时间：2017年6月10日；「安保法案：未明に可決、成立平和国家の大きな転換点に」，毎日新聞，http://mainichi.jp/select/news/20150919k0000m010171000c.html。

力，提出"空海一体战"（Air-Sea Battle）概念。① 这一概念强调整合美国海空军力量并联合亚太地区的盟友，克服在该地区遇到的"距离障碍"，顺利实现在任何出现"反介入和区域拒止"的地方投送军力，并综合利用太空、空中、海洋、陆地和网络空间的威慑力量实施"海空联合作战"（Air Sea Joint Operations），以此来共同遏制与击败潜在敌对国家的"非对称性"和"反介入"军事威胁，削弱其区域阻遏能力。为此，除了强调驻日美军部署外，"空海一体战"作战构想还要求日本加紧构筑从琉球群岛到日本海的海空立体反潜网，以强化针对中国海军的反潜侦测与作战能力。②

美国"空海一体战"的作战理论得到了日本朝野的高度关注与积极响应。为配合美国的"空海一体战"构想，日本学者提出将"与美国共同构筑从九州到冲绳及与那国岛的西南诸岛防卫屏障"作为"日本生存的唯一手段"，以抗衡中国"对日强硬姿态背后的海洋霸权战略"。③ 为此，海上自卫队应考虑在日本西南诸岛附近海域，即中国军舰进入太平洋的必经之路上布设水雷。同时，沿冲绳海域附近的西南诸岛直至小笠原群岛一线（即"第一岛链"和"第二岛链"之间的海域）部署立体反潜网，将中国舰队封堵在"第一岛链"之内。另外，日本还要积极利用美国的高分辨率侦察卫星、远程导弹、攻击型潜艇、隐形战略轰炸机等摧毁中国的移动导弹发射阵地，彻底解除中国的导弹部队对日本及其盟友构成的威胁。日本尤其应重视海上自卫队与美国海军的合作，通过在东海频繁举行联合军演向中方发出明确信号，即美日不承认中国在"第

---

① 2015 年 1 月 8 日，美国国防部正式将"空海一体战"（ASB）作战概念更名为"全球公域介入与机动联合概念"（Joint Concept for Access and Maneuver in the Global Commons：JAM，GEE-CEE，JAM-GC），以便更好地遏制中国。参见 Document：Air-Sea Battle Name Change Memo – USNI News，http：//news.usni.org/2015/01/20/document-air-sea-battle-name-change-memo。

② Jan Van Tol，Mark Gunzinger，Andrew Krepinevich，and Jim Thomas，*Air-Sea Battle：A Point-of-Departure Operational Concept*，Washington D.C.：Center for Strategic and Budgetary Assessments，2010，pp.53–79；八木直人：「エアシー・バトルの背景」，『海幹校戦略研究』，第 1 卷，第 1 号，2011 年 1 月，第 4—22 頁；平山茂敏：「エアシー・バトルの変容：対中作戦構想から、アクセス維持のための限定的作戦構想へ」，『海幹校戦略研究』，第 3 卷，第 2 号，2013 年 12 月，第 22—41 頁。

③ 読売新聞中国取材団：『メガチャイナ：翻弄される世界、内なる矛盾』，東京：中央公論新社，2011 年，第 6 頁、11 頁。

一岛链"内拥有制海权。① 尽管这些观点只是日本战略学家所提出的构想和建议，但其核心观点正在成为安倍政府的政策措施，其根本目标就是彻底解禁"集体自卫权"，并积极配合美国在战略上围堵和遏制中国。

进入 21 世纪后，日本海上自卫队将中国海军视为自己的主要假想敌，其近年来下水的新型驱逐舰、潜艇等都特别突出反潜和反导能力，② 针对中国海军的用意十分明显。

三　组建"海洋民主国家联盟"

2006 年 9 月 26 日，安倍晋三在日本国会众参两院的提名选举中均获得超过半数的选票，当选为第 90 任日本首相，第一次安倍内阁由此成立。安倍上台后，借助价值观外交积极在亚太地区构建所谓的"海洋民主国家联盟"，在"多层次安全对话"的旗号下进一步丰富日本防卫战略与海洋扩张战略的内涵，通过创设日澳、日印、日美澳及日美印澳 4 个合作机制逐步构建起针对中国的海上包围圈。

（一）积极促成日美印澳战略对话机制

安倍上台后立即将自己此前提出的基于共有的"普遍价值观"组建日美印澳四国战略同盟的外交政策构想③付诸实践，在强化传统的日美安保同盟的基础上，将印度与澳大利亚锁定为日本在亚太地区构建同盟体系的重点对象，全力打造日美印澳四国战略对话机制。

2007 年 5 月 25 日，在日本的积极推动下，美国、日本、印度、澳大利亚四国相关部门的高级官员在东盟地区论坛高官会议（ASEAN Regional Forum-Senior Officials Meeting）第一次事务会议上，就共同关心的地区及

① 太田文雄、吉田真：『中国の海洋戦略にどう対処すべきか』，東京：芙蓉書房出版，2011 年，第 136 頁；齋藤隆：「海上自衛隊の将来潜水艦を考える」，『世界の艦船』，第 767 号，2012 年 10 月，第 88—91 頁；永岩俊道：「日本を『狙い撃ち』した『東シナ海防空識別区：国際標準を逸脱した中国版『防空識別圏』批判」」，『外交』，第 23 巻，2014 年 1 月，第 92—96 頁；五味睦佳：「軍事研究の狭間から（19）中国の海洋進出と我が国の海洋戦略（その2）統：中国に対抗する我が海洋戦略」，『軍事研究』，第 47 巻，第 4 号，2012 年 4 月，第 163—171 頁；五味睦佳：「軍事研究の狭間から（20）中国の海洋進出と我が国の海洋戦略（その3）我が国の海洋戦略遂行のための国家施策」，『軍事研究』，第 47 巻，第 5 号，2012 年 5 月，第 164—173 頁。
② 孙帮碧：《日本海上自卫队最新发展综述》，《现代军事》2016 年第 7 期，第 64—65 页。
③ 安倍晋三：『美しい国へ』，東京：文藝春秋，2006 年，第 159—160 頁。

国际热点问题交换了意见。与会四国探讨了在四国间展开更广泛的战略对话的可能性，由此形成了四方对话机制（Quadrilateral Security Dialogue），并明确提出了旨在深化美、日、印、澳战略合作并在亚太地区推进"民主国家"间合作的"四方倡议"（Quadrilateral Initiative）。四国提议通过构筑美日印澳的战略合作机制在亚太地区组建一个包括韩国、中国台湾地区、新加坡以及泰国在内的"民主大家庭"。西方媒体一针见血地指出，美国、日本、印度、澳大利亚构建起具有如此明确指向性同盟的唯一目的，就是"遏制中国的崛起"。① 同年8月，安倍晋三在出访印度时抛出了"大亚洲"（Broader Asia）计划，呼吁美国、印度、澳大利亚等"民主国家"与日本共同建立一个将中国排除在外的"四方关系"（quadrilateral），以应对"中国崛起"，共同捍卫对全球贸易具有重大意义的海上通道的安全。②

　　第一届安倍政府通过推行价值观外交在一定程度上促成日本、美国、印度与澳大利亚四国开展了初步的战略对话。但是，由于对话各方战略利益不同、多边合作机制基础薄弱及四国外交政策的着力点各异，再加上日本国内政局动荡等因素的影响，安倍落实构建四方对话机制外交构想的各项努力进展不力。③ 2007年9月12日，受安倍突然宣布辞职的影响，日本打造日美印澳战略同盟的工作也随之搁浅。然而，经过第一次安倍内阁的外交实践，日美印澳四国战略对话机制已经初具规模，在未来一旦遇到合适的时机就将卷土重来，并对亚太地区国际格局和海洋秩序产生重要影响。

①　Michael Mandelbaum，"Democracy without America：The Spontaneous Spread of Freedom"，*Foreign Affairs*，Vol. 86，No. 5（September/October 2007），pp. 119-130.

②　外務省：「インド国会における安倍総理大臣演説『二つの海の交わり』」，https：//www. mofa. go. jp/mofaj/press/enzetsu/19/eabe _ 0822. html；Dr. Sudhanshu Tripathi，"New Thrust to India-Japan Relations：A'Broader Asia'Likely-Analysis-Eurasia Review"，https：//www. eurasiareview. com/25122012-new-thrust-to-india-japan-relations-a-broader-asia-likely-analysis/。

③　Michael D. Swaine，"Creating an Unstable Asia：The U. S. 'Free and Open Indo-Pacific' Strategy"，Carnegie Endowment for International Peace，March 2，2018，http：//carnegieendowment. org/2018/03/02/creatingsnstable-asia-u. s. -free-and-open-indo-pacific-strategy-pub-75720. 2019-10-12.

（二）继续推进日美澳三国"太平洋轴心"

安倍政府组建"海洋民主国家联盟"的第二项重要战略举措是深化日美澳三国的战略合作。安倍上台后，在小泉内阁时期所形成的"华盛顿—堪培拉—东京太平洋轴心"① 的基础上持续深化日美澳三国的战略合作，使之成为其推动构建"海洋民主国家联盟"的重要政策抓手。2007 年 5 月 1 日，日美两国举行外长与防长"2+2"会议并发表题为《同盟的变革：日美安全及防卫合作进展》的文件，宣布"美日澳三国基于共有的民主价值及战略利益，将在亚太地区及世界范围内进一步加强包括安全保障与防务问题在内的国家间合作"。②由于美澳两国在国际政治的着眼点存在差异，美国更重视全球性事务，而澳大利亚则对亚太安全问题更为关注，并致力于在地区利益与全球利益之间寻求平衡，因此两国在亚太防务问题上存在军事力量规模与国防开支不对称等问题。③安倍内阁积极推进日美澳合作的努力则无疑能有效弥补美澳同盟的不足。安倍政府将澳大利亚绑在日美安保同盟的战车上，从而将日美双边安保合作机制升级为日美澳三边安保合作机制，这种"2+1"的安保合作模式成为安倍通过价值观外交推动日美安保同盟实现开放性变革的先声。

（三）确立与澳大利亚的准同盟关系

安倍政府继推进美日澳三国战略合作之后又一项构建"海洋民主国家联盟"的政策措施就是确立与澳大利亚的准同盟关系。2007 年 3 月 13 日，安倍晋三与到访的澳大利亚总理霍华德（John W. Howard）签署了《日澳安保合作联合宣言》。两国承诺继续发展反映双方共同价值观与利益的战略伙伴关系，并约定将加强日本自卫队与澳大利亚军队、两国防

---

① Purnendra Jain and John Bruni, "American Acolytes: Tokyo, Canberra and Washington's Emerging 'Pacific Axis'", in Brad Williams and Andrew Newman, eds., *Japan, Australia and Asia-Pacific Security*, London: Routledge, 2006, p. 89.

② 日米安全保障協議委員会：「共同発表（日米安全保障協議委員会）同盟の変革——日米の安全保障及び防衛協力の進展」，『平和運動』，第 441 号，2007 年 6 月，第 21—25 頁。

③ Richard L. Armitage and Joseph S. Nye, *The U. S. -Japan Alliance Getting Asia Right through 2020*, Washington D. C.: Center for Strategic and International Studies, 2007, pp. 11, 15.

务部门在海上和航空安全等领域的合作关系。① 这是日本首次与美国以外的国家发表安全保障宣言，标志着日本与澳大利亚形成了准同盟关系。②《日澳安保合作联合宣言》首次公开承认两国在安全领域内存在广泛的合作，并发出了充斥着遏制中国意图的明显信号，成为亚太地区反华联盟体系形成过程中最重要的步骤之一。对此，有学者认为，日本与澳大利亚在安全保障领域构建起战略合作关系的背后有着美国的考虑，并从《日澳安保合作联合宣言》中读出了两国"缔约目的在于遏制中国"的深意。③

2007 年 6 月 6 日，日本外务大臣麻生太郎、防卫大臣久间章生与澳大利亚外长唐纳（Alexander Downer）、国防部长内尔森（Brendan Nelson）在东京举行首次日澳外长与防长"2+2"部长级会议，以落实安倍–霍华德会谈所确定的合作精神。两国在会后发表了联合声明，宣布将在安保领域积极推进实质性合作。双方决定深化彼此之间在交换重要战略情报、两国海上武装力量交流以及扩大防卫部门相关人员往来与联合军演等领域的合作。④ 此次日澳"2+2"会议标志着两国之间的准军事同盟正在由法律制度层面走向具体实施阶段，一个以中国为对象的排他性和进攻性的所谓亚太"民主轴心"正在浮出水面，这个新生的多边反华同盟体系正在取代原有的双边反苏同盟体系，而该同盟作为"由美国控制的多边联盟体系的一部分，明显是针对中国的"并"充分证明了日本和澳大利亚外交政策军事化的倾向正在加速"。⑤

（四）积极构建日印双边安保合作机制

安倍政府打造"海洋民主国家联盟"的第四项政策措施是构建日印

---

① 外務省：「安全保障協力に関する日豪共同宣言（仮訳）」，http：//www.mofa.go.jp/mofaj/area/australia/visit/0703_ks.html。

② 冨田圭一郎：「オーストラリア・ラッド政権の国防戦略と日豪安全保障協力」，『レファレンス』，2009 年 12 月，第 59 巻第 12 号，第 126 頁。

③ 加藤朗：「安全保障『日豪共同宣言』に潜む日豪米それぞれの思惑」，『エコノミスト』，第 85 巻，第 27 号，2007 年 5 月 22 日，第 42—44 頁。

④ 外務省：「日豪外務・防衛閣僚協議共同発表 2007（仮訳）」，http：//www.mofa.go.jp/mofaj/area/australia/visit/0706_kh.html。

⑤ Richard Tanter，"The New American-led Security Architecture in the Asia Pacific：Binding Japan and Australia，Containing China"，http：//www.japanfocus.org/-Richard-Tanter/2385。

双边安保合作机制。2006 年 12 月 25 日，安倍与到访的印度总理曼莫汉·辛格（Manmohan Singh）共同发表了《日印面向全球战略合作伙伴的联合声明》，将两国关系定位提升到全球战略合作伙伴的高度，声明宣布：两国将深化双方在防卫领域的合作，逐步提升包括两国防卫力量之间的交流及各军种之间磋商；双方约定将在 2007 年实施日本海上自卫队与印度海军之间的联合军事训练；两国基于日本与印度享有广大的排他性经济水域及海上利益的共识，联袂推进双方在能力构建、技术合作及情报共享等领域的合作，并在打击海盗的政策制定上进行密切合作；双方就确保对于两国及地区经济发展具有关键意义的重要国际海上交通要道的安全展开密切合作，并将通过海上保安厅长官会谈、巡视船互访、联合训练等方式开展海上保安当局之间定期的交流活动；欢迎两国的海上保安当局之间签署有关推进合作的备忘录。[①]

2007 年 8 月 22 日，安倍在访印期间与辛格发表了《关于日印新领域战略性全球伙伴关系路线图的联合声明》，宣布日印两国在现有的基础上构建全球战略伙伴关系。声明强调，日本和印度在维护亚太及印度洋地区海上通道安全等问题上存在共同利益。因此，两国首脑决定基于"日印战略与全球伙伴关系"深化与扩大两国在各层次的战略对话，进一步加强在安全和防务领域的合作。[②]

四　打造日美印澳四方安全对话机制

在中日海洋争端持续升级的背景下，安倍晋三于 2012 年 12 月 26 日再度组阁并旋即重启针对中国的所谓"价值观外交"。安倍将"俯瞰地球仪外交"作为任内的外交战略方针，强调将在"自由、民主、人权"的基础上开展"海洋价值观外交"，通过打造日美印澳四国安全对话机制，在全球范围尤其是在亚太地区推进与各"海洋民主国家"的合作。[③]

---

① 外務省：「『日印戦略的グローバル・パートナーシップ』に向けた共同声明（仮訳）」，https://www.mofa.go.jp/mofaj/area/india/visit/0612_gps_k.html。

② 外務省：「新次元における日印戦略的グローバル・パートナーシップのロードマップに関する共同声明（仮訳）」，http://www.mofa.go.jp/mofaj/kaidan/s_abe/iim_07/india_rm.html。

③ 安倍晋三：「新しい国へ　戦後の歴史から日本という国を取り戻したい」，『文芸春秋』，第 91 巻，第 1 号，2013 年 1 月，第 124—133 頁。

安倍的"价值观外交"的侧重点主要表现在 3 个方面。

（一）进一步拓展并深化日美安保合作

在美国的海洋安全合作机制中，美日同盟作为事实上的"海洋联盟"在亚太安全事务中发挥基础性作用。为此，美日两国积极构建"联合海洋防御战略"，加紧落实以两国为核心的多边海洋安全合作倡议所规划的战略目标。[①] 钓鱼岛问题持续发酵后，安倍将中日海洋争端与强化日美同盟联系起来。

2013 年 1 月 20 日，美国国务卿希拉里（Hillary Diane Rodham Clinton）与日本外务大臣岸田文雄举行会谈时声称，钓鱼岛在美日安保条约的防卫对象范围之内。日本防卫大臣小野寺五典对此给予高度评价，并强调在周边海洋形势复杂化的背景下，日本防卫战略从基础防御向动态防御转型以及强化日美安保同盟对于保障日本的安全具有重要意义。小野寺明确表示，安倍内阁"希望重构日美同盟"，声称将从新《日美防卫合作指针》的视角出发，积极与美国进行战略协商。[②]

2014 年 10 月 8 日，日美两国公布了修订新《日美防卫合作指针》的中期报告，明确提出将推进日美防卫力量一体化。报告删除了现行《日美防卫合作指针》中有关"周边事态"在地理范围上的限制，提出两国未来的防卫合作要突出日美安保同盟的"全球性质"。报告强调，日美两国将在"平时"、"灰色地带事态"到"战时"的任何阶段就海洋安全、情报收集、联合演练、太空及网络安全等事项展开磋商。[③]

（二）构建日美印澳"民主安全菱形"

奥巴马政府出笼"亚太再平衡"战略，在亚太地区积极深化与日本、澳大利亚、印度等盟国及友好国家的战略合作，并将其置于诸如北约（NATO）之类军事同盟的位置，以共同应对中国的崛起。第二次安

---

① The Japan Foundation Center for Global Partnership, "The Global Maritime Security and the Japan-U. S. Alliance: Report of the Study Project Challenges and Prospects of Japan-U. S. Cooperation", The Japan Forum on International Relations, May 2010, p. 111.

② 小野寺五典：「新たなる脅威に自衛隊法改正で立ち向かう」，『Voice』，第 424 号，2013 年 4 月，第 56—59 頁。

③ 「日米防衛協力の指針見直し中間報告の全文」，朝日新聞デジタル，http：//www.asahi.com/articles/ASGB85FTWGB8UTFK00M.html。

倍内阁积极响应美国遏制中国的"亚太再平衡"战略，迅速重启处于休眠状态的日美印澳四国战略对话机制，通过构建"亚洲民主安全菱形"（Asia's Democratic Security Diamond）等政策措施将原有的四国战略对话机制升级为四国安全对话机制。

2012年12月27日，安倍在署名文章中提出构建所谓"亚洲民主安全菱形"的战略构想，呼吁美国、日本、澳大利亚和印度共同组成"民主安全菱形"，以抵制中国在东海和南海进行的"扩张主义活动"，"捍卫从印度洋到西太平洋地区的公海利益及各国的航行自由"。安倍承诺，他所领导的政府"已经准备好在最大限度上向亚洲民主安全菱形贡献日本的力量"。① 为此，安倍在进一步强化日美安保同盟的同时积极推进日本与澳大利亚和印度在共同研发武器装备、转让相关技术等海洋安全领域的合作，将此作为构建"亚洲民主安全菱形"的具体措施。

随后，日本政府沿着安倍既定的外交路线，借助于美国对中国持续展开全面战略施压的国际形势，加快推进四方安全对话机制（Quad）。2019年9月26日，美国国务卿蓬佩奥（Mike Pompeo）、日本外务大臣茂木敏充、印度外长苏杰生（S. Jaishankar）、澳大利亚外长佩恩（Marise Payne）举行首次四方安全对话外长级会谈，将此前司局长级的四国战略对话提升到部长级的层面。此次四方安全对话外长级会议重点探讨了强化四国在海洋安全领域的磋商与协调机制，再次确认四国将在海洋安全、高质量的基础建设等相关领域进行紧密合作，以及将向以东盟为中心并由其主导的地区架构提供强有力的支持。② 四方安全对话外交磋商机制的升级凸显出四国进一步加强在印太地区的战略协调的强烈意愿。

2021年9月24日，美国总统拜登（Joseph R. Biden）、日本首相菅义伟、澳大利亚总理莫里森（Scott Morrison）与印度总理莫迪（Narendra Damodardas Modi）在华盛顿举行首次面对面的"四国安全对话"首脑会晤并发表联合声明。声明强调四国将从抗衡快速崛起的中国出发，切实

① "Shinzo Abe on Asia's Democratic Security Diamond-Project Syndicate", http：//www. project-syndicate. org/commentary/a-strategic-alliance-for-japan-and-india-by-shinzo-abe.

② 外務省：「日米豪印閣僚級協議（令和元年9月26日）」，https：//www. mofa. go. jp/mofaj/fp/nsp/page6_000392. html.

贯彻"自由开放的印度太平洋"战略，以推动印太地区各民主国家进一步实现联合，从而有效地因应中国"日益显现的霸权主义行径"以及由此"对包括东海与南海在内的印太海洋秩序构成的挑战"。①

（三）推进与东盟国家的海洋安全合作

虽然安倍在"亚洲民主安全菱形"的战略构想中没有直接提及东南亚国家可能发挥的作用，但东南亚国家作为亚太地区的重要政治实体，在安倍的"价值观外交"中扮演着不可或缺的角色，特别是东盟作为重要的地区性组织在海洋安全事务中发挥着举足轻重的作用。

2013年1月，安倍提出"安倍主义"，寻求通过对越南、泰国及印度尼西亚等东盟主要国家的访问，在东南亚地区开展"战略外交"。安倍向东盟各国传达了希望在海洋安全领域展开合作的意愿，明确表示日本将"同东盟国家一道，致力于普及和推广自由民主、基本人权等普世价值观"，并在此基础上"运用法律而非武力手段确保海洋的自由、开放，全力使之成为公共财富"。②

五　对中国形成海上战略牵制之势

安倍内阁通过推进"价值观外交"主动配合美国的对华遏制战略，加紧打造针对中国的海洋同盟，在太平洋和印度洋上从东、南、西三个方向对中国实施海上战略牵制，在相当程度上恶化了中国的安全环境。

第一，在东海方向密切配合美国对中国的"空海一体战"及岛链封锁战略。当前，美国不断强化在"第一岛链"的前沿军事部署，积极调整在"第二岛链"的部署，同时以全球公域（global commons）理念为指导，提出"空海一体战"和"近海控制"（offshore control）等作战理论，强调联合亚太地区盟友，通过"海空联合作战"（air sea joint operations）共同遏制并打破中国实施"反介入和区域阻绝"作战的能力，确保美国

---

① 金杉貴雄：「クアッド」初の直接会合で共同声明採択　日米豪印首脳　民主主義国の結束確認，東京新聞，https：//www.tokyo-np.co.jp/article/133019？rct＝world；日米豪印「クアッド」首脳会合　4か国連携強化など確認 ｜ 新型コロナウイルス，NHKニュース，https：//www3.nhk.or.jp/news/html/20210925/k10013275781000.html？utm_int＝news-international_contents_list-items_010。

② 鈴木美勝：「安倍再チャレンジ外交の位相」，『外交』，第18巻，2013年3月，第17頁。

对关键地区和全球公域的准入权。①

在一些日本学者看来，美国的"空海一体战"构想以美日同盟为前提，需要日本的积极协助才能发挥作战效果。随着中国海军的快速崛起，美国海军在"第一岛链"水域已经呈现疲软态势。因此，日本海上自卫队必须加强与美国海军的合作，共同实施针对中国的布雷封锁及立体反潜作战，将中国舰队封堵在"第一岛链"之内。日美两国在东海频频举行以反登陆作战等为主题的海上联合军演，不仅是为了阻止中国可能对钓鱼岛发起的"军事行动"，也是为了巩固日美在"第一岛链"内的制海权。②

第二，在南海方向支持东盟国家对抗中国。一些日本学者认为，随着对外贸易的快速发展及建设"海上丝绸之路"战略的提出，保持南海的和平稳定对于中国而言具有非同寻常的意义。在地缘战略上，中国要深入太平洋和印度洋，就必须打破美国及其盟友在中国周边构建的岛链封锁体系，尤其是冲破由日本、中国台湾地区与菲律宾构成的"三点一线"的封锁线。具体而言，中国海军西进印度洋的主要出口是马六甲海峡，东进太平洋则必须通过日本宫古海峡或是中国台湾与菲律宾之间的巴士海峡，后两者均处于日本有能力迅速实施海上封锁的地区范围之内。③ 因此，只要日

①　Robert M. Gates, "A Balanced Strategy: Reprogramming the Pentagon for a New Age", *Foreign Affairs*, Vol. 88, No. 1 (January/February 2009), pp. 29-30; Andrew F. Krepinevich Jr., "The Pentagon's Wasting Assets: The Eroding Foundations of American Power", *Foreign Affairs*, Vol. 88, No. 4 (July/August 2009), pp. 23, 33; T・Xハメス：「オフショア・コントロールが答えである」，下平拓哉訳『海幹校戦略研究』，第3巻，第1号，2013年9月増刊，第32—38頁。

②　太田文雄、吉田真：『中国の海洋戦略にどう対処すべきか』，東京：芙蓉書房出版，2011年，第136頁；平山茂敏：「エアシー・バトルの変容：対中作戦構想から、アクセス維持のための限定的作戦構想へ」，『海幹校戦略研究』，第3巻，第2号，2013年12月，第22—41頁；五味睦佳：「中国の海洋進出と我が国の海洋戦略（その2）続：中国に対抗する我が海洋戦略」，『軍事研究』，第47巻，第4号，2012年4月，第163—171頁。

③　平松茂雄：「中国の海洋進出と海上自衛隊の役割」，『世界週報』，第83巻，第32号，2002年8月20日，第8—11頁；中西輝政：「中国の無法を阻止する戦略はあるか」，『正論』，第464号，2010年11月，第33—44頁；飯田将史：「南シナ海で既存秩序に挑戦『覇道』中国の行方」，『Wedge』，第26巻，第8号，2014年8月，第10—13頁；防衛省防衛研究所編『東アジア戦略概観2014』，東京：防衛省防衛研究所，2014年，第149—150頁。

本在南海方向争取到与东盟国家的合作，就能彻底将中国封堵在近海，使其无法进入大洋。

另外，通过与菲律宾等在南海问题上与中国存在争端的国家展开合作，日本还可以减轻自身在钓鱼岛问题和东海问题上的压力，并将东盟国家纳入"亚洲民主安全菱形"。由此可见，在美国"亚太再平衡"战略的背景之下，日本积极介入南海争端会形成"联合制华"的局面，进一步增大中国在海洋方向所承受的战略压力。

第三，在印度洋方向配合印度阻止中国拓展海洋活动空间。印度对域外大国涉足印度洋极为敏感，尤其是出于历史宿怨和战略竞争，对中国进入印度洋的任何举动都保持高度警惕。印度学界和政界不少人士认为，中国根据建设海洋强国的战略目标，沿着南海、马六甲海峡、印度洋和霍尔木兹海峡进行的政治经济布局，以及将来很可能出现的军事存在将在很大程度上对印度的国家利益构成挑战。[1] 毫不夸张地说，一切暗示"中国军力深入印度洋"的信号都会被无限放大从而变成最能撩拨印度神经的"弦外之音"。为此，印度军方提出切断中国经印度洋的海上交通线以策应印度在陆上军事行动的作战构想。[2]

从防范和遏制中国的共同立场出发，在安倍的积极推动下，日本与印度将业已存在的两国"全球伙伴关系"提升为"全球战略伙伴关系"，加快推进两国在安全领域的双边合作。日印关系的急剧升温激活了两国国内有关共同应对"中国威胁"的讨论，"印度已经成为（日本）抗衡中国的一个基轴，在爆发战争的时候将与日本联手合作"的观点大行其道，而印度方面也认为这是向日本推销自己的机会，正在努力向日本靠拢。[3]

2015 年 10 月 14—19 日，日本海上自卫队应邀参加美印两国在孟加拉

---

①　Jyotinder Nath Dixit, "Emerging International Security Environment: Indian Perceptions with Focus on South Asian and Central Asian Predicaments", in K. Santhanam and Ramakant Dwivedi, eds., *India and Central Asia: Advancing the Common Interest*, New Delhi: Anamaya Pubilshers, 2004, p. 22; Jyotinder Nath Dixit, *India's Foreign Policy: 1947 - 2003*, New Delhi: Picus Books, 2003, p. 439.

②　Raja Menon, "A Mountain Strike Corps Is Not the Only Option", *The Hindu*, http: // www. thehindu. com/todays-paper/tp-opinion/a-mountain-strike-corps-is-not-the-only-option/ article4964967. ece.

③　福永正明：「インド亜大陸驚くべき変化を遂げる南アジアとインド--その近未来を大胆に予測する」,『世界週報』，第 88 卷，第 12 号，2007 年 3 月 27 日，第 30—33 頁。

湾附近海域举行的代号为"马拉巴尔 2015"（Exercise Malabar-2015）的海上联合军演。此次联合军演为期 6 天，三国出动了包括核动力航母和核潜艇在内的 10 艘舰艇，重点演练了反潜、防空等科目。日本媒体指出，日本在时隔 8 年后再度受邀参加在印度洋举行的联合军演，主要在于美国、日本和印度就遏制中国在南海及印度洋日趋活跃的海上活动，以及在确保运输原油等战略物资的海上交通线的安全等问题上达成共识。①

日本和印度分别位于亚洲大陆的东北翼和西南侧，两个海洋大国以中国为假想敌开展的防务与安全合作，特别是在海洋安全问题上日趋密切的战略协作关系，导致中国在东海承受美日封堵、在南海面临主权争端的情况之下，还要应付来自印度洋的战略压力，特别是要面对印度给中国能源运输安全和贸易交通线构成的潜在威胁。在安倍政府的推动下，日本初步构建起从东、西、南三个方向对中国的海上包围圈，恶化了中国的地缘安全环境。②

总的来说，海洋问题和历史问题等交织在一起，已经构成中日之间的主要矛盾，这种情况也使得曾经一度流行的"中日相互依存论"在日本降温。日本所提出的"海洋亚洲共同体"的合作对象主要是东南亚国家，并不包括中国，其隐含的用意就是广泛联合越南、菲律宾等同中国存在南海争端的国家共同抵制所谓的"中国霸权主义"，以"海洋亚洲共同体"来孤立、对抗、制衡中国。③

第四节　日本的海洋发展政策

一　海洋事务的领导架构与管理体制

（一）主要行政管理机构

2007 年《海洋基本法》生效后，由首相兼任本部长的"综合海洋政策

---

① 「日米印の共同演習公開中国をけん制か」，NHKニュース，http：//www3. nhk. or. jp/news/html/20151018/k10010274001000. html。

② パンネールセルバムプラカーシュ：「1999 年から2009 年にかけての日印間海洋安全保障協力」，関博之訳『海幹校戦略研究』，第 2 巻，第 2 号，2012 年 12 月，第 154 頁。

③ 朱晓琦：《日本学界的海洋战略研究——核心议题与研究趋势》，《国际政治研究》2015 年第 6 期，第 99 页。

本部"（以下简称"海洋本部"）成为日本管理海洋事务的最高领导机构，它也是日本海洋战略的决策和指挥中枢。海洋本部的主要职能是：（1）制订并实行海洋基本计划；（2）协调相关行政机构对海洋基本计划的政策实施；（3）草拟、制订和调整其他海洋政策计划。概括而言，"日本海洋战略的推进体制形似一座金字塔：海洋本部位于金字塔的顶端，是战略决策指挥中枢；承包'海洋事业'的中央政府部门及都、道、府、县各级自治政府位于金字塔的中部；基层行政组织、地方公共团体、民间团体、国立大学法人、研究机构、海岸及海湾的管理机构等构成金字塔的底部"。①

战后日本的海洋管理一直采用分散管理体制，按照行业和部门对海洋管理职权进行条块化分割，并没有统一的海洋管理机构，涉海事务由多个政府部门分头处理。目前，日本海洋管理职能主要由内阁官房、国土交通省、文部科学省、农林水产省、经济产业省、环境省、外务省、防卫省8个行政部门承担，其具体分工如下。

1. 内阁官房

内阁官房下设大陆架调查对策室、综合海洋政策本部事务局等专门职能机构负责海洋管理。其中，大陆架调查对策室的主要职责是对日本周边大陆架的地形、地质等情况进行勘测和调查，以掌握并充分利用日本沿海海域的矿产资源和海底资源，并收集相关数据为日本扩大大陆架范围服务。

2. 国土交通省

国土交通省由原来的国土厅、运输省、建设省及北海道开发厅等机构合并而成，下设的主要海洋管理部门有国土规划局总务课海洋室、海事局②、港湾局开发课和环境技术课，以及河川局海岸室与海上保安厅等。③ 国土交通省的职能包括海洋测量、气象观测、海事、海运、船舶、海上保安、港湾、海洋利用、防止海洋污染、海上交通安全、海岸管理、下水道、国土规划、城市规划、海洋及海岸带管理、港口建设维护，以及经济专属海区的管理等，其业务范围包括国土计划、河川、都市、住

---

① 李秀石：《日本国家安全保障战略研究》，时事出版社，2015年，第138—140页。
② 在原有的运输省海运局和海上安全技术局的基础上进行整合，组建成新的海事局。
③ 海上保安厅的具体业务详情，参见海上保安厅，http：//www.kaiho.mlit.go.jp/。

宅、道路、港湾、政府厅舍营缮的建设与维持管理，周边海域的治安维护以及离岛开发与振兴等。

3. 文部科学省

文部科学省下设科学技术学术政策局、研究振兴局、研究开发局3个直属局。其中，研究开发局下属的开发企划课负责规划、制订与海洋科学技术、地球科学技术、环境科学技术等有关的研究开发政策，另设有海洋地球课负责管理海洋科学技术中心、国立极地研究所等。研究振兴局下设的学术机构课负责管理如东京大学海洋研究所等院校研究所，另设有研究振兴基础课负责管理防灾科学技术研究所。此外，文部科学省还设有科学技术学术审议会，其中海洋开发分会是首相在海洋科学方面的咨询机构。

4. 农林水产省

农林水产省下属的水产厅①设有增殖推进部渔场资源课、渔政部、港湾渔场整备部等科室，主要负责渔业和水产资源的管理与产业振兴。水产厅下属的水产综合研究中心从与水产相关的基础研究出发，其业务涵盖应用、实证等领域，以实现《水产基本法》所述的"确保稳定供给水产物"。②

5. 经济产业省

经济产业省下设的资源能源厅辖有节能与新能源部、资源燃料部与电力煤气事业部3个涉海管理部门。其中，资源燃料部政策课负责处理与《联合国海洋法公约》《深海底矿业暂定措施法》等有关的法律法规业务，资源燃料部矿物资源课负责与海洋资源、海洋产业相关的业务。③

6. 环境省

环境省下设的地球环境局环保对策课审查室和计划室负责处理同《海洋污染法》相关的国际业务，环境管理局水环境部水环境管理课负责处理同《海域水质污染法》相关的业务。封闭性海域对策室负责研究封闭性海域环境污染相关的政策法规。④

---

① 有关水产厅海事职能的具体内容，参见水产厅/ホーム，http：//www.jfa.maff.go.jp/。
② 参见独立行政法人水产综合研究センター，http：//www.fra.affrc.go.jp/。
③ 参见经济产业省组织图，http：//www.meti.go.jp/intro/downloadfiles/a_soshikizu.pdf。
④ http：//www.env.go.jp/guide/gyomu_pdf/pdf/p024-025.pdf。

7. 外务省

外务省下设的经济局①负责能源安全保障、食品原料、海洋、渔业等与海洋经济相关的业务，经济局下设海洋室和渔业室，负责与海洋、渔业相关的政府涉外业务。此外，该局下设的国际贸易课负责海运、船舶保护等国际海上经济贸易的相关业务；综合外交政策局②国际社会合作部联合国行政课的专门机构行政室承担与国际海事机构相关的业务。其中，海上安全保障政策室负责与日本安全保障相关的外交政策中海上安全的企划、立案及总括性事务。

8. 防卫省

海上自卫队是自卫队中担负海洋防卫的主要力量。经过战后几十年的建设，日本海上自卫队已经发展成为世界一流的海上军事力量，特别是在扫雷、反潜等领域居于世界领先地位。

（二）　与海洋管理相关的协调机构

为解决涉海管理部门众多、职权不明、遇事相互推诿、反应迟缓等问题，日本政府设立了一系列协调机构，以统筹安排各海洋管理部门的工作。

1. 海洋权益相关阁僚会

1980 年，日本政府成立了由内阁官房长官牵头的海洋开发关系省厅联席会，专门负责各海洋管理部门之间的工作协调，统一制定和实施海洋管理政策。2004 年，海洋开发关系省厅联席会改组为海洋权益相关阁僚会，牵头人升级为首相，成员包括各省厅大臣，以实现信息共享和政策沟通，提高日本海洋管理的决策和执行效率，加强对突然事件和紧急情况的应对。

2. 海洋开发审议会

1969 年，日本成立了海洋科学技术审议会，主要负责协调制订各省厅海洋开发推进规划，提出发展海洋科学技术的指导规划。1971 年，海洋科学技术审议会改组为海洋开发审议会，其职能包括调查、审议有关

---

① 参见经济局，外务省，http：//www.mofa.go.jp/mofaj/annai/honsho/sosiki/keizai.html。
② 参见综合外交政策局，外务省，http：//www.mofa.go.jp/mofaj/annai/honsho/sosiki/sogo.html。

海洋开发的综合性事项，制订海洋开发规划和政策措施。

3. 大陆架调查及海洋资源等联络会

2002 年 6 月，日本成立了由内阁官房、外务省、国土交通省、文部科学省、农林水产省、环境省、防卫厅（现防卫省）、资源能源厅、海上保安厅等组成的省厅大陆架调查联络会。2004 年，大陆架调查联络会改组成为有关省厅关于大陆架调查及海洋资源等联络会，并制订了《划定大陆架界限的基本构想》，以稳步推进日本扩大其大陆架范围的整体部署。[①]

二　《海洋基本法》与《海洋基本计划》

2007 年 4 月，为推进日本的海洋开发，日本国会参众两院分别通过了《海洋基本法》。同年 7 月，该法正式实施，同时成立了以首相安倍晋三为本部长的综合海洋政策本部，具体负责海洋基本计划的推进。

《海洋基本法》全文分为第一章"总则"（第一条至第十五条）、第二章"海洋基本计划"（第十六条）、第三章"基本的政策措施"（第十七条至第二十八条）、第四章"综合海洋政策本部"（第二十九条至第三十八条），共 38 项条款以及两项附则。《海洋基本法》的出台表明，日本海洋管理体制正在由分散性向综合性转变，日本政府谋求在国际海洋竞争日趋激烈的时代为持续推进日本的海洋开发提供切实有效的法律保障。

《海洋基本法》在第一章"总则"的"目标"部分阐明了制定该法的目的。《海洋基本法》强调，日本四面环海，为实现新的海洋立国目标，需要明确界定与海洋有关的基本理念，阐释国家、地方公共团体、企业及国民在海洋问题上的责任和义务，并科学制订与海洋相关的基本计划与海洋政策。同时，日本要通过设置综合性海洋管理机构来有计划性地综合推进同海洋相关的政策措施的实施，以求在促进日本经济社会健康发展和国民生活水平稳步提高的同时，为海洋与人类的和谐共生做出应有的贡献。

"总则"提出了"海洋开发及利用与海洋环境保护之间的协调"（第

---

① 姜雅：《日本的海洋管理体制及其发展趋势》，《国土资源情报》2010 年第 2 期，第 7—8 页。

二条)、"确保海洋安全"(第三条)、"充实与海洋相关的科学知识"(第四条)、"海洋产业的健康发展"(第五条)、"海洋综合管理"(第六条)、"与海洋相关的国际合作"(第七条)、"国家的责任与义务"(第八条)、"地方共同团体的责任与义务"(第九条)、"企业的责任与义务"(第十条)、"国民的责任与义务"(第十一条)、"责任相关各方相互间的联系与合作"(第十二条)、"海洋之日的仪式"(第十三条)、"法律上的措施"(第十四条)、"资料的制作与公布"(第十五条)等条款,详尽阐明了落实"目标"部分的各项具体措施。

《海洋基本法》强调应明确以下事项:第一,就与海洋相关的政策措施确定其基本方针;第二,政府与海洋相关的施政应讲求综合性且有计划的政策措施;第三,除上述两点外,必须明确相关的必要事项,以综合且有计划地推进与海洋有关的政策措施。[①]

2008 年 3 月,日本政府依据《海洋基本法》制订了第一个《海洋基本计划》。该计划规定的海洋安全事项主要有以下 5 个方面。第一,维护周边海域秩序。加强海上力量,建立海上紧急出动体制,防止海上犯罪。维护至马六甲一线的海上交通安全,实施海上反恐,遏制大规模杀伤性武器海上运输等。第二,维护海上交通安全。加强国际合作,维护至马六甲一线的交通安全,强化海上救难机制。第三,增强海洋灾害预报、救灾能力。第四,监视外国军舰活动。第五,保护开发离岛。[②]

2013 年 4 月,日本新一期《海洋基本计划》在国会获得通过。2013年版《海洋基本计划》提出,日本要最大限度地释放海洋潜力,通过海洋开发实现国家富裕和繁荣。日本要从"被海洋保护的国家"转变为"保护海洋的国家",坚决维护日本在领海和专属经济区内的海洋权益。日本要确保海上交通安全,有效应对海洋灾害,积极利用现代科技探索未知的深海等海洋空间,解决海洋环境污染、气候变化等全球性课题。在 2008 年《海洋基本计划》的基础上,2013 年版《海洋基本计划》将

---

① 日本衆議院:「(特集 海・資源・環境--国際法・国内法からのアプローチ)海洋基本法(平成十九年四月二十七日法律第三十三号)」,『ジュリスト』,第 1365 号,2008 年 10 月 15 日,第 6—25 頁。

② 「海洋基本計画」(平成 20 年 3 月 18 日閣議決定),http://www.kantei.go.jp/jp/singi/kaiyou/kihonkeikaku/080318kihonkeikaku.pdf。

海洋产业的振兴与培育、海洋安全的确保、海洋调查的推进及海洋情报的公开、人才的培育和技术强化、海域的综合管理计划制订、东日本大地震的环境应对及气候变化作为未来日本海洋事业发展的 6 大重点。①

2018 年 5 月 15 日，安倍政府在内阁会议上通过了 2018—2023 年的第三期《海洋基本计划》。第三期《海洋基本计划》将日本海洋政策的重心从对海洋的基础性科学调查调整为强化海域警戒和离岛防御等。该计划以外国公务船"入侵日本领海"的"不法活动"加剧、外国军舰在领海内活动范围扩大、外国渔船"在日本领海违法捕捞作业"案例激增、朝鲜在日本专属经济水域进行导弹试射等导致日本周边海洋安全环境发生剧变为由，强调以海洋维权为重点进行综合性海洋管理，具体措施包括：（1）根据《防卫计划大纲》完善自卫队对日本领海的防卫力量，通过在"西南诸岛"等岛屿上部署自卫队等措施"强化岛屿的防卫态势"；（2）增加海上保安厅的巡逻船和飞机的数量，加强海上保安厅对钓鱼岛周边所谓"日本领海"的警备活动，在应对中国公务船进入钓鱼岛及其周边海域巡航的警备体制中增列启动"应急机制"的规定；（3）日本向东南亚国家提供海上警备执法所需的技术装备并为其培训执法人员，从而保障日本海上交通线的安全；（4）推进构建海洋状况监视体系（MDA），通过加强与发挥自卫队与海上保安厅在舰艇、飞机、雷达等现有装备及技术上的优势，充分利用宇宙航天研究开发机构的先进光学卫星和雷达卫星，与美军实现信息共享，以最大限度地强化对东海、日本海等海域的监视和控制力度；（5）构建自卫队与海上保安厅之间的统一信息管理体系，提高各方在海洋管理信息收集、共享与运用方面的工作效率。②

同前两期《海洋基本计划》相比，2018 年版《海洋基本计划》主要有 3 大特点。

第一，将日本海洋政策的重点由海洋科研调查、资源勘探和开发转变为强化海洋安保，特别是针对中国和朝鲜提出加强离岛防御，提高日

---

① 「海洋基本計画」（平成 25 年 4 月），第 1—8 页，http：//www.kantei.go.jp/jp/singi/kaiyou/kihonkeikaku/130426kihonkeikaku.pdf。

② 内閣府：「海洋基本計画」（平成 30 年 5 月 15 日閣議決定），https：//www8.cao.go.jp/ocean/policies/plan/plan03/pdf/plan03.pdf。

本对周边海洋的监控和警戒能力，包括监控弹道导弹的动向、同其他国家共建海洋监控体系等内容。

第二，拓宽了海洋政策的范围，首次将极地政策纳入日本海洋政策之中，并将视角瞄准了外太空。计划提出，要充分利用日本和美国等在卫星等空天领域的技术优势，最大限度地对东海及日本海进行全天候监视与侦察。

第三，预期目标内容更加丰富，涵盖范围更广。2008 年版与 2013 年版《海洋基本计划》在为期 5 年的期限内仅突出一个重点内容。例如，2008 年版《海洋基本计划》的目标是测量日本管辖海域的面积范围，2013 年版《海洋基本计划》的目标是探明日本管辖海域内所蕴藏的资源种类及其储量。相比之下，2018 年版《海洋基本计划》的目标同时提出了三项并列的重点内容，即提高日本大范围的海洋监控能力、领海警备与岛屿防御能力，以及强化海洋防灾减灾能力。因此，2008 年版与 2013 年版的《海洋基本计划》所实施的内容是静态的，而 2018 年版《海洋基本计划》则明显具有动态性的特征；前两期计划的内容是宽泛和基础性的，而新一期计划则具有明显针对性；前两期计划以科研和资源勘探为主要着眼点，而新一期计划则偏重海洋安全，重心转向行政甚至是军事行动。[①]

三 海洋资源开发与海洋产业

（一） 日本海洋开发的构想与规划

根据日本学者的定义，海洋开发与利用的领域具体可以分为海洋调查、海洋石油与天然气开发、海水与海底矿物资源开发、海洋能量资源开发、海洋生物资源开发及海洋空间利用开发等。[②]

1994 年，日本批准了《联合国海洋法公约》，随即开始酝酿基于国际海洋法规范的海洋开发政策。日本国土交通省参照《联合国海洋法公

---

① 内閣府：「海洋基本計画」（平成 30 年 5 月 15 日閣議決定），https：//www8. cao. go. jp/ocean/policies/plan/plan03/pdf/plan03. pdf；内閣府：「海洋基本計画」（平成 25 年 4 月 26 日閣議決定），https：//www8. cao. go. jp/ocean/policies/plan/plan02/pdf/plan02. pdf；内閣府：「海洋基本計画」（平成 20 年 3 月 18 日閣議決定），https：//www8. cao. go. jp/ocean/policies/plan/plan02/pdf/plan02. pdf。

② 今井義久：「海洋政策と海洋開発・利用技術」，『海－自然と文化：東海大学紀要海洋学部』，第 2 巻，第 1 号，2004 年 7 月 31 日，第 52—53 頁。

约》，提出构建"多层次的海洋概念和岛屿制度"，即不再将海洋视为由可以行使主权的领海和不属于任何国家主权范围的公海两部分构成的"二元秩序"，而是认识到海洋是包含领海、专属经济区、大陆架等元素的多层次的概念，其中岛屿因为可以决定一国是否可以拥有广阔的大陆架和专属经济区而尤其受到重视。1998 年 3 月，日本内阁审议通过了由国土厅制订的《21 世纪的国土规划——促进地域自立与创造美丽的国土》。这份文件将日本海洋和沿海地区分成与"新国土轴"对应的黑潮、亲潮和对马海流的沿海地区，以及与"西日本国土轴"对应的三大湾和与濑户内海等连接的地区。而要实现"理想的国土结构"，就必须做到：（1）构建海洋与人类的多样化关系；（2）综合推进沿海区域圈的规划和管理——确立国际海洋秩序与技术开发；（3）充分利用海洋，推进使用新船舶、新浮体等，推进水产资源的技术研发，提高其生产力水平。同时，调查开发大陆架的石油、天然气，深海海底的矿产资源，以及利用潮汐能、波浪能等。[1]

日本认为，目前人类在以运输、生产、居住、观光等领域为主的陆地空间利用上已经接近极限，而海洋利用仍存在着广阔的发展空间。土地获得的困难性以及海洋开发技术的进步，使得人类的生活空间逐步朝着建设海上发电站、海洋联合企业、海洋贮藏设施、海洋牧场等海洋空间利用的方向扩展。[2] 而且，凭借现在的技术力量可开发的水深达到 400 米，开发面积大致相当于整个非洲大陆。据有关方面估算，全球海底石油储量达8600 亿吨，天然气含量达 40 兆立方米，锰的储量是陆地的 4000 倍，钴的储量为陆地的 5000 倍，镍的储量为陆地的 1500 倍。[3] 海水中包含了金、银、铀、镁等 60 多种金属，海洋中镁金属的储量为 200 兆吨、溴为 100 兆吨、碘为 750 亿吨、白银为 4.5 亿万吨、铝为 150 亿吨、黄金为 600 万吨。[4]

因此，如果对海洋进行有计划的开发，就能确保获得大量的食物和资源，解决人口膨胀所需的粮食问题。如果进一步利用海洋所具有的潮

---

① 李秀石：《日本国家安全保障战略研究》，时事出版社，2015 年，第 108—110 页。

② 海洋政策研究财团编『海洋白書：日本の動き世界の動き2006』，東京：海洋政策研究財団，2006 年，第 28—40 頁。

③ 相賀徹夫編『ジャポニカ万有百科大事典：宇宙地球 18』，東京：小学館，1984 年，第 95 頁。

④ 堀部純男他：『海洋鉱物資源』，東京：読売新聞社，1986 年，第 12 頁。

汐能、波浪能、海洋温差能等海洋能源进行发电，将能够获得大量的绿色能源。从这个角度来看，拥有海面、海中和海底三次元立体空间的海洋是仅次于原子能而具有广阔发展前景的新兴能源领域，因此海洋国家与内陆国家相比具有无限发展的可能性。[1] 对于日本这样一个四面环海、直面浩瀚的太平洋的岛国而言，海洋更是具有决定日本命运的重大意义，也决定了日本在 21 世纪这个"海洋世纪"将大有可为。总的来说，目前的日本海洋资源开发是围绕 2007 年的《海洋基本法》和 2008 年及 2013 年两版《海洋基本计划》而展开的，在此基础上构成了日本海洋产业发展的总体架构。2013 年的《海洋基本计划》将海洋矿物资源勘探和开发、海洋可再生能源利用、水产资源开发作为日本海洋资源开发的 3 个主要方向。[2]

2018 年，第三期《海洋基本计划》高度重视对甲烷水合物、海底热水矿床、稀土等海洋矿藏资源的开发利用，同时对发展可再生能源，尤其是海上风力发电做出了明确规划，强调由民间企业主导海上风力发电事业。[3]

（二）日本海洋开发的主要领域

1. 海洋温差发电

海洋温差发电是利用大海表层（浅海区）的温水与深层（深海区）的冷水之间的温度差所形成的能量进行发电的技术。具体而言，海洋表面 100 米之内的海水中积蓄了以热能形式存在的一部分太阳能，在低纬度地区的海水常年保持着大约 26℃—30℃ 的水温。极地地区寒冷的海水在洋流大循环的作用下流向低纬度地区的海域。随着洋流的移动，在周围的海水之间形成了温度差，而从极地地区流出的寒冷海水因其密度相对较大而沉入深海。在表层海水与距海面 600—1000 米的深层海水之间存在着 1℃—7℃ 的温差，而抽取这种深层的冷却海水，并将海洋表层的温水与深层的冷水之间的温度差所形成的能量转换为电能，即可进行发

① 平間洋一：「海洋権益と外交・軍事戦略——地政学と歴史からの視点」，『国際安全保障』，第 35 巻，第 1 号，2007 年 6 月，第 1 頁。
② 「海洋基本計画」（平成 25 年 4 月），第 14—19 頁，http://www.kantei.go.jp/jp/singi/kaiyou/kihonkeikaku/130426kihonkeikaku.pdf。
③ 内閣府：「海洋基本計画」（平成 30 年 5 月 15 日閣議決定），https://www8.cao.go.jp/ocean/policies/plan/plan03/pdf/plan03.pdf。

电。而且，海洋温差不会发生昼夜温差变动，是一种比较稳定的能源，加之可以对其季节变动进行预测，因此可以作为基础电力来源，进而实现有计划的发电。[①]

2011 年福岛核泄漏事故后，日本核能产业遭受重大挫折，日本政府转而寻求更为清洁、更为安全的可再生能源发电模式，海上风力发电、海洋潮汐能和波浪能发电、海洋温差发电等有望赢来新的发展机遇。

2. 可燃冰的开发利用

2013 年 12 月，日本经济产业省制订了《海洋能源与矿物资源开发计划》。该计划阐释了日本海洋能源与矿物资源开发的现状，强调在保护环境的前提下做好调查勘探、解决相关技术问题和经济生产论证，以尽快着手实施开发。[②]

目前，日本重点开发的海洋能源除传统的石油和天然气，以及利用海洋波浪能、潮汐能、风能和海洋温差发电外，主要是开发可燃冰（天然气水合物），可燃冰已成为未来日本海洋能源开发的重点课题。[③] 根据日本经济产业省的统计，日本专属经济区和大陆架所储藏的可燃冰达到约 7.35 万亿立方米，相当于日本每年天然气消费量的 94 倍。[④] 2000 年 6 月，日本政府设立了"天然气水合物开发研究委员会"，次年正式推出了为期 18 年的《日本天然气水合物开发计划》。2002 年 3 月，日本又成立了"天然气水合物资源开发研究财团"，以吸引来自各方的技术力量开展可燃冰研究。

根据《日本天然气水合物开发计划》，日本将分 3 个阶段推进对可燃冰的研究、开发和利用：第一阶段（2001—2008 年）主要是探明日本周边海域可燃冰的分布状况、实际储量和选定可开采区域；第二阶段

[①]　新エネルギー・産業技術総合開発機構編『NEDO 再生可能エネルギー技術白書 —再生可能エネルギー普及拡大にむけて克服すべき課題と処方箋—』（第 2 版），東京：森北出版株式会社，2014 年，第 10 頁；「特定非営利活動法人 海洋温度差発電推進機構」，OPOTEC：海洋温度差発電（OTEC）とは，http://www.opotec.jp/japanese/index.html。

[②]　「海洋エネルギー・鉱物資源開発計画」，http://www.kantei.go.jp/jp/singi/kaiyou/kihonkeikaku/130426kihonkeikaku.pdf。

[③]　日本海洋開発建設協会、海洋工事技術委員会編『21 世紀の海洋エネルギー開発技術』，東京：山海堂，2006 年，第 7 頁。

[④]　廉德瑎、金永明：《日本海洋战略研究》，时事出版社，2016 年，第 10 页。

（2009—2015 年）主要是对优选的可燃冰气田进行生产试验；第三阶段（2016—2018 年）致力于完善可燃冰的商业生产技术并建立环保的开发体系。[1] 截至 2015 年 1 月，日本已确定的可燃冰储藏点达到 971 个。[2]

3. 海底矿物资源开发

日本陆上资源贫乏，尤其缺少石油、天然气等化石燃料和重要的贵金属等矿物资源，但日本领海及专属经济区内则储藏着丰富的矿物资源。日本是世界上开发海底矿物资源的先进国家，目前开发的重点是海底热液矿床、锰结核、富钴结壳和稀土等。

除深海外，目前日本主要对伊豆半岛、小笠原群岛和冲绳群岛等日本周边海域进行勘探。[3] 2014 年 12 月，日本石油天然气金属矿产资源机构（JOGMEC）宣布，在冲绳本岛西北海域发现了迄今为止日本国内最大的海底热液矿床，在该矿床发现了蕴含铜、铅、金、银等的矿石。该矿床被认为与此前日本发现的最大的热液矿床"伊是名海穴"的矿石储量相当，后者据估算储藏有 340 万吨矿石，其中的 10% 含有铜和金。[4] 据日本项目产业协议会估算，日本海底热液矿床储量为 7.5 亿吨，富钴结壳储量达 24 亿吨，可燃冰储量为 12.6 兆立方米。[5]

四 海洋科学研究与海洋环境保护

（一）海洋科学研究

日本是世界一流的海洋科学研究强国，尤其是在海洋地质勘探、海洋防灾减灾、深海技术开发等领域居于世界领先地位。日本政府非常重视发展海洋科技，早在 1968 年就制订了《日本海洋科学技术》这一发展规划，提出促进日本先进工业技术在海洋领域的拓展。1990 年，日本政府出台了《海洋开发基本构想及推进海洋开发方针政策的长期展望》，

---

① 《下一次"能源革命"是日本可燃冰吗》，中国石油新闻中心，http：//news. cnpc. com. cn/system/2014/06/10/001490981. shtml。

② 《日本最新可燃冰调查报告：新增 746 个可燃冰储藏点》，中国日报网，http：//www. chinadaily. com. cn/hqcj/xfly/2015-01-14/content_13044115. html。

③ 修斌：《日本海洋战略研究》，中国社会科学出版社，2016 年，第 77 页。

④ 《日本发现国内最大规模海底热液矿床》，日经中文网，http：//cn. nikkei. com/industry/ienvironment/12169-20141205. html。

⑤ 方晶等：《日本海洋地质矿产研究与开发动向》，《矿物学报》2015 年第 S1 期，第 756 页。

提出重点发展海洋卫星、深潜、深海资源开发等海洋高新技术，促进日本的海洋科技创新和提高国际竞争力。1997 年，日本政府颁布了《海洋开发推进计划》和《海洋科技发展计划》，提出面向 21 世纪发展基础海洋科学和海洋高新技术。2001 年，日本制订了《新世纪日本海洋政策基本框架》，提出了建设"海洋科技大国"的目标。2007 年《海洋基本法》的颁布，以及 2008 年和 2013 年两版《海洋基本计划》的出台，使得日本海洋科技研究得到来自日本政府更有力的支持，海洋科技研究的规范化、制度化和前瞻性都得到进一步加强。[1] 2018 年，日本政府又提出新一期《海洋基本计划》，强调利用高新技术，加强对日本周边海域的安全保障措施。

日本拥有众多享誉世界的高水平海洋科研机构，最有代表性的是日本海洋科学技术中心。它成立于 1971 年，与美国斯克里普斯海洋研究所、美国伍兹霍尔海洋研究所、英国国家海洋研究中心、法国海洋开发研究院（French Research Institute for Exploitation of the Sea）和俄罗斯希尔绍夫海洋研究所（P. P. Shirshov Institute of Oceanology）并称世界六大顶尖海洋科学研究机构。根据 1998 年制订的"海洋开发长期计划"和"进一步了解地球"的目标，日本海洋科学技术中心将揭示海洋和气候的变化机制、调查海洋海底的动态、探索海洋生态系统、解析地球系统和研究新的海洋开发技术作为主攻的 5 大研究领域。其中，21 世纪的重要研究目标之一是"探索地球生命的起源"。[2] 目前，日本海洋科学技术中心主要致力于深海勘探和海洋调查等工作。

（二）海洋环境保护

日本是一个自然灾害频发、生态环境相当脆弱的岛国，因此保护对日本生存和发展至关重要的海洋环境对日本而言具有战略意义，它也构成了日本海洋事业的重要内容。日本政府立足于《环境基本法》，出台了《环境基本计划》《水质污染防止法》《海洋污染及海上灾害防止相关法律》等文件，并据此推进防治海洋环境污染、沿岸灾害防治及环境保

---

①   王树文、王琪：《美日英海洋科技政策发展过程及其对中国的启示》，《海洋经济》2012 年第 5 期，第 60 页。

②   曲国斌：《从海洋中探索生命的奥秘——记日本海洋科学技术中心》，《中国海洋报·国际版》2002 年 8 月 23 日。

护等各项措施。① 近年来，日本又相继出台了《低潮线保护法》《海洋生物多样性保护战略》《关于海洋保护区的设定》等一系列法律法规、指导文件和发展规划等，使日本的海洋环保有法可依、有章可循。其中，日本环境省在 2011 年 5 月制订的《关于海洋保护区的设定》文件，突出了在日本设立海洋保护区的意义，强调此举是确保生物多样性和生态系统安全的重要举措。日本非常重视对海洋生物的保护，国内设立了自然公园、自然海滨保护地区、自然环境保护区域、鸟兽保护区、栖息地保护区、天然纪念物，以及保护水面、沿岸水资源开发区域及指定海域、共同渔业区域等，由此构成了不同层次、不同种类的海洋保护区体系。②

在减少海洋污染方面，日本主要从改善近海水质、减少陆地入海污染物排放量、治理漂流垃圾等方面入手。在应对海上漏油等突发事故方面，日本的思路是建立并及时更新脆弱沿岸环境图、脆弱沿岸海域图和相关信息数据，提前做好技术资料的准备工作，在发生突发事故后及时做好环境评估，尽量减少事故对环境造成的影响。另外，日本也非常重视利用各种先进技术手段开展海洋调查，以及时准确掌握海洋生态数据和海洋污染情况，评估治污效果，采取科学方法有效应对各种海洋环境问题。③

2011 年日本大地震造成福岛核电站泄漏事故后，周边海水遭受严重的放射性污染，这使得一直处于世界领先地位的日本海洋环保面临严峻形势，也提出了日本应如何应对海洋环境突发事故的新课题。

五　海洋教育与海洋科普活动

日本非常重视海洋知识的普及和教育工作，以增强民众的海洋意识。日本《海洋基本法》第 28 条规定，国家应在学校和社会教育中推进海洋教育，以加深国民对海洋的理解和关心，并培养具有海洋知识和技能的专门人才。

日本海洋政策研究财团在 2008 年和 2009 年分别提出了《推进小学普及海洋教育建议》和《21 世纪海洋教育蓝图——与海洋教育有关的课

---

① 今井義久：「海洋政策と海洋開発・利用技術」，『海－自然と文化：東海大学紀要海洋学部』，第 2 巻，第 1 号，2004 年 7 月 31 日，第 52 頁。
② 修斌：《日本海洋战略研究》，中国社会科学出版社，2016 年，第 79 页。
③ 修斌：《日本海洋战略研究》，中国社会科学出版社，2016 年，第 809—812 页。

程和单元计划》（小学编）。《推进小学普及海洋教育建议》提出，海洋教育的基本原则是"亲海、知海、守海、用海"，为此应做到：（1）明确有关海洋教育内容；（2）完善普及海洋教育的学习环境；（3）充实拓展海洋教育的外部支援体制；（4）培育担负海洋教育的人才；（5）开展海洋教育研究工作。《21 世纪海洋教育蓝图———海洋教育有关的课程和单位计划》（小学编）是为落实《推进小学普及海洋教育建议》，在课程设计上提出的具体建议。它强调，开发海洋教育课程并不是新设置海洋课程，而是将海洋教育贯穿在已有的科目中进行综合性教育，并在小学教育中增加与海洋有关的教育内容。①

2013 年出台的《海洋基本计划》强调，要改进初级、中级和高等教育中的海洋教育内容，使之更为系统化。日本政府应充分利用现有资源，推动海洋产业界和海洋教育界采取有效措施，形成产业界-教育界-政府三位一体的联动体系，从而增进日本民众对海洋的了解。同时，政府也应有意识地鼓励民众开展海洋旅游等活动，通过与媒体、水族馆、博物馆等的合作宣讲海洋知识，传播日本的海洋历史和文化，并及时反馈公众对于政府海洋政策的意见和建议，从而进一步增强日本国民的海洋意识，尤其是海洋环境保护的观念。②

值得注意的是，近年来日本加强海洋教育的举措在相当程度上是为了配合同中国展开海洋领土斗争，强化日本青少年学生对国家海洋主权和权益的认识，而在其实践过程中又有不少歪曲事实、颠倒是非的举动，这一点尤其体现在日本同周边邻国的海洋领土争端问题上。2014 年 8 月，日本文部科学省就提出，要在修订的《学习指导要领》中增加对领土、领海和海洋资源等国家主权理解的海洋教育内容，③ 实质是从教育入手加强日本青少年对中日钓鱼岛之争日方立场的"认识"，提高国民对日本政府举措的支持度。

---

① 廉德瑗、金永明：《日本海洋战略研究》，时事出版社，2016 年，第 80—88 页。
② 「海洋基本計画」（平成 25 年 4 月），第 12—13 页，http://www.kantei.go.jp/jp/singi/kaiyou/kihonkeikaku/130426kihonkeikaku.pdf。
③ 《日本充实中小学校"海洋教育"分析称内有深意》，中国新闻网，http://www.chinanews.com/gj/2014/08-14/6490854.shtml。

第十二章

现代日本海洋观的历史沿革与发展

从明治维新到第二次世界大战爆发，日本都没有成体系的海洋战略与海洋观，无论是佐藤铁太郎还是秋山真之，这一时期日本的主要思想家涉及海洋问题的表述基本上都是围绕富国强兵、对外扩张而进行的，这就使得日本现代海洋观的前身带有浓厚的实用主义色彩。第二次世界大战后，战败的日本开始反思明治维新以来的国家发展道路，重新思考日本的"海洋国家"地位，并逐渐由多位学者提出且完善了"海洋国家"的发展观。战后日本的现代海洋观虽然基本上摆脱了战前陈旧的军国主义思想包袱，注重以海洋贸易和综合开发为核心实施海洋战略，但依然带有追求绝对安全、谋求对外扩张和狭隘的民族利己主义等严重的局限性。

第一节 "海洋日本"的理论建构沿革

一 高坂正尧的"海洋国家"构想

1965 年，京都大学教授高坂正尧出版了《海洋国家日本的构想：世界秩序与地区秩序》一书。他在"海洋国家论"与"海洋文明论"的立论基础上提出了日本作为海洋国家发展的战略构想，由此开启了战后日本思想界关于"海洋立国"战略研究的先河，使得一度因战败而中断的近代以来日本思想界关于日本"海洋国家"身份的探讨得以重启，并很快掀起了新的高潮。可以说，高坂正尧的理论集中代表了日本思想界关于"海洋国家"的构想。

高坂正尧在《海洋国家日本的构想》一书中首先通过对近代日本发展道路的历史回顾勾勒出日本的国家身份，强调日本是一个深受西方文明熏陶的海洋国家，"从本质上讲，日本不是一个亚洲国家，摆在日本面前的唯一道路是彻底完成'脱亚'进程，从而发展成一个'远西国家'（far western country）"。高坂正尭进一步指出，作为海洋国家，海洋决定着日本过去、现在与未来的生产方式与生态，活跃在苍茫大海上的"民间商船队"是日本发展的"自然之力"，并给日本带来无限的生机。"海洋文明"而非"大陆文明"决定了日本文明的特质，这既是历史的总结，也是"未来日本的期待"。从这层意义上说，日本国民是"通商的国民"，日本的边疆在浩瀚的海洋，海洋国家日本的未来在海洋。为此，高坂呼吁日本应确立起"海洋国家"的发展目标，超越此前曾作为岛国的历史，以更加积极的对外政策应对全球化趋势，发展具有自身特色的国家力量。①

高坂正尭根据其"海洋国家论"和"海洋文明论"的观点论述了中日关系的发展走向。在他看来，地理上的遥远距离和大海的阻隔成为使日本避免被中国文化同化的有利因素。二战后，随着中国的发展，日本社会各界就国家外交战略的重点是亲华还是亲美存在意见分歧。高坂则认为，日本"增强自己的实力是避免这种矛盾的唯一道路"。他指出，日本应该从文明的角度，重新认识到自己虽然不是西方文明的一部分，但也绝不是东方文明的一部分。日本维持自己伟大的独立性的方法不是与中国的同一性，而是注意与它的相异之处，强调自己既不是西方也不是东方的立场。高坂思想的核心是"我们应该与中国保持政治、经济上的友好关系，但同时也要认识到与东方为邻也要有自己独立的立场"。②

除高坂正尭外，一批日本学者也从不同角度解析了"海洋日本"的问题。梅棹忠夫从文明发展的角度论证了海洋与日本的密切关联。他认为，日本文明与欧洲海洋文明沿着同一条进化轨道并驾齐驱。他在海洋文明的立论基础上提出日本应实施走向海洋的国家发展战略，并呼吁社会各界将注意力由大陆转向海洋，持续推进日本海洋立国的步伐。③

二　川胜平太的"海洋史观"与"海洋连邦论"

海洋史观的创立者是日本早稻田大学政治经济学部教授川胜平太。川胜平太主要从事比较经济史研究，因此他提出的海洋史观在很大程度上带有浓厚的经济史韵味。而同时作为政治家，川胜平太的学说又在理

①　高坂正尭：『海洋国家日本の構想』，東京：中央公論新社，2008 年，第 250 頁。
②　高坂正尭：『海洋国家日本の構想』，東京：中央公論新社，2008 年，第 64—66 頁。
③　梅棹忠夫：「海と日本文明」，『中央公論』2001 年 1 月号，第 73 頁。

论之外多了一层对现实的思考。在海洋史观基础上，他又提出了"海洋连邦论"。

1995 年，川胜平太在《早稻田政治经济学杂志》上发表了《试论文明的海洋史观》一文，首次提出了"海洋史观"的概念。[①] 他批评战后日本学术界占主流地位的唯物史观以及生态史观等所谓的大陆史观忽视了亚洲面向海洋谋求生存与发展的特征以及海洋亚洲对于世界文明形态演进过程所具有的重要影响，进而提出了"海洋史观"的理论用以论述海洋亚洲的概念，并在此基础上引申出日本的海洋文明迥然不同于异质的中国大陆文明的观点。川胜平太提出了"大陆亚洲"和"海洋亚洲"两个泾渭分明的对立概念，并根据对"大陆亚洲"和"海洋亚洲"的概念解构系统地阐释了其所倡导的"海洋史观"。他指出，海洋史观的特征在于强调以国际社会为中心的世界史的舞台并非大陆，而是由海洋和各个岛屿构成的"多岛海"，日本和欧洲的近代文明都起源于 16 世纪的"海洋亚洲"。[②]

川胜平太从文明进化的角度分析了德川幕府"锁国"与西欧工业革命的起因和发展历程，他认为日本"锁国"与西欧工业革命是近代世界体系确立时期东西方海洋文明摆脱亚洲大陆强国（中国与伊斯兰世界）的影响而独立并行发展的进程，对于各自的资本主义近代化发展乃至整个世界文明进程都产生了重要的作用。[③] 这一观点成为川胜平太"文明的海洋史观"的理论原点，他基于"从全球的视野审视世界文明兴衰的历史观"，[④] 通过将日本的经济形态与欧洲资本主义的发展轨迹相接榫而将日本定位为亚洲之外的海洋文明形态，有意识地从文明形态的层面将日本作为海洋国家的典型而与亚洲大陆相对立，从而实现了全球化时代日本战略学界在"新脱亚论"基础上"海洋立国"的理论建构。

---

① 川勝平太：「文明の海洋史観——試論」，『早稲田政治經濟學雜誌』，第 323 号，1995 年 7 月，第 207—237 頁。

② 川勝平太：『海洋連邦論：地球をガーデンアイランズに』，東京：PHP 研究所，2001 年，第 33 頁。

③ 川勝平太：『日本文明と近代西洋：「鎖国」再考』，東京：日本放送出版協会，1991 年，第 1—129 頁。

④ 川勝平太：『文明の海洋史観』，東京：中央公論社，1997 年，第 16—19 頁。

三　日本思想界对"海洋国家"身份的讨论

冷战结束后，日本社会各界对国家身份定位的问题愈发重视，强调"为了在国民中间增进对安全保障重要性的认识，必须重建我国因战败及泡沫经济崩溃而发生动摇的身份定位。为了捍卫生我养我的日本之独立、自主及应对我国所面对的来自海外的威胁，首先必须重新确立我国的国家身份认同"。[①]而"海洋国家"的身份认同则成为当代日本海洋战略建构与推进的理论基础。

1987 年，日本有关方面集中思想界与政界中有重要影响力的代表性人物，成立了以今井敬为会长，伊藤宪一为理事长，濑岛龙三、武田丰为顾问的半官方智囊团"财团法人日本国际论坛"（2011 年改名为"公益财团法人日本国际论坛"）。该机构是一个超党派、非营利性的民间公益机构，它自成立以来就成为日本社会各界研讨日本海洋国家身份的重要舞台。20 世纪 90 年代以来，该机构定期召开"海洋国家研讨会"，以讨论日本在未来所应选择的发展道路，研讨的重点即为在中国迅速崛起的 21 世纪，寻求使日本避免陷入从属于美国或从属于中国的战略困境的办法，其基本观点是日本必须增强自身的实力。而日本要增强自身的实力，就必须在明确自身独立的国家身份定位的同时确立日本的国民认同目标。根据这种认识，从 1998 年 4 月开始，"财团法人日本国际论坛"启动了系列研究项目"海洋国家日本：其文明与战略"，并得到了政界、知识界、经济界、舆论界的大力支持，参加该项目的重要人物有：原日本防卫厅防卫局局长秋山昌广、防卫研究所主任研究官秋原一峰、众议员小池百合子、军事评论家江畑谦介、东京大学教授田中明彦、日本海洋科学技术中心理事长平野拓也、神户大学教授五百旗头真、伊藤忠商社常务顾问长谷川和年、读卖新闻社调查研究本部主任研究员山田宽、日本时报董事石冢嘉一等。

"海洋国家日本：其文明与战略"研究项目分 3 期进行研判与讨论，讨论题目分别为"日本的身份：既非西方国家亦非东方国家的日本"

[①]　星山隆：『海洋国家日本の安全保障——21 世纪の日本の国家像を求めて』，東京：世界平和研究所，2006 年，第 28 頁。

"21世纪日本的大战略：从岛国到海洋国家""海洋国家日本的构想：世界秩序与地区秩序"。经过4年全面深入的讨论，与会者按照讨论的题目分别于1999年、2000年和2001年陆续出版了同名的研究成果《日本的身份：既非西方国家亦非东方国家的日本》《21世纪日本的大战略：从岛国到海洋国家》《海洋国家日本的构想：世界秩序与地区秩序》。这一系列研究成果首先明确了日本国民的同一性，确定了国民对国家身份认同的定位，从而勾勒出日本国家与民族的发展方向：第一，确定了日本是位于东北亚地区、四面环海的海洋国家；第二，确定了日本民族是非欧美国家中最先通过自身努力实现了现代化的民族，并强调日本与欧美国家在民主主义、市场经济等制度环境方面虽然具有基本的共性，但日本的现代化绝不是对欧美国家现代化的简单临摹，而是有着自身的民族性特征。在这一思想的指导下，上述研究著述的封面上公然印有"日本主导人类文明的未来"的宣传用语。

"海洋国家日本：其文明与战略"研究项目的与会者通过确定日本的国家身份认同，描绘出国家发展战略和构建世界与地区秩序的构想，向日本国民阐释了如下的政治理念："东亚正在探索超越传统中华帝国的政治图式而开创历史的新局面……应该让该地区更多的国家和人民知道，海洋国家日本的存在将构建多元化的国际体系。"因此，日本应该"积极探索强化作为海洋同盟的日美同盟，并以此为基础遏制中国，通过强化东盟的坚韧性，建立东亚多元合作体制，并通过上述措施实现日本作为名副其实的海洋国家的历史使命"。[1]

四　从"岛国"到"海洋国家"认识的演进

冷战结束后，日本面临的国内外形势发生巨变。在国际层面上，大陆与海洋对抗的两极格局瓦解，美日间基于海权的同盟关系有待调整。在国内层面上，"泡沫经济"崩溃，"55年体制"终结，社会经济发展陷入低迷。站在历史的拐点上，日本重构"海洋国家论"，并将其广泛用于身份定位、战略分析、舆论制造等各方面。

---

① 伊藤憲一：『海洋国家日本の構想：世界秩序と地域秩序』，東京：日本国際フォーラム，2001年，第152—165頁。

　　虽然冷战结束后两大阵营瓦解，但日本新一轮的"海洋国家"理论构建仍然保留着冷战思维的痕迹。20世纪末21世纪初，以中国为首的东亚板块经济高速增长，日本政坛出现了回归大陆、推动"东亚共同体"建设的呼声。这一倾向受到日本"海洋国家论"者的严厉批判，认为是对本国历史经验的背离。日本主流学者吸收了西方地缘政治思想，倾向于从陆地与海洋的视角看待本国的历史。平间洋一称，日本的战败在于犯了方向性的错误，作为海洋国家，不应企图占领大陆或与大陆国家结盟，而应维护与其他海洋国家的关系。① 渡边利夫称，在近现代史上中国与俄罗斯几乎总是成为日本的对抗势力，要对抗这股势力，只能与英、美这样的海洋势力合作，东亚共同体论是考验日本今后能否作为海洋势力生存下去的试金石。② 可以说，遏制大陆的思想和同盟关系的选择一贯地存续于日本的"海洋国家论"中，在美日同盟进入转型期时，传统海洋国家理论发挥了稳定器的作用。

　　日本一方面继续强调自身归属于海洋圈的立场，另一方面开始寻求对美关系的对等性，并争取在日趋多极化的格局中占据重要一极，与美欧一道充当世界秩序的领导者。为此，理论界试图拔高日本文明，塑造独立的、纯粹的大国文化形态。如前文所述，川胜平太提出"文明的海洋史观"，声称日本的文明由海洋产生，不受大陆文化的影响；日本的"锁国"与西欧近代世界体系的确立是并行发展的两个进程，欧洲与日本的近代文明都源于16世纪的"海洋亚洲"。③ 白石隆更进一步对日本是否归属于亚洲提出疑问，他将传统地缘政治理论套用于亚洲，人为制造出"海洋亚洲"和"大陆亚洲"的二元对立，认为"海洋亚洲"是"对外开放的，是通过交易网络连接起来的资本主义亚洲"，而"大陆亚洲"则是"向内的、由乡绅和农民组成的农本主义的亚洲"。④ 日本学者

---

① 平间洋一：『日英同盟：同盟の選択と国家の盛衰』，東京：PHP研究所，2000年，第3—4頁。
② 渡边利夫：「海洋勢力と大陸勢力——東アジア外交の基礎概念」，『Rim』，第24号，2007年，第9頁。
③ 川勝平太：「講演 文明の海洋史観—日本史像をめぐって—」，『経済史研究』，第4号，2000年，第3—8頁。
④ 白石隆：『海の帝国：アジアをどう考えるか』，東京：中央公論社，2000年，第181—182頁。

所谓的"海洋史观"立足于亚洲，以求打破西方中心主义的范式，同时又着力摆脱中华文明的影响，建构出"排除中国的海洋亚洲"。在此思想基础上，日本官、产、学、媒各界代表成立了海洋国家研究小组，来寻求独立于东西方的独一无二的身份。讨论达成了日本作为"海洋国家"的共识，即"位于东北亚的四面环水的国家""第一个通过自身努力成功实现现代化的非西方国家"，并以此身份来制订明确的国家战略。①

二战后，吉田茂等人对日本应选择海洋国家发展道路的反思说明，日本在二战中的战败本质上还是海洋化程度太低而陆地中心主义色彩浓厚的发展模式的失败，因此战后日本学者对"海洋国家"的思考较多是从政治制度和意识形态层面的海洋而非简单的地理上的海洋出发，由此辨析出"岛国"和"海洋国家"的区别。"在地理因素之外，'岛国'往往被赋予自我封闭、自以为是、目光短浅、气量狭小、与世无争等带有贬义的社会文化特征，是一种内向、收敛的思维模式和心态。相反，'海洋国家'却带有面向世界、冲破束缚、探索冒险、气概宏大、进取参与的褒义特征……'海洋国家'未必是只有物理意义的海洋，它更是一种态度，一种在开放的过程中和在参与世界新秩序建立的过程中，追求日本国家利益的志向。这既是日本面对海洋世纪的挑战而采取的对应，也是多年来日本政治社会气候不断变化的反映。"②

五　21世纪"新海洋国家"战略的提出

在"海洋国家论"的基础上，2007年日本正式出台《海洋基本法》，提出"新海洋国家"战略，并推动"海洋国家"身份的法律化和制度化。在国际海洋秩序的大变革下，日本要以海洋科学技术为基础，以保障海洋权益为目标，从岛国发展为海洋国家，从"被海洋保护的国家"转型为"保护海洋的国家"。③《海洋基本法》是新时期日本实施综合性海洋战略的缩影，内容涵盖海洋可持续性的开发利用、国际海洋秩序的

---

① 伊藤憲一：『海洋国家日本の構想：世界秩序と地域秩序』，東京：日本国際フォーラム，2001年，第3頁。
② 修斌：《日本海洋战略研究》，中国社会科学出版社，2016年，第61页。
③ 海洋政策研究財団編『海洋白書：日本の動き世界の動き2007』，東京：海洋政策研究財団，2007年，第14頁。

先导、海洋的国际协作及海洋的综合管理等方面。在基本法的框架下，日本配套出台了系列海洋政策及相关保障性法规，强化对海洋的管控。日本"新海洋国家"的战略主张突出了自主性，表达了深度参与国际海洋秩序的塑造、凭借海洋再次崛起的愿望。

所谓"新海洋国家"抑或"真正的海洋国家"，无疑意味着对过往"海洋国家论"的反思与扬弃，在此基础上，赋予"海洋国家"新的内涵。日本理论界对传统的海洋进行了扩大的解释，认为广义上的"海"包括宇宙、海底、极地、互联网等各大空间。① 如同日本学者对美国的评述那样，"具有陆海双重属性的美国，凭借开拓精神，征服了大陆这一'海洋'，又进一步走向大洋"。②新的"海洋国家论"不囿于地缘因素，更强调一种进取的、外向的、积极的、强劲的发展意图和与此匹配的能力，是对具有张力的国家战略和对外政策的整体描述。

"新海洋国家"战略不等同于"国家新的海洋战略"，也不局限于外交、安全等子战略，而是日本以新的面貌勾勒面向未来的大战略。"新"的含义在于修正基于"吉田路线"的旧的海洋国家道路，清算阻碍日本发展的体制，增强日本作为"海洋国家"应有的实力和能力。这实际上与中曾根的"普通国家"战略同步酝酿。受内外形势的限制，早期的大国化战略并未形成机制并落实到行动。③ 直到安倍执政，在既往的战略诉求基础上加入了诸如"海洋亚洲""海洋安全"等要素，用"新海洋国家"的话语重新加以表达。新的"海洋国家论"逐渐成为一种政治和话语工具被贯穿到"价值观外交""积极和平主义""自由开放的印太"等一系列国家战略中。

第二节　日本社会海洋发展观的形成与特点

一　日本社会海洋发展观的形成

高坂正尧在《海洋国家日本的构想》一书中指出，作为海洋国家，

---

① 修斌：《日本海洋战略研究》，中国社会科学出版社，2016年，第62页。
② 田所昌幸、阿川尚之：『海洋国家としてのアメリカ』，東京：千倉書房，2013年，第265页。
③ 张勇：《日本战略转型中的对外决策调整——概念模式与政治过程》，《外交评论》2014年第3期，第51页。

"海洋"决定着日本过去、现在和未来的生产方式与生态方式，"海洋文明"决定了日本文明的特质，这既是历史的总结，也是"未来日本的期待"。高坂正尧据此提出，日本应确立"海洋国家"的发展目标，超越此前曾作为岛国的历史，以更加积极的对外政策应对全球化发展趋势，发展具有自身特色的国家力量。[①]

在白石隆看来，当前的"海洋亚洲"是日本、韩国、中国台湾地区、东南亚各国和美国基于共同的价值观所形成的海洋联盟，战后亚太地区的繁荣稳定在很大程度上依靠并受益于美国所主导的安全体系，而战后在亚太地区所形成的"美国第一、日本第二"的国际秩序对日本的繁荣发展至关重要。日本未来的发展取决于进一步巩固现有的海洋亚洲的国际体系，并在增进"海洋亚洲"体系内各国间共同利益的基础上构建更为有效的合作机制，以推进现有亚洲地区秩序在体系层面的稳定，并在此基础上扩大日本的行动自由。

就如何处理日本在亚洲体系中的对华关系问题，白石隆认为，后冷战时代在以中国为中心的东亚地区体系重构的过程中，中国是一个对日本利益攸关并产生巨大影响的因素。中国的现代化建设和强国战略如果获得成功，将会对日本造成巨大的威胁；如果中国失败，则会严重破坏亚太地区秩序并造成该地区格局失衡。因此，日本最明智的选择在于继续依靠和利用美国的力量维持亚太地区秩序，以对中国形成有效的制衡。同时，日本可以不动声色地增强自身实力，并扩大其在亚太体系中的行动自由。[②]

二　从军事性海权向经济性海权的演进

在第二次世界大战之前，海洋观更多是同海军力量和海上贸易等联系起来的，随着人类认识、开发、利用海洋的程度不断加深，海洋观的内涵也变得更为丰富和立体。据此，苏联海军总司令戈尔什科夫在其名著《国家海上威力》一书中指出，"开发世界海洋的手段与保护国家利

---

① 高坂正尧：『海洋国家日本の構想』，東京：中央公論新社，2008年，第174頁、250頁。

② 白石隆：『海の帝国：アジアをどう考えるか』，東京：中央公論新社，2000年，第181—182頁、192頁、197—198頁。

益的手段，这两者在合理结合的情况下的总和，便是一个国家的海上威力。它决定着一个国家为着自己的目的而利用海洋的军事与经济条件的能力"。换言之，海军、商船队、渔业、海洋科考、海洋环境保护等构成了一个整体，它们共同体现了一个国家对海洋的综合驾驭能力。① 应该说，对于二战后海洋战略整体从高度偏重军事转向主要从事海洋开发和海洋经济建设的日本而言，应该对戈尔什科夫的这番见解体会更深。

前文已谈到，日本无论在地理上还是心理上都是一个典型的岛国，并非自然而然地成长为一个海洋国家，一直到近代日本闭关锁国的大门被打开后，这个长期深受大陆文化影响、自给自足的岛国才开始一步步转变为真正意义上的海洋国家。但一直到战败之前，日本人对海洋的依赖依然是有限的。海洋的作用虽然不仅仅是传统的"渔盐之利、舟楫之便"，但碍于当时日本相对欧美低下的对外贸易水平，仍然以农业经济和轻工业经济为主的日本对海洋沟通资源产地和销售市场作用的认识是严重不足的。另外，片面地理解马汉的海权论又使得相当长时间内日本海洋战略的内涵单一而浅薄，即偏执地将扩张海权视为实现富国强兵、拓展国威的手段，一味地强调用武力夺取殖民地，建立排他性的"大东亚共荣圈"，而忽视了海权经济性的本质。

二战后，日本走上了海洋立国、贸易立国的道路，对海权的追求也从军事性海权转变为经济性海权。"纵观整个冷战期间，日本海权思想在经济领域的重生集中体现在对海洋权益的充分追求，同时谋求亚太区域经济发展与合作的主导权。具体来看，它主要体现在三个方面，即海洋自由论、海洋开发论和区域主导意识。"② 在这种经济性海权意识的主导下，整个日本的开放程度、对海外市场的依赖程度和对国际社会的关注程度都大大提高了，而普通日本人的生活随着日本同国际社会联系的日益密切而越来越多地融入了海洋元素。例如，日本 95% 的对外贸易都是通过海路进行的，日本工业所需的石油、煤炭、天然气、矿石原料基本需要从海外输入，而普通日本人生活中必不可少的粮食、蔬菜、水果很多需要进口，这就使得日本对海洋的依存度被提高到了一个前所未有的

---

① 〔苏〕谢·格·戈尔什科夫：《国家的海上威力》，济司二部译，三联书店，1977 年，第 1—2 页。

② 梅秀庭：《近代以来日本海权思想研究》，外交学院博士学位论文，2015 年，第 98 页。

高度。这一现象反映到精神世界中，就是战后日本关于海洋的文学作品、动漫游戏、影视作品层出不穷，进入 21 世纪后这股"海洋文化热"更为炽烈。例如，假想日本遭遇毁灭性自然灾害的科幻电影《日本沉没》、回顾二战时期日本海军生活的历史片《男人们的大和》、反映明治维新时期日本历史的连续剧《坂上之云》，以及被誉为当代日本三大动漫之一的《海贼王》都在日本国内备受好评，甚至在海外也颇有名气。无论是历史题材还是现实题材，无论是严谨的纪实片、大胆想象的科幻片还是具有深层内涵的动画片，都深刻反映出大和民族与海洋之间难分难解的关系。

不过，我们必须注意到，受制于战败国身份，尽管战后至今经济属性仍然是日本海洋战略的主要特征，日本总体上还是以发展经济性海权为主，但进入 21 世纪后，日本政治的整体右倾化趋向日益明显，日本军国主义势力沉渣泛起，以中国为主要对手的"再军备化"势头日益突出。虽然我们不能就此否认日本海权仍以经济性为主的总体特征，但不能不对日本谋求再度军事化、推行海洋扩张政策的倾向保持高度警惕。

三　利用民众海洋意识为海洋扩张造势

二战之后，战败的日本被解除武装，并且由和平宪法规定永远放弃战争权利。尽管如此，由于美国基于冷战的需要包庇了不少日本军国主义分子，并且很快支持日本重新武装，实际上日本惩处战犯和清算军国主义、封建主义毒瘤的工作很不彻底。这一问题反映在海洋事务上，就表现为日本的海洋战略与海洋观始终无法根除以邻为壑、狭隘自负的缺陷，仍然带有日本帝国时期极端民族主义、扩张主义和沙文主义的残渣余孽，这一点在日本处理中日关系时体现得尤为突出。

无论是思想家还是公众舆论，日本不少所谓知识精英将中国正常的海洋开发与维权活动，歪曲为根据豪斯霍弗（Karl Haushofer）的"生存空间"理论所进行的领土与海洋扩张。平间洋一就曾撰文宣称，对于大陆国家而言，国土面积大小与资源多寡在国土防卫和国家的生产与发展上都是不可或缺的。第二次世界大战时期的德国力图确立自给自足的体制，通过侵略别国来扩大领土。平间洋一认为，正如豪斯霍弗所强调的那样,"如果不能保证发展所必需的能源,国家将走向灭亡。控制国家生存与发展所必需的资源是强势国家的正当权利"。由于科学技术发展提高了海洋资源开发的可能性,中国必将把与豪斯霍弗的"生存空间"思想极其相似的理论运用到海洋扩张方面,以挑战亚洲的政治现状,从而导致亚洲各国提高针对中国的警惕性。①

作为一个依海而生的民族,日本民众的海洋意识较为深厚,这种意识既表现为一贯的忧患感,又折射出某种偏执和自私的情绪宣泄,而且这种情绪很容易被右翼政治家所利用,这从日本民众在东京都知事石原慎太郎掀起的"购岛"风波中的表现即可窥见一斑。石原慎太郎在2012年4月发表"购岛"言论后,东京地方政府随即宣布将在银行开设专门账户用来接收关于"购岛"的社会捐款。据东京都副知事猪濑直树透露,截至5月28日,东京地方政府收到的民众捐款已达到9.5亿日元。截至10月15日,东京地方政府获得的捐款已超过14亿日元。② 2012年5月,日本自民党在其施政纲领草案中写进了将实现钓鱼岛"国有化"的条款,而首相野田佳彦则明确表态支持该项动议。西方观察家认为,这些令人不安的信号表明,极端民族主义不仅在日本的政治精英阶层当中大行其道,而且深刻地渗透进了普通民众层面。③

2016年8月26—28日,日本经济新闻社和东京电视台以日本全国成年男女为调查对象,就安倍政府对中国、韩国及俄罗斯的外交政策进行舆论调查。调查结果显示,在对华关系上,55%的日本受访者以8月上旬起中国公务船和渔船进入日本在东海主张的领海和毗连区的航行趋于常态化为由,主张必须以更加强硬的姿态应对中国的海洋"入侵"活动。在日本政府对华外交的问题上,在政府支持者中,有62%的受访者主张"应以更加强硬的姿态予以应对",自民党支持者中持相同意见的

---

① 平間洋一:「海洋権益と外交・軍事──地政学と歴史からの視点」,『国際安全保障』,第35巻,第1号,2007年6月,第11—12頁。

② 「都への寄付、国有後もじわり増 14億7千万円超に 尖閣インフラ整備に活用方針」,MSN産経ニュース,http://sankei.jp.msn.com/politics/news/121017/plc12101711270011-n1.htm。

③ James Manicom, "Why Nationalism Is Driving China and Japan Apart?", The Diplomat, http://thediplomat.com/2012/08/03/why-nationalism-is-driving-china-and-japan-apart/。

受访者也高达 63%。在无党派阶层的受访者中，有 47% 的受访者主张
"应采取更加强硬的姿态"，而主张 "重视对话" 的受访者仅占 40%。①
上述调查结果表明，持对华强硬态度及鼓吹同中国进行战略对抗的人士
在日本社会中已形成一股不可小觑的力量。

---

① 「对中国『もっと強硬に』55%　本社世論調査」，日本経済新聞，http：//www.
nikkei. com/article/DGXLASFS28H2S_Y6A820C1PE8000/。

英美日海洋战略与海洋观的比较

一　英美日海洋战略与海洋观的特点分析及比较

英美日海洋战略的特点与其海洋观的特点息息相关、难以分离，既要从政治动机和经济诉求中深入挖掘，也要从历史传统、文化建构、民族心理等精神层面去细细品咂。尽管英、美、日都是当今世界海洋大国，但其海洋崛起是在不同的历史语境下实现的，既有共性，也各具特点。

（一）英国海洋战略与海洋观的特点

有学者指出，民主制度的建立对于英国海洋发展道路的最终确立，以及海洋战略的顺利执行都具有重要意义。"英国所以兴起为霸权性的海权国家，大有赖于斯图亚特王朝的专制主义要求在 1688 年终告失败。这使得空前程度地动员土地所有者和商人的金融实力成为可能，使得一小批海军官僚在同关键性的国会人物和利益集团协商的情况下行使非常有效的战略领导成为可能。"① 换言之，英国海洋发展道路的最终确立是英国历史演进的必然结果，海洋因素也成为推动英国社会进步的重要动力，近代以来的海洋观在很大程度上也构成了英国人的社会观和价值观。

1. 忧患意识：视海洋为国家安全和富强的根本

在成长为世界大国之前，英国只是一个地处欧洲边缘、孤悬北海之中的偏远岛国，它没有意大利城邦那般富庶和外向，也没有法国广袤肥沃的国土和灿烂的文化，更没有西班牙强大的帝国机器和军事力量，虽然在欧洲自中世纪以来的历史中也曾留下精彩的记录，但英国总的来说只是欧洲的二流国家，它从来都不是欧洲政治舞台上的真正主角。不列颠岛历史上多次遭到入侵或面临入侵威胁的阴影一直笼罩着英国人心头，

---

① 〔美〕威廉森·默里等编《缔造战略：统治者、国家与战争》，时殷弘等译，世界知识出版社，2004 年，第 648—649 页。

使得他们对这个岛国的命运感到忧心忡忡。这些入侵几乎都是跨越英吉利海峡而来的，从而凸显出控制海洋对于英国安全的重大意义，而波涛汹涌的英吉利海峡又不断加深了英国人对海洋的安全屏障作用的认识。在这种情况下，英国人自然而然地将海洋视为国家安全的根本，建立一支强大的海军在海上挫败敌人的入侵行动，并确保英国在必要时能登陆欧洲大陆与诸强争雄，就成为历代英国统治者的共识。美国历史学家哈滕多夫（John B. Hattendorf）认为，海洋战略关乎一个国家在海上的全部利益和活动，是国家大战略的重要组成部分，它指导和调动国家机器以实现国家海上利益。① 而对于英国这样一个典型的海岛国家而言，海洋战略几乎就成为国家大战略的核心。

作为一个土地贫瘠、资源有限、发展空间不足的岛国，英国无法像法国那样建立起繁荣的农业经济，进而收获大笔赋税，孕育众多人口，因此英国不得不将目光投向浩瀚的海洋，唯有面向海洋发展，通过捕鱼和对外贸易供养人民，攫取财富，满足生活的需要，于是便自然而然地孕育出全球性的海洋意识。

在确立面向海洋的发展方式之后，英国的地理优势和人文优势随之凸显出来。英国扼守北海、波罗的海通往大西洋的出海口，在世界经济中心由地中海转移到大西洋沿岸之后，英国因为地处多条航线的交会之处而具备了发展贸易和航运的得天独厚的条件。海洋经济不同于大陆经济的一大特点，就是它需要宽松、自由、开放的政治环境，而一向缺乏欧洲大陆封建专制统治传统、没有强大陆上常备军的英国恰恰符合这一条件。并且，由于土地收益和税收收入有限，囊中羞涩的英国君主为了扩大财源而大力支持商人进行对外贸易，甚至王室和不少英国贵族也争相投资海外贸易和殖民活动，谋求获得滚滚财富。

英法百年战争结束后，英国实际上已经丧失了在欧洲大陆角逐霸权的资格，它只能退守不列颠岛，以海洋为广阔舞台谋求向外发展。都铎王朝成为英国海洋发展模式确立的起点，伊丽莎白一世引领英国进入了海洋发展的第一个辉煌时期。在击败西班牙"无敌舰队"之后，英国人面向海洋发展的热情和信心空前高涨，海盗活动、商业冒险、殖民扩张

---

① 　John B. Hattendorf, "What Is a Maritime Strategy?", *Soundings*, No. 1, October 2013, p. 7.

成为英国人探索海洋、征服海洋、利用海洋的主要形式，而这三者之间实际上也没有本质的区别。工业革命兴起之后，英国对海外资源和市场的需求更加急迫，它需要通过殖民扩张在海外攫取支撑本国工商业发展所需的各种资源，为急剧增加的工业产品寻找销售市场，并为本土难以维持生计的剩余人口寻找出路，为政府和个人赚取财富。这些活动突出表现为贸易，而贸易和海上力量又是紧密相连的。有学者指出，英国"的贸易取决于我们正当地运用海上力量：贸易和海上力量是互相依存的。……财富，这个国家真正的资源，靠商业"。① 而 19 世纪盛极一时的"日不落帝国"的辉煌有力地证明，英国取得了成功。由此可以看出，海洋不仅是英国安全的根本，也是英国富强的源泉。换言之，"这种海洋霸权与英国的商业霸权和殖民地的成功扩张有着非常密切的联系"。② 而一旦海上交通线有被切断之虞，则整个英国将陷入恐慌和极度不安之中，两次世界大战中英国面对德国潜艇威胁的态度有力地证明了这一点。可以说，英国正是基于对"海洋就是生命、海洋就是财富、海洋就是国家"观念的深刻认知，从而不遗余力地维护和确保海上交通线的安全通畅，就成为数百年来特别是 19 世纪下半叶以来英国海洋战略的核心诉求。同时，英国通过海洋发展取得的成就，特别是在维多利亚时代赢得的举世瞩目的荣光，也将这种"海洋—商业—财富"的模式和观念带到了全世界，使得海洋模式逐步取代传统的"土地—农业—帝国"的陆地模式，成为先进、文明和高品质生活的象征。③

　　概括而言，面向海洋发展是英国人的民族共识，这种共识源于一种强烈的忧患意识：如果英国无法统治海洋，英国人赖以生存和发展的海上交通线就有可能被阻断，英伦三岛的独立和安全就会受到威胁，英国就将陷入饥饿、贫穷、恐慌和动乱。从这个意义上讲，海洋就是英国安全和富强的根本。

---

① 〔英〕J. O. 林赛编《新编剑桥世界近代史》第 7 卷，中国社会科学院世界历史研究所组译，中国社会科学出版社，1999 年，第 58 页。
② 〔英〕彼得·马赛厄斯、悉尼·波拉德主编《剑桥欧洲经济史》第 8 卷，王宏伟等译，经济科学出版社，2004 年，第 24 页。
③ S. C. M. Paine, *The Japanese Empire: Grand Strategy from the Meiji Restoration to the Pacific War*, Cambridge: Cambridge University Press, 2017, p. 77.

2. 成本意识：确保海洋战略与经济发展良性互动

作为一个具有浓厚商业传统的国家，强烈的成本意识一直是英国海洋战略与海洋观中的重要内容。英国不会为了追求对海洋的统治而使国家发展背上沉重的包袱，它始终坚持要确保海洋战略与经济发展实现良性互动。

海军建设一直是英国现代海洋观的重要组成部分。回顾历史，英国海军的兴衰荣辱与英国国力的起伏有着密切关系，务实的英国人一直将海军建设看作国家发展中的一项重要投资，始终精明地计算海军成本和收益之间的关系，由此制订出最佳海军投资方案。一旦经济不景气，除非面临极为严重的战争威胁，否则英国不会甘心冒财政破产的风险而确保海军力量的发展，这一点同苏联在冷战期间牺牲经济的健康发展也要确保军事投入的做法大相径庭。英国著名海军史学家安德鲁·兰伯特（Andrew Lambert）认为，强调经济性和为贸易服务是英国这样"迦太基式"的海军的根本特征，而苏联海军则是典型的大陆国家的海军，是"罗马式"海军。他指出，"长期维持海军力量的动力来自确保交通线的需要，而不是出于确保战略力量的考量。唯有同商人们共享政治权力，政治精英才有望获得商界的资助；只有当政治精英就海军发展的方向同商界达成一致时，商人们才能心甘情愿地成为国家维持海军的伙伴。在真正的海权国家，海军的重点是保护贸易而不是投送力量。从中长期观点看，那种与商船航运和贸易无关的纯'军事'性质的海军不可避免地要衰落，而帝俄和苏联时期的海军是最大的一个整体衰落的绝佳案例"。①

注重发展捕鱼、造船、航运、保险、海外投资等海洋经济产业是英国海洋战略的重要目标。促进自由贸易的兴旺是英国海洋战略的重要任务，而实现完全的自由贸易的最大受益者实际上就是航运等海洋经济部门，因此，可以说，海洋经济与自由贸易已形成了良性互动的关系，共同促进了英国的繁荣。托马斯·孟（Thomas Mun）用他火热的文笔道出了贸易对英国海洋发展和国家命运的重要性："请仔细看看对外贸易的真

---

① 〔英〕安德鲁·兰伯特：《海权与英美特殊关系 200 年（1782—2012）——对一个和平转移海权案例的研究》，载王缉思主编《中国国际战略评论 2013》，世界知识出版社，2013 年，第 334—335 页。

正目的和价值罢！那就是国王的大量收入，国家的荣誉，商人的高尚职业，我们的技艺的学校，我们的需要的供应，我们的贫民的就业机会，我们的土地的改进，我们的海员的培养，我们的国王的城墙，我们的财富的来源，我们的战争的命脉，我们的敌人所怕的对象。"① 同样，沃勒斯坦也强调，经济竞争力才是英国这样的海洋型国家建立霸权的根本目的，也是英国得以支撑霸权的最坚实基础，"新崛起的以海洋为基础的强国开始往往并不拥有强大的陆军，只是在稍后的阶段才建设。在早期阶段，不拥有这样的陆军有一个明显的好处：它节省大量资金，这些资金被投资于国家的经济基础设施建设，使它能够赢得关键的竞争，而成为在为世界市场生产中最具竞争力的国家"。②

在战争中，英国首要的是确保本国海上交通线的安全通畅，从而能源源不断地从海外汲取资源以支撑战争和本国经济，同时又能打击敌国的海上贸易，剥夺其自由使用海洋的权利。由此我们可以发现，破袭战、反潜战和海上封锁成为英国海军最惯用的作战方式，而这一切归根结底还是在于英国人对海洋作用的深刻认识：海洋就是英国生存和发展的源泉，要赢得战争首先要确保英国海洋经济的安全、健康和活力。

总的来说，尽管英国长期保持对全球海洋的统治地位，并拥有世界上最强大的海军力量，但海军的主要职能是保护并促进英国海洋经济和发展方式，它在英国总体海洋战略与海洋观中处于相对外围的从属地位，海上贸易、航运交通、海外投资等才构成英国海洋发展方式的核心。正如一位中国学者所指出的那样，像英国这样典型的海洋国家，"海洋本质属性的要求、海上安全的要求、海外市场和殖民地安全的要求，都促使他们加强强力手段建设，于是，产品、贸易、殖民地以及海军，就成了一个相互促进、循环发展的链条"。③ 换言之，英国谋求从海洋中获取资源、市场和发展机遇，从而实现整体经济的"海洋化"，经济议题才是英国海洋战略真正关注的焦点。

---

① 〔英〕托马斯·孟：《英国得自对外贸易的财富》，袁南宇译，商务印书馆，1981 年，第 89 页。
② 〔美〕伊曼纽尔·沃勒斯坦：《现代世界体系》第二卷，郭方等译，社会科学文献出版社，2013 年，第 13 页。
③ 张炜主编《国家海上安全》，海潮出版社，2008 年，第 44 页。

3. 秩序意识：积极掌握制订国际规则的主动权

英国所建立的"海洋帝国"不是一个沙皇俄国式的习惯暴力征服、热衷蚕食别国领土的专制帝国，而更多代表了一种英国主导的世界海洋秩序。而为了推动自由贸易的发展，英国迫切需要建立一个在它主导下的和平、有序的国际海洋环境，并不遗余力地推动国际海洋管理制度的建设，在近代国际海洋法的演进过程中留下了浓墨重彩的一笔。

"不列颠治下的和平"虽然可以理解为在英国绝对海上优势统摄下实现的世界和平，但也可以认为英国利用其海上优势所构建的世界海洋秩序和大国协调制度获得了普遍认可，英国主导的国际海洋法体系在相当程度上也体现并维护了其他大国的利益，因而能够得到尊重和执行。

基于英国以海上霸权为核心的全面优势地位，19 世纪在学者们的笔下通常被描述为"英国的时代"，这对于国际法的历史发展来说尤为如此。① 在维多利亚时代，英国以追求实现海洋自由（freedom of the sea）为核心，逐步建构起一套以它的海洋历史和海洋实践经验为基础的国际海洋规则和惯例，这些规则和惯例成为近代国际海洋法中诸多重要规定的来源。

作为近代以来"向海洋进军"的先行者之一，尽管英国历经数百年激烈的争斗，最终击败西班牙、荷兰、法国等国，成为举世公认的世界海洋霸主，但英国始终不谋求建立一个封闭的、独占的海洋帝国——事实上这也不可能，而是积极寻求构建以英国为中心、由英国所主导的开放的世界海洋秩序，始终牢牢地掌握制订国际规则的主动权。英国构建的世界海洋秩序在很长时间里确保了人类在利用海洋过程中的相对和平共处，而稳定的国际环境是英国海上贸易不断走向新的繁荣的关键，英国也从中收获了最大的利益。

4. 务实意识：主动转让海洋霸权的"搭便车"战略

同历史上的霸权转移必然引发惨烈的大战不同，英美海洋霸权的转移进程是和平、渐进而又充满智慧的，这是英美两国共同努力的结果。对英国而言，这在很大程度上要归功于其灵活务实以及长远的战略眼光。而这种战略眼光体现出不列颠海洋民族的海洋思维特点：既能在第二次

---

① Duncan Bell, *Victorian Visions of Global Order: Empire and International Relations in Nineteenth-Century Political Thought*, Cambridge: Cambridge University Press, 2007, p. 47.

世界大战这样的关键时刻坚韧不拔，又能在战后的世界大势面前灵活务实、随机应变。

换言之，英美海洋霸权的转移既源于美国的积极争取，也是英国有意识地主动转让的结果。早在第一次世界大战结束后的英美海军竞赛中，美国就已经表现出比英国更大的海洋发展潜力和意欲终结英国霸主地位的强劲势头，此时英国的海上统治地位尽管面临美日等国的挑战，但依然占据了相当大的优势，这一优势甚至因为德国海军的战败而有所扩大。尽管如此，但相当一部分英国政治家和海军界人士已经意识到英国在海洋发展方面渐显颓势，而英美因为海军问题爆发战争对英国而言无异于一场灾难，英美应该实现和解与合作。

第二次世界大战后，英国的彻底衰落和美国的强势崛起已经成为不争的事实，美国取代英国成为新的世界海上霸主已是大势所趋。而务实的英国人没有选择自怨自艾，而是主动通过转让海上霸权来构建战后的英美海洋联盟，由此积极推行"搭便车"战略，从而借助美国的力量继续维护并拓展英国的海洋利益，保持英国的全球海洋影响力。

时至今日，英国虽然已不再是世界一流海军强国，但其总体海军实力仍然名列前茅。随着"伊丽莎白女王"号和"威尔士亲王"号两艘新航母逐步形成战斗力，以及26型护卫舰、31型护卫舰、新一代战略核潜艇等新型舰艇陆续建成并入役，再加上现有的45型驱逐舰及"机敏"级攻击型核潜艇，未来英国海军有望重新变成一支颇具战斗力和影响力的全球舰队。此外，英国是世界上海洋经济最发达的国家之一，它在海洋潮汐能和风力发电、海洋油气资源勘探等方面都保持着世界领先地位，英国的海洋环保、生物制药也已形成产业，有力促进了英国海洋经济的不断发展。具有悠久海洋传统的英国还有其他国家所不具备的深厚的海洋软实力积淀，这使得它在海洋服务产业、海洋法建构、海洋文化传播、海洋科普教育等方面具有先天的优势。这一切都表明，英国目前仍然是一个具有显著优势和特点鲜明的海洋强国，这在很大程度上要归功于英国推行的"借力美国"海洋战略和"搭车出海"的务实海洋观。

（二）美国海洋战略与海洋观的特点

美国海权的历史就是一部美国崛起并迈向超级大国之路的历史。从这个意义上说，美国是依靠海权实现大国崛起的典型，美国的海洋战略与海洋观体现出自身鲜明的特点，也为其他国家，特别是后起海洋国家留下了宝贵的经验。

1. 牢牢抓住历史机遇，突破孤立主义思想束缚

19 世纪末 20 世纪初，海外扩张成为工业国发展的需要，也是美国经济寻求扩大市场、获取海外原料的必然选择。而在海外扩张过程中，为了拓展海外贸易、保护海上交通线，则必须建立一支强大的海军。这也使得美国各个阶层的社会精英不断为建设新的强大海军而奔走呼号，马汉的海权论使美国各方达成共识：强大的海上力量是国家富强的象征和保证。因此，在罗斯福总统等人的推动下，美国以雄厚的经济实力和工业基础为后盾，开始全力扩建海军。

美国扩建海军的障碍主要来自国内强大的孤立主义和自由主义势力，这种现象在思想上出自华盛顿等"国父"们对以海洋为屏障隔绝欧洲的专制暴政、安心在新大陆上耕耘的教海，在经济上则有以杰斐逊为代表的土地主们的私利动机驱使。而到了 19 世纪 80 年代，随着大陆扩张任务的完成，无论上述哪种驱动力，都已无法再压制海洋发展思想的蓬勃兴起。呼吁美国扩建海军、积极开展海外扩张的海洋人士群体中，既有马汉这样的海军军官，也有西奥多·罗斯福这样的政治家，还有詹姆斯·库帕这样的作家。由此可见，关于美国转向海洋发展的主张有着相当广泛的社会基础，这也是美国最终能打破孤立主义思想桎梏，经过两次世界大战的洗礼，崛起成为新的海洋强国的基础。

另外，19 世纪下半叶世界海军技术的突飞猛进也为美国扩建海军创造了有利条件。海军建设不同于陆军建设，需要持续、长期的资金投入、政治支持和社会氛围的塑造，英国自都铎王朝开始历经数百年才最终在取得特拉法尔加海战的胜利后成为世界海洋的统治者。19 世纪晚期海军技术的飞速发展，特别是大口径舰炮、新型装甲、蒸汽动力、鱼雷等海军新技术的涌现，使得美国可以充分采用最新技术建设一支现代化海军，而无须像英国海军那样背负沉重的历史包袱。以罗斯福为代表的美国决策者牢牢抓住了历史机遇。在一战爆发前，美国稳步建成了仅次于英德的世界第三大海军。在一战中，美国迅速扩建海军，缩小同英国的差距。在二战中，美国彻底实现了海权的大爆发，冲破了国内顽固的孤立主义思潮的禁锢，以海军建设、海洋运输、兵力投送、武器生产为标志，完

全解放了美国的工业资源，迸发出惊人的力量，极大地提升了美国的国际竞争力。二战结束后，孤立主义在美国再难成气候，美国顺理成章地取代英国成为新的海洋霸主。时至今日，无论是海洋硬实力还是海洋软实力，美国都是首屈一指的超级海洋强国。

2. 重视经济与科技的作用，实现跨越式发展

美国全面走上海洋发展道路，是在完成大陆扩张任务之后。而大陆扩张任务的完成也推动了美国经济的起飞，为海洋发展奠定了雄厚的物质基础。早在19世纪末，美国就已经超过英国成为世界第一大工业国。钢铁、造船、电力、化学等工业部门的领先地位，赋予了美国按照马汉的海权论大规模扩建海军和商船队的现实条件。到1916年参加一战前夕，美国成为世界上最大的债权国。到二战爆发前夕的1938年，美国工业产值已占世界工业总产值的36%。二战期间，美国的煤产量、原油产量、钢铁产量、炮弹产量分别是日本的11倍、222倍、13倍和40倍。①到二战结束后的1948年，美国工业产值已经占到资本主义世界工业总产值的54.8%。冷战期间，以原子能、航空航天、计算机技术为标志的新科技革命在美国兴起，进一步推动了美国经济的发展。从杜鲁门的"公平施政"到肯尼迪的"新边疆"，从约翰逊的"伟大社会"到尼克松（Richard M. Nixon）的"新联邦主义"，从卡特（Jimmy Carter）的"反滞胀"到里根的"星球大战"，战后美国国家战略的不断调整保证了美国经济社会发展的活力，为海洋战略的顺利展开创造了条件。

强大的经济实力是美国实现海上崛起并追赶英国的根本保证。不同于英国这样的"原生型海权"，美国在马汉海权论推出之时立国只有百余年，缺乏英国那样深厚的海洋历史积淀，但它可以充分利用后发国家的优势，搭上第二次工业革命的快车，在海洋上实现了跨越式发展。换言之，美国在19世纪末的崛起，首先是经济上的崛起，而经济上的崛起又有力地推动了美国迅速成长为新兴海洋强国。

海洋产业作为技术密集型产业，海军作为技术密集型军种，二者都对科技进步有着很高要求。历史上，英国正是因为在创造、运用、革新

---

① George W. Baer, *One Hundred Years of Sea Power: The U. S. Navy, 1890-1990*, Stanford: Stanford University Press, 1993, p. 236.

科技上牢牢占据制高点而统治世界海洋。近代以来，美国在海军建设过程中，积极研发并推广使用无线电、雷达、直通甲板航母、核动力、隐形技术、无人机、电磁炮等新技术，并进而发展了航母特混舰队、空海一体战、精确打击等新的海军战术，它在技战术创新上取代英国成为世界领头羊，也顺其自然地取代英国成为新的世界海洋霸主。

3. 崛起过程中讲究策略，避免与英国正面冲突

当前，关于霸权国与挑战国必然陷入"修昔底德陷阱"的话题为学界所热议，它以历史上的英德海军竞赛和一战中两国兵戎相见为参照。与此同时，历史上英美和平转移霸权的案例也一直被人所津津乐道，而英美海洋霸权的转移无疑是英美权势和平过渡的最典型代表。尽管造成这一历史巨变的原因十分复杂，但仅就美国海洋战略决策而言，美国在海洋崛起过程中讲究策略，始终避免与英国正面冲突无疑是其中的重要原因。

在 19 世纪末全面进军海洋伊始，美国将欧洲列强势力相对薄弱、利益纠葛较少的太平洋作为拓展的主要战略方向，而在大西洋方向保持守势。如此一来，美国成功避免了同当时如日中天的英帝国正面冲突，而大西洋的空间和距离又进一步降低了美国的崛起对英国造成的威胁感知程度。美国在遥远的美洲依然小心谨慎，而威廉二世时期的德国在欧洲中心地带却咄咄逼人。两相对比，英国很难不在美德两个新兴强国之间确定后者为最危险的敌人。

不仅如此，美国还利用英美间的文化、血缘纽带，推动英美海洋合作。早在 1894 年，马汉就发表文章论证英美联合的可能性。马汉认为，正是英国海军牵制了欧洲的其他竞争对手，才使得这些国家不能更多地干涉美国事务。事实上，英国是支持"门罗主义"的。马汉提出，在不远的将来，英美联盟将主宰全球海洋。[1] 德国的迅猛崛起和高调蛮横的挑战势头，使得本可能激化的英美海权矛盾不断降温，并且德国作为潜在的共同敌人的出现还使得英美海洋合作成为两国的现实需要。19 世纪末 20 世纪初，英美在国际关系中相互支持。在 1898 年的美西战争中，

---

[1]　Alfred T. Mahan, *The Interest of America in Sea Power—Present and Future*, Boston: Little Brown, 1899, p.124.

英国阻止了德国舰队在马尼拉湾干涉战局的企图。美国在布尔战争中明确支持处于被孤立状态的英国，而后者也投桃报李同意美国独占巴拿马运河，进而在 1904—1905 年永久撤出了牙买加的西印度群岛分舰队，实际上默认了美国将拉美视为"后院"的"门罗主义"。在萨摩亚危机、摩洛哥危机中，英美合作对抗德国的局面愈发明显。英美在两次世界大战中并肩作战，从地缘政治上看，正是美国在英国已无法单凭自身力量继续维持传统的均势政策的情况下，跨越大西洋推行时空范围更广阔的离岸平衡战略的体现。

当然，英美之间并非毫无矛盾和冲突，两国在一战后的海权竞争尤为激烈，这种竞争不仅体现在海军竞赛上，也表现为两国对战后国际海洋制度的建构有着不同的利益主张。即便此时美国海权已经羽翼颇丰，但仍然注意避免同仍是世界头号海洋强国的英国发生正面冲突，两国在国际裁军问题上依然合作无间。与此同时，日本则取代德国成为英美新的共同假想敌，也构成了英美关系新的润滑剂。

简言之，自 19 世纪末以来，美国在实现海洋崛起的过程中，始终注意避免直接挑战英国的海上霸权，更多是在英国利益的边缘地带试探，进而利用英国衰落的大势寻机获得英国的让步、默许和配合，最终成功使得自身的海上崛起获得了英国的承认。

4. 保持创新性，注意海洋战略的顶层设计

美国自突破孤立主义思想束缚，坚定地走上海洋发展道路之后，无论是海军建设还是海洋制度建构，都始终保持了思维的创新性，即便是在成为新的世界海洋霸主后，也能做到不故步自封，不僵化保守。

在海军建设层面，美国不断进行理论创新和技术创新。在二战中，美国创造性地开创了以航母为核心的特混舰队战术，使得传统的战列舰中心主义和舰队决战学说被扫进了历史的故纸堆。二战后，美国又积极推动建设核动力舰队，发展海基核武器，推动了核威慑战略理论的建立、发展与革新。冷战期间美国设计的"宙斯盾"作战系统如今被世界各国海军所效仿，拥有多少"宙斯盾"战舰成为衡量一国海军战斗力高低的重要指标，恰如历史上以"无畏"舰的数量和质量来评判一国海军实力那样。时至今日，美国海军依然在核动力航母、电磁弹射、无人机、激光武器等技术上对各国保持至少一代的领先地位。得益于技术创新，美

国在战略理论和战术上的创新也是层出不穷。仅冷战结束以来，美国就提出了"从海上出击""由海向陆""空海一体战"等多个理念，并颁布了以《21世纪海上力量合作战略》为代表的多个规划文件，体现出美国海军对理论创新的积极态度。

在海洋制度建构层面，美国在二战后也一直引领着国际海洋制度建构的方向。1945年颁布的《杜鲁门公告》标志着人类对海洋价值的认识从相对简单的渔业、航运等转向更为复杂的资源开发，由此激发了各国的"海洋圈地运动"，进而推动了国际海洋法的发展。美国是一个法制国家，这就使得美国的海洋战略设计较多地以立法和政策规划的形式展开。美国的海洋立法已经有100多年历史，进入21世纪后，美国更加频频颁布法令和政策文件，进一步规范国家的海洋事业发展，代表性的法令和政策文件包括《2000年海洋法令》《21世纪海洋蓝图》《美国海洋行动计划》《国家海洋政策》《国家海洋政策执行计划》等。由此可见，美国海洋战略的制订、执行和调整都非常注意进行顶层设计，统筹全局。

（三）日本海洋战略与海洋观的特点

从明治维新到称霸东亚，再到二战战败和战后复兴，在短短百余年时间里，日本的国运经历了过山车般的跌宕起伏，这种曲折的发展道路也深刻反映出日本海洋战略与海洋观的成败得失。作为一个后起海洋强国，近代以来日本的海洋战略从理论构建到政策设计都深受西方海权思想影响，而其实践的路径和方式又带有浓厚的交织着自卑和自负、执着于思考天地命运的日本文化特点，由此表现出极具感性色彩的"爆发式扩张"。

1. 由海而兴：以"富国强兵"为中心持续扩张

无论是明治维新时期的"征韩论"、中日甲午战争和日俄战争，还是两次世界大战，以及冷战后至今的"海洋国家"战略，日本的海洋战略都表现出以"富国强兵"为中心的强烈的扩张性特征。说到底，就是一种盲目崇拜强者、鄙视甚至欺凌弱者的"脱亚入欧"思想。

二战以前，日本海洋战略的扩张性是同日本政治的军国主义化息息相关的。明治维新时期，日本以英国海军为师，建立起了一支强大的海军，并通过中日甲午战争和日俄战争一跃成为新兴的海洋强国。在第一次世界大战期间，日本利用欧洲列强无暇东顾的时机，以海军舰队为后盾，占据了大片德国在太平洋和远东的殖民地。在第二次世界大战中，海军成为日本建立所谓"大东亚共荣圈"、抢夺英美法荷的东南亚殖民地的急先锋，并作为太平洋战场上的绝对主力同美国海军进行了殊死战斗，最终全军覆没。

太平洋战争爆发前，相较于更为粗鄙蛮横且越来越难以理性做出决策的陆军，长期效仿英美的日本海军对世界形势的判断则较为客观和准确，但仍然无法摆脱"政治正确"原则的束缚，即以一场舰队决战的胜利开启并不断助推日本在所谓"富强之路"上狂飙突进。近代日本在中日甲午战争和日俄战争中的成功最后可以归结为海军的决定性胜利，这导致日本海军的思维也越来越军国主义化，而在明明对局势有清醒判断的情况下仍然无法理性地阻止日本冒险发动太平洋战争。正如中国学者所指出的那样，"日本在明治维新之后走上了一条以武力在亚洲大陆（特别是中国）扩张，夺取领土、资源和市场的道路，日本在甲午中日战争和日俄战争中的胜利极大地强化了这一道路的'正确性'，使日本决心追求控制东亚的目标"。[①]

二战后，日本海洋战略与海洋观的扩张性一方面源于近代军国主义思想的残留，另一方面则是日本寻求与英美等"海洋国家"结盟思想的体现。在美国的默许和扶持下，日本海上自卫队很快成为亚洲实力最强的海上军事力量之一，并逐步从"专守防卫"向主动应对"周边有事"转变。日本右翼势力一直谋求取消和平宪法，将自卫队升格为"国防军"，谋求完全意义上的交战权，而海上自卫队则成为这种企图的突破口。冷战后，日本以各种理由绕过和平宪法，以"反恐""支援""维和""反海盗"等多种名义派遣海上自卫队赴海外执行任务。此外，近年来日本海上自卫队加快了作战舰艇等装备的更新换代速度，向大型化、远洋化、进攻型海上军事力量方向转变，谋求扩大海洋活动范围，特别是针对中日海洋争端处心积虑地进行各种危险的备战活动。另外，作为准军事力量的日本海上保安厅也积极购建大吨位新型巡逻舰和巡逻机，企图单方面加强对中国钓鱼岛的控制，并强硬应对中日在东海划界等问

---

① 王立新：《踌躇的霸权：美国崛起后的身份困惑与秩序追求（1913—1945）》，中国社会科学出版社，2015年，第253页。

题上的争端，甚至在南海问题上拉拢美国、澳大利亚、英国、印度等域外国家，以及菲律宾、越南等同中国存在南海主权争端的国家，共同遏制中国。通过上述种种举动，我们不难看出日本挑战二战后形成的以《联合国宪章》为核心的基本国际秩序的意图。

随着日本政治右倾化进程加快，特别是安倍晋三第二次上台后积极谋求修改和平宪法，以获得集体自卫权、将自卫队改成"国防军"，并在历史问题和领土问题上一再恶意挑衅中国的底线，中日关系降到冰点。这些举动实际上也深刻反映了日本海洋战略的扩张性和狭隘的民族主义，以海洋发展模式为立国之基的日本不惜采取极端手段来维护自己的绝对利益，并以不合时宜的零和思维来看待正常的中日关系，将中国视为最大的威胁。而日本对所谓"中国威胁"的认识，在很大程度上也是以海洋战略为切入点加以看待的。

2. 战后转型：从重军事扩张到重经济建设

明治维新后，日本开始将建设海军作为实现国家富强和进行对外扩张的突破口，海军建设几乎成为日本海洋战略的全部内容，海洋贸易、商船建设等处于次要地位。相比之下，英美发展海军力量的主要目的是保护海上交通线、拓展海外贸易和建立殖民地，虽然英美在海洋崛起之路上也充满了暴力征服和血腥扩张，但其海军力量一直扮演工具性作用，海军建设服从并服务于促进国家经济发展的总体战略。而日本发展海军则在很大程度上成为一种目的性需要，日本的海军建设目标缺乏经济导向，完全着眼于野蛮的对外扩张和暴力征服，以求尽可能地侵略、占据在东亚大陆的领地，为本国过剩的人口寻找殖民地。

第二次世界大战后，由于受到和平宪法的约束，日本的国防开支长期维持在不超过 GDP 1% 的最低水平，其军事力量也受到较大限制，因此日本海洋战略重点从战前的海上军事力量建设转变为经济开发。总体而言，日本海洋开发起步较早，制度完备，技术先进，成效显著。特别是冷战后，日本加快了开发海洋能源和矿产资源的力度，在海洋油气资源勘探、可燃冰收集利用、海洋潮汐能和温差发电等领域居世界领先地位。

另外，战后日本总体上保持了防御型的国防战略，但随着进入 21 世纪以来日本政治的右倾化，谋求成为具有交战权的"普通国家"的呼声日益高涨，再加上同中国、韩国等周边国家在海洋问题上的争端不断升级，日本开始有意识地加速发展海上军事力量。日本海上自卫队已经成为亚洲装备最精良、最现代化的海上武装力量，其反潜作战能力、扫雷能力和后勤补给能力堪称世界一流，其扫雷能力甚至被认为居世界各国海军之首。此外，在美国的默许和纵容下，日本还利用阿富汗战争和伊拉克战争"借船出海"，向印度洋派遣海上自卫队军舰，实现了向海外派兵的夙愿。当前，日本表现出一系列危险的军事动向，包括新下水被认为是准航母的"出云"级直升机驱逐舰，以及增兵"西南诸岛"，不断举行各种军事演习以强化所谓"离岛防卫"等，这些都引起了亚洲多国的关注。

3. 根基浅薄：盲目、片面照搬西方海权理论

在近现代世界海洋文明史上，美国、德国和日本是三个后起国家，它们同时也是自19世纪后期开始崛起的新兴强国，但这三个国家的海洋发展道路又各有特点和成败得失。美国具有得天独厚的地理条件，这是包括英国、法国这样老牌的海洋强国在内的其他任何国家都不具备的。美国虽然是在完成大陆扩张任务、建立了坚实的陆上发展基础之后才开始大规模拓展海洋空间，在建国之前就继承了英国深厚的海洋文化传统，其贸易立国的思想甚至比英国更为彻底。换言之，美国人不仅对大海并不陌生，而且非常熟悉并擅长发展海洋事业。殖民地时期的新英格兰就以发达的造船业和贸易著称。在地理上，美国可以称得上是扩大了的英国，是一个更为广大的"美利坚岛"，这就使得美国在地缘政治思想上继承并发展了英国的"光荣孤立"和"均势"的智慧，进而发展出"离岸平衡"理论。简言之，美国进一步发展了盎格鲁-撒克逊民族的海洋思维，它在物质和精神上都具有良好的海洋发展基础和更为有利的海洋发展条件，二战中英美在大战略上的协调一致充分说明了盎格鲁-撒克逊民族海洋思维的共通性。与此同时，美国又拥有经过"西进运动"而获得的自然条件优越且正在快速推进工业化的广袤土地，这就使得美国海权的发展有着强有力的陆权做保障，这样的双重优越性赋予了美国首屈一指的发展潜力。

1871年成立的德意志帝国以普鲁士为核心，而统治普鲁士的霍亨索伦家族又发源于波罗的海地区的条顿骑士团，尚武、专制，崇尚纪律、

理性和效率，渴望土地和荣誉成为新生的德国的标签，而这一切都建立在容克地主的农业经济基础之上。因此，德国的海权发展之路也是在建立了在欧洲的陆上优势之后开启的，但德国的陆上安全环境非常恶劣，它始终无法摆脱强敌环伺的困难处境。而且德国缺乏面向海洋发展的文化根基，它力求在陆海两个方向上都实现突破，但最终在两个方向都遭到了毁灭性的打击。这既是传统陆海复合型国家的宿命，也凸显了美国这样生长在周边无强敌且有两大洋作为安全屏障的国家的幸运。

相较于美国和德国，日本虽然在地理上是一个类似于英国的岛国，但它却称不上是一个海洋国家。历史上，日本长期闭关锁国，视海洋为畏途。明治维新之后，日本开始走向世界，但它既没有德国这样雄厚的陆权基础，也没有英国这样历史悠久的海洋发展传统，更遑论美国这样同时具备陆海两个层面上的优势，因此，日本的海洋发展之路从一开始就是先天不足的。也正因为缺少海洋文化传统的积淀，恰如教育、官制、工商业、军事等领域的全盘西化一样，明治维新之后日本的海洋发展指导思想几乎全部来自西方的海权理论，尤其是疯狂迷信马汉的海权论。但悲哀的是，日本机械照搬了海权论，而没有认真结合本国的实际情况加以消化吸收。而且，日本对海权论的认识是片面且狭隘的，这一点终于在第二次世界大战中结出了恶果。

在二战中，日本同德国一样表现出战略思想的贫乏和战略眼光的短视，尽管在战术上这两个国家的军队都堪称惊艳。在太平洋战争初期收获了辉煌的胜利后，日本却表现得无所适从。是东进消灭残存的美国太平洋舰队并占领澳大利亚？还是向西夺取英属缅甸、锡兰和印度？日本面对的是同英国和美国这两个世界最强的海洋强国的海上战争，它可以集中精力打击一点，但不可能将有限的精力和资源分散。为解决战略上的难题，日本竟选择将赌注压在摧毁美国太平洋舰队这一战术目标上。[①]这如同日本长期将战争的胜利寄托在一场舰队决战的大胜之上一样，他们只是读到了马汉的只言片语，却并未理解一场战役的胜利并不等于一场战争的胜利，战术上的胜利不等于战略上的胜利这样的道理。整个太

---

① John Ferris and Evan Mawdsley, eds., *The Cambridge History of the Second World War*, Vol. I, Cambridge: Cambridge University Press, 2015, p. 430.

平洋战争，几乎都是日本处心积虑想要消灭美国太平洋舰队，费尽心思地设计同美国进行日本早已计划好的舰队决战的蓝本，但美国人始终没有给日本人开展舰队决战的机会。

另外，在太平洋战争中，日本缺乏海上交通线控制意识，长期不重视反潜护航和海上运输，导致其在美国潜艇的打击下无法有效弥补商船损失，东南亚的石油、橡胶等重要战略物资无法运回日本本土加工，导致日本战争资源走向枯竭，这也决定了它最终战败的命运。

日本缺乏海上交通线意识，也可以从 1942 年 8 月在地中海和太平洋几乎同时发生的两场战斗的对比中得以印证，前者是英国与德国和意大利的马耳他之战，后者是日本与美国的瓜岛战役。在马耳他之战中，坎宁安麾下的英国地中海舰队发起了"基座行动"（Operation Pedestal），目的是冲破德意对马耳他岛的海空封锁，向处在轴心国空军狂轰滥炸之下、苦苦支撑的岛上英军运送给养。在马耳他之战中，英国海军虽然损失惨重，但最终牢牢守住了马耳他这个盟国在地中海最重要的前进基地，确保了随后的阿拉曼战役的胜利，并为盟国最终肃清北非战场的德意军队奠定了坚实的后勤保障基础。相比之下，在瓜岛战役中，日本海军始终不愿为增援瓜岛上的孤军而一次性投入足够的力量，使得能运送上岛增援守军的物资少得可怜。无论是"鼠输送"还是"蚁输送"，这种杯水车薪的增援方式无法改变岛上日军最终彻底崩溃的命运。由此可见，在二战爆发之前，只有中日甲午战争、日俄战争和一战中的青岛之战这三场离日本本土很近的局部战争经验的日本海军，严重缺乏海上交通线和后勤补给意识，这对恰恰非常依赖于海上运输的日本而言无疑是致命的。

美国著名海军史学家哈滕多夫认为，海军在战争中的任务主要有：保护和促进己方和盟友的海上贸易航运和军事补给；维护通往港口和海湾、经过封锁区的海上航运通道的安全；剥夺敌人的商业航运能力；保护海外资源；运输和支援部队及前进基地；夺取并确保在战区的制海权和制空权，以支援空中和陆上作战行动。[1] 显然，以此标准来衡量，第二次世界大战中日本海军的表现是不合格的，其整体战略存在严重缺陷。

---

[1] John B. Hattendorf, "What Is a Maritime Strategy?" *Soundings*, No. 1, October 2013, p. 8.

有学者对日本在二战时期的海洋战略提出严厉批评，认为日本在很大程度上是将陆上战略机械地照搬到海上，而没有实际认清海洋的地缘政治环境。整体而言，日本在发动战争之前并没有认真设计它的大战略，二战期间的日本大战略是短视且缺乏内部沟通合作的拙劣设计。①

不难发现，日本"富国强兵"的海洋观有明显的局限性。这种局限性突出表现为日本对海洋价值的认识仅仅停留在实用主义工具的层面上，而并没有从文化上深刻改造日本人固有的狭隘思维，也没有批判性地分析和接受马汉的海权论。其"富国强兵"的海洋观的一大表现，就是极端重视发展海军力量，一旦海军力量增强就迫切地走上了对外侵略扩张的道路。然而，海洋战略并不只是建设和运用海军力量，它还包括外交活动，确保海上贸易安全，开发、保护、管理和防卫国家的海上专属经济区，海岸防卫，维护国家边界安全，保卫近海岛屿，以及参与关于开发利用海洋、海空和海底资源的地区性和全球性议程等。② 显然，日本对海洋战略这一概念的认识是片面和狭隘的。

近代以来，日本可以说是受马汉海权论影响最大的国家，但问题在于日本曲解了马汉的思想，并且僵化而教条地迷信舰队决战理论。海权不只是战术意义上的，更是战略意义上的。海权在战前日本人的思想中越来越多地成为一种富国强兵的"良药"，它的工具性作用被无限夸大，其直接后果就是日本决策者越来越神化马汉，越来越无视日本的基本国情而照搬海权论，越来越相信国运是同一场舰队决战维系在一起的。这种赌博式的文化充斥着日本决策者的大脑，中日甲午战争和日俄战争的胜利似乎让日本沉醉于"神佑大和"的迷梦之中，因而有了后来近乎挑衅式的珍珠港偷袭，但在这场同美国人的赌博之中，日本最终输掉了自明治维新以来积攒的全部家底。归根结底，这还是日本这样先天不足的岛国缺乏海洋文化根基所致，日本亦步亦趋地照搬西方海权理论，却又从未真正消化吸收西方海洋文明思想的内核，找到其真谛所在。应该说，这也是一种文化上的不自信和骨子里的自卑心理所产生的畸形思维。

---

① John Reeve, "Maritime Strategy and Defence of the Archipelagic Inner Arc", Royal Australian Navy Sea Power Centre, Working Paper No. 5, pp. 2-3.

② John B. Hattendorf, "What Is a Maritime Strategy?", *Soundings*, No. 1, October 2013, p. 7.

4. 天定命运：畏惧海洋情结下的自卑和自负心理

明治维新以前，日本由于长期奉行闭关锁国政策，它对海洋的认识是非常粗浅而单一的。对于日本人而言，海洋除了能提供鱼虾蟹鳖等海产品、弥补口粮的不足外，更多是带来了洪水、海啸和台风，这些难以抗拒的自然灾害赋予了海洋凶险诡秘、变幻莫测的形象。可以说，长期以来日本人对海洋充满敬畏，天照大御神诞生自海洋的神话一方面说明了海洋同日本文明的密切关系，另一方面也极大地神化了海洋，将其描绘为凡人不可轻易接近的神秘之地。这种观念使得远古至近代早期的日本人非但难以萌发探索海洋、征服海洋的冲动，反而受到神道观念的束缚转而崇拜海洋、畏惧海洋，内向地形成了谦卑、忧虑意识，始终担心孤悬在浩渺大海之上的日本列岛的命运。甚至到了二战以后，关于"日本沉没"的文学和影视作品依然畅销，它深刻体现了日本人强烈的忧患意识。

除面对自然灾害所产生的"命运无常"的慨叹外，日本人的忧患意识还表现为对大陆国家的强烈恐惧，尤其是它长期面对的是东亚大陆的中国，日本始终无法摆脱面对中国的自卑与恐惧。如此一来，"对海洋的依赖感和对自然灾害的危机感、对大陆国家的恐慌感交织在一起，成为日本的历史惯性和精神情结"。①

日本的海洋战略思维还深受传统的武士道精神的影响，而这种武士道精神又植根于日本人悠久的忧患意识当中，表现为对绝对安全的追求和强烈的排他性观念，为追求绝对利益而不惜采取一些极端手段。有中国学者精辟论述了日本武士道精神所折射出的安全观念："日本武士道战略文化决定了日本安全观念是一种排他性的、绝对的安全观，要实现这样的安全，必须建立一支强大的军事力量，奉行进攻性的防卫战略，建立由本国控制的安全区域。武士道战略文化决定了日本海权战略是一种进攻性和外向型的战略。"②

同英国和美国相比，日本虽然拥有悠久的海洋文化传统，但它的现代海洋观萌发的时间较短，国家层面的海洋意识和海洋观念直到明治维

---

① 侯昂好：《日本的海洋观念与中日海上战略碰撞》，《亚太安全与海洋研究》2015年第4期，第38页。
② 鞠海龙：《中国海权战略》，时事出版社，2010年，第170页。

新时期才得以首次阐发。日本传统的海洋观更多反映了一种慨叹日本列岛贫瘠多灾、海洋凶险难测的悲天悯人文化，虽然这种海洋观孕育出不屈不挠、勇斗风浪、敢于拼搏的精神，但也赋予了其过于敏感，骨子里自卑守旧的民族心理，使其难以用一种全球性眼光和开放心态来正视海洋世界的风云变幻。由于缺乏长时间的历史积淀，日本的海洋观也无法同盎格鲁-撒克逊民族的全球海洋观相提并论。日本的现代海洋观具有鲜明的传承性特色，其争议和分歧较少，具有完整的体系化特点。不过，相对于马汉、麦金德和斯皮克曼，日本海洋观的理论视野较为狭窄。即便是在全球化的今天，日本学者仍然主要立足于日本列岛的地缘政治环境本身，从遏制中国这样的大陆国家出发，来探讨日本的海洋安全战略。从根本上讲，日本这种海洋国家遏制大陆国家的思想只是马汉海权论的延伸。

近代以来，日本通过明治维新迅速崛起为东亚第一个现代化强国，一扫幕府末年以来对西方列强卑躬屈膝的屈辱。对比深陷内忧外患的传统东亚强国中国，日本陡然滋生了一种强烈的优越感，一种被朝贡体系"压迫"了上千年之后终于"翻身"了的狂喜。日本自诩为在仍然笼罩在蒙昧之中的亚洲国家中唯一的"亮点"，以"优等生"自居且认为身兼"教化"其他亚洲国家的责任，这种"教化"赤裸裸地表现为用武力侵略中国和其他亚太国家，用日本的统治取代其他国家本国政权的管理，用日本的殖民统治取代西方国家在亚洲的殖民统治，妄图建立以日本为"领导者"的"大东亚共荣圈"。在这种狂妄的迷梦中，征服中国是长久以来日本在自卑情绪下滋生出的反向自负心结的体现，正如有学者精辟概括的那样，"囿于海岛的现实与其对华夏的仰慕相结合，促成了日本对大陆的觊觎，酿成了日本历史上的一股重要思想源流，一旦条件成熟，日本就难以遏制向朝鲜、满蒙乃至大陆腹地扩张的冲动，希望通过获得大陆领土、人口和资源成为'大陆国家'"。[1] 而进入21世纪以来，特别是2010年在GDP总量上被中国超过、中日海洋争端呈现日趋激烈的态势之后，日本对自身"海洋国家"身份的建构再次掀起新的高潮。从

---

① 　苗吉：《"他者"的中国与日本海洋国家身份的建构》，《外交评论》2017年第3期，第83页。

文化角度看，这一现象的出现也是日本在 2010 年后经历中日钓鱼岛争端、东日本大地震和福岛核事故，以及深受朝核危机威胁等一系列挑战之后，再度陷入悲天悯人、顾影自怜情绪的民族自卑性格的体现。这种种挑战，"使日本国家和社会呼唤一种决然面对来自大自然和邻近强权挑战的勇气与担当……海洋日本代表着一种大海孤舟式的以小博大、坚忍决绝、忍辱负重、知其不可为而为之的悲壮，符合日本的审美情趣……于是，日本政治与知识精英塑造了'中国威胁意象'，又通过建构和拥抱'海洋国家身份'应对这种认知的威胁"。①

5. 陆海两难：东亚大陆和太平洋夹缝下的生存

正如王家俭先生所言，"英国以英伦三岛而影响欧洲大陆的政治、经济与外交，并以其强大的海军称雄于世界。日本的地理条件恰巧与英国相像，因而乃企图以英国为榜样，以扶桑三岛控制亚洲大陆，成为世界的强权；此一心态实属至为明显。同时从历史的事实亦可证明，这个目标已经成为明治维新之后的国策，朝野上下，积极奋发，无不深信其不久即可实现"。②

近代日本的历史一再证明，特殊的地缘政治格局决定了日本不同于单纯的海洋国家英国，全心全意致力于面向海洋发展，而是始终在海陆两个战略方向徘徊，即既难以抵御征服亚洲大陆的诱惑又无法无视英美海洋发展模式带来的国富民强，这就使得地理上是岛国的日本却背上了法国、德国这样的陆海复合型国家的战略包袱。特别是，近代以来日本在通过明治维新实现迅速崛起的同时，其传统的大陆邻国——朝鲜、中国、俄国——全部处于国势衰退期或内部乱局之中。日本先征服了琉球和朝鲜，基本摧毁了传统的东亚朝贡体系，并窥探到了清朝这个暮气沉沉的封建王朝的虚弱本质，最终在 1894 年的中日甲午战争中彻底摧毁了中国作为数百年来"天朝上国"的骄傲。紧接着，日本又在 1904—1905 年的日俄战争中击败了沙俄帝国。随后，中国陷入革命、内战的混乱之中，俄国（苏联）也经历了从一战到十月革命再到反抗西方干涉的强烈

---

① 苗吉：《"他者"的中国与日本海洋国家身份的建构》，《外交评论》2017 年第 3 期，第 105 页。
② 王家俭：《李鸿章与北洋舰队：近代中国创建海军的失败与教训》，三联书店，2008 年，第 436 页。

动荡之中，它对远东领土的控制已力不从心。日本则通过英日同盟取得了英国这个世界海洋霸主和国际秩序主导者的支持。在未实际损害其利益的前提下，西方列强对日本在东亚的崛起基本持默许的态度。近在咫尺的大陆邻国们持续衰落、分裂、动乱，遥远的西方强国保持了相对支持的立场，由此共同为从明治维新时期到一战前的日本营造了最为有利的国际环境。①

　　二战中，日本内部虽然存在陆海军在战略方向上的激烈争论，但最终实际上走的仍然是大陆扩张的道路，日本挑起太平洋战争的根本目的也是迫使英美承认日本独吞中国、称霸东亚，而地理条件相似的英国却从未想过征服整个欧洲大陆。"作为一个类似大不列颠的岛国，尽管拥有精良的舰队，但是日本采取了大陆式的从中心向外扩张的战略，并试图依赖岛屿支点体系保卫其在南部与东部海上获得的领土……诸如日本帝国的'大东亚共荣圈'……含有并且支持由内向外的安全堡垒逻辑，而这正是大陆模式的核心之所在。"②

　　二战后，日本开始坚定地走上了"海洋国家"的发展道路，但仍然将大陆国家中国视为威胁，并有意夸大、渲染乃至利用这种威胁，为日本的国家战略服务。日本防卫省下属的防卫研究所在《中国安全战略报告2016》中就指出，中国海军扩大活动范围将加剧东海与南海地区的紧张局势，并可能导致东亚安全秩序出现混乱。报告强调，"形成、维持东亚安全保障秩序的根本是美军强有力的存在以及同其支援的各同盟国家和各友好国家的协作"，并直接批评中国军队"对按照国际规则在南海活动的美军舰船和飞机反复采取妨碍行动"，认为此举"存在完全改变东亚原有的安全保障秩序的可能性"，进而公然要求"中国停止以武力为背景改变现状的尝试，成为维护原有的安全保障秩序的大国"。③

---

① 　S. C. M. Paine, *The Japanese Empire: Grand Strategy from the Meiji Restoration to the Pacific War*, Cambridge: Cambridge University Press, 2017, pp. 84-85.

② 　罗伯特·卢贝尔：《体系维护：改变大国竞争的空间关系理论》，王汝予译，载张海文等主编《21世纪海洋大国：海上合作与冲突管理》，社会科学文献出版社，2014年，第206—207页。

③ 　日本防卫省防卫研究所编《中国安全战略报告2016——扩大的人民解放军的活动范围与其战略》，第48—49页，http://www.nids.go.jp/publication/chinareport/pdf/china_report_CN_web_2016_A01.pdf。

（四）英美日海洋战略与海洋观的特点比较

英国、美国、日本的海洋战略与海洋观各有特点，它们分别代表了三种不同类型的海洋发展模式。我们可以从海洋自然地理与地缘政治环境、海洋生活传统与海洋思维文化、海洋观的典型表述方式与内涵三个方面对其进行全方位比较，由此加深对上述三种海洋发展模式的成长动因的理解。

1. 海洋自然地理与地缘政治环境

英国、美国和日本都具有得天独厚的海洋自然环境和地理条件。英国和日本是典型的岛国。独立之初的美国由大西洋沿岸的13个殖民地组成，它是一条狭长曲折地带。三国都拥有漫长的海岸线、星罗棋布的群岛和优良的港湾，都位于世界主要海洋航线的通路上，且周围有鱼群聚集的优质渔场。

尽管如此，英、美、日三国所面临的海洋地缘政治格局却并不相同。英国面对的是一个纷争不断、陷入分裂的欧洲大陆，这个大陆上星罗棋布的王国、公国、领地等同英国都有千丝万缕的联系，而且它们同英国一样多属于基督教文明，因此英国同欧洲大陆并没有很强烈的疏离感。历史上，英国国王在法国拥有大片领地，长期深陷欧洲大国博弈和争霸之中，直到伊丽莎白一世统治时期英国才放弃了在欧洲大陆的最后一块领地加莱，由此专心在不列颠空间内发展，进而将目光投向浩瀚的大洋和色彩斑斓的海外世界，同欧洲大陆保持着若即若离的松散关系。

而日本则长期面对西边疆域广大、拥有高度文明的中国。当中华文明强大之时，日本随之产生强烈的恐惧和不安，谋求将中国分裂成欧洲那样众多的城邦小国；而当中华文明衰落之际，日本又往往难以收敛征服东亚大陆，进而独占亚洲乃至西太平洋的野心。前者表现为历史上日本臣服于唐代文明的自觉和不甘，以及近年来安倍政府对所谓"中国威胁论"的大加渲染和无理指责；后者则体现为丰臣秀吉的野心，自中日甲午战争以来的一系列侵华战争，太平洋战争则是日本这种野心的进一步延伸。

美国则是一块年轻的处女地，它直接面对大西洋和地广人稀的西部未开发土地，没有直接的安全威胁，宗主国英国对北美的松散统治让美国获得了天然的安全和自由，也孕育出美国人追求个人主义、自由平等的价值观。北美 13 个殖民地的人口主体是来自英国的清教徒，他们极为厌恶欧洲的强权政治和宗教迫害，因此一直强调独立后的美国要自觉远离欧洲这个旧大陆的纷争动乱，即以孤立主义心态专注国内发展。在这种情况下，浩瀚的大西洋就成为避免欧洲侵袭北美新乐园的防波堤，而有了海洋这个天然的安全屏障，新生的美利坚合众国不需要耗费巨资建立庞大的海军舰队，而只需要立足于海岸防御即可保护自身的安全。另外，对于常备军可能引起政府专制和暴政的警惕，以及对扩充军备势必带来的增税的强烈反感，也使得建国之初的美国人对建设海军的热情并不高，这也决定了美国海军长期只是战时临时拼凑起来的"业余舰队"。

相比英美，日本所面临的海洋自然地理与地缘政治环境则较为复杂。在近代打开国门之前，日本长期处于朝贡体系下，接受了中华文化的辐射，认可了儒家学说。作为一个人口众多、可耕地面积严重不足的狭长列岛，日本常年遭受地震、海啸、台风等自然灾害的侵袭，这种艰苦、不稳定、焦虑的生活状态久而久之使得日本人形成了对大自然强烈的畏惧心理，产生了深重的生存忧患意识，这一点与同为岛国的英国颇为相似。所不同的是，英国人的生存危机感并不像日本这样强烈。本国资源和发展空间的严重不足迫使日本人将目光投向海外，但他们并不是像英国人那样着眼于海外贸易和殖民探险，而是致力于通过侵略周边邻国来获得"生存空间"。在近现代史上，日本在东亚的扩张与古代丰臣秀吉妄图先征服朝鲜再征服中国的扩张计划如出一辙，都是谋求先取得东亚霸权，再妄图称霸世界。幕府时代的日本为了抵御西方的袭扰又长期闭关锁国，日本人对海洋的认识在范围上仅限于近海，并且聚焦在安全问题上。换言之，为了安全，日本需要扩张，需要建设强大海军作为扩张的工具，而促进海上贸易和构建海上贸易交通线则不在考虑范围之内，这深刻体现出日本海洋观的畸形和局限性。

2. 海洋生活传统与海洋思维文化

从历史上看，英国的海洋传统无疑是最悠久的。早在北欧海盗入侵时期，英国就开始孕育海洋民族的生活方式，这一方式因为此后英国人多次渡海到欧洲大陆和组建海军保卫本土而保留下来，并因为近代以来英国君主鼓励海外探险、追逐异域的黄金香料、开展贸易而彻底觉醒，促使英国成长为一个真正意义上的海洋国家，并最终获得了全球性海上霸权。

海洋战略对于英国而言不仅仅是国家政策和发展方向，抑或制度层面上的建构方案，更是一种融入爱国主义情感的民族文化和传统。在英国这样一个拥有悠久海洋传统的国家，"特拉法尔加的英雄"纳尔逊（Admiral Sir Horatio Nelson）这样的海军名将的故事被代代相传，他们的事迹和品德一直被后世所称颂，成为之后英国海军军官和水手在海上开拓进取的精神动力。①

美国的海洋传统既有继承自英国的一面，也有独立积淀的一面。自发现北美大陆以来，英国、法国、荷兰等国不断向北美移民，他们将各自的航海技术、生活方式和海洋观念带到了这块新大陆，其中又以人数最多的英国清教徒的影响最大。经过数百年的发展，在美国独立战争爆发前，北美同欧洲大陆特别是英国的跨大西洋贸易已经十分兴盛，北美13个殖民地的商人和水手掌握了高超的航海技术，他们对北美本地沿海的港口、河道、滩涂等的水文情况也做了详细考察，纽约成为可以同伦敦、阿姆斯特丹相媲美的著名港口。

相比之下，日本历史上长期闭关锁国，日本人视大海为洪水猛兽和阻隔中国入侵的天堑，因此日本本质上是一个封闭、保守，以农耕经济为主的封建国家。即便在明治维新之后，日本仍然没有成为一个真正意义上的海洋国家，而只是将强大的海军视为扩张领土、夺取陆上资源乃至世界霸权的工具，日本对海洋的认识水平远在英美之下。从决策者到普通民众，日本民族都严重缺乏海上交通线保护意识，对发展海上贸易重要性的认识严重不足。日本建设海军的目的不是为了保护和开发海洋资源，而是为了掠夺大陆国家的陆上资源。日本在太平洋战争中的失败不仅是国力不济所致，更是落后的日本海洋观直接作用的结果。因此，二战后的日本尤其重视对海洋交通线的保护。

3. 海洋观的典型表述方式与内涵

作为世界近现代历史上的两个后起海洋强国，美国和日本对海洋统

---

① E. F. Gueritz, "Nelson's Blood: Attitudes and Actions of the Royal Navy 1939–45", *Journal of Contemporary History*, Vol. 16, No. 3, The Second World War: Part 2 (Jul. 1981), p. 487.

治权的追求从一开始就是直接而炽烈的，统治海洋同国家安全和富强画上了等号，这也是美国出现马汉、日本涌现秋山真之这样充满激情的海洋理论家的重要原因。因此，19 世纪下半叶以来美日政治家和学者对海洋问题的思考，直接从国家崛起和帝国争霸的角度切入，由此带有强烈的民族主义情感和浓厚的大国沙文主义色彩。美国和日本的决策者都迫不及待地想从这些理论著述中寻找到一条实现国家强大的捷径，这也是马汉的海权论风靡世界，尤其是在美国、日本、德国等国家大受推崇的原因所在。今天看来，马汉的海权理论存在不少漏洞和误区，但在 19 世纪末 20 世纪初那个列强竞争日趋白热化、殖民争夺失控的帝国主义盛行的年代，马汉明确而直接地指出要想实现国家崛起就必须统治海洋，要想统治海洋就必须建设强大海军，这一论断恰逢其时地迎合了统治者的心理需要，从而在全世界刮起了一阵经久不衰的"海权旋风"。

美国对海洋观的阐述是从思考国家从陆上发展向海洋发展转型的角度入手的，海洋观的产生也契合了美国从陆权大国向海权大国转变的历史发展趋势。应该说，美国的海洋观在很大程度上继承了英国的盎格鲁-撒克逊海洋思维，即从发展对外贸易、争夺海外市场、推行殖民扩张的角度提出发展海军的重大意义，这种意义通过回顾英国数百年来在海上成功的历史得到大大的强化。不过，正因为美国走的是一条先发展陆权再发展海权的新路，所以美国的整体海洋观从一开始就是陆海结合的，这一点同单纯从岛国的海权地位出发思考陆权作用的英国又有着显著不同。随着美国经济和国力的持续快速增长，以及搭上了第二次工业革命的快车，再加上获得了两次世界大战世界霸权转移的良机，美国海洋观的核心内容很快从实现国家经济崛起，转变为实现国家全方位崛起乃至争夺并维护全球霸权。

日本的海洋观是东西方海洋思维混合的产物，它既有东方式的巩固海防、抵御外侮的一面，也有西方式的扬帆拓殖、聚敛财富的一面。近代以来，日本的海洋观在实现民族独立和对外扩张两种诱惑的刺激下日趋膨胀，最终归结为"海洋发展服务于富国强兵需要"的主导思想，而富国强兵被简化为"丰臣秀吉式"的暴力征服周边国家的延续，却未能认清西方殖民扩张背后追求原料和市场的经济动机。一代又一代日本海洋理论家不断重复和强化"富国强兵"的观点，进而在马汉海权论的影响下开始为日本对外扩张"量身定做"海军战略理论。在这种特殊的海洋观影响下，近代以来的日本民族心理也在极度的自卑和自傲中摇摆不定，从而折射出日本海洋观的片面和空洞，并深刻反映出日本这个挣扎在汪洋大海中的偏远岛国的多舛命运。同时，日本在盲目追求"富国强兵"的海洋观的刺激下，片面追求发展海军力量，而忽视了以契约精神为主要特点的海洋商业的建构，进而难以形成确保海上交通线安全、构建海洋秩序的整体海洋意识，导致日本的战略决策实际上仍然囿于大陆思维而缺少海洋视野。这种狭隘、偏执、片面的海洋观也决定了二战中日本失败的命运。

相比美国和日本这样的后起海洋强国，英国人对其海洋观的阐述比较零碎和松散，英国人笔下的海洋战略与海洋观更多是一种对不列颠海洋传统的继承和发展的思考。近代以来，美国和日本涌现出马汉、秋田真之等一大批思考海洋与强国路径的理论家，但英国学者对海洋与英国兴衰关系的思考则深埋于对具体的海军战略、防务理论和商业理念的研究之中。这恰恰反映了英国海洋观的深厚文化根基，即不是像日本那样将海洋看作凶险莫测的外部世界的化身，而是将其看作英格兰兴旺发达的源泉；不是将大海视为纯粹的外部世界，而是认为大海本身形成了英格兰。

不同于日本海洋观中实用主义的"富国强兵"思想，以及由此而来的几乎只重视海军建设而忽视海上商业和文化的军国主义的狭隘观念，英国的海洋观更执着于在安全、贸易和制度安排上"做文章"，对于安全问题只是相对较少地关注英伦三岛本身的海上防务，更多是关注英国海上交通线和贸易自由的安全。长期以来，英国海洋观的视野都是超出不列颠本身而立足于全球的，它一直积极追求不仅是用暴力统治海洋，更重视创设一套由英国主导的全球海洋秩序，通过制度性的建设使英国从中获得最大的利益。回顾历史，无论是塞尔登的海洋闭锁论和历代英国统治者推行的航海条例，还是英国后来主张的公海航行自由和3海里宽领海法规，抑或是英国强调的海上封锁理论，英国的海洋观主要致力于在制度建设上做出贡献。此外，英国的海洋观并不是日本那样孤立、狭隘、单薄、封闭的海洋观，而是具有更为深厚的历史和理论积淀，具有自由性和开放性特征，并同英国其他制度性建设息息相关。在英国的海洋观中，我们不难发现追求均势、有限干涉等理论的影子，英国的海洋观始终充满了盎格鲁-撒克逊民族在海洋问题上的智慧，表现出持续旺盛的生命力和较大的发展潜力。当然，历史上，英国和美国的海洋观也同样充斥着暴力征服和自私自利的思想糟粕，这在全球化的今天早已不可行，它与历史发展的潮流背道而驰。我们对上述思想的任何沉渣泛起都必须保持高度警惕，予以坚决反对。

纵观历史可以发现，在数百年的海洋之路中，相对美国和日本，英国学者和政治家对自身海洋观的阐述是比较模糊和笼统的，特别是他们很少直接指出海洋对英国发展的重大意义，以及英国具体应该如何利用海洋促进自身发展。不过，得益于英国本身深厚的海洋传统以及历代君主致力于面向海洋发展的实际追求，正如英国的法律是松散的习惯法一样，英国的海洋观也更多是沿着传统和习惯的轨道向前发展，它的核心命题就是发展海洋贸易和维护海上交通线的安全。工业革命以后，英国理论家对海洋观的阐释和解读则更多地从如何捍卫英帝国的海上霸权出发，从海军战略的军事技术角度提炼智慧。但这并不妨碍英国的海洋观逐渐成长为一个精密的理论体系和丰富的实践经验总结。

近代以来，英国、美国和日本走出了各自不同的海洋发展道路，甚至可以说创造了三种不同的海洋发展模式，形成了各自鲜明的特色，其经验教训值得我们深刻思考。总的来说，英国的海洋战略与海洋观呈现出渐进改良式的特征，这是与英国数百年的海洋历史积淀分不开的。作为一个开创性的海洋帝国，英国的一切创新都建立在历史传统的渐进革新基础之上，既保守又革命，既稳健又充满激情。美国的海洋战略与海洋观主要诞生于第二次工业革命浪潮之中，因此从一开始就表现出跨越式发展的特征，急剧增长的生产力、先进的科技、完备的政治体制，以及以马汉为代表的理论家和有识之士的大力推动，使得美国海洋发展的速度十分迅猛，而它的海洋观在继承英国传统海洋思维的基础之上又增添了陆海权协调发展的新内容。日本的海洋战略与海洋观则是片面的，它虽然借助马汉的理论实现了海军的崛起，却未能充分体会西方海洋思想的精髓——贸易，从而不能从根本上认识到海洋发展的经济导向，而走上了盲目崇尚暴力征服、畸形追求军事扩张的不归路。

二　英美日海洋战略与海洋观的历史经验教训

回顾英国、美国、日本的海洋战略与海洋观的发展及演变历史，我们可概括出海洋历史发展的一般规律，总结出以下经验教训。

第一，面向海洋发展是世界历史发展的必然趋势。在人类文明史上，虽然地中海地区孕育了腓尼基、古希腊等最早的一批海洋文明，但在生产力和科技水平都还不发达的年代，彻底征服和开发海洋几乎是不可能的。人类最早的四大古文明——中华文明、古埃及文明、古印度文明、古巴比伦文明——都诞生于大河流域，西方的罗马、东方的中国以及位于西亚和北非的阿拉伯帝国则都是历史上鼎盛一时的陆上大帝国。由此可见，长期以来，陆上文明在人类文明的演进过程中占据了无可置疑的中心地位。

不过，随着近代以来资本主义萌芽的出现、商品贸易的日趋繁盛、航海技术的显著进步，特别是在急剧增加的人口压力和追求奢侈消费的刺激下，欧洲人开始扬帆出海，寻找更多财富，由此开启了海洋发展的时代。在近代早期，虽然陆上资源还远未到开发殆尽的时候，但商品贸易的蓬勃兴起鼓励人们冲破陆上地理的阻隔，通过沟通世界的海洋去同远方的文明交往，互通有无，赚取财富，面向海洋发展就成为世界历史发展的必然趋势。

第二，面向海洋发展是海洋国家的强国之路。历史证明，无论是英日这样典型的海洋国家，还是美国这样的陆海兼备型国家，都积极探索适合本国国情的海洋发展之路。英国、日本这样的岛国领土面积狭小，资源贫乏，陆上发展空间十分有限，唯有面向海洋发展，从海外世界获取原料、市场和财富来弥补国内的不足。英国更多选择通过军事征服来夺取和拓展殖民地，在很大程度上是为了更好地开展贸易，维护英国的全球海上交通线。日本却将面向海洋发展简单理解为占据别国领土，扩大本国"生存空间"，特别是它对中国的侵略实际上是同海洋发展指向背道而驰的"大陆政策"。这种赤裸裸的侵略不仅激起了被侵略国家和地区的反抗，也招致日本同英、美等西方强国的矛盾彻底爆发，最终导致日本帝国走向崩溃。

对于美国这样的陆海兼备型国家，面向海洋发展的前提是解决好陆地问题，即充分夯实本国的陆权基础，实现陆上边界的长治久安以及陆上资源的充分开发，进而形成一个完整的国内市场，在此基础上为海洋发展创造良好的条件。诚然，有观点认为美国不是一个严格意义上的类似中国、法国、德国这样位于大陆边缘地带的陆海兼备型国家，而是一个"大陆岛"。这一观点有一定合理性，但却忽视了美国在立国之初其实并非现在这样的版图，而只是北大西洋沿岸的狭长地带。尽管今日的美国在陆上并无强邻，但在立国之初美国在北方仍然面对着来自英国统治下的加拿大的现实威胁，它除了东部是一望无垠的大西洋外，在其余方向都要妥善处理与英国、法国、西班牙等欧洲强国殖民地的关系。英法在南北战争中对南方的暗中支持，法国在墨西哥的扩张都严重威胁着新生的美利坚合众国的安全和统一。因此，美国在建国后首先解决的是陆上问题，它在完成西进运动和大陆扩张任务之后，才真正意义上大规模地进军海洋。换言之，以陆海兼备型国家来定位美国更符合它的发展历史。

作为一个后起的海洋强国，美国在马汉海权论提出不到 60 年后，就成功取代英国成为新的世界海洋霸主，这充分说明在面向海洋发展的过程中，陆海兼备型国家所拥有的陆权基础是巨大优势。当然，陆海兼备型国家也面临着在陆海两个方向分散资源、战略目标摇摆等困扰已久的难题，这就需要决策者以更大的智慧做好顶层设计，既不能因为面向海洋发展就牺牲陆上机遇，也不能固守陆上发展思路而忽视海洋的重要性。美国实现海上崛起的事实告诉我们，陆海兼备型国家面向海洋发展不仅是必要的，而且完全能够取得成功，并且将展现出比单纯的海洋国家更充足的发展后劲。

第三，面向海洋发展要具有开放、包容的心态。海洋是浩瀚无垠的，这决定了不可能有一个国家可以独占海洋。因此，走海洋发展道路就要摒弃绝对的民族利己主义偏见，以开放、包容的心态和协调、合作的精神，共同构建以海洋为核心的世界体系和国际秩序，营造海洋发展的稳定的外部环境。

在海洋文明史上，英美都十分注重构建世界海洋秩序。尽管这种秩序是以符合英美的利益为前提的，并由其制订和主导游戏规则，但这种强烈的秩序意识也在客观上实现了全球海洋的相对稳定，进而促进了世界经济的繁荣发展。从"不列颠治下的和平"到"美利坚治下的和平"，虽然海洋霸权国家主导了世界海洋秩序，但客观来说，英美治下的世界海洋秩序是一个以开放性和全球性为原则的政治经济体系，参与这一体系的国家能在不同程度上实现自身利益。

第四，面向海洋发展要推行海陆结合的战略。海权的发展离不开陆权。英国在第二次世界大战后逐渐衰落，除了世界形势的重大变化以及英国自身的海洋发展模式活力下降等原因外，缺乏强有力的陆权基础也成为制约其继续保持全球性海洋帝国的一大障碍。实际上，在英国的海权优势最为显著的时候，就已经显露出海权的局限性，弱小的英国陆军无法将强大的海权优势及时转化为陆上战场的胜势，决定了英国往往无力对陆上核心地区的事务发挥与其海洋大国地位相匹配的影响力。美国则是在充分发展陆权的基础上再发展海权，走出了一条并非单纯发展海权或单纯发展陆权，而是在不同时期选择不同优先目标的新路径，是将陆权与海权发展有机结合最成功的国家。

第五，面向海洋发展应始终保持创新活力和开拓精神。任何保守、封闭、偏执的心态都会影响海洋发展的速度和质量，甚至最终导致偏离海洋发展道路。英美海洋霸权的转移深刻说明了创新的重要性，英国创新活力的下降是其海洋帝国彻底衰落直至解体的重要原因。日本在二战中的彻底失败也说明，狭隘、守旧的海洋战略将对国家战略选择产生不可忽视的消极影响，必然被历史所淘汰。战后，只有美国在海洋强国方面始终保持着强大的创造力，不仅巩固了超级大国地位以及在全球海洋事务中的主导权，而且还能保持持久发展。

三　英美日海洋战略与海洋观的启示

从英美日海洋战略与海洋观的发展及演变历史中总结出的经验教训，不仅能指导我们一般意义上的海洋战略思维，更有助于我们进一步从中凝练出若干对中国有重要价值的启示，为我国的海洋强国战略提供历史借鉴。

（一）中国制订海洋强国战略可借鉴的历史经验

1. 将海洋强国战略纳入国家大战略进行顶层设计

海洋战略对国家的兴衰和社会进步有着极为重要的影响，必须进行全局规划和整体统筹，而不是局限于一时一地的权宜之计。事实证明，进行顶层设计的英国和美国的海洋战略不断充实和丰富自身内涵，并取得了成功，而缺少战略眼光、局限于海军建设和对外扩张的日本的海洋战略则最终失败。

近代以来英美走海洋发展道路获得了成功，可以归纳为"制度帝国主义"的成功，即凭借自身的经济技术主导性优势和强大的生产力，立足于全球舞台，设计出一套激发活力、富有弹性、开放灵活的国际制度，将本国的发展纳入制度性安排，最大限度地节省扩张成本、减少战略风险、攫取最大利益。这一制度建构深刻体现了英美以海洋为中心、以贸易为武器、以利润最大化为目标的世界观和战略视野。相比之下，法国、德国、俄国、日本等英美的竞争对手，要么不具备英美这样的眼光，要么缺少构建非正式的"海洋贸易帝国"的实力，最终在国际竞争中败下阵来。

2. 从国际秩序和全球治理的高度看待海洋强国战略

海洋不同于陆地，不是一个可以人为分割的地缘政治载体，而是四通八达、全球一体的网络体系，因此仍然用陆上战略思维来指导海洋战略决策无疑是错误的。换言之，我们必须从构建国际海洋秩序的角度来思考中国海洋战略的价值取向、战略需求和内容设计。

作为 21 世纪负责任的全球性大国，中国的海洋战略虽然势必要突出东海、南海等直接关乎中国利益的周边海域，但同样也要有全球视野，尤其是要突出中国海洋战略同美国等主要大国海洋战略的兼容性和合作性。习近平总书记提出的人类命运共同体和海洋命运共同体的重要倡议，更要求我们在思维和观念上超越一般意义上的民族国家，站在全人类命运和福祉的高度去看待当前人类在海洋问题上面临的挑战，持续、深入地开展国际海洋合作，扎实推进全球海洋治理。因此，中国的海洋强国战略也要以携手各国共同推进全球海洋治理为目标，这不仅是中国的职责，也是中国建设现代海洋强国获得更宽广视野和更大助推力的正确选择。

3. 加强陆海统筹，全力推进海洋强国战略

英国数百年的海洋兴衰史深刻说明了海权的局限性，以及推行陆海结合战略的重要性和难度。尽管历史上法国、德国这样的陆海兼备型国

家始终无法破解资源在海陆两个方向进行合理分配的难题，而美国通过先发展陆权奠定发展海权基础的历史证明，海权的构建应以陆权的成熟为基础和前提。中国是一个传统的陆上大国，拥有巨大的陆地资源和战略纵深，完全可以实施陆海统筹，以大陆为依托，形成面向海洋发展的深厚根基和有力的战略支撑，全力推进海洋强国战略。

4. 海洋强国战略需要不断进行理论创新和制度创新

英国海洋发展史以科洛姆兄弟、科贝特等学者的英国海洋战略为代表。美国在马汉的海权论之后，在海军建设、海洋法建构、海洋资源开发、海洋环境保护、港口安全和海洋管理等领域不断提出新的理论和创见，极大地促进了美国海洋战略随着时代变迁而不断升级革新，永远保持生机和活力。作为后起的海洋大国，当前中国在构建海洋战略的过程中，既要充分学习西方经典的海洋战略理论，也要根据中国的现实国情有针对性地提出适应自身需要的海洋战略理论，从而更好地指导中国的海洋事业发展。

5. 海洋强国战略的实施要善于把握机遇，讲究策略

在世界海洋文明史上，美国充分抓住了两次世界大战的历史机遇，成功取代英国成为新的世界海洋霸主。同时，美国同英国的结盟合作，既避免了世界权力转移过程中通常出现的激烈冲突和动荡，也实现了英美战略利益的"双赢"——美国获得了世界海洋霸权，而英国则通过"借力美国"仍然保持了全球性海洋大国的地位和影响力。当前，尽管美国战略重心东移，积极推行"亚太再平衡"战略和"印太"战略，而周边复杂的海洋形势也给中国海洋战略的制订和实施带来了一定的困难和挑战，但挑战越大，往往机遇也越大。

当前，作为世界第二大经济体的中国在世界海洋事务中的话语权地位不断上升已经是必然趋势，美日在海洋问题和战略上虽然积极遏制中国，但实际上无法阻止中国成为世界海洋政治中的重要一员。我们完全可以利用这样的历史机遇，充分发挥中华民族的传统智慧，积极稳妥地处理海洋争端，完成海洋战略的建构和有效部署。

（二）中国制订海洋强国战略应吸取的历史教训

1. 海洋强国战略是外向型的，但不是走西方征服扩张的老路

西方海洋战略突出地表现为征服和殖民，这种征服和殖民首先是同

海外探险和商贸活动联系在一起的，更多是手段、工具而非目的，更非海洋战略的核心。近代以来，日本虽然学习吸收了马汉的海权论，但并未深刻领悟西方海洋战略的精髓，相反却沉迷于对外暴力征服和军事扩张之中，最终导致日本在第二次世界大战中彻底失败。事实证明，外向性而非扩张性才是海洋战略的本质。海洋是人类沟通交往的舞台，跨越时空的藩篱向外探索构成了海洋战略的价值追求，但这种追求却并不以军事扩张为其真正表现形式。今天，人类通过建立联合国、世界银行、国际货币基金组织等全球性经济和政治组织，同样实现了经济上的融通和政治上的协作，这才是海洋思维的正确抉择。

中华民族是爱好和平的民族，历史上，中国即便是在郑和下西洋的鼎盛时期也从未在海洋上进行过征服扩张，而是一直致力于构建和平、和谐、合作的海洋秩序。同时，随着海洋战略这一概念范围的不断延展和扩大，中国以建设现代海洋强国为目标的海洋战略的内涵越来越丰富。中国的海洋强国战略不仅包括推进海洋军事力量建设，还着眼于实现海洋经济、海洋科技、海洋文化、海洋环境保护、海洋法律法规、海洋管理制度等的全方位发展，从而促进中国海洋事业的整体飞跃。因此，相较于历史上的英美日海洋战略，中国的海洋强国战略的目标更宏伟，视野更宽广，理念更先进。海洋历史传统和更为进步的海洋发展观都决定了，中国面向海洋发展绝不会走西方征服扩张的老路，而是坚定地走和平发展道路，更加注重同世界各国在海洋领域的互联互通和互利合作。

2. 海洋强国战略的运行不是排他性的，可以实现合作共赢

英美海洋合作的成功，以及当前日本奉行狭隘民族主义的排他性海洋观备受谴责表明，海洋战略的制订和实施虽然是以民族国家为单位的，但却可以超越民族和国家的界限，实现有效沟通、有机互动、合作共赢。同时，历史上英国和美国的海洋战略也同样有着执迷于追求海洋统治地位、奉行海洋霸权主义的思维局限性和认识误区，这些都必须引起我们的高度警惕，并始终注意加以批判。

中美海洋矛盾表面上看起来根深蒂固，但两国仍然有进行海洋合作的空间。美国所奉行的海洋霸权主义是造成中美海洋矛盾的根本原因。同时，中国的海洋发展也不会是封闭和排他的，而是开放和包容的。中国所奉行的海洋发展理念不是笃信零和博弈、追求无序竞争的狭隘思维，

而是秉持共同发展、实现合作共赢的战略智慧。正如 2013 年 7 月 30 日习近平总书记在中共中央政治局第八次集体学习时所指出的，"我们要着眼于中国特色社会主义事业发展全局，统筹国内国际两个大局，坚持陆海统筹，坚持走依海富国、以海强国、人海和谐、合作共赢的发展道路，通过和平、发展、合作、共赢方式，扎实推进海洋强国建设"。①

3. 面向海洋发展需要把握好速度和质量的辩证关系

在世界海洋文明史上，英国是经过数百年的历史积淀才逐渐实现了对全球海洋的统治；美国是借助第二次工业革命的东风，较快地完成了从陆权大国向海权强国的转变；日本则是在对外扩张的强烈刺激下，迅速实现了海军力量的现代化，是一种速度较快但质量不高的爆发式崛起。

以史为鉴，中国的海洋事业必须走内涵式发展道路，即要在经济、政治、军事、文化等多个层面确立海洋思维的主导地位，彻底实现发展方式的转变，这是一项浩大的工程，需要相当长的时间，不可急于求成。但另一方面，随着现代海洋科技的日新月异，中国完全可以抢占海洋科技革命的制高点，抓住时机实现跨越式的海洋发展。当然，这种发展必须以充分的陆上发展为基础，必须全面而系统，尤其是不能超越国力过度发展海上力量。

4. 构建海洋强国战略必须要有深邃的地缘政治眼光

海洋首先是一个地理概念，它分隔陆地而又连通陆地，陆上政治的一举一动都将影响海洋政治的发展走向，而海洋政治掀起的波澜也将带来陆上政治的跌宕起伏。因此，应对海洋问题、构建海洋战略必须要跳出海洋看海洋，从地缘政治的高度进行统筹规划。英国传统的光荣孤立和均势原则都是地缘政治领域的经典之作，它在 19 世纪末避免同美国对抗，将拉美地区的主导权让给美国，从而争取到了后者的友谊，巩固了英国的海洋统治地位。而美国也充分发挥了两洋优势，通过离岸平衡战略确立了其对欧洲事务的影响力。第二次世界大战中的日本则严重缺乏地缘政治眼光，无论是"北进"战略还是"南进"战略都踌躇不决，充分暴露出它实际上还是一个并未真正走出封闭的岛国，缺乏全球海洋视

---

① 《习近平在中共中央政治局第八次集体学习时强调 进一步关心海洋认识海洋经略海洋 推动海洋强国建设不断取得新成就》，新华网，2013 年 7 月 31 日，http://www.xinhuanet.com/politics/2013-07/31/c_116762285.htm。

野，因而走上了一条妄图以武力征服海洋的不归路。

以史为鉴，重在当下。当前中国构建和完善海洋战略不仅要注重从英美日海洋发展的经验教训中汲取养分，更要牢牢立足于中国的基本国情，瞄准当前和未来的世界整体发展形势，在海洋战略领域"讲好中国故事""发出中国声音"，在积聚硬实力和塑造软实力上同时下功夫。具体而言，当前中国构建海洋战略可主要从以下6个方面着手。

第一，提出具有中国特色的海洋安全秩序观。

海洋秩序是国际秩序的重要组成部分，在海洋问题的重要性日益突出的今天，甚至已经成为国际秩序的核心部分。长期以来，世界海洋秩序都由英美所把持，各国必须遵守它们创立的游戏规则，海洋问题也成为美国遏制中国这样的新兴大国崛起的一张"王牌"。因此，中国要从根本上改变自身在海洋事务中的地位，必须积极参与构建面向21世纪的新型海洋秩序，它同经济秩序、政治秩序一道成为中国实现更快发展的重要契机。而要构建新型海洋秩序，就必须提出中国特色的海洋秩序观。

历史上，中国曾有过郑和下西洋的壮举，它所体现的"怀柔四海、睦邻友好"的精神同西方海权史上的殖民掠夺、暴力征服形成了鲜明对比，"以和为贵"也构成了中国海洋传统的精髓。2009年4月，中国首次提出了"和谐海洋"的理念，是对中国传统和平海洋理念的继承和发展。2019年4月23日，习近平主席在青岛集体会见应邀出席中国人民解放军海军成立70周年多国海军活动的外方代表团团长时指出，"我们人类居住的这个蓝色星球，不是被海洋分割成了各个孤岛，而是被海洋连结成了命运共同体，各国人民安危与共"。[①] 在人类历史上，习近平总书记最先提出的海洋命运共同体理念，不仅成为中国处理国际海洋事务的准则，也为构建中国特色海洋秩序观指明了方向。

第二，落实"21世纪海上丝绸之路"倡议，构建中国特色的海洋经济合作机制。

---

① 《习近平集体会见出席海军成立70周年多国海军活动外方代表团团长》，新华网，2019年4月23日，http://www.xinhuanet.com/politics/leaders/2019-04/23/c_1124404136.htm。

　　"21 世纪海上丝绸之路"是"一带一路"倡议的重要组成部分。尽管不少学者从国际政治、地区安全等角度对其进行了多方解构，但它本质上首先是一个经济倡议，而且是着重以海洋为平台的经济合作构想，核心是合作共赢。"21 世纪海上丝绸之路"倡议的提出，是中国依托海洋实现经济外向型发展，进而带动地区和国际经济互联互通的基本理念的体现。"21 世纪海上丝绸之路"倡议自提出以来，受到高度关注，也面临着不少质疑、误解甚至是敌视。因此，在今后相当长的一段时间内，我们要在推进"一带一路"建设总体战略部署的框架下，进一步解析、落实"21 世纪海上丝绸之路"构想，以其为契机构建面向未来的具有中国特色的海洋经济合作机制。

　　第三，在中美海权博弈中探寻双方都能接受的"临界点"。

　　随着中国海洋强国战略的实施，无疑将突破甚至改变当今美国主导的海洋秩序。当然，美国不承认也不会甘心中国对其海洋主导地位的挑战。因此，中国实现海洋发展的最大障碍将来自美国的遏制和围堵，但中美也并非完全意义上的对立双方，两国要聚焦合作、管控分歧，中美和则双赢，斗则两败。中国首先考虑的是应对周边海洋争端、维护国家领土主权与海洋权益。在中美海权博弈中，探寻双方的利益契合点，无疑是中国海洋战略当前和未来一段时间的现实任务。

　　第四，积极提供海上公共产品，稳步扩大影响力。

　　海上公共产品主要指为维护良好的国际海洋秩序所提供的服务，包括打击海盗、实现航海自由、维护海洋开放性等，维多利亚时代的英国缔造了"不列颠治下的和平"，这就是一种英国主导的国际海洋秩序，全世界都由英国提供海上公共产品。第二次世界大战后，则主要由新崛起的美国提供海上公共产品。①

　　随着中国从 2008 年底开始派遣海军舰队赴亚丁湾护航，中国海洋发展的步伐不断加快。同时，当前海上安全形势日趋复杂，特别是恐怖主义、海盗活动，以及贩毒、走私等有组织犯罪等非传统安全威胁显著上升，单靠某一个大国提供海上安全服务已不可能，海上公共产品来源多

---

① 〔美〕约瑟夫·奈：《美国霸权的困惑：为什么美国不能独断专行》，郑志国等译，世界知识出版社，2002 年，第 154 页。

元化事实上已成为国际社会的普遍需要。在这种情况下，由海洋力量快速增长、海洋利益显著延伸、海洋活动空间不断扩大的中国提供海上公共产品成为一种可能。而中国也可以通过积极提供海上公共产品，稳步扩大海洋影响力，进而探索适合中国的海洋发展道路，使得海洋成为中国发展强有力的战略支撑点。

目前看来，中国可以从对近海的有效管理入手，通过确保从台湾海峡经东海到日本，直至通往太平洋的海上交通线的安全通畅，以及积极提供海洋气象预报、海洋灾害应对、海上救援、污染防治等服务来彰显中国提供海上公共产品的意愿和能力。中国提出的共建"21世纪海上丝绸之路"的倡议，就可以视为中国积极提供海上公共产品，以此来维护地区局势稳定和保障中国海洋利益、促进全球海洋经济发展的具体举措。其中，设立亚洲基础设施投资银行、建设确保海上航道安全的"海上驿站"，将成为中国通过共建"21世纪海上丝绸之路"来稳步扩大海洋影响力的重要切入点。

第五，加快海洋经济发展步伐，夯实海洋发展的思想基础。

当前，英国、美国、日本无一不是海洋经济高度发达、海洋产业十分成熟、海洋科技力量雄厚的综合性海洋强国，其国民的整体海洋意识在历史积淀的基础上，随着国家经济社会生活对海洋依存度的不断加深而更加强烈和深刻。

作为一个拥有悠久历史和灿烂文明的传统陆地国家，海洋观念的相对薄弱和海洋意识的相对贫乏，以及关乎海洋问题的智力储备的不足将制约中国走向海洋。在历史文化上，大陆国家的深厚历史传统和文化根基不可中断；在地理环境上，背靠欧亚大陆腹地、面对半封闭的西太平洋边缘海的地形特征无法改变，由此决定了中国仍然是一个以陆地为主的陆海兼备型国家。尽管这些不利于海洋发展的因素看似根深蒂固，但中国对海洋的依存度持续加深却是不争的事实，我们仍然可以从经济社会发展的需要这一角度切入，着力培养中国人的海洋意识，夯实海洋发展的思想基础。

第六，健全海洋法律法规体系，探索新的海洋立法方向。

随着中国社会经济的发展，特别是海洋意识的觉醒，中国海洋法律法规的建设工作取得了长足的进步，初步形成了中国海洋法律法规体系，有力支持了当前中国的海洋维权、海洋开发和海洋管理等。但不可否认，中国的海洋法律法规体系还不完善，不少地方还有着较为明显的缺陷和不足，有些领域甚至存在法律空白，这就使得一些海洋活动的开展缺少法律保障和制度规范。

作为指导、阐释全球性海洋问题的纲领性文件，《联合国海洋法公约》正式生效和中国全国人大批准这一公约至今已有 20 多年，但完善与之相配套的国内法仍是中国海洋立法工作的核心任务。当前，我们亟须一部总揽全局的"中国海洋法"或"中国海洋基本法"，以系统阐释中国的海洋基本国策和发展海洋事业的大政方针，明确规定中国海洋战略的总体原则、决策体制、运作机制和工作目标等。在这部"海洋宪法"的基础之上，再针对具体领域和具体事务制订相应的海洋法律法规。同时，未来类似美国《国家海洋政策》的"中国海洋战略"的制订工作，也应及早提上议事日程。

随着人类对海洋认识的深入和涉海事务的日益具体化和复杂化，新的法律问题和立法需求也在不断涌现，如海洋知识产权保护、海洋生物基因研究的伦理规范等，这就对中国的海洋立法工作提出了更高的要求。在当前中国海洋经济还不够发达、海洋事业还处于起步阶段的情况下，中国要加强以《联合国海洋法公约》为基础的国际海洋问题和涉海事务条约等的基础研究和动态追踪研究，特别是密切关注西方发达国家的海洋立法动向，及时、准确地把握国际海洋法发展动态和趋势，抓住《联合国海洋法公约》和其他国际海洋条约修订的良机，通过积极参与国际海洋立法、有针对性地完善国内海洋立法的方式，有效维护和拓展中国的海洋权益。

2013 年 7 月 30 日，习近平总书记在中共中央政治局第八次集体学习时指出，"21 世纪，人类进入了大规模开发利用海洋的时期"。[①] 的确，现在全世界都公认 21 世纪是海洋的世纪。海洋发展也为我国实现伟大民族复兴提供了战略机遇期，我们要充分借鉴英美日海洋发展的经验教训，利用海洋发展机遇，尽快实现海洋强国的梦想。

---

① 《习近平在中共中央政治局第八次集体学习时强调 进一步关心海洋认识海洋经略海洋 推动海洋强国建设不断取得新成就》，新华网，2013 年 7 月 31 日，http://www.xinhuanet.com/politics/2013-07/31/c_116762285.htm。

主要参考文献

一 中文文献

（一）档案资料

《国际条约集（1917—1923）》，世界知识出版社，1961 年。

《国际条约集（1924—1933）》，世界知识出版社，1961 年。

《国际条约集（1934—1944）》，世界知识出版社，1961 年。

《国际条约集（1945—1947）》，世界知识出版社，1961 年。

《国际条约集（1948—1949）》，世界知识出版社，1959 年。

《国际条约集（1958—1959）》，世界知识出版社，1974 年。

《国际条约集（1960—1962）》，世界知识出版社，1975 年。

《国际条约集（1963—1965）》，世界知识出版社，1976 年。

《国际条约集（1966—1968）》，世界知识出版社，1978 年。

（二）回忆录

〔英〕安东尼·艾登：《艾登回忆录：面对独裁者》下卷，武雄等译，商务印书馆，1977 年。

〔美〕德怀特·D. 艾森豪威尔：《艾森豪威尔回忆录：白宫岁月（下）缔造和平（1956—1961 年）》，静海译，三联书店，1977 年。

〔英〕哈罗德·麦克米伦：《麦克米伦回忆录》第 2 卷，张理京等译，商务印书馆，1982 年。

〔英〕玛格丽特·撒切尔：《撒切尔夫人回忆录——唐宁街岁月》，撒切尔夫人回忆录翻译组译，远方出版社，1997 年。

〔英〕温斯顿·丘吉尔：《第一次世界大战回忆录，1911—1914》，刘立译，南方出版社，2002 年。

〔英〕温斯顿·丘吉尔：《第二次世界大战回忆录，1939—1945》，吴万沈译，南方出版社，2003 年。

（三）专著

曹文振：《经济全球化时代的海洋政治》，中国海洋大学出版社，2006 年。

成汉平：《越南海洋战略研究》，时事出版社，2016 年。

冯梁主编《世界主要大国海洋经略：经验教训与历史启示》，南京大学出版社，2015 年。

国家海洋局海洋发展战略研究所课题组：《中国海洋发展报告（2011）》，海洋出版社，2011 年。

国家海洋局海洋发展战略研究所课题组：《中国海洋发展报告（2012）》，海洋出版社，2012 年。

国家海洋局海洋发展战略研究所课题组：《中国海洋发展报告（2013）》，海洋出版社，2013 年。

国家海洋局海洋发展战略研究所课题组：《中国海洋发展报告（2014）》，海洋出版社，2014 年。

国家海洋局海洋发展战略研究所课题组：《中国海洋发展报告（2015）》，海洋出版社，2015 年。

胡波：《中国海权策：外交海洋经济及海上力量》，新华出版社，2012 年。

胡杰：《海洋战略与不列颠帝国的兴衰》，社会科学文献出版社，2012 年。

江家栋等编著《中外海洋法律与政策比较研究》，中国人民公安大学出版社，2014 年。

鞠海龙：《亚洲海权——地缘政治格局论》，中国社会科学出版社，2007 年。

李景光主编《国外海洋管理与执法体制》，海洋出版社，2014 年。

李景光等：《主要国家和地区海洋战略与政策》，海洋出版社，2015 年。

李双建、于保华等：《美国海洋战略研究》，时事出版社，2016 年。

李双建：《主要沿海国家的海洋战略研究》，海洋出版社，2014 年。

李秀石：《日本国家安全保障战略研究》，时事出版社，2015 年。

廉德瑰：《日本的海洋国家意识》，时事出版社，2012 年。

廉德玫、金永明：《日本海洋战略研究》，时事出版社，2016 年。

刘娟：《美国海权战略的演进》，社会科学文献出版社，2014 年。

刘新华：《中国发展海权战略研究》，人民出版社，2015 年。

刘中民：《世界海洋政治与中国海洋发展战略》，时事出版社，2009 年。

梅然：《德意志帝国的大战略：德国与大战的来临》，北京大学出版社，2016 年。

钮先钟：《西方战略思想史》，广西师范大学出版社，2003 年。

钱乘旦主编《英国通史》，江苏人民出版社，2016 年。

石莉等：《美国海洋问题研究》，海洋出版社，2011 年。

师小芹：《论海权与中美关系》，军事科学出版社，2012 年。

王历荣：《中国和平发展的国家海洋战略研究》，人民出版社，2014 年。

王立新：《踌躇的霸权：美国崛起后的身份困惑与秩序追求（1913—1945）》，中国社会科学出版社，2015 年。

修斌：《日本海洋战略研究》，中国社会科学出版社，2016 年。

杨华主编《中国海洋法治发展报告（2015）》，法律出版社，2015 年。

张海文等主编《21 世纪海洋大国：海上合作与冲突管理》，社会科学文献出版社，2014 年。

朱锋主编《21 世纪的海权：历史经验与中国课题》，世界知识出版社，2016 年。

（四）译著

〔美〕艾·塞·马汉：《海军战略》，蔡鸿幹译，商务印书馆，2003 年。

〔美〕安德鲁·S. 埃里克森等主编《中国、美国与 21 世纪海权》，徐胜等译，海洋出版社，2014 年。

〔美〕安德鲁·S. 埃里克森等主编《中国未来核潜艇力量》，刘宏伟译，海洋出版社，2015 年。

〔美〕安德鲁·S. 埃里克森等主编《中国走向海洋》，董绍峰等译，海洋出版社，2015 年。

〔英〕安德鲁·兰伯特：《风帆时代的海上战争》，郑振清等译，上海人民出版社，2005 年。

〔加〕巴里·布赞：《海底政治》，时富鑫译，生活·读书·新知 三联书店，1981 年。

〔美〕彼得·雅克、扎卡里·A. 史密斯：《国际海洋纵览》，盛国强等译，上海译文出版社，2016 年。

〔美〕比利安娜等：《美国海洋政策的未来》，张曙光等译，海洋出版社，2010 年。

〔英〕大卫·科林格瑞等编《航海帝国：19 世纪英帝国的海上贸易》，张雯等译，上海译文出版社，2016 年。

〔英〕哈罗德·麦金德：《民主的理想与现实》，林尔蔚等译，商务印书馆，1965 年。

〔英〕哈罗德·麦金德：《历史的地理枢纽》，林尔蔚等译，商务印书馆，1985 年。

〔美〕亨利·J. 亨德里克斯：《西奥多·罗斯福的海军外交：美国海军与美国世纪的诞生》，王小可等译，海洋出版社，2015 年。

〔美〕加布里埃尔·B. 柯林斯等主编《中国能源战略对海洋政策的影响》，海洋出版社，2015 年。

〔澳〕J. R. V. 普雷斯科特：《海洋政治地理》，王铁崖等译，商务印书馆，1978 年。

〔美〕罗伯特·D. 卡普兰：《季风：印度洋与美国权力的未来》，吴兆礼等译，社会科学文献出版社，2013 年。

〔日〕麻田贞雄：《从马汉到珍珠港：日本海军与美国》，朱任东译，新华出版社，2015 年。

〔德〕乔尔根·舒尔茨等：《亚洲海洋战略》，鞠海龙等译，人民出版社，2014 年。

〔日〕外山三郎：《日本海军史》，龚建国、方希和译，解放军出版社，1988 年。

〔俄〕伊·马·卡皮塔涅茨：《冷战和未来战争中的世界海洋争夺战》，岳书瑶等译，东方出版社，2004 年。

〔美〕伊曼纽尔·沃勒斯坦：《现代世界体系》第一卷，郭方等译，社会科学文献出版社，2013年。

〔美〕伊曼纽尔·沃勒斯坦：《现代世界体系》第二卷，郭方等译，社会科学文献出版社，2013年。

二 英文文献

（一）档案资料

1. 档案文献

Annual Report of the Secretary of the Navy，1825 -，Washington D. C.：Government Printing Office.

Bourne，Kenneth and D. C. Watt，eds.，*British Documents on Foreign Affairs，Reports and Papers from the Foreign Office Confidential Print*，Series B，Part I，Washington D. C.：University Publications of America，1984.

Gooch，G. P. and Harold Temperley，eds.，*British Documents on the Origins of the War 1898 - 1914*，Vol. 1，Vol. 2，Vol. 6，Vol. 7，Vol. 8，Vol. 10，London：His Majesty's Stationery Office，1926-1929.

Loewenheim，Francis L.，ed.，*Roosevelt and Churchill：Their Secret Wartime Correspondence*，New York：Saturday Review Press，1975.

Marder，Arthur J.，ed.，*Fear God and Dreadnought：The Correspondence of Admiral of the Fleet Lord Fisher of Kilverstone*，Vol. II，London：Jonathan Cape，1956.

Medlicott，W. N. and Douglas Dakin，eds.，*Documents on British Foreign Policy 1919 - 1939*，First Series，Vol. 14，London：Her Majesty's Stationery Office，1970.

Morison，Elting E.，ed.，*The Letters of Theodore Roosevelt*，Cambridge：Harvard University Press，1952.

Naval Administration，*Selected Documents on Navy Department Organization，1915-1940*，Washington D. C.：Government Printing Office，1921.

Seager II，Robert and Doris D. Maguire，eds.，*Letters and Papers of Alfred Thayer Mahan*，Annapolis，Md：Naval Institute Press，1975.

Seligmann，Matthew S.，ed.，*The Naval Route to the Abyss：The Anglo-*

German Naval Race 1895—1914, Farnham: Ashgate, 2015.

The Cabinet Papers 1915—1979.

The Papers of Woodrow Wilson, Princeton: Princeton University Press, 1966—1994.

U. S. Department of States, *Foreign Relations of the United States*, *1900 —*, Washington D. C. : Government Printing Office.

   2. 政府文件

HM Government, *Integrated Review Refresh 2023*: *Responding to a More Contested and Volatile World*, London: His Majesty's Stationery Office, 2023.

HM Government, *National Security Strategy and Strategic Defence and Security Review* 2015: *A Secure and Prosperous United Kingdom*, London: Her Majesty's Stationery Office, 2015.

HM Government, *National Strategy for Maritime Security*, London: Her Majesty's Stationery Office, 2022.

HM Government, *The UK National Strategy for Maritime Security*, London: Her Majesty's Stationery Office, 2014.

UK Ministry of Defence, *Defence in a Competitive Age*, London: Her Majesty's Stationery Office, 2021.

UK Ministry of Defence, *Defence's Response to a More Contested and Volatile World*, London: His Majesty's Stationery Office, 2023.

   （二）专著

Abbazia, Patrick, *Mr. Roosevelt's Navy*: *The Private War of the U. S. Atlantic Fleet, 1939-1942*, Annapolis, Md: Naval Institute Press, 1975.

Alden, John D. , *The Fleet Submarine Of the U. S. Navy*: *A Design and Construction History*, Annapolis, Md: Naval Institute Press, 1979.

Andrews, Kenneth R. , *Elizabethan Privateering*: *English Privateering during the Spanish War, 1585-1603*, Cambridge: Cambridge University Press, 1964.

Badsey, Stephen, ed. , *The Falklands Conflict Twenty Years on*: *Lessons for the Future*, London: Routledge, 2013.

Baer, George W. , *One Hundred Years of Sea Power*: *The U. S. Navy, 1890-*

1990, Stanford: Stanford University Press, 1993.

Bagley, Worth H. , *Sea Power and Western Security: The Next Decade*, London: International Institute for Strategic Studies, 1977.

Ballantine, Duncan S. , *U. S. Naval Logistics in the Second World War*, Princeton: Princeton University Press, 1947.

Beeler, John, *British Naval Policy in the Gladstone-Disraeli Era, 1866–1880*, Stanford: Stanford University Press, 1997.

Bell, Christopher M. , *The Royal Navy, Seapower and Strategy between the Wars*, Stanford: Stanford University Press, 2000.

——*Churchill and Sea Power*, Oxford: Oxford University Press, 2013.

Bell, Duncan, *The Idea of Greater Britain: Empire and the Future of World Order, 1860–1900*, Princeton: Princeton University Press, 2007.

——*Victorian Visions of Global Order: Empire and International Relations in Nineteenth-Century Political Thought*, Cambridge: Cambridge University Press, 2007.

Black, Jeremy and Philip Woodfine, *The British Navy and the Use of Naval Power in the Eighteenth Century*, Leicester: Leicester University Press, 1988.

Booth, Ken, *Navies and Foreign Policy*, New York: Russak & Company Inc. , 1977.

Bradley, Peter T. , *British Maritime Enterprise in the New World: From the Late Fifteenth to the Mid-Eighteenth Century*, New York: The Edwin Mellen Press, 1999.

Buckeley, Thomas H. , *The United States and the Washington Conference, 1921–1922*, Knoxville: University of Tennessee Press, 1970.

Burr, Lawrence, *British Battlecruisers: 1914–18*, Oxford: Osprey Publishing, 2006.

Cable, James, *Gunboat Diplomacy, 1919–1991: Political Applications of Limited Naval Forces*, London: Macmillan, 1971.

Childs, Nick, *Britain's Future Navy*, Barnsley: Pen & Sword Maritime, 2012.

Clark, G. Kitson, *The Making of Victorian England*, London: Routledge,

1965.

Cole, Bernard D., *Asian Maritime Strategies*: *Navigating Troubled Waters*, Annapolis, Md: Naval Institute Press, 2013.

Coletta, Paola E., *The United States Navy and Defense Unification*, *1947 - 1953*, Newark: University of Delaware Press, 1981.

Corbett, Julian, *Some Principles of Maritime Strategy*, with an introduction and notes by Eric J. Grove, London: Brassey's Defence Publishers, 1988.

Daniel, Donald C., *Anti-Submarine Warfare and Superpower Strategic Stability*, Urbana: University of Illinois Press, 1986.

Darwin, John, *The Empire Project*, *The Rise and Fall of the British World-System*, *1830-1970*, Cambridge: Cambridge University Press, 2009.

——*Unfinished Empire*: *The Global Expansion of Britain*, New York: Bloomsbury Press, 2013.

Davis, George T., *A Navy Second to None*: *The Development of Modern American Navy Policy*, New York: Harcourt Brace, 1940.

Dickinson, H. W., *Educating the Royal Navy*, *Eighteenth-and Nineteenth-Century Education for Officers*, New York: Routledge, 2007.

Dismukes, Bradford and James M. McConnell, *Soviet Naval Diplomacy*, New York: Pergamon Press, 1979.

Field, Andrew, *Royal Navy Strategy in the Far East 1919-1939*: *Preparing for War Against Japan*, London: Frank Cass, 2004.

Flinlan, Alastair, *The Royal Navy in the Falklands Conflicts and the Gulf War*, London: Frank Cass, 2004.

Friedberg, Aaron L., *A Contest for Supremacy*: *China*, *America*, *and the Struggle for Mastery in Asia*, New York: W. W. Norton & Company, 2012.

Friedman, Norman, *Seapower as Strategy*: *Navies and National Interests*, Annapolis, Md: Naval Institute Press, 2001.

——*Postwar Naval Revolution*, Annapolis, Md: Naval Institute Press, 1986.

Fuller, Howard J., *Empire*, *Technology and Seapower*: *Royal Navy Crisis in the Age of Palmerston*, London: Routledge, 2013.

Gaddis, John Lewis, *The Long Peace: Inquiries into the History of Cold War*, New York: Oxford University Press, 1987.

Gannon, Michael, *Operation Drumbeat: The Story of Germany's First U-Boat Attacks Along the American Coast in World War Ⅱ*, New York: Harper & Row, 1990.

Goldrick, James and John B. Hattendorf, eds., *Mahan Is Not Enough: The Proceedings of a Conference on the Works of Sir Julian Corbett and Admiral Sir Herbert Richmond*, Newport: U. S. Naval War College Press, 1993.

Gordon, Carpenter O'Gara, *Theodore Roosevelt and the Rise of the Modern Navy*, Princeton: Princeton University Press, 1942.

Graham, Gerald S., *The Politics of Naval Supremacy: Studies in British Maritime Ascendancy*, Cambridge: Cambridge University Press, 1965.

Grove, Eric, *The Future of Sea Power*, London: Routledge, 1990.

Hattendorf, John B., ed., *Naval Policy and Strategy in the Mediterranean: Past, Present, and Future*, London: Frank Cass, 2000.

Hattendorf, John B. and Robert S. Jordan, eds., *Maritime Strategy and the Balance of Power: Britain and America in the Twentieth Century*, London: Macmillan, 1989.

Herman, Arthur, *To Rule the Waves: How the British Navy Shaped the World*, New York: Harper Collins, 2004.

Hill, Christopher, *Cabinet Decisions on Foreign Policy: The British Experience October 1938–June 1941*, Cambridge: Cambridge University Press, 1991.

Hobson, Rolf, *Imperialism at Sea: Naval Strategic Thought, The Ideology of Sea Power, and the Tirpitz Plan, 1875–1914*, Boston: Brill Academic Publishers, Inc., 2002.

Hobson, Rolf and Tom Kristiansen, eds., *Navies in Northern Waters, 1721–2000*, London: Frank Cass, 2004.

Hobbs, David, *The British Pacific Fleet: The Royal Navy's Most Powerful Strike Force*, Annapolis, Md: Naval Institute Press, 2012.

Kennedy, Greg, *Anglo-American Strategic Relations and the Far East, 1933–1939: Imperial Crossroads*, London: Frank Cass, 2002.

——*Britain's Naval Strategy East of Suez*, *1900 – 2000*: *Influences and Actions*, London: Frank Cass Publishers, 2005.

Kennedy, Greg and Keith Neilson, eds., *Far-Flung Lines*: *Essays on Imperial Defence in Honour of Donald Mackenzie Schurman*, London: Routledge, 1997.

Kennedy, Paul M., *The Rise and Fall of British Naval Mastery*, London: The Macmillan Press, 1983.

——*The Rise and Fall of the Great Powers*, London: Unwin Hyman, 1988.

Lambert, Andrew, *Battleships in Transition*: *The Creation of the Steam Battlefleet 1815–1860*, London: Conway Maritime Press Ltd., 1984.

Lambert, Nicholas A., *Sir John Fisher's Naval Revolution*, Columbia: University of South Carolina Press, 1999.

Levy, James P., *The Royal Navy's Home Fleet in World War II*, Basingstoke: Palgrave Macmillan, 2003.

Lincoln, Margarette, *Representing the Royal Navy*: *British Sea Power*, *1750–1815*, London: Ashgate, 2002.

Llewellyn-Jones, Malcolm, *The Royal Navy and Anti-Subarine Warfare*, *1917–49*, London: Routledge, 2006.

Loades, David, *England's Maritime Empire*: *Seapower*, *Commerce and Policy 1490–1690*, London: Longman, 2000.

——*The Making of the Elizabethan Navy*, *1540 – 1590*: *From the Solent to the Armada*, Woodbridge: The Boydell Press, 2009.

Mahan, Alfred T., *The Influence of Sea Power upon History 1660 – 1783*, Boston: Little Brown, 1898.

——*The Influence of Sea Power upon the French Revolution and Empire*, *1793 – 1812*, Boston: Little Brown, 1898.

——*The Life of Nelson*: *The Embodiment of the Sea Power of Great Britain*, Boston: Little Brown, 1897.

——*The Interest of America in Sea Power*: *Present and Future*, Boston: Little Brown, 1897.

——*Sea Power in Its Relations to the War of 1812*, Boston: Little Brown,

1905.

Maiolo, Joseph A., *The Royal Navy and Nazi Germany*, *1933–39*: *A Study in Appeasement and the Origins of the Second World War*, London: Macmillan Press, 1998.

Marder, Arthur J., *From the Dreadnought to Scapa Flow*: *The Royal Navy in the Fisher Era*, *1904 – 1919*, Vol. 5, London: Oxford University Press, 1961–1970.

——*Old Friends*, *New Enemies*: *The Royal Navy and the Imperial Japanese Navy*, *Strategic Illusions*, *1936–1941*, Oxford: Oxford University Press, 1981.

Massie, Robert K., *Dreadnought*: *Britain*, *Germany*, *and the Coming of the Great War*, New York: Random House, 1991.

Modelski, George and William R. Thompson, *Seapower in Global Politics*, *1494–1993*, London: Macmillan, 1988.

Moore, Richard, *The Royal Navy and Nuclear Weapons*, London: Routledge, 2015.

Nathan, James A. and Oliver, James K., *The Future of United States Naval Power*, Bloomington: Indiana University Press, 1979.

O'Brien, Phillips P., *British and American Naval Power*: *Politics and Policy*, *1900–1936*, London: Praeger Publishers, 1998.

Palmer, Michael A., *Origins of the Maritime Strategy*: The *Development of American Naval Strategy*, *1945 – 1955*, Annapolis, Md: Naval Institute Press, 1990.

Parkinson, Roger, *The Late Victorian*: *The Pre-Dreadnought Era and the Origins of the First World War*, Woodbridge: Boydell Press, 2008.

Parry, Chris, *Super Highway*: *Sea Power in the 21st Century*, London: Elliott & Thompson Limited, 2014.

Quinn, D. B. and A. N. Ryan, *England's Sea Empire*, *1550–1642*, London: Allen & Unwin, 1983.

Reynolds, David, *Lord Lothian and Anglo-American Relations*, *1939 – 1940*, Philadelphia: American Philosophical Society, 1983.

Robb-Webb, Jon, *The British Pacific Fleet Experience and Legacy*, *1944 – 50*,

Farnham: Ashgate, 2013.

Roksund, Arne, *The Jeune École*: *The Strategy of the Weak*, Leiden and Boston: Brill, 2007.

Roscoe, Theodore, *United States Submarine Operations in World War Ⅱ*, Annapolis, Md: Naval Institute Press, 1989.

Rose, Lisle A., *Power at Sea*: *The Age of Navalism, 1890–1918*, Columbia: University of Missouri Press, 2007.

Roskill, Stephen, *Naval Policy Between the Wars 1919–1929*, New York: Walker, 1968.

Ross, Steven T., ed., *American War Plans, 1919–1941*, Vol. 3, New York: Garland, 1992.

Schurman, D. M., *The Education of a Navy*: *The Development of British Naval Strategic Thought, 1867–1914*, London: Cassell, 1965.

Seaman, L. C. B., *Post-Victorian Britain 1902–1951*, London: Methuen, 1966.

Siegel, Adam B., *The Use of Naval Forces in the Post-War Era*: *U. S. Navy and U. S. Marine Corps Crisis Response Activity, 1946–1990*, Alexandria: Center for Naval Analyses, 1991.

Simpson Ⅲ, Benjamin Mitchell, *Admiral Harold R. Stark*: *Architect of Victory, 1939–1945*, Columbia, S. C.: University of South Carolina Press, 1989.

Speller, Ian, *The Royal Navy and Maritime Power in the Twentieth Century*, London and New York: Frank Cass, 2005.

Sprout, Harold H. and Margarette Sprout, *The Rise of American Naval Power, 1776–1918*, Annapolis, Md: Naval Institute Press, 1990.

Starr, Chester G., *The Influence of Sea Power on Ancient History*, New York: Oxford University Press, 1989.

Still, William N. Jr., *American Sea Power in the Old World—The United States Navy in European and Near Eastern Waters, 1865–1917*, London: Greenwood Press, 1980.

Sumida, Jon Testuro, *In Defence of Naval Supremacy*: *Finance, Technology and British Naval Policy 1889–1914*, Boston: Unwin Hyman, 1989.

Taylor, A. J. P. , *The Struggle for Mastery in Europe, 1848 – 1918*, Oxford: The Clarendon Press, 1954.

Till, Geoffrey, *Maritime Strategy and the Nuclear Age*, New York: St. Martin's Press, 1984.

——*Seapower: A Guide for the Twenty-first Century*, New York: Routledge, 2009.

Trask, David F. , *Captains & Cabinets: Anglo-American Naval Relations, 1917-1918*, Columbia: Mo. University of Missouri Press, 1972.

Vego, Milan N. , *Naval Strategy and Operations in Narrow Sea*, London: Frank Cass, 2003.

Wheeler, Gerald E. , *Prelude to Pearl Harbor: The United States Navy and the Far East, 1921-1931*, Columbia: University of Missouri Press, 1963.

（三） 期刊论文

Allard, Dean C. , "Anglo-American Naval Differences during World War I", *Military Affairs*, Vol. 44, No. 2 (Apr. 1980), pp. 75-81.

Baugh, Daniel A. , "Great Britain's 'Blue-Water' Policy, 1689 – 1815", *The International History Review*, Vol. 10, No. 1 (Feb. 1988), pp. 33-58.

Bell, Christopher M. , "Thinking the Unthinkable: British and American Naval Strategies for an Anglo-American War, 1918 – 1931 ", *The International History Review*, Vol. 19, No. 4 (Nov. 1997), pp. 789-808.

Brooks, Linton F. , "Naval Power and National Security: The Case for the Maritime Strategy", *International Security*, Vol. 11, No. 2 (Autumn 1986), pp. 58-88.

Clifford, Nicholas R. , "Britain, America, and the Far East, 1937 – 1940: A Failure in Cooperation", *Journal of British Studies*, Vol. 3, No. 1 (Nov. 1963), pp. 137-154.

Coles, Michael, "Ernest King and the British Pacific Fleet: The Conference at Quebec, 1944 ('Octagon')", *The Journal of Military History*, Vol. 65, No. 1 (Jan. 2001), pp. 105-129.

Corwin, Edward S. , "Sea Rights and Sea Power: The British Embargo", *North American Review*, Vol. 204 (July/Dec. 1916), pp. 513-530.

Davies, C. S. L. , "The Administration of the Royal Navy under Henry Ⅷ: The Origins of the Navy Board", *The English Historical Review*, Vol. 80, No. 315 (Apr. 1965), pp. 268–288.

Edmunds, Timothy, "The Defence Dilemma in Britain", *International Affairs*, Vol. 89, No. 2 (March 2010), pp. 377–394.

Fairbanks Jr. , Charles H. , "The Origins of the Dreadnought Revolution: A Historiographical Essay", *The International History Review*, Vol. 13, No. 2 (May 1991), pp. 246–272.

Goldman, Steven E. , "Revitalizing the Special Relationship: The Logic of an Anglo-American Alliance in a Post-NATO Europe", *World Affairs*, Vol. 158, No. 2 (Fall 1995), pp. 80–87.

Gray, Colin S. , "Maritime Strategy and British National Security", Paper Presented at the RUSI Future Maritime Operations Conference, London, June 3–4, 2009, pp. 1–9.

Haggie, Paul, "The Royal Navy and War Planning in the Fisher Era", *Journal of Contemporary History*, Vol. 8, No. 3 (Jul. 1973), pp. 113–131.

Herwig, Holger H. , "Prelude to Weltblitzkrieg: Germany's Naval Policy toward the United States of America, 1939–41", *The Journal of Modern History*, Vol. 43, No. 4 (Dec. 1971), pp. 649–668.

Howard, Michael, "1945–1995: Reflections on Half a Century of British Security Policy", *International Affairs*, Vol. 71, No. 4, Special RIIA 75th Anniversary Issue (Oct. 1995), pp. 705–715.

Hurd, Archibald S. , "Results of British Naval Concentration", *The North American Review*, Vol. 185, No. 620 (Aug. 2, 1907), pp. 737–747.

Kennedy, Paul, "The Influence and the Limitations of Sea Power", *The International History Review*, Vol. 10, No. 1 (Feb. 1988), pp. 2–17.

Lambert, Nicholas A. , "Admiral Sir John Fisher and the Concept of Flotilla Defence, 1904–1909", *The Journal of Military History*, Vol. 59, No. 4 (Oct. 1995), pp. 639–660.

Lambert, Nicholas A. , "British Naval Policy, 1913–1914: Financial Limitation and Strategic Revolution", *The Journal of Modern History*,

Vol. 67, No. 3 (Sep. 1995), pp. 595-626.

Lambert, Nicholas A., "Strategic Command and Control for Maneuver Warfare: Creation of the Royal Navy's 'War Room' System, 1905 - 1915", *The Journal of Military History*, Vol. 69, No. 2 (Apr. 2005), pp. 361-410.

Mearsheimer, John. J., "A Strategic Misstep: The Maritime Strategy and Deterrence in Europe", *International Security*, Vol. 11, No. 2 (Fall 1986), pp. 3-57.

Moll, Kenneth L., "Politics, Power, and Panic: Britain's 1909 Dreadnought 'Gap'", *Military Affairs*, Vol. 29, No. 3 (Autumn 1965), pp. 133-144.

Pratt, Lawrence, "The Anglo-American Naval Conversations on the Far East of January 1938", *International Affairs*, Vol. 47, No. 4 (Oct. 1971), pp. 745-763.

Rayner, Leonard, "A Review of British Defence and Foreign Policies and Their Effects on Singapore and the Rest of the Region", *Southeast Asian Affairs* (1976), pp. 348-353.

Reynolds, David, "Lord Lothian and Anglo-American Relations, 1939 - 1940", *Transactions of the American Philosophical Society*, Vol. 73, No. 2 (1983), pp. 1-65.

Rodger, N. A. M., "Queen Elizabeth and the Myth of Sea-Power in English History", *Transactions of the Royal Historical Society*, Vol. 14 (2004), pp. 153-174.

Saxon, Timothy D., "Anglo-Japanese Naval Cooperation, 1914 - 1918", *Naval War College Review*, Vol. 53, No. 1 (Winter 2000).

Seligmann, Matthew S., "'A Barometer of National Confidence': A British Assessment of the Role of Insecurity in the Formulation of German Military Policy before the First World War", *The English Historical Review*, Vol. 117, No. 471 (Apr. 2002), pp. 333-355.

Seligmann, Matthew S., "New Weapons for New Targets: Sir John Fisher, the Threat from Germany, and the Building of HMS 'Dreadnought' and

HMS 'Invincible', 1902−1907", *The International History Review*, Vol. 30, No. 2 (June 2008), pp. 303−331.

Seligmann, Matthew S., "Switching Horses: The Admiralty's Recognition of the Threat from Germany, 1900 − 1905", *The International History Review*, Vol. 30, No. 2 (June 2008), pp. 239−258.

Steinberg, Jonathan, "The Copenhagen Complex", *Journal of Contemporary History*, Vol. 1, No. 3, 1914 (Jul. 1966), pp. 23−46.

Sumida, Jon Tetsuro, "British Naval Administration and Policy in the Age of Fisher", *The Journal of Military History*, Vol. 54, No. 1 (Jan. 1990), pp. 1−26.

Sumida, Jon Tetsuro, "Geography, Technology, and British Naval Strategy in the Dreadnought Era", *Naval War College Review*, Vol. 59, No. 3 (Summer 2006), pp. 88−102.

Sumida, Jon Tetsuro, "Sir John Fisher and the Dreadnought: The Sources of Naval Mythology", *The Journal of Military History*, Vol. 59, No. 4 (Oct. 1995), pp. 619−637.

Thayer, Carlyle A., "The Five Power Defence Arrangements at Forty (1971−2011)", *Southeast Asian Affairs*, (2012), pp. 61−72.

Watt, D. C., "The Anglo-German Naval Agreement of 1935: An Interim Judgment", *The Journal of Modern History*, Vol. 28, No. 2 (Jun. 1956), pp. 155−175.

Widen, J. J., "Sir Julian Corbett and the Theoretical Study of War", *Journal of Strategic Studies*, Vol. 30, No. 1 (2007), pp. 109−121.

（四）研究报告

Blagden, David, "Sea Power Is Benign Power: The International Case for a Maritime Posture", *RUSI Journal*, June 30, 2014.

Graham, Euan, "Maritime Security and Threats to Energy Transportation in Southeast Asia", *RUSI Journal*, April 29, 2015.

Miranda, Bernard, "Maritime Security Threats in Southeast Asia: A Collective Approach", *RSIS Commentary*, No. 258, October 17, 2016.

Roberts, Peter, "The Problem with the UK Carrier-Strike Model", *RUSI Defence Systems*, June 18, 2015.

Taylor, Claire, Tom Waldman, and Sophie Gick, "British Defence Policy since 1997", Research Paper 08/57, June 27, 2008, *House of Commons*, *Library*.

Zara, Benjamin, "Strategy in an Era of Rising Powers: The British Dilemma", *RUSI Journal*, December 1, 2015.

三　日文文献

（一）档案资料

防衛省編『日本の防衛：防衛白書』（平成 19 年版），東京：株式会社ぎょうせい，2007 年。

防衛庁編『防衛白書 日本の防衛』（昭和 51 年版），東京：大蔵省印刷局，1976 年。

防衛庁編『防衛白書 日本の防衛』（昭和 62 年版），東京：大蔵省印刷局，1987 年。

防衛庁編『日本の防衛：防衛白書』（平成 15 年版），東京：株式会社ぎょうせい，2003 年。

防衛庁編『日本の防衛：防衛白書』（平成 16 年版），東京：国立印刷局，2004 年。

防衛庁防衛研修所戦史室：『戦史叢書（8）大本営陸軍部〈1〉―昭和 15 年 5 月まで―』，東京：朝雲新聞社，1967 年。

防衛庁防衛研修所戦史室：『戦史叢書（10）ハワイ作戦』，東京：朝雲新聞社，1967 年。

防衛庁防衛研修所戦史室：『戦史叢書（20）大本営陸軍部〈2〉―昭和 16 年 12 月まで―』，東京：朝雲新聞社，1968 年。

防衛庁防衛研修所戦史室：『戦史叢書（28）南太平洋陸軍作戦〈2〉―ガダルカナル・ブナ作戦―』，東京：朝雲新聞社，1969 年。

防衛庁防衛研修所戦史室：『戦史叢書（31）海軍軍戦備〈1〉―昭和 16 年 11 月まで―』，東京：朝雲新聞社，1969 年。

防衛庁防衛研修所戦史室：『戦史叢書（43）ミッドウェー海戦』，東京：朝雲新聞社，1971 年。

防衛庁防衛研修所戦史室：『戦史叢書（72）中国方面海軍作戦

〈1〉—昭和 13 年 3 月まで—』，東京：朝雲新聞社，1974 年。

防衛庁防衛研修所戦史室：『戦史叢書（76）大本営陸軍部大東亜戦争開戦経緯〈5〉』，東京：朝雲新聞社，1974 年。

防衛庁防衛研修所戦史室：『戦史叢書（77）大本営海軍部・聯合艦隊〈3〉—昭和 18 年 2 月まで—』，東京：朝雲新聞社，1974 年。

防衛庁防衛研修所戦史室：『戦史叢書（80）大本営海軍部・聯合艦隊〈2〉—昭和 17 年 6 月まで—』，東京：朝雲新聞社，1975 年。

防衛庁防衛研修所戦史室：『戦史叢書（88）海軍軍戦備〈2〉—開戦以後—』，東京：朝雲新聞社，1975 年。

防衛庁防衛研修所戦史室：『戦史叢書（91）大本営海軍部・聯合艦隊〈1〉—開戦まで—』，東京：朝雲新聞社，1975 年。

防衛庁防衛研修所戦史室：『戦史叢書（101）大本営海軍部大東亞戦争開戦経緯〈2〉』，東京：朝雲新聞社，1979 年。

平凡社編集部編『日本史料集成』，東京：平凡社，1963 年。

外務省編『日本外交文書　明治』第一巻第一冊，東京：巌南堂書店，1936 年。

外務省編『日本外交文書　明治』第三十巻，東京：巌南堂書店，1999 年。

外務省編『日本外交文書』第 8 巻，東京：日本外交文書頒布会，1963 年。

外務省編『日本外交年表竝主要文書：1840—1945』下冊，東京：原書房，1978 年。

外務省編『日本外交年表竝主要文書』下巻，東京：原書房，1969 年。

（二）专著

北村淳：『米軍が見た自衛隊の実力』，東京：宝島社，2009 年。

白石隆：『海の帝国：アジアをどう考えるか』，東京：中央公論社，2000 年。

塚谷晃弘、蔵並省自編『日本思想大系 4 本多利明　海保青陵』，東京：岩波書店，1970 年。

濱下武志監修『海域世界のネットワークと重層性』，富山：桂書房，2008 年。

　　草地貞吾、坂口義弘編著『自衛隊史』（第 1 巻 日本防衛の歩みと
進路），東京：日本防衛調査協会，1984 年。

　　池田清：『日本の海軍』，東京：朝日ソノマン，1966 年。

　　川勝平太：『海洋連邦論：地球をガーデンアイランズに』，東京：
PHP 研究所，2001 年。

　　川勝平太：『文明の海へ：グローバル日本外史』，東京：ダイヤモ
ンド，1999 年。

　　川勝平太：『文明の海洋史観』，東京：中央公論社，1997 年。

　　大山高明：『針路を海にとれ海洋国家日本のかたち』，東京：産経
新聞出版，2006 年。

　　高坂正尭：『海洋国家日本の構想』，東京：中央公論新社，
2008 年。

　　高木友三郎：『海上権と日本の発展』，東京：興亜日本社，
1942 年。

　　高木惣吉：『自伝的日本海軍始末記：帝国海軍の内に秘められたる
栄光と悲劇の事情』，東京：光人社，1971 年。

　　高橋典幸等：『日本軍事史』，東京：吉川弘文館，2006 年。

　　工藤美知尋：『日本海軍と太平洋戦争』，東京：南窓社，1982 年。

　　海空技術調査会編『海洋国日本の防衛』，東京：原書房，1972 年。

　　海上保安体制調査研究委員会編『海洋権益の確保に係る国際紛争
事例研究：海上保安体制調査研究委員会報告書 . 第 3 号（平成 22 年
度）』，東京：海上保安協会，2011 年。

　　海洋政策研究財団：『中国の海洋政策と法制に関する研究：海洋
政策と海洋の持続可能な開発に関する調査研究：各国の海洋政策の
調査研究報告書 . 平成 17 年度』，東京：海洋政策研究財団，2006 年。

　　黒川雄三：『近代日本の軍事戦略概史：明治から昭和・平成ま
で』，東京：芙蓉書房，2003 年。

　　井上清：『日本帝国主義の形成』，東京：岩波書店，2001 年。

　　栗林忠男、秋山昌廣編著『海の国際秩序と海洋政策』，東京：東
信堂，2006 年。

豊田泰：『日本の対外戦争　幕末　開国と攘夷』，東京：文芸社，2006 年。

鳥巣建之助：『太平洋戦争終戦の研究』，東京：文芸春秋，1993 年。

平松茂雄：『中国の海洋戦略』，東京：勁草書房，1993 年。

秦郁彦：『統帥権と帝国陸海軍の時代』，東京：平凡社，2006 年。

日本財団海洋船舶部編『海洋と日本：21 世紀におけるわが国の海洋政策に関する提言』，東京：日本財団，2002 年。

森本敏：『米軍再編と在日米軍』，東京：文藝春秋，2006 年。

山岸徳平、佐野正巳共編『新編林子平全集 1 兵学』，東京：第一書房，1988 年。

山本饒編『林子平全集』（第 2 巻），東京：生活社，1944 年。

実松譲：『あ‘日本海軍』，東京：光人社，1987 年。

太田文雄、吉田真：『中国の海洋戦略にどう対処すべきか』，東京：芙蓉書房，2011 年。

野田実：『日本海軍の歴史』，東京：吉川弘文館，2002 年。

伊藤憲一監修『21 世紀日本の大戦略：島国から海洋国家へ』，東京：日本国際フォーラム，東京：フォレスト出版，2000 年。

伊藤憲一監修『海洋国家日本の構想：世界秩序と地域秩序』，東京：日本国際フォーラム，東京：フォレスト出版，2001 年。

中村秀樹：『尖閣諸島沖海戦：自衛隊は中国軍とこのように戦う』，東京：光人社，2011 年。

佐藤市郎：『海軍五十年史』，東京：鱒書房，1943 年。

后　记

本书是我主持的国家社科基金后期资助项目"英美日海洋战略的历史演进及其现代海洋观研究"（14FGJ006）的最终成果，由武汉大学中国边界与海洋研究院大国海洋战略研究团队共同完成。我负责全书的构思、策划和组织工作，同胡杰副教授一起对全书进行修改定稿，胡杰还承担了全书的校对工作。本书撰稿分工如下：胡杰主撰前言、第一章、第二章、第三章、第四章、第五章第一节、第七章第三节、第八章第一节、综论；刘娟承担第五章第二节、第六章、第七章第一节、第七章第二节、第八章第二节、第八章第三节；刘潇湘负责第九章第二节、第三节、第四节、第五节、第六节以及第十章、第十一章、第十二章；博士生江月负责第九章第一节。

英国、美国和日本作为近现代历史上最有代表性的三个海洋强国，其海洋发展历史和海洋观均极具特色。本书主要致力于建构一个梳理英美日海洋发展历史和海洋观演进的线索并阐释其基本主题和规律特点的框架，在此基础上对英国、美国、日本不同的海洋发展模式进行概括、提炼和比较，最终落脚于借鉴其历史经验，以为中国的海洋发展之路提供启示。这是一个颇有难度的课题，本书只是对该领域进行了初步探索，对一些问题的思考还很肤浅，甚至可能有不少纰漏和谬误，恳请诸位方家指正。

衷心感谢国家社科基金后期资助项目评审专家在本书立项和评审过程中提出的宝贵意见和建议，感谢社会科学文献出版社对本书出版工作的大力支持。感谢武汉大学人文社会科学研究院对本项目的悉心指导。武汉大学中国边界与海洋研究院、国家领土主权与海洋权益协同创新中心等单位为本书的写作提供了诸多帮助，在此一并致谢。

胡德坤

2024 年 1 月于武汉大学珞珈山